D1666974

Kurt Schwitters Das literarische Werk

Kurt Schwitters

Das literarische Werk *Band 5*

Herausgegeben
von Friedhelm Lach

Kurt Schwitters

Manifeste und kritische Prosa

Nachträge zu den Bänden 1–4

Mit einem Gesamtregister der Bände 1–5
und einem Personenverzeichnis

DuMont Buchverlag Köln

CIP-Kurztitelaufnahme der Deutschen Bibliothek

Schwitters, Kurt:
Das literarische Werk / Kurt Schwitters. Hrsg.
von Friedhelm Lach. – Köln: DuMont

NE: Schwitters, Kurt: [Sammlung]

Bd. 5. Manifeste und kritische Prosa. – 1981.
   ISBN 3-7701-0841-8

© 1981 DuMont Buchverlag, Köln
Alle Rechte vorbehalten
Druck: Boss-Druck, Kleve
Buchbinderische Verarbeitung: Hunke & Schröder, Iserlohn

Printed in Germany   ISBN 3-7701-0841-8

Danksagung

Nach zehn Jahren Arbeit ist mit diesem Band die Gesamtausgabe des literarischen Werkes von Kurt Schwitters abgeschlossen. Rückblickend möchte ich allen, die zum Gelingen dieses umfangreichen Projektes beigetragen haben, herzlich danken, denn es ist mir unmöglich, jeden namentlich zu nennen. Es war nicht nur nötig, mit den Verantwortlichen der für Schwitters' Werk wichtigen Dokumentationszentren und Archiven zusammenzuarbeiten, sondern auch auf vielen Reisen mit den alten Freunden und Förderern des Merzkünstlers Kontakt aufzunehmen, um dort Material zu sichten und zusammenzutragen. An all diesen Forschungsreisen nahm meine Frau teil, der ich für ihre aktive, unermüdliche Mitarbeit und für ihr kritisches Mitdenken in wesentlichen Phasen der Edition herzlich danken möchte.

Ohne die großzügige finanzielle Unterstützung des Conseil des Arts du Canada wäre es mir unmöglich gewesen, diese umfangreiche Dokumentation zu erstellen. Die Edition wurde dadurch begünstigt, daß Ernst Schwitters bereits einen großen Teil der Manuskripte im Kurt Schwitters-Archiv in Oslo gesammelt hatte. In den ersten Jahren überraschte er mich immer wieder mit fein säuberlich verschnürten Paketen bisher unentzifferter Gabelsberger Manuskripte, die oft auch als 'Briefe' bezeichnet waren. Durch diese 'Zugaben' wuchs die Gesamtausgabe zu ihrem heutigen endgültigen Umfang. Ernst Schwitters hatte mir von Beginn an vertrauensvoll die Türen des Kurt Schwitters-Archivs geöffnet und keine Arbeit und Mühe gescheut, die Editionsentscheidungen zu diskutieren. Er hat mit Sorgfalt und Verantwortungsgefühl die einzelnen Artikel gelesen, mitgedacht, und aus dem Wissen um seines Vaters Kunst kommentiert. Ihm gilt mein ganz besonderer Dank.

Eine Schwierigkeit der Arbeit bestand darin, die vielen Gabelsberger Manuskripte zu transkribieren. Mein Dank gilt Hans Gebhardt. Mit Hilfe seiner präzisen Übertragungen konnte ich die meinen kritisch überprüfen.

Wenn das literarische Werk in dieser an Faksimiledrucken und Bildmaterial reichen Ausstattung erscheinen konnte, so ist dies dem Verleger Ernst Brücher zu danken, der keine Kosten scheute, der Gesamtausgabe diese Form zu geben. Wer die Kunstbuchproduktion genau verfolgt, wird die Leistung des Art-Direktors Winfried Konnertz bei der künstlerischen Gestaltung der fünf Bände besonders schätzen gelernt haben.

Das Gelingen eines solchen großen Projektes ist ohne die unermüdliche intensive Arbeit eines erfahrenen kenntnisreichen Lektors undenkbar. Ich hatte das Glück, mit Inge Bodesohn zusammenzuarbeiten, die mit großem persönlichen Engagement und Beharrlichkeit die ganze Edition betreute, alle Entscheidungen mitdachte und kommentierte. Ihr Wille zur Genauigkeit und editorischen Logik war unerläßlich für das Gelingen. Ich möchte ihr ganz besonders Dank sagen.

Oktober 1981   Friedhelm Lach

Inhaltsverzeichnis

Danksagung 5

Vorwort 13
Anmerkungen zur Textgestaltung 23

Manifeste und kritische Prosa

Das Problem der abstrakten Kunst 26
Materialien zu meinem Werk über das Problem der reinen Malerei . . . 34
Katharina Schäffner 35
Zur abstrakten Kunst 36
Die Merzmalerei 37
Selbstbestimmungsrecht der Künstler 38
[Vorwort] Die Merzbühne 39
An alle Bühnen der Welt 39
1 Die Merzbühne 42
Erklärungen meiner Forderungen zur Merzbühne 43
Tran 1   Ein solider Artikel 45
Du meiner, ich deiner, wir mir 47
Nichts tötet schneller als Lächerlichkeit 49
Berliner BörsenKukukunst 50
Tran Nummer 7   Generalpardon an meine hannoverschen Kritiker
in Merzstil 52
Erklärung 56
Was Kunst ist; eine Regel für große Kritiker 57
Erweiterung 59
Tran Nummer 11   Deutsche Volkskritik, die Kritik des Wiederaufbaus . . 61
Tran Nr. 12   Kritik als Kunstwerk 64
Tran Nummer 13   Das Privatscheuertuch 65
Tran Nr. 14   Herr Dr. Frosch hungert den Geist aus 67

Ein Dementi	69
Wählt Anna Blume	69
Tran Nr. 15 Die Durchschnittserscheinung mit hellen Augen	69
Tran Nummer 16 Das Leben auf blindem Fuße	72
Tran Nr. 17 Der gefesselte Paul Madsack	73
Merz (Für den ›Ararat‹ geschrieben)	74
Kurt Schwitters Herkunft, Werden und Entfaltung	82
Meine Unzufriedenheit mit der Kunst der Ölmalerei	84
Tran 18 an Dresdener Kritiker	85
Über den Wert der Kritik (Nachtrag)	87
Sauberkeit	88
Tran 19 Mein Zerfahren gegen Paul Westheim	89
Antworten auf die Kritik meines Abends bei Garvens am 8. 12. 1921	92
Tran 21 Rede am Grabe Leo Reins	94
Schloß und Kathedrale mit Hofbrunnen	95
Tragödie, Tran No. 22 gegen Herrn Dr. phil. et med. Weygandt	97
Tran 23 Blumen (Der Kritiker visavis der absoluten Stofflichkeit)	104
Tran 24 die Schwanenjungfrau. Was man kaut, wird Brei	107
Tran 25 Sämischgares Rindleder	108
Tran Nr. 26 An alle Kritiker	116
Kritiker Tran 27	117
Tran 31	118
i (Ein Manifest)	120
De Zelfoverwinning van Dada	120
Zeitschriften gibt es genug	125
Que fait DADA?	126
Dadaismus in Holland	127
Die Bedeutung des Merzgedankens in der Welt	133
i (»assis sur l'horizon...«)	137
Krieg	142
Manifest Proletkunst	143
das schiffchen: Dada Nachrichten	145
Krieg ist die größte Schande	146
Krieg. Et vous?	147
MPD	147
Banalitäten (3)	148
dada complet. 1	149
Banalitäten (4)	150

Dada Nachrichten	152
Und so fortan	153
Aus der Welt: ›MERZ‹	153
Watch your step!	167
Familiennachrichten	171
Tran 35 Dada ist eine Hypothese	172
i Architektur	176
Dada complet Nr. 2	178
Tran 50 [Herrn F. C. Kobbe]	178
Dadaisten	181
Der große MERZ Kurt Schwitters	184
Versuch einer Anleitung zur Aussprache von W W PBD	185
Hannovers erste Merz-Matinee	185
Merz	187
Merzfrühling	188
NASCI – Wenn Sie Ihre inneren Beschwerden	188
Kunst ist Form	188
Die Redaktion Merz bittet die Kritik	189
Konsequente Dichtung	190
Thesen über Typographie	192
Der Dadaismus	193
Nationalitätsgefühl	196
Noch einmal die Gefahr Westheim	198
Nationale Kunst	199
Was ist Wahnsinn?	200
Religion oder Sozialismus	200
Die normale Bühne Merz	202
Normalbühne Merz 1925	202
Einige praktische Anregungen zur Normalbühne = Merz	204
Normalbühne	206
Einige praktische Anweisungen zur Normalbühne	213
Werbe-Gestaltung. Die neue Gestaltung in der Typographie	213
Sprache	231
Prag (erster Brief)	232
Phantastische Gedanken	234
Kunst und Zeiten	236
Daten aus meinem Leben	240
Mein Merz und Meine Monstre Merz Muster Messe im Sturm	242

Wenn man das richtig überlegt	244
Was Kunst ist, wissen Sie	244
Der Rhythmus im Kunstwerk	245
Nennen Sie es Zufall	246
Merzbuch 1 Die Kunst der Gegenwart ist die Zukunft der Kunst	247
Merzbuch 2	248
Allgemeine Reklame	249
Grotesken und Satiren	250
Kurt Schwitters	250
Merzbühne Grundstellung	254
Merzzeichnungen und i-Zeichnungen	254
Merzdichtung	255
Meine Ansicht zum Bauhaus-Buch 9	256
Elementarkenntnisse in der Malerei	259
Der farbige Aufbau	266
Zahlen	267
typographie und orthographie: kleinschrift	268
plastische schreibung	269
Stil oder Gestaltung	270
Front gegen Fronta	272
optophonetisch, Verkehrsschrift, dynamisch	273
Anregungen zur Erlangung einer Systemschrift	274
Pflichtgefühl	279
Stuttgart die Wohnung Werkbundausstellung	280
Sensation	286
Meine Sonate in Urlauten	288
Kitsch und Dilettantismus	292
Glück oder Unglück	293
Das Leben ist eine herrliche Erfindung	294
Über griechische Tempel	294
Die Straße von Messina	298
Tarent	299
Dritter Prager Brief	300
Primavera in Italien	302
Syrakus	303
Neapel	305
Werkbundtagung in München, 1928	306
Gestaltende Typographie	311

Ausgelaufene Handlungen 316
Revue zu dreien 317
Urteile eines Laien über neue Architektur 319
About me by myself 321
L'art d'aujourd'hui est une chose bizarre 323
Über einheitliche Gestaltung von Drucksachen 324
Kurt Schwitters 335
der ring neue werbegestalter 337
Kleine Weisheiten 338
Das große E 338
Ich und meine Ziele 340
Veilchen 349
Van Doesburg 350
les merztableaux 352
Schwitters 1933 354
Einladung für lustigen Abend 355
Malerei 355
So ist der Weg 358
Die Blechpalme 358
Betrachtungen – 1 360
Betrachtungen – 2 361
Betrachtungen – 3 361
Das Ziel meiner Merzkunst 362
Bogen 1 für mein neues Atelier 365
Bogen 2 367
Wahrheit 368
Licht 369
Kunst 370
Vermischung von Kunstgattungen 371
Theorie in der Malerei 373
Malerei (reine Malerei) 374
Das Porträt 376
Europäische Kunst des 20. Jahrhunderts 379
Sie sandten mir eine Aufforderung 384
Abstract Art 385
Materials and Aims 386
My Art and my Life 386
Schwitters antwortet auf vier Fragen in ›Le savoir vivre‹ 387

PIN   Une fantaisie 388
PIN   A fancy 389
La Poésie 390
Present Inter Noumenal 391
Key to Reading Sound Poems 392
Schlüssel zum Lesen von Lautgedichten 392

Anmerkungen 395
Alphabetisches Verzeichnis der Manifeste und Kritischen Prosa 427

Nachtrag zu den Bänden 1-4 431

Alphabetisches Verzeichnis aller in den 5 Bänden aufgeführten Werke . . 447

Alphabetisches Verzeichnis der in den 5 Bänden genannten Freunde, Mitarbeiter, Lehrer, zeitgenössischen Künstler sowie der Übersetzer von Kurt Schwitters 459

Vorwort

Die theoretischen und kritischen Schriften von Kurt Schwitters

Mit diesem abschließenden fünften Band liegen nun alle von Schwitters verfaßten literarischen Schriften vor. Erstaunt wird man feststellen, wie umfangreich allein die theoretischen und kritischen Texte sind. Natürlich sind die Aufzeichnungen zur Merzkunst und die polemischen ›Tran‹-Artikel längst bekannt. Vor allem die Artikel zur Merzbühne haben als Anregungen der Happening-Bewegung weite Verbreitung gefunden, und auch die Texte zur Merzmalerei und zur i-Kunst sind als Erklärung Schwitters'schen Schaffens oft publiziert. Andere Texte – etwa die Architekturkritiken und die bissigen Parodien auf die Kunstkritiker – wurden gern als Beispiel für Schwitters' Humor zitiert. Außerdem waren den Fachleuten die programmatischen Äußerungen zur Typographie, Werbung und Schrift als Teile einer kollektiven Stilkunst der zwanziger Jahre bekannt.

Aber wer hat schon von den frühen Texten von 1910 zur abstrakten Kunst gehört? Wer weiß, daß Schwitters an Reformen zum Sprach- und Zahlensystem gearbeitet, daß er umfangreiche Studien zu einer Theorie in der Malerei verfaßt hat? Wer schließlich kennt Schwitters als Verfasser von Betrachtungen und philosophischen Essays, in denen der Kreis zeitgemäßer Themen abgehandelt wird?

Diese bisher unbekannten Texte gewähren zwar für die einzelnen Kunstgattungen neue Einblicke, passen aber zum Gesamteindruck, der sich um Schwitters gebildet hat; indem sie die Vielseitigkeit dieses Künstlers aufs neue beweisen, setzen sie für den Schwitterskenner keine wesentlich neuen Akzente. Wir können sie als Begleitung der vielen künstlerischen Manifestationen in Bild, Wort und Skulptur sehen. Was bringen sie Neues? Gegenüber den bekannten Schriften, den Polemiken und Manifesten, die als öffentliche Stellungnahmen zu erkennen sind, geben sie private Theorien und Meinungsbildung wieder. Viele dieser Schwitterstexte, die in kleinen Notizheften niedergeschrieben und mit Plänen zu weiteren Ausführungen versehen sind, zeigen das persönliche Ringen um ein künstlerisches Konzept. Bezeichnenderweise haben sie oft fragmentarischen Charakter. Auch die in Retrospektiven über Werk und Lebensziele mitgeteilten Gedanken sind als Auseinandersetzung mit den Zeitläuften und persönlichen Problemen zu lesen.

Insgesamt gesehen lassen sich zwischen öffentlicher Stellungnahme und privater Meinungsbildung keine Diskrepanzen erkennen, das ganze Schaffen trägt den untrüglichen Stempel des Künstlers und Menschen Kurt Schwitters. Für sich allein genommen sind viele Texte zukunftsweisend: inhaltlich durch die neuen konsequent zu Ende gedachten Analysen, Ideen und Systematisierungen, formal durch die Schwitters'sche Besonderheit der Textgestaltung.

Zum besseren Verständnis der Ideen und zu ihrer klareren zeitgeschichtlichen Einordnung ist ein Aufzeigen der besonderen Zeitumstände, in die Schwitters hineingeboren wurde, unumgänglich.

Die Generation, der Schwitters angehörte, begann in einer Zeit der Negation und des Bruchs mit der Tradition zu sprechen. Man hat oft auf die zunehmende Vergesellschaftung und Relativierung des Menschen im ausgehenden 19. und im beginnenden 20. Jahrhundert als Ursache hingewiesen.[1] Der wachsenden Industrialisierung und Spezialisierung stellte die Generation den erlebenden autonomen Künstler entgegen, der sämtliche Elemente und Voraussetzungen künstlerischen Schaffens durchreflektierte und erprobte. Er suchte nach den autonomen absoluten Ausdrucksqualitäten des Materials, um dann, nachdem die Elemente aus ihren jeweiligen räumlich zeitlichen, historischen und soziologischen Kontexten gelöst waren, diese als reine Elemente zum Ausdruck physisch seelischen Empfindens zu benutzen. Auch Schwitters' erste Versuche auf dem Gebiet der Farbentheorie und Kunsttheorie sind in diesen Zeittrend einzuordnen. Für ihn wurde wichtig, daß er seine theoretische Konzeption im Grenzgebiet zweier Disziplinen entwickelte.[2] Durch deren gegenseitige Orientierung wurde er sich der Möglichkeiten und Schranken im Lichte der jeweils anderen Theorie bewußt. Die Grenze zwischen Musik- und Kunsttheorie beinhaltete aber nicht nur verschiedene Materialkenntnisse, sondern auch andersartige Arbeitsweisen und Anschauungen. Schwitters suchte, indem er die Begriffe der Musiktheorie auf die Malerei übertrug, die Wissenschaftlichkeit, Systematik und Ästhetikdefinition der Musikwissenschaft ins Gebiet der Bildenden Kunst zu übertragen. Dieses Bemühen um Ausdrucksqualität und Reinheit der Elemente führte ihn zur Konzeption einer konkreten bzw. abstrakten Kunst, auf jeden Fall weg vom Gegenständlichen und Alltäglichen. Die Wiederbelebung der Reinheit brachte auf ihrer Kehrseite einen Ästhetizismus und eine Realitätsentfremdung, die Schwitters durch das Naturstudium auszugleichen suchte. Aber dies war offensichtlich nicht genug, um die neuen gesellschaftlichen Kräfte und Zeitfragen zu bewältigen. Die Elementarisierung und Abstraktion wurden so zu wichtigen Durchgangsstadien auf dem Wege zu einer totalen Umwälzung aller Werte.

Schwitters' eigenständige künstlerische Entwicklung begann nach dem Ersten Weltkrieg, zu einer Zeit, als auch der letzte Rest der alten Werte zerstört war. Es galt damals, die Entwicklung einer neuen Gesellschaft vorzubereiten. So wie die Destruktion im weitesten Sinne aller menschlichen Erkenntnis- und Erlebnisweisen verstanden worden war, so wurde auch jetzt die Neukonstruktion auf alle Bereiche ausgeweitet. Das neue Lebensgefühl nahm dementsprechend auch bestimmenden Einfluß auf alle Kunstaspekte, auf deren Inhalt, auf deren Form und deren gattungsgemäßen Charakter. Dieses neue künstlerische Wollen, das die Umwälzung aller Werte und den Neubeginn als einheitliches Weltempfinden artikulieren wollte, ließ sich aber nicht adäquat in abstrakte Begriffe und Theoreme übersetzen, eher ließ es sich in konkret sinnliche Kunstformen transponieren. Auch was Schwitters unter 'Vermerzung der Welt' vorschlug, war deshalb nicht in Theorien zu fassen. Im Grunde genommen waren für ihn Textproduzent und Leser aktive Teilnehmer einer neu zu erschaffenden Lebensweise. Merzkunst war deshalb genau gesehen eine Lebensform, der gegenüber man sich nicht analysierend, zuschauend verhalten konnte und die man auch nicht als Rolle vorspielen durfte. Was Schwitters als Merzer zu bestimmen suchte, das waren Gesetze, nach denen dieser Lebensprozeß, der aus der Bahn des Gewohnten herausgetreten war, verlief. Die Manifeste zur Merzkunst lesen sich deshalb teils wie Gebrauchsanweisungen und Gesetzestexte, teils fordern sie konkret sinnlich zum Miterkennen und Mitempfinden der neuen Lebensform auf.

Diese neuen Gesetze setzen die der gewöhnlichen Lebens- und Kunstordnung außer Kraft. Das betrifft vor allem die hierarchische Ordnung und alle daraus erwachsenen Traditionen und Beschränkungen. Für Schwitters wird alles Material und alles gleich entwertet. Jede Distanz zwischen Subjekt und Objekt wird aufgehoben. Alles ist frei verfügbar, neu bewertbar, unabhängig von der Logik des gewöhnlichen Lebens. Auch die gattungsmäßigen Eigentümlichkeiten der Textarten Manifest, Kritik, Essay werden nicht mehr als maßgebend anerkannt, sondern parodiert und aufgehoben. In Rudimente von gedanklichen Abstraktionen montiert Schwitters profane Ausrufe, alltägliche und banale Redegesten. Freiheit wird nicht mit philosophischen Gedanken definiert, sondern konkret sinnlich durch textuelle Mechanismen erstellt und erlebt. Deshalb interessieren heute die Merz-Manifeste und Polemiken nicht allein wegen ihres Witzes, sondern auch wegen ihrer gattungsbildenden Einflüsse. Sie stehen sprachlich innerhalb der karnevalistischen Formtraditionen[3] und bringen funktionell poetologische Neuheiten. Sie sind Ausdruck eines gesunden kreativen Verhaltens.

So sehr Merzkunst vom Individuum abhing, vom Merzer, so sehr war jedoch jede Äußerung auf das Öffentliche angelegt. Als alle ergreifenwollendes Phänomen gab sich Merzkunst volkshaft, ging auf die Sprache des Durchschnittsbürgers ein, setzte sich mit dem Alltäglichen auseinander oder gebärdete sich – in den Polemiken – theatralisch, zynisch, frech und exzentrisch.

Schwitters stand mit seiner Kunstkonzeption nicht allein. Er erlebte deshalb spürbar Resonanz, weil seine Werke für Freund und Feind zum Inbegriff der damaligen Kunstrevolution wurden und heftige Zustimmung wie Ablehnung in der Tages- und Kunstpresse verursachten. Schwitters machte sich das ganze konservative Kritikerlager zum Gegner, weil er konsequent die traditionellen Funktionen der Kunst ablehnte, wie sie im 19. Jahrhundert aufgestellt worden waren. So wandte er sich gegen die Meinung, Kunst müsse als Mittel der Naturdarstellung dienen, sie müsse Ausdrucksmittel geistig-seelischer Erlebnisse sein, sie müsse Politik und Gesellschaft dienen oder Propaganda für eine Ideologie machen. 1923 schrieb er: »Das Bild ist ein in sich ruhendes Kunstwerk. Es bezieht sich nicht nach außen hin. Nie kann sich ein konsequentes Kunstwerk außer sich beziehen, ohne seine Beziehung zur Kunst zu verlieren.«[4] Wichtig ist, daß jede Kreation für ihn Beispiel und Vorbereitung einer neuen Lebenspraxis war. Deshalb griff er jede doktrinäre Festlegung der Kunst an und wandte sich gegen den Expressionismus, Futurismus und Dadaismus, sobald darin die für den ständigen schöpferischen Lebensprozeß notwendige totale Freiheit und Offenheit nicht mehr gegeben war. Er wollte sich selbst gegenüber Merz freihalten. Deshalb legte er sich mit keiner endgültigen Definition fest, sondern suchte eher durch Etymologie und Wortspiel den leeren Begriff zu füllen. So sind seine Aussagen, das Wort Merz stamme von Ausmerzen und Merz stehe mit dem Götterboten und Handelsgott Merkurius in enger Verbindung, zu verstehen. Auch sein Spielen mit den Reimwörtern Herz, Schmerz und Scherz sind Sprachspiele, mit denen er ähnlich wie zuvor die ›Sturm‹-Künstler und Dadaisten eine Ausweitung, größere Plastizität und Volkstümlichkeit des Begriffes anstrebte. »Merz läßt sich nur vorläufig definieren«, schrieb er am 1. 12. 1920 an Herwarth Walden, »indem man rückschauend die bisherige Bedeutung von Merz betrachtet. Merz hat kein Programm mit vorbestimmtem Ziel, aus Prinzip. Merz geht von ganz bestimmten Voraussetzungen aus und verarbeitet Vorhandenes sinngemäß.«[5]

Fast gleichzeitig mit den Merz-Manifesten polemisierte Schwitters gegen die bürgerlich konservativen Kunstkritiker. Es sind die berüchtigten ›Tran‹-Artikel, berüchtigt, wegen ihrer Schärfe und Bissigkeit. Für Schwitters waren die polemischen Attacken künstlerisches Spiel. Er verwandte auch hier seine Merztechnik und überschüttete die Kritiker mit einem Feuerwerk an Einfällen. Man fragt sich, wie Schwitters mit einem Male so eigenständige Kritiken schreiben konnte. Zweifellos hatte Herwarth Walden ihn dazu angeregt, nachdem er in den Sturm-Kreis aufgenommen worden war. In der ›Sturm‹-Zeitschrift waren Polemiken dieser Art üblich, und Schwitters' Artikel machten durch ihre Aggressivität gegen bekannte Leute einen weiten Leserkreis auf sich aufmerksam. Wie sehr sich Schwitters zunächst nach seinem Vorbild Walden richtete, zeigt die Auswahl seiner Gegner, die fast alle auch von den anderen Mitgliedern des Sturm-Kreises angegriffen wurden. Später kamen noch Schwitters' besondere Freunde, die konservativen Kritiker seiner Heimatstadt Hannover, hinzu.

Nach der leidenschaftlichen Erforschung neuer Materialien und Techniken forderte Schwitters ab 1923 die strenge Auswahl, die Vereinfachung und den wesensmäßigen Gebrauch der Elemente. Der Künstlerrevolutionär wandelte sich zum Systematiker, der in einer Zeit der Inflation, der politischen Unsicherheit und der Putschversuche die Kunst als Mittel der Beruhigung und Normalisierung einsetzen wollte. Er selbst baute jetzt Modelle für realisierbare Projekte. An die Stelle der Manifeste traten Werkbeschreibungen und kritische Auseinandersetzungen mit zeitgenössischen Themen. Die kritischen Attacken verlieren die vielen Paraphrasierungen. Sie werden argumentreicher. Typographie, Werbung und Architektur treten immer mehr ins Zentrum der kritischen Tätigkeit. Mancher hat in diesem Wandel einen Bruch gesehen und daraus gefolgert, daß Schwitters' Entwicklungsgang sich als inkonsequent darstelle. Nachdem er in seiner frühen Entwicklung ganz selbständig gewesen sei, habe er sich ab 1923 mit den konstruktivistischen und konkreten Künstlern solidarisiert, also mit der ›De Stijl‹-Gruppe, dem Bauhaus und dann dem ›cercle et carré‹-Kreis, um später im Sentimentalen zu enden. Genau gesehen blieb Schwitters aber seiner einmal gefaßten Konzeption treu und verarbeitete nur die verschiedensten zeitgemäßen Anregungen. Dort, wo er mit einer ausgereiften Theorie und Konzeption konfrontiert wurde, wie im Falle des Futurismus, des Berliner Dadaismus, des Pariser Surrealismus und des Bauhauses, distanzierte er sich von diesen Richtungen.

Die neuen Zeitideen und Aufgaben ab 1923, die heute allgemein unter dem Stichwort ›Neue Sachlichkeit‹ gesehen werden, veränderten Inhalt und Form der Schwitters'schen Texte. Der Weg führt von der Betonung des künstlerischen Experimentierens und Machens zu einer stärker reflektierten konsequenten Gestaltung und schließlich ins Philosophische und Theoretische. Im Verlauf der zwanziger Jahre nahm Schwitters betont an Gruppenbildungen progressiver Künstler teil und gliederte sich – von außen gesehen – in die bestimmten Richtungen der Avantgardekunst ein. In dem Bemühen, eine große neue Kultur aus dem Geist der Gegenwart zu errichten, versuchte er von den Gesetzen konsequenter Gestaltung ausgehend in alle Lebensbereiche schöpferisch und verändernd einzugreifen. Er trat dabei oft als Wortführer einer Gruppe im Wir-Stil auf: »Wir wenden uns gegen dada und kämpfen nun nur noch für den Stil ... Stil ist das Resultat kollektiver Arbeit.«[6]

Die kollektiven Bemühungen galten gleichermaßen der Typographie und der Werbung, der Schrift, der Zahl und der Sprache, der Architektur und dem Städtebau. Wie sehr Schwitters bei aller Nähe zu De Stijl, Bauhaus, Konstruktivismus und Purismus seine persönliche Markierung vornimmt, läßt am besten ein Blick auf die einzelnen Gebiete erkennen. Typographie war für ihn primär künstlerisches Tun. Seit der Entstehung der Merzkunst hatte das gedruckte Papier auf ihn einen besonderen Reiz ausgeübt, und Schrift und Schrifttypen waren stets künstlerische Erlebnisse gewesen. Die in ›Merz 11 Typoreklame‹, 1924, niedergelegten Grundanschauungen zur Typographie heben sich durchaus originell von denen der meisten Gebrauchsgraphiker ab. In der Werbeschrift der Merz-Werbezentrale ›Die neue Gestaltung in der Typographie‹, 1925, entwikkelte er dann seine persönliche Systematik der typographischen Elemente und definierte deren Wirkungsweise. 1928, im Sturm-Sonderheft zur Typographie, setzte er schließlich das Ästhetische über das Funktionelle und distanzierte sich so von den Programmerklärungen der damaligen Avantgarde. Schwitters, der über Typographie als Künstler *und* Werbegraphiker schrieb, blieb natürlich auch seiner Zeit verpflichtet. Damals, als die befreiende typographische Revolution der Futuristen und Dadaisten bereits verblaßt war und statt der expressiven die Gebrauchsfunktion im Mittelpunkt des Interesses stand[7], entwickelte er die ›elementare Typographie‹ und die ›neue Typographie‹, die die Klarheit und Ökonomie bei deutlicher Informationsvermittlung, Lesbarkeit, Übersichtlichkeit und Einprägsamkeit suchte. Er nahm zweifellos Ideen und Impulse von De Stijl, Bauhaus, Konstruktivismus und Purismus auf. Als Werbegraphiker war er eng mit Theo van Doesburg, El Lissitzky, Jan Tschichold und Max Burchartz verbunden, die als Schriftgestalter und Werbegraphiker Rang und Namen hatten. Von 1924 bis zur nationalsozialistischen Ära arbeitete er auch als Werbegraphiker. Er eröffnete noch im Jahre 1924 die Merz-Werbezentrale. 1927 war er unter den Gründern des ›ring neuer werbegestalter‹, dem er auch als Präsident vorstand. Es hieße Schwitters' angeborenen Sinn für Reklame – nicht zuletzt Eigenreklame – zu leugnen, wollte man die theoretischen Texte nicht auch als Reklame für seine Werbeagentur lesen. Andererseits stehen sie als Begleiter neben den Geschichte machenden typographischen Gestaltungen der Merzhefte[8] und der anderen graphischen Gestaltungen.

Als Gebrauchsgraphiker gestaltete er später den Katalog der Karlsruher Bauausstellung ›Die Dammerstock-Siedlung‹ (1929), ferner die Kataloge ›Die billige, gute Wohnung‹ für den Baugilde-Verlag (Berlin, 1930), ›Kleines Lineaturen-Stundenbuch‹ für eine Papierfabrik in Hannover, ›Das typisierte Eigenheim‹ für eine Baugesellschaft in Celle sowie eine Sammlung von Schriftmaterial ›KLEB, Kleb – Worte – Ziffern – Zeichen – Normierte Teilzeichnungen für Bauzeichnungen‹ (Berlin, o. J.). Dazu kamen Prospekte und Drucksachen der Städte Hannover und Karlsruhe.

Neuartige Ideen brachten auch die neuen Schriftsysteme von Schwitters, die in Vergessenheit geraten sind, obwohl sie teilweise 1927 in ›i 10‹ veröffentlicht waren.

Es ist verständlich, daß Schwitters als Verfasser von Lautgedichten in besonderem Maße an den Möglichkeiten einer phonetischen Schrift interessiert war. Nach dem Prinzip der Übereinstimmung von Sprachklang und Schriftbild arbeitete er an einer Systemschrift, die 'optophonetisch' gestaltet sein sollte.[9] Wichtig war von vornherein der übernationale Charakter, den dieses neue Schriftsystem erhalten sollte. Es galt, die phonetischen Qualitäten systematisch aufzuzeigen, die bisherigen Alphabete zu vereinfachen und zu bereichern, so daß alle Sprachlaute, auch die der fremden Sprachen, niedergeschrieben werden konnten; denn Schwitters hoffte, daß sich eine auf solcher Basis entwickelte neue Schrift international durchsetzen und die Kommunikation erleichtern würde.

Die Letterformen konstruierte er nach geometrischen Grundmustern. Van Doesburg hatte bereits in Anlehnung an die Antiqua-Versalien rechtwinklig konstruierte Buchstaben entwickelt. Schwitters' neue Schriftbilder, so scheint es, sind eine Weiterentwicklung dieser Lettern.

Außer mit einer neuen Schriftform beschäftigte sich Schwitters auch mit einem neuen Sprach- und mit einem neuen Zahlensystem. Bereits aus dem Jahre 1925 ist ein Fragment über eine neue vereinfachte internationale Sprache erhalten, die, von den Grundbegriffen ausgehend, Basiselemente aufbaut und logisch systematisch eine ganze Sprache entwickelt.

1927 arbeitete er an einem neuen Zahlensystem, das alle Zahlen nach Teilbarkeitskriterien behandelte. Die graphische Gestaltung ähnelt der des Alphabets der Goten.[10]

All diese Bemühungen um Zweckdienlichkeit, Sachlichkeit, Vereinheitlichung, Systematisierung und Internationalisierung definierte Schwitters selbst als Forderungen der Zeit, als Ausdruck des Lebensgefühls der zwanziger Jahre.[11] Das neue Drucksachenwesen, die Kleinschrift, die elementare Typographie, die Systemschrift – alles dies wird nach logischen Gesetzen folgerichtig entwickelt, nicht zuletzt, weil man allgemein in den zwanziger Jahren an Systemen ästhetisches Vergnügen gefunden hatte. Das unermüdliche Systematisieren, das immer neue Bilden logischer Beschreibungssysteme sind für den Künstler und Ästheten Schwitters Selbstverwirklichung in der Zeit des Konstruktivismus und der Neuen Sachlichkeit.

Schwitters' Schriften zur Architektur sind originell, weil sie im Kern eine Weiterentwicklung seiner Gedanken zur ›Merz‹- und ›i‹-Kunst darstellen, auch wenn sie in den Kontext der avantgardistischen Architektur der zwanziger Jahre einzuordnen sind. Es ist bekannt, daß Schwitters seit seinem Architekturstudium in Kontakt mit den führenden Architekten seiner Zeit stand. Auf seiner Hollandtournee von 1922/23 schloß er Freundschaft mit der ›De Stijl‹-Gruppe, vor allem mit Oud und van Doesburg, von dem er auch Architekturentwürfe in ›Merz‹ veröffentlichte. Hilberseimers ›Großstadtbauten‹ erschien dann als ›Merz 18/19‹. Ein gemeinsam mit Mies van der Rohe geplantes Architekturbuch scheiterte zwar, aber der Kontakt zu Gropius und dem Bauhaus wurde ständig gepflegt. Vordemberge-Gildewart schätzte im ›Forum‹ Schwitters' Wissen über Architektur höher ein als das mancher Berufsarchitekten.[12] Trotzdem wird Schwitters oft als naiver Utopist abgestempelt und von den ernst zu nehmenden Architekten abgesetzt. Liegt es daran, daß seine stets wandelbare, unfertige Architektur nicht ins Zeitalter der modernen Technik paßte?

Schwitters' Ideen zur Architektur können nur richtig eingeschätzt werden, wenn sie als Teil seiner Kunstkonzeption beschrieben werden und wenn die soziologischen und ökologischen Implikationen mitgedacht sind.

Am Ende seiner frühen Merzzeit hatte Schwitters seine Merzidee auf alle Kunstsparten, auch auf die der Architektur und des Städtebaus, angewandt. In ›Schloß und Kathedrale mit Hofbrunnen‹ stellte er fest, daß die Architektur auf den Merzgedanken am meisten von allen Kunstgattungen eingestellt sei, und daß das ganze Stadtbild im Sinne eines neuen Gesamtkunstwerkes umgestaltet werden müsse.[13] Aus dem Hannoverschen ›Merzbau‹ läßt sich wohl am ehesten nachvollziehen, wie eine solche Merzwelt strukturiert sein sollte. Kennzeichen der Merzarchitektur ist demnach die ständige künstlerische Weiterformung und Verwandlung. Überall befinden sich herausragende Formen, die die Grenze der Wand überschreiten, den umgrenzten Raum auflösen und Verbindungen zu anderen Räumen schaffen. Säule und Höhle werden als Formen der Raumentgrenzung vermehrt gebraucht und dabei bis zur Öffnung in neue Räume vertieft oder verlängt. Merzarchitektur zeigt sich so als werdender Raum, der nie fertig und abgeschlossen ist; denn die wesentlichen Vorgänge im Bauen sind das Hinzufügen von neuen Elementen und das Verdecken, Aufteilen und Verwandeln von alten Teilen. Die künstlerische Logik einer solchen Architektur ignoriert die verschlossene Wand und die Umgrenzung, sie drängt zur Öffnung, ins Kosmische und Universale, auf die Gestaltung einer alles einbeziehenden Merzwelt. In diesem Sinne entwickelte Schwitters neben dem Merzbau die Konzeption vom mechanischen Raum und von der vermerzten Stadt. Er stand damit im Widerspruch zum Bauhaus, dessen Architekten abgeschlossene, streng abgegrenzte Objekte erstellen wollten und klar definierte Bauelemente bevorzugten.

So wird es verständlich, daß Schwitters in kritischer Distanz zum Bauhaus blieb, auch wenn er ab 1923 von kollektiver Weltgestaltung[14] sprach. Mehr und mehr stellte er die funktionalen und humanitären Aspekte in den Vordergrund seiner Architekturkritik. Die Erkenntnis der sozialen Ordnung und der Bewohnbarkeit forderte vorrangige Studien zur Soziologie, Ökologie und Philosophie. Schwitters' Ideen der Zentrenbildung, der Schwerpunktgliederung und der Zweckdienlichkeit, die er nach dem Prinzip der ›i‹-Kunst[15] entwickeln wollte, sind seit Jahren wieder aktuell.[16] Die Umwelt- und Stadtplanung von heute beschäftigt sich ganz im Schwitters'schen Sinne mit der Gestaltung von Lebensprozessen in einer sich ständig wandelnden Umwelt. Seine Denkmodelle zur Architektur und Städteplanung sind weiter zukunftsweisend, wenn wir sie etwa mit Constants New Babylon oder den Konzepten zur Pop-Architektur und der Postmoderne vergleichen, soweit es Versuche sind, mit künstlerischer Gestaltung neue Umwelt und Lebensformen zu schaffen.

Die humanitären Aspekte traten in den späten Schriften immer deutlicher in den Mittelpunkt. Aus den Texten der dreißiger und vierziger Jahre spricht der weise Mensch Schwitters. In Retrospektiven, autobiographischen Texten und philosophischen Betrachtungen suchte er im nachherein seine Merzkonzeption zu erklären und zu rechtfertigen, nicht zuletzt, weil er annahm, daß seine frühen Schriften in den Kriegswirren verlorengegangen seien.

In allen theoretischen und kritischen Schriften von Kurt Schwitters spiegeln sich einerseits die künstlerischen, sozialen und politischen Zeitströmungen, andererseits zeigt sich eine Künstlerpersönlichkeit, die in der Kritik- und Theoriegeschichte einen wichtigen Stellenwert zu erhalten hat – nicht allein wegen der Prägnanz der Gedankenführung und der zukunftsweisenden Ideen, sondern auch wegen der Besonderheit der Texte und ihrer Gestaltung.

Anmerkungen

1 Wilhelm Emrich, ›Vorwort‹, Literaturrevolution 1910–1925 Dokumente. Manifeste. Programme I, hrsg. Paul Pörtner, Darmstadt, 1960, S. 5–14.
2 Vgl. vorliegende Ausgabe, Bd. V, u. a. S. 259ff.
3 Friedhelm Lach, ›Merz et le monde carnevalesque‹. In: Mosaik, IV, 1971, 4 S. 7–13.
4 ›Merz 1 Holland Dada‹, Hannover, Januar 1923, S. 10.
5 Brief von Kurt Schwitters an Herwarth Walden vom 1. 12. 1920, Kurt Schwitters. Wir spielen, bis uns der Tod abholt. Briefe aus fünf Jahrzehnten, hrsg. Ernst Nündel (Frankfurt a. M./Berlin 1974), S. 40–43.
6 ›Merz 1 Holland Dada‹, a. a. O. S. 8.
7 Vgl. Werner Schmalenbach, Kurt Schwitters, Köln 1967, S. 180 ff.
8 Vor allem ›Merz 1 Holland Dada‹, a. a. O., ›Merz 2 nummer i‹ (Hannover 1923), ›Merz 4 Banalitäten‹ (Hannover 1923), ›Merz 6 Imitatoren watch step‹ (Hannover 1923), ›Merz 7 Tapsheft‹ (Hannover 1924), ›Merz 8/9 Nasci‹ (Hannover 1924), ›Merz 11 Typoreklame‹ (Hannover 1924), ›Merz 14/15 Die Scheuche‹ (Hannover 1925) und ›Merz 16/17 Die Märchen vom Paradies‹ (Hannover 1925).
9 Vgl. Werner Schmalenbach, Kurt Schwitters, a. a. O., S. 193.
10 Olaus Magnus, De gentibus septentrionalibus Historia, Ambergal, 1599, S. 34.
11 Vgl. vorliegende Ausgabe, Bd. V, typographie und orthographie: kleinschrift, S. 268f.
12 Friedel Vordemberge-Gildewart, Kurt Schwitters 1887–1948, In: ›Forum‹ No. 12 (Amsterdam 1948).
13 Vgl. vorliegende Ausgabe, Bd. V, S. 95f.
14 Vgl. vorliegende Ausgabe, Bd. V, S. 133.
15 Bd. V, S. 137ff. Die ›i‹-Kunst geht von der Erkenntnis aus, daß ein beliebiger Gegenstand oft nur neu begrenzt werden muß, damit der innere Rhythmus zum Vorschein kommt.
16 Stephan Carr, The City of the Mind, Environment for Men: The next fifty Years, Indiana University Press, 1967, S. 197–232.

Anmerkungen zur Textgestaltung

Der vorliegende Band enthält alle überlieferten theoretischen und kritischen Schriften. Schwitters schrieb auch in diesem Bereich eine Fülle verschiedenster Textarten, entwickelte seine eigenen Merzformen und hielt sich auch inhaltlich an keine Grenzziehungen. So finden wir hier Manifeste, Polemiken, theoretische Schriften, Kritiken, philosophische Essays, autobiographische Texte, Anweisungen zum Gebrauch künstlerischer Mittel, systematische Beschreibungen, Nachrufe und Antworten auf Rundfragen versammelt. Ein großer Teil, etwa 40 % der Schriften, stammt aus dem Nachlaß und war bisher unveröffentlicht.

Ediert wurde der Textband nach den Handschriften, soweit diese vorlagen, oder nach Buch- und Zeitschriftenveröffentlichungen. Dort, wo die Texte in besonderer typographischer Anordnung gesetzt waren, ist diese Originaltypographie beibehalten worden. Wichtige Abbildungen, die Schwitters vorgesehen hatte, sind den Texten beigefügt. Die Chronologie der Reihenfolge wurde nur in einem Fall unterbrochen, in dem ein kleiner Text zur Merzbühne zu den anderen längeren Merzbühnentexten gestellt wurde. Die Jahreszahlen zu Beginn der Texte geben die Entstehungszeit an, die in einigen Fällen mit der Veröffentlichungszeit divergiert.

Gibt es mehrere Fassungen, so sind die Varianten im Anhang angegeben. Zitate und Anmerkungen in den Handschriften sind dort ebenfalls aufgenommen.

In Schreibweise und Interpunktion folgt die Edition den Handschriften und veröffentlichten Texten. Reine orthographische Fehler wurden verbessert, es sei denn, es handelt sich um gewollte orthographische Änderungen. Bewußte Eigentümlichkeiten der Satzzeichensetzung sind beibehalten. Viereckige Klammern bedeuten Hinzufügungen des Herausgebers. Typographisch sind die Texte – mit Ausnahme der Faksimiles – so gesetzt, daß das einheitliche Schriftbild des Bandes gewahrt blieb.

Manifeste und kritische Prosa

1910

Das Problem der abstrakten Kunst
(erster Versuch)

Zur Einleitung

Alle Kunst will erfreuen. Dazu muß sie sich des Mittels bedienen, das sie besitzt und nicht zu viel nach fremden Mitteln schielen. Was ist wohl natürlicher, als daß die Malerei, die farbige Flecken auf eine Ebene nebeneinandersetzt, durch schöne Auswahl der Farben und schöne Verteilung der Flecken wirkt. Sehen wir uns aber daraufhin Bilder an und fragen, ob in jedem Fall die günstigste Wahl der Farben und Flecken erreicht ist. Wenn wir die Farben bejahen müssen, dann ist es Zufall, denn die Malerei ging bisher noch nicht darauf ein. Sie malte mehr oder weniger getreu Körper ab und band sich dadurch. Aus diesem Grunde entstanden irgendwelche Flecken nicht, weil sie an der Stelle schön waren, sondern weil sie der betreffende Körper dort verlangte. Um dem Übelstand aus dem Wege zu gehen, malte man keine Körper. Und solche Malerei nenne ich *abstrakte Malerei*, weil sie abstrahiert ist von der Körperlichkeit. Ich könnte auch den Ausdruck *reine Malerei* oder *natürliche Malerei* wählen. (Konzentrierte Malerei.) Man könnte allgemein *reden von reiner Kunst im Gegensatz zu gemischter Kunst*. Reine Bildhauerei will nur Schönheit der Form, verzichtet aber auf Nachbildung von Körpern sowie Verbindbarkeit des Gegenstandes (wie Waren).

Reine Zeichnung will Schönheit der Linien, vielleicht noch der Farbenverteilung und verzichtet auf Wiedergabe der Natur. Die Musik ist reine Kunst, wenn sie sich nicht mit Poesie mischt.

Einleitung

Ich will *nicht eine spezielle Art* von Kunst behandeln, sondern *das Wesen der Kunst* im allgemeinen, wenn man alles abstrahiert, was dem Wesen der Kunst fremd ist. Speziell wende ich mich der Malerei zu. Besonders Porträt- und Landschaftsmaler, aber auch die großen Meister der Komposition haben Konzessionen gemacht, die eine reine Kunst nicht billigen kann. Diese bestehen vor allen Dingen darin, daß sie ihre malerische Idee nicht streng haben durchführen können, weil sie etwas Überflüssiges wiedergegeben hatten, nämlich Dinge. Die Dinge beeinflussen den Komponisten. Zudem ist er gezwungen, wenn er eine Farbe in einem Kopf willkürlich annimmt, sämtliche anderen Töne danach zu stimmen. Er ist also nur frei in dem ersten Ton. Bei allen folgenden muß er sich nach einer Sache richten, die außerhalb des eigentlich Künstlerischen liegt, nach dem Dingbegriff. Ähnlich verhält es sich mit der Zeichnung. Gegeben werden sollte eine Harmonie der Farben und Töne; gegeben wurde aber ein Gemisch von diesem und von Dingen.

Ich will versuchen, ein Bild aus anderen Elementen aufzubauen als aus Dingen. Die Natur soll mich dabei ebenfalls leiten, aber unter der Kontrolle meiner künstlerischen Empfindung. Statt einzelner *Dinge* suche ich einzelne *künstlerische Reize* irgendwelcher Art und gebe nicht mehr und nicht weniger als erschöpfend das Wesen dieser Reize. Das nenne ich eine Studie. Bei einer Komposition handelt es sich *außerdem* noch darum, daß der zur Verfügung stehende Raum harmonisch ausgefüllt ist. Eine Studie kann nach der Natur, nach meiner Empfindung, nach einer Melodie... gemacht werden. Es kann sich hier nicht darum handeln, einen gewissen Stil der Kunst herauszufinden, denn die Anzahl der Stilarten ist unendlich. Jeder Künstler hat seinen Stil. Es handelt sich hier nur darum, Gesetze zu bilden, die jede oder eine bestimmte Art von Kunst haben muß, die allein durch die Darstellungsart wirken will. Gesetze, die für eine Farbenharmonie wohl passen, sind nicht auf ein Porträt anzuwenden.

In der Natur wirken auf uns starke gerade Linien. In den meisten Fällen sind sie senkrecht oder waagrecht. Die Bäume im Wald sind senkrecht, stark verkürzte horizontale Ebenen meist annähernd waagrecht. Ich habe bemerkt, daß in dieser Linienzusammenstellung eine schräge oder gar gebrochene Linie sich gut ausnimmt.

Abteilungen des Buches

1. Theorien der Kunst im allgemeinen
2. Spezielle Beobachtungen = Beispiele für abstrakte Probleme
3. Über abstrakte Kunst

Das Wesen oder die Existenzbedingung der Kunst besteht in der Komposition. Alle Bilder, bei denen die Komposition fehlt, sind technische Arbeiten, ob gut oder ob schlecht in der Ausführung.

Bei einem Bild können sehr viele Dinge zu dem Wohlgefallen beitragen, das wir an ihm empfinden, das Interesse an dem Gegenstand, Erinnerungen, die wir beim Anblick empfinden, technische Eigentümlichkeiten, der geistige Gehalt und die rein künstlerischen Eigenschaften. *Von diesen letzteren will ich hier reden.* Bei den rein künstlerischen Eigenschaften kann man zwei Unterabteilungen machen. *1. In bezug auf den Aufbau eines Bildes, 2. in bezug auf die Einzelheiten.* Was uns in der Natur gefällt, sind immer Einzelheiten, weil wir nie ein geschlossenes Ganzes vor uns sehen; was wir sehen, ist unübersehbar.

Der Kompositionismus ahmt einen Ausschnitt aus der Natur nach, ohne dabei zu bedenken, daß man ganz anderen Gesetzen entgegentritt als in der Natur, wenn man innerhalb der Grenzen des Bildes malt.

Das Wesen der Kunst ist nicht bloß Schönheit, das Wesen der Kunst ist die Eigenschaft, zu befreien. Sie ist individuell, denn nicht jeden befreit dasselbe. Darum kann man keine allgemeingültigen Gesetze aufstellen. Wohl aber kann man mit einiger Ehrlichkeit Gesetze finden, die das Wesen der Kunstart treffen, die einen selbst und ehrlich empfindende Naturen erfreut.

Beispiel: ein Motiv
Es war an einem sonnigen Tage, als ich betrachtend am Geländer der Brühlschen Terrassen entlangging. In schnellem Wechsel zogen die Landschaften an mir vorüber, stets verschieden, und immer waren sie dann am schönsten, wenn der Ausschnitt, den ich mir machte, die große Glaskuppel der Zigarettenfabrik enthielt, auf der die Sonne ein großes, funkelndes Glanzlicht hervorrief. Für einen Maler, der diese Landschaften gemalt hätte, wäre das Motiv das Glanzlicht gewesen, und nur das Glanzlicht allein. Ein Motiv wäre also ein äußerst heller kleiner Fleck in einer dunstigen Umgebung.

Beispiel: Symmetrie
In Tharandt fand ich an einem Teich eine große Menge von Motiven. Der Versuch, dieses auffallende Ereignis zu erklären, brachte mich auf den Gedanken, daß das Auge sich an der Symmetrie erfreut, die durch die Spiegelung entstand. Meine Annahme fand eine gewisse Bestätigung darin, daß die Motive tatsächlich verschwanden, sowie ich den Spiegel mit der Hand verdeckte. Die Motive entstanden also dadurch, daß ein Eindruck in etwas veränderter Form zweimal wiederkehrte. Noch auffallender zeigte sich der Wunsch des Geistes, einen einmal gefaßten Eindruck wiederzuhaben, vor dem Fenster eines Blumenladens, das nur mit Myrtenbäumchen dekoriert war, die sämtlich in ähnlicher Weise mit einer Papiermanschette umwickelt waren. Der Eindruck wirkte sehr fein, wegen der Wiederkehr der gleichen Formen. Ein zweites Fenster, in dem alle möglichen Blumen und Farbenarten zusammengestellt waren, wirkte durchaus unkünstlerisch als großer Eindruck.

Der Mensch ist so organisiert, daß auf ihn das Gewohnte und Gleichmäßige nicht wirkt, dagegen das Neue und Pikante einen tiefen Eindruck auf ihn macht. Genau ebenso verhält er sich gegenüber der Kunst. Innerhalb eines Bildes interessieren ihn die Gegensätze, die pikanten Stellen. Demnach wäre das schönste Bild das, in dem die meisten und die größten Gegensätze wären. Aber man muß auch an das Verlangen nach Harmonie denken, die durch Wiederholung einer Einzelheit entsteht. Um darüber sich Klarheit zu verschaffen, muß man in der maltechnischen Behandlung von Bildern zwei Hauptabteilungen machen, *1. in bezug auf den Aufbau, 2. in bezug auf die Durchführung. Der Aufbau ist die Hauptsache.* Der Aufbau muß harmonisch sein. Wenn der Aufbau harmonisch ist, so ist das Bild am schönsten, das die delikateste Durchführung zeigt.

Ein schönes Bild ist immer in einer Farbenart gemalt, wie ein Musikstück in einer Tonart geschrieben ist. Das heißt: jede Farbe enthält etwas von einer Grundfarbe, die eben dem ganzen Bild seinen Charakter gibt. Wenn ein Maler ein rotes Dach, eine weiße Wand, einen blauen Himmel, ein grünes Feld, eine gelbe Blume im Sonnenschein malt, so muß er jeder Farbe etwas von dem gelblichen Ton des Sonnenlichts beimischen, um die harmonische Wirkung der Natur und Richtigkeit zu erzielen. Das bezieht sich aber nur auf das Licht. Im Schatten und in den Tönen, die nicht vom Sonnenlicht beschienen werden, muß er die Komplementärfarbe, also Violett, beimischen, weil die herrschende Farbe alle nicht belichteten Farben in die komplementäre Färbung zwingt.

Ich komme zurück auf meine Behauptung, jedes Bild müßte in einer Farbenart geschrieben sein, und füge hinzu, daß diese abwechseln kann und sogar muß, mit der komplementären Farbart, damit sie zu einer Wirkung kommt. Es können sich auch mehrere Farbarten mit anderen Komplementärfarben verschlingen, wie es bei der naturalistischen Malerei vorkommt, wenn mehrere, verschiedene Lichtquellen vorhanden sind. Aber dann muß eine Farbart mit deren Schattenfarbe vorherrschen, wenn das Bild einen einheitlichen Eindruck machen soll. Man findet ganz ähnliche Verhältnisse in der Musik. Farbe und der Ton in der Musik beruhen auf Schwingungen. Von der Geschwindigkeit der Schwingungen hängt die Verschiedenheit der Farben ebenso wie die Verschiedenheit der Töne ab. Ich behaupte also, daß Farbe und Ton miteinander verwandt sind. Die Farben umfassen gerade eine Oktave. Sämtliche Nuancen sind vorhanden in dieser Oktave. Wenn ich nun jeder Farbe eine Nuance von einer bestimmten Farbe zuteile, also diese Farbe bestimmend auf jede Farbe sein lasse, so habe ich dasselbe Verhalten wie bei einer Tonart in der Musik, da ist auch der Grundton bestimmend für jeden Ton der Tonleiter. Selbst den Unterschied von Dur und Moll getraue ich mir in der Malerei nachzuweisen; es ist einfach der Unterschied zwischen Licht und Schatten, zwischen Farbe und Komplementärfarbe. Denn in dem Moll haben wir das Leidende, das von demselben Grundton ausgeht wie das Freudige des Dur, und das Licht hat immer einen erfreulichen Charakter im Gegensatz zum ernst-melancholischen des Schattens. Einen großen Wert lege ich diesen Auseinandersetzungen nicht bei, ich bitte mir nur die Erlaubnis aus, von Dur und Moll reden zu dürfen, um Bezeichnungen zu haben. Mit diesen neuen Bezeichnungen läßt sich der Satz, von dem ich in meinen Betrachtungen ausging, kurz ausdrücken: Ein Bild muß in einem herrschenden Dur gemalt sein, das mit dem dazugehörigen Moll abwechselt. Stellenweise kann es in ein anderes Dur übergehen, das seinerseits abwechselt mit seinem Moll.

Es gelten für die abstrakte Malerei dieselben Regeln, wie für die konkrete.

Man muß bei den Beziehungen zwischen Musik und Malerei stets bedenken, daß Raum bei der Malerei der Zeit bei der Musik entspricht. Wenn man das berücksichtigt, ist es leicht einzusehen, daß ein Akkord in der Musik dasselbe ist wie ein gemischter Ton in der Malerei. Ein Akkord besteht aus verschiedenen Tönen, die zu gleicher Zeit angeschlagen werden, eine Mischfarbe aus verschiedenen Farben, die auf demselben Fleck gehalten werden. Ein kurzer Ton ist ein kleiner Farbfleck, ein breiter, gedehnter aber ein großer Farbfleck. Das ist Tempo.

Auf dem Wechsel der Tonhöhe beruht die Melodie. Auf dem Wechsel der Farben beruht der malerische Eindruck.

Man kann eine Farbe hell und dunkel geben, daß ist der Unterschied zwischen laut und leise bei der Musik. Tonstärke entspricht der Farbenstärke. Wenn man einfarbiges Licht durch einen durchscheinenden Körper hindurchfallen läßt, so kommt Licht von gleicher Vibrationsgeschwindigkeit, aber geringerer Stärke (Helligkeit) hindurch. Hell und dunkel hängt also von der Stärke der Farbe ab. Laut und leise hängt von der Stärke des Tones ab.

Womit wäre wohl der Rhythmus in der Musik zu vergleichen? Der Rhythmus ist Symmetrie. Aber die Malerei gebraucht nicht soviel Symmetrie, wie die Musik Rhythmus. In der Natur kommt Symmetrie bei der Spiegelung vor.

Das Tempo hängt ab von der Größe der Flecken. Ein langsames, gedehntes Tempo entspricht recht großen Farbflecken. Allegro entspricht kleinen Fleckchen. Genau wie ein langsames Tempo den Eindruck des Beschaulichen, sich versenkenden in eine Stimmung macht, so auch ein Bild mit großen, breiten Flecken. Ein schnelles Tempo erregt, verwirrt die Sinne ebenso wie ein Bild mit vielen kleinen Flecken.

Außer diesen angeführten Elementen hat die Malerei, soweit sie konkret ist, noch Elemente, die der Musik fehlen, das ist die Perspektive, Form, Gedankeninhalt. Aber das sind gerade die Elemente, die der abstrakten Malerei gänzlich fehlen.

Die abstrakte Malerei ist eben eine Musik für das Auge, sie hat den gleichen Zweck, Gefühle zu erzeugen, und die gleichen Gesetze.

Ich kämpfe nicht etwa gegen die Malerei, die Dinge darstellt, ich wende mich nur gegen die Art der Malerei, die sich nicht losmachen kann von den Dingen, die ihr Hauptaugenmerk darauf legt, die Dinge so getreu wie möglich nachzuahmen. Das ist Handwerk und keine Kunst. Dagegen lasse ich wohl eine Malerei als ernst gelten, die die Dinge benutzt, um sie einer Komposition unterzuordnen. Man kann das Gefühl der Schönheit, das durch schöne Farbenzusammenstellungen erzeugt wird, dadurch stärken, daß man den Farben Formen zugrunde legt. Ganz verwerflich ist natürlich die Malerei, die mit den Dingen etwas ausdrücken will, die malerisch oder allegorisch wirken wollen. Das höchste Gesetz soll immer die Schönheit sein, und es ist schlecht, wegen eines Dingbegriffs die Schönheit zu beeinträchtigen.

Ich halte das Nachsinnen über die abstrakte Kunst für sehr gut; aber es darf nicht bestimmend auf die Kunst einwirken. Leiten muß immer die Natur, nicht die Grübelei. Da ich besonders von Landschaften umgeben bin, lasse ich landschaftliche Reize auf mich einwirken, behalte das Wesentliche und schaffe daraus ein abstraktes Gemälde. Auch ein Bukett Disteln auf blauem Buch hat mir Anregung zu einem solchen Bild gegeben. Jedenfalls verwerfe ich jetzt ganz und gar die experimentelle Art.

Aus Brief 118 an Helma

Ich skizzierte auf weißem Papier, das von der Sonne bestrahlt wurde. Wenn ich aufsah, war ein rötlicher Schein über alles gebreitet. Schloß ich die Augen, so sah ich einen leuchtend grünen Fleck.

In Latzen sahen wir einen dunklen Baum vor heller Luft, der bei weit aufgerissenen Augen einen blauen, bei zugekniffenen Augen einen orangefarbenen Rand hatte. Heute beobachtete ich einen Baum, an dessen Rand ich von innen nach außen Violett, Blau, Grün, Gelb, Orange unterscheiden konnte. Brechung des Lichts. Ich glaube, daß jede dunkle Gegensicht an der Grenze gegen einen hellen Hintergrund eingefaßt ist mit den Regenbogenfarben in umgekehrter Reihenfolge. Der Schein am Rand ist tatsächlich vorhanden, nicht das Auge erzeugt ihn. Daß aber das Auge meist einen einfarbigen Schein sieht, erklärt sich daraus, daß die Umgebung einige Strahlen verstärkt, andere absorbiert. Da im Regenbogen alle Farbmöglichkeiten liegen, kann ein dunkler Körper von jeder Farbe begrenzt sein, das hängt von der Umgebung ab.

Aus einem Brief an Helma

(Harzburg, 20. 8. 10)

Du behauptest, der eine sehe Rot, wenn der andere Violett sehe. Das wäre ebenso falsch wie zu behaupten, der eine sehe 2 Kirschen, während der andere 4 sieht. Denn wo der eine 400 000 000 000 000 Schwingungen wahrnimmt, kann der andere nicht 800 Billionen Schwingungen sehen.

Darum sehe ich durchaus nicht ein, wodurch meine Theorie von dem Nebeneinander der Farben und dem Nacheinander der Töne umgeworfen würde. Eine Verwechslung von Farbe und Ton ist wegen ihrer großen Distanz ausgeschlossen. Die Farbe ist immer an den Raum gebunden (eine vom Körper getrennte Farbe gibt es nicht), ist unabhängig von der Zeit. Dem Auge erscheint alles räumlich nebeneinander. Der Ton ist unabhängig vom Raum, momentan, zeitlich, und wird vom Ohr als Glied eines ewigen Nacheinanders wahrgenommen.

In der reinen Malerei sollten nicht Raum und Zeit miteinander vertauscht werden, sondern bei der Deutung der Verwandtschaft von Musik und Malerei muß man stets den räumlichen für den zeitlichen Begriff setzen. Denn das ist die einzige Unähnlichkeit der beiden Künste.

Beispiel

Unserem Hause in Harzburg gegenüber liegt ein Laubwald, der im Sommer schöne Blätter trägt und durch die Stämme rotbraunes Laub erkennen läßt. Eines Abends wurde er von der untergehenden Sonne rot beschienen. Das rote Licht verstärkte die Farben der braunen Blätter zu einem hellen Rotbraun und dämpfte das Grün der Bäume in Graugrün. So wirkt jedes Licht in der Natur. Ein Licht, das eine Farbe verstärkt, vermindert zugleich seine Komplementärfarbe. Daraus folgere ich das Gesetz: Wenn auf einem Bild eine Farbe stark farbig ist, so muß ihre Komplementärfarbe matt sein, wenn eine Harmonie entstehen soll. Je farbiger eine Farbe ist, desto farbloser muß ihre Komplementärfarbe sein.

Beispiel

Kunst beruht immer auf Wiedergabe schöner Verhältnisse. Darum ist es bei einem ausgeglichenen Kunstwerk nötig, alles mehrmals, mindestens zweimal zu geben, weil etwas einmal Gegebenes vergebens nach einer Sache sucht, auf die es sich beziehen kann. Ich rede hier nur von rein künstlerischen Werten, nicht von Dingen. Bei der Malerei muß jede Farbe mehrmals vorkommen, entweder in gleichem Tone oder in Variationen.

Bei der Komposition muß ein heller Fleck durch einen anderen, helleren oder dunkleren, kleineren oder größeren, oder mehrere, in Verhältniswirkung gebracht werden.

Ursprünglich suchte die Kunst die Gegenstände so genau wie möglich nachzumachen. Der Kompositionismus suchte die Wirkung der Gegenstände möglichst genau zu erzeugen. Die reine Malerei hält nur das Wesen der Wirkung fest.

Die Einheit in der speziellen musikalischen Gestaltung tritt uns oft entgegen im Konsonantenakkord, in der Ausprägung einer Tonart, dem Festhalten einer Taktart, eines Rhythmus, in der Wiederkehr rhythmisch-melodischer Motive, der Bildung und Wiederkehr abgerundeter Themata. Der Kontrast-Konflikt im Harmoniewechsel, der Dissonanz, Modulation, dem Wechsel verschiedener Rhythmen und Motive, der Gegenüberstellung im Charakter gegensätzlicher Themata. Der Kontrast muß in einer höheren Einheit aufgehoben, der Konflikt gelöst werden, d. h. die Akkordfolge muß eine Tonart ausprägen, die Modulation muß sich um die Haupttonart bewegen und zu ihr zurückführen, die Dissonanz muß sich auflösen. Aus den Wirren der Durchführungsteile müssen die Themata wieder heraustreten usw. So ergeben sich die Gesetze für die spezifisch musikalische Gestaltung aus allgemeinen ästhetischen Gesetzen. Die Kontrastwirkungen beruhen auf Gegensätzlichkeit, nicht auf Heterogenität.

In der Besprechung über eine Malerei spricht man am besten zuerst über physikalische Erscheinungen, dann über physiologische, dann über psychologische, dann über ästhetische.
Optik, Physiologie, Psychologie, Ästhetik.

1910

Materialien zu meinem Werk über das Problem der reinen Malerei
(dritter Versuch)

Es handelt sich bei der Kunstphysiologie »um ein sehr kompliziertes Zusammenwirken von Sinnesempfindungen, Aufmerksamkeit, Gedächtnis, Fantasie, Verstand und reproduktiver Geschicklichkeit«.[1]
Ich verstehe unter dem rein Künstlerischen die Fähigkeit, etwas Vorgestelltes *in der angenehmsten Weise* darzustellen oder sich vorzustellen. Es kann jemand absolut richtig nachahmen, ohne dadurch ein Kunstwerk zu schaffen. Ich verstehe unter dem rein Künstlerischen die Fähigkeit, seine Mittel gut auszubreiten. Der Künstler muß künstlerisch wollen und das Gewollte verwirklichen können.

Über abstrakte Malerei
Zu unserem Wohlgefallen an einem Bild tragen viele Mittel bei:
In bezug auf das Dargestellte:
   1. Erinnerungen, die das Bild erweckt (der Inhalt des Bildes)
   2. das Interesse an dem Gegenstand
   3. der geistige Gehalt
In bezug auf die Art der Darstellung:
   4. technische Eigentümlichkeiten
   5. rein künstlerische Werte
     a) durch Linien
     b) durch Helldunkel
     c) durch Farbe
  oder a) im Aufbau
     b) in der Durchführung
Weil es der Kunst nur darauf ankommt, zu erfreuen, haben alle diese Mittel ihre Berechtigung; es ist persönlicher Geschmack, welchem man den Vorzug geben will. Es wäre aber falsch, daraus zu schließen, daß ein Kunstwerk, das mit allen diesen Mitteln wirkt, besser wäre als ein solches, das sich auf einige Mittel beschränkt. Denn jedes Mittel, das die Aufmerksamkeit auf sich lenkt, hindert die Aufmerksamkeit auf die anderen Mittel, die dann zur Nebensache herabsinken. Nebensachen soll aber die Kunst umgehen.

[1] Giert: ›Kunstphysiologie‹.

1910

Katharina Schäffner

Von Katharina Schäffners abstrakten Zeichnungen schätze ich am meisten die, in denen sie sich am weitesten oder ganz von der Naturnachahmung gelöst hat. Es sind dieses die Hymne, das Mysterium und der Schlummer. Alle anderen Werke sind auf halbem Wege stehengeblieben, wie die Leidenschaft, die wie eine Art gedrechselter Körper ist und der stille Wald, der noch sehr an einen Wald erinnert. Ich bin dabei, in der abstrakten Malerei ganz von der Körperlichkeit abzugehen, weil ihr Zweck ist, eine Augenlust zu erzeugen, bei der nichts mehr ablenkt von der hohen Schönheit, auch nicht der Dingbegriff. Es mag sonderbar klingen, daß ich bei Katharina Schäffners Werken behaupte, daß die Körperlichkeit ablenkt, währen sie doch gerade durch die Körper die ›Gefühle‹ schärfer zu bestimmen sucht. Aber der Widerspruch in meiner Behauptung schwindet, wenn man bedenkt, daß die Kunst vor allen Dingen Schönheit schaffen soll, und die Schönheit in ihrem eigensten Wesen suchen muß. Schöne Gefühle soll die reine Poesie erwecken; die Malerei aber soll eine Augenlust erzeugen *mit ihren eigensten Mitteln: Farbe, Licht und Linie*. Die Augenlust aber wird durch den Dingbegriff nicht gefördert, sondern zerstört. Darum fort mit dem Dingbegriff und mit jeder Erinnerung an ihn. Das andere, das ich gegen Katharina Schäffner einzuwenden habe, ist hiermit schon erwähnt: *die abstrakte Kunst soll nicht Gefühle erwecken wollen,* am wenigsten aber scharf umgrenzte. Ein Vergleich mit der Musik lehrt uns sofort die Richtigkeit meiner Behauptung. Die höchste Musik will nicht bestimmte Gefühle erwecken, sie will nur eine angenehme Wirkung auf das Gehör ausüben. Ihre Schöpfungen heißen Sonate oder Sinfonie, aber nicht Leidenschaft oder Schlummer. Gefühle erzeugen diese Sonaten auch, aber durch Vermittlung des Ohres. Gefühle erzeugen auch abstrakte Bilder, aber sie sollen sie durch Vermittlung des Auges erzeugen; dagegen die Gefühle, die die Schäffnerschen Zeichnungen hervorrufen, gehen durch den Geist und sind deshalb nicht so warm, wie sie ohne Zutun des Geistes wären. Diejenigen Arbeiten Katharina Schäffners, die wie ›Der Künstler‹ oder ›Eine große dicke Dummheit‹ charakterisieren wollen, aber keine Gefühle erwecken, halte ich nicht für abstrakte Kunst, sondern für Karikaturen.

Ich bitte mein Urteil möglichst mild aufzufassen, denn Katharina Schäffner hat das erreicht, was sie gewollt hat, Gefühle und Charaktere durch die Zeichnung zu übermitteln, und sie hat das Große gewagt, zuerst und allein mit abstrakten Zeichnungen hervorzutreten, die schon sehr wertvoll sind. Und das Gebiet der abstrakten Kunst ist noch so äußerst schwierig, daß solche Fehler vorkommen dürfen, ohne den Wert der Werke wesentlich zu beeinträchtigen. Nachdem sie aber einmal als Fehler erkannt sind, müssen sie vermieden werden, wenn sich dereinst einmal die abstrakte Malerei zu ihrer schönsten Blüte entfalten soll.

1910

Zur abstrakten Kunst

Es kommt in der abstrakten Kunst nicht darauf an, irgendeinen Ausdruck möglichst zu erschöpfen, sondern den Ausdruck möglichst schön darzustellen.
Farbe, Licht und Linie vermitteln die Nachbildung von Wirklichkeit ... und das auf doppelte Weise: Durch den augensinnlichen Reiz, den etwa die ›schöne‹ oder ›häßliche‹ Farbe zu Lust oder Unlust ausübt, oder wiederum durch Gefühlsverbindungen, indem wir z. B. bei Linien uns in die Bewegung hineinfühlen, die solche Linien hervorruft.
Kunst ist eine geistige Tätigkeit, die durch verschiedene Mittel eine angenehme Wirkung auf den Geist hervorbringt.
Die abstrakte Kunst ist die Niederschrift eines erhabenen Gefühls (phonografisch), die jeder ablesen kann; während ornamentale Kunst ausschließlich eine Sinneslust ist.
Die abstrakte Malerei ist doch eine Augenlust. Aber trotzdem ist sie die Übertragung von Gefühlen. Um das zu verstehen, bedarf es irgendeiner Aperzeption. Zuerst ist ein optischer Vorgang, etwa das Glühen eines Gases in der Flamme und das Ausgehen von Lichtstrahlen von dieser Flamme; dann ein physiologischer, die Erregung der Empfindungsnerven des Auges durch die Lichtstrahlen; zuletzt ein psychischer, das Eintreten der Lichtempfindungen ins Bewußtsein.
Der optische Vorgang bei einem abstrakten Bild ist das Ausstrahlen von verschiedenfarbigen und verschieden hellen Lichtstrahlen. Der physiologische Vorgang besteht in einer angenehmen Wirkung dieser Strahlen auf das Auge, einer Augenlust. Der psychische Vorgang ist die Erregung des Gefühls.
Grün wirkt liebevoll, wie gesundes Leben.
Grau wirkt indifferent.

Harmonie zweier untereinander komplementärer Farben zu erzielen durch Hinzutreten einer 3. Farbe, die mit beiden verwandt ist. Beispiel: *Grün und Rot durch Violett* oder durch Rotgelb.

Wenn eine Farbe stark vertreten ist, so muß ihre Komplementärfarbe matt sein, damit die Harmonie gewahrt bleibt. Das rote Abendlicht macht das rote Haus noch röter, den grünen Wald dagegen grauer.

1919

Die Merzmalerei

Die Bilder Merzmalerei sind abstrakte Kunstwerke. Das Wort Merz bedeutet wesentlich die Zusammenfassung aller erdenklichen Materialien für künstlerische Zwecke und technisch die prinzipiell gleiche Wertung der einzelnen Materialien. Die Merzmalerei bedient sich also nicht nur der Farbe und der Leinwand, des Pinsels, der Palette, sondern aller vom Auge wahrnehmbarer Materialien und aller erforderlichen Werkzeuge. Dabei ist es unwesentlich, ob die verwendeten Materialien schon für irgend welchen Zweck geformt waren oder nicht. Das Kinderwagenrad, das Drahtnetz, der Bindfaden und die Watte sind der Farbe gleichberechtigte Faktoren. Der Künstler schafft durch Wahl, Verteilung und Entformung der Materialien.

Das Entformeln der Materialien kann schon erfolgen durch ihre Verteilung auf der Bildfläche. Es wird noch unterstützt durch Zerteilen, Verbiegen, Überdecken oder Übermalen. Bei der Merzmalerei wird der Kistendeckel, die Spielkarte, der Zeitungsausschnitt zur Fläche, Bindfaden, Pinselstrich oder Bleistiftstrich zur Linie, Drahtnetz, Übermalung oder aufgeklebtes Butterbrotpapier zur Lasur, Watte zur Weichheit.

Die Merzmalerei erstrebt unmittelbaren Ausdruck durch die Verkürzung des Weges von der Intuition bis zur Sichtbarmachung des Kunstwerkes.

Diese Worte sollen das Einfühlen in meine Kunst denen erleichtern, die mir zu folgen ehrlich bereit sind. Allzuviele werden es nicht wollen. Sie werden meine neuen Arbeiten so empfangen wie sie es immer getan haben, wenn das Neue sich zeigte: mit Entrüstung und mit Hohngeschrei.

1919

Selbstbestimmungsrecht der Künstler

Nachwort

Himmelwelten Eisenzelte, Bahnhof und Paul Steegemann. Aus diesem Grunde entschloß ich mich zur Herausgabe dieser Sammlung meiner Gedichte, amen.

Was heißt dichten? 2 x 2 = 4, das ist noch kein Gedicht. (Die Luftlinie Syrakus, Butterbrot, Zentralheizung.) Es ist sehr schwer, eine Aussage dichterisch zu verwenden. Stramm schlagen tausend, ja sogar Millionen. (Reinigungssalz findet Anwendung bei den verschiedensten Magenbeschwerden.) Stramm schlagen tausend, ja sogar Millionen. Stramm war der große Dichter. Die Verdienste des Sturm um das Bekanntwerden Stramms sind sehr. Die Verdienste Stramms um die Dichtung sind sehr.

Abstrakte Dichtung.

Die abstrakte Dichtung wertet Werte gegen Werte. Man kann auch »Worte gegen Worte« sagen.

Das ergibt keinen Sinn, aber es erzeugt Weltgefühl, und darauf kommt es an. (Der Gemeine muß jedem Offizier Achtung und Gehorsam erweisen.)

Übertragung der Weltanschauung des Künstlers. Hühneraugenmittel in der Friedensgesellschaft, Kriegsware.) Totalerlebnis grünt Hirn, jedoch auf die Formung kommt es an.

Reim, Rhythmus und Ekstase dürfen nie zur Manier werden. (Bei eintretender Dunkelheit werden dieselben gratis ergänzt, also nur einmalige Ausgabe.) Das ist die abstrakte Dichtung.

Die Merzdichtung ist abstrakt. Sie verwendet analog der Merzmalerei als gegebene Teile fertige Sätze aus Zeitungen, Plakaten, Katalogen, Gesprächen usw., mit und ohne Abänderungen. (Das ist furchtbar.) Diese Teile brauchen nicht zum Sinn zu passen, denn es gibt keinen Sinn mehr. (Das ist auch furchtbar.) Es gibt auch keinen Elefanten mehr, es gibt nur noch Teile des Gedichtes. (Das ist schrecklich.) Und Ihr? (Zeichnet Kriegsanleihe!) Bestimmt es selbst, was Gedicht, und was Rahmen ist.

Anna Blume verdanke ich viel. Mehr noch verdanke ich dem Sturm. Der Sturm hat meine besten Gedichte zuerst veröffentlicht und meine Merzbilder zuerst in Kollektion gezeigt.

Einen Gruß an Herwarth Walden!

Kurt Schwitters

Der Übergang vom alten plumpen Pincenez zum neuen, eleganten Fingerkneifer für jeden ein Schmuck des Gesichts.

1919

[Vorwort] Die Merzbühne

Nur ungern entschloß ich mich, diesen ›Artikel‹ aus Mangel an Spiritus in den Handel zu bringen. Sobald wieder genügend Spiritus zur Anfertigung des alten guten Feuilletonstils zu haben sein wird, stelle ich den Vertrieb des Merzstils wieder ein, falls er nicht nachverlangt wird. Unzufriedene erhalten ihr Geld zurück. Ich bitte in diesem Falle um Nachricht, warum Sie unzufrieden waren, in wiefern Sie keinen Erfolg bemerkten, wie lange und wie oft Sie den Artikel lasen, und gegen welche Krankheit. Ferner bitte um Rücksendung des angebrauchten Silbergauls als Muster ohne Wert. Der Betrag für ungeknickte Exemplare erfolgt vermutlich Spiritus-Zentrale kitten Weimar umgekehrt.
Mit ausgezeichneter Hochachtung
Alves Bäsenstiel

An alle Bühnen der Welt

Ich fordere die Merzbühne.
  Ich fordere die restlose Zusammenfassung aller künstlerischen Kräfte zur Erlangung des Gesamtkunstwerkes. Ich fordere die prinzipielle Gleichberechtigung aller Materialien, Gleichberechtigung zwischen Vollmenschen, Idiot, pfeifendem Drahtnetz und Gedankenpumpe. Ich fordere die restlose Erfassung aller Materialien vom Doppelschienenschweißer bis zur Dreiviertelgeige. Ich fordere die gewissenhafteste Vergewaltigung der Technik bis zur vollständigen Durchführung der verschmelzenden Verschmelzungen.

Ich fordere die abstrakte Verwendung der Kritiker und die Unteilbarkeit aller ihrer Aufsätze über die Veränderlichkeit des Bühnenbildes und die Unzulänglichkeit der menschlichen Erkenntnisse überhaupt.

Ich fordere den Bismarckhering.

Man setze riesenhafte Flächen, erfasse sie bis zur gedachten Unendlichkeit, bemäntele sie mit Farbe, verschiebe sie drohend und zerwölbe ihre glatte Schamigkeit. Man zerknicke und turbuliere endliche Teile und krümme löchernde Teile des Nichts unendlich zusammen. Glattende Flächen überkleben. Man drahte Linien Bewegung, wirkliche Bewegung steigt wirkliches Tau eines Drahtgeflechtes. Flammende Linien, schleichende Linien, flächende Linien überquert. Man lasse Linien miteinander kämpfen und sich streicheln in schenkender Zärtlichkeit. Punkte sollen dazwischenstern, sich reigen, und einander verwirklichen zur Linie. Man biege die Linien, knacke und zerknicke Ecken würgend wirbelt um einen Punkt. In Wellen wirbelnden Sturmes rausche vorbei eine Linie, greifbar aus Draht. Man kugele Kugeln wirbelnd Luft berühren sich. Einander durchdringend zereinen Flächen. Kisten kanten empor, gerade und schief und bemalt. In sich Klappcylinder versinken erdrosselt Kisten Kasten. Man setze Linien ziehend zeichnen ein Netz lasurierend. Netze umfassen verengen Qual des Antonius. Man lasse Netze brandenwogen und zerfließen in Linien, dichten in Flächen, Netzen die Netze. Man lasse Schleier wehen, weiche Falten fallen, man lasse Watte tropfen und Wasser sprühen. Luft bäume man weich und weiß durch tausendkerzige Bogenlampen. Dann nehme man Räder und Achsen, bäume sie auf und lasse sie singen (Wasserriesenüberständer). Achsen tanzen mitterad rollen Kugeln Faß. Zahnräder wittern Zähne, finden eine Nähmaschine, welche gähnt. Empordrehend oder geduckt, die Nähmaschine köpft sich selbst, die Füße zu oben. Man nehme Zahnarztbohrmaschine, Fleischhackmaschine, Ritzenkratzer von der Straßenbahn, Omnibusse und Automobile, Fahrräder, Tandems und deren Bereifung, auch Kriegsersatzreifen und deformiere sie. Man nehme Lichte und deformiere sie in brutalster Weise. Lokomotiven lasse man gegeneinander fahren, Gardinen und Portieren lasse man Spinnwebfaden mit Fensterrahmen tanzen und zerbreche winselndes Glas. Dampfkessel bringe man zur Explosion zur Erzeugung von Eisenbahnqualm. Man nehme Unterröcke und andere ähnliche Sachen, Schuhe und falsche Haare, auch Schlittschuhe und werfe sie an die richtige Stelle, wohin sie gehören, und zwar immer zur richtigen Zeit. Man nehme meinetwegen auch Fußangeln, Selbstschüsse, Höllenmaschinen, den Blechfisch, in dem man Puddings backt (Kritiker) und den Trichter, natürlich alles in künstlerisch deformiertem Zustande. Schläuche sind sehr zu empfehlen. Man nehme kurz alles, von der Schraube des Imperators bis zum Haarnetz der vornehmen Dame, jedesmal entsprechend den Größenverhältnissen, die das Werk verlangt.

Menschen selbst können auch verwendet werden.

Menschen selbst können auf Kulissen gebunden werden.

Menschen selbst können auch aktiv auftreten, sogar in ihrer alltäglichen Lage, zweibeinig sprechen, sogar in vernünftigen Sätzen.

Nun beginne man die Materialien miteinander zu vermählen. Man verheirate z. B. die Wachstuchdecke mit der Heimstättenaktiengesellschaft, den Lampenputzer bringe man in ein Verhältnis zu der Ehe zwischen Anna Blume und dem Kammerton a. Die Kugel gebe man der Fläche zum Fraß und eine rissige Ecke lasse man vernichten durch 22 tausendkerzige Bogenlampenschein. Man lasse den Menschen auf den Händen gehen und auf seinen Füßen einen Hut tragen, wie Anna Blume. (Katarakte.) Schaum wird gespritzt.

Und nun beginnt die Glut musikalischer Durchtränkung. Orgeln hinter der Bühne singen und sagen: »Fütt Fütt«. Die Nähmaschine rattert voran. Ein Mensch in der einen Kulisse sagt: »Bah«. Ein anderer tritt plötzlich auf und sagt: »Ich bin dumm«. (Nachdruck verboten.) Kniet umgekehrt ein Geistlicher dazwischen und ruft und betet laut: »O Gnade wimmelt zerstaunen Halleluja Junge, Junge vermählt tropfen Wasser.« Eine Wasserleitung tröpfelt ungehemmt eintönig. Acht. Pauken und Flöten blitzen Tod, und eine Straßenbahnschaffnerspfeife leuchtet hell. Dem Mann auf der einen Kulisse läuft ein Strahl eiskaltes Wasser über den Rücken in einen Topf. Er singt dazu cis d, dis es, das ganze Arbeiterlied. Unter dem Topfe hat man eine Gasflamme angezündet, um das Wasser zu kochen, und eine Melodie von Violinen schimmert rein und mädchenzart. Ein Schleier überbreitet Breiten. Tief dunkelrot kocht die Mitte Glut. Es raschelt leise. Anschwellen lange Seufzer Geigen und verhauchen. Licht dunkelt Bühne, auch die Nähmaschine ist dunkel.

Ich fordere Einheitlichkeit in der Raumgestaltung.

Ich fordere Einheitlichkeit in der Zeitformung.

Ich fordere Einheitlichkeit in der Begattungsfrage, in bezug auf Deformieren, Kopulieren, Überschneiden. Das ist die Merzbühne, wie sie unsere Zeit braucht.

Ich fordere Revision aller Bühnen der Welt auf der Grundlage der Merzidee.

Ich fordere sofortige Beseitigung aller Übelstände.

Vor allen Dingen aber fordere ich die sofortige Errichtung einer internationalen Experimentierbühne zur Ausarbeitung des Merzgesamtkunstwerkes.

Ich fordere in jeder größeren Stadt die Errichtung von Merzbühnen zur einwandfreien Darstellung von Schaustellungen jeder Art. (Kinder zahlen die Hälfte.)

1919

1 Die Merzbühne

Die Merzbühne dient zur Aufführung des Merzbühnenwerkes. Das Merzbühnenwerk ist ein abstraktes Kunstwerk. Das Drama und die Oper entstehen in der Regel aus der Form des geschriebenen Textes, der an sich schon, ohne die Bühne, als geschriebener Text ein abgerundetes Werk ist. Bühnenbild, Musik und Aufführung dienen nur zur Illustration dieses Textes, der selbst schon eine Illustration der Handlung ist. Im Gegensatz zum Drama oder zur Oper sind sämtliche Teile des Merzbühnenwerkes untrennbar mit einander verbunden; es kann nicht geschrieben, gelesen oder gehört, es kann nur im Theater erlebt werden. Bislang unterschied man zwischen Bühnenbild, Text und Partitur bei den Vorführungen im Theater. Man bearbeitete jeden Faktor einzeln und konnte ihn auch einzeln genießen. Die Merzbühne kennt nur die Verschmelzung aller Faktoren zum Gesamtwerk. Materialien für das Bühnenbild sind sämtliche feste, flüssige und luftförmige Körper, wie weiße Wand, Mensch, Drahtverhau, Wasserstrahl, blaue Ferne, Lichtkegel. Man verwende Flächen, die sich verdichten, oder in Gewebe auflösen können, Flächen, die sich vorhangartig falten, sich verkleinern oder erweitern können. Man lasse Dinge sich drehen und bewegen und lasse Linien sich zu Flächen erweitern. Man schiebe Teile in das Bühnenbild hinein und nehme Teile heraus. Materialien für die Partitur sind sämtliche Töne und Geräusche, die durch Violine, Trommel, Posaune, Nähmaschine, Ticktackuhr, Wasserstrahl usw. gebildet werden können. Materialien für die Dichtung sind sämtliche den Verstand und das Gefühl erregende Erlebnisse. Die Materialien sind nicht logisch in ihren gegenständlichen Beziehungen, sondern nur innerhalb der Logik des Kunstwerkes zu verwenden. Je intensiver das Kunstwerk die verstandesmäßig gegenständliche Logik zerstört, um so größer ist die Möglichkeit künstlerischen Aufbauens. Wie man bei der Dichtung Wort gegen Wort wertet, so werte man hier Faktor gegen Faktor, Material gegen Material. Man kann sich das Bühnenbild etwa in der Art eines Merzbildes vorstellen. Die Teile des Bildes bewegen und verändern sich, und das Bild lebt sich aus. Die Bewegung des Bildes vollzieht sich stumm, oder begleitet von Geräuschen oder Musik. Ich fordere die Merzbühne. Wo ist die Experimentierbühne?

1919

Erklärungen meiner Forderungen zur Merzbühne

Man setze riesenhafte Flächen, erfasse sie bis zur gedachten Unendlichkeit, bemäntele sie mit Farbe, verschiebe sie drohend und zerwölbe ihre glatte Schamigkeit. Man zerknicke und turbuliere endliche Teile und krümme löchernde Teile des Nichts unendlich zusammen. Glattende Flächen überkleben. Man drahte Linien Bewegung, wirkliche Bewegung steigt wirkliches Tau eines Drahtgeflechtes. Flammende Linien, schleichende Linien, flächende Linien überquert. Man lasse Linien miteinander kämpfen und sich streicheln in schenkender Zärtlichkeit. Punkte sollen dazwischensternen, sich reigen, und einander verwirklichen zur Linie. Man biege die Linien, knacke und zerknicke Ecken würgend wirbelt um einen Punkt. In Wellen wirbelnden Sturmes rausche vorbei eine Linie, greifbar aus Draht. Man kugele Kugeln wirbelnd Luft berühren sich. Einander durchdringend zereinen Flächen. Kisten kanten empor, gerade und schief und bemalt. In sich Klappcylinder versinken erdrosselt Kisten Kasten. Man setze Linien ziehend zeichnen ein Netz lasurierend. Netze umfassen verengen Qual des Antonius. Man lasse Netze brandenwogen und zerfließen in Linien, dichten in Flächen, Netzen die Netze. Man lasse Schleier wehen, weiche Falten fallen, man lasse Watte tropfen und Wasser sprühen. Luft bäume man weich und weiß durch tausendkerzige Bogenlampen. Dann nehme man Räder und Achsen, bäume sie auf und lasse sie singen (Wasserriesenüberständer). Achsen tanzen mitterad rollen Kugeln Faß. Zahnräder wittern Zähne, finden eine Nähmaschine, welche gähnt. Empordrehend oder geduckt die Nähmaschine köpft sich selbst, die Füße zu oben. Man nehme Zahnarztbohrmaschine, Fleischhackmaschine, Ritzenkratzer von der Straßenbahn, Omnibusse und Automobile, Fahrräder, Tandems und deren Bereifung, auch Kriegsersatzreifen und deformiere sie. Man nehme Lichte und deformiere sie in brutalster Weise. Lokomotiven lasse man gegeneinander fahren, Gardinen und Portieren lasse man Spinnwebfaden mit Fensterrahmen tanzen und zerbreche winselndes Glas. Dampfkessel bringe man zur Explosion zur Erzeugung von Eisenbahnqualm. Man nehme Unterröcke und andere ähnliche Sachen, Schuhe und falsche Haare, auch Schlittschuhe und werfe sie an die richtige Stelle, wohin sie gehören, und zwar immer zur richtigen Zeit. Man nehme meinetwegen auch Fußangeln, Selbstschüsse, Höllenmaschinen, den Blechfisch und den Trichter, natürlich alles in künstlerisch deformiertem Zustande. Schläuche sind sehr zu empfehlen. Man nehme kurz alles vom Haarnetz der vornehmen Dame bis zur Schraube des Imperator, jedesmal entsprechend den Größenverhältnissen, die das Werk verlangt.

Menschen selbst können auch verwendet werden.

Menschen selbst können auf Kulissen gebunden werden.

Menschen selbst können auch aktiv auftreten, sogar in ihrer alltäglichen Lage, zweibeinig sprechen, sogar in vernünftigen Sätzen.

Nun beginne man die Materialien miteinander zu vermählen. Man verheirate z. B. die Wachstuchdecke mit der Heimstättenaktiengesellschaft, den Lampenputzer bringe man in ein Verhältnis zu der Ehe zwischen Anna Blume und dem Kammerton a. Die Kugel gebe man der Fläche zum Fraß und eine rissige Ecke lasse man vernichten durch 22tausendkerzigen Bogenlampenschein. Man lasse den Menschen auf den Händen gehen und auf seinen Füßen einen Hut tragen, wie Anna Blume. (Katarakte.) Schaum wird gespritzt.

Und nun beginnt die Glut musikalischer Durchtränkung. Orgeln hinter der Bühne singen und sagen: »Fütt, Fütt.« Die Nähmaschine rattert voran. Ein Mensch in der einen Kulisse sagt: »Bah«. Ein anderer tritt plötzlich auf und sagt: »Ich bin dumm.« (Nachdruck verboten.) Kniet umgekehrt ein Geistlicher dazwischen und ruft und betet laut: »O Gnade wimmelt zerstaunen Halleluja Junge, Junge vermählt tropfen Wasser.« Eine Wasserleitung tröpfelt ungehemmt eintönig. 8. Pauken und Flöten blitzen Tod, und eine Straßenbahnschaffnerspfeife leuchtet hell. Dem Mann auf der einen Kulisse läuft ein Strahl eiskaltes Wasser über den Rücken in einen Topf. Er singt dazu cis d, dis es, das ganze Arbeiterlied. Unter dem Topfe hat man eine Gasflamme angezündet, um das Wasser zu kochen und eine Melodie von Violinen schimmert rein und Mädchenzart. Ein Schleier überbreitet Breiten. Tief dunkelrot kocht die Mitte Glut. Es raschelt leise. Anschwellen lange Seufzer Geigen und verhauchen. Licht dunkelt Bühne, auch die Nähmaschine ist dunkel.

1919

Tran 1

Ein solider Artikel
Eine Anwienerung im Sturm

Doktor: Verzeihen Sie, was bedeuetet das Wort Merz? (Ausmerzen warnt Iden.)
Ich: Das Wort ist neu, ich wählte es zur Bezeichnung meines neuen Stils. (Komm, spiel mit mir.)
Doktor: Woher nahmen Sie das Wort? Ich würde mir nie zutrauen, vier Buchstaben zusammenzusetzen.
Ich: Überwindet Merz Schwierigkeiten. Merz nannte sich selbst. (Automatischer Kohlensäuretrockenlöscher »Total«.) Können Sie lesen? (Hier auf dem Merzbild.
Doktor: (Berliner Leichtathletikmeisterschaften.) Lesen? Manchmal, wenn das Wort einen soliden Sinn hat. Ich liebe das Wort »solide«. (Berliner Ringkämpfe.) Das Wort Merz ist aber unsolide, ist reiner Zufall. (Junges Mädchen total automatisch.) (Ob er auch gesund ist?)
Ich: Das Wort entstand im streng organischen Schaffensprozeß der Kunst. (Nationales Kreisschwimmfest.)
Der solide Doktor: Warum schreiben Sie das Wort nicht selbst? Ich schreibe doch meine soliden Artikel auch selbst. (Mir können Sie sogar noch schwierigere Aufgaben stellen.) (Ob er mich liebt?) Und stehe doch nicht im organischen Zusammenhang mit der Kunst (weil einfach die Preise nicht festzustellen waren).
Ich: Quer durch Neukölln (Gelb steht mir nicht).
Der Doktor: Ich sage einfach: »So und so und so macht man Kunst, und wer das nicht so und so und so macht, drückt einfach nichts Empfendes aus.« (Die Ostmark ist in höchster Gefahr.) Sie verzeihen wohl meine vielen Fragen, ich sammle nämlich Brocken, (Riesenidiot) weil ich sonst nicht weiß, was ich schreiben soll. (Nieder mit dem pourquoi, hoch warum.) Mir liegt eben eine solide Brockensammlung mehr, als eine Kritik. (Ein ausgeruhtes Köpfchen.) (Blaue Maus.) Und wenn ich diese Brocken dann feierlich rahme, und wenn ich diese Brocken dann feierlich rahme, (Ein unbegreiflich solider Klebstoff.) dann dann brauche ich nur noch: »Auch eine Kunstausstellung« darüber zu schreiben, (Süßer und saurer Kitsch.) dann habe ich einen soliden Artikel für die Neue Berliner. Sehen Sie, Stiefelschmiere kann ich nicht fabrizieren. (Du

auch nicht.) ich wüßte auch nicht, woher ich einen soliden Namen dafür nehmen sollte. (Berliner Boxkämpfe.) Kritiken kann ich nicht schreiben, der Effekt wäre die Leistung eines unverhältnismäßig anständigen Oberlehrers mit untauglichen Mitteln. (Vollblut.) Darum schreibe ich solide Artikel. (Storch zahlt gute Preise.) (Wir wollen Ernst machen.) Sehen Sie, eine Kritik ist ein Wagnis. Mir liegt aber eben eine Silberbleiregatta nicht. Ich wage solide Artikel. (Fordern Sie Prospekte.) Ich zetere Mauerblümchen. (Lesen Sie den Sturm.) Leben Sie die Zeitschrift Der Sturm? (Regenwurm zetert.) (Das Heiligste ist bedroht.) (Das Heiligste ist bedroht.) Aber sonst Thema unbequem. (Das Heiligste ist bedroht.) Wissen Sie, über Titel lassen sich so feine Artikel schreiben, solide Artikel. (Artefacte.) Wo ist der Zusammenhang zwischen Ihren Bildern und meinen Artikeln? (Der Meisterboxer von Deutschland als Hundeschlächter.) Wo ist der Zusammenhang zwischen Ihren Bildern und meinen Artikeln?

Ich: Sehr. Lieber Herr, sehr. Du Deine: Dich Dir. Ich habe Sie so gern. (Werde mein!) Und muß Ihnen Kummer bereiten!

Der Doktor: Wo sind die Zusammenhänge? (Amorsäle.)

Ich: Sehr. Zusammenhänge sind schwer. Es tut mir so sehr. Ihretwegen sehr. (Herausforderungskampf Cohn-Wiener – Anna Blume, Anfang 8 Uhr.) Der Titel ist ein Schutzwall. (Morgen kommt mein Schatz.) Solide Oberlehrer können nicht darüber hinwegsehen. (Boxmeisterschaft von Europa.) Ein Kritiker aber übersteigt den Wall und sieht, was dahinter ist. (Mauerblümchen.) (Ob er weiß, wie ich ihn liebe?) Vor dem Wall ist Wind, hinter dem Wall ist Sturm. (Neuzeitliche Siedelung.) Ich würde Ihnen darum raten, bleiben Sie, du lieber Doktor, lieber Herr Doktor, Lieber lieber Vor vor dem Wall wall. (Anna Blume hat ein Vogel vogel.) (Ob ich ihm so gefalle?)

Hochachtungsvoll
Kurt Schwitters

1919

Du meiner, ich deiner, wir mir

(Und Sonne Unendlichkeit lichten die Sterne)
Offener Brief an Herrn Martin Frehsee.

Sehr geehrter Herr!
Angenommen, Sie hätten 27 Sinne (ich wünsche sie Ihnen ja gern) oder auch nur ein paar mehr als 5 (wie Sie es sich selber zu wünschen scheinen), dann hätten Sie vielleicht auch einen Sinn für Kunst dabei. Dann würden Sie vielleicht auch wissen, daß es in der Kunst eine Form gibt, (auf die Formung kommt es an) und, daß die künstlerische Logik verschieden ist von der verstandsmäßigen Logik. (Immer angenommen, Sie hätten.) Dann würde es Ihnen vielleicht nicht vorkommen (o Tannebaum), daß Sie (Kain, ich liebe dir!) einen künstlerischen Ausspruch für Ernst nähmen. (Beifall.)
Und wenn tatsächlich ein Sinn für Kunst dabei wäre, was immer noch nicht unbedingt der Fall sein müßte (Tante Tüschen), dann würden Sie vielleicht (als ich noch im Flügelkleide) auch nicht immer auf jede nicht sehr intelligente Art von ›Kritiken‹ hereinfallen. (Füttert die Vögel, besonders Anna Blumes Vogel.) Dann würden Sie vielleicht auch im Kurier (eine Kritik ist ein Wagnis) eine Kritik haben (beim Eintritt hier laßt alle Hoffnung fahren), die Kunstwerke nach künstlerischen Gesichtspunkten besprächen.
Dann würden Sie vielleicht Artikel zurückweisen, die einen der bedeutendsten Künstler unserer Zeit, Max Burchartz, mit Redensarten, wie »groteske Verzerrungen« und »Formenkünstelei« abtun. (Nashorn ohne Brille.) Dann würden Ihre Kritiken vielleicht einmal vom Wesentlichen sprechen, von Max Burchartz' tiefem Erleben, dem Reichtum seiner Ausdrucksmittel, und seiner außergewöhnlichen Gestaltungskraft. (Schulbeispiel.)
Aber Ihre Begabung ist auf Irrwege geraten. (Stück 27 Pfg.) Lesen Sie lieber Anna Blume! (Stück 32 Pfg.) Kehren Sie um, noch ist es Zeit! (Stück 43 Pfg.)
Vielleicht würden Sie, wenn Sie 27 Sinne hätten (Kurier heißt Läufer), nicht Ihrem Publikum (»in Saal 10 fallen Holzschnitte ins Auge«; Vorsicht! Augen zu!), das in der Mehrzahl auch nicht 27 Sinne hat, ein Gedicht mit 27 Sinnen vorsetzen, damit es sich darüber lustig mache. Das Publikum im allgemeinen hat nur einen Sinn – für Unsinn. (Dessen ›Sehnsucht‹ dagegen infolge des mangelnden Adels im Gesichtsausdruck weniger gefällt.) Nur wenige Menschen können ihre Lächerlichkeit künstlerisch formen. (27 Sinne, ich liebe dir!) Die meisten sehen in

der Kunst ihre eigene Lächerlichkeit und lachen. (Ernst ist die Kunst und heiter das Leben.) Denn was nützt mir ein Gummischuh, wenn er undicht ist. Odi profanum vulgus et arceo. (Auf deutsch: »Anna Blume von der Reise zurück.«) »Und du, du Herrlichste von allen, du bist von hinten wie von vorne: »A–N–N–A«. (Ob er wohl gesund ist?)

Hochachtungsvoll
Kurt Schwitters.

P. S. Eben lese ich im Kurier die Kritik über die Molzahn-Ausstellung im Sturm. Ich versuchte die Besprechung »mit gutem Willen« zu lesen; aber sie war wirklich zu komisch. Denken Sie sich einen ›Kritiker‹, der so gern »verstehenlernen wollte« und doch »nicht fand«, der nur manchmal »schwach fühlte« und dessen »Auge schließlich müde ward von der unbegriffenen Buntheit und dem vergeblichen Suchen«. Ist es nicht furchtbar komisch, daß dieser Herr überhaupt Kritiken schreibt. Lassen Sie mich doch mal über Johannes Molzahn schreiben:

An Johannes Molzahn!

Kreisen Welten Du.
Du kreist Welten.
Du überwindest zwitschern Apyl, den Wassern die Maschine.
Welten schleudern Raum.
Du schleuderst Welten Raum.
Welten wenden die neue Maschine Dir.
Dir.
Du, deiner die neue Maschine Raum.
Und Achsen brechen Ewigkeit.
Das Werk, dem wir, uns Erbe, Du.

Dieses Mal gebe ich Ihnen sogar die Erlaubnis, gegen gebührende Honorierung mein Gedicht an Johannes Molzahn abzudrucken. Ich bin Kaufmann. (Wollen Sie das bitte auch erwähnen?) Am besten drucken Sie vielleicht diese ganze Besprechung ab.

1920

Nichts tötet schneller als Lächerlichkeit

So wollen wir uns heute einmal Herrn Felix Neumann ›ergreifen‹. »Nichts tötet schneller als Lächerlichkeit«, schreibt er. Aber mein Herr, Sie begehen ja Selbstmord! Haben Sie denn Ihren Artikel in der Post vom 6. Januar 1920 nicht gelesen? Der reinste Selbstmord! (Nichts tötet schneller als Lächerlichkeit.) Ich zitiere wörtlich: »Die Umrisse aller Begebenheiten sind ins Ungeheuerliche gerückt«. Wir wollen uns einmal diesen einen Satz ›ergreifen‹, heute einmal. Was haben Sie sich wohl dabei gedacht? (Damenringkampf mit Turbinen.) Ach, zeigen Sie mir doch bitte einmal den Umriß einer Begebenheit, oder einen ins Ungeheuerliche gerückten Umriß. (Die Frau ist doch schließlich auch kein Räderwerk!) Ergreifen wir uns einmal den nächsten Satz: »Alles Alte, ehrwürdig Überlieferte liegt auf dem Kehrichthaufen.« Sagen Sie mal, Herr Neumann, gehören Sie auch zum ehrwürdig Überlieferten? Dann wollen wir lieber fortfahren. Sie treiben also sozusagen ›Schindluder‹ mit Anna Blume. (Preisfrisierwettbewerb mit Salonmusik.) (Er hat en Bullen gemolken.) Sie sagen, ich nagte mit tausend Gesinnungsgenossen an den Wurzeln unserer Kraft. (Ein schönes Bild.) Sie meinen wohl: Ihrer Kraft? Nein, millionenmal nein, ich nage nicht, seien Sie unbesorgt, ich bin keine Ratte und Sie sind kein Baum. Ich wüßte auch garnicht die Wurzeln ihrer Kraft zu finden. Außerdem würde ich auch meinen Weg allein nagen, ohne tausend Mitnager. Aber ich bin kein Nagetier, sondern man nagt mich an. Wollen Sie wohl gleich aufhören, mich anzunagen, sonst mache ich Sie lächerlich, jawohl! Ich mache Sie sonst lächerlich. Sie wissen doch, das tötet. (20 Jahr, da stand der Schwanz noch kerzengerade hoch, 30 Jahr, da hat er schon en Bogen.) Ich brauche bloß abzuschreiben, was Sie selbst geschrieben haben, das genügt. Ich brauche bloß Ihre eigenen Worte, »auf den Büchermarkt zu werfen«, ich brauche Sie garnicht erst »in den dadaistischen Dichterschlund zu reißen. (Und meine Zähne sind so teuer gewesen.) Sie meinen, daß »Schmutz in Wort und Bild tonangebend wurden.« Mein Herr, Ihre Art zu kritisieren, wird nie tonangebend werden, nichts tötet schneller als Lächerlichkeit. Sie meinen aber, diese trüben Erscheinungen wären nur »vorübergehend«. Da muß ich allerdings widersprechen. Kritiken, wie die Ihrigen, ›vernichten‹ (Schmutz in Wort und Bild) zu Tausenden unter Ausnutzung der jetzt günstigen Konjunktur den Rest von Feingefühl im deutschen Volke und unterhöhlen den Baum der Kunst. »Aber nichts tötet schneller als Lächerlichkeit.« Und der Baum der Kunst ist eine Schlange (fein, was?) mit tausend Köpfen am Fuße und wenn

Sie einen abgenagt haben, dann wachsen tausend Zehen aus jedem Hühnerauge seiner Wurzeln, und das ist schlimm für Sie. Denken Sie doch nur, wenn der Baum der Kunst ein Pflaumenbaum wäre, der Sie einzeln vor den Richterstuhl schleppte (»und in Ihrer ganzen traurigen Erbärmlichkeit zerpflückte«) und dem Gespött überlieferte. (»Und – dem Gespött überlieferte.«) Mein Herr, ich muß lachen, ich kann nicht mehr ernsthaft schreiben. Gleich beiße ich doch die letzte haltende Wurzel durch. »Vorsicht, sonst fällste!« »Am meisten zu bedauern ist aber das deutsche Volk, dem moderne Kritiker so etwas zu bieten wagen.« Es erübrigt sich, auf Einzelheiten einzugehen. »Lassen Sie sich man keenen Dachziegel aufen Kopp fallen.« Also, nichts für ungut!

1920

Berliner BörsenKukukunst

Der Berliner Börsenkukurier schreibt immer so drollige Artikelchen über Kunst. (Beim Einkauf bitte genau auf Firma zu achten.) Im Juli widmete ein Herr Ku-Kurt Glaser meiner ersten Kollektivausstellung von Merzbildern im Sturm einen so kukokomischen Artikel, in dem er mich (Abstrakte Kritik.) immer »der junge Mann« nannte. (Das Lastautomobil unter anderen Umständen.) Der alte Herr Kuku schrieb etwa folgendermaßen.

Kurt Glaser an seinen Glasermeister.

Lieber Glasermeister! Der Sturm hat in meinem Erkerzimmer neulich ein Fenster eingedrückt, weil es nicht genügend verkittet war. Ein anderes Fenster haben neulich spielende Kinder anscheinend mit einem richtigen Messinghahn oder einem ähnlichen Gegenstande entzweigeworfen. Ich ging zwar sofort auf die Straße und schrie aus Leibeskräften, konnte aber den Übeltäter, einen jungen Mann, nicht mehr festnehmen. Bitte sorgen Sie doch dafür, daß wenigstens die Scheiben wieder eingesetzt werden, da mir frische Luft zuwider ist, auch im Juli.
Hochachtungsvoll
Kurt Glaser.

Bitte vergleichen Sie mit dem betreffenden Artikel, ob mich mein Gefühl getäuscht hat. (Contradictio in adjecto.) (Damenwäsche nach Maß.)

Seit der Zeit erfreut mich der B. Bkukurier ungefähr jeden Tag 3–4 mal mit kleinen Artikelchen und interessiert sich scheinbar wirklich für die Farbe von Anna Blumes Vogel. (Taghemd a. Madapol. m. Stick-Ein- und Ansatz 22.50 M.) Ich verrate aber Anna Blumes Vogelfarbe nicht eher, als bis mir der Berliner Börsenkuku verrät, inwiefern seine Artikelchen ernst zu nehmen sind. (Damenbeinkleid mit Stoffvolant und Hohlsaum 25.00 M., Damenbeinkleid mit Stick- Ein- und Ansatz 27.00 M.) Die Dessous sind Herrn r. d. delicatissime zugeeignet als Gegengabe für seinen deliciösen Unterrockartikel. (Ich würde das zweite Beinkleid wählen, um die paar Mark ist es doch gleich viel netter.)

Übrigens, Herr Kuku-rd., Sie haben sich viel Mühe bei Ihrem Artikel ›Merz‹ gegeben, nur schade, daß Sie unserer Zeit so völlig verständnislos gegenüber stehen. (Du siehst heute wieder außerordentlich reizend aus!) Übrigens scheint mein sogenannter Schüler künstlerisch völlig unbegabt zu sein. (-r.d.- merzt sich selbst.)

Die Bilder der Merzmalerei sind abstrakte Kunstwerke. (Lesen Sie Valori Plastici.) Der Künstler schafft durch Wahl, Verteilen und Entformeln der Materialien. (Auch Unterröcke.) Wenn ich zum Beispiel Herrn Kurt Glaser, ein Damenbeinkleid und einen Berliner Börsenkurier (Verzeihung ›Courier‹) als Material verwendete (Ich würde diese Zusammenstellung übrigens wahrscheinlich nicht treffen.), dann würde ich etwa den B. Bcourier trotz seiner netten Artikelchen als Malgrund verwenden. Den alten Herrn und das Damenbeinkleid würde ich zerteilen und entformeln und nach den Gesetzen der künstlerischen Logik auf der Bildfläche verteilen. Ich würde also Herrn Kurt Glaser als schöne und ausdrucksvolle Form, als Rhythmus und als helldunkel modellierte Masse verwenden. Mein sogenannter Schüler scheint das Panoptikum mehr zu lieben, als die Kunst. Er würde beispielsweise Herrn Kurt Glaser als richtigen Kritiker verwenden, mit einer Zornesstirn und einer Tintenfeder in der Hand, das Damenbeinkleid decent dahinter ausbreiten und den Börsencourier als wirkliche Zeitung respektvoll auf den Tisch legen, als das führende Blatt in Bezug auf Kunstkritiken. (Hierzu 3 Beilagen.) Ich dagegen fordere die abstrakte Verwendung der Kritiker. (Lesen Sie Anna Blume, Verlag Paul Steegemann, die Merzbühne.)

1920

Tran Nummer 7

Generalpardon an meine hannoverschen Kritiker in Merzstil

Alle Herren konnten nicht berücksichtigt werden, die Zahl ist zu groß. (Das gehört beiläufig nicht hierher.) Ich behalte mir vor, die anderen Herren später zu kritisieren. (Merzstil heißt arbeiten.) Damit sich niemand zurückgesetzt fühlt, nehme ich die Reihenfolge alphabetisch. (Die Klammern gehören selbstverständlich auch nicht hierher.)
1.) Herr Fg. (Frerking.) (Hann. Tageblatt) ist ein wenig zu alt, um mit uns jungen Künstlern fühlen zu können. (Meiers Imprägnierungsmasse macht alte Segeltuchdecken wie neu und garantiert wasserdicht.) Das entschuldigt aber leider nicht, daß Herr Frerking Kritiken schreibt: (Wie lerne ich dichten?) Auch ein Kunstkritiker muß über ein gewisses Etwas verfügen, sagen wir mal: Urteilsfähigkeit. Ich zitiere Ihr eigenes Wort: »Der Wein im Fasse muß erst gären, bevor er reif und wohlschmeckend wird.« (Oh Ihr ungegorenen Kritiker!) Mit Aufzählen des Materials, aus dem ein Kunstwerk geformt ist, verrät man nur seine Unfähigkeit zu kritisieren. (Die Gemeindesteuerschraube mit Benzinmotor.) Faule Witze sind bei einer ernsthaften Kritik nicht von Vorteil (Augen auf!): »trotzdem nicht ganz wertlos, denn den Ingredienzien aus dem Mülleimer fügte er ein wirkliches kupfernes Zweipfennigstück hinzu«. (Ich nämlich.) (Nie wiederkehrende günstige Gelegenheit!) Was wollten Sie wohl sagen, Herr Fg., wenn ich von Ihren biederen Besprechungen etwa schriebe, sie wären konfus (praktische, leicht faßliche Unterweisung in Lehre und Beispielen nebst Übungsaufgaben), und glichen einem unordentlichen Häufchen Gerümpel (kaufe alte Zahngebisse, Bruchstücke und einzelne Zähne.), aber sie wären trotzdem nicht ganz wertlos (pro Zahn 15 M. u. mehr.), weil sie dem zwanglosen Gemengsel in einem Mülleimer verblüffend ähnlich sähen. (Bettfedern, Betten ein sehr lohnendes Geschäft für Möbel- und Polsterwarenhandlungen.) Was würden Sie wohl sagen? (Verfasser und Verleger überreichen hiermit dem Dichter ein Büchlein, das bestimmt ist, die erste Anleitung zur Ausübung der Dichtkunst zu geben.) Aber ich bitte Sie, sich daraufhin einmal Ihre Besprechung durchzulesen. (Sicher ist, daß das Talent zum Dichten angeboren werden muß.) Zu jeder Bettstelle und Matratze gehört ein Bett.)
2.) Und Sie, Herr Dr. Erich Madsack! (Hann. Anz.) Sie wissen doch: »Der seelische und geitige Gehalt eines Bildes liegt bekanntlich in der Ölfarbe.«

(Sturm X, 9: Nachsicht Zeugen von Herwarth Walden.) (und ca. 30–40 M. können Sie an jeder Bettstelle verdienen,) da halte ich es doch für überflüssig, daß (extra verdienen, wenn) Sie meinen (Sie auch die Betten dazu liefern.) »Pappdeckelnageleien« (Alleiniger Fabrikant des weltberühmten Merzstils) mit Ihrem »Schneiderwerkstättenkehricht« hübsch verzieren (Gekochte Krankheit ist Gesundheit, gekochte Gesundheit ist ewiges Leben.) und diese internationalen Emballageschneiderwerkstättenpappdeckelkehrichtverzierungen unter Außerachtlassung Ihrer mit Selbstbewußtsein zur Schau getragenen Hilflosigkeit (Mann mit Zaunpfahl.) mit Hilfe meiner Spielwarenindustrie für große Kinder. (Wen meinen Sie mit der Bezeichnung »großes Kind?« Bislang ist jedenfalls außer Ihnen noch niemand auf den Gedanken gekommen.) Komm, spiel mit mir! (Ferner empfehle ich Lederglanz, Lederappretur, Momentlederschwärze, fertig gezogenen Pech usw.) aus der hannoverschen Kunstpflege (etwa Anzeigerbesprechung?) Wenn Sie das Präparat aber noch nicht kennen, dann lassen Sie sich sofort eine Probesendung kommen. (unter Hinterachtlassung) beinahe hätte ich es vergessen. (hinter über Gegenachtsetzung) von wegen! (oder gegen vorherige Einsendung von 8,00 M.) weshalb nämlich immerdar (Lebens, Volks, Unfall, Haftpflicht, Feuer, Einbruchsversicherung mit beschränkter Hirntätigkeit.) ebenfalls gegen von wegen hinter (Zeitungsstil überragt) zu loser Art in Anbetracht veristischer Mittelmäßigkeit wesentlich entlastet haben sollte. (nicht für Kinderwärterinnen!) Ich kann mich doch »auch ganz gelehrt ausdrücken. Jawohl! (Preis 37 Pfennige.) noch dazu mit Dampfbetrieb. Nun weiß doch jeder, was Kunst ist. (Wenn ohne Erfolg, Geld zurück.) Ihre Kritik, Herr Doktor, dagegen beweist, ich bedaure es erwähnen zu müssen, indem ich Ihre eigenen Worte verwende, zu welch bedauerlichen Mißverständnissen die jüngste Kunstrichtung Kritiker zu verführen vermag, die nicht hinter die Oberfläche künstlerischen Schaffens zu schauen vermögen. Bilden Sie sich etwa ein, Sie vermöchten das?
3.) Und Sie, Herr Dr. ASch. (Adolf Schaer.) (Hann. Kurier.) Sie schreiben: »Was soll man sagen zu den wunderlichen Schöpfungen von Kurt Schwitters, der die Welt aufs neue mit seinen Merzzeichnungen usw. zum Besten hat? Soll man wirklich aufgeklebte Papierfetzen und Hosenflicken für ›Kunst‹ hinnehmen? Soll man solche Verirrungen ernst nehmen? Soll man sie der Ehre zornigen Widerspruches würdigen? Am besten ists, man hält sich an den Satz: ›Der Rest ist Schweigen‹, hoffend, daß Schweigen am ehesten dem ganzen Unfug ›den Rest gibt‹.« Ich stelle die Gegenfrage: »Soll man wirklich solche Quasselei ernst nehmen?« Was sie »schweigen« nennen, das nenne ich nämlich quasseln. (Leistungsfähige Bezugsquelle für Tran, weil direkt aus der Transiederei bezogen.) Kritik ist ja bekanntlich die Feststellung, mit welcher Sorte von Pinseln ein

Maler gearbeitet hat. (Achtung! Achtung, Scheuklappen! Achtung! Patent-Scheuklappen! Patentscheuklappen sind die leichtesten der Welt, die den richtigen Winkel, in dem sie stehen, nie verändern können. Jede Form ist aus einem Stück gearbeitet und wiegt nur ca. 100 Gramm das Paar. Bequemer Sitz. Zu haben bei den meisten Grossisten und Sattlern.) Übrigens erlaube ich mir, Sie darauf aufmerksam zu machen, daß mein Kollege, Herr Marc Chagall, Sie wissen doch, der Mann mit dem seelenvollen Bildnis, (edel sei der Mensch, hilfreich und gut.), den Sie bereits dreimal Chagall genannt haben, nicht Max Chagall heißt, sondern Marc Chagall. (Pferde- und Hunde-Kämme aus Alluminium sind unerreicht.) Allerdings ist die Verwechslung des Namens Chagall begreiflich, denn er stellt zum ersten Male aus. (Leichenpferdedecken, hervorragende Neuheit. Verlangen Sie bitte Ansichtssendungen.) Ich erwähne dieses besonders, damit nicht etwa jemand auf den falschen Verdacht käme, Sie hätten sich bislang erst wenig mit der Kunst beschäftigt. (Heiterkeit im Zuschauerraum.) Trotzdem warne ich Sie, meinen Kollegen immer wieder Max Chagall zu nennen. Wenn Sie mir nicht glauben, so fragen Sie die Besitzerin dieses Chagall, Frau Amalie von Garten (Eugenie von Garvens), sonst behaupte ich nächstens, Sie hießen August Adalbert von Scheere. (Hochwertige Qualität.) Dann könnte aber ein böser Mensch behaupten, August von Scheere schnitte mit einer adeligen Scherre aus, was einem August edel erschiene, statt Kunst zu kritisieren. Und es täte mir wirklich leid, wenn man »Ihr Treiben der Lächerlichkeit preisgäbe«. (Rheinisch-Westfälische Zeitung 25. 2. 20.) Ich würde Ihnen übrigens in Freundschaft raten, in Zukunft wirklich zu schweigen, und zwar überhaupt. Zwar haben Ihre Kritiken »wenigstens noch den Vorzug erheiternd zu wirken«, aber man möchte doch nicht gern Anlaß zum Gelächter geben, ohne es zu wollen. (Kutschermäntel, Wagendekorationen, sowie sämtliche Sachen zum Trauerfuhrwesen liefere [ich] in bekannten guten Qualitäten.)
4.) Und Sie, Herr Hein Wiesenwald, mehrheitssozialistischer Schriftsteller, sagen wir mal Kunstschriftsteller für den Hannoverschen Volkswillen! (das Lieblingsblatt der Mädchenwelt.) Ihre Besprechungen sind fast zu kindisch, als daß es sich lohnte, darauf einzugehen. (Die Kuh hat hinten einen Schwanz, vorn einen Kopf und in der Mitte einen Pompadour.) Bitte stellen Sie sich einmal vor, Sie würden als unparteiischer dritter sich selbst beobachten, wie Sie, als erwachsener Mensch, in den städtischen Anlagen sich laut mit den Vögeln unterhalten. (Konzentriertes Restitutions-Fluid extra stark, f. Pferde u. sonstige Haustiere nach d. Rezept des Hofroßarzt Fabricius, seit üb. 30 Jahr. bewährt, wirkt hervorragend gegen Steifwerd., Schulter-, Kreuzlähme, Verrenkung, Verzerrung, Verstauchung, sowie Schwächen all. Art.) Ich glaube, Sie würden laut loslachen. (Wer fabriziert

gut gegerbte Roßleder, zu Kummeten geeignet?) Und Sie haben es in Ihren Kritiken so oft erzählt, daß Sie sich Ihre Anregung zu Besprechungen der Kunst in der Unterhaltung mit den Vögeln holen, daß man es Ihnen, so komisch es an sich klingt, ohne weiteres glauben muß. (Laß dein Pferd nur ruhig weiterarbeiten, jede Büchse trägt diese Fabrikmarke.) So etwas nennen Sie also Kunstkritiken? (Man nimmt einen weichen Lappen über den Finger, fährt damit sanft über der Oberfläche der Creme herum. Hat sich etwas angehängt, so trage man dieses Wenige in dünnster Schichte auf.) Das ist also Kritik für das Volk? Mein Herr, ich hoffe, das Volk wird gegenüber dieser Art von Kritik kritisch sein, selbst ohne meine Kritik an Ihrer Kritik. (Meierin ist ein großer Fortschritt für Ihr Geschäft. Sie kennen sicher schon diese Schmiere, die ein unentbehrliches Mittel für jeden Pferde- und Viehbesitzer ist, da sie alle Schäden schnell und sicher beseitigt.) Wenn es übrigens noch nicht genügt, wenn Sie mit Frau und Kind und zwei Wandervögeln in die Kunstausstellung gehen, wenn das noch nicht genügt, damit Sie sich konzentrieren können, dann rate ich Ihnen: Nehmen Sie doch das nächste Mal ein Paar richtige Vögel, Wiesenwaldvögel und einige Jagdhunde mit oder auch einen Rucksack mit Feldflasche und belegten Butterbroten. (Ein fast unglaublicher Kritiker.) Abkochen wird für die Herren Vogelkundigen in Kunstausstellungen stets gern gestattet.
Jedenfalls aber erkenne ich den Wagemut der Herren Kritiker meiner Vaterstadt stets gern an.
Mit vorzüglicher Hochachtung
Kurt Schwitters
(Hauptmann von Köpenick in der Malerei)

1920

ERKLÄRUNG

Das nicht mit unserem Einverständnis dem Katalog der Hannoverschen Sezession (1920) vorangestellte Vorwort gibt uns Anlaß zu folgender Erklärung:
Dem Worte und dem Sinne nach kommt in dem Vorwort eine Kunstauffassung zum Ausdruck, die sich mit der unserigen in keiner Weise deckt und gegen die wir als Mitglieder der Hannoverschen Sezession zu protestieren uns gezwungen fühlen.
Uns ist Kunst immer geformter Ausdruck religiösen Erlebens, und wir erkennen in den wertvollen Werken aller Zeiten, auch der unserigen, die immer ursprüngliche Schöpfungen einzelner Menschen waren und sind, den gleichen inneren Wesenskern in immer neuer Form.
Wir lehnen es ab, irgendwelchem Schul- und Richtungswesen jene übermäßig große Bedeutung beizulegen, wie es heute häufig geschieht.
Ein bewußtes Zurückgreifen auf sogenannte Tradition widerspricht jeglichem schöpferischen Gestalten. Wohl sehen wir im Laufe der Zeiten jeweils ein tiefes geistig Gemeinsames, das eine Reihe von Künstlern auch äußerlich sichtbar bindet. In diesem Sinne (nicht im Sinne einer „Richtung") fassen wir auch die Begriffe „Impressionismus" und „Expressionismus" auf. Daher bleibt uns nichts anderes übrig, als eine Kunstauffassung, die mit Worten wie „bewußte Freude an Versuch und Entdeckung", „allgemein verpflichtende Stilbildung", „intellektuelle Vereinzelung", „geschichtliche Institution" usw. arbeitet und nur an der äußerlichen Erscheinung haften bleibt, abzulehnen.

*Max Burchartz.   Otto Gleichmann.   Lotte Gleichmann-Giese.
Otto Hohlt.   Kurt Schwitters.*

1920

Was Kunst ist; eine Regel für große Kritiker

Kunst ist die Nachahmung der Natur. Je intensiver die Nachahmung ahmt, desto größer ist die Kunst. Es gibt nämlich große und kleine Kunst, auch mittelmäßige. Nämlich die mittelmäßige Kunst schafft ein Mittel, das mäßig ist (das gehört beiläufig nicht hierher). Oder die mittelmäßige Kunst hat die Mittel dazu, etwas Mäßiges zu schaffen. Die Plastik kommt der Natur näher als die Malerei. Daher ist die Plastik die größere Schwester der Malerei. Innerhalb der Plastik gibt es natürlich verschiedene Grade der Größe von Kunst, und zwar ist diejenige Plastik die größere, die nun nicht etwa dem Umfange nach die größere wäre (allerdings ist auch der Umfang ein Kunstfaktor, besonders bei edlem Material), sondern diejenige, welche die größte Naturnähe besitzt. (Man muß nur konsequent denken.) Hier wäre die Materialfrage anzuschneiden (Material ist nämlich Wurst). Für die Darstellung der menschlichen Haut ist natürlich das beste Material farbiges Wachs, rosafarbiges. Es verleiht dem Fleisch (das Wachs nämlich) eine Transparenz, als obs de lebst. Man vermeide es sorgfältig, auch den Anzug des Modells in Wachs zu modellieren. Denn erstens wirkt das Wachs zu transparent für Zeug, und das schickt sich nicht, und zweitens läßt sich der Anzug am besten durch wirkliches Zeug nachahmen. Die wirklich großen Plastiker haben schon längst das einzig richtige Verfahren erkannt. Sie bauen zunächst das Gerüst aus wirklichen Knochen auf. (Talentlose Imitatoren machen sich ein Eisengerüst). Dieses Gerüst umkleiden sie mit Wachs in der Form von Muskeln (Fleisch, siehe Anatomie). Jedoch nun machen selbst die ziemlich großen Künstler den unbegreiflichen Fehler, auch das Zeug zu modellieren, und zwar meistens in Pappjemaschee. (Knetbare Papiermasse.) Das ist grundfalsch. Richtig ist einzig und allein, den richtig modellierten Akt mit wirklichem Zeug zu umkleiden. Es gibt in dieser Hinsicht wirklich mustergültige Schaufensterdekorationen, besonders in Modewarenhandlungen. Diese Methode hat die größten Vorteile. Zunächst kann man sich jederzeit und zwanglos überzeugen, ob der Akt auch richtig modelliert ist. Dann aber, und dieses ist besonders wichtig, kann man je nach dem Wechsel der Mode das Zeug der Plastiken wechseln. Wieviel näher würde beispielsweise der bekannte altägyptische Schreiber unserem Empfinden sein, wenn man ihm den gefälligen Anzug des modernen kaufmännischen Angestellten anziehen könnte. Es ist übrigens wesentlich einfacher, den Anzug der Plastik zu wechseln, als ihn wiederholt umzumodellieren (Monatsgarderobe), besonders wenn das Material edel ist. (Bronze.) Auf den Begriff ›edel‹ komme ich noch näher zurück. Die Haare kann man in Form von Perücken und Bärten kaufen und als ganze Masse einsetzen. Man hüte sich vor der Verwendung von Moos, wie bei den bekannten Harzer Moosmännern. Man achte darauf, daß man besonders gute Perücken erhält. Augen nimmt man vorteilhaft aus Glas. (Kittaugen aus Kitt.) Es erübrigt sich wohl, näher auf die Behandlung von Brillen, Zähnen, Spangen, Schuhen, Ringen, Handschuhen, Armbändern, Zigarren usw. einzugehen. Es braucht auch wohl nicht besonders erwähnt zu werden, daß natürlich ein seidenes Kleid künstlerisch wertvoller ist als ein wollenes, ein goldener Klemmer wertvoller als ein silberner. (Die Welt fängt im Menschen an.) Kleider machen Leute. Dieses alles bezieht sich auf die Art der künstlerischen Darstellung. Aber auch der Gegenstand der Darstellung ist von Wichtigkeit für den künstlerischen Wert. Hier komme ich auf das Wort ›edel‹ zurück. (Spezialgeschäft August Scheere, Hannover, Kurierstraße 1 a. Das Überschreiten dieser Grenze ist bei Bahnpolizeistrafe verboten.) Nicht das Material soll edel sein; was ist überhaupt edles Material? Das Material muß der Natur entsprechen, und die dargestellte Natur muß edel sein. Adelige Personen haben den Vorzug gegenüber bürgerlichen. Eine adelige Plastik ist wertvoller als 2 bürgerliche zusammen, und als 4 bürgerliche Gemälde und ein Stilleben noch dazu. Am besten stellt die Kunst Leute vom Geistesadel dar, Kritiker und so, und zwar in ihrer edelsten Beschäftigung, beim Kritisieren ihrer eigenen edlen Plastik, mit Notizbuch und Bleistift in der Hand. Das ergäbe dann eine Doppelplastik: 1. Der Kritiker in edler Ruhe und 2. derselbe Kritiker, indem er seine eigene edle Plastik kritisiert, rechts daneben. In dem Notizbuch hat neben dem Namen des Darstellers zu stehen: Edel, edel, Adel, Natur, edel, göttlich, Adel, natürlich, edel, edel, edel. Selbstverständlich sind auch die Künstler verschieden groß. Es handelt sich dabei nicht um die körperliche Größe, sondern um die künstlerische. Es gibt große, kleine und mittelmäßige Künstler, oder, wie bei den Beamten, hohe, niedere und mittlere. Zum Schluß möchte ich noch erwähnen, daß es noch große, kleine und mittlere Kritiker gibt, auch mittelmäßige. Ich habe dieses Reglement nur für die ganz großen geschrieben. (Fensterscheiben nehme man am besten und praktischsten aus Holz.)

1920

Erweiterung

Herr Franz Servaes widmete meiner Ausstellung von Merz-Bildern im Sturm April 1920 folgende Besprechung:
»Will man sehen, was in Wahrheit expressionistische Massenerzeugung zu Wege bringt, so fasse man Mut und besuche jenen Salon in der Potsdamer Straße, in dem sich wie in einem Konzentrationslager die Schar der Gläubigen zusammendrängt. Hier wird nicht mehr nach Persönlichkeit und Begabung, sondern nur nach der Religion gefragt. Wer den expressionistisch-futuristischen Katechismus brav auswendig gelernt hat und gläubig nachplappert, wird willkommen geheißen, gleichviel ob er Genie oder Schuster ist. Zur Zeit reißt einer der ärgsten Schuster dort sein Maul auf (den Namen erfrage man an Ort und Stelle). Aus irgend einem Grunde bezeichnet er seine Exkremente als Merzbilder. Er scheint Lumpensammler zu sein und hat, was er auf der Straße aufgelesen hat, wie alte Drahtstücke, Kleiderfetzen, Watte oder Wergreste, weggeworfene Knöpfe oder Eisenteller, ja selbst Straßenbahnfahrscheine und Postvermerke sinnig zusammengetragen und auf Bretter oder Pappe geklebt, die er dann irgendwie mit Farbe angestrichen hat. ›Franz Müllers Drahtfrühling‹, ›Porträt einer alten Dame‹, ›Tastende Dreiecke‹, ›Rot-Herz-Kirche‹, und ähnlich werden dann diese Stumpfsimpeleien etikettiert und als allerneuste Kunst zu Markte gebracht. ›Verrücktheiten‹? O nein. Klarbewußter Unfug, der leider sowohl ›Liebeserklärungen‹ wie -Käufer findet!‹
Ich lernte Herrn Servaes zufällig kennen und habe ihm jetzt folgende Antwort geschrieben:
Ein Interwju (sprich Ausfragung.) mit Professor Franz Servaes
In einer Ausstellung von Kunstwerken zeigte mir jemand Herrn Servaes (Zelluloidkapsel mit Messer entfernen!) »Das ist also der Herr«, fragte ich, »der mich einen der ärgsten Schuster und meine Merzbilder Exkremente nennt?« (Die geniale Erfindung, langersehnter Wunsch der Damen. Franz Müllers Korsetterweiterer ›Einfalt‹. Weltneuheit!) »Jawohl, der Lokalschuster, der im Berliner Lokalanzeiger vom 27. 4. sein Lokalmaul aufreißt (die falschen Zähne erfrage man an Ort und Stelle. Sperrsitz) und seine Stumpfsimpeleien mit der Bezeichnung Expressionistenparade etikettiert.« »Hier wird nicht mehr nach Persönlichkeit und Begabung, sondern nur nach Religion gefragt.« (Im lokalen Maul nämlich.) Die lokalen Zähne (Lokalzähne, Sperrsitz) bilden einen gewissen Lokalsperrsitz, nämlich, und zwar falsche Zähne, Sperrzähne natürlich,

(Damen- und Herrenfriseur.) Hier werden Künstler frisiert, hier werden Künstler mit Lokalzahnersatz durchgekaut. (Franz Müllers Erweiterer ›Einfalt‹ wiegt nicht mehr als die durch sein Anbringen entbehrlich gewordenen Fischbeinstangen und ist genau so biegsam und schmiegsam.) Ich bitte Sie, Herr Servaes, kauen Sie meinen Müll (Mülle) recht gründlich durch, und ich wünsche Ihnen guten Appetit dabei. (Vorwärts den Blick, aufwärts durch Arbeit, einig, was deutsch fühlt.) Ich faßte Mut, zeigte Herrn Servaes meine Schuhsohlen und stellte mich vor mit den Worten: »Ich bin der ärgste Schuster, dem Sie jetzt das Maul aufreißen.« Der Herr Professor war gefaßt, faßte meine Schuhsohlen ins Auge und faßte seine Gefühle zusammen in den Satz: »Mein Herr, Sie machen übrigens einen viel sympatischeren Eindruck als Ihre Bilder.« (Hautana Lendenschutz, direkt unter der Haut zu tragen.) »Herr Servaes«, sagte ich höflich, »auch Sie machen einen viel sympatischeren Eindruck als Ihre Kritiken«. (Zelluloidkapseln mit Messer entfernen!) »Mich interessiert aber im Augenblick mehr: wie kommen Sie zu der hellseherischen Fähigkeit, meinen Bildern anzusehen, daß ich schustern kann? Sie sehen nämlich garnicht so aus.« Tatsächlich hätte ich nicht gewußt, daß dieser Herr Herr Professor Franz Servaes ist. Ich hätte diesem Manne nicht zugetraut, daß er hinter die Oberfläche der Dinge zu schauen vermöchte. (Jetzt weiß ich, welches Buch ich meiner heranwachsenden Tochter schenken soll.) (Holz bleibt Holz, und nichts ist gemütlicher als das deutsche Gemüt.) Ich bin nämlich tatsächlich Schuster im eigenen Betriebe. An dieser Stelle wurde Herr Servaes weich und sagte, er wollte gern lernen und er benutzte die Gelegenheit, mich um einige Aufklärung zu bitten. (Holz bleibt Holz und nichts ist gemütlicher, als das deutsche Gemüt.) Ich bin ein Freund der beweglichen Front, (endlich ist es gelungen, den Wunsch der Damen zu erfüllen und dieselben von den bisher durch das eingeschnürte Korsett entstandenen Beschwerden und Qualen zu erlösen), aber ich bin mir dessen wohl bewußt, wie komisch die Figur eines Kritikers ist, der seinen Schuster um Auskunft fragt, weil er gern lernen möchte. (Zelluloidkapseln mit Messer entfernen!) Ich führte dann mit einigen treffenden Worten Herrn Servaes in die Kunst ein und empfahl ihm zum Schustern Franz Müllers echten Guanokleister, (»Bitte belehren Sie mich, wieviel mm Materialauftrag das preußische Gesetzbuch erlaubt?«) empfahl ihm Hosenstoff (auf Veranlassung von Otto Nebel) zum Kleben, damit die Löcher nach innen kommen, und endete meinen Vortrag mit dem herrlichen Dichterwort: »Der Gott, der schiefe Schafe schuf, der kannte keine Künste.« An dieser Stelle bäumte sich der Gaul, die Gaul, das Gaul. Da liegt nun der Baum, die Baum, das Baum. Der Baum ist wurzelkrank, ästekrank, blätterkrank. Der Sturm hat ihn angeweht, schiefgeweht, umgeweht. (Es ist bekannt, daß Damen, um die Figur zu verschönen, ein Korsett tragen.) Wie trostlos ist der Anblick eines umgeworfenen Baumes, dem der Schlachter die Zweige abgebissen hat. (Heut noch trag ich Mädchenschuhe, morgen ruhn sie in der Truhe.) Herr Professor Servaes, ich wollte, Sie hießen Bogumil, dann würde ich Mülle weinen. (Bei Mahlzeiten, Spaziergängen, Tanzen, sowie durch Wärme wird das Korsett lästig und verursacht den Damen unerträgliche Beschwerden.) Jedoch gestatten Sie mir, dafür zu sorgen, daß die Früchte meiner Anregungen niemals auf Ihren guten Boden fallen. (Confer Nebel, damit die Löcher nach innen kommen.) Holz bleibt Holz, und die Zelluloidkapsel ist vor dem Gebrauch zu entfernen. (Die Trägerin des Korsetts würde sich in diesem Falle glücklich schätzen, wenn sie unauffällig das Korsett 3–4 cm im Umfange, auch mehr, erweitern könnte.) Verzeihen Sie mir, daß ich ein wenig einfallend geworden bin. Ich habe nämlich die Augeneinfältigkeit, die Splitter im Auge des anderen aus Prinzip stets gern zu sehen, meine eigenen Balken aber sehe ich niemals. Dadurch unterscheide ich mir von Sie und mich von Ihnen. Außerdem wünsche ich Ihnen weiter angenehme Bettruhe. (Diesem Übelstande ist mit einem Schlage durch Franz Müller Korsetterweiterer ›Einfalt‹ abgeholfen. D. R. G. Müller.)

1920

Tran Nummer 11

Deutsche Volkskritik, die Kritik des Wiederaufbaus

Herr Max Streese, offenbar Mitglied der deutschen Volkskritikerpartei, der Partei des künstlerischen Wiederaufbaus, geht seinen Weg zielbewußt rückwärts. Er kommt dabei zu einer erfreulich reaktionären Kritik in den Leipziger Neuesten Nachrichten vom 5. 6. 20, die der Hannoversche Anzeiger und andere ähnliche Zeitungen abdruckten, und erkennt in dem Zurückbleiben der deutschen Kunstentwicklung ›unverkennbar‹ einen Schritt auf dem Wege des Wiederaufbaus.

Solch eine Wiederaufbaukritik kommt nun so zustande: Herr Max Streese geht in die Ausstellung auf der Mathildenhöhe. Er will doch mal sehen, was denn dieser verdammte Expressionismus wieder einmal ›zertrümmert‹ hat, und ob sich nicht langsam ›etwas herauskristallisiert‹, das »auch dem Laien das notwendige gewaltsame Zertrümmern begreiflich erscheinen läßt«. Herr Streese, ich fürchte, Sie werden den Expressionismus so leichte nich begreifen. »Der erste Eindruck ist naturgemäß ein sinnverwirrender.« (Da stehst halt machtlos visavis.) Kunst ist doch etwas, das mich erheben soll, besonders jetzt aus die Misäre! »Demnach läßt sich bei eingehendem Beschauen nicht leugnen, daß die Zeit der Gärung vorübergeht.« Also: Herrn Max Streeses Sinne sind verrwirrt. Gleichsam Hallucinationen. Reden etwa die Bilder? »Raufediewaub.« Herr Streese faßt sich an den Kopf. Es ist ihm, als ob die Bilder fortwährend das Wort »Raufediewaub« riefen. Was ist das für ein entsetzliches Wort? Das ist wahrscheinlich Gärung. So ähnlich wie Revolution. Sogar die Waub rauft. Herrn Streese sprühen Funken vor den Ohren. Soll das etwa »Weib« heißen? Da werden Waube zu Hyänen? Richtig, die Künstler sind mit dem Worte »Waub« gemeint. Es ist ja bekannt, alle Künstler haben einen weiblichen Einschlag. Und treiben mit Entsetzen Spott, diese entsetzlichen Spötter! Herr Streese besinnt sich. Vielleicht kommt man mit Ruhe und Überlegung doch hinter den Sinn dieses Expressionismus. Und nun beschaut er die Gärung eingehend. Raufediewaub, das ist ja Wiederaufbau, weiter nichts als Wiederaufbau. Man muß es nur richtig betrachten, die Zurückgebliebenen betrachten. Darum hätte man sich doch nicht aufzuregen brauchen. Und nun erkennt Herr Streese, »daß die expressionistische Bewegung in absehbarer Zeit wieder in sehr gesunde Bahnen überläuft«. Offenbar ist die expressionistische Bewegung ein Topf. Die vielen Mitläufer, die Herr Max Streese bereits ›auszuschalten‹ beginnt, offenbar hängen diese Mitläufer an einer elektrischen Leitung, diese Mitläufer haben ihn vollgemacht, den Topf nämlich, und nun läuft er über, und zwar grade in die sehr gesunden Bahnen des Wiederaufbaus, die neben dem Topf vorbeifahren. Hier scheint es sich um elektrische Materialförderbahnen zu handeln, die ähnlich wie die Mitläufer ausgeschaltet werden können (confer Brockhaus). Es scheint sehr wichtig zu sein, daß der Expressionismus in diese Bahnen überläuft. Expressionismus scheint etwa eine Schmierflüssigkeit zu sein, offenbar müssen die sehr gesunden Bahnen des Wiederaufbaus mal geschmiert werden. Und dann erklärt Herr Max Streese, was denn eigentlich dieser Wiederaufbau ist, »daß sich aus der uns ureigentlich wesensfremden Kunst des Expressionismus (Herr Streese, Ihnen ist die Kunst des Expressionismus tatsächlich ureigentlich wesensfremd) ein typischer deutscher Charakter herausgebildet hat«. Heil dir im Siegerkranz, Mottenlöcher hin, Mottenlöcher her, armes Deutschland! »Es fehlen selbstverständlich auch die Extremen in der Ausstellung nicht, aber Bilder wie ›Sturmgruppe‹ können zweifellos als Experiment bezeichnet werden.« Und das behauptet ein sinnverwirrter Wiederaufbaukritiker, der selbst zugibt, daß ihm der Expressionismus ureigentlich wesensfremd ist. Und nun gar die Arbeiterbilder von Kurt Schwitters und anderen. »Schwitters malt nicht mehr, sondern sucht Auslese aus den Kehrichthaufen... Über diese Anfänge sind wir Gott sei Dank hinaus.« Und das behauptet ein sinnverwirrter Wiederaufbaukritiker, dem der Expressionismus ureigentlich wesensfremd ist. Ich danke dir Gott, daß ich nicht so bin, wie diese Sünder und Zöllner, Ehebrecher, Sturmkünstler, Expressionisten und Merzmaler. (Achtung Helltoren! Salz- und Rostfrei, hellgelb.) Aber ich will es ihnen schonst zeigen! Wenn ich auch nicht weiß, um was es sich handelt bei diesem verfluchten Expressionismus, so behaupte ich einfach, diese ganze Entwicklung hätte ich längst hinter mir. »Im Geiste des Neinsagens« nenne ich das dann Wiederaufbau. Darauf behaupte ich dann, »die große Mehrzahl der Künstler ginge ihren Weg zielbewußt vorwärts« und liefe in sehr gesunde Bahnen über (die Zurückgebliebenen nämlich). Herr Max Streese, hier kann ich Sie nicht widerlegen; die kleine Einzahl heißt »Waub«, die große Mehrzahl »Wiederaufbau«. Als Beweis dafür, daß die große Mehrzahl in sehr gesunde Bahnen überläuft, führt Herr Max Streese dann die »Einzelerscheinung« Picasso an, der »heute fast realistisch malt«. Herr Max Streese, bilden Sie sich etwa ein, Picassos künstlerische Beweggründe begreifen zu können, da Sie seinen Kubismus noch nicht begriffen haben? Wenn ich zum Beispiel jetzt plötzlich ein naturalistisches Porträt malte, etwa hier dieses Porträt Ihrer kritischen Persönlichkeit, dann behaupten Sie womöglich nächstens, ich würde meiner Merzmalerei untreu und gehörte der Partei des Wiederaufbaus an. Sehr freundlich, aber danke bestens. Ihr Wiederaufbau ist ein windschiefes und morsches altes Haus, das Sie von allen Seiten stützen müssen, damit es der Sturm nicht umweht. Aber schadet nichts, nur ruhig umpusten lassen, sind ja Wiederaufbaupartei.*

---

* Es handelt sich um die Besprechung der Ausstellung ›Deutscher Expressionismus‹, Darmstadt 1920.

1920

Tran Nr. 12

Kritik als Kunstwerk

Motto: Wem Gott dies Amt gibt,
dem nimmt ER kurz vorher den Verstand.
(Nebel)

Man ist im allgemeinen nur zu leicht geneigt, anzunehmen, daß der Stil eines Kritikers und seine Gattung in völliger Übereinstimmung miteinander harmonierten, daß es einen Stil für Trauerkritiker und für Lustkritiker gäbe. Dem ist aber nicht so. Es gibt überhaupt nur zwei grundverschiedene Arten der Kritik, und zwar nicht tragisch und lustig, sondern *pathetisch* und *humoristisch*. Zwischen diesen beiden Polen liegen alle Stilarten. Sind teils Unterbegriffe, teils decken sie sich vollständig mit ihnen, sind also nur zwei Namen für ein und dieselbe Sache.

Der Stil eines Kritikers ist natürlich nur abhängig von der inneren Notwendigkeit des tragischen oder lustigen Charakters. Dabei kommt es oft vor, daß Kritiker mit reinem tragischen Ausgange nicht auf den pathetischen Ton abgestimmt sind, sondern auf den humoristischen. (Jedes Dienstmädchen hat seinen Ausgang, jeder Kritiker hat seinen Eingang.*)

Von den andern Mitwirkenden ist der größte Teil recht farblos, und manche Damen und Herren dieser kritischen Gesellschaft sind von unbeabsichtigter Kritik. Diese Herren sind also trotz aller Tragik nie anders als mit humoristischer Auffassung auf der Bühne oder in der Kritik möglich.

Man braucht sich nur daran zu erinnern, was der große nordische Problematiker Ibsen zu diesen Fragen gesagt hat. Er sprach es deutlich genug aus in einem Briefe an Lessing, Gotthold Ephraim über sein Puppenheim, das er entgegen der allgemeinen Auffassung, die es für ein *Drama* ansah, als *Schauspiel* bezeichnete. Wichtiger als eine dürre Disputation über alle möglichen Stilarten ist natürlich die Frage: Wie wirkt ein Stil auf die Kritik oder in bezug auf die Kritik. Welche Konsequenzen ergeben sich aus dem Stil des Manuskriptes.

Niemals sollte sich ein Kritiker dazu hinreißen lassen, diese Frage auf den ersten Augenblick zu beantworten. Dazu gehört ein großes Studium des betreffenden Werkes und, was mehr ist, eine vortreffliche Allgemeinkenntnis. Wert-

---

*) Ausgang und Eingang sind nach Kant dasselbe.

voller aber noch erscheint es, festzustellen, daß man sich in der Kritik nur noch allzuwenig um den Gesamtstil bekümmert. Gewiß, die bekannten großen Kritiker leisten auch auf diesem Gebiet Außerordentliches. Nur zu oft aber muß man die Beobachtung machen, daß die kleineren weniger guten Kritiker noch vielfach auf einen völlig verkehrten Stil eingestellt werden oder, was dem Auge und dem Sinne noch bei weitem peinlicher ist, daß der Stil in der Kritik geändert wird. Nichts wirkt aber dilettantischer, nichts kann ein Werk derart zerreißen, als wenn zwei grundverschiedene Stilarten sich abwechseln.

Man bedenke nur einmal, zu einem sprühenden, herzhaften Lustspiel, das fast ganz auf Situationskomik eingestellt ist, gibt jemand langsame, abgewägte Redewendungen, schwere, zwar wahrheitsgetreue, aber doch erdrückende Zensuren, so wird man zur Genüge verstehen, daß hier ein Elementarfehler begangen ist. Während man sich hier aber langweilt, während hier die Handlung der Aufführung in krassem Gegensatz zur Handlung des Spieles steht, wird es in einer Kritik, die nur das pathetische Element verträgt, sogar abschrecken.

Darum muß gerade in der Kritik der Stil rein und klar herausgearbeitet werden. Nur dann, daß darin nichts verfehlt wird, erkennt man den guten Kritiker.

Eine der abfälligsten Kritiken wird es für einen Kritiker immer sein, wenn man lesen muß: der Stil wechselte, oder gar: er war von Anfang an verfehlt. Aber gerade auf diesem Gebiete wird noch allzuviel gesündigt. Es wäre über dieses Gebiet noch viel zu sagen. 14. VIII. 1920

Verbesserung: Vor einem Infinitivsatz muß ein Komma stehen.

1920

Tran Nummer 13

Das Privatscheuertuch
(Beiträge zur Phaenomenologie des kritischen Genusses)

»In einem solchen kritischen Augenblick, da alle kaum gewonnenen Maßstäbe« des Kritikers G. F. Hartlaub »wieder problematisch zu werden drohn, betritt man (man – G. F. Hartlaub) eine große Ausstellung in Darmstadt.« Die Allerhöchsten Herrschaften gingen zur Kirche und beteten zum Höchsten. (Würde mit Drahteinlage.)

Zunächst »schneidet« man »leichtsinnig die Frage einer Umschau an«, scheibenweise, wie Beutelwurst etwa. Man (–G. F. Hartlaub) schaut hier um und da um, diesen um und jenen um, bis er so ziemlich alles umgeschaut hat. (Die Herren Kritiker führen Buch, zum Abreißen.)

Darauf bringt Herr G. F. Hartlaub automatisch eine Art von Querschnitt zustande: »Eine Farbenromantik, wollüstige Farbentraumkunst, die beständig hemmungslos in Geheimnissen schwelgt«, und »eine Art von Hellsichtigkeit für Halbseelisch-Fluidales, Aurisches, scheint Allgemeingut geworden«, so sehr Allgemeingut, daß Herr G. F. Hartlaub diese Dinge auch schon erkennt. (Im nächsten Augenblick galoppiert ein Unterlehrer.) »Man taucht in sinnlich-übersinnliche Farbenstrudel, Gefühls- und Gedankenformen«, Sehen und Hören vergeht Herrn G. F. Hartlaub, es wird ihm ganz wässerig vor den Ohren. »Aber es ist erschreckend, wie sich dies Verlieren, dies gestaltlose Schwärmen, dies Gemisch von Theoretik, mystischer Schwelgerei rächt.« Na endlich! Aber warum tun Sie denn das, Herr G. F. Hartlaub? Ich bin auch ganz erschrocken über Ihr Sichverlieren, Ihr gestaltliches Schwärmen, dies Gemisch von Theoretik und Schwelgerei in Ihrer Kritik. Sie nennen so etwas ja einen »kosmischen Wirbel«, nicht wahr? (Wir müssen siegen!) Und Sie meinen ja, daß sich dabei »die Einheit der schöpferischen Persönlichkeit in fast krankhaftem Sinne aufzulösen droht«. (Hier fühle ich, daß Ihr bitter werdet!) An dieser Stelle scheint sich tatsächlich die Einheit der schöpferischen Persönlichkeit Herrn G. F. Hartlaubs in fast krankhaftem Sinne aufgelöst zu haben. Schade, daß er gerade in diesem aufgelösten Zustande des kosmischen Wirbels vor die »anspruchsvollen Sinfonien und Kompositionen« Muches, Bauers und vieler anderer »in Fortsetzung des hier ganz ungenügend vertretenen Kandinsky«, sowie vor meine Bilder gewirbelt wird: (Menschen sind kosmische Lächerlichkeiten, confer Nebel) »oder der ganz über Verdienst bestaunte und bespottete Schwitters mit kunstgewerblichem Witz den Kubismus Picassos in alten Plunder umsetzt.« Wir alle werden in einem Satze umgeschaut.

Armer Mann! (man) Wie kann man etwas fassen, wenn man keine Fassung hat?

Schade, wenn wir doch wenigstens eine Arbeit in kammermusikalischem Format dabei gehabt hätten, das scheint ja für Herrn G. F. Hartlaub ein Kriterium für musikähnliche Kunst zu sein. (Ein Weiser baut Euch Künstler auf.) Ein Glück, daß Paul Klee dieses musikähnliche Format hat, sonst läge auch er schon längst unter den Umgeschauten. (Das Roß ist vom Teufel geritten.) Darauf geht Herr G. F. Hartlaub »zurück zum Gegenstande«! (Ein lahmes Roß wird abgeführt.)

Es ist schade, daß er sich an dieser Stelle ein wenig irrt, und zwar in der Reihenfolge der Entwicklung; aber das macht ja bei einem großen Kritiker nichts aus. (Wenn der Vorrat geht zu Ende, schieb den Schieber vor behende.) Ich darf Sie doch wohl so verstehen, Herr G. F. Hartlaub, daß Sie Nolde u. a. als einen Rückschlag auf unsere neusten Bilder bezeichnen. Herr G. F. Hartlaub, Sie sind, glaube ich, der Rückschlag auf den Herrn Kritiker, welcher demnächst erst geboren werden wird. (Ein Stück Butter gibt den Pilzen erst die rechte Weihe.) »Bescheidener bleibt es auf alle Fälle, und es steht unserer sehnsüchtigen Zerfahrenheit besser an, statt in Legenden und Dogmen, Mythen und Mysterien vorläufig noch in unverbindlichen Märchen und Träumen sich übersinnlich auszuleben.« Armer Mann, sone sehnsüchtige Zerfahrenheit muß doch was Schreckliches sein! Leben Sie sich, Herr G. F. Hartlaub, nur in Ihren übersinnlichen Träumen unverbindlich aus, aber sehen Sie sich vor, daß solche unverbindliche Träume nicht »allmählich steril« werden. Vielleicht finden Sie doch noch einmal behende volgitierend oder auch voltigierend den Weg aus der kosmischen Sackgasse der theoretisch mystischen Kritik, sagen wir mal aus dem steril gewordenen, kosmischen, wollüstig feudal, halbseelisch fluidalaurischen Strudel zur Wirklichkeit. Überlassen Sie es nur den Künstlern, selber zu beurteilen, ob reine Malerei eine Sackgasse ist. Ich behaupte: »Die reine Malerei ist keine Sackgasse, auch wenn alle Gassenjungen sie in den Sack stecken.« (Lesen Sie die Formulare des Jacques, des berühmten Toilette[n]mannes, über Wissenschaft und Haarwuchs.) Kritiker sind kosmische Kleinlichkeiten.

1920

Tran Nr. 14

Herr Dr. Frosch hungert den Geist aus

Eines Tages hatte Herr Dr. Frosch eine Idee. Er sah nämlich den Geist »mit eigenen Augen« und »gelobte darauf für seine Person Besserung«. Und Herr Frosch beschloß, den Geist »gelassen auszuhungern«. Herr Frosch sagte sich hierauf ganz richtig, daß man nur Blödsinn zu schreiben braucht, dann kommt der Artikel sicherlich in jedes ›Kümmelblättchen‹ der Provinz. Ich habe den Artikel des Herrn Dr. Frosch, in dem er auch meine Spezialmarke MERZ erwähnt, in der freien Meinung, Hannover, den 9. Oktober 1920 gelesen.

Man braucht nur Blödsinn zu schreiben. »Der Trick ist so entsetzlich einfach, daß auch der Geistigarme ihn begreift. Und es sind gewiß der Mehrzahl nach Geistigarme, die sich seiner bedienen.« Auch Herr Frosch hat den entsetzlich einfachen Trick begriffen.

Herr Frosch ist übrigens Dadaist, wenn seine Definition über den Dadaismus stimmt: »Es ist die Kunst, ohne geistige Anstrengung in den Mund aller Bildungsphilister zu kommen.« Geistige Anstrengung scheint der Dadaismus Herrn Frosch tatsächlich nicht gemacht zu haben. (Naivität ist Polemik mit der Milchflasche.) Und ich hoffe, daß Herr Frosch nun auch in den Mund aller Bildungsphilister kommen wird. (Ein Frosch im Magen soll übrigens ungesund sein.)

Ich denke mir, Herr Dr. Frosch hat, als er den Geist mit eigenen Augen hörte, bis an beide Ohren gelacht und dann eine Art von Wutgeheul angestimmt. Darauf ist Herr Dr. Frosch nachdenklich geworden und hat den Artikel ›Dada‹ für die W. a. M geschrieben. Herr Frosch sollte lieber denklich werden. (Naivität ist Polemik mit der Milchflasche.) »Es liegt mir fern, gerade einem Dadaisten zarte Gefühle entgegenzubringen.« Auch Herrn Dr. Frosch nicht, ich bringe nur Anna Blume zarte Gefühle entgegen. Du deiner dich dir, ich dir, du mir, – wir? (Das gehört beiläufig nicht hierher.) Aber mein Herz zwingt mich, Herrn Dr. Frosch behilflich zu sein, der Herr Dr. Frosch hat so schöne Grundsätze: »Es gibt heut' allenthalben Versuche, Versammlungen und Vorträge durch wüste Gewalt zu stören. Da es überall die weniger Intelligenten sind, die sich dieser Mittel bedienen, muß man das Mittel selbst bekämpfen.« Bravo! (Naivität ist Polemik mit der Milchflasche.) Ich zünde Ihnen ein Talglicht an, Herr Dr. Frosch. Sehen Sie sich ›blindlings‹ in einen Spiegel. Haben Sie noch keine Vorträge und Versammlungen durch wüste Gewalt gestört? (Naivität ist Polemik mit der Milchflasche.) Oder kann man etwa einen Artikel, der geschrieben ist, um das Geistige ›blindlings‹ auszuhungern, anders als wüste Gewalt nennen? (Naivität ist Polemik mit der Milchflasche.) Der Milchflasche, die Milchflasche, das Milchflasche, die Flaschenmilch.

Leider ist der Artikel ›Dada‹ aus der Welt a. M. von Herrn Dr. Frosch mit einem so liebevollen Unverständnis des Geistigen in der modernen Kunst geschrieben, daß ich mich nicht verpflichtet fühle, auf Blödsinn ernst zu antworten. Herr Dr. Frosch hat offenbar nur gesehen, wie der Geistige räuspert und spuckt. Am Geist ist Herr Dr. Frosch wieder vorbeigehupft. Der Geist hat es übrigens auch nicht nötig, von Herrn Dr. Frosch genannt zu werden. (Auch am Körper erkennt man nicht von außen die Eingeweide.)

1920

Ein Dementi

In meiner Eigenschaft als Präsident der neugegründeten Merzpartei (MPD) lege ich Wert darauf, ausdrücklich festzustellen, daß die Antwort an Herrn Forstrat Escherich in Pille 10, S. 235, eine offiziöse Mitteilung des Herausgebers der Pille ist, wie man an der Unterschrift B. G. sieht, und mit der offiziellen MPD nichts zu tun hat. (Officiös verhält sich zu offiziell, wie p r o litisch zu politisch.)

Kurt Schwitters, Merzpräsident

WÄHLT ANNA BLUME

M. P. D.
Aus der Agitation für die Reichstagswahl 1920; aus der Hannoverschen Presse.
M. P. D. = Merz-Partei Deutschland
M. P. D. = Mehrheits-Partei DADA
Merz-Partei Deutschland = Mehrheits-Partei DADA   (K. S.)

Tran Nr. 15

Die Durchschnittserscheinung mit hellen Augen

Herr Alois Vogedes aus Hannover schreibt über meine Kunst:
»Es ist grundfalsch, was man heute so oft, auch gerade in katholischen Kreisen, hören kann, daß nämlich die modernen Kunstbestrebungen nichts anderes seien als ›snobistische Verrücktheiten, Bluff oder äußere Geschäftsmache‹.

> Das mag in Einzelfällen zutreffen, ich erinnere an Kurt Schwitters Anna
> Blume und das sonstige dadaistische Gestammel, sowie an die Merzmalereien.
> Daß derartige Erscheinungen der großen Sache ungeheuer schaden, darüber
> bin ich mir vollkommen klar, aber für das Irrenhaus reicht es nach unseren
> gesetzlichen Bestimmungen immer noch nicht hin und das ist zu bedauern im
> Interesse der neuen Kunst, die sich ihre Wege bahnen wird.«

Ich lese zwischen den Zeilen und freue mich über Herrn Alois Vogedes ungewollte Anerkennung meiner Kunst.

Zunächst betrachtet mich Herr Vogedes als Einzelfall innerhalb der von ihm als modern bezeichneten Kunstbestrebungen. Es gibt nämlich moderne Kunst und unmoderne Kunst, nach Vogedes nämlich. Herr Alois Vogedes zählt nämlich die ›Dadaisten, Futuristen, Kubisten, Expressionisten und Impressionisten‹ zur ›modernen‹ Kunst. Herr Vogedes, wann waren Sie zuletzt »hellen Auges« in einer Kunstausstellung?

Hier wäre zunächst zu untersuchen, was der Mensch im allgemeinen mit Geist bezeichnet. Lebten wir in einer Zeit allgemeiner Verblödung, so wäre der Durchschnittsmensch, diese angenehme Species Skatspieler, der Geist unserer Zeit. Lebten wir in einer Zeit der Genies, so wäre ein vorgestelltes Wesen, das unendlich gut und unendlich klug oder unendlich dumm und unendlich teuflisch ist, der Geist. Der Geist ist immer die Einzelerscheinung, die die Eigenschaften hat, auf die Menge anregend zu wirken. Ich bin wirklich nicht eitel, sehe aber »hellen Auges«, wie Herr Vogedes. Ich lese zwischen den Zeilen: »– – Einzelfällen – – großen Sache ungeheuer schaden«, daß Herr Vogedes gerade mich als den führenden Geist anerkennt. Ich erkenne seine Anerkennung, indem ich aus Höflichkeit schamrot werde.

Und nun lese ich »hellen Auges« zwischen den Zeilen weiter:

> »Der Geist, der in diesem Kampfe den Sieg davon tragen wird, der wird die
> Zukunft beherrschen, und – er wird sie allein beherrschen.
> Aber gerade das Bürgertum wendet sich heute noch vielfach mit Achselzukken von dieser Bewegung ab und hat für die Stürmer und Dränger nur ein
> mitleidiges Lächeln.«

Das sind ja glänzende Aussichten für den Geist. Ich werde die Zukunft also allein beherrschen! Einverstanden, Herr Vogedes, aber nicht ohne Ihre Mitarbeit. Sie ebnen mir den Weg, sie sollen Minister des hellen Auges werden.

Armer Herr Vogedes, Durchschnittserscheinung ist wohl der Gegensatz zu Einzelerscheinung. Sie fürchten also tatsächlich den unheilvollen Einfluß der Einzelerscheinung auf die Durchschnittserscheinungen? Und sie möchten deshalb die Einzelerscheinung ins Irrenhaus stecken. Schade, nach unseren gesetzlichen Bestimmungen reicht es immer noch nicht hin für das Irrenhaus. Aber glauben Sie etwa noch, Irrenhäuser Einflüsse auf Durchschnittserscheinungen beseitigen zu können? Lesen Sie einmal hellen Auges in der Geschichte, ob Kreuz, Scheiterhaufen oder Irrenhaus jemals den Einfluß der betreffenden gekreuzigten Idee hat beseitigen können. Außerdem möchte ich Sie daran erinnern, daß Liebe die Idee des Christentums ist.

Ich fange wieder von vorne an. Herr Alois Vogedes ist sich vollkommen darüber klar, daß Anna Blume und Merz der großen Sache ungeheuer schaden. Was ist die große Sache in diesem Falle? Antwort: Die ›Kunst‹ des ›weißen Reiters‹. Die weiße Reiterkunst ist aber nach den Erklärungen eines Dichters des weißen Reiters die bewußte Rückgewinnung der führenden geistigen Schichten zum Katholizismus hin. Das kann nicht Kunst sein, denn Kunst ist unbewußt und zwecklos; unbewußt und zwecklos im Sinne des Durchschnittsmenschen. Wer also der großen Sache, d. h. der weißen Reiterkunst, schadet, nutzt der Kunst. Und ich werde schamviolett ins Gesicht, daß Herr Vogedes fürchtet, ich könnte der Kunst nützen. Herr Vogedes fürchtet hellen Auges. Hasen sollen mit offenen Augen schlafen.

Die weißen Reiterdichter schreiben:

»Wir sind uns bewußt, daß, wenn wir den Kreuzzug gegen die Finsternis ausrufen, wir ihn zunächst in der eigenen Brust auszutragen haben.«

Haben Sie wohl den Kreuzzug in der eigenen Brust ausgetragen, bevor Sie ihn gegen meine Kunst führten?

Ich zitiere:

»Nicht aus einer gerade herrschenden Kunstform und Richtung, sei es welcher Art, wird daher die kommende große Kunst hervorgehen.«

Aber wissen Sie denn nicht, Herr Vogedes, daß gerade Merz die Befreiung von jeder Richtung in der Kunst ist?

Ich zitiere:

»Sie wissen: eine sittliche Erneuerung ohne Katholizismus ist Stückwerk, wenn nicht gar ein Unding.«

Hier erinnere ich an das Gleichnis Christi vom Pharisäer und Zöllner.

Und zum Schluß, lieber Herr Vogedes, reiche ich Ihnen die Hand zur Versöhnung. Schreiben Sie nicht wieder über Kunst, dann brauche ich nicht wieder über Sachen zu schreiben, die die katholische Kirche etwas angehen. Warum sollen wir beide über Dinge schreiben, von denen wir nichts verstehen?

1920

Tran Nummer 16

Das Leben auf blindem Fuße

Herr P. W., ich nehme an, er heißt Paul Westheim, schreibt in einem Artikel: ›Kunst in Berlin‹ in der Frankfurter Zeitung vom 25. November 1920: »Ob es nach ebensoviel Jahren nicht auch peinlich sein wird, an Bauer, Wauer, Nell Walden, Schwitters, Nebel erinnert zu werden?«

Sehr geehrter und wenig geschätzter Herr Westheim! Sie sind ein typisches Beispiel für den Kritiker. Der Kritiker hat keine Urteilsfähigkeit. Sie auch nicht. Der Kritiker urteilt infolgedessen stets verkehrt; Sie auch. Der Kritiker weiß es, daß er verkehrt urteilt, und richtet sich deshalb, um sich nicht dauernd zu blamieren, nach dem Urteil Anderer; Sie auch. Es ist Ihnen nicht wesentlich, ob jemand Künstler ist, sondern ob er nach Jahren sich gegen Euch Kritiker durchsetzt, oder nicht.

Wir Künstler urteilen sicherer. Ich weiß es z. B. schon seit meiner ersten Begegnung mit Ihnen, daß es jetzt schon peinlich ist, an Ihre Unfähigkeit erinnert zu werden. In einigen Jahren aber? Schreiben Sie oder schreiben Sie nicht, zetern Sie oder blamieren Sie sich durch falsches Lob, Ihnen kann es nicht mehr helfen. Die Kunst, die Sie nicht kennen, die Kunst hat Sie gerichtet. Draußen auf der Straße ruft jemand: »Torf, Torf!« Auch dieser Mann kann die Entwicklung in der Kunst nicht mehr aufhalten; und wenn er noch so laut schreit. Auch sonst sind manche Ähnlichkeiten zwischen Ihnen und dem Torfmann. Ich hoffe, es wird Ihnen nach ebensoviel Jahren nicht peinlich sein, an mich erinnert zu werden. Der Torfmann bleibt sich immer gleich mit seinem Geschrei, Sie auch, in Ihren Kritiken. Der Torfmann handelt mit einer Ware, die ihn nicht wärmt, Sie schreiben über ›moderne‹ Kunst. (Mensch sein heißt leiden.) Damit Sie mich nun recht verstehen: Ihre Kritiken bleiben sich wesentlich gleich, ob Sie gegen oder für den Expressionismus schreiben, sie bekämpfen die Kunst. (Kann man mit einem Holzschwert kämpfen?) Aber bei aller Feindschaft, unser Holzschwert, gegen die Kunst, erkennen Sie an, was ›zur Zeit‹ nicht mehr angefeindet werden ›darf‹, weil es die Menge von Kritikern, die ebenso wenig urteilsfähig ist wie Sie, durch irgend ein unverzeihliches Versehen anerkannt hat. (Man will sich doch nicht blamieren.)

Sie schreiben gegen die Kunst, weil Sie, ich will es Ihnen verraten, die Größe der Kunst nicht ertragen können. Warum schreiben Sie wohl gegen den Sturm?

Der Sturm ist konsequent. Herwarth Walden verwirft nicht, was er erkannt hat und erkennt nicht an, was er verwerfen muß. Das ist Ihnen peinlich. Können Sie mir hier folgen? Herwarth Walden erkennt, er erkennt nicht an. Das ist Ihnen sehr peinlich.

Herwarth Walden kämpft für die Kunst, Sie kämpfen gegen die Kunst. Sie hoffen nun, wie Sie mit der Kunst fertig werden können, d. h. fertig werden zu können gehofft haben, auch mit dem Sturm einmal fertig zu werden. Sie werden allerdings fertig, sind schon fertig, aber nicht mit, sondern durch den Sturm, eben fertig, ganz fertig. (Der Gerechte muß viel leiden.) Der Torfmann draußen ist längst vorbei. Und draußen ruft ein Anderer. Der Andere ruft: »Hasenfelle, Hasenfelle!« Was kümmert das die Kunst? Haben Sie keine Hasenfelle zu verkaufen, Herr Westheim?

Ich begrüße Sie in Demut
               Ihr sehr ergebener
                             Kurt Schwitters

1920

Tran Nr. 17

Der gefesselte Paul Madsack

Der Hannov. Anz. vom 19. 12. 20 zitiert einen Ausspruch Goethes über Luther: »Wir wissen gar nicht, was wir Luthern und der Reformation im allgemeinen zu verdanken haben. Wir sind frei geworden von den Fesseln geistiger Borniertheit.«

Unmittelbar darunter schreibt pck. (Paul Madsack) über mein Sturmbilderbuch Nr. 4. Kurt Schwitters: »Ich sinne nun, wer dieses Buch wohl kaufen und auch lesen könnte, ohne dadurch enttäuscht zu sein.«

Sinnen Sie nicht länger, Herr pck, ich will es Ihnen sagen: »Wer frei ist von geistiger Borniertheit« (nach Goethe).

1920

Merz

(Für den ›Ararat‹ geschrieben 19. Dezember 1920)

Ich wurde geboren am 20. Juni 1887 in Hannover. Als Kind hatte ich einen kleinen Garten mit Rosen und Erdbeeren. Nachdem ich das Realgymnasium 1 in Hannover absolviert hatte, lernte ich bei Bantzer, Kühl und Hegenbarth in Dresden die Technik der Malerei. Das Stilleben mit Abendmahlskelch habe ich im Malsaal Bantzer gemalt. Die jetzt bei Hans Goltz, München, Briennerstraße 8 ausgestellte Auswahl meiner Arbeiten soll zeigen, wie ich von der bewußten, möglichst genauen Nachahmung der Natur durch Ölfarbe, Pinsel und Leinwand zur konsequenten Verarbeitung nur künstlerischer Mittel im Merzgebilde kam, und daß von den naturalistischen Studien bis zu den Merzabstraktionen eine stetige Entwicklung führt.

Das Abmalen der Natur ist die Übersetzung der dreidimensionalen Körperlichkeit auf eine zweidimensionale Fläche. Das kann man lernen, wenn man gesund ist und nicht farbenblind. Ölfarbe, Leinewand und Pinsel sind Material und Werkzeug. Es ist möglich, durch zweckmäßige Verteilung von Ölfarbe auf Leinewand die Wirkung von Natureindrücken zu kopieren; unter günstigen Umständen so genau, daß man das Bild nicht von dem Modell unterscheiden kann. Man beginnt zum Beispiel mit einer weißen, für Ölmalerei grundierten Leinewand und zeichnet etwa mit Kohle die am deutlichsten erkennbaren Richtungen der darzustellenden Naturform darauf. Nur die erste Richtung darf ziemlich willkürlich gezeichnet werden, alle anderen müssen zu der ersten den durch das Naturmodell vorgeschriebenen Winkel haben. Durch ständiges Vergleichen der Darstellung mit dem Modell kann man die Richtungen so untereinander abstimmen, daß die der Darstellung denen der Erscheinung des Modells entsprechen. Man setzt Richtungen nach dem Gefühl, lotet und kontrolliert die Richtigkeit des Gefühls durch Vergleichen des abgeschätzten Winkels der Richtung mit dem Lote bei der Natur mit dem bei der Darstellung. Darauf zeichnet man entsprechend der Erscheinung des Größenverhältnisses der Modellteile unter einander das Verhältnis der Größe der Bildteile auf die Leinewand, am besten durch gedachte Linien, die diese Teile umgrenzen. Die Größe des ersten Teiles ist beliebig, falls nicht »Naturgröße« eines Teiles, etwa des Kopfes, dargestellt werden soll. In diesem Falle mißt man eine parallel zu einer entsprechend der Bildebene in der Natur gedachten Ebene gerichtete gedachte Linie mit dem Zirkel und trägt dieses Maß in die Darstellung des ersten Teiles ein. Alle übrigen Teile stimmt man zu dem ersten auf der Bildebene gefühlsmäßig entsprechend den entsprechenden Modellteilen ab und kontrolliert das Gefühl durch Messen, indem man das Bild soweit von sich stellt, daß der erste Teil gleich groß dem ersten des Modells erscheint und vergleicht. Um ein beliebiges Maß zu kontrollieren, hält man mit ausgestrecktem Arm einen Pinselstiel in der Richtung dieses Maßes in der Natur so vor dieses Maß, daß das Ende des Pinselstieles mit einem Ende des Maßes scheinbar zusammenfällt, und hält den Daumen so an den Pinselstiel, daß die Berührungsstelle des Daumennagels mit dem Stiel sich mit dem anderen Ende des Maßes deckt. Wenn man das so gewonnene Pinselstielmaß wieder mit ausgestrecktem Arm vor das entsprechende Bildmaß hält, kann man mit photographischer Genauigkeit feststellen, ob man sich gefühlsmäßig getäuscht hat. Ist die Aufzeichnung »richtig«, so füllt man die Bildteile mit Farbe aus, entsprechend der Natur. Am zweckmäßigsten beginnt man mit einer deutlich erkennbaren Farbe von großer Ausdehnung, vielleicht einem etwas gebrochenen Blau. Man schätzt den Grad der Stumpfheit ab und bricht die Leuchtkraft durch die Komplementärfarbe, etwa Ultramarin durch lichten Ocker. Durch Hinzusetzen von Weiß kann man die Farbe hell, von Schwarz dunkel machen. Das alles kann man lernen. Zum Kontrollieren der Richtigkeit setzt man am besten das Bild unmittelbar neben die gedachte Bildebene in der Natur, stellt sich auf seinen alten Platz zurück und vergleicht Bildfarbe mit Naturfarbe. Durch Brechen der zu leuchtenden Farbtöne und Hinzusetzen der noch fehlenden macht man den Bildfarbton dem entsprechenden Naturfarbton möglichst gleich. Stimmt ein Farbton, so kann man das Bild auf seinen Platz zurücknehmen und die übrigen zu dem ersten gefühlsmäßig abstimmen. Das Gefühl kann man kontrollieren, indem man jeden Farbton direkt mit der Natur vergleicht, nachdem man das Bild wieder neben das Modell gestellt hat. Hat man Geduld und stimmt sämtliche großen und kleinen Richtungen, Formen und Farbtöne entsprechend denen der Natur unter einander ab, so hat man eine genaue Wiedergabe der Natur. Das kann man lernen. Das kann man lehren. Damit man sich nun nicht allzuviel im »Gefühl« täuscht, lernt man die Natur selbst kennen durch Anatomie und Perspektive und sein Material durch Farbenlehre. Das ist Akademie!

Ich bitte den Leser um Entschuldigung, daß ich das Abmalen so ausführlich erläutert habe. Ich mußte es, um zu zeigen, daß es Geduldsarbeit ist, gelernt werden kann, wesentlich auf Kontrollieren und Abstimmen beruht und die künstlerische Arbeit des Schaffens verkümmern läßt. Für mich war es wesentlich, das Abstimmen zu lernen, und ich erkannte allmählich, daß Abstimmen der Bildelemente untereinander Zweck der Kunst ist, nicht Mittel zum Zwecke etwa des Kontrollierens. Der Weg war nicht kurz. Man muß arbeiten, wenn man erkennen will. Und man erkennt nur eine Strecke weit, bis Nebel den Horizont verhüllt. Erst von dort hinten aus kann man wieder weiter erkennen. Und ich glaube, ein Ende gibt es nicht. Die Akademie kann da nicht mehr helfen. Es gibt keine Kontrolle der Erkenntnisse.

Zuerst war es mir möglich, mich von der wörtlichen Wiedergabe aller Einzelheiten freizumachen. Ich begnügte mich mit der intensiven Erfassung der Beleuchtungserscheinungen durch skizzenhafte Malerei (Impressionismus).

In leidenschaftlicher Liebe zur Natur (Liebe ist subjektiv) betonte ich die Hauptbewegungen durch Übertreibung, die Formen durch Beschränkung auf das Wesentlichste und Umrandung, die Töne durch Zerlegen in komplementäre Farben.

Das persönliche Erfassen der Natur schien mir jetzt das Wesentlichste zu sein. Das Bild wurde Vermittler zwischen mir und dem Betrachter. Ich hatte Eindrücke, malte diesen entsprechend ein Bild; das Bild hatte Ausdruck.

Man könnte einen Katechismus der Ausdrucksmittel schreiben, wenn es nicht zwecklos wäre, so zwecklos wie die Absicht, Ausdruck im Kunstwerk zu erzielen. Jede Linie, Farbe, Form hat einen bestimmten Ausdruck. Jede Kombination von Linien, Farben und Formen hat einen bestimmten Ausdruck. Der Ausdruck ist nur durch die spezielle Zusammenstellung zu geben, nicht etwa zu übersetzen. Man kann nicht den Ausdruck eines Bildes in Worte fassen, wie man den Ausdruck eines Wortes, etwa des Wortes »und«, nicht malen kann.

Der Ausdruck eines Bildes ist aber doch so wesentlich, daß es sich lohnt, ihn konsequent zu erstreben. Jede Absicht, Naturformen wiederzugeben, beeinträchtigt die Kraft der Konsequenz in dem Herausarbeiten eines Ausdrucks. Ich verzichtete auf jede Wiedergabe von Naturelementen und malte nur mit Bildelementen. Dieses sind meine Abstraktionen. Ich stimmte die Elemente des Bildes untereinander ab, immer noch wie damals in der Akademie, aber nicht zum Zwecke der Naturwiedergabe, sondern zum Zwecke des Ausdrucks.

Jetzt scheint mir auch das Streben nach Ausdruck im Kunstwerk schädlich für die Kunst zu sein. Kunst ist ein Urbegriff, erhaben wie die Gottheit, unerklärlich wie das Leben, undefinierbar und zwecklos. Das Kunstwerk entsteht durch künstlerisches Abwerten seiner Elemente. Ich weiß nur, wie ich es mache, ich kenne nur mein Material, von dem ich nehme, ich weiß nicht, zu welchem Zwecke.

Das Material ist so unwesentlich, wie ich selbst. Wesentlich ist das Formen. Weil das Material unwesentlich ist, nehme ich jedes beliebige Material, wenn es das Bild verlangt. Indem ich verschiedenartige Materialien gegeneinander abstimme, habe ich gegenüber der nur-Ölmalerei ein Plus, da ich außer Farbe gegen Farbe, Linie gegen Linie, Form gegen Form usw. noch Material gegen Material, etwa Holz gegen Sackleinen werte. Ich nenne die Weltanschauung, aus der diese Art Kunstgestaltung wurde, »Merz«.

Das Wort »Merz« hatte keine Bedeutung, als ich es formte. Jetzt hat es die Bedeutung, die ich ihm beigelegt habe. Die Bedeutung des Begriffs »Merz« ändert sich mit der Änderung der Erkenntnis derjenigen, die im Sinne des Begriffs weiterarbeiten.

Merz will Befreiung von jeder Fessel, um künstlerisch formen zu können. Freiheit ist nicht Zügellosigkeit, sondern das Resultat strenger künstlerischer Zucht. Merz bedeutet auch Toleranz in bezug auf irgendwelche Beschränkung aus künstlerischen Gründen. Es muß jedem Künstler gestattet sein, ein Bild etwa nur aus Löschblättern zusammenzusetzen, wenn er nur bilden kann.

Die Wiedergabe von Naturelementen ist nicht wesentlich für ein Kunstwerk. Aber es können an sich unkünstlerische Naturdarstellungen Teile eines Bildes sein, wenn sie gegen die übrigen Teiles des Bildes gewertet werden.

Ich habe mich zunächst noch mit anderen Kunstarten beschäftigt, z. B. der Dichtkunst. Elemente der Dichtkunst sind Buchstaben, Silben, Worte, Sätze. Durch Werten der Elemente gegeneinander entsteht die Poesie. Der Sinn ist nur wesentlich, wenn er auch als Faktor gewertet wird. Ich werte Sinn gegen Unsinn. Den Unsinn bevorzuge ich, aber das ist eine rein persönliche Angelegenheit. Mir tut der Unsinn leid, daß er bislang so selten künstlerisch geformt wurde, deshalb liebe ich den Unsinn.

Hier muß ich den Dadaismus erwähnen, der wie ich den Unsinn kultiviert. Es gibt zwei Gruppen von Dadaisten, die Kern- und die Hülsendadas, welch letztere besonders in Deutschland wohnen. Ursprünglich gab es nur Kerndadaisten, die Hülsendadaisten haben sich von diesem ursprünglichen Kern unter ihrem Führer Hülsenbeck abgeschält und bei der Abspaltung Teile des Kernes mitgerissen. Das Abschälen vollzog sich unter lautem Geheul, Absingen der Marseillaise und Verteilen von Fußtritten mit den Ellenbogen, eine Taktik, deren sich Hülsenbeck noch heute bedient. Der Dadaismus wurde unter Hülsenbeck eine politische Angelegenheit. Das bekannte Manifest des dadaistischen revolutionären Zentralrates Deutschlands verlangt die Einführung des radikalen Kommunismus als dadaistische Forderung. Hülsenbeck schreibt 1920 in seiner Geschichte des Dadaismus bei Steegemann: »Dada ist eine deutsche bolschewistische Angelegenheit.« Das oben erwähnte Zentralratsmanifest fordert ferner »den brutalsten Kampf gegen den Expressionismus«. In der Geschichte des

Dadaismus schreibt Hülsenbeck ferner: »Kunst sollte überhaupt mit schweren Prügeln belegt werden.« In der Einleitung des kürzlich erschienenen Dadaalmanachs schreibt Hülsenbeck: »Dada macht eine Art Antikulturpropaganda.« Also der Hülsendadaismus ist politisch orientiert, gegen Kunst und gegen Kultur. Ich bin tolerant und lasse jedem seine Weltanschauung, aber ich muß erwähnen, daß derartige Anschauungen Merz fremd sind. Merz erstrebt aus Prinzip nur die Kunst, weil kein Mensch zween Herren dienen kann.

Aber »die Auffassung der Dadaisten von Dadaismus ist eine sehr verschiedene«, wie Hülsenbeck selbst zugibt. Und so schreibt Tristan Tzara, der Führer der Kerndadaisten im Manifest Dada 1918: »Jeder macht seine Kunst auf seine Art« und ferner »Dada ist das Wahrzeichen der Abstraktion«. Ich muß erwähnen, daß Merz mit dem Kerndadaismus in dieser Fassung und mit der Kunst der Kerndadaisten Hans Arp, den ich besonders liebe, Picabia, Ribémont-Dessaigne und Archipenko eine enge künstlerische Freundschaft verbindet. Hülsendada hat sich nach Hülsenbecks eigenen Worten »zum Hanswurst Gottes gemacht«. Während der Kerndadaismus festhält an den guten alten Traditionen abstrakter Kunst. Hülsendada: »sieht sein Ende voraus und lacht darüber«, während der Kerndadaismus solange leben wird wie die Kunst lebt. Auch Merz erstrebt die Kunst und ist Feind des Kitsches, auch des Kitsches aus Prinzip, selbst wenn er sich unter Hülsenbecks Leitung Dadaismus nennt. Es darf nicht jeder, der nicht die Fähigkeiten besitzt über Kunst zu urteilen, über Kunst schreiben: »quod licet jovi non licet bovi.« Merz lehnt die inkonsequenten und dilettantischen Ansichten über Kunst des Herrn Richard Hülsenbeck grundsätzlich und energisch ab, während es die oben erwähnten Ansichten Tristan Tzaras offiziell anerkennt.

Hier muß ich noch ein Mißverständnis aufklären, welches durch meine Freundschaft zu einigen Kerndadaisten entstehen könnte. Man könnte denken, ich bezeichnete mich selbst als einen Dadaisten, zumal da auf dem Umschlage meiner Gedichtsammlung ›Anna Blume‹, Verlag Paul Steegemann, das Wort »dada« geschrieben steht.

Auf demselben Umschlag ist eine Windmühle, ein Kopf, eine rückfahrende Lokomotive und ein Mann gezeichnet, der in der Luft hängt. Das bedeutet weiter nichts, als daß in der Welt, in der Anna Blume lebt, in der Menschen auf dem Kopfe gehen, Windmühlen sich drehen und Lokomotiven rückwärts fahren, auch dada existiert. Um nicht mißverstanden zu werden, habe ich auf den Umschlag meiner Kathedrale »Antidada« geschrieben. Das bedeutet nicht, daß ich gegen den Dadaismus wäre, sondern daß es in dieser Welt auch eine gegen den Dadaismus gerichtete Strömung gibt. Lokomotiven fahren von hinten und von vorne. Warum soll eine Lokomotive nicht einmal rückwärts fahren?

Solange ich male, modelliere ich auch. Jetzt mache ich Merzplastiken: Lustgalgen und Kultpumpe. Die Merzplastiken sind wie die Merzbilder aus verschiedenen Materialien zusammengesetzt. Sie sind als Rundplastik gedacht und haben beliebig viele Ansichten.

Haus Merz war meine erste Merzarchitektur. Spengemann schreibt darüber im Zweemann, Heft 8–10: »Ich sehe in Haus Merz die Kathedrale: die Kathedrale. Nicht den Kirchenbau, nein, das Bauwerk als Ausdruck wahrhaft geistiger Anschauung dessen, was uns in das Unendliche erhebt: der absoluten Kunst. Diese Kathedrale kann nicht benutzt werden. Ihr innerer Raum ist mit Rädern so sehr angefüllt, daß Menschen keinen Platz in ihr finden... das ist die absolute Architektur, die lediglich einen künstlerischen Sinn hat.«

Die Beschäftigung mit verschiedenen Kunstarten war mir ein künstlerisches Bedürfnis. Der Grund dafür war nicht etwa Trieb nach Erweiterung des Gebietes meiner Tätigkeit, sondern das Streben, nicht Spezialist einer Kunstart, sondern Künstler zu sein. Mein Ziel ist das Merzgesamtkunstwerk, das alle Kunstarten zusammenfaßt zur künstlerischen Einheit. Zunächst habe ich einzelne Kunstarten miteinander vermählt. Ich habe Gedichte aus Worten und Sätzen so zusammengeklebt, daß die Anordnung rhythmisch eine Zeichnung ergibt. Ich habe umgekehrt Bilder und Zeichnungen geklebt, auf denen Sätze gelesen werden sollen. Ich habe Bilder so genagelt, daß neben der malerischen Bildwirkung eine plastische Reliefwirkung entsteht. Dieses geschah, um die Grenzen der Kunstarten zu verwischen. Das Merzgesamtkunstwerk aber ist die Merzbühne, die ich bislang nur theoretisch durcharbeiten konnte. Die erste Veröffentlichung darüber erfolgte in der Sturmbühne, achte Folge: »Die Merzbühne dient zur Aufführung des Merzbühnenwerkes. Das Merzbühnenwerk ist ein abstraktes Kunstwerk. Das Drama und die Oper entstehen in der Regel aus der Form des geschriebenen Textes, der an sich schon, ohne die Bühne, als geschriebener Text ein abgerundetes Werk ist. Bühnenbild, Musik und Aufführung dienen nur zur Illustration dieses Textes, der selbst schon eine Illustration der Handlung ist. Im Gegensatz zum Drama oder zur Oper sind sämtliche Teile des Merzbühnenwerkes untrennbar mit einander verbunden; es kann nicht geschrieben, gelesen oder gehört, es kann nur im Theater erlebt werden. Bislang unterschied man zwischen Bühnenbild, Text und Partitur bei den Vorführungen im Theater. Man bearbeitete jeden Faktor einzeln und konnte ihn auch einzeln genießen. Die Merzbühne kennt nur die Verschmelzung aller Faktoren zum Gesamtwerk. Materialien für das Bühnenbild sind sämtliche feste, flüssige und luftförmige Körper, wie weiße Wand, Mensch, Drahtverhau, Wasserstrahl, blaue Ferne, Lichtkegel. Man verwende Flächen, die sich verdichten, oder in Gewebe auflösen können, Flächen, die sich vorhangartig falten, sich verkleinern oder erweitern können. Man lasse Dinge sich drehen und bewegen und lasse Linien sich zu Flächen erweitern. Man schiebe Teile in das Bühnenbild hinein und nehme Teile heraus. Materialien für die Partitur sind sämtliche Töne und Geräusche, die durch Violine, Trommel, Posaune, Nähmaschine, Ticktackuhr, Wasserstrahl usw. gebildet werden können. Materialien für die Dichtung sind sämtliche den Verstand und das Gefühl erregende Erlebnisse. Die Materialien sind nicht logisch in ihren gegenständlichen Beziehungen, sondern nur innerhalb der Logik des Kunstwerkes zu verwenden. Je intensiver das Kunstwerk die verstandesmäßig gegenständliche Logik zerstört, um so größer ist die Möglichkeit künstlerischen Aufbauens. Wie man bei der Dichtung Wort gegen Wort wertet, so werte man hier Faktor gegen Faktor, Material gegen Material. Man kann sich das Bühnenbild etwa in der Art eines Merzbildes vorstellen. Die Teile des Bildes bewegen und verändern sich, und das Bild lebt sich aus. Die Bewegung des Bildes vollzieht sich stumm, oder begleitet von Geräuschen oder Musik. Ich fordere die Merzbühne. Wo ist die Experimentierbühne?

Man setze riesenhafte Flächen, erfasse sie bis zur gedachten Unendlichkeit, bemäntele sie mit Farbe, verschiebe sie drohend und zerwölbe ihre glatte Schamigkeit. Man zerknicke und turbuliere endliche Teile und krümme löchernde Teile des Nichts unendlich zusammen. Glattende Flächen überkleben. Man drahte Linien Bewegung, wirkliche Bewegung steigt wirkliches Tau eines Drahtgeflechtes. Flammende Linien, schleichende Linien, flächende Linien überquert. Man lasse Linien miteinander kämpfen und sich streicheln in schenkender Zärtlichkeit. Punkte sollen dazwischensternen, sich reigen, und einander verwirklichen zur Linie. Man biege die Linien, knacke und zerknicke Ecken würgend wirbelt um einen Punkt. In Wellen wirbelnden Sturmes rausche vorbei eine Linie, greifbar aus Draht. Man kugele Kugeln wirbelnd Luft berühren sich. Einander durchdringend zereinen Flächen. Kisten kanten empor, gerade und schief und bemalt. In sich Klappzylinder versinken erdrosselt Kisten Kasten. Man setze Linien ziehend zeichnen ein Netz lasurierend. Netze umfassen verengen Qual des Antonius. Man lasse Netze brandenwogen und zerfließen in Linien, dichten in Flächen. Netzen die Netze. Man lasse Schleier wehen, weiche Falten fallen, man lasse Watte tropfen und Wasser sprühen. Luft bäume man weich und weiß durch tausendkerzige Bogenlampen. Dann nehme man Räder und Achsen, bäume sie auf und lasse sie singen (Wasserriesenüberständer).

Achsen tanzen mitterad rollen Kugeln Faß. Zahnräder wittern Zähne, finden eine Nähmaschine, welche gähnt. Empordrehend oder geduckt, die Nähmaschine köpft sich selbst, die Füße zu oben. Man nehme Zahnarztbohrmaschine, Fleischhackmaschine, Ritzenkratzer von der Straßenbahn, Omnibusse und Automobile, Fahrräder, Tandems und deren Bereifung, auch Kriegsersatzreifen und deformiere sie. Man nehme Lichte und deformiere sie in brutalster Weise. Lokomotiven lasse man gegeneinander fahren, Gardinen und Portieren lasse man Spinnwebfaden mit Fensterrahmen tanzen und zerbreche winselndes Glas. Dampfkessel bringe man zur Explosion zur Erzeugung von Eisenbahnqualm. Man nehme Unterröcke und andere ähnliche Sachen, Schuhe und falsche Haare, auch Schlittschuhe und werfe sie an die richtige Stelle, wohin sie gehören, und zwar immer zur richtigen Zeit. Man nehme meinetwegen auch Fußangeln, Selbstschüsse, Höllenmaschinen, den Blechfisch und den Trichter, natürlich alles in künstlerisch deformiertem Zustande. Schläuche sind sehr zu empfehlen. Man nehme kurz alles vom Haarnetz der vornehmen Dame bis zur Schraube des Imperator, jedesmal entsprechend den Größenverhältnissen, die das Werk verlangt.

Menschen selbst können auch verwendet werden.

Menschen selbst können auf Kulissen gebunden werden.

Menschen selbst können auch aktiv auftreten, sogar in ihrer alltäglichen Lage, zweibeinig sprechen, sogar in vernünftigen Sätzen.

Nun beginne man die Materialien miteinander zu vermählen. Man verheirate z. B. die Wachstuchdecke mit der Heimstättenaktiengesellschaft, den Lampenputzer bringe man in ein Verhältnis zu der Ehe zwischen Anna Blume und dem Kammerton a. Die Kugel gebe man der Fläche zum Fraß und eine rissige Ecke lasse man vernichten durch 22tausendkerzigen Bogenlampenschein. Man lasse den Menschen auf den Händen gehen und auf seinen Füßen einen Hut tragen, wie Anna Blume. (Katarakte.) Schaum wird gespritzt.

Und nun beginnt die Glut musikalischer Durchtränkung. Orgeln hinter der Bühne singen und sagen: »Fütt, Fütt.« Die Nähmaschine rattert voran. Ein Mensch in der einen Kulisse sagt: »Bah.« Ein anderer tritt plötzlich auf und sagt: »Ich bin dumm.« (Nachdruck verboten.) Kniet umgekehrt ein Geistlicher dazwischen und ruft und betet laut: »O Gnade wimmelt zerstaunen Halleluja Junge, Junge vermählt tropfen Wasser.« Eine Wasserleitung tröpfelt ungehemmt eintönig. Acht.

Pauken und Flöten blitzen Tod, und eine Straßenbahnschaffnerspfeife leuchtet hell. Dem Mann auf der einen Kulisse läuft ein Strahl eiskaltes Wasser über den Rücken in einen Topf. Er singt dazu cis d, dis es, das ganze Arbeiterlied.

Unter dem Topfe hat man eine Gasflamme angezündet, um das Wasser zu kochen, und eine Melodie von Violinen schimmert rein und mädchenzart. Ein Schleier überbreitet Breiten. Tief dunkelrot kocht die Mitte Glut. Es raschelt leise. Anschwellen lange Seufzer Geigen und verhauchen. Licht dunkelt Bühne, auch die Nähmaschine ist dunkel.

Inzwischen erweckte diese Veröffentlichung das Interesse des Schauspielers und Theaterdirektors Franz Rolan, der verwandte Ideen hatte, nämlich das Theater vom Dichter unabhängig zu machen und die Vorstellungen aus dem vorhandenen Material des Theaters: Bühne, Kulissen, Farbe, Licht, Schauspieler, Regisseur, Maler und Publikum zu künstlerischer Form hervorwachsen zu lassen. Wir haben nun zusammen die Idee der Merzbühne in bezug auf ihre praktischen Möglichkeiten gründlich durchgearbeitet, zunächst theoretisch. Es ist ein umfangreiches Manuskript geworden und in kurzer Zeit druckreif. Vielleicht werden wir später auch einmal Gelegenheit haben, das Merzgesamtkunstwerk erstehen zu sehen. Schaffen können wir es nicht, denn auch wir würden nur Teile, und zwar Material sein.

1920/21

[Kurt Schwitters   Herkunft, Werden und Entfaltung]

»Großeltern Beckemeyer, Hannover. Tischlermeister. Sehr gut bürgerlich, einfach. Großvater Epileptiker. Großmutter wußte aus Pfennigen Taler zu machen. Sparsam. Nur fünf Kinder. Meine Mutter Henriette verdiente schon früh Geld mit. Seit ihrem dreizehnten Jahre nähte sie für ein Modewarengeschäft, in dem sie mit 17 Jahren Direktrice wurde. Musikalisch sehr begabt, schlechte Zähne. Mit einundzwanzig Jahren eigenes Modewarengeschäft.«

»Großvater Schwitters in Ostfriesland Schuhmachermeister, (Schuster confer Servaes), sehr jähzornig. Großmutter Schwitters früh †. Zweite Frau. Mein Vater hatte also Stiefmutter. Fünf Geschwister. Mein Vater Nervenfieber, Lehrling, Kommis im Modewarengeschäft. Beschäftigte sich besonders mit Dekorieren. 1886 eigenes Geschäft in Hannover, schlechte Zähne.«

»Ich selbst * 20. Juni 1887, Hannover, Veilchenstraße. (Das Veilchenland) Meine Amme hatte zu dicke Milch und zu wenig, da sie über gesetzlich erlaubte Zeit hinaus mich genährt hatte. Die Amme wurde bestraft. So lernte ich gleich die Bösheit der Welt am eigenen Leibe fühlen; Grundzug meines Wesens Melancholie. Bis 1909, abgesehen von allerhand Reisen überallhin, in Hannover gelebt. (Revon.) Ich nannte mich Kuwitter, machte mich naß und wurde ins Badezimmer gesperrt. Ostern 94 kam ich zur Schule, Realgymnasium I. Hannover. Sozusagen begabter Schüler. Außer Zeichnen und Schreiben Zensuren 4 und 5. Schule hat mir viel Spaß gemacht, das kann ich nicht anders sagen. 98 lernte mich das Dorf Isernhagen kennen. Mein erster Landaufenthalt. Ich hatte da einen kleinen Garten. Rosen, Erdbeeren, ein künstlicher Berg, ein gegrabener Teich. Im Herbst 1901 zerstörten mir Dorfjungen meinen Garten vor meinen Augen. Vor Aufregung bekam ich Veitstanz. Zwei Jahre krank, völlig arbeitsunfähig. Durch die Krankheit wechselten meine Interessen. Ich bemerkte meine Liebe zur Kunst. Anfangs machte ich Couplets in der Art der Varieté-Komiker. An einem Vollmondherbstabend fiel mir der klare, kalte Mond auf. Seitdem dichtete ich lyrisch-sentimental. Dann schien mir Musik d i e Kunst zu sein. Ich lernte Noten und musizierte den ganzen Nachmittag. 1906 sah ich in Isernhagen zum ersten Mal Mondschein-Landschaft und begann zu malen. 100 aquarellierte Mondscheinlandschaften vor der Natur. Mit Stearinkerzenbeleuchtung. Ich entschloß mich Maler zu werden. Bekannter Widerspruch der Eltern: Erst Maturum, dann gern. Nebenbei besuchte ich abends die Kunstgewerbeschule und wurde langsam akademisch. Ostern 08 Abiturientenexamen. Beim Bummel im Zylinder sprach mein Conabiturient Harmening das Wort: ›Laßt nicht den melancholischen Schwitters vorangehen, sonst gleicht unser Zug einem Trauerzuge.‹«

»08 bis 09 Kunstgewerbeschule Hannover. 10. Juni 08 Verlobung mit Helma Fischer. 09 bis 14 Kunstakademie Dresden. Bei Bantzer, Kühl, Emmanuel Hegenbarth. Inzwischen wurde ich in Berlin an der Akademie als talentlos abgewiesen. Der Sekretär (?) tröstete mich, ich wäre jung und hätte das Maturum, ich könnte noch studieren, zur Malerei reichte es nicht. Das hätten alle Professoren einstimmig behauptet. 1911 wurden meine Bilder zum ersten Male von der Kunstgenossenschaft Hannover abgewiesen. 1910 auf einsamer Wanderung in der Böhmischen Schweiz, im Winter, sah ich die ewigen Gesetze der Natur. Ich erkannte, daß nur restloses Erfassen dieser Gesetze Kunst sein könne. Seitdem male ich Abstraktionen. Am 5. 10. 1915 heiratete ich Helma Fischer und wohne seit der Zeit Hannover, Waldhausenstraße 5 II. Vom 12. März 1917 bis zum 19. Juni 1917 war ich Soldat beim R. I. R. 73 in Hannover. Von der Zeit bis Beginn der

Revolution war ich am Eisenwerk Wülfel im nächstliegenden praktischen Berufe als Maschinenzeichner beschäftigt. Dort gewann ich Liebe zum Rade, erkannte auch Maschinen als Abstraktionen menschlichen Geistes. Seit dieser Zeit liebe ich die Zusammenfassung von abstrakter Malerei und Maschine zum Gesamtkunstwerk. Ich wandte mich an den Sturm mit der Bitte um Ausstellungsgelegenheit, denn ich hatte erkannt, daß der Sturm ausschließlich Kunstwerke ausstellt. Erste Sturmausstellung meiner Bilder im Juni 1918. Nur abstrakte Ölgemälde. Reinkultur der Kunstgattung Ölmalerei. Ende 1918 erkannte ich, daß alle Werte nur durch Beziehungen untereinander bestehen, und daß Beschränkung auf ein Material einseitig und kleinlich sei. Aus dieser Erkenntnis formte ich Merz, zunächst als Summe einzelner Kunstgattungen, Merz-Malerei, Merz-Dichtung. Die Merz-Bühne strebt fort von der Kunstgattung zur Verschmelzung im Gesamtkunstwerk. Mein letztes Streben ist die Vereinigung von Kunst und Nichtkunst zum Merz-Gesamtweltbilde. Zitate in der Dichtung, Kitschbilder als Teile von Gemälden, Aufnahme bewußt kitschiger und bewußt schlechter Teile in das Kunstwerk usw.«

1920/21

Meine Unzufriedenheit mit der Kunst der Ölmalerei

›MA‹ bittet mich um Stellungnahme, warum ich mit der Kunst von heute unzufrieden bin. Ich bin keinesfalls kritisch, weil ich Merz-Bilder male. Das Wesen der Merzkunst ist Toleranz. Warum sollte jemand nicht eine verschiedenartige Wirkung erzielen, indem er beliebig andere Materialien gebraucht. Warum sollte man nicht ein Kunstwerk auf Leinwand malen. Im Gegenteil. Genau der ungewöhnliche Gebrauch von bisher unbrauchbaren Materialien in den Merzbildern zeigt, daß vom Standpunkt der Kunst das gebrauchte Material ganz unwesentlich ist. Deshalb können wir dem Künstler nicht vorschreiben oder untersagen, was für Materialien oder welche Inhalte er zu gebrauchen hat oder nicht. Aus meiner Sicht ist an der Ölmalerei nichts auszusetzen, wenn das Resultat Kunst ist, besonders wenn im Falle einer solchen Kunst für den besagten

Künstler die Kunst selbstverständlich ist. Ich selbst beschäftige mich nur mit einer solchen Ölmalerei.

Davon abgesehen bin ich nicht glücklich über die übertriebene Überflutung der Kunst mit Ölmalerei. Ich sehe eine gewisse Leblosigkeit in diesem Trend im Gegensatz zu gewissen bedeutenden Elementen wie etwa die Materialien zur Formung. Die großen Unterschiede zwischen den Menschen machen es unwahrscheinlich, daß ein Pinselstrich auf der Leinwand absolut die gleiche Aussage für alle Künstler hat: die Formung der Weltanschauung. Ich sehe in dieser Restriktion nichts Besonderes. Warum sollen wir uns einschränken, wenn die ganze Welt, wie wir sie mit unseren Sinnen erfahren, uns zur Verfügung steht. Die wirkliche Einschränkung sollte von dem Wollen des Künstlers abhängig sein, der seiner inneren Kraft folgt.

1921

Tran 18

an Dresdener Kritiker, vermischt mit Eindrücken von der Bernaer Fochelwiehße (Hier gannsde dirr nachdrächlich das E.K. einz verdienen, hierr.)

Da ist zunächst F.Z. Dresdener Nachrichten 19. 7. 20. (Keine Niete, jeder Wurf gewinnt.) Herr Dr. Phil. Felix Zimmermann ist Relativist. Es kommt ihm vor, scheint ihm, man kann nicht wissen. (Selina beleuchtet die dunkelsten Geheimnisse.) Gestatten Sie mir, Herr Dr., Ihre Kritik unter der Idee des künstlerisch organisierten Müllhaufens (übrigens ist das Ihre Idee, nicht meine) zu erfassen. (Der Liebling des Volks sind überall die kleinen Marionettenkünstler.) Sie sind eben Relativist. (Wirklich, Else, Du tust m'r leid.)

Sie schreiben relativ wohlwollend:

»----- Angesichts der fremdartigen Erzeugnisse dieses neuen Kunstwillens fanden Dr. Schmidts Zukunftsgläubige und entschlossen sich einfühlende Ausführungen mehr Zweifler und Spötter als willige Gefolgsleute, und es bedarf ruhiger kritischer Nachprüfung, um den Wert solcher äußerster Entwicklungsformen sachlich festzustellen.« F. Z.

Angesichts Ihrer Relativität gewinnt hier jeder Wurf. Also bitte: »Angesichts der fremdartigen Erzeugnisse.« Sie nennen meine Erzeugnisse fremdartig. Meine Erzeugnisse sind Ihrem Angesicht der Art nach fremd. Sie haben also offenbar meine Art Erzeugnisse noch nicht von Angesicht zu Angesicht gesehen. (Obstweinschank zum ollen, ehrlichen Seemann.) Und dabei habe ich soviel Reklame gemacht! Und ich bin nicht der Einzige, der diese Art Erzeugnisse hinter Ihrem Angesicht herstellt. Es ist doch schade, daß Sie Ihren Kopf nicht einmal umgedreht haben. (Klassiker in jeder Preislage.) Vielleicht darf ich Sie belehren, was hinter Ihrem Angesicht vorgeht. – Aber halt! Nicht umdrehen! Stören Sie die Entwicklung nicht! Ich beschwöre Sie! Was recht ist, lobt Gott. Lange Hosen verderben den Charakter. Ihr Angesicht möchte wie ein Medusenhaupt wirken, wenn Sie hinter meinem Angesicht sprechen: »Bis in die Merzbilderfabrikation und ähnlichen extremen Schwindel«.* Es möchte Ihnen schwindelig werden hinter Ihrem Angesicht.

Also setzen Sie sich, ich werde Sie belehren. Um 1500 lebte mein Kollege Leonardo da Vinci, ich weiß nicht, ob Sie schon von ihm gehört haben. Von diesem Kollegen sagt man, daß er sich der fremden Art, Teile des Bildes aufzukleben, bedient haben soll. Picasso und Braque erfanden hinter Ihrem Angesicht i. J. 1910 den Kubismus. Ich weiß nicht, ob Sie schon davon gehört haben. Gesehen haben Sie wohl noch kein kubistisches Werk? Diese beiden Kubisten fanden nach Daniel Henry neue Mittel in den verschiedensten Stoffen wie »aufgeklebte farbige Papierstreifen, Lackfarben, Sägemehl, Wachsleinewand, Glas« usw. Alles hinter Ihrem Angesicht. Heute würden Sie staunen, wenn Sie Ihr Angesicht umdrehen würden, wie groß die Fabrikation dieser Art Erzeugnisse und ähnlichen extremen Schwindels geworden ist. (Weitgehende Garantie, bestes Material, hübsche Form, heller Klang, vorzügliche Schweißung und richtige Härtung.) Um Ihnen die Firmen einiger der berühmtesten Fabrikationshäuser auf dem Gebiete der geklebten und genagelten fremdartigen Kunstwerke zu nennen, einige Namen: Tristan Tzara, Arnold Topp, Oskar Fischer, Francis Picabia, Hans Arp, Marcel Janco, Dadamax Ernst, Alfred Grünwald, genannt Baargeld, Heinrich Hoerle, Angelica Hoerle, Marta Räderscheidt, Josef Kuron, Hans Citroën, Raoul Hausmann, Walther Mehring, Sophie Taeuber, Alexander Archipenko, Otto Dix, welch letzterer hinter Ihrem Angesicht in Dresden wohnt. Und Sie schreiben: »Angesichts der fremdartigen Erzeugnisse.« Ich glaube, Sie haben sich angesichts meiner Belehrung doch etwas im Ausdruck

---

* Dr. N. 9. 7. 20 in der Besprechung ›Kunstausstellung Dresden 1920‹.

vergriffen. Sie wollten schreiben: »Angesichts meiner Unkenntnis auf dem Gebiete der Kunst.«
Weiter: »fanden ... mehr Zweifler als willige Gefolgsleute«, heißt auf gutes Deutsch übertragen dann: »konnte ich leider den Ausführungen Dr. Schmidts nicht folgen und begann zu zweifeln und zu spotten«. Und der Schluß Ihres Satzes heißt: »und es bedarf ruhiger kritischer Nachprüfung, um den Wert dieser meiner Kritik sachlich festzustellen«. Welches ich hiermit getan haben möchte.
Also Herr Dr. Phil. Felix Zimmermann, bleiben Sie ruhig sitzen und lesen Sie den ganzen korregierten Satz ruhig kritisch 3 mal durch, bis er sitzt: » 1. Angesichts meiner Unkenntnis ... begann zu zweifeln und spotten ... ruhiger kritischer Nachprüfung ... Wert meiner Kritik festzustellen.« 2. Den ganzen Satz wiederholen. 3. Dasselbe noch einmal. – So – ich danke. – Sie können nach Hause gehen. (Aaaaaale – Aale, Aale, Aale, Aaaaaale, 3 Mark zum Feierabend hier!) »Man kann nicht wissen« – Angesichts meiner Unkenntnis – Mehr Büldung! –
Kurt Schwitters

1921

Über den Wert der Kritik (Nachtrag)

Meine Ansicht über den Wert der Kritik
(Für den Ararat)

Um über den Wert der Kritik urteilen zu können, muß man zunächst nach dem Zweck der Kritik fragen. Soll sie vermitteln zwischen dem Künstler und dem Betrachter, oder dem Künstler ein unparteiisches Urteil über sein Werk zur Belehrung und Förderung geben, oder den Wert des kritisierten Werks im Zusammenhang mit irgendeinem Parteiprogramm zeigen: also soll die Kritik vermitteln, belehren oder organisieren? Ich halte Organisieren und Belehren für schlecht in der Kritik, weil der Künstler nicht abhängig sein darf von Einflüssen, die nicht aus seiner Kunst selbst kommen. Es bliebe also als Ziel der Kritik nur die Vermittlung übrig.
Um vermitteln zu können, muß der Kritiker das Kunstwerk kennen, gründlich kennen, er muß Verständnis für die Sprache des Kunstwerks haben und tolerant

genug sein, um es nur so zu lesen, wie es gelesen sein will. Sein Wissen vom Wesen der Kunst und von Kunstwerken muß so umfassend sein, daß er tatsächlich das Typische des zu kritisierenden Werkes erkennen kann. Außerdem muß der Kritiker, um verstanden zu werden, Rücksicht auf die Bildung des Lesers nehmen, und endlich muß er selbst Schöpferkraft genug haben, um nun die Vermittlung auszuführen. Wie er das macht, ist seine Sache, er ist in diesem Falle Künstler, und man darf ihm deshalb keine Vorschriften machen. Ich selbst habe eine Vorliebe für die Kritik, die selbst Kunstwerk ist, d. h. ein dem zu kritisierenden Werke analoges Werk mit den Mitteln der Sprache.

Einen praktischen Wert verspreche ich mir von der Kritik nur dann, wenn der Leser nicht nur die Kritik liest, sondern nun auch hingeht und das Werk betrachtet. Verständnis für das Werk kann nach meiner Erfahrung nur durch Anschauung und Übung im Betrachten von Kunstwerken kommen, vielleicht auch durch Denken, jedoch niemals durch Nachdenken. Also wäre derjenige Kritiker der beste, der das Aufnahmevermögen des Lesers für Eindrücke der Kraft entwickelt, indem er ihn anreizt, sich selber zu bemühen und das Kunstwerk auf sich wirken zu lassen.

Dem kunstliebenden Laien aber rate ich, selbst an seiner künstlerischen Fähigkeit zu arbeiten. Er sei kritisch gegen Kritiken. Er kontrolliere die Kritik durch Betrachten des Werks. Eine gute Kritik muß den Vergleich mit dem kritisierten Kunstwerk vertragen können. Und immerhin sollte die Anschauung Grundlage für die Kunstbetrachtung des Laien sein.

1921

Sauberkeit
(Für Leute, die es noch nicht wissen)

Ich liebe die hygienische Sauberkeit. Ölfarben riechen wie ranziges Fett. Temperafarben stinken wie faule Eier. Kohle und Graphit sind der schmierigste Dreck, was man schon an der schwarzen Farbe erkennen kann. Ich liebe die hygienische Sauberkeit und die hygienische Malerei. Das nenne ich ›MERZ‹. Merzmalerei verwendet die delikatesten Materialien, wie sauberen Roggenmehlkleister, desinfizierte Zeug- und Papierfetzchen, gut gewaschenes Holz, alkoholfreie Eisenbeschläge und dergleichen, die Merzmalerei ist absolut bazillenfrei. Der einzige Bazillus, der tatsächlich durch Merz übertragbar ist, ist der Tollwutbazillus. Er ist seinerzeit, ohne meine Schuld, auf Merz übertragen durch den Biß tollwütiger Kritiker und überträgt sich weiter auf jeden Herrn Kritiker, der sich neuerdings in Merz festbeißt. Merz beißt nicht, aber die Herren Kritiker. Kritiker beißen nämlich über, wie Bulldoggen. Ich bedaure es sehr, daß mittlerweile fast die gesamte deutsche Kritik, mit Ausnahme einiger starker Persönlichkeiten, infolge Merzbiß tollwütig geworden ist.

1921

Tran 19

Mein Zerfahren gegen Paul Westheim, zur Gewinnung aromatischer, alkoholfreier Säfte. (Die Axt im Haus zersetzt den Zimmermann.)

Sehr geehrter Herr Westheim! (Ein jeder blamiert sich, so gut er kann.)
Zunächst bin nicht ich zerfahren, sondern Sie. (Keuchend gähnt der Frosch zur Mitte.) Ich fahre, Sie zerfahren und werden zerfahren. (Und wenn es ein Knabe wird, sorge bitte für ihn.) Ich weiß nämlich genau, welchen Weg ich fahren muß (Trinkwasser ist für Menschen nur in kochendem Zustande genießbar), Sie dagegen nicht. (Um das Leder für den Schuhkitt aufnahmefähig zu machen, ist die Klebestelle erst vom Schmutz zu reinigen.) Bitte überlegen Sie einmal (Bier macht faul, dumm und indolent), so gut Sie überlegen können (die letzten Wagen sind hinten), was eigentlich Zerfahrenheit heißt. (Seh ich dieses Rindvieh an, denk ich an meinen Christian.) Die Vorsilbe ›zer‹ ist im Sinne von auseinander gebräuchlich (Über ein Kleines o Seele voll Gram schwindet dein Kummer und geht wie er kam.): »zerkleinern, zerbröckeln, zerteilen, zernagen, zersetzen, zerfahren usw.« (Das ist viel Leid!) Bitte überlegen Sie (für kranke Vögel verlange man nur das seit Jahren bewährte Spratts Hundekuchen!), so gut Sie überlegen können (der größte Griesgram lacht Tränen.), wer von uns beiden auseinandergefahren ist, Sie oder ich. (Nur trocknes Leder läßt sich kleben.) Nehme ich Sie als Objekt oder Subjekt des Verbs zerfahren (Krankheit des einen wirkt schädigend auf die Gesundheit des andern.), es stimmt bei-

des (gar mancher ist krank, ohne es überhaupt zu wissen.), Sie zerfahren die Kunst (10000 Mark zahlt die Direktion der Pantherweibschau demjenigen, der nachweist, daß Tohrah das Pantherweib ein künstlerisches Fell am Körper trägt) und werden zerfahren von den Ereignissen, die Sie nicht beherrschen. (Kapitalisten gesucht zwecks Ausbeutung eines Patents.) Aber die Kunst läßt sich nicht zerfahren (Heilig ist das Kleid der heiligen Kümmerniss) und bäumt sich auf gegen das Kunstblatt, wie ein Schwert. (Achtung: Hund beißt, klingeln!) Und nun bitte ich Sie höflich, aber dringend (Abdeckerei gleich Fortschaffung von Tierleichen), nicht mich dafür verantwortlich machen zu wollen, daß Sie (Wirtschaftsgenossenschaft, System Staubschutz) meine Kunst zerfahren wollen. (Hotel und Restaurant Zufriedenheit).

Sodann nennen Sie meine Kunst ›Manier‹ (Die in Berlin unter den Hunden ausgebrochene Tollwut bietet den Maulkorb- und Hundesportartikelfabrikanten auf längere Zeit recht gute geschäftliche Aussichten.) Unter Manier verstehe ich eine tote Formel, nach der man ohne inneren Zwang sich bei seiner Arbeit richtet. (Die Artikel Hosenträger, Leibriemen, Klopfpeitschen, Pulswärmer, sog. Stulpen würde alles große Freude bereiten.) Nach dieser Definition behaupte ich (kein Trinkzwang, Rauchen gestattet.), daß die Art, nach der Sie das Kunstblatt zusammenstellen (Hier fachmännische Anpassung) Manier ist. (Der Torfmann handelt bekanntlich ebenfalls mit einer Ware, die ihn nicht wärmt.) Dagegen werde ich beweisen, daß (Torf, Torf, Hasenfelle!) ausgerechnet Merz (Anna Blume hat ein Kind von Bender.) nicht Manier sein kann, weil es sich befreit hat von (Mir kann doch keen Mann verkohlen.) jeder Manier (Kohle ist Brot!) Aber ich werde den Versuch garnicht erst versuchen (rot orange gelb grün blau dunkelblau violett), meine Mühe wäre zwecklos (Woraus wird Leuchtgas gewonnen?), denn Sie verstehen ja meinen Beweis doch nicht. (Forsche, vergleichs, erwägs, finde die Wahrheit heraus u. Honig.) Forschen Sie in meinen Tränen und andern Merzpublikationen, wenn Sie sich belehren wollen. (Dazwischen viele Lebensalter, viel Sieche, Lahme, Krüppel, Sprachlose, Geistesgestörte, sogar ein Blinder und ein Taubstummer.)

Darauf fragen Sie: »Was ist nun eigentlich die Kunst dieser Zeit?« (Suche zwecks Kauf eines prima Geschäfts 50 Mille von Selbstgeber.) Die Frage charakterisiert Sie, Herr Westheim. (Veredelte Dauerwäsche.) Sie wissen nämlich selbst die Antwort nicht. (Die erste Tugend eines Kritikers sei Bescheidenheit) Ein Kritiker sollte Bescheid wissen (Damen-Trompeter-Korps.), einen unbescheidenen Kritiker könnte man vielleicht zerfahren nennen. (res severa verum gaudium.) Den Beweis für Ihre Zerfahrenheit liefern Sie, Herr Westheim (Wir sind ja alle Schillers Erben), indem Sie nach der einen umfassenden Formel (:)

(Sagten Sie nicht Formel?) für all das Werden unserer Zeit fragen (Die ersten Wagen sind vorne.): »Munch, Valori Plastici, Braß, Fiori und auch die Zerfahrenheit von Schwitters.« (alle Tage ist nicht Sonntag,) Sogar Musikspieldosen baut dieser zerfahrene Schwitters jetzt in Bilder ein! (alle Tage fließt kein Wein) vielleicht merkt er es selbst, wie akademisch seine Manier allmählich zu werden beginnt. (aber du sollst alle Tage recht lieb zu mir sein!) N. B. »akademisch«; Sie meinen damit wohl: »reif für das Kunstblatt?« (Ein Schaf ist bekanntlich ein dummes Tier.) Sie glauben doch nicht, Herr Westheim, daß ich an einem kunstfeindlichen Organ je mitarbeiten würde? (Es erwächst nun die eine Frage: ist die Summe von Schafen, also eine Schafherde, dümmer oder klüger als das einzelne Schaf?) Munch, Valori Plastici, Braß, Fiori und Zerfahrenheit Schwitters, die Auswahl ist beliebig, zufällig. (Damen ist das Rauchen nicht gestattet.) Diese Auswahl ist so zufällig, wie die Zusammenstellung eines beliebigen Kunstblattes. (Rosen haben Beine.) Zufällig haben diese Herren gleichzeitig ausgestellt. (Gemeinde Spartakus.) Aber wie konnten Sie es ahnen, daß Ihre zufällige Auswahl nicht charakteristisch für das neue Werden unserer Zeit ist. (»Bä« sagt das Schaf.) Schuhkitt ist äußerst flüchtig und feuergefährlich. (Der Dich behütet schläft nicht!) Ich will Ihnen aber die eine umfassende Formel für alles Werden in der Kunst nennen. (Neu für Europa!) Herr Westheim, fallen Sie nicht in Ohnmacht! (Das Haus der Unschuld, ein Sensationsschauspiel in 5 Akten.) Fallen Sie nicht in Ohnmacht, Herr Westheim (die letzten Wagen sind vorn), wenn ich Ihnen die Formel kurz nenne (Fetthaltende Leder sind erst mit einer fettlösenden Flüssigkeit ganz sauber zu reinigen): Die umfassende Formel für alles Werden in der Kunst ist (Sonderausstellung deutscher Schäferhunde verbunden mit Vorführung hervorragender Expressionisten.) ist nämlich nichts weiter als Ehrlichkeit.
Glaube nicht allzuviel, nicht einem, nicht allen, warte nur, balde hat alles ein Ziel. (An Pflegetagen sind geleistet 166 943.) Für die Erhaltung der Damentaschenmode muß Rücksicht auf diesen ausschlaggebenden Zweig unserer Ledererzeugung genomen werden, (kleben läßt sich jedes Leder, ob alt oder neu.) doch darf nur gut trockenes Material verwendet werden. (Harry, ick hab ne Karte, ick laß zweimal knipsen!) Sieger haben immer recht.
Mit treudeutschem Gruß Ihr sehr zerfahrener Kurt Schwitters

Im Juli 1921

1921

Antworten auf die Kritik meines Abends bei Garvens am 8. 12. 1921

Antworten

Kurt Schwitters. Du schreibst mir:

Der „Kurier" berichtete über meinen Vortragsabend in der Galerie von Garvens am 8. 12. 21.

Kurt Schwitters. Berichterstattung wäre hier Mißbrauch der Pressefreiheit. In der Georgstraße stößt man jetzt zuweilen auf einen Kasten, der kein Leierkasten, sondern eine Kiste mit aufrechtstehenden Stricknadeln ist, die durch ein Zahnrad zu Geräusch veranlaßt werden. Von der ästhetischen Kritik und öffentlichen Erörterung auch dieser Veranstaltung wird gemeinhin abgesehen. Ebenso pflegt selbst der Menschenfreund nur Minuten auf solche Veranstaltungen zu verwenden, in dem unseres Erachtens berechtigten Drang, seinen Weg in seiner eigenen Richtung zunächst fortzusetzen (Serz). Dieser Meinung war die Mehrzahl der Teilnehmer an der letzten Veranstaltung der Galerie Garvens nicht, die es im Gegenteil vorzog, durch schweigende Duldung Herrn Schwitters den Beweis zu liefern, daß seine Auffassung von der Konjunktur für Snobismus die richtige ist. Beh.

Zur Berichtigung bat ich den „Kurier", folgende Entgegnung aufzunehmen:

Offener Brief an Herrn Brauweiler. 13. 12. 21.

Sehr geehrter Herr Brauweiler!

Es ist nicht wahr, daß das Publikum meinen Vortrag schweigend geduldet habe, wie Sie in Ihrer Kritik vom 8. 12. im „Hannoverschen Kurier" behaupten. Mißbrauch der Pressefreiheit ist es nicht, wie Sie meinen, über meinen Vortrag Bericht zu erstatten; sondern ich nenne es

Mißbrauch der Pressefreiheit, wenn Sie mit Ihrer aus der Luft gegriffenen Behauptung, daß mein Publikum schweigend geduldet habe, Ihre Leser irre führen. Um Schluße meines Vortrages ergab es sich im Gegenteil, daß das Publikum sehr interessiert war, und sein Interesse durch freundlichen Beifall bekundete. Es hatte nicht den Anschein, als ob viele verständnislose Zuhörer dagewesen wären. Sie selbst Herr Brauweiler hatten allerdings meinen Vortrag schon 10 Minuten nach Beginn ostentativ verlaßen und konnten deshalb über die Haltung des Publikums überhaupt nicht urteilen. Abgesehen davon, bitte ich sie um sachliche Kritik statt Ihres witzigen Vergleiches mit dem Leierkasten; und ich behaupte, daß Sie keine stichhaltigen Gründe gegen meine Dichtungen oder gegen meinen Vortrag vorbringen können. Persönliche Abneigung ist kein Grund. Mich würden Ihre Gründe interessieren.

Hochachtungsvoll

Kurt Schwitters.

Die Aufnahme meiner Entgegnung wurde abgelehnt mit der Begründung, daß sie „unsachlich" sei. Das Publikum wird sein Urteil fällen.

Kurt Schwitters.

Lieber Schwitters! Dieweil ich Deine Antwort an den „Kurier" drucke, erübrigt sich meine Besprechung Deines Vortragabends. Ich müßte sonst wiederholen, daß der Reporter des Kuriers ein Esel ist; und das wäre doch langweilig.

1922

Tran 21

Rede am Grabe Leo Reins
(In der Berliner Börsenzeitung 547 v. 27. 11. 21)

Zunächst behaupte ich, Herr Kritiker Leo Rein wäre tot. Kritiker sind tot oder Dadaisten. Ich behaupte, Herr Rein wäre beides, weil das so schön geht. Seiner Rede fehlt die Wärme, das Flaisch, sie klappert wie Knochenbeine.
 Aber ist er schon tot, lebt uns sein Name noch und kündet es bäßeren Zukünften, daß der Löw reineren Zeiten entgegenklappert, Zeiten ohne die lächerliche Merzmalerei und ohne die widerliche Anna Blume. Der Stimme schwendet Kopf verquer die Beine. Ja, Herr Rein, alle Neme kann man nich von hinten lesen. Sie hießen z. B. Snieröl, wenn es noch wenigstens Schmieroel wäre!
 Ich bin Kriminalist, vaschtehste? Selbstmord? Leider ja. Der Löw hat sich solange hinten in seinen eigenen Schwanz gebissen, bis er tot umfuhl. (Weniger gebräuchliches Imperfekt von fallen.) Nun lügt er da und schreit so sehr. (Und wenn der Brummbär mich doch naßmacht?) Dann kriegt er Haue.
 Ich bin Pastor und wende mich gegen Leos Lebenswandel, besonders an seinem Lebensabend, seine Grabrede auf meine Kunscht. Warum verallgemeinern Sie? (Gemeinheit im All.) Wer gibt Ihnen z. B. ein Recht, etwas Dadaismus zu nennen, das sachlich MERZ und nicht dada ist? Ich meine meine Kunst. Wenn Sie nicht gut fundamentiert sind, dann wenden Sie sich nur gleich einer anderen Brangsche zu. Ick werde Ihnen mal fundamentieren!
 MERZ bedeutet bekanntlich Toleranz in bezug auf alle Nebensachen, wie Material, Motiv; dagegen die Forderung konsequenter Formung zum Zwecke des Ausdrucks. Nach diesem fundamentalen Grundsatz frage ich Sie: Wer gibt Ihnen ein Recht dazu, ein Kunstwerk Unsinn zu nennen, weil sein Motiv Unsinn war. (Toter Kritiker, hören Sie eigentlich?) Sie verwerfen meine Kunstwerke, weil Sie nicht gut fundamentiert sind, infolge Verwechslung des Motivs mit der Gestaltung. Kunst ist niemals Unsinn. Kunst ist Logik. Jawohl, da staunen Sie! Sie aber verwechseln die Begriffe und begreifen Ihre Verwechslung nicht.
 De mortuis nil nisi bene, auf deutsch: Man soll den Toten nicht auf die Beene niesen. Ich niese nicht, toter Mann, hören Sie, ich niese nicht auf Ihre Beene, wenn ich behaupte, daß Ihr Wunsch, Merz möge doch bitte tot sein, der Vater

Ihres Gedankens nebst Grabrede war. Wissen Sie, was das bedeutet? (Wohl lange Dein eigenes Geschrei nich jehört!)

Damit Sie aber hören, daß ich noch niesen kann, treten Sie bitte ein paar Schritt zurück, Sie kennen ja die übliche Rückwärtsbewegung der Herren von der Kritik. Abort frei. Zur Förderung der öffentlichen Gesundheit wird dringend ersucht, nicht auf den öffentlichen Boden zu spucken. Die Augen der Herren Kritiker dürfen auf beiden Seiten nur mit Zustimmung aller Mitreisenden geöffnet werden.

Lernen Sie erstlichmal deklinieren: der Haß, die Hose, das Haus.

Ergebenst   Schwitters

1922

Schloß und Kathedrale mit Hofbrunnen

Als meine Frau den Entwurf vom Photographen abholte, mußte sie ihn offen tragen, weil die Spitzen des Kiefernstumpfes, der den gotischen Dom darstellt, schon sehr mürbe sind. In der Straßenbahn wurde der Entwurf neugierig von den Fahrgästen betrachtet. Schließlich ermutigte sich der Schaffner zu fragen, was denn das eigentlich sein sollte. Meine Frau sagte ausweichend, es wäre ein Schloß, eine Kirche und ein Brunnen, und ihr Junge hätte das zusammengenagelt. Darauf sagte der Schaffner, es wäre sehr schön, das hätte er sich wohl gedacht, und es zeigte eine sehr gesunde Phantasie. Hätte meine Frau gesagt, daß ich als erwachsener Kunstmaler einen Arzneikork, einen Buchen- und einen Kiefernstumpf auf ein schräges Brett genagelt hätte, damit das Ganze den Eindruck einer schloßartigen Anlage am Bergabhang mache, und damit ein Architekt seine Phantasie auffrischen könnte, so würde der Schaffner wahrscheinlich gesagt haben, das hätte er sich auch gedacht, aber das zeuge von einer krankhaft gesteigerten Phantasie. Mit Unrecht. Ich fordere die Merzarchitektur. Diese Forderung gilt in zweierlei Hinsicht: 1. Der Merzentwurf für die Architektur. 2. Die merzliche Verwendung von Architektur für neue Gestaltung.

Der Merzentwurf für die Architektur verwendet jedes beliebige Material nach architektonischem Gefühl, um eine Wirkung zu erzielen, welche die Architektur nachbilden kann. Die Verwendung beliebiger Materialien bedeutet eine Bereicherung der Phantasie. Die Phantasie arbeitet in diesem Falle rhythmisch mit schon gegebenen Rhythmen. Das Transponieren des Entwurfs auf darstellendes Material sowie auf konstruktive Möglichkeiten ist Sache der Durcharbeitung. Der Entwurf gibt die Anregung.

Die Architektur ist an sich auf den Merzgedanken am meisten von allen Kunstgattungen eingestellt. Merz bedeutet bekanntlich die Verwendung von gegebenem Alten als Material für das neue Kunstwerk. Der Architektur blieb infolge der Schwerfälligkeit des Materials, mit dem man Häuser baut, nichts anderes übrig als stets wieder das Alte zu verwenden und einzubeziehen in den neuen Entwurf. Dadurch sind unendlich reiche und schöne Bauwerke entstanden; indem für den Architekten nicht der Stil des alten Teiles maßgebend war, sondern die Idee des neuen Gesamtkunstwerkes. In dieser Weise müßten unsere Städte, um ein Beispiel zu nennen, durchgearbeitet werden. Durch vorsichtiges Niederreißen der allerstörendsten Teile, durch Einbeziehen der häßlichen und schönen Häuser in einen übergeordneten Rhythmus, durch richtiges Verteilen der Akzente könnte die Großstadt in ein gewaltiges Merzkunstwerk verwandelt werden. Schon durch Anstreichen ganz Berlins nach dem Plane eines Merzarchitekten, der in großzügiger Weise ganze Stadtviertel wegstreichen und einige wichtige Zentren, die selbstverständlich mit den Verkehrszentren nicht zusammenfallen, durch Licht und Farbe hervorheben würde, wäre der Wille zu dokumentieren, selbst aus der Großstadt ein Merzkunstwerk zu machen.

Vielleicht werden wir das Vermerzen von ganz Berlin nicht mehr erleben, aber das Vermerzen von Teilen wäre doch stellenweise künstlerisches Erfordernis.

Tragödie

Tran No. 22, gegen Herrn Dr. phil. et med. Weygandt

> An andrer Werken suche stets
> Das Beste nur herauszufinden,
> An eignen aber sei dir's Pflicht,
> Vorerst die Fehler zu ergründen.
> Marie Beeg.

Ausnahme-Offerte!

durch Kauf direkt aus Schiffsladung
ohne Zwischenhändler kann ich

Tran

konkurrenzlos billig anbieten.

Zunächst nenne ich meinen Tran: „das Wasserglas in der Fliege" und beziehe mich auf Marie Beeg. (Fliegen haben kurze Beine.) Ich befinde mich im Kampfe gegen die Reaktion.

„Ein Frühlingsabend am Rhein"

Die Presse unserer Gegner, der Gegner moderner Kunst, kämpft mit schmutzigen Waffen, indem sie auf die Dummheit und Eitelkeit der Menschen rechnet. Herr Dr. phil. et med. Weygandt in Hamburg schreibt z. B. von Zeit zu Zeit über die neue Kunst verwirrende Artikel, die wissenschaftlich ernst erscheinen sollen, aber leider nicht sind. Der Pöbel freut sich natürlich, dass man an sei-

Aushang kenntlich

ne gesunde Vernunft appelliert, er ahnt ja nicht, dass seine Vernunft nicht das Organ zum Erkennen von Kunst ist. Der Pöbel freut sich, dass ein Arzt die Ähnlichkeit zwischen modernen Künstlern und Geisteskranken so deutlich demonstriert, dass der Pöbel die Ähnlichkeit durch Gleichheit ersetzt.

In einem rheinischen Städtchen wird ein Frühlingsfest gefeiert. Der Pöbel ist zu dumm, um von vornherein abzulehnen. Wie kann ein Arzt über Kunst überhaupt schreiben, der doch höchstens nebenamtlich etwas davon versteht. Die Liedertafel Union, die sich auf einer Rheinfahrt befindet, hat durch ihre persönlichen Beziehungen zum Festleiter eine Einladung zur Teilnahme an dem Fest erhalten. Dann aber ist es überflüssig und irreführend, wenn Herr Weygandt neben seinen Namen die Titel Dr. phil. et med. schreibt.

Phil. et med. sind keine Autoritätstitel bezüglich einer Urteilsfähigkeit über künstlerische Fragen. «SYNDÉTICON» es el nombre registrado y protegido por la ley.

> ‚Klebekraft'
> ges. gesch., in Pulverform, klebt
> Leder, Stoffe, Pappen etc.
> I. Qualität
> (stark fadenziehend) ergiebig.

Sollte phil. etwa Kunstgeschichte bedeuten, so hat Herr Weygandt hier sich selbst durch diesen Titel entwaffnet. Klebkraft, stark fadenziehend, hat der Kunstgeschichtler nicht. Durch Studium aus Büchern sind Kunstgeschichtler derart in der Aufnahmefähigkeit borniert, dass sie mit dem besten Willen das Wesen neuer Kunst durch die Anschauung, fadenziehend, syndetikalistisch, nicht mehr erkennen können. Als sie auf dem prächtig geschmückten Festplatze eintrifft, herrscht dort bereits frohes Treiben.
Herr Dr. phil. et med. Weygandt weiss, dass er tatsächlich nichts gegen die Kunst der Jungen vorbringen kann, ausser seiner persönlichen Abneigung, die er sorgfältig zu verstecken sucht. Infolgedessen streut er Verdächtigungen aus, ohne zu beweisen, zieht Parallelen ohne Lineal und bemerkt nicht, wie krumm seine Linien geworden sind. Eine Künstlerkapelle lässt ihre lockenden Weisen ertönen und die Paare drehen sich im Tanz. Weinlauben laden zum Verweilen ein und entgegen des Dichters Mahnung:
„Willst wahren Du Herz und Glauben, zieh niemals an den Rhein
Und trink in rhein'schen Lauben nie einen Tropfen Wein",
folgt man der Einladung nur zu gern, denn alles atmet Freude und Feiertagsstimmung. Es ist z. B. eine sinnlose Verdächtigung, zu schreiben: „Verlockend für die Kunstjünger wirkt sicher auch die Verachtung der Technik, wodurch mühsames Erlernen des Handwerksmässigen überflüssig erscheint." Ich hoffe dass meine beleidigten Kollegen dazu auch Stellung nehmen werden wie ich. Ich selbst kann nur von mir berichten, dass ich die sogenannte Technik im Abmalen durchaus nicht verachte. Ich male selbst sorgfältige naturalistische Portraits, man kann aber solche Naturstudien nicht als Kunst bezeichnen. Das Protrait ist eine wissenschaftliche Feststellung, wie jemand aussieht, die jeder beliebige unkünstlerische Mensch, meinetwegen ein Arzt, ebensogut machen könnte wie ich. Es ist aber leichter, dass ein Kamel durch ein Nadelör kricht, als dass ein Herr Dr. phil. et med. etwas von Kunst begriffe.

vorläufig
ausverkauft.

Von dem Festleiter herzlich willkommen geheissen, dankt der Liedervater für die freundliche Begrüssung und fordert die Liedertafel auf, einige Lieder zum Vortrag zu bringen.
Gibt's da eine Wahl?
Ganz einfach:

Weil Merzbilder — enorm haltbar sind.

Es liesse sich schliesslich noch darüber streiten, ob die Kunst oder die Nachahmung ein grösseres rein technisches Können erfordert.

Weil Merzbilder — sich deshalb im Gebrauch billig stellen.

Ich möchte zunächst über die Kunst schreiben. Beim Kunstwerk unterscheidet man Form und Inhalt. Die Form des Werkes wendet sich an die Sinne, der Inhalt an die Seele. Der Mensch hat fünf Sinne, und wir kennen die Sinnesorgane. (O du, Geliebte meiner siebenundzwanzig Sinne!) Aber was die Seele ist, kann man nicht mit Bestimmtheit sagen.

Weil Merzbilder — Körper und Nerven schonen.

Deshalb muss vor allen Dingen das Kunstwerk künstlerisch geformt werden. Die sinnlich erkennbare Form des Kunstwerkes muss künstlerisch sein. Rücksichten auf Dinge ausserhalb des eigenen Rhythmus gibt es für die künstlerische Form nicht.

Weshalb fragt man denn gerade nach Merzbildern?

Es ist gleichgültig, ob die Form etwas darstellt oder nicht. Die Form resultiert aus der Verwendung der formalen Mittel. Die Mittel der Malerei sind Malgrund, Farbe, Licht, Linie u. a.

Weshalb sind denn Merzbilder so populär und beliebt?

Der künstlerische Wille schafft aus diesen Mitteln durch rhythmische Wertung das Kunstwerk. Die Beziehungen sämtlicher sinnlich erkennbaren Teile des Werkes untereinander sind der Rhythmus. Der künstlerischen Logik ist die verstandliche fremd und feindlich.

Dieses erzielt man am besten, wenn man seinen Körper möglichst gleichmässig warm hält.

Das Fehlen der verstandlichen Logik im Kunstwerk bemerkt aber nur der, der die künstlerische nicht sieht. Dem, der die künstlerische Logik erkennt, ist die verstandliche gleichgültig. Ein Kompromiss, dass bald Verstand, bald rhythmisches Gefühl herrschten, wäre für beide schädlich. Verstandliche Logik, wohin sie gehört, in die Wissenschaft. ($2 \times 2 = 5$.) Hierauf wird der Union aus goldenem Pokal der Ehrentrunk gereicht. Inzwischen sind fahrende Sänger auf dem Festplatze angekommen, die durch ihre Vorträge zur Belebung des Festes beitragen.

Man muss aus diesem Grunde darauf bedacht sein, dass man diese Erkältungen so schnell wie möglich los wird.

Die Mittel der Dichtung sind Laut, Silbe, Wort, Satz, Absatz. Bei der rhythmischen Wertung der Mittel ist wichtig, dass nichts zuviel und nichts zu wenig ist, damit die Einheit des Ausdrucks entsteht. Der Ausdruck ist nämlich Resultat der formalen Mittel, und nicht von verstandlichen Überlegungen.

Gleichmässige Körperwärme erreicht man durch häufiges Baden im Hause.

Nun zu Ihnen, Herr Weygandt! Ich sage es Ihnen offen, Sie halten nichts von der formalen Gestaltung.

Sind denn Merzbilder etwas Besonderes?

Ihnen ist es am wichtigsten, dass Sie den Inhalt begreifen können.

Sind denn Merzbilder besser als gewöhnliche Absätze?

Können Sie das nicht, so behaupten Sie frisch, der Künstler wäre mindestens den Verrückten ähnlich.

Weil Merzbilder — eleganten und elastischen Gang verleihen.

Sie verwechseln die Hauptsache mit Nebensächlichem. Der Tanz nimmt seinen Fortgang. $2 \times 2 = 6$. Die Vernachlässigung der verstandlichen Logik stört Sie so sehr, dass Sie darüber die künstlerische Logik nicht sehen. $2 \times 2 = 7$. Jawohl, da staunen Sie. $2 \times 2 = 8$.

Weil Merzbilder — die holperigste Strasse zum Teppich machen.

$2 \times 2 = 10$. Still senkt sich der Abend nieder und die leuchtenden Strahlen der untergehenden Sonne vergolden die Landschaft. Weil Sie die künstlerische Logik nicht sehen, stört Sie das Fehlen der verstandlichen.

Da erklingt ferner Glockenton und der Tanz bricht ab. Andächtig lauscht alles den feierlichen Klängen des Ave Maria.

Da Sie nun aber die künstlerische Logik nicht sehen können, können Sie nicht beurteilen, dass ein Unterschied, ein prinzipieller, aber besonders wichtiger Unterschied zwischen den Arbeiten Geisteskranker und künstlerischen Arbeiten besteht; dass die Arbeiten Geisteskranker im Wesentlichen keine künstlerische Logik haben, **wie leichte Erkältungen, Schnupfen, Husten usw.**

       Alles in Allem:
   Weil Merzbilder so viele Vorzüge haben, dass
    sie für Alt wie Jung **unentbehrlich** sind.

            Nähere Auskunft wird bereitwilligst erteilt.

6 Unzen Handschuhe
     von Emma
   in einem indischen Maskenkostüm.

GAS-ANSTALT

D I E D A
Kühn in das faule Fleisch der

u m a

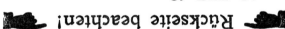

Selbstverständlich nur prinzipiell, denn es gibt natürlich unter Geisteskranken relativ ebenso viele Künstler, wie unter normalen Menschen, vielleicht sogar mehr, da die Beziehungen der Geisteskranken zur Kunst nicht durch normale menschliche Logik, etwa wie die Ihre, Herr Dr. phil. et med., gestört werden.

Ueberzeugen auch Sie sich mal von diesen Vorzügen, aber verlangen Sie von Ihrem Schuhmacher ausdrücklich MERZ, der Qualität wegen, denn es gibt auch minderwertige Gasbadeöfen. Gibt es da eine Wahl?

Wenn Sie z. B. schreiben, ich hätte mich zu Leistungen begeistern lassen, denen eine bedenkliche Ähnlichkeit mit den Erzeugnissen Schizophrener innewohnt, dann könnte jemand mit demselben Rechte behaupten, Sie hätten eine künstlerische Urteilslosigkeit gezeigt, der eine bedenkliche Ähnlichkeit mit, Sie wissen ja gut Bescheid über die Namen der Geisteskrankheiten, jedenfalls innewohnt. Vielleicht werden Sie alt? **Unsere Gasbadeöfen in hängender und stehender Form liefern Ihnen ohne große Mühe in 15 bis 25 Minuten ein Vollbad in jeder gewünschten Temperatur.** Allerdings würde dieser Jemand unberücksichtigt lassen, dass Sie ja garnicht blöde sind. Sie stellen sich nur urteilslos, um, ja um zu kompromittieren, um die Kunst zu kompromittieren.

Nach dieser kurzen Feierstimmung setzt des Festes frohes Treiben wieder ein. Oder wollen Sie etwa dreist behaupten, Sie hätten nicht kompromittieren wollen? Nehmen Sie doch einmal ein ganz heisses Vollbad! $2 \times 2 = 125$ Grad. Oder sollten Sie etwa wirklich urteilslos sein und sich nur so stellen, als verständen Sie etwas von Kunst? $2 \times 2 = 150^0$. Möglich. Jedenfalls stellen Sie sich dann verständig, um, ja um zu kompromittieren, um die Kunst zu kompromittieren. $2 \times 2 = 300$ Grad Reomür, Vollbad in 5 Minuten. Soll ich Ihnen mal sagen, was 2×2 ist? Vier mein Herr, vier, vier, vier, manchmal auch fünf, je nachdem, ob Sie Dr. med. oder Dr. phil. sind.

El SYNDÉTICON se endurece en el frio; pero en temperatura caliente adquiere su antiguo estado liquido.

Wenn Sie nicht die Absicht haben, zu kompromittieren, warum schreiben Sie dann nicht Ihre wissenschaftlich scheinen sollenden Ausführungen in wissenschaftlichen Zeitschriften, sondern in Tageszeitungen, die von einem durchweg wissenschaftlich ungebildetem Publikum gelesen werden.

Tänzerpaare, Sänger und Sängerinnen erfreuen durch ihre Kunst und sichern sich den Dank der Festteilnehmer?

Täglich genommen, üben sie bei Erkrankungen auf den Körper ungemein

grosse Wirkungen

aus.

Sie wissen eben, dass, obgleich die Masse der Halbgebildeten schwerfällig ist, die Gefahr besteht, natürlich von Ihrem Standpunkte aus betrachtet, dass trotzdem Einzelne langsam begreifen könnten, was Kunst eigentlich ist. Das soll und muss aber verhindert werden. $2 \times 2 = 4$.

Betriebskapital erhalten Firmen aller Branchen sofort. Keine Vorschusszahlung. Streng reell und diskret. Bedingung gute Auskunft.

Sie vertrauen auf den Autoritätsglauben im deutschen Volke und schreiben einen wissenschaftlich scheinenden Artikel für das Volk, nicht für die Wissenschaft. Voran stehen die Autoritätstitel med. und phil. Wesentlich ist Ihnen, zu kompromittieren, unwesentlich die Richtigkeit. Ich werde versuchen, meine Behauptung zu beweisen.

Ich will nicht entscheiden, ob Sie Ihre logischen Fehler kennen oder nicht, ob Sie also bewusst Falsches geschrieben haben, oder aus künstlerischer Urteilslosigkeit.

gegen Schnupfen
Wirkung frappant!

Das bleibt sich nämlich im Erfolg gleich.

| Der Name BRAUNS bürgt für Erfolg! | Hier könnte ich eine grössere Zahl von Sätzen herausgreifen um Ihnen zu zeigen, dass sie unhaltbare Behauptungen enthalten und geschrieben sind, um zu kompromittieren. |

1.) Es wäre aber auch weit über das Ziel geschossen, wenn man aus den auffallenden und den philiströsen Beschauer verblüffenden Erzeugnissen moderntster Künstler sofort die Diagnose auf Irrsinn stellen wollte.

Wollen Sie diesen Satz wirklich verteidigen? Lachen Sie nicht selbst, wenn Sie ihn einzeln serviert geniessen sollen, innerlich? Ich nehme an, Sie sind noch nicht kindisch geworden aber diese Behauptung ist genau so albern, als wollte jemand etwa schreiben: „Ein im Zuschauerraum befindlicher Arzt, der einen Schauspieler einen Geisteskranken spielen sieht, braucht noch nicht sofort den Schauspieler auf Irrsinn zu untersuchen, er kann das Ende der Scene erst abwarten." Das ist also Ihre ganze Weisheit. Und es lohnt sich garnicht, diese Binsenweisheit auszusprechen, wenn man nicht damit den Schein erwecken wollte, als wäre es doch sehr notwendig, den Künstler auf Irrsinn zu prüfen. Der Künstler braucht nicht irrsinnig zu sein, er kann aber immerhin doch vielleicht irrsinnig sein, wenn er im Kunstwerk die verständliche Logik zu Gunsten der künstlerischen aufgibt. Das ist also Ihre ganze grosse Weisheit. Ich sage Ihnen: Ein Künstler kann sich den Magen verdorben haben, aber er braucht sich nicht den Magen verdorben zu haben, wenn er malt. Lohnte es sich nicht für Sie, einmal wissenschaftlich festzustellen, ob die Arbeit von Künstlern nicht eine bedenkliche Ähnlichkeit mit den Arbeiten Magenleidender hat? Die Anregung gebe ich Ihnen gratis. Die Sagen des Rheins leben in Wort und Gesang auf und lassen den Zauber auf alle wirken.

| **BLOND ist die Mode!** |

„Die Reben und die Minne, sie geben Dich nimmer frei,
Und um Verstand und Sinne bringt Dich die Loreley!"

Nun lachen Sie wenigstens, Herr Dr. philetmed, ich finde Ihre Behauptung auch wirklich zu komisch.

Ich weiss Bescheid!

„Geh' treu und redlich durch die Welt; das Beste ist das Reisegeld."

NOTA BENE bin ich nämlich magenleidend.
Lieber Herr Dr. Weygandt! Sie schreiben im Anfang Ihrer Besprechung in der **Germania**
Morgen-Ausgabe
Berlin 27. NOV. 1921:

„Geh' treu und redlich durch die Welt; das ist das beste Reisegeld."

„Moderne Kunst oder Wahnsinn?
Von
Prof. Dr. phil. et med. W. Weygandt.
Kunst und Krankheit, scheinbar zwei unversöhnliche Gegensätze!"

Das ist der Beginn. Was sich der Pöbel hinzudenken soll, liegt klar auf der Fussohle. Warum „scheinbar" und warum die irreführende Überschrift? Wollen Sie sich nicht selbst in der hier deutlich demonstrierten Weise ihren Artikel durcharbeiten, ich habe wirklich keine Zeit mehr, ich habe noch mehr Antworten an Kritiker zu schreiben. **O-Ha!**

Infolge der Materialbeschlagnahme
können Korbwaren zur Zeit nicht
hergestellt werden.
Lager ist vollständig geräumt.

„Im Zimmer liegt ein Duft von weissem Flieder   „Im Zimmer liegt ein Duft von weissem Flieder,
Und alles atmet Liebesseligkeit."   Ein holder Hauch der Liebesewigkeit."

Ansichtsmuster zu Diensten.

Nun mache ich Sie nur noch auf folgende Sätze aufmerksam:

„So kann die Schweizer Landschaft von Paul Klee, die auf Vierecken mit dürftig markierten Tannenbäumchen, überragt von der Schweizer Flagge, ³/₄ Dutzend tierischer Gebilde in einförmiger Wiederholung darbietet, in frappanter Weise erinnern an die Zeichnungen eines verblödeten Katatonikers, der auf die Aufforderung, zu zeichnen, was ihm einfalle, das Blatt Papier mit ebenso unbeholfenen, schafähnlichen Tieren in langweiliger Wiederholung vollzeichnete." Verflucht, ich habe gesiegt!

und

„Bekanntlich hat sich Schwitters auch von der auf einer Planke angetroffenen kindlichen Inschrift „Anna Blume hat ein Vogel" zu dichterischen Leistungen begeistern lassen, denen eine bedenkliche Aehnlichkeit mit den Erzeugnissen Schizophrener innewohnt."

Wollen Sie kompromittieren oder nicht?
Verlangen Sie, wenn Ihnen das Wohl Ihrer Familie am Herzen liegt, heute noch ausführlichen Prospekt über **MERZ.**
Ich will mich nicht schafähnlich wiederholen.
Ein offizielles Festessen findet nicht statt, doch hält der rühmlichst bekannte Festwirt Speisen bereit. (Mettfilet.) In der Zeit von 8—9 Uhr kann zwanglos ein einfaches Abendessen eingenommen werden, bei Magen- und Verdauungsstörungen **wohlschmeckende, leichtverdauliche und nahrhafte Speisen.**
Ich könnte noch einen Schluss schreiben, aber ich verzichte zu Gunsten des nächsten Trans.
EL SYNDÉTICON también se puede mezclar con agua de colonia cuando esté muy espeso.
Hiernach tritt der Tanz wieder voll in seine Rechte und lange noch herrscht heller Jubel und echt rheinische Fröhlichkeit auf dem Festplatze.
Ich will lhnen nur noch ein Bild zeigen aus alter Zeit, ein Bild aus der guten alten Zeit,

Essen Sie gern KÄSE?

ein Bild aus der lieben alten Zeit,

Kleine Knallkörper
(Liliputmunition)
Absolut sicher!

ein Bild aus der schönen alten Zeit,
Neu!! Neu!!

Marmor-Krieger ohne Löschblatt

ein Bild aus der seligen alten Zeit,
Der Kaisersaal mit den in Wachs „naturgetreu" nachegebildeten Männern der Zeit
ein Bild aus der nie wiederkehrenden alten Zeit,
Sie ziehen daraus unermeßliche Vorteile
ein Bild aus der alten Zeit, in der Sie sich so wohl fühlten, damit Sie nicht traurig sind:

Und die Trompeten schmettern drein,
Der närrische Brummbass brummt,
Bis endlich das Fest ein Ende nimmt
Und die Musik verstummt.

Sie werfen die Frage auf: „Was ist L e m p e?" Und geben die Antwort: „Ein Druckfehler, es soll L a m p e heißen!"
Et quand tu songes la lune se couche,
Il ne se couche, il ne fait qu'ainsi.
Tibi cadaver cognosco cogito, ergo pingo.

Kurt Schwitters

1922

Tran 23

Blumen

(Der Kritiker visavis der absoluten Stofflichkeit)

Herr Oskar Bie ist ein köstlicher Humorist. Er schreibt in einer Besprechung der Thoma-Ausstellung (Überschrift: Deutsche Malerei.) im Kronprinzenpalais: »Hier zu Hause sitze ich vor der reinen Stofflichkeit, und Temperament und Vortrag schämen sich.« Ich bin nicht sentimental, aber dieses seltene Bekenntnis rührt mich. Solche Bekenntnisse sind wirklich sehr selten. Herr Bie schreibt: »Es ist eine wahre Erholung, einmal stofflich sein zu dürfen. Die wenigsten Kunstfreunde geben zu, daß sie diesem Reize unterliegen.« Es ist mir nicht ganz klar geworden, dem Reize welcher Stofflichkeit unterliegen denn nun die meisten ›Kunst‹freunde? (Kunstfreund ist nicht Stofffreund.) Man kann doch nicht bei ›Kunst‹-freunden von der sogenannten Stoffelichkeit sprechen, ebensowenig wie bei den Herren Kritikern. Das wäre vielleicht übertrieben ausgedrückt. Jeder, so gut er kann. Und wenn einer statt einer Kritik sentimentalen Unsinn schreibt, so ist das eben sentimentaler Unsinn, aber doch nicht Stoffelichkeit. Also etwa anzunehmen, die meisten Kunstfreunde unterliegen, ohne es zuzugeben, der eigenen Stoffelichkeit oder der Stoffelichkeit der Herren Kritiker, dieses anzunehmen wäre unbedingt falsche Interpretation, falsche Argumentation. Gemeint sein kann hier nur die Stofflichkeit des Kunstwerkes. Herr Bie spricht von Stoffreiz, und damit ist wohl der Irrtum einer falschen Argupretation ausgeschlossen. Voran die lustig hüpfenden Ziegen. (»Ich bin gar nicht sentimental.«) Was gemeint ist, das definiert Herr Bie ohne jede Sentimentalität folgendermaßen: »diese reizenden roten Dächer im Grünen, diese satten aufsteigenden Wolken, dies gemütlich rollende Meer, diese Wiesen und Gehöfte, diese braune Erde, diese märchenhaften Wasserfälle, diese Herden von Tieren, voran die lustig hüpfenden Ziegen«. Hinterher die gemütlich rollenden Kritiker.

Sehr geehrter Herr Bie! Hier kann ich Ihre Logik nicht billigen. Haben Sie denn auf Thomas Bildern den Reiz der Stofflichkeit gesehen? Sie irren sich nämlich, Sie meinen etwas Anderes. Damit Sie mich nicht mißverstehen, ich sage hier nichts über oder etwa gar gegen Thomas Bilder, sie sind mir hier gleichgültig. Sie meinen nicht den Reiz der Stofflichkeit der Bilder, die Sie gesehen haben, sondern den Reiz der auf den Bildern wiedergegebenen Natur. Ich gebe zu, mit Recht; ein gemütlich rollendes Meer, voran die lustig hüpfenden Ziegen, muß unbedingt reizend sein. Und deutsch. In Frankreich rollt das Meer ungemütlich, in England hüpfen die Ziegen traurig. Sie schreiben: »Deutsche Kunst ist doch wirklich nur sachliche Kunst.« Dann werden Sie mir zugeben, daß deutsche Kritik doch wirklich nur sachliche Kritik ist. Leider ist Ihre Kritik nicht deutsch, sie ist nicht sachlich. Sie haben natürlich recht, wenn Sie behaupten, kein Kritiker wäre sachlich. Das ist nur eine Folge der eingebildeten Macht dieser Herren. Zuletzt aber schaden Sie nur ihrer Kritik und sich, aber nicht der Kunst, die sie vielleicht schädigen wollen. Kritiker schreiben sich meist ins eigene Fleisch, wenn sie schneiden wollen. Sie selbst nun, Herr Bie, lassen den »Stoff so stark auf sich wirken, daß Sie die Kunst dabei vergessen«. Das geben Sie also zu. Aber was soll ich als Künstler dazu sagen? Soll ich ruhig zusehen, wenn ein Kritiker die Kunst vergißt? Soll ich das, was ein Kritiker schreibt, der die Kunst vergessen hat, eine sachliche, eine deutsche Kritik nennen? Sie »weinen Tränen der Rührung«, aber die Kunst kommt zu kurz dabei. Kritisiere Kritiker, weine nicht! Auch deutsche Kritiker sollten nicht weinen. Sentimental sind Sie nicht, voran die lustig hüpfenden, gemütlichen Oberlehrer, hinterdrein die traurig hinkenden Ziegen. Sie sprechen von dem »lieben Gott Thomas«, der »sehr familiär und patriarchalisch« ist. »Er sitzt mit Thoma und raucht seine Pfeife mit ihm.« Wirklich, diese Familiarität des lieben Gottes, Spezialausgabe für Thoma, ist köstlich. Aber wo bleibt die Kunst, wenn Sie ›nicht‹ sentimental sind? (Voran die lustig rauchende Tabakpfeife.) Beurteilen Sie doch einmal nur zum Spaß die Werke des Künstlers selbst, nicht den Stoffreiz der dargestellten Natur, echt, einfach, sachlich, ich behaupte, Sie können es nicht.

Sehr geehrter Herr Bie! Sie lieben den Stoffreiz. Da schlage ich Ihnen vor, besuchen Sie doch einmal die Kunstausstellung ›Der Sturm‹, Berlin W 9, Potsdamer Str. 134a. Und sehen Sie sich meine Merzbilder an, z. B. Franz Müllers Drahtfrühling. Lassen Sie sich nicht dadurch stören, daß ich sentimental bin. Dann werden Sie Ihre helle Freude haben. Sie werden dort in den Merzbildern die denkbar konsequenteste Gestaltung verschiedener Stofflichkeit in einem Bilde finden. Sie werden den guten alten Thoma, ich sage nichts gegen ihn, darüber vergessen. Auch Ihre starke Vorliebe für das deutsche Wesen kommt dort auf ihre Rechnung. Ich versichere Sie, daß sämtliche verwendeten Stoffe und Stoffreste, echt deutsch, auf deutschen Müllhaufen gesammelt sind. Und Sie werden, da Sie ja doch die Gestaltung nicht sehen können, Gelegenheit haben, zu staunen, welche Schätze man auf deutschen Müllhaufen finden kann. Ich freue mich auf Ihre Kritik. Sie werden schreiben: »Diese reizenden roten Haare auf der schimmeligen Perücke, diese satten aufsteigenden Bindfäden, dies gemütlich rollende Gebiß, diese Reibeisen und Trichter, dieses braune Packpapier, diese märchenhaften Stacheldrähte, diese Herden von Bacillen, alles chemisch gereinigt, voran die munter hüpfenden Wanzen!« Nicht wahr? Und deutsche Wanzen, jeder Blutstropfen ist deutsch. Schreiben Sie für das Berliner Tageblatt einen Artikel: ›Kurt Schwitters deutsche Wanzen‹, das paßt so gut zu dem Programm. Sie werden mir recht geben, im Sturm ist »mitten in dem Sturm von expressionistischen und futuristischen Künsteleien, den wir über uns ergehen lassen müssen, eine süße Windstille, eine heimatliche Oase«. Dieser Satz von Ihnen ist nicht schön, aber auf den Sturm bezogen paßt er sehr gut. Gehen Sie hin, ich sage Ihnen, Sie »schmunzeln mit den Augen«. Dort werden keine »technischen Exaltationen befriedigt«, »und die lieben Engel vergessen nie, daß sie Kinder sind«.

1922

Tran 24 / die Schwanenjungfrau
Was man kaut, wird Brei (Ernst Lehmann)

Sinnbild für die brave Kritik

Der hannoversche Maler und Dichter Kurt Schwitters hat ein Sinnbild für die brave Kritik geschaffen, das eine naturgetreue Nachbildung des Querschnittes aus den Kritiken in Tageszeitungen ist. Die Tagespresse über Kunst, sozusagen Tageskunstpresse, hat ein Kinderkleidchen an. Keusch und tüchtig hat sie ein Schürzchen vorgebunden, mit Stickereibesatz natürlich, nicht zu verwechseln mit Stänkereibeschmutz. Beine hat sie keine. Sozusagen ausverkauft. Womit soll sie also gehen? Auf die Hände. Aber die sind sozusagen ebenfalls inclusive Arme ausverkauft. Womit soll sie also zupacken? Mit dem Kopfe. Aber der Kopf ist weiter nichts, als ein Kleiderhaken. Daran hängt die Tageskunstpresse. Womit soll sie aber denken? Zu dem Zwecke hat ihr der Künstler einen Ersatzreservekopf beigegeben, wie man solche bei den Büsten verstorbener altägyptischer Könige in deren Grabkammern in den Pyramiden findet. Der Kopf hat den eigentümlich bellenden Ausdruck der Tageskunstpresse, Brille auf der Nase und ein Kopftuch an Stelle des fehlenden Verstandes. Die Nase ist rot. Wer Sorgen hat, braucht auch Likör.

Franz Müller

1922

(Kann nach der Weise: „Es braust ein Ruf wie Donnerhall" gesungen werden.)

Wie die nicht abfliessende Mutterbrust erkrankt dem Wurzelechten die nicht abfliessende Seele. Wer ist wurzelecht? Herr Lange ist wurzelecht. Warum ist Herr Lange wurzelecht? Weil er das Echte bei der Wurzel fast und entwurzelt, weil er den „Pulsschlag lebendigen Blutes spürt", und zwar bei den soeben entwurzelten Echten. Wollen Sie mal meinen lebendigen Pulsschlag spüren? (Der Vorderschluss vereint Gracie mit Bequemlichkeit.) Ziehen Sie nur dreist Ihr Korsett aus.
„Bei den greisen Sturmleuten (Ausgestellt haben z. B. Klee, Nell Walden, Archipenko, Marcoussis.) ist dieser Handgriff (gemeint ist wahrscheinlich die Notbremse.) allerdings vergeblich." Schade, Sie hätten sonst den Zug auch schon längst zum Stehen gebracht.

(Nicht auf den Fussboden spucken!) Jugendlich ist dagegen z. B. Rohlfs. Der ist echt, während Herr Lange wurzelecht ist. (auch links gedreht.)

| Heute abend 8 Uhr entschlief sanft nach kurzer schwerer Krankheit unser aller Liebling, der Kritiker **Bubi** im zarten Alter von 10 Minuten. | Weil er keinen Handgriff hat. Soll ich Ihnen mal einen Handgriff zeigen, Herr Lange? Herr Lange ist auch Könner. („Die Wurzelechten, die Könner.") |

▶ Rollsc

Was soll das nun wieder heissen? Herr Lange ist wurzelecht, weil er Könner ist, und ist Könner, weil er wurzelecht ist. Weil er keine Notbremse hat. (auch rechts gedreht.) Herr Lange kann schreiben, kann lange schreiben. Die Quantität machts bei den Wurzelechten. „Das sind so ein paar Tatsachen", um mich der Worte dieses Wurzelechten zu bedienen, „die man sich als aufmerksamer Zeitbeobachter merkt".

Filze aller Art
SoLange der Vorrat reicht.

Ich fasse die Sache so auf: die Wurzel des Echten ist die Hand, die beim Pferde aus dem Hinten zurückgreift in bessere Zeiten. Ich erinnere an die herrlichen mittelalterischen Kentauern. Herrn Langes Kritik ist „mildes Lachen", pardon, seine „mildeste Kritik ist heiseres Lachen", pardon „heiteres" wollte ich schreiben. „Sich über so etwas" (gemeint ist die Kunst.) aufzuregen, oder darüber zu schimpfen, ist absolut unnötig." Relativ unnötig würde ich sagen.

Das sind goldene Worte,

wert, weit gehört zu werden und tief in die Seele jedes deutschen Sattlermeisters einzudringen. In tiefer Trauer:

Familie MERZ.

Alle Filze

K ipsbl

Daher dieses wurzelechte Lachen dieses heiseren Herrn Lange, ohne Handgriff, ohne Schimpfen. Herr Lange steht eben über der Kunst.

Ich sehe eben, dass ich mich verschrieben habe, nicht „heiseren", sondern „heiteren" Herrn Lange muss es heissen. Ernst ist der Lehmann, heiser die Wurzel. Habt Ihr schon einmal einen heiseren Hund bellen hören: Kritiker bellen manchmal heiser, Herr Lange nicht. Darum „meine Lieben, nun schimpft mir bitte nicht gleich über diesen Wurzelkranken, wenn Ihr zu ³/₄ meschugge geworden" diese Träne gelesen habt, „werft auch bitte nicht den Wurzelechten mit diesen rasenden Sturmgesellen (z. B. Chagall, Schwitters, Bauer) in die Wolfsschlucht". Wahrscheinlich sollen aus Bauer Kugeln gegossen werden, mit denen der wurzelechte Freischütz gegen die Kunst schiesst. In Kugelform ist der Bauer und der Chagall immerhin geniessbar. Lasst den Wurzelkranken, meine Lieben, denn wie die nicht abkugelnde Mutterbrust, erkrankt dem nicht abfliessenden Kritiker die nicht abfliessende Wurzel. So ein Lange muss der Kritik erhalten bleiben, er darf nicht abfliessen.

Das sind goldene Worte,

wert, weit gehört zu werden und tief in die Seele jedes deutschen Sattlermeisters einzudringen. arktta

Schaf

PETROLEUM

Deshalb lässt Herr Lange seine nicht abfliessende Wurzelseele überfliessen: „Der Expressionismus, oder besser gesagt das, was die Vertreter dieser Richtung wollen, (Herr Lange ist Generalvertreter des Expressionismus für Göttingen.) (Pardon, Wurzelvertreter.) — das hat mit dem Tamtam und den ornamentalen Floskeln derer um Walden garnichts gemein." Herr Lange ist nämlich Kenner, nicht abfliessender, wurzelechter Kenner. Schon am vergangenen Mittwoch hat er einen Vortrag des Herrn Waldmann, wahrscheinlich über Expressionismus, gesehen. Oder sagt man gehört, wie bei Opern? Herrjeh, was man in Göttingen doch alles riechen kann! Herr Lange hat als aufmerksamer Zeitbeobachter zugehört und kann nun über Expressionismus schreiben. D. h. damit soll nicht gesagt sein, dass er überhaupt schreiben könnte.

Leichenpferdedecken

Hervorragende Neuheiten. (4536/24) Verlangen Sie bitte Ansichtssendungen.

Jedenfalls soviel ich es beurteilen kann, müssen die Herren Kunstkritiker immer erst etwas gelesen oder gehört haben, bevor sie riechen können. Sehen kann kein Kritiker für die bildende Kunst, vielleicht kann der Musikkritiker sehen.
Herr Lange schreibt nun, und zwar so: „Eine geistige Bewegung, — und das ist nun einmal der Expressionismus, — (das hat Herr Lange jedenfalls beim Waldmannvortrag gelernt.) mit den Abstrusitäten verkalkter Jünglinge töten zu wollen, ist töricht." Meint Herr Lange nun sich mit „verkalkter Jüngling"? Sollte er seine Kritik eine „Abstrusität" nennen? Nein. Er meint die ausgestellten Sturmkünstler und deren Werke. Deshalb habe ich mir vom Sturm die Liste der in Göttingen ausgestellten Künstler schicken lassen. Ich wollte doch einmal wissen, wer ausser mir ein verkalkter Jüngling ist. Ich bin entsetzt. Das hätte ich von Klee nicht gedacht. Verkalkter Klee! Essen sie keine Bohnen, Herr Klee. Auch Chagall, Campendonk, Gleizes, Leger, Mark, Schrimpf und viele andere sind demnach verkalkte Jünglinge, während bei Wauer und Archipenko hin und wieder famose Farbenharmonien auffallen. In Kugelform.

SAMMLER und Kunstfreunde! **kauft** keine Kalkkünstler, kauft wurzelechte Nauens! — der Wurzelvertreter.

1	2	3	4	5	6	7	8	9	10	11	12	13	14

WER?

Derselbe

kann mir gestohlen werden!

Spezialität:
Kopfhaare
Kälberhaare

Herr Nauen ist nicht verkalkt, auch nicht Jüngling, sondern Träger jener Bewegung, die man Expressionismus nennt.
Wie die nicht abfliessende Mutterbrust, entwurzelt den Wurzelechten die kritische Seele

betr. Lange, wurzelechter Generalvertreter für Expressionismus und reelle Kunst an der Göttinger Zeitung.

Herr Lange lässt seine kritische Mutterbrust über und über überfliessen. „Herwarth Walden . . zeichnete sich durch lange Haare und durch eine, sagen wir Nonchalance in Puncto Körperhygiene aus, die Heiterkeit und **sperr** Abscheu in gleicher Weise erregten". Daher die heisere Lachen. Pfui Pudel, Herr Walden, was muss ich hören! Und ich habe Sie stets für so sauber gehalten und als meinen „Vater und Gott", den Gott für verkalkte Jünglinge, verehrt. Können Sie denn nicht ein wenig hygienischer werden? Sauberkeit ist der halbe Kalk. Statt sich mit Kalkklees und Kalkchagalls und Kalkmolzähnen zu umgeben, sollten Sie lieber alle Jahre ein Bad nehmen. Ihre Stellung als Gott erlegt Ihnen Pflichten auf. Sie müssen repräsentieren für die Kalkindustrie. Oder wollen Sie lieber Herrn Lange wegen Beleidigung verklagen? Grund dazu hätten Sie vielleicht.

zu	1	2	3	4	5	6	7	8	9	10	11	12	Roth

zu Nun zu Herrn Lange.
zu Hören Sie einmal aufmerksam zu, wie ein Zeitbeobachter. Ich will Sie jung machen.
zu Denn nicht der Sturm ist greisenhaft, wie Sie dreist sagen, nicht Puni, Nell Walden, Marcoussis, sondern wenn jemand greisenhaft ist, können nur, ja entschuldigen Sie,

dass ich das sagen muss, nur Sie es sein. Es ist hart, mit einem Male zu hören, dass man ein verkalkter Jüngling ist. Es gibt aber Leute, die nie jung gewesen sind. Ich will Ihnen nun sagen, was Kunst eigentlich so richtig ist.

Alte Leder

<u>Darauf hiermit unsere Hand!</u>   <u>Und nun schlagt ein!</u>

Wenn Sie nämlich schreiben wollen, müssen Sie nämlich sowieso erst wissen, worüber. Sie haben ganz recht, wenn Sie weinen, Sie können nichts dazu, in Göttingen — Weinen Sie bitte nicht mit voller Nase, Sie noch weniger riechen können, was Kunst ist.

„bezw." heisst bezwecks.

Also Ihre Nase. Sie schreiben: „Die Disziplinlosigkeit, die lächerliche Aufgeblasenheit, die geistige Austrocknung, das spielerische Hinweggländeln .. das alles macht uns die Gesellschaft so unbehaglich." Das alles werfen Sie Klee, Archipenko, mir, Chagall, Marc vor, besonders meinen sich spreizenden Konsorten, also etwa Fischer, Baumeister oder Klee. Aber das sind Ihre werten eignen Unarten. Ich nenne Ihre Kritik lächerlich aufgeblasen, disziplinlos, u. s. w. Was sagen Sie nun?

Haben wir aber erst die Macht
durch engen Zusammenschluss, dann liebe Meister, lasst uns ja nicht m a c h t g i e r i g werden.

Sehen Sie, ich gländele nicht so leicht über Ihre spielerische Ausgeblasenheit und die lächerliche Austrocknung Ihrer sich spreizenden Konsortien hinweg. Sie werfen uns vor, keine anständige Modellskizze machen zu können. Können Sie das beweisen? Bitte! Ich selbst kann leider (scala dei.) sehr anständig abmalen. Ich könnte z. B. jeden K . . k . . kunstk . . k . .kritiker so dämlich abmalen, wie er aussieht, Regenschirm, links gedreht, bei Fuss. Sie können es mir nicht beweisen. Ich kann ihnen aber am Fusse Ihrer Besprechung in der Göttinger Ztg. vom 3. 3. beweisen, dass Sie keine anständige Kritik schreiben können. Sie können aus mindestens zwei Gründen nicht sachlich kritisieren, und zwar zweitens, weil sie von Kunst keinen Geruch haben. Ich will Sie einmal künstlerisch aufklären. Vor allen Dingen merken sich, dass man Bilder mit der Nase sieht. Und wenn Ihnen Herr Waldmann etwas anderes sagt, so zeigen Sie ihm Ihre echte Wurzel. Sodann werde ich Ihnen zur Belehrung einige Ausdrücke desselben Walden citieren, den Sie beschimpft haben. Sie verleumden Walden. Lügen haben kurze Beine. Soll ich Ihnen mal ein kurzes Bein um die Ohren hauen? Nämlich Herwarth Walden schreibt im vierten Sturmheft 1922 über den Shimmy. Bei dieser Gelegenheit schreibt er nebenbei einige Sentenzen über die Kunst, die das Wesentliche so gut treffen, dass ich es nicht besser glaube mit Worten ausdrücken zu können: „So nüchtern es auch in der Idee wirkt, Kunst entsteht nur durch die Gestaltung von Ton- Wort- und Farbform-Beziehungen. Der Wert eines Kunstwerkes besteht nicht in der Idee, sondern in der Gestaltung. Gestaltete Bewegung ist Kunst." Sehr klar unterscheidet dann Walden unter körperlicher, optischer und akustischer Bewegung. Es gibt Kritiker, die meinen, Bewegung wäre, wenn sich etwas bewegt. Malerei ist aber gestaltete optische Bewegung. Ich sehe, hier ist's aus mit Ihrem Auffassungsvermögen. Machen sie doch bitte den Mund zu! Sonst sage ich nichts weiter. Und jetzt werden Sie mein „kleines aus Zeuglappen geklebtes Dingelchen" nicht mehr ein „nettes Ornament" nennen, wenn Sie bitte einmal die Bewegung darin gerochen haben werden. Sie wollen doch wohl nicht behaupten, die bekannte Beethovensche Mondscheinsonate wäre ein kleines aus Tönen zusammengeklebtes Dingelchen und ein nettes Ornament? Aber mit dem Mund können Sie nicht sehen, auch nicht riechen. Machen Sie doch bitte endlich Ihren netten Mund mal zu! Wollen Sie bitte Ihren Mund aufreissen, Herr Kritiker! So ist's gut! Mund auf! Mund zu! Mund auf! Mund zu! Kritiker müssen gut dressiert werden. Rauf, runter, rauf, Pünktchen drauf. Was ist das? Ein

i

Und dann schreiben Sie bitte nicht wieder, dass Klee, Archipenko, Chagall, Schwitters, Campendonk u. a. m. auf die Zeitgenossen, die nicht alle werden, geschäftstüchtig spekulierten. Machen Sie nur gut den Mund immer auf und zu. Das steht Ihnen so gut zu Gesicht. Ich sehe übrigens, dass Sie einige Künstler mit „fingerspitzenfeinem Takt" herausnehmen aus der Reihe der Geschäftsspekulanten, wie Klee, es sind dieses Künstler, die, „mit fingerspitzenfeinem Takt" herausgeholt haben, was dieser Kunst wenigstens ein wenig Beachtung sichert, die nicht so „disziplinlos aufgeblasen" sind, wie ich z. B. Besonders erwähnen Sie Kandinsky, von dem nämlich nichts in Göttingen ausgestellt war, und Katharina Schäffner, die nie zum Sturm gehört hat, weil Sie unkünstlerische Karrikaturen macht. Diese Kath. Schäffner wird mir gerade mit fingerspitzenfeiner Sicherheit als Musterbeispiel gegenübergestellt, lange bevor ich mich „spreizte". Sie schuf Kunst, lange bevor ich mich mit „meinen Konsorten spreizte". Machen Sie lieber zur Übung mal den Mund auf.

Mund zu!
Mund auf!
Mund zu!
An die Kaserne, marschmarsch!
Hinlegen, marschmarsch!
Über und unter Wasser, marschmarsch!
Weckgetreten!
Was? Hierbleiben, marschmarsch! Ich werde Euch fingerspitzenfeinen Takt beibiegen! Wie die nicht abfliessende Fingerspitze marschmarsch erkrankt dem mundaufreissenden Kritiker die weckgetretene Kaserne.

Ja, Vater, und ich helfe.

Preise: Normal

Knie entreisse der Rose. —

Ürigens glauben Sie nicht, Herr Lange, durch Ihre Verleumdungen der Kunst schaden zu können. Sie können es eben so wenig, wie der Torfmann, der Torf Torf ruft, oder Herr Westheim, der bekannte Herausgeber des verstorbenen Kunstblattes. Nehmen Sie sich auch nicht zu tragisch, dass ich Ihnen überhaupt antworte, ich habe auch Herrn Westheim geantwortet, der sich auch nicht tragisch nimmt. Herr Westheim kann nämlich auch die Entwicklung der Kunst nicht mehr aufhalten, ebenso wie der Torfmann, wenn er auch noch so laut Torf, Torf ruft. Sonst sind gewisse Ähnlichkeiten zwischen Herrn Westheim und dem Torfmann. Der Torfmann handelt auch mit einer Ware, die ihn nicht wärmt. Ihnen, Herr Lange, habe ich geantwortet, weil Sie so entsetzlich albern, so unsagbar komisch geschrieben hatten, dass ich glaubte, einem Menschen helfen zu müssen. Ihr Fall ist nämlich typisch, wie Westheims Fall. Ihr Fall ist mir sonst gleichgültig, Sie fallen, wie Westheim, ganz allein. Wie ein wurzelkranker Baum.
O, Schatz, wenn du das tätest, mir einen Pralinee an die Hose nähtest! Ihr Fall ist weiter nichts, als typisch, Herr Lange. Tausende von Kritikern „spreizen sich", wie Sie und „sabbeln" wie Sie. Ich bitte diese tausend Kritikusse, ihr sämischgares Rindleder hiermit als gegerbt zu betrachten. Aber an sich wäre es auch unnötig, diesen 1000 das Leder zu gerben, es ist sowieso sämischgar. Und die 1000 Sabbelspreizer können die Entwicklung doch nicht mehr aufhalten, ebensowenig wie Herr Westheim. 1000 mal 1000 Künstler schaffen die neue Zeit. Das sind so ein paar Tatsachen, die man sich als unaufmerksamer Sabbelspreizer merken sollte. Gerade die verkalkten Jünglinge, z. B. Klee, Bauer, Busch, Göhring, Molzahn, Puni, Wauer und die verkalkte Jungfrau Nell Walden, schaffen die neue Zeit; nicht aber Ihr Herr Nauen oder der nicht verkalkte Jüngling Rohlfs. Diese Herren versperren nur den Kalkern den Weg.

telle Export „An der Spitze der Innungen aber müssen Männer stehen, die bereit und fähig sind, zu arbeiten, für Ehrgeizler gibts dort keine Plätze. Sehr viele Innungen leiden leider daran, daß nicht die richtigen Männer an ihrer Spitze stehen, während sich solche sicherlich in ihren Reihen befinden. Gebt der Familie das rechte Oberhaupt, das sie gut, mit Liebe und rechtem Verständnis aber auch mit treuer Hingabe für die Sache führt, dann wird auch der Erfolg nicht ausbleiben, die Angehörigen werden sich gern um ihn scharen, sie werden in der Innung das Heim und den Hort finden, die sie suchen und brauchen, sie wird ihnen jederzeit das sein, was sie sein soll: eine Pflegestätte echt kollegialer Gesinnung, eine Erziehungsstätte guter, braver, strebsamer Handwerksmeister und treuer, zuverlässiger Staatsbürger." Bravo!

— wird Friede sein?

Ich entnehme diese herlichen Worte der Deutschen Sattler- und Tapeziererzeitung, der ich auch das Wort Tran entnommen habe. Jeder Kritiker sollte ein Jahr praktisch Sattler lernen. Sie dagegen schreiben: „Der jeweils letzte dernier cri fand im Sturm seinen begeisterten Lobredner, wenn er nur recht reisserisch war". Ihr dernier cri ist zwar recht herunter reisserisch, doch findet er z. B. im Sturm keinen Lobredner. Solch eine Behauptung, wie die Ihre, ist nämlich eine Irreführung schlimmster Art. Sie meinen natürlich nicht Ihren dernier cri, sondern den etwa von Klee oder Bauer. Sturmkünstler haben aber keinen dernier cri, sondern nur Kunst. Ich vermute, Sie sind garnicht orientiert, oder wollen verleum den. Jedenfalls ist es bekannt, dass der Sturm sich den dernier cri, z. B. den Dadaismus des Herrn Hülsenbeck stets ferngehalten hat.

Max, kehre zurück!
in die Arme deiner trauernden Familie, die
dich mit offenen Armen empfangen wird.

In Verbindung mit Ihrem Satze: „So blieb der Sturm immer jung, weil er heute munter verbrannte, was er gestern angebetet", wird Ihre Verleumdung rund wie eine Kugel. N. B. ist das Wort „hatte" zu ergänzen.

Die Andeutungs-Biene
ist die eingetragene Schutzmarke des allein echten
KUNST-HONIGS
der genau so gelb aussieht, wie der wirkliche Bienen-
honig, und vor diesem einen höchst delikaten bit-
teren Geschmack voraus hat.

Es ist nämlich gerade das Verdienst des Sturm und besonders seines Leiters Herwarth Walden, dass er allein und gegen die Meute der blöden Kritiker die Kunst, nicht den dernier cri, unserer Zeit durchgesetzt hat. Ich bewundere Herwarth Walden um seine selbstlose Konsequenz, mit der er immer wieder für die Kunst gegen den Unflat der Kritik und das sich breit machen der Nachahmer gekämpft hat. Die Wahrheit ist ein Licht, das Motten blendet. Herwarth Walden aber ist der konsequenteste Mensch in der Kunst unserer Zeit. Wollen Sie ihm verübeln, wenn er den konsequenten Künstlern gegenüber den Inkonsequenten den Vorzug gibt?

Stanz

Also Männer habt ihr schon,
die berufen sind zu Führern Eurer guten
Sache in jeder fachlichen und sachlichen Weise.

Kommt nun
      deutsche Sattlermeister
Kommt nun
      deutsche Sattlermeister
alle nach Hamburg
und helft den Bund erneuern
und eng zusammenzuschweißen.

„Auf nach Hamburg" muß es heißen
In den deutschen Sattler-Kreisen,
Denn die große Ausstellung
Bringt das Handwerk gut in Schwung.

wie überhaupt die daran interessierten gewerblichen Stände in jeder Weise nur gefördert werden sollen.

Hochachtungsvoll
KURT MERZ SCHWITTERS

1922

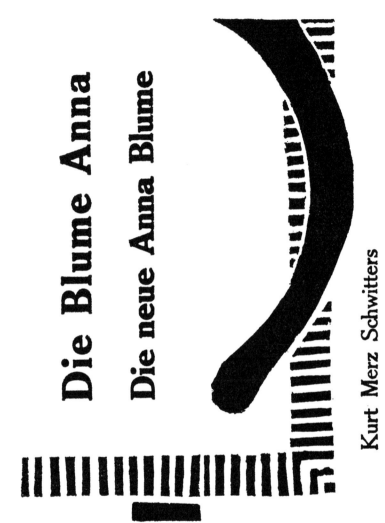

1922

Motto:

Der Weg zur Vollkommenheit
und zu jedem Fortschritt ist
fortwährende Selbstkritik, nicht
zu verwechseln mit Kunstkritik.

Einleitung

Tran Nr. 26
An alle Kritiker

Die erste Tugend eines jeden Kritikers sei Bescheidenheit. Bescheiden, wie der Künstler vor seinem Werke, stehe der Kritiker vor seiner Kritik. Bescheiden warte er und lasse er das Kunstwerk auf sich wirken; bescheiden horche er auf die Stimme Gottes im Kunstwerk. Bescheiden horche er ferner auf die Stimme Gottes, der durch den Künstler aus dem Kunstwerk spricht. Die erste Tugend eines jeden Kritikers sei Bescheidenheit.
 Bescheiden, wie die Jungfrau zum Altare, trete der Kritiker vor das Werk hin. Nicht auf das Werk trete er, sondern nur bescheiden vor das Werk. Denn hier ist er nicht Herr, hier ist er bloß Kritiker, ein bescheidener Kritiker, ein Kritiker, der sich bescheiden muß, ein Kritiker, der Bescheid wissen muß. Er, der Künstler, durch den die Gottheit aus dessen Werke spricht, soll sein Herr sein, soll Herr des bescheidenen Kritikers sein. Und bescheiden trete der Kritiker vor das Werk hin, vor das Kunstwerk, denn hier steht er vis-à-vis der Ewigkeit. Fromm falte der Herr Kritiker seine Tintenfinger zum Gebete. Denn hier sei er Seele, nicht Herr, Seele, nicht Kritiker, Seele, bloß Kritiker, Seele, die auf die Weissagung des Propheten lauscht, etwa wie ein Ohr. Damit man ihn nicht am Ohre fasse. Bescheiden sehe sein Auge, lausche sein Ohr, taste seine Hand. Die erste Tugend eines jeden Kritikers sei Bescheidenheit.

1922

Kritiker

Tran 27

Kritiker sind eine besondere Art Menschen. Zum Kritiker muß man geboren sein. Mit ganz außergewöhnlichem Schaafsinn findet der geborene Kritiker das heraus, worauf es nicht ankommt. Er sieht nie den Fehler des zu kritisierenden Kunstwerks oder des Künstlers, sondern sein eigenes Fehlen, sichtbar gemacht durch das Kunstwerk. Der Kritiker erkennt durch angeborenen Schaaafsinn gewissermaßen seinen eigenen Fehler durch das Kunstwerk. Das ist die Tragik aller Kritiker, sie sehen Fehler, statt Kunst. Kunst sehen heißt für den Kritiker die Fehler am Kunstwerk rot anstreichen und eine Zensur darunter schreiben. Kritiker sind den mit Recht so beliebten Oberlehrern ähnlich. Allerdings braucht der Kritiker kein Examen zu machen, zum Kritiker ist man eben geboren. Der Kritiker ist ein Geschenk des Himmels an die Menschheit. Mit Oberlehrerin gesäugt nährt er sich von Kunstfehlern zum Segen der Schaaaafzucht. Sich sägen bringt Regen. Zwischendurch trinkt der Kritiker dann noch ein Gläschen rote Tinte. Jeder Kritiker hat einen Regenschirm, in den er wieder gewissermaßen hineingeheiratet hat. Denn sich sägen bringt Regen zum Segen der Schaaaaafzucht. Das besagte Oberlehrerin aber ist ein dicker, siruparttiger Saft, hergestellt aus Absonderungen der Galle von wirklichen geheimen Oberlehrern und dem Magensaft verblödeter Schaaaaaafe. Besagte Schaaaaaaafe brauchen kein Examen gemacht zu haben, wie der Kritiker. Den Regenschirm benutzt der Kritiker, um ihn verkehrt aufzudrehen. Kritiker brauchen ihre Regenschirme in der Kunstausstellung nicht abzugeben. Der Regenschirm aber muß ein Examen machen. Nur löcherige Regenschirme werden zur Kunstkritik zugelassen. Je mehr Löcher, desto mehr Regen, je mehr Regen, desto mehr Sägen, je mehr Sägen, desto mehr Kritik. Um auf das Schaf zurückzukommen: Kritiker sind eine besondere Art Menschen. Zum Kritiker muß man geboren sein. Kritiker sind schafgeboren, schafgesäugt mit Oberlehrerin und schaftrunken von dem Kunstwerk. Der Unterschied zwischen Künstler und Kritiker ist der: »Der Künstler schafft, während der Kritiker schaaft.«

1922

Tran 31

Was sagt denn Frau Piefke zur neuen Kunst? Er liebt mich, er liebt mich nicht, er liebt mich, er liebt mich nicht, er liebt mich. Das hätte ich doch nicht gedacht! Sie glauben es ja gar nicht. Sehr geehrter Herr eigentlicher Herr Ober A. Dorner! Als ich im Kurier die Besprechung meiner Ausstellung bei von Garvens las, ohne zu wissen, wer sie geschrieben hatte, da dachte ich so bei mir: »Meine Güte, was für ein eigentlich dämliches Rindvieh doch das geschrieben hat.« Und diese Überraschung, als ich als Unterschrift ›Alexander Dorner‹ las.

A popo ändert das die Sache, und ich nehme das dämliche Rindvieh zurück. Aber a popo, wie kann ein Mann von ihrer Bildung so unlogisch sein?

Nämlich jemand ist Künstler oder nicht. Und wenn jemand a popo Künstler ist, kann er nicht bald Meisterwerke, bald Pech schaffen. Er ist entweder Pechmarie oder Goldmarie, aber nicht beides. Glauben Sie, es gibt keinen falschen Schwitters, denn der falsche Schwitters ist der eigentliche.

Aber der Fall ist so entsetzlich traurig. Unsere Zeit hängt dazwischen, und da müssen Sie, gerade Sie, der Sie meinen wahrlich entzückenden, allerfeinsten Farbensinn so von Herzen lieben, gerade Sie müssen einfach von persönlichem Pech an einer, wie Sie schreiben, ›vernagelten‹ Glasscheibe hängenbleiben. Und nun hängen Sie dazwischen wie die Zeit. Es ist hart. Und nun ärgern Sie sich über die vielen Nägel auf dem unschuldigen Bildchen, und ohne erst auch hier in Kuben zu höchster Raumwirkung konzentrierte Farben zu erreichen, reichen Sie Pech, und zwar nicht Ihr Pech, sondern mein, und zwar mein persönliches Pech. Schade! Keine Herrlichkeit reichen zu können, wenn einer nicht zufällig Sternschnuppen hat und nun kommt die Angst, nein, Sie empfinden nicht so niedrig, i Gott bewahre, Sie reichen den Pech. Wie fürchterlich, wenn Sie an meinem Pech kleben bleiben, wie eine Fliege, eine persönliche Fliege. Da hängt sich's noch tausendmal besser an einem aufgenagelten Glasscherben. a a popo, apopo, Ihre Liebe. (»man muß ihn lieben, diesen eigentlichen Schwitters!«). Kann ich leider nicht erwidern, und das ist Ihr persönliches Pech, das ist Nettheit.

Es gibt nämlich auch a popo sogenannte Judasküsse und es gibt auch eine Dornerliebe, die ich hiermit berühmt gemacht habe, sie liebt auch, sie liebt mich nicht. An seiner Dummheit erkennt man den Dummen. Wenn Sie mich aber wirklich lieben, beweisen Sie es. Denn Liebe verzeiht auch aufgenagelte Glasscherben (Machen Sie das bitte einmal vor, Glück und Glas, wie leicht bricht das

beim Nageln.) und Pech. Zuweilen kommt öfter, und unverhofft kommt selten. Und nun spitzen Sie bitte einmal das Ohr, nicht die Feder. »Auch so« können ist herrlich, ist besser als »nur so«. Also verstehen heißt alles begreifen. Begreifen Sie das? Bluff reimt sich auf Puff. Sie wollen doch nicht den vertroddelten Künstler apopo propagieren? Was mißt Ihre Kritik sich immerzu ein Urteil an, Kunst zu apopogieren? Glauben Sie etwa es besser zu verstehen? Warum malen Sie nicht selbst? Durch Ihre Kritik beweisen Sie ja nur Ihre Unfähigkeit, zu begreifen. Fühlen Sie es denn nicht selbst, wie lächerlich es ist, bald zu lieben, bald zu hassen. Verstünden Sie Merz, so müssten Sie nun hassen, denn Sie sind nicht scherbenreif. Merz ist die künstlerische Formung der Abfallprodukte des Lebens, wissen Sie es nun? Und in diesem Sinn verwerte ich Ihre Kurier-Besprechung zu diesem hochwertigen Tran, weil ich den eigentlichen Dorner so liebe. –
Und dazu brauche ich keine Bildung, aber eine Abbildung. Dieses ist der Bandwurm in der Tüte, das hat nichts mit nun unbekannten Architektur-Dimensionen oder mit riesiger Aromatik oder Meisterwerken zu tun.
Meisterwerke kann man nicht immer schaffen, das beweisen Sie selbst am besten in Ihrer Kritik. Dieses ist nichts weiter als ein ganz ersichtlicher Bandwurm in der Tüte, weiter nichts.
A ist der Kopf, b die Stinkdrüse, c die Eierdotterehre, d das Bandfieber und e die natürliche Paste. Sehen Sie, sowas ist Bedeutung, daher Kunst. Das wird zu hoch für Sie sein, das ist mehr als a a popo, es ist nämlich Matrosenheimat in schwankenden Grenzen.
Studieren Sie Bandwurmologie. Dumme Menschen sind dafür, ich nicht. Sagen Sie, was Sie falsche Teile oder Pech nennen, nenne ich Poesie. Was Sie Kritik nennen, nenne ich Kurier. Warum läßt nicht der Kurier die einzigen Geister, die fähig wären, Merz zu begreifen, meine Ausstellung kritisieren? Ich meine Herrn Pfistner oder V. C. Habich. Sollte es etwa wahr sein, was man mir als Ausspruch von Herrn Jänke mitgeteilt hat: »Der Kurier kann nicht seine Taktik gegen Schwitters ändern?«, und könnte man sowas dann Kritik nennen?

1922

i
(Ein Manifest)

Was Merz ist, weiß heute jedes Kind. Was aber ist i? i ist der mittlere Vokal des Alphabets und die Bezeichnung für die Konsequenz von Merz in bezug auf intensives Erfassen der Kunstform. Merz bedient sich zum Formen des Kunstwerks großer fertiger Komplexe, die als Material gelten, um den Weg von der Intuition bis zur Sichtbarmachung der künstlerischen Idee möglichst abzukürzen, damit nicht viele Wärmeverluste durch Reibung entstehen. i setzt diesen Weg = null. Idee, Material und Kunstwerk sind dasselbe. i erfaßt das Kunstwerk in der Natur. Die künstlerische Gestaltung ist hier das Erkennen von Rhythmus und Ausdruck im Teil der Natur. Daher ist hier kein Reibungsverlust, d. h. keine störende Ablenkung während des Schaffens möglich.
Ich fordere i, aber nicht als einzige Kunstform, sondern als Spezialform.
In meiner Ausstellung im Mai 22 im Sturm sind die ersten i-Zeichnungen öffentlich ausgestellt. Für die Herren Kunstkritiker füge ich hinzu, daß es selbstverständlich ein weit größeres Können erfordert, aus der künstlerisch nicht geformten Natur ein Kunstwerk auszuschneiden, als aus seinem eigenen künstlerischen Gesetz ein Kunstwerk mit beliebigem Material zusammenzubauen. Das Material für die Kunst ist beliebig, es muß nur geformt werden, damit ein Kunstwerk daraus entsteht. Das Material für i ist aber sehr wenig beliebig, da sich nicht jede Natur im Ausschnitt zum Kunstwerk gestaltet. Daher ist i Spezialform. Aber es ist einmal notwendig, konsequent zu sein. Ob das ein Kunstkritiker begreifen kann?

1922

De Zelfoverwinning van Dada

Er bestaan in het leven dingen waarvoor ons de organen ontbreken, om ze te begrijpen. Het komt bij deze dingen niet aan op tijdelijke begrippen, maar op oerbegrippen; bijv.: leven, godheid, kunst. Deze zijn onbegrensd en wellicht, in hunne onbegrensdheid identisch. De kunstenaar van het verleden beelde een stuk natuur zoo getrouw mogelijk af. Een dergelijke afbeelding is ruimtelijk en tijdelijk begrensd en had daarom niets van het onbegrensde der kunst. De kunstenaar keerde in tot zichzelven en drukte een deel van zijn wereldervaring in zijn kunstwerk uit. Deze ervaring was echter toevallig, zij was plaatselijk en tijdelijk en het daaruit geboren kunstwerk miste eveneens het onbegrensde der kunst. Deze kunstenaars noemden zich expressionisten, namen zichzelf te ernstig en de kunst niet ernstig genoeg. In hunne extase zagen zij de wereld scheef, niet recht zoals zij is. Zij beelden de wereld uit, zooals zij haar zagen, n. l.: scheef.

Maar ... wat is nu Kunst? Men kan Kunst niet definieeren, daar zij een oerbegrip is. Men kan echter zeggen, waar iets anders dan kunst domineert daar is niet-kunst. Waar de natuurimitatie domineert daar is niet-kunst. Waar de suggestieve uitdrukking domineert daar is eveneens niet-kunst. Daar kan echter wel 'impressionisme' of 'expressionisme' zijn. Ik beken het eerlijk, dat ik zelf in mijn ontwikkeling eerst het eene en dan het andere 'isme' voor specifiek-aesthetisch en voor ernst genomen heb. 'Das Bessere ist des Guten Feind' zegt een Duitsch spreekwoord. Kunst is vijandig aan Impressionisme en Expressionisme.

In het kunstwerk is elk détail bewust onderdeel van het geheel. Elk deel heeft verhouding tot een ander deel en alle-deelen staan met elkaar in onderling verband. Men kan geen enkel deel toevoegen of wegnemen, zonder het evenwicht van het werk te schaden en daardoor het kunstwerk te vernietigen. Het werk bepaalt zich in en tot zichzelf en tot niets buiten zich. D.w.z. dat zich het werk uit zijn eigen deelen opbouwt. Het consequente werk is dat hetwelk het meest bepaald, het meest streng is. De belangrijkste kunstenaars van onzen tijd zijn zij die dit voortbrengen of nastreven. Ik herinner hier aan de kunstenaars der Hollandsche 'Stijl'-groep, die het strengste en sterkste kunstwerk van onzen tijd voortgebracht hebben.

Maar ... wat is nu Dada? Dada is niet speciaal 'kunstuiting' maar 'levensuiting'. Men is gewend de praestaties der zgn. dadaisten met 'Dada' te vereenzelvigen. Dada is meer. Dada is het wezen van onzen tijd. Er was een klassieke oudheid, een Gothische tijd, een Renaissance, een moderne Biedermeiertijd en onze tijd heet Dada. Onze geheele tijd heet Dada. De dadaisten echter zijn *niet* 'dada', zij hebben het dadaisme overwonnen. De dadaist is een spiegeldrager. Hij houdt den tijd een spiegel voor en de tijd ziet zich daarin. En de tijd ziet dat hij Dada is.

Dada is in *geen geval* humoristisch, zooals de meeste bezoekers der dadasoirées meenen. Dada is ook niet mystisch of transcendentaal. Dada is het gezicht van onzen tijd. Dada is het lawaai der machine. Dada is het kaartspel van den burger om een tienden 'Pfennig'. Dada is, wanneer iemand met een D-trein de heide oprijdt, om in een romantisch slootje te gaan rocien. Dada is iemand die te paard zijn huis binnenrijdt. Dada is de valuta, de smokkelhandel, het 'Schiebertum', het Duitsche gemoed, Caruso op de grammophoon, de aeroplaan en de hengelaar die twaalf uur enthousiast hengelt en niet één stekeltje wangt.

Dada brengt alle groote spanningen van onzen tijd op hun grootst gemeenen deeler. Deze grootst gemeene deeler is nonsens. Niet Dada is nonsens maar het wezen van onzen tijd is nonsens. De verschijning dezer nonsens door Dada ist niet kunst, evenmin Politiek of Socialisme, maar het moraliseeren des hervormers. Men ziet dat het zeer juist is dat een kunstenaar (Picabia) beweert: Dada is niets. Van een kunstenaarsstandpunt uit gezien, is dit zeer juist maar niet klaar, althans niet klaar genoeg. Dada is de zedelijke ernst van onzen tijd. En het publiek valt daarbij om van het lachen. Ook Dada. Het publiek begrijpt het niet: Dada. Velen begrijpen Dada en schimpen op de dadaisten. Zij hebben van hun standpunt uit gezien, gelijk. Het is onaangenaam zich voortdurend in den spiegel te zien. Maar geneert u niet, we zijn allen menschen en Dada is menschelijk.

Dada is den bloeienden vruchtboom gelijk, die uit de verrotte bladeren zijn voedsel neemt, inwendig reeds lang hol is en bloeit en vruchten draagt tot hij omvalt. Kunst is Dada niet, maar een kunstenaar kan uit Dada zijn werk construeeren, zooals uit elk ander materiaal. De dadaïstische kunstenaar overwint de groote en kleine spanningen, daar hij ze tegen elkaar uitbalanceert. Hij immaterialiseert het vuil, daar hij het in zijn werk toepast. De dadaïst kan kunstenaar, academiker of volslagen idioot zijn.

In onzen tijd bestaan slechst dadaïsten. Dada is onze tijd. De dadaïstische hervormer toont den tijd zooals hij is. De dadaïstische kunstenaar wijst den tijd den weg in de toekomst. Hij vereenigt in zich de contrasten: Dada en Konstructie. Slechts consequente strengheid is het middel om ons uit den chaos te bevrijden. Zoo overwint de dadaïstische kunstenaar zichzelf door Dada. Hij is door innerlijke consequentie verheven boven den compromitteerenden onzin dien hij bewust maakt. Alleen strengste constructie bevrijdt ons uit de chaotische verwildering. De abstractie was daartoe slechts een voorwaarde. Ze is nog speelsch en mist alzoo den ernst van Dada of van de constructie. Wij leven aan het einde van een ouden en aan het begin van een nieuwen tijd. De overgang is Dada. Willen wij aan de Konstructie van een nieuwen tijd deel hebben, dan zijn we verplicht met de eenvoudigste middelen aan te vangen. We moeten in ons vereenigen: eenvoud en consequentie en een gramaticale konstructieleer voor de kunst scheppen. Hiermede is 'De Stijl' begonnen, een gewichtige pioniersarbeid.

Hier is eenigzins uitgedrukt wat Dada is, waarom de dadaïstische beweging ontstond en wat zij in de wereld, in de naaste toekomst wil. Het Hollandsche publiek begrijpt niet hoe de dadaïsten hun werk maken. Ieder kunstenaar overdrijft, hij prononceert het karakteristieke en maakt een karikatuur in de spanningen van onzen tijd. Kunst is steeds beelding of ombeelding, maar nooit imitatie, namaak. De dadaïstische kunstenaar vervormt de wereldrealiteit, ongeveer zoo als de kubist, aangezien hij deelen repeteert, deelen weglaat of inelkaar doet overgaan. Hoe ontstaat nu een dadaïstisch gedicht? Stellingen gebruikt de dadaïst slechts als motief. Ze kunnen ernstig gemeend zijn en ook niet. De dadaïst rekent met de, door zijn stellingen, opgewekte gevoelens van sympathie en tegenzin. Door het stemmen dezer gevoelens tegen elkaar ontstaan klanken en misklanken en door de rangschikking van deze beide waarden de dichterlijke beweging.

Nu in deze dagen Dada hier te lande onder hondengeblaf en kattengemiauw in ettelijke plaatsen wordt gepropageerd, hebben wij den Grootmeester dezer richting hierboven gelegenheid gegeven Dada uiteen te zetten. Onze lezers zijn daarvan thans ongetwijfeld zoo nauwkeurig en volledig op de hoogte, dat wij hun zonder gevaar het hier volgend gedicht uit Kurt Schwitters' 'Anna Blume' (Paul Steegemann Verlag, Hannover) te genieten kunnen geven als een zielsverheffend slot:

12

1	2	3	4	5
5	4	3	2	1
2	3	4	5	6
6	5	4	3	2
7	7	7	7	7
8	1			
9	1			
10	1			
11	1			
10	9	8	7	6
5	4	3	2	1

1923

Inhalt: DADA IN HOLLAND. KOK: GEDICHT. BONSET: GEDICHT; AAN ANNA BLOEME.
PICABIA: ZEICHNUNG. HANNAH HÖCH: ZEICHNUNG; WEISSLACKIERTE TÜTE

MERZ
1
HOLLAND
DADA

DA DA DA DA

JANUAR 1923
HERAUSGEBER: KURT SCHWITTERS
HANNOVER · WALDHAUSENSTRASSE 5^{II}

1

K. Schwitters:
Merzzeichnung

Zeitschriften gibt es genug. Aber bislang hat sich keine ausschließlich für die

MERZIDEE

eingesetzt. Um einem dringenden Bedürfnis abzuhelfen, habe ich mich deshalb entschlossen, die **ZEITSCHRIFT**

MERZ

herauszugeben, die viermal im Jahre erscheinen soll. Manuskripte und Klischees, die vom Geiste der

MERZIDEE

getragen sind, bitte an meine Adresse. Ich übernehme für nichts Garantie. Bestellungen und Abonnements bitte an meine Adresse, Text nach Bedarf in allen Weltsprachen.
MERZ 1 widme ich dem
DADAISMUS IN HOLLAND.

2

»Que fait DADA? 50 francs de récompense à celui qui trouve le moyen de nous expliquer DADA.« »Es bildet ein Talent sich in der Stille, sich ein Charakter in dem Strom der Welt.« »De Professor Janßen had de gewoonte, om altijd in zijn linnen jas te loopen, niet alleen in de college tijden, maar ook buiten. Op die manier gekleed liep hij eens voor zijn woning, op iemand te wachten. Daar trad een vreemde op hem toe en vroeg hem: »Wat is ›dada‹?« »DADA est un puits sur l'amour.«

**GROOTE BALANS OPRUIMING
KOPF KÜHL, FÜSSE WARM**

PYJAMA

Was ist DADA in der LUFT?

3

DADAISMUS IN HOLLAND

DADA

in Holland ist ein Novum. Nur ein Holländer, I. K. BON-SET, ist Dadaist. (Er wohnt in Wien.) Und eine Holländerin, PETRO VAN DOESBURG, ist Dadaistin. (Sie wohnt in Weimar.) Ich kenne dann noch einen holländischen Pseudo-dadaisten, er ist aber kein Dadaist. Holland aber,

HOLLAND IST DADA

Unser Erscheinen in Holland glich einem gewaltigen Sieges-zug. Ganz Holland ist jetzt dada, weil es immer schon dada war.

Unser Publikum fühlt, daß es DADA ist und glaubt, dada kreischen, dada schreien, dada lispeln, dada singen, dada heulen, dada schelten zu müssen. Kaum hat jemand von uns, die wir in Holland Träger der dadaistischen Bewegung sind, das Podium betreten, so erwachen im Publikum die ver-schlafenen dadaistischen Instinkte, und es empfängt uns ein dadaistisches Heulen und Zähneklappen. Aber wir sind die dadaistische Hauskapelle, wir werden Ihnen eins blasen.

DADA COMPLET

DEin fürchterliches Menetekel wird ihnen bereitet werden, wir gießen aus den spiegelgassendadaistischen Geist der großen UR-DADAS: hans arp und TRISTAN TZARA, und auf allen Köpfen flammt eine bläuliche Flamme, in deren Spiegel man deutlich den Namen PRA lesen kann. Wir blasen eins, wir tragen DADA vor, het publiek fait DADA. Wir wecken, wecken, wecken. DADA erwacht.

ADA

STILTE + STEM (VERS IN W.)
ANTONY KOK

WACHT
WACHT
WACHT
WACHTEN
WACHTEN
WEK
WAK
WAK
WACHTEN
WACHTEN
WEKKEN
WEKKEN
WEK
WAAK

Wir wecken den schlafenden Dadaismus der Masse. Wir sind Propheten. Wir entlocken wie einer Flöte der Menge unserer Zuhörer Töne von dadaistischer Schöne. Wie ein Meer. Wie eine Ziege ohne Hörner. Selbst der Herr Polizeikommissar, der heute nicht Publikum, sondern Vertreter der staatlichen Ordnung gegenüber der dadaistischen Ordnung ist, wird von der Kraft dadas erschüttert. Ein Lächeln zittert über seine beamteten Gesichter, als ich sage: »DADA ist der sittliche Ernst unserer Zeit!« Wie Hörner ohne Propheten. Nur einen Augenblick lächelt er, aber wir haben es bemerkt, wir, die Träger der dadaistischen Bewegung in den Niederlanden.

4

5

Darf ich uns vorstellen? Kijk eens, wij sijn Kurt Schwitters, nicht dada, sondern MERZ; Theo van Doesburg, nicht dada, sondern Stijl; Petro van Doesburg, Sie glauben es nicht, aber sie nennt sich dada; und Huszar, nicht dada, sondern Stijl. Sie werden erstaunt fragen: »Warum kommen nicht Dadaisten, um uns dada vorzumachen?« Kijk eens, das gerade ist das Geraffineerde van onze Kultuur, daß ein Dadaist, weil er eben Dadaist ist, nicht den im Publikum schlummernden Dadaismus wecken und künstlerisch läutern kann. Begrijp U dat? Und alle Euter läuten. Kijk eens, die Zeit der Gegenwart ist nach unserer Meinung dada, nichts als dada. Es gab ein klassisches Altertum, ein gothisches Mittelalter, eine Renaissance, eine Biedermeierzeit und eine Dadaneuzeit. Unsere Zeit heißt dada. Wir leben im Dadazeitalter. Wir erleben im Zeitalter dada. Nichts ist für unsere Zeit so charakteristisch wie dada.

Denn unsere Kultur ist dada. In keiner Zeit gab es so enorme Spannungen wie in unserer. Es gab keine Zeit, die so stillos war wie unsere. DADA ist das BEKENNTNIS zur STILLOSIGKEIT. Dada ist der Stil unserer Zeit, die keinen Stil hat. Begrijp U dat?

Ihr meint nun, Holland wäre doch nicht dada, denn Holland ist doch nicht so stillos wie Deutschland. Oder? Aber Ihr irrt Euch. Auch Holland ist dada, und unser Publikum versucht sogar zu beweisen, daß Holland noch weit dadaistischer ist als Deutschland. Nur schläft Holland noch, und Deutschland weiß schon, wie stillos es ist. Wenn z. B. ich mit D-Zug 1. Klasse an den lyrischen Windmühlen vorbeifahre, und unten fährt ein Bursch Mist, über uns aber fährt die Post durch die Luft, dann ist das eine enorme Spannung. Ich sende vom fahrenden Zuge ein Telegramm an meinen neuen Impresario in Nordamerika, während ein kleiner Hund den Mond anbellt. Soeben fährt ein Hundekarren ein Auto um. Sehen Sie, das ist Dada. Ich habe z. B. eine Kinderpistole mit Kork am Band. Ich lade, indem ich den Kolben herausziehe und kann 300 Schuß in der Sekunde abgeben, und in Helder stehen große Kanonen. Und die geistigen Spannungen? Hier wie überall wohnen dicht beieinander als Mitglieder derselben Gemeinde, untereinander befreundet Anarchisten, Sozialisten, Monarchisten, Impressionisten, Expressionisten, Dadaisten. Und die Schönheit, gewissermaßen Kunst? Wo finden Sie Spuren davon? Kijk eens, Häuser z. B. sind zum Bewohnen da. Häuser sind keine Anschlagsäulen. Der leere Giebel aber ist die Unterhose des Hauses[1]. Und hier wie in Berlin sind die Unterhosen

---
[1] Architektur.

6 der Häuser mit Reklame bemalt. Soll das schön sein? Oder? Es ist dada, wenn einer in seiner Unterhose dadaistische Reklame trägt. Oder soll etwa das Haus eine Janssensche Fleischpastete sein, ich muß das doch glauben, wenn das auf seinen Giebel ausdrücklich geschrieben ist. Ist das nicht verrückt, Häuser, von denen wir alle wissen, daß sie kein Fleisch sind wie wir, solche Häuser, aus Stein und Eisen, eine Janssensche Fleischpastete zu nennen? Ich finde sowas idiot. Ein Haus ist keine Janssensche Fleischpastete, und wer an ein Haus schreibt, es wäre eine Janssensche Fleischpastete, der irrt selbst sehr, oder er will uns für dumm halten. Ich aber sage Euch, Eure Häuser sind meist dada, aber sehr selten Janssensche Fleischpasteten. Reklame ist Zeichen unserer Zeit. Unsere Zeit ist sachlich, praktisch, unsachlich und unpraktisch, je nach Belieben. Oder? Unsere Zeit läßt die Reklame selbst auf Kosten der Schönheit wuchern. Hinzu kommt der Kitsch, bewußt und unbewußt. In Amsterdam habe ich einen Lunchroom gesehen, der mit alten Tropfsteinresten wie eine künstliche Tropfsteinhöhle zurechtgemacht war. Ich frage mich verwundert: »warum?« Finden Sie in Amsterdam eine Tropfsteingrotte stilvoll? Ja? Dann habe ich eben recht, daß der Stil von Amsterdam Stillosigkeit ist. Das ist aber dada. Wie in Berlin. Und wenn schon Tropfsteinhöhle, warum muß diese durch riesenhafte Spiegel bis ins Unendliche vergrößert werden? Das kleine Zimmer in Amsterdam, welches sagt: »Die ganze Welt ist ein unendlicher Lunchroom in Form einer Tropfsteinhöhle,« dieses kleine Zimmer ist dada complet. Und wenn dieses Tropfsteinzimmer Blumen und Blätter ranken und tropfen und spiegeln läßt, daß man meint, in einer orientalischen unendlichen Tropflunchsteingrotte zu sitzen, so haben Sie dada garniert. Sozusagen dada hors d'œuvre varié. Oder finden Sie die Emser Wasserflasche auf dem Dache eines Hauses im Haag etwa stilvoll? Ich zweifle sogar daran, daß das eine Flasche wäre, denn sie ist reichlich groß dafür. Und welche Verschwendung wäre es, so viel kostbares Selterswasser aufs Dach zu stellen, statt auf den Tisch. Verzeihen Sie, aber ich z. B. halte sowas für Reklame. Wollen Sie aber sehen, wie gute und sachliche Architektur aussieht, fahren Sie mit lijn drie bis Endstation und sehen Sie sich den Papaverhof und die Kliemopstraat an. Eine Oase in einer Wüste von mißverstandener Architektur. Das sind Häuser, die mit dem Bewußtsein ihrer Bestimmung aus ihrem Material und ihrer Zeit wachsen, wie eine Blume wächst und blüht. Blumen sind immer schön. Haben Sie schon ein Veilchen gesehen, das für den Zoologischen Garten Reklame macht?

Wir Träger der dadaistischen Bewegung versuchen nun der Zeit einen Spiegel vorzuhalten, daß die Zeit deutlich die Spannungen sieht. Ich erinnere an das Lied: »Und wenn du denkst, der Mond geht unter, er geht nicht unter, es scheint bloß so.« Und nun erkläre ich, warum gerade wir, die wir nicht Dadaisten sind, am meisten befähigt sind, Träger der dadaistischen Bewegung zu sein.

Wir haben uns hier zufällig zusammengefunden. Wie das so kommt. Aber es gibt doch keine Zufälle. Eine Tür kann zufallen, aber selbst das ist kein Zufall, sondern eine bewußte Tat der Tür. Nichts ist Zufall. Wir fanden uns, nachdem wir uns gefunden hatten, in gemeinsamer Arbeit. Unser Publikum gab der Bewegung die Richtung. Wir spiegelten und waren das Echo des vor uns in dadaistischer Begeisterung lärmenden Publikums. Und nun erkennen Sie, weshalb wir den Dadaismus nicht wollen. Der Spiegel, der Dein wertes Antlitz empört zurückweist und hinwegspiegelt, dieser Spiegel will Dich nicht, er will das Gegenteil. Und wir wollen den Stil. Wir spiegeln dada, weil wir den Stil wollen. Darum sind wir die Träger der dadaistischen Bewegung. Aus Liebe zum Stil setzen wir unsere ganze Kraft ein für die dadaistische Bewegung.

Unser Erscheinen in Holland glich einem gewaltigen, unerhörten Siegeszuge. In der Zeit, als die Franzosen mit Kanonen und Tanks das Ruhrgebiet besetzten, besetzten wir das künstlerische Holland mit dada. Die Zeitungen schreiben endlose Dadaartikel und kleine Abhandlungen über Ruhr und Reparation. Während die Franzosen großen Widerstand in der Ruhr fanden, siegte dada in Holland ohne Widerstand. Denn der enorme Widerstand unseres Publikums ist dada und deshalb entkräftet. Dieser Widerstand ist »unser« Kampfmittel. Die Presse, die einsichtiger als die Masse ist, hat das erkannt und ist mit fliegenden Fahnen zu uns übergegangen. Sie bietet uns Widerstand, indem sie ihre Begeisterung über die dadaistische Bewegung unverhohlen ausdrückt. In 24 Stunden lernte ganz Holland das Wort »dada«. Jeder kann es jetzt, jeder weiß eine Nuance des Wortes, wie er es blöde schreien kann, so blöde wie möglich. Das ist ein enormer Erfolg. Der sonst so würdig scheinende moderne Kulturmensch erkennt plötzlich, wie blöde er sein kann, und wie blöde er also im Grunde seiner Seele ist. Das ist ein enormer Erfolg. Denn nun sieht der Kulturmensch plötzlich, daß seine große Kultur vielleicht gar nicht so groß ist, wie sie aussieht. Es war ein gewaltiger Moment in Utrecht, als plötzlich das Publikum aufhörte, Publikum zu sein. Eine Bewegung wie Würmer durchwogte den Leichnam des verschiedenen Publikums. Auf die

Bühne (het toneel) kamen Würmer gekrochen. Ein Mann mit Zylinderhut und Gehrock verlas ein Manifest. Ein gewaltiger alter Lorbeerkranz vom Friedhofe, verrostet und verwittert, wurde für dada gespendet. Eine ganze Groentenhandlung etablierte sich op het toneel. Wir konnten uns eine Zigarette anzünden und zusehen, wie unser Publikum statt unser arbeitete. Es war ein erhabener Augenblick. Unser Beweis war komplett.

In absehbarer Zeit hoffen wir, daß unsere aufklärende Tätigkeit über die enorme Stillosigkeit in unserer Kultur einen starken Willen und eine große Sehnsucht nach Stil wachrufen wird. Dann beginnt für uns die wichtigste Tätigkeit. Wir wenden uns gegen dada und kämpfen nun nur noch für den Stil. Unsere Tätigkeit in dieser Hinsicht hat schon längst begonnen, schon bevor wir dada und seine Bedeutung erkannten. Auf verschiedene Weise versuchen wir das Ziel zu erreichen. Stil ist das Resultat kollektiver Arbeit. Gibt es das? Seit 7 Jahren besteht die Zeitschrift »De stijl« unter Leitung von Th. v. Doesburg. Dort kann man sich über die Arbeit und den Erfolg der Stijlkünstler überzeugen.
Ich drucke hier aus dem Stijl ein Gedicht von J. K. Bonset:

LETTERKLANKBEELDEN (1921)

IV (in dissonanten)

$$
\begin{array}{cccc}
U^I & J— & m^I & n^I \\
U & J— & m^I & n^I \\
V— & F— & K^I & Q^I \\
F^I & V— & Q^I & K^I \\
X^I & Q^I & V^I & W^I \\
X^I & Q^I & W & V \\
U^I & J— & m—n— \\
 & g^I & & \\
A—O— & & P^I & B^I \\
A—O— & & P^I & B^I \\
D—T— & & O^I & E^I \\
d \quad t & & o \quad e \\
& O^I E^I & \\
& B^I D^I & \\
Z^I \; C \; S & & B \; P \; D \\
& j &
\end{array}
$$

1923

[Die Bedeutung des Merzgedankens in der Welt]

Nun komme ich zu meinem Thema, zu der Bedeutung des Merzgedankens in der Welt. Wenn Sie anderer Ansicht sind, so ist das für Merz gleichgültig, aber MERZ, und nur Merz ist befähigt, einmal, in einer noch unabschätzbaren Zukunft die ganze Welt zu einem gewaltigen Kunstwerk umzugestalten. Sie fragen: »Wieso?« Kijk eens, MERZ rechnet mit allen Gegebenheiten, und das ist seine Bedeutung, sowohl praktisch als auch ideell. Merz ist bezüglich seines Materials so tolerant wie möglich:
        Und ist die Arbeit noch so schlecht,
        MERZ macht schon alles recht.
Merz rechnet sogar mit Materialien und Komplexen im Kunstwerk, die es selbst nicht übersehen und beurteilen kann. Wenn wir aber je einmal die ganze Welt als Kunstwerk gestalten wollen, so müssen wir damit rechnen, daß gewaltige Komplexe in der Welt bestehen, die uns unbekannt sind, oder die wir nicht beherrschen, weil sie nicht im Bereich unserer Kraft liegen. Vom Standpunkt

━━━━━━━━━━ **MERZ** ━━━━━━━━━━

aus ist das aber gleichgültig. Es ist im Kunstwerk nur wichtig, daß sich alle Teile aufeinander beziehen, gegeneinander gewertet sind. Und werten lassen sich auch unbekannte Größen. Das große Geheimnis von Merz liegt in dem Werten von unbekannten Größen. So beherrscht Merz, was man nicht beherrschen kann. Und so ist Merz größer als Merz. Das Geheimnis liegt darin, daß man in einer Gemeinschaft von einer bekannten und einer unbekannten Größe die unbekannte mit verändert, wenn man die bekannte verändert. Weil die Summe von bekannt und unbekannt stets gleich bleibt, stets gleich bleiben muß, und zwar absolutes Gleichgewicht. Kijk eens, wenn man Mühlen hat, kann man auch unter dem Meeresspiegel das Land trockenpumpen. (Beweis Holland.)
    Einstweilen schafft MERZ Vorstudien zur kollektiven Weltgestaltung, zum allgemeinen Stil. Diese Vorstudien sind die Merzbilder.
    Das einzige Wichtige im Gemälde ist der Ton, die Couleur. Das einzige Material dafür ist die Farbe. Alles im Bilde entsteht durch die Farbe. Hell und dunkel sind Werte der Couleur. Linien sind Grenzen von verschiedenen Couleuren. Also ist beim Bilde nichts wichtig außer dem Werten der Farbe. Alles Unwichtige stört die Konsequenz des Wichtigen. Daher muß ein konsequentes Bild abstrakt sein. Nur Wertung der Farbe. Wie das Farbmaterial entstanden ist,

bleibt gleichgültig beim Bilde. Wichtig ist nur, daß durch Wertung aller Farben untereinander das für das Kunstwerk charakteristische Gleichgewicht entsteht. Jedes Mittel ist recht, wenn es zweckdienlich ist. Ob der Künstler die im Bilde verwendeten Farbtöne selbst erkennt oder nicht, ist gleichgültig, wenn nur das Gleichgewicht hergestellt wird. Was das verwendete Material vor seiner Verwendung im Kunstwerk bedeutet hat, ist gleichgültig, wenn es nur im Kunstwerk seine künstlerische Bedeutung durch Wertung empfangen hat.

So habe ich zunächst Bilder aus dem Material konstruiert, das ich gerade bequem zur Hand hatte, wie Straßenbahnfahrscheine, Garderobemarken, Holzstückchen, Draht, Bindfaden, verbogene Räder, Seidenpapier, Blechdosen, Glassplitter usw. Diese Gegenstände werden, wie sie sind, oder auch verändert in das Bild eingefügt, je nachdem es das Bild verlangt. Sie verlieren durch Wertung gegeneinander ihren individuellen Charakter, ihr Eigengift, werden entmaterialisiert und sind Material für das Bild. Das Bild ist ein in sich ruhendes Kunstwerk. Es bezieht sich nicht nach außen hin. Nie kann sich ein konsequentes Kunstwerk außer sich beziehen, ohne seine Beziehung zur Kunst zu verlieren. Nur umgekehrt kann sich jemand von außen auf das Kunstwerk beziehen: der Beschauer. Material der Dichtung sind Buchstabe, Silbe, Wort, Satz, Absatz. Worte und Sätze sind in der Dichtung weiter nichts als Teile. Ihre Beziehung untereinander ist nicht die übliche der Umgangssprache, die ja einen anderen Zweck hat: etwas auszudrücken. In der Dichtung werden die Worte aus ihrem alten Zusammenhang gerissen, entformelt und in einen neuen, künstlerischen Zusammenhang gebracht, sie werden Form-Teile der Dichtung, weiter nichts.

Ich will hier nicht näher eingehen auf die Verwischung der Grenzen zwischen den Kunstarten, etwa Dichtung und Malerei. Ich muß darüber eine lange Abhandlung schreiben, vielleicht in MERZ 2 oder 3. Kunstarten gibt es nicht, sie sind künstlich voneinander getrennt worden. Es gibt nur die Kunst. Merz aber ist das allgemeine Kunstwerk, nicht Spezialität.

Das umfassendste Kunstwerk ist die Architektur. Sie umfaßt alle Kunstarten. MERZ will nicht bauen, MERZ will umbauen.

DIE AUFGABE VON MERZ IN DER WELT IST: GEGENSÄTZE AUSGLEICHEN ▬▬▬ UND SCHWERPUNKTE VERTEILEN.

Die Architektur nimmt heute noch zu wenig Rücksicht auf Bewohnbarkeit, sie berücksichtigt zu wenig, daß Menschen durch ihre Anwesenheit ein Zimmer verändern. Ist der Raum gut balanciert, so stört der hineintretende Mensch das künstlerische Gleichgewicht. MERZ allein kann und muß mit nachträglich hinzukommenden Zufälligkeiten rechnen. Ich werde in einem der kommenden Merzhefte darüber mehr schreiben. Ich rege einstweilen nur an, daß man z. B. Gewichte schaffen könnte, die durch Betreten eines Raumes mechanisch aus- und eingeschaltet werden, um den Menschen ins absolute Gleichgewicht zu bringen. Aber man kommt auch ohne Mechanik aus, wenn auch nicht so vollkommen. Man muß eine intensive Beziehung schaffen zwischen Mensch und Raum. Und das erreicht man durch Einbeziehen der Fährte in die Architektur. Dieses ist eine ganz neue Idee, die die Unbewohnbarkeit der Häuser wird ausmerzen können. Ich schreibe darüber noch ausführlich. Jetzt kann ich schon verraten, daß ganz in der Stille Experimente mit weißen Mäusen gemacht werden, welche eigens dazu konstruierte Merzbilder bewohnen. Einstweilen wird die Fährte der weißen Mäuse studiert. Auf der Werft befinden sich aber Merzbilder, die mechanisch die Bewegung der weißen Mäuse ausbalancieren werden. Einige Kontakte lösen verschiedene Beleuchtung aus, mechanisch, im Verhältnis zur Bewegung der Mäuse. Das mechanische Zimmer aber ist der einzige konsequente Raum, der künstlerisch geformt und trotzdem bewohnbar ist.

1923

Die Zeitschrift des geistigen Arbeiters ist MERZ

Aus dem Inhalt: *i*. Manifest Proletkunst, das schiffchen

MERZ

2 NUMMER *i*

APRIL 1923
REDAKTEUR: KURT SCHWITTERS
MERZVERLAG HANNOVER · WALDHAUSENSTR. 5ʰ

17

(„assis sur l'horizon, les autres vont chanter." PIERRE REVERDY.)

ich zweifle zwar daran, daß der Dichter dabei an **i** gedacht hat; aber doch hat er in 2 Versen viel von dem Wesen von **i** charakterisiert. Aber ganz **i** wird die ganze Angelegenheit erst dadurch, daß ich, der ich nicht Pierre Reverdy, sondern Kurt Schwitters bin, daß ich, obgleich ich zweifle, daß Pierre Reverdy an **i** gedacht hatte, überhaupt **i** ahnte, als er die berühmten zwei Verse schrieb, die viel, aber noch nicht alles ausdrücken, was **i** in der Welt bedeutet, daß ich diese zwei Verse, die, soviel ich weiß, nicht **i** charakterisieren, für eine gewisse Charakteristik von **i** ausgebe, **a**ssis sur l'horizon les autres vont chanter.

Es ist für mich **i**, zu erkennen, daß die anderen autres, indem sie assis sur l'horizon, also in einer Entfernung, in der ich sie und sie mich nicht mehr sehen können, ein Werk schaffen, das ich als Kunstwerk, als chanter, empfinde. Das chanson des autres ist mir **i**. Nur **b**ezeichnen Reverdys Verse eine Spe**c**ialform von **i**. Denn für **i** ist es gleichgültig, ob **d**ie autres ihr Werk auch als Kunstwerk **e**mpfinden oder nicht. In dem Begriff »chanter« liegt aber, daß diese Anderen ihr Werk als Kunstwerk empfunden haben. Wichtig **f**ür **i** ist aber nur, daß **ich** dieses Werk der autres als Kunstwerk erkenne, daß ich in dem Werke des autres die Kunst erkenne. Wichtig für **i** ist, daß es nicht auch für mich etwas ist, sondern, daß es **durch** mich etwas ist, obgleich es die Anderen **g**emacht **h**aben, durch mein Erkennen, dadurch, daß **ich** es zum Kunstwerk gestempelt habe, durch **mein** Erkennen.

kurt Schwitters ist der **k**ünstler des Werks des autres. **i**ch bin der Künstler, der den Gesang der Anderen, der vielleicht sehr schlecht ist, durch Abgrenzung zum Kunstwerk gemacht hat.

Um Verwechslungen zu vermeiden, zitiere ich das vielbesprochene Wort von Alois Schenzinger: »**Ein Kunstwerk wird erst zu einem solchen durch den Beschauer.**«

Das ist nicht **i**, obgleich auch ein Funken **i**-Geist darin steckt. In Schenzingers Worten liegt der Ton auf »Beschauer«, in Reverdys Worten auf »**l**es autres«. Es könnte jemand nach Schenzinger denken, da könnte jeder kommen und sagen: »Hier ist **i**«, nur weil der Ton auf dem beliebigen Beschauer liegt.

mais:
maar:
nur wenn der Beschauer Künstler ist, kann e r erkennen, ob in dem Werke des autres Kunst ist, oder nicht. Das Werk ist wesentlicher als der Beschauer. Wichtig ist, daß das Werk der autres infolge des ihm innewohnenden Rhythmus die Möglichkeit zu künstlerischer Ausdeutung durch den Beschauer gibt. Anderseits hat Schenzinger in glücklicher Weise den Fehler Reverdys vermieden, der in dem Worte »chanter« liegt: es ist unwichtig, ob die autres ein Kunstwerk bewußt haben schaffen wollen oder nicht. Die Wahrheit v**o**n **i** aber liegt zwischen Reverdy und Schenzinger.

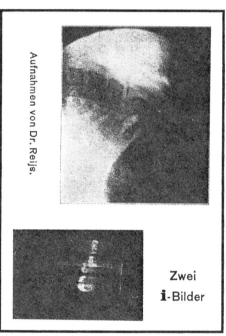

Aufnahmen von Dr. Reijs.

Zwei **i**-Bilder

WAS IST NUN **i**?

Das Zeichen **i** heißt »*J*«. Es ist ein kleines »*J*« aus dem deutschen Alphabet, das von **a** bis **z** diesen Artikel begleitet*). Es ist das *J*, wie wir es etwa schon in dem englischen Worte »will« in der Verbindung »*J* will« finden, es ist nicht das »*J*«. Dieses **i** ist der mittlere Vokal im deutschen Al-

*) Im Setzkasten nicht vorrätig, daher aushilfsweise kleine fette Buchstaben.

phabet. Das Kind lernt ihn in der Schule als ersten Buchstaben. Der Klassenchor singt: »Rauf, runter, rauf, Pünktchen drauf«. i ist der erste Buchstabe, i ist der einfachste Buchstabe, i ist der einfältigste Buchstabe.

Ich habe diesen Buchstaben zur Bezeichnung einer spezialen Gattung von Kunstwerken gewählt, deren Gestaltung so einfach zu sein scheint, wie der einfältigste Buchstabe i. Diese Kunstwerke sind insofern konsequent, als sie im Künstler im Augenblick der künstlerischen Intuition entstehen. Intuition und Schöpfung des Kunstwerks sind hier dasselbe.

q q q q q q q

Der Künstler erkennt, daß in der ihn umgebenden Welt von Erscheinungsformen irgendeine Einzelheit nur begrenzt und aus ihrem Zusammenhang gerissen zu werden braucht, damit ein Kunstwerk entsteht, d. h. ein Rhythmus, der auch von anderen künstlerisch denkenden Menschen als Kunstwerk empfunden werden kann.

Unsittliches i-Gedicht
Dames-Hemden . . . . .
Dames-Pantalons, fransch model
Dames-Pantalons . . . .
Prima Dames Nachtponner
Dames-Combinations . . .
Heeren Hemden, zwaar graslinnen
(aus einer holländischen Tageszeitung.)

Lesen Sie das unsittliche i-Gedicht. Ich habe erkannt, daß bei einer Zusammenstellung von Damenunterzeugen plötzlich ein Herrenhemd unsittlich wirkt, selbst wenn es aus graslinnen ist, und daß in der Aufeinanderfolge der betreffenden Worte von Eigenleben, wie sie da standen, ohne Angabe der Verkaufswerte, derenthalben das Ganze eigentlich geschrieben war, ein künstlerischer Rhythmus lebte. Assis sur l'horizon, les autres vont chanter. Les autres sind die Wäschehandlung. Vont chanter ist gleich der Preistabelle in der Tageszeitung. i ist das Abschneiden der Preise und das Erkennen des Rhythmus und der Unsittlichkeit.

19

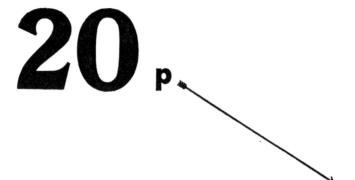

pppppppp

pornographisches **i**-Gedicht

Die Zie |
Diese Meck ist |
Lieb und friedlich |
Und sie wird sich |
Mit den Hörnern |

Der Strich zeigt, wo ich das harmlose Gedichtchen aus einem Kinderbilderbuch durchgeschnitten habe, der Länge nach. Aus der Ziege ist so die Zie geworden.

Und sie wird sich | nicht erboßen,
Mit den Hörnern | Euch zu stoßen.

Die einzige Tat des Künstlers bei **i** ist Entformelung durch Begrenzung eines Rhythmus.

Ein mir befreundeter Arzt hat zu wissenschaftlichem Zwecke, den ich nicht kenne, Fotos von sich drehenden Körpern und Röntgenaufnahmen gemacht. 2 davon veröffentliche ich hier als **i** Bilder, siehe oben. Nun ist nicht mehr der Arzt, der diese Aufnahmen gemacht hat, Urheber des Kunstwerks, sondern ich, de**r** ihren künstlerischen Gehalt erkannt hat. Ich bin auch der kün**s**tlerische Schöpfer des Haagschen **S**traßenbahnfahrscheins, wenigstens der rechten Ecke. Schneidet man nämlich von der rechten Ecke ein Quadrat ab, so hat man eine **i**-Zeichnung.

Wer n**u**n denkt, daß es leicht wäre, ein **i** zu schaffen, der **i**rrt sich. Es ist **v**iel schwerer, als ein **w**erk durch **w**ertung der Teile zu gestalten, denn die Welt der Erscheinungen wehrt sich dagegen, Kunst zu sein, und selten findet man, wo man nur zuzugreifen braucht, um ein Kunstwerk zu erhalten.

x
y
z

MERZ ist umfassend, **i** ist Spezialform von MERZ. **i** ist die decadence von Mer**z.**

THÉO VAN DOESBURG 1921   KOMPOSITIE 20

Het dynamische ei van Moholy
is tegelijk een kuiken.

(BAUHAUS WEIMAR,
Abteilung neue Professoren)

KÜNSTLER!
erklärt euch solidarisch mit der Kunst!

21

1923 **KRIEG** 22

Die Abteilung Krieg soll Sentenzen veröffentlichen, die geeignet sind, der Menschheit zu zeigen, daß auch ohne Krieg unsere Kulturlosigkeit bestehen bleiben kann. Anregungen sind herzlichst willkommen. Kluge Worte sollen veröffentlicht werden. Noch ist es Zeit, noch sind wir mitten im tiefsten Frieden, noch läßt sich ein Krieg vermeiden!

Gedicht:

| Geduld, du kleine —— |
| Im lieben stillen —— |
| Es ist noch viel zu —— |
| Es ist noch viel zu —— |
| Noch geh ich dich bald |
| Doch merk' ich mir den |
| Und kommt heran der |
| So hol' ich dich, mein — |

Es gibt keine Werte, die zu verteidigen es sich lohnte. Unsere Feinde sind uns gleich. Wir sollen nicht unsere Feinde bekämpfen, sondern unsere Fehler. Der Feind hat mehr Recht zu leben, als Du Recht haben kannst, ihn zu töten. Anna Blume ist von hinten wie von vorne A——N——N——A. Auch im Kriege sollst Du nie einen Menschen töten, besonders aber nicht Deinen Feind. Dada und Merz sind einander durch Gegensätzlichkeit verwandt. Statt dessen wollen wir fühlen, daß wir alle Mitglieder einer großen Nation sind, der Menschheit. Wenn man Frost hat, muß man trockenes Eichenlaub trinken. Wer sein Vaterland liebt, soll die Welt lieben. Wer die Welt liebt, liebt sein Vaterland. Es gibt kein menschliches Recht, das Menschen zwingen könnte, gegeneinander Krieg zu führen. Man läßt doch auch nicht Lokomotiven gegeneinander fahren. Wir kämpfen vereint, wir siegen vereint, wir haben alle nur einen Feind:

DEN MOND

Baut Leitern und steigt dem Mond aufs Dach, jedoch laßt die Dächer der Menschen heile. Das ist Weltpatriotismus. Und was ist Weltnationalgefühl?

☞ Verzoeke dit aandachtig te lezen alvorens dit in de prullemand te werpen.   KURT SCHWITTERS

1923

MANIFEST
PROLETKUNST

Eine Kunst, welche sich auf eine bestimmte Klasse von Menschen bezieht, gibt es nicht, und wenn sie bestehen würde, wäre sie für das Leben gar nicht wichtig.

Diejenigen, welche proletarische Kunst schaffen wollen, fragen wir: »Was ist proletarische Kunst?« Ist das Kunst von Proletariern selbst gemacht? oder Kunst, die nur dem Proletariat dient? oder Kunst, die proletarische (revolutionäre) Instinkte wecken soll? Kunst, durch Proletarier gemacht, gibt es nicht, weil der Proletarier, wenn er Kunst schafft, nicht mehr Proletarier bleibt, sondern zum Künstler wird. Der Künstler ist weder Proletarier, noch Bourgeois, und was er schafft, gehört weder dem Proletariat noch dem Bürgertum, sondern allen. Die Kunst ist eine geistige Funktion des Menschen mit dem Zwecke, ihn aus dem Chaos des Lebens (Tragik) zu erlösen. Die Kunst ist frei in der Verwendung ihrer Mittel, aber gebunden an ihre eigenen Gesetze, und nur an ihre eigenen Gesetze, und sobald das Werk Kunstwerk ist, ist es weit erhaben über die Klassenunterschiede von Proletariat und Bürgertum. Sollte die Kunst aber ausschließlich dem Proletariat dienen, abgesehen von der Tatsache, daß das Proletariat angesteckt ist von bürgerlichem Geschmack, dann wäre diese Kunst beschränkt, und zwar ebenso beschränkt wie die speziell bürgerliche Kunst. Eine solche Kunst würde nicht universal sein, nicht aus dem Weltnationalitätsgefühl wachsen, sondern aus individuellen, sozialen, zeitlich und räumlich begrenzten Ansichten. Soll nun die Kunst tendenziös proletarische Instinkte wachrufen, so bedient sie sich im Grunde derselben Mittel wie kirchliche oder nationalistische Kunst. So banal es an sich klingt, ist es im Grunde dasselbe, ob jemand ein rotes Heer mit Trotzky an der Spitze oder ein kaiserliches Heer mit Napoleon an der Spitze malt. Für den Wert des Bildes als Kunstwerk ist es aber gleichgültig, ob proletarische Instinkte oder patriotische Gefühle erweckt werden sollen. Das eine wie das andere ist, vom Standpunkte der Kunst aus betrachtet, Schwindel.

Die Kunst soll nur mit ihren eigenen Mitteln die schöpferischen Kräfte im Menschen wachrufen, ihr Ziel ist der reife Mensch, nicht der Proletarier oder der Bürger. Nur kleine Talente können aus Mangel an Kultur, da sie das Große nicht übersehen, in ihrer Beschränktheit so etwas wie proletarische Kunst (d. h. Politik in gemaltem Zustande) machen. Der Künstler aber verzichtet auf das Spezialgebiet der sozialen Organisation.

Die Kunst, wie wir sie wollen, die Kunst ist weder proletarisch noch bürgerlich, denn sie entwickelt Kräfte, die stark genug sind, die ganze Kultur zu beeinflussen, statt durch soziale Verhältnisse sich beeinflussen zu lassen.

Das Proletariat ist ein Zustand, der überwunden werden muß, das Bürgertum ist ein Zustand, der überwunden werden muß. Indem aber die Proletarier mit ihrem Proletkult den Bourgeoiskult imitieren, sind gerade sie es, die diese verdorbene Kultur der Bürger stützen, ohne sich dessen bewußt zu sein; zum Schaden von Kunst und zum Schaden von Kultur.

Durch ihre konservative Liebe für die alten, überlebten Ausdrucksformen und ihre ganz unverständliche Abneigung für die neue Kunst halten sie das am Leben, was sie nach ihrem Programm bekämpfen wollen: die bürgerliche Kultur. So kommt es, daß bürgerlicher Sentimentalismus und bürgerliche Romantik trotz aller intensiven Bemühungen der radikalen Künstler, diese zu vernichten, immer noch bestehen bleiben und sogar neu gepflegt werden. Der Kommunismus ist schon eine ebenso bürgerliche Angelegenheit wie der Mehrheitssozialismus, nämlich Kapitalismus in neuer Form. Die Bourgeoisie verwendet den Apparat des Kommunismus, der nicht vom Proletariat, sondern von Bürgern erfunden ist, nur als Erneuerungsmittel für ihre eigene verfaulte Kultur (Rußland). Infolgedessen kämpft der proletarische Künstler weder für die Kunst noch für das künftige neue Leben, sondern für die Bourgeosie. Jedes proletarische Kunstwerk ist weiter nichts als ein Plakat für das Bürgertum.

Das, was wir hingegen vorbereiten, ist das Gesamtkunstwerk, welches erhaben ist über alle Plakate, ob sie für Sekt, Dada oder Kommunistische Diktatur gemacht sind.

THÉO VAN DOESBURG. KURT SCHWITTERS.
hans arp. TRISTAN TZARA.
CHR. SPENGEMANN. d. Haag, 6. 3. 23.

DE STIJL

1923

 das schiffchen:

DADA NACHRICHTEN

In Rotterdam annonciert ein Geschäft: »Uitverkoop tot **dada**prijzen.« Man sieht, wie populär dada in Holland geworden ist. — Herr Bremmer soll 50 Fl. Honorar nehmen, wenn man ihm Kunst zeigt. Was mag er nehmen, wenn man ihm **i** zeigt? — Im Sturmverlag ist Auguste Bolte kürzlich erschienen. Auguste Bolte wußte, was sie wollte, genau wie Herr Heyting. K. S.

1923

[Krieg ist die größte Schande]

Krieg ist die größte Schande, die die Menschheit erlebt hat und erleben kann. Er ist der grandiose Ausdruck der Unbeherrschtheit der Menschen und des persönlichen oder allgemeinen Machtgedankens. Es ist dem Sinne nach undenkbar, daß ein wirklich demokratisches Volk Krieg führen kann. Aber gibt es demokratische Völker?

Der Krieg ist der rücksichtslose Spiegel, den sich die Menschheit vorhält. Sie sieht darin das Bild ihrer Leidenschaften. Nichts bleibt ihr mehr heilig, und die Bösartigkeit beherrscht alles Gute.

Selbst Kirche und Kunst stellen sich in den Dienst des Krieges, d. h. der Partei, der sie von Staats wegen angehören. Da aber Kirche und Kunst auf beiden Seiten stehen, so segnen sie Freund und Feind. Es wäre Aufgabe der Kirche, den Krieg zu ächten und unmöglich zu machen. Kunst aber hat mit keinem außerkünstlerischen Dinge etwas zu tun, also auch nicht mit Krieg. Aber würde die Kunst sich selbst konsequent neben die bösen Dinge der Welt stellen, so würde doch vielleicht ein günstiger Einfluß auf die Kultur von ihr ausgehen können.

Die einfachsten Begriffe von Gut und Böse wirft der Krieg um.

Alle Ideale, die sich die Menschen bezüglich des von ihnen konstruierten Begriffes ›Nation‹ konstruiert haben, können nicht einer allgemein menschlichen Logik standhalten. Ich meine hier Ideale, wie Vaterland, Vaterlandsliebe, Tapferkeit, nationale Ehre, nationale Autorität, Treue, Unterordnung, gemeinschaftlicher Haß, Familie und vieles andere.

Man beachte folgende Stufenleiter: Individuum, Heimat, Vaterland, Welt. Es ist selbstverständlich und natürlich, daß das normale Individuum am meisten sich selbst liebt. Man nennt das Egoismus. Und das ist bekanntlich eine Eigenschaft, die die Allgemeinheit hat, aber die jeder verbirgt, weil man sie als schlecht bezeichnet.

Der nächst größere Komplex ist die Heimat. Sie bindet den Menschen mit den nächst wohnenden und lebenden Menschen und der ganzen Wohngelegenheit zu einer neuen Einheit. Die Liebe zur Heimat gilt allgemein als etwas Gutes, wenn sie . . .

[Fragment]

1923

KRIEG.

46 Aus einer Resolution der Internationalen Vereinigung ernster Bibelforscher am 10. 9. 22 zu Cedar Point, Ohio, U. S. A. „...bekunden wir Folgendes: ...Daß Satan, seit langem der Gott dieser Welt, die Staatsmänner, Finanzfürsten und Geistlichen irregeführt hat... Daß im Gegenteil die Geistlichkeit der verschiedenen kirchlichen Benennungen sich während des Weltkrieges dem Herrn Jesus Christus gegenüber als treulos erwiesen hat, indem sie ...die Männer in die Schützengräben hineinpredigte und ihnen trügerisch und gotteslästerlich den Tod auf dem Schlachtfelde als einen Anteil an dem für die Menschheit dargebrachten Sühnopfer Jesu Christi vortäuschte..." Cet été les éléphants porterout des monstaches. **ET VOUS?**

HERR, HERR, GIB MIR DEINEN STURM!

MPD Mancher hat noch nichts von der Merzpartei Deutschland gehört. Begreiflich, da sie nur aus einem Mitgliede, aus mir, besteht. Näheres siehe Merz 5. MERZ

Wohl ihm, den sein Geschick liebend auf beiden geführt.
Wer einmal Ssachse ist, der bleibt auch Ssachse.

1923

BANALITÄTEN (3)

„Blaib hipsch ksunt"! (sächsisch.)
Warum ich Banalitäten abdrucke und diesen Artikel schreibe? Um den Artikel dada complet schreiben zu können, der schon seit Beginn dieses Jahres mit Flugblättern bekannt gegeben ist. (Siehe unten.)

In Merz 1, Jan. 23, schrieb ich über Dadaismus in Holland und die Unterschiede von Dadaismus und Merz. Ich definierte Dadaismus als Lebensbewegung, Dada als das Gesicht unserer Zeit, den Dadaisten als Spiegelträger und unsere Tätigkeit in Holland als wesentlich künstlerische Leistung durch Formung dadaistischen Materials. Aber nicht immer war unsere Tätigkeit künstlerisch, z. B. wenn wir den ungeformten Dadaismus aus dem Publikum herauszulocken wußten durch Anregung, Aufregung und Abregung. Dann aber waren wir dem Urdadaismus und dem completten Dadaismus am nächsten (siehe unten). Im Wesentlichen war unser Dadaismus künstlerisch veredelt und verhielt sich zum reinen Dadaismus wie eine Maréchal-Niel-Rose zu einer Heckenrose. Dem Dadaismus in veredelter Form stellte ich Merz gegenüber und kam zu dem Resultat: während Dadaismus Gegensätze nur zeigt, gleicht Merz Gegensätze durch Wertung innerhalb eines Kunstwerks aus. Der reine Merz ist Kunst, der reine Dadaismus Nichtkunst; beides mit Bewußtsein. In Merz 2 habe ich von einer Specialform von Merz: „i", gesprochen; es ist das Auffinden eines künstlerischen Komplexes in der unkünstlerischen Welt und das Schaffen eines Kunstwerkes aus diesem Komplex durch Begrenzung, sonst nichts. Jetzt, in Merz 4, setze ich diesen logischen Gedankengang fort. Ich schreibe über die Banalität; sie ist das Auffinden eines unkünstlerischen Komplexes in der unkünstlerischen Welt und das Schaffen eines Dadawerkes (bewußte Nichtkunst) aus diesem Komplex durch Begrenzung, sonst nichts. Es ist kein Zufall, daß alle Dadaisten die Banalität sehr geliebt haben, in jeder Form. Hat doch Paul Eluard in Paris, 3 rue Ordener, über den kein Geringerer als Tristan Tzara schreibt: „Paul Eluard veut réaliser une concentration de mots, cristalisés comme pour le peuple (auf deutsch Banalität in Banalform.), mais dont le sens reste nul." eine feuille mensuelle, PROVERBE, herausgegeben, die fast ausschließlich die Banalität pflegt. Ich empfehle diese ausgezeichneten Blätter allen wahrhaft dadaistisch denkenden Menschen. Die citierten Banalitäten bis „Wenn sone Geige.." sind aus Proverbe citiert. Zunächst werde ich jedoch versuchen, den Begriff des Dadaismus, kurz dada, anders zu beleuchten.

De boomen zijn de beenen van het Landschap. (J. K. BONSET.)
K. S.

INSCRIPTION FOR A BREAKFAST ROOM:

To glorious white-tile waterclosets, I prefer nature, to wipe myself with hemlock, to squat defiantly under the sky under the hill, where dead grass in the morning is like a squirrelskin coat, motheaten slightly and hung on the line to dry.

Pas tout du tout du Pas M. COWLEY.

1923

dada complet. 1

dada entstand als Reaktion. Willst du zimmern, mußt dich um Vergangenes bekümmern. dada wurde von Künstlern erfunden als Reaktion auf die Kunst und die Richtungen in der Kunst. Die Kunst hatte sich entwickelt und entwickelt, hatte sich in unendlich viele Richtungen gespalten, und es war keine Aussicht für einen Künstler zu sehen, daß er aus der Entwickelung anders als durch Reaktion herauskommen könnte. Warum ist hier gleichgültig. Man könnte sagen, weil die Stillosigkeit so drückend geworden war, mußte pup pup das dadaistische Gewitter kommen. Wichtig ist uns hier festzustellen: Urdada war

REAKTION auf KUNST und

REAKTION auf STILLOSIGKEIT.

Daß dada der einzige Stil unserer Zeit ist, brauche und will ich hier nicht betonen! Mir ist wichtig festzustellen, daß dada aus Reaktion auf Kunst Nichtkunst mit Bewußtsein sein wollte. Der konsequente Dadaismus, der reine Dadaismus ist absolute Nichtkunst. Aber den reinen Dadaismus gibt es noch selten, wie das so mit allen Idealen geht, etwa: Kunst, Patriotismus, Pacifismus, Gut und Böse. Auf unserer Erde ist alles gemischt.

Nur der fähigste Künstler kann dada machen, weil nur er beurteilen kann, was Kunst ist. In Merz 5 werde ich näher auf die Gesetze der Nichtkunst eingehen und einige Beispiele geben. (DADA COMPLET, 2.) Ich deute hier nur an, daß Kunst formt durch Wertung der Teile. Dada zerstört die künstlerische Form durch wahloses Nebeneinanderstellen. Es gibt wie gesagt wenige konsequente dadaistische Werke.

*) die i-Form der Banalität.

1923

BANALITÄTEN (4) 43

Nicht alle Banalitäten sind dadaistisch. Zunächst ist festzustellen, daß es gleichgültig ist, ob der Schöpfer einer Banalität sie ursprünglich als banal gedacht hat oder nicht. Wenn Edschmidt erwähnt: „Junge Menschen gab es zu jeder Zeit," so ist das, ob gewollt oder nicht, Herr Herr gibt mir Kraft, eine Banalität. Es ist auch so absolut unkünstlerisch, daß es eine Dadaarbeit wäre, falls nicht Edschmidt bewußt etwas sehr Wichtiges hoch künstlerisch damit hätte ausdrücken wollen. Wenn ich es aber als dada erkenne, so ist es dada durch mich: $i =$ dada. Und so geben uns die ungewollten konsequenten Banalitäten, durch Dadaisten erkannt und gewollt, eine sehr wertvolle Unterscheidungsmöglichkeit. Die Dadaisten schaffen dada, die Welt ist dada, und zwar $i =$ dada. (Vergl. dadaholland in Merz 1.) Und so leben wir in einem i-dada-Zeitalter, das die Dadaisten in ein dada-Zeitalter verwandelt haben durch innere Konsequenz. Nicht alle Banalitäten sind dada complet, aber in jeder Banalität ist eine Menge dadaistischen Blödseins versteckt. Ich habe Banalitäten vermerzt, d. h. ein Kunstwerk aus Gegenüberstellung und Wertung an sich banaler Sätze gemacht. Ich bin mir auch dessen bewußt, daß nicht alle angeführten Sätze Banalitäten sind. Der Leser mag selbst entscheiden. Denn „es gibt eine Wesentlichkeit in uns, die grün zu explodieren vermag". (Th. Däubler.) Ob „Herr, Herr, gib mir Kraft" banal ist, wage ich bei der Menge des in diesem Satze aufgespeicherten Sprengstoffes nicht zu entscheiden, es wird wohl Expressionismus sein. Herr, Herr, gib mir deinen Sturm! Immerhin ist es ein direkter Befehl eines sich ohnmächtig fühlenden Menschen und wesentlich nicht anders, als ob ich sagte: „Frau Meier, Frau Meier, geben Sie mir ein zehntel Pfund Kaffee!" Worauf Frau Meier möglicherweise grün explodiert. Und so hätten wir auch endlich den Expressionismus auf seine einfachste Formel gebracht: **„Geistiger Warenaustausch"**, wobei der Geist darin besteht, daß man die Kraft nicht so leicht nachwiegen kann, wie den Kaffee. Dafür braucht sie, soweit es sich nicht um elektrische Energie handelt, nicht verzollt zu werden. „Der liebe Gott meint es so gut mit uns, er schenkt uns Regen und Sonnenschein, daß was wächst." (Doris Thatje.) Willem, biste schon da? Ich gähne aus Interesse. **Rrrrrom!**

„Aber an den angetanen."
Ich bedaure, aber der Vers ist nicht von mir.

Jetzt komme ich zu **Tristan Tzara.** Auf die Frage: „Quelle est l'attitude qui vous semblerait aujourd'hui la plus sympathique?" schreibt er im Journal du Peuple: „Ah! Il-y-a un moyen très subtil, même en écrivant, de détruire le goût pour la littérature, c'est en le combattant par ses propres moyens et dans ses formules." Er unterscheidet dann sehr fein zwischen littérature und poésie. Er will die ungeformte Literatur bekämpfen zugunsten der gestalteten Poesie. Der beste Kampf gegen den schlechten Geschmack für die form- und gedankenlose Litteratur ist die **i**-Banalität. Sie zeigt dem Leser die unerhört schlechte Form: „Aber an den angetanen" oder den unerhört blöden Inhalt: „Wie manches ist vergangen!" (Platen.) Wer kann von mir verlangen, den folgenden Vers zu lesen, wenn ich den ersten verstehen will. Und wenn ich selbst lese: „Liebesdienst den Freund zu mahnen", bin ich noch ebenso dumm. Wie manches wird vergehn! Wir wissens, wir verlangen. Kein ewiges Bestehn. Preisfrage: Wer ist banaler, Platen oder Schneider: „Wenn sone Geige angewärmt is, denn gehtse besser"? Beide haben was Kluges sagen wollen. Immerhin sagt Schneider etwas Neues für Nicht-Geigenspieler, wenn auch in etwas langweiliger Form. Cet été, les éléphants porteront des moustaches, ET VOUS? De pijpen der stoombooten zijn zwart.

K. S. 43

1923

DADA NACHRICHTEN

Tristan Tzara, Paris, schreibt: „Tu peux dire à tous nos amis que je suis toujours leur ami. Tzara"

AUFGEDECKTE SPEUDONYME.

1. Der Ukrainische Maler und Sänger 8 Uhr Segal ist ein Speudonym für Abraham Göteborg. Der Mann ist Finne, nicht zu verwechseln mit Hundebandwurm. 8 Segal: „Kunst ist Mitteilung, nichts Anderes, weder schön noch häßlich, oder gut, noch böse, genau wie das Leben."*) — 2. Im Kampfe für das Wahre und Schöne teilt d. Red. der Öffentlichkeit zu beeilen, daß DE WELEDELGEBOOREN HEER THEO VAN DOESBURG nie existiert hat. Aus dem Namen SODGRUBE entstanden, ist er ein schlecht enthüllter Speudonym für J. K. BONSET (siehe Abbildung). Um so bedauerlicherweise ist die in den Zeitungen verbreitete Nachricht:

THEO

VAN DOESBURG.

J. K. BONSET   1899.

Onder auspiciën van den Franschen schilder Albert Gleizes en den Spaanschen schilder Olazabal is de heer Theo van Doesburg voorgesteld als eerelid van „La maison de l'Amerique Latine" en de „Académie Internationale des Beaux Arts" te Parijs.

Es ist bedauerlicherweise, wie schlecht die A J D Bo A orientiert ist. Vielleicht meint sie überhaupt Kurt Schwitters. — Im Ex-Grabe des dada-Exkaisers Tuthank-Carmen wurde eine einbalsamierte Buddhaplastik aufgefunden. (Die erste uns bekannte MERZPLASTIK).

---

*) Kunst ist einfach Kunst, weiter nichts. d. Red. „Kunst ist Leben" bedeutet „t verkehrt".

1923

[Und so fortan]

Herr Regierungsrat J. A. Locin: »Lieber Herr Schwitters, ich will Ihnen hier jetzt nicht wiederholen, was ich über Ihre Zeitschrift MERZ als Deutscher zu Herrn Beeck gesagt habe.«

Schwitters: »Lieber Herr Regierungsrat, ich stelle Ihnen sogar Raum in meiner Zeitschrift zur Verfügung, damit Sie öffentlich aussprechen können, was Sie als Deutscher zu Herrn Beeck über meine Zeitschrift gesagt haben.«

J. A. Locin: »Das könnte Ihnen wohl so passen!«

Schwitters: »Und so fortan.«

Aus der Welt: „MERZ"
Kurt Schwitters und Franz Rolan

! Aus Damenhüte werden die modernsten Herrenhüte gepresst!

Ein Dialog mit Einwürfen aus dem Publikum

DAS PUBLIKUM (buntes Stimmgewirr) Haben Sie gehört: Er fordert die Merzbühne! – Wer? – Kurt Schwitters! – (allseitiges Gelächter) – Haha! – Anna Blume – Quatsch! – (eine Damenstimme:) Wer ist Kurt Schwitters? – (viele Stimmen:) Ein verrückter Maler! – Ein Idiot! – (eine Fistelstimme:) Anna Blume!! – Ein verdrehter Dichter! – Dada! – Idiot!! – (alle:) Idiot!! –

SCHWITTERS Ich bin Kurt Schwitters. Ich fordere die Merzbühne! –

DAS PUBLIKUM Haha! – Idiot! – Psst! – Ruhe! – Ach was: Raus! – Ruhe! – Quatschkopf von vorne und von hinten! – (die Fistelstimme:) A-n-n-a von vorne und von hinten! – (eine behäbige Stimme:)

	Ruhe! Lassen Sie ihn doch zu Worte kommen! – (die Fistelstimme:) – Famos! Er soll ne Rede reden! – Psst! – (ein anderer:) Mensch ist das ein Ulk! – Psssst! Ruhe! – Dada – Pst! – Pst! – Pst! – – (ein Brillenglas blitzt inquisitorisch auf. Ein lauerndes Auge dahinter kneift sich halb zu und eine akademisch gebildete Stimme – ob juristisch oder medizinisch ist nicht zu erkennen – fragt:) Sie fordern die Merzbühne? – Was soll auf ihr gespielt werden? –
SCHWITTERS	Merzbühnenwerke.
DAS PUBLIKUM	Hahaha – Hehehe – Hihihi – (die Fistelstimme:) Anna Blume! – (die bebrillte Stimme:) Schön! Aber was sind Merzbühnenwerke und wer schafft sie? –
DAS PUBLIKUM	(die Fistelstimme, der nichts neues einfällt, kräht wieder in den höchsten Falsetttönen:) Anna Blume! – (aber sie wird zur Ruhe verwiesen:) Psst! –
SCHWITTERS	Merzbühnenwerke schafft der Merzer aus gleichberechtigten Künstlern und gleichberechtigten Materialien. –
DAS PUBLIKUM	(heulend:) Son Quatsch! – Blödsinn! – Ein Arzt her! – Ein Irrenarzt!! – Merzer? – Wort ohne Sinn, was soll dass? – (Die bebrillte Stimme mit höflich beschwichtigender Geste gegen das Publikum, gleichzeitig ein Auge zum Zeichen geheimen Einverständnisses mit dem Publikum zukneifend:) Sehr richtig: Was soll das?! – Aber bitte Ruhe meine Herrschaften, sonst kommen wir ja nicht weiter! – Wir wollen der Sache doch einmal auf den Grund gehen! – (ein Aufgeregter:) Wir lassen uns nicht zu Narren machen! – (die bebrillte Stimme mit einer Verbeugung:) Sehr richtig! – (sich an Schwitters wendend; ironisch:) Also wollen Sie uns gütigst erklären – – –
SCHWITTERS	Kunst läßt sich nicht erklären! –
DAS PUBLIKUM	(die bebrillte Stimme, einigermaßen aus dem Konzept gebracht:) Sehr richtig – äh – äh – nein, ich wollte sagen – (in momentaner Verlegenheit an den Nägeln kauend) – allerdings – aber sagen Sie uns doch wenigstens, was das Ganze soll! –
SCHWITTERS	(in trocken dozierendem Ton:) Der Ausdruck der einzelnen Teile des Merzbühnenwerkes soll in seiner Gesamtheit eine vorher bestimmte Wirkung, entweder positiv oder negativ, hervorrufen, und aus dem verwendeten Material wie Künstler –

	denn die mitwirkenden Künstler: Dichter, Maler, Bildhauer, Musiker und Schauspieler sind auch als Material anzusehen –, Kulissen, Raum, handelnde Personen – –
DAS PUBLIKUM	(die bebrillte Stimme:) Das Publikum nicht zu vergessen – (die behäbige Stimme:) Sehr richtig, wir sind auch noch da! –
SCHWITTERS	(den Faden ruhig wieder aufnehmend:) aus dem verwendeten Material wie Künstler, Kulissen, Raum, Licht, Schallwirkung und Publikum soll das Gesamtkunstwerk zwingend hervorgehen.
DAS PUBLIKUM	(die bebrillte Stimme:) So! Schön, aber nun erlauben Sie mal: Wo bleibt denn da der Dichter, der das Ganze vorher, ohne die später hinzutretenden Materialien – wenn Sie schon die übrigen Künstler mit zu den Materialien rechnen wollen – schaffen muß? –
SCHWITTERS	Der wesentlichste Punkt, der die Merzbühne von allen früheren Bühnendarstellungen unterscheidet, ist: Los vom Dichterwort! Wenn aus der Gesamtheit der schöpferisch tätigen Materialien ein neues Kunstwerk entstehen soll, so ist die Bindung an ein vorhergeschriebenes Dichterwort unmöglich – an die Stelle des Dichters tritt der Merzer, der Schöpfer des Merzbühnenwerkes.
DAS PUBLIKUM	? ? ? – (der Aufgeregte:) Er will die Dichter abschaffen! –
SCHWITTERS	Dem Dichter stand bisher als einziges Ausdrucksmittel das Wort zur Verfügung. Mit dem Wort bannte er seine Gedanken auf Papier. Seine Gefühle, seine Taten waren Worte. Seine Kunst war, aus beschriebenem Papier eine Welt als ein in sich abgeschlossenes Ganze[s] erstehen zu lassen, und sein Kunstwerk war fertig, sobald er den letzten Federstrich daran getan. Die Form, die der Dichter seinem Kunstwerk gibt, ob es Gedicht, Roman, Epos oder Drama ist, ändert hieran nichts: sein Drama ist ohne Aufführung ein ebenso fertiges Ganzes wie jede andere seiner Kunstschöpfungen. Die Aufführung ist nicht imstande, weder etwas hinzuzufügen oder hinwegzunehmen, sie ist gerade herausgesagt – – überflüssig! In der Kunst aber ist alles Überflüssige vom Übel. Zwischen Albert Bassermanns Hamlet und der Deklamation eines Schulmädchens besteht kein prinzipieller Unterschied, denn der Hamlet ist ebensowenig auf Bassermann angewiesen wie das Lied von der Glocke auf den vor-

tragenden Sekundaner. In der Bühne aber liegen Kräfte, die selbstschöpferisch tätig sein können, sobald man ihnen die Freiheit gibt. Warum soll Bassermann den Hamlet aufsagen, der es nicht nötig hat? Daß ein Schauspieler mehr leisten kann, beweist jeder Zirkusclown mit einer einzigen zwingenden Geste. Welch tiefe psychische Wirkung löst das Heulen einer Schiffssirene aus! Man stelle die Gleichberechtigung der zur Verwendung kommenden Materialien wieder her, werte Faktor gegen Faktor und verschmelze sie zu einem untrennbaren neuen Kunstwerk.

DAS PUBLIKUM (die bebrillte Stimme:) Aber wie wollen Sie denn praktisch aus dem Material heraus arbeiten, Publikum eingeschlossen, ohne den künstlerischen Gesamteindruck und die einheitliche Formung zu verlieren? – (im übrigen Publikum entsteht Unruhe, darum ruft ihm die bebrillte Stimme beschwichtigend zu:) Wir treten in die Beweisaufnahme ein! –

SCHWITTERS Kunst läßt sich nicht beweisen. –

DAS PUBLIKUM (die bebrillte Stimme:) Aber lieber Herr, irgendwie müssen Sie doch den Beweis liefern, daß auf Ihrem neuen Wege sich überhaupt ein Kunstwerk schaffen läßt!! – (der Aufgeregte:) Mit Redensarten kommen wir nicht weiter! – (der Bebrillte:) Was wollen Sie also? – ? –

SCHWITTERS Schaffen! – Den Beweis eines geschlossenen Kunstwerkes kann nur der Merzer liefern, der sich der Aufgabe bewußt ist, gleichzeitig Leiter, also Schöpfer des Gesamtkunstwerkes, und Geleiteter, also Teil des Publikums zu sein. Leiten muß er die Kräfte, die aus dem Material – die mitwirkenden Künstler immer auch als Material betrachtet – selbständig hervorkommen. Sie tragen ihn, und er gibt ihnen die Richtung. Überläßt er die Kräfte sich selbst, so zerschellt das Kunstwerk, weil jede Kraft ihre eigene Richtung nehmen wird, da sie die Wirkung der anderen Kräfte nicht zu übersehen vermag. Unterbindet er aber von vornherein die Möglichkeit selbständigen Schaffens für die Kräfte, mit denen er wirken will, so wird er Autokrat und Dramatiker im bisherigen Sinne, und die Aufführung ist nicht Merzbühne sondern Illustration eines gedichteten Dramas.

DAS PUBLIKUM ? – ? – ? – ? – – –

SCHWITTERS (erläuternd) Das Wesentliche des künstlerischen Schaffens ist die Schöpferkraft. Das Merzgesamtkunstwerk gibt der Schöpferkraft die denkbar größten Entfaltungsmöglichkeiten. Jede Komponente der Merzbühne wird als Kraft verwendet, und das Ganze wird durch Abwerten der einzelnen Teile gegeneinander schöpferisch gestaltet.

DAS PUBLIKUM   Hoho! – Vormachen!! – Bilde Künstler, rede nicht! – (die bebrillte Stimme:) Sehr richtig! Geben Sie uns ein Beispiel! –

SCHWITTERS   Schön! (ruft:) Licht aus! (Bühne und Saal werden dunkel)

DAS PUBLIKUM   (die Fistelstimme:) Licht aus! Messer raus! Haut ihn! (Gelächter:) Haha! (die bebrillte Stimme:) Ruhe! –

(Auf der Bühne erscheint eine transparente, riesengroße Reklame:)

> ! Aus Damenhüte werden die modernsten Herrenhüte gepresst!

DAS PUBLIKUM   (in instinktmäßig naivem Entzücken über die schreiend bunten Farben des Transparents:) Ah! – Ah! – (Gelächter, Kichern der Damen) – Äh! – äh – äh – Wie? Was soll das? – (die behäbige Stimme:) »Aus« regiert übrigens den Dativ! – (der Aufgeregte;) Nicht einmal die Orthographie ist richtig! – (eine Damenstimme:) Kann man wirklich aus Damenhüten moderne Herrenhüte pressen? – (eine andere Damenstimme:) Wo ist denn das Geschäft? – (der Aufgeregte:) Blödsinn ists! Vollkommener Blödsinn!! – (die Fistelstimme:) Anna Blume! – (die bebrillte Stimme:) Ruhe, meine Herrschaften! Merken Sie nicht, es ist eine Metapher: Aus alten Formen erstehen neue – äh – äh – oder wie? – Herr Schwitters! – Herr Schwitters!! – Donnerwetter, machen Sie doch mal Licht! – Man sieht ja nichts! Wo sind Sie denn eigentlich? – (das transparente Plakat verschwindet) – Licht! – (allgemeiner Ruf:) Licht!! – (Bühne und Zuschauerraum werden hell) (die bebrillte Stimme:) Endlich! – – Also nun, Herr Schwitters erklären Sie uns – (sehr eilig:) ach nein, sagen Sie nicht wieder: Kunst läßt sich nicht erklären – also sagen Sie einfach: Was w a r das? –

SCHWITTERS   Das gewünschte Beispiel einer Merzbühnenaufführung. – Ich verwendete der Deutlichkeit halber so wenig Material als möglich,

denn wie für die Merzbühne jedes Material verwendbar ist, so
kann man auch auf jedes Material verzichten, zum Beispiel auch
auf die Logik der Handlung. In diesem Falle ist der Charakter der
Merzbühnenhandlung abstrakt. Das Auslöschen des Lichtes war
an sich schon eine schöpferische Handlung, die, (lächelnd) wie Sie
wohl bemerkten, auf das Publikum selbsttätig schöpferisch ein-
wirkte und die verschiedensten Stimmungen auslöste. Diese
Einwirkung hätte sich bei längerer Dauer dramatisch steigern
lassen über Unruhe und Gelächter bis zum Unbehagen und
Zorn, und, wenn etwa das Moment geschlossener Türen hinzugekommen wäre, bis zu Schrecken und Panik. Wenn Sie ent-
gegnen wollen, daß das Auslöschen des Lichtes eine einmalige
Handlung sei, der die Dunkelheit als Zustand folge, der nicht
mehr als Handlung bezeichnet werden könne, so ist zu erwidern, daß jeder Zustand als latente Handlung anzusehen ist,
solange er den Wunsch nach Änderung des Zustandes anregt.
Es liegt nun in der Hand des Merzers, das durch das Verdunkeln des Lichtes selbsttätig entstandene dramatische Moment bis
zu demjenigen Wirkungsgrade auszunutzen, den er künstlerisch für geboten hält. Ich hätte also unter Ausnutzung nur
dieses Lichtmaterials mein Beispiel einer Merzbühnenaufführung zu Ende führen können. Nur die Überzeugung, in diesem
Falle völlig mißverstanden zu werden – was an sich bei einem
Kunstwerk zwar völlig gleichgültig ist, hier aber der Absicht
nicht entsprach – veranlaßte mich, weiteres Material dramatisch zu verwenden. Da ich den Wunsch nach einem Beispiel
vorausgesehen hatte, war ich vorbereitet. Ich nahm ein beliebiges Plakat – für die Dame, die sich nach dem Geschäft erkun-
digte, sei bemerkt, daß dieses Plakat wirklich in einem Geschäft
in der Osterstraße zu Hannover existiert – und verwandte es.
Die Wirkungen, die das hinzutretende zweite Material ausübte,
haben Sie beobachten können. Es übte sie in absoluter Selbstän-
digkeit aus unter Mitbenutzung der früher vorhandenen Faktoren: Raum, Licht und Publikum. Sobald seine Wirkung er-
schöpft war, das heißt dem Publikum keine weitere Deutungs-
möglichkeit mehr einfiel, riefen Sie selbst nach Beendigung des
Beispiels, der ich als Merzer stattgab, da sie meinen Wünschen
entsprach. Im anderen Falle konnte ich solange neue Materia-

lien einführen – Künstler, Darsteller oder sogenannte tote Materialien – als ich mich im Einklang mit dem Kunstwerk (das Publikum ebenfalls als Teil des Kunstwerkes gerechnet) und meinen Absichten befand.

DAS PUBLIKUM (die bebrillte Stimme:) So hatte das Plakat als solches nicht eine metaphorische Bedeutung und Beziehung auf Ihre neuen Merzbühnenideen?

SCHWITTERS Doch! Von dem Augenblick an, wo Sie sie hineinlegten, wenigstens bestimmt.

DAS PUBLIKUM (die bebrillte Stimme:) Zugegeben, da schließlich jeder ein Kunstwerk unter seinem eigenen Gesichtswinkel betrachtet. – Aber Sie sagten vorhin, das Merzbühnenwerk könne auf die Logik der Handlung verzichten. Wie ist das möglich, daß dann noch ein Kunstwerk entsteht? –

SCHWITTERS Die Logik der Handlung ist für die psychische Wirkung nicht von entscheidender Bedeutung. Sie ist nur eines von tausend Kunstmitteln, noch dazu eines, das derart abgegriffen ist, daß Unlogik weit stärkere Wirkungen auszulösen imstande ist. Bei einem Kunstwerk aber kommt es nur auf die Logik des Kunstwerkes selber an, für die der Merzer verantwortlich ist. Diese wird lediglich durch die psychischen Wirkungen erreicht, die das Kunstwerk auszulösen vermag.

DAS PUBLIKUM (die bebrillte Stimme:) Sie denken dabei an psychische Wirkungen im Sinne des Goethewortes:
»Denn ein vollkommener Widerspruch bleibt gleich geheimnisvoll für Kluge wie für Toren.«?

SCHWITTERS Nicht auf das Geheimnisvolle, sondern nur auf die schöpferische Kraft kommt es beim Kunstwerk an.

DAS PUBLIKUM (der Aufgeregte:) Das wird ja eine Privatunterhaltung! Schluß! – (die Fistelstimme:) Da sprach der alte Auerhahn: Nun Kinder laßt mich auch mal ran! – (Gelächter) – (die behäbige Stimme:) Laßt sie nur reden. Wir hören zu. – (die Fistelstimme:) das kost kein Geld und Spaß machts doch. – (eine Damenstimme:) Ich dachte, wir bekämen etwas zu sehen! – (eine andere:) Ach ja! Wo ist denn der Damenhut? – (Gelächter. Beifall:) Damenhut!! –

SCHWITTERS (zu der bebrillten Stimme sich wendend:) Sie sehen: (ruft:) Aus Herrenhüte werden die modernsten Damenhüte gepreßt!

DAS PUBLIKUM (die bebrillte Stimme, schreiend und lebhaft gegen das übrige
Publikum gestikulierend:) Aber nein doch! Lassen Sie mich
doch zu Worte kommen! – (allgemeiner Zuruf:) Damenhut!! –
(die bebrillte Stimme:) Das ist doch Unsinn! – (die behäbige
Stimme:) Ich denke, Unsinn wirkt kunstfördernd! – (Gelächter.
Die Fistelstimme in höchstem Entzücken quietschend:) Hähä-
hä – ä – hä! – (der Aufgeregte, mit Stentorstimme:) Jetzt
komme ich ran! – (er arbeitet sich nach vorn, sich an Schwitters
wendend:) Gestatten Sie: mein Name ist Meyer.. –
SCHWITTERS (höflich:) Ich gestatte es. –
DAS PUBLIKUM (Gelächter.) – (der Aufgeregte:) Ich verbitte mir Witze! – Was
Sie von der dramatischen Verwendung von allem möglichen
Material wie Raum, Licht, beliebigen Gegenständen usw. gesagt
haben, mag seine Richtigkeit haben. Ob ein Kunstwerk dabei
herauskommt, hängt vom Können des Leiters – also meinetwegen sagen wir schon Merzers – ab. Aber wie (mit erhobener
Stimme:) denken Sie sich dann die Tätigkeit der Schauspieler
dabei, wenn ihn kein vorgeschriebener Text bindet, und jeder,
wie Sie sagen, schöpferisch tun kann, was er will. (erregt:) Das
wird ja die reinste Judenschule, ein tolles Durcheinander von
Improvisationen, aus dem nie und nimmer ein Kunstwerk entstehen kann! –
SCHWITTERS Sie vergessen den Merzer, der für das Kunstwerk verantwortlich ist. Es ist möglich, fast wahrscheinlich, daß im Zusammenwirken an sich frei schaffender Künstler und Materialien Tatsachen geschaffen werden, die die Logik des Kunstwerkes stören.
In diesem Falle muß der Merzer durch schöpferisches Eingrei-
fen die Logik des Kunstwerkes wiederherstellen, genau in demselben Sinne, wie ein Maler eine an sich die Harmonie seines
Bildes störende Farbe verwenden kann zur Erreichung eines
bestimmten Zweckes, indem er das Bild danach stimmt.
DAS PUBLIKUM (der Aufgeregte:) Da haben wirs ja! Es entsteht also ein dauerndes Improvisieren! Erst schaffen einige Materialien, vom
Dichter, Maler oder Bildhauer geliefert, eine Situation. Dann
wird ein Schauspieler oder mehrere zugleich hineingesetzt, und
jeder improvisiert lustig darauf los, frei nach seinem pp. Schöpferwillen. Neue Materialien treten dazu je nach der Laune der
übrigen Künstler. Endlich, wenn das Tohuwabohu nicht mehr

zum Aushalten ist, kommt der Merzer und versucht durch neue Improvisationen der verfahrenen Karre aus dem Dreck zu helfen. Und so soll ein Kunstwerk entstehen? – Niemals!! – (triumphierend zum Publikum:) Niemals! –

SCHWITTERS Sie haben recht! –
DAS PUBLIKUM (der Aufgeregte, verblüfft:) Wieso? –
SCHWITTERS Weil Sie recht behalten wollen. Sie kommen mit einer vorgefaßten Meinung und wollen keine andere gelten lassen. Auf den Willen aber kommt es an. Zum Erfassen einer neuen Idee gehört liebevolles Eingehen, um auf den Kern zu kommen. Sie beweisen, daß die Haselnuß unverdaulich ist, indem Sie sie vor den Augen des Publikums mit der Schale verschlingen. Aber Ihr Beweis gilt nur für Sie, nicht für die Haselnuß, die nicht an sich, sondern für Sie unverdaulich ist.
DAS PUBLIKUM (vereinzelte Zustimmung. Die behäbige Stimme:) Sehr gut. – Keine Überstürzung. – (die bebrillte Stimme:) Ich dächte – – (die Fistelstimme:) Damenhut! – (Gelächter.) (der Aufgeregte zwingt sich zur Ruhe, um seinen Platz nicht zu verlieren:) Ich lasse mich gern belehren, aber Sie haben mir ja selbst recht gegeben! –
SCHWITTERS Weil jedes Kunstwerk letzten Endes seinen Wert glücklicher Improvisation verdankt. Es läßt sich eben nicht rein rechnerisch vorher erklügeln, selbst wenn ein noch so genauer Plan vorliegt, und die Überwindung ständig neuer, unvorhergesehener Schwierigkeiten erfolgt tatsächlich durch immer neue Improvisationen, die dem Kunstwerk die Frische und Ursprünglichkeit erhalten. Jede künstlerische Intuition oder Inspiration gelangt über Improvisationen zur Darstellung in einem Kunstwerk. Allerdings sind die Improvisationen eines Künstlers anderer Art als die eines Varietéhumoristen, denn sie dienen nicht Augenblickseffekten, sondern dem künstlerischen Schöpferwillen.
DAS PUBLIKUM (der Aufgeregte:) Dann komme ich zu meiner ersten Frage zurück: Wie denken Sie sich die Tätigkeit des Schauspielers auf Ihrer Merzbühne? –
SCHWITTERS Die Tätigkeit des Schauspielers auf der Merzbühne ist eine durchaus andere als auf der bisherigen Bühne. Bisher war seine Hauptaufgabe das Hersagen des Dichtertextes, ohne den die

Handlung einfach nicht weiterschreiten konnte. Das eigentlichste Gebiet des Schauspielers, die Kunst der Darstellung selber, war nebensächliche Begleiterscheinung geworden, die, wenn der Schauspieler sie in den Vordergrund zu drängen suchte, ihm den Vorwurf der Mätzchenmacherei eintrug. Bei der Merzbühne liegt der Fall umgekehrt: Die Darstellung ist die alleinige Hauptsache und der Darsteller bedient sich des Wortes nur, wenn es sich ihm aus eigenem künstlerischem Impulse auf die Lippen drängt. Seine Darstellung bedeutet also wirklich »Handlung«, nicht Geschwätz. Jeder Darsteller findet auf der Merzbühne eine aus bestimmten Faktoren zusammengesetzte Situation vor und muß so sensibel sein, daß er durch das Zwingende der Situation aus sich selbst heraus die nötigen Beziehungen schafft. Die Entscheidung des Schauspielers auf der Merzbühne ist eine aktive Tätigkeit, nicht Illustration eines Dichterwortes. Eine liebende Mutter der früheren Bühne sprach ergreifende Dichterworte, um ihre Liebe zu zeigen, während das Kind, dem sie galten, entweder nicht erscheinen durfte oder als nebensächliche Illustration herumstand, meist gräßlich störend, weil es die Aufmerksamkeit ablenkte vom Dichterwort. Der liebenden Mutter des Merzbühnenwerkes stehen keine Dichterworte zur Verfügung, sie muß in ganz anderem Sinne »Darstellerin« sein, indem sie diese Liebe aktiv und schöpferisch beweist mit jedem Herzschlag und mit jeder Gebärde. Das früher nebensächliche oder störende Kind wird ihr zur Hauptsache. Das herzliche, fröhliche und unbefangene Einvernehmen, wie es zwischen Mutter und Kind herrschen muß, auf der Bühne zur Darstellung bringen zu können, ist die Vorbedingung ihrer Kunst, und jedes ihrer Worte hat dieser künstlerischen Absicht zu entsprechen. Mit solchen Mitteln arbeiten und zugleich die Handlung künstlerisch vorwärts treiben, bedeutet allerdings ein ganz anderes Künstlertum, als die Starmatzengelehrigkeit der meisten unserer heutigen Theaterschülerinnen sich träumen läßt. Die Rhetorik, bisher das wichtigste Fach des Schauspielers, wird zu einem nebensächlichen Mittel der Darstellungskunst, die nunmehr unmittelbar *auf die Psyche gestellt wird.* Es ist ganz klar, daß eine Menge von Schauspielern, die nur auf Rhetorik eingestellt sind, für die Merzbühne völlig ungeeignet sein werden, während andere durch die Befreiung vom Dichterwort neue schöpferische Kräfte entfalten können. Der Dichter aber hat seinerseits völlig neue Möglichkeiten im Zusammenarbeiten mit diesen Schauspielkräften. Das Wesentliche des Merzbühnengedankens ist eben, daß jeder einzelne Faktor innerhalb seines Gebietes schöpferisch selbständig bleibt und in absoluter Gleichberechtigung jeden anderen Faktor zu seinen Zwecken mitverwerten kann. Das Kunstwerk entsteht durch Abwerten der einzelnen Faktoren gegeneinander. Dazu ist ein sorgfältiges Studium der einzelnen Faktoren untereinander erforderlich, denn keiner darf die ihm künstlerisch gezogenen Grenzen überschreiten: der Maler bleibt selbstschöpferisch in seinem Fach und hat nicht mehr als besserer Dekorateur nur die Regiebemerkungen des Dichters auszuführen, sondern hat das Bühnenbild frei aus seinem Empfinden heraus zu gestalten, dafür aber hat er auch die Freiheit der übrigen Faktoren zu respektieren, die er als vorhandenes Material für seine Bildwirkung zu verwenden hat. In unablässigem gegenseitigem Studium erstarken die schöpferischen Kräfte und im wechselseitigen Ausprobieren entstehen neue Möglichkeiten, deren sich der Einzelne vorher nicht bewußt werden konnte, weil er die Fähigkeiten der Schwesterkunst nicht übersehen konnte.

DAS PUBLIKUM (der Aufgeregte:) Sie brauchen also Proben? – Das ändert allerdings die Sache! –

SCHWITTERS Das Merzbühnenwerk braucht mehr Proben als jedes andere Bühnenwerk, weil es nicht am Schreibtisch, sondern auf der Bühne selbst entsteht. In jedem Moment kann die künstlerisch stärkere Kraft irgendeines Faktors den Grundplan des Ganzen beeinflussen und verändern nach seinem Willen und Können. Ein Schauspieler kann über den Dichter hinauswachsen und aus einer von diesem vielleicht beabsichtigten Burleske eine Tragödie machen, aber nur durch die Kraft seiner Darstellungskunst, und der Dichter muß dieses Können, das sich ihm ungeahnt bietet, als Faktor weiter in Rechnung setzen. Der Dichter arbeitet nicht mehr auf Papier mit toten Figuren, denen nur seine eigene Einbildungskraft Leben gibt, sondern er schafft aus dem wirklichen Leben selber, und seine Vorstellungen bekommen alsbald ihr eigenes Leben und schaffen mit an seinem Werke.

Darum ist auch für ihn die gewissenhafte Auswahl geeigneter Kräfte die unerläßliche Vorbedingung. Er kann nicht mehr bloß sagen: »Jago«, sondern er braucht den Darsteller, der Jago zu sein versteht, nicht mit des Dichters Worten, sondern aus sich selbst heraus. Findet er keinen passenden Darsteller, so kann er keinen Othello auf der Merzbühne spielen, wohl aber etwas anderes, das aus dem vorhandenen Material künstlerisch hervorwachsen kann.

DAS PUBLIKUM (der Aufgeregte, nachdenklich geworden:) Mit gutem Willen könnte man ahnen, was Sie möchten, aber (kopfschüttelnd) ein einigermaßen klares Bild gibt es noch lange nicht.

SCHWITTERS Das Merzbühnenwerk kann nur erlebt werden, es läßt sich weder schreiben noch beschreiben, so wenig als man einem Wesen, das nie ein Bild gesehen hat, klarmachen kann, was ein Bild ist. Was ich hier gebe, ist lediglich eine Anregung. Die Möglichkeiten des Merzbühnenwerkes sind unbegrenzt. Die Möglichkeiten des alten Dichtwerkes sind unendlich, die des Merzgesamtkunstwerkes unendlich hoch unendlich. Wenn Neues wachsen soll, so ist nur nötig, daß der Keim entwicklungsfähig ist. Es ist Unsinn, die Eiche aus der Eichel schildern zu wollen. Man lasse sie wachsen. Wo ist die Experimentierbühne?

DAS PUBLIKUM (die behäbige Stimme:) Ach bitte! – Ich sehe ein anderes Bedenken! – Nehmen wir ruhig einmal an, Sie hätten ein durch sorgfältige Proben gereiftes, in sich geschlossenes Merzbühnenwerk. Dann wird ihm als neuer Faktor bei der Aufführung das Publikum angeschlossen.

SCHWITTERS Richtig. –

DAS PUBLIKUM (die behäbige Stimme:) Da liegt aber die Schwierigkeit! – Sie haben selbst das Publikum als Faktor des Merzbühnenwerkes anerkannt. Also wird es sich auch an der Handlung aktiv oder passiv beteiligen – –

SCHWITTERS Zwischen aktiv und passiv ist kein Unterschied, da auch eine passive Haltung als aktiver Faktor zu berücksichtigen ist.

DAS PUBLIKUM (die behäbige Stimme:) Meinetwegen. Aber diese Mitwirkung des Publikums wirft ja Ihr ganzes Kunstwerk über den Haufen und es entsteht im besten Falle doch nur eine Improvisation im Sinne eines Varietéhumoristen, die Sie vorhin verwarfen! –

SCHWITTERS Die aktive wie die passive Mitwirkung des Publikums muß,

	damit sie als Kunstfaktor beim Ganzen mitarbeiten kann, bei den Proben bereits mit in Rechnung gesetzt werden.
DAS PUBLIKUM	(die behäbige Stimme:) Wie soll das möglich sein? – Oder soll das Publikum etwa auch die Proben mitmachen? – (großes Gelächter.)
SCHWITTERS	Sie sehen, Ihre letzte Frage beantwortet das Publikum selber. Tatsächlich liegt der Wert des Publikums als Kunstfaktor darin, daß es unbefangen und ohne Kenntnis der Vorarbeiten an das Kunstwerk herantritt und es auf sich einwirken läßt. Je unbefangener und voraussetzungsloser ein Publikum ist, um so besser kann es sich dem Eindruck hingeben. Das Unglück jedes Stiles in der Kunst ist, daß das Publikum sich allmählich in ihn hineinsieht und dann wie ein Gaul mit Scheuklappen herumläuft und vor allem, was außerhalb dieses Stiles liegt, zurückschreckt. Dieses Unglück läßt sich bei bleibenden Kunstwerken tragen, da die Möglichkeit einer Änderung des Urteils vorhanden ist, nicht aber beim Merzbühnenwerk, das erlebt werden muß. Auf den Beifall des Publikums kommt es aber letzten Endes bei jedem Kunstwerk an. Also muß der Merzer die Möglichkeit haben, eine ablehnende Haltung des Publikums in Rechnung zu setzen und umzuwerten in einen aktiven Faktor seines Kunstwerkes, wie der Maler Schatten braucht zur Hebung seiner Lichtwirkung.
DAS PUBLIKUM	(die behäbige Stimme:) Aber wie? –
SCHWITTERS	Das Problem ist nicht so schwierig als es scheinen könnte. Jeder Faktor des Merzbühnenwerkes ist schöpferisch tätig innerhalb seiner Grenzen, muß sich aber außerhalb derselben gefallen lassen, von den anderen Faktoren als einfaches Material verwandt zu werden. Der Maler ist als Maler selbständig, aber er darf nicht vom Darsteller eine ihm genehme Pose verlangen, sondern muß ihn verwenden, wie er sich gibt und aus dem vorhandenen Material sein Bild bauen. Der Schauspieler darf dem Dichter so wenig ins Handwerk pfuschen wie der Dichter ihm. Jeder Faktor ist an seine Mittel gebunden. So auch das Publikum. Ihm stehen drei Mittel zu Gebote, sich schöpferisch zu betätigen: Der Beifall, die Entscheidung *für* das Kunstwerk, das »Pro«, das alle Kräfte belebt und anfeuert, das Schweigen, das aller Auslegung fähig ist und zur Vorsicht rät, auf alle Fälle

eine gewisse Spannung erzeugt, und endlich das Mißfallen, die Entscheidung *gegen* das Dargebotene, das »Contra«, das ebenfalls als schöpferische Kraft ausgenutzt werden muß, weil es durch Heranführen neuer Mittel umgestimmt und gewertet werden kann und umgestimmt werden muß. Beim alten Bühnenwerk wurde das Publikum genauso wie alle anderen Faktoren durch das Dichterwort lahmgelegt. Beifall oder Mißfallen des Publikums konnten nichts an ihm ändern. Nicht so beim Merzbühnenwerk. Beifall und Mißfallen werden in der Hand des Merzers zu künstlerischen Gestaltungsmitteln. Vor allem das Mißfallen. Denn wenn auch ein Kunstwerk letzten Endes den Beifall des Publikums erstrebt, so soll es doch nicht Sklave seiner Launen sein. Jeder neue Gedanke aber löst zunächst Widerspruch aus, und zwar um so heftiger, je neuer er ist. Mit dieser Tatsache muß der Merzer von vorne herein rechnen und nach Mitteln suchen, ihm zu begegnen, soweit dies für das Gesamtkunstwerk nötig ist. Das ist nicht schwerer als für den Berufskomiker Pausen für die Lachsalven des Publikums zu machen. Dieses fortwährende Inbereitschaftsein und Zusammenarbeiten mit dem Publikum aber gibt dem Werk eine besondere Frische und Lebendigkeit, die auf das Publikum zurückstrahlt und es aus seiner Rolle des bloßen Zuschauens befreit. So werden Beifall und Mißfallen zu wichtigen Kunstmitteln, und selbst unberücksichtigte Mißfallensäußerungen können künstlerisch bedeutsame Faktoren werden, die für das Gesamtkunstwerk von höchstem Wert sind. Nicht nur der Merzer als Schöpfer des Gesamtkunstwerkes, sondern auch die übrigen Künstler, der Dichter, der Maler, der Musiker und der Schauspieler können in ihrer Tätigkeit Widerspruch des Publikums als Kunstfaktor nach ihrem Belieben in Rechnung setzen oder absichtlich unbeachtet lassen. Die letze Entscheidung über den Wert des Gesamtkunstwerkes liegt trotzdem wiederum (mit einer leichten Verbeugung:) *beim Publikum.*

DAS PUBLIKUM Bravo! – Bravo! – Bravo! – (eine Damenstimme, schwärmerisch:) Er ist genial!! – (die Fistelstimme:) Hoch ANNA BLUME!! (alle empört gegen die Fistelstimme gewendet:) *Idiot!* – (alle ab.)

1923

WATCH YOUR STEP!

Sie mögen es glauben oder nicht, das Wort MERZ ist weiter nichts, als die zweite Silbe von Commerz. Man sehe das Merzbild auf Seite 56 bis 64, welches den Namen bildete. Die Stadtgalerie in Dresden hat das Werk jetzt erworben. Das Wort entstand organisch beim Merzen des Bildes, nicht zufällig, denn beim künstlerischen Werten ist nichts zufällig, was konsequent ist. Ich nannte seinerzeit das Bild nach dem lesbaren Teile »das Merzbild«. Und als ich für meine Kunst, als es mir klar wurde, daß ich außerhalb der üblichen Gattungsbegriffe schaffe, einen Gattungsnamen suchte, nannte ich sie nach dem typischsten Bilde, dem Merzbilde **MERZ.** Der Begriff Merz war nicht übersetzbar, daher entwicklungsfähig in der Richtung, die das Merzbild gegeben hatte.

Durch konsequente Steigerung arbeitete ich in den Begriff Merz seine heutige Bedeutung und gab ihn durch die Zeitschrift Merz der Allgemeinheit.

[→]

Merz strebt vom Individuellen zum Universalen durch konsequente Beseitigung aller alten Vorurteile, z. B. bezüglich des Materials, das an sich gleichgültig für das künstlerische Schaffen ist, und bezüglich der Formung, durch Schaffen einer neuen Ordnung und durch Auswahl. In jeder Kunstgattung entsprechen Material, Mittel und Gesetze einem ganz bestimmten Gestaltungswillen einer ganz bestimmten, sich dauernd ändernden Zeit. Kunst lebt durch das Leben der Zeit. Wie Zeitschrift G schreibt: »Nur keine ewigen Wahrheiten!« Es gibt nur die Wahrheit unserer Zeit, wie es die Wahrheiten vergangener Zeiten gab. Die Wahrheit der Zeit finden helfen ist Merz bemüht. Und so gelangt Merz zu Bestrebungen gemeinschaftlicher künstlerischer Tätigkeit, wie sie z. B. in Holland ⟨Stijl⟩ und Rußland schon teilweise verwirklicht sind. Das Wort Stil ist abgebraucht, und doch bezeichnet es am besten das Streben der Künstler, die für unsere Zeit charakteristisch sind. Normalisieren der Mittel und Angleichen der Absichten an einen gemeinsamen Gestaltungswillen, das nenne ich Stil. Heute ist das **Streben zum Stil** größer als das **Streben zur Kunst**. Man muß scharf unterscheiden zwischen STIL*) und KÜNSTLERISCHER GESTALTUNG. Stil ist Ausdruck des gemeinschaftlichen Willens vieler, am besten aller, Demokratie des Gestaltungswillens. Da aber die meisten Menschen, und sogar auch hier und da einige Künstler, überwiegend Trottel sind, und da die Trottel am meisten von ihrer Sache überzeugt sind, und da eine Einigung aller nur auf mittlerer Linie geschehen kann, so ist Stil meist Kompromiß von Kunst und Nichtkunst, von Spiel und Zweck. Die künstlerische Gestaltung kennt den Zweck nicht. Das Kunstwerk gestaltet sich nur aus seinen Mitteln. Die Mittel der Kunst sind eindeutig. **Kunst ist ausschließlich Gleichgewicht durch Wertung aller Teile.** Nur wenn sich die Schaffenden auf diesen Grundsatz einigten, so könnte Stil entstehen, der zugleich Kunst ist. Aber es gibt zuviele Trottel. Die sehr entwickelte kollektive Kunst der Stijlkünstler in Holland, nenne ich nicht Stil, da sie an Umfang nicht allgemein genug ist. Allerdings kann von hier aus ein starker Vorstoß zum allgemeinen Stil kommen, ich erinnere an den außerordentlichen Einfluß dieser Stijlkünstler auf Deutschland, speziell auf das BAUHAUS.

MERZ will die Mitte, will vermitteln, will so viel als möglich künstlerische Gestaltung hinüberretten in den allgemeinen Stil. Nicht den Klub der Idioten, nicht den Klub der Genies will Merz, Merz will den Klub aller, den Klub der normalen Menschen zur Normalisierung der Katarrhe.

NIKOTINEN
Schöne Nikotinen wachsen
Auf dem Land
Weil sie Landblumen sind
Die Dörfer lassen sie wachsen
Der Bauer frißt sie doch mal auf
Wie schön wenn wir sie erst haben.
Ernst Lehmann. 18. 12. 22.

MERZ steht allen offen, den Idioten wie den Genies. Ich erinnere an meine Banalitätensammlungen. Wenn jeder seine eigenen Gesetze streng gewissenhaft erfüllt, gleichzeitig die Gesetze der Kunst gut kennt und außerdem die Ausdrucksformen anderer schaffender Künstler kritisch von sich aus prüft, so kann er langsam durch ständige Arbeit an sich die Fähigkeiten vorbereiten, Stil zu schaffen mit helfen zu können. Er kritisiere die anderen stets nur um zu lernen, nicht um zu lehren und nicht um zu kopieren. Wie die Pflanze aus dem Boden wächst, in dem sie wurzelt, so soll der Künstler wurzeln in dem Boden, auf dem er wächst. Der Künstler wächst zur kollektiven Gestaltung aus den Verhältnissen, in denen er lebt. ■ ■ ■

Schema für Stil: ■ ■ ■ Schema für Imitation: ■ ■ ■
Stil ist Schöpfung aus normalisierten Formen nach individuellen Gesetzen. Imitation ist kritiklose Kopie irgendwelcher Formen, z. B. auch normalisierter Formen, ohne irgendwelche Gesetze. Man lasse sich nicht dadurch täuschen, daß die Imitatoren behaupten, sie erstrebten den Stil, auch nicht dadurch, daß der Imitator seine Imitation zu verschleiern sucht, indem er schlau ein Gemüse aus mehreren Vorbildern kocht. Solche Suppe ist nicht Stil, sondern Schwindel. Der Imitator wurzelt überhaupt nicht. Da er künstlerisch tot ist, braucht er keine Nahrung. Er lebt nur wie ein mehr oder weniger guter Spiegel lebt, der etwas Lebendes wiederspiegelt. Da er nicht wurzelt, kann ihn jeder umwerfen. Und ein besonderes Kennzeichen aller Imitatoren ist, daß sie öfter umgeworfen werden. Da der Imitator nicht wächst, kann er nicht helfen, den Stil zu schaffen, weil er selbst verkümmert. Und schließlich gehen die übernommenen unverdauten Formen anderer in seinem Magen in Fäulnis über, und er verwest von innen. Daher stinkt es in der Nähe der Imitatoren. Einige haben Parfüm, aber für eine feine Nase ist die Fäulnis aus ihren Därmen nicht zu überstinken, nicht tot zu stinken.

Imitatoren, watch step!

Nun wird der Imitator frech behaupten, er sähe alles von einer hohen Warte aus, weil er selbst nicht seelisch beteiligt wäre an seiner Arbeit, deshalb wäre gerade ER wichtiger als der schaffende Künstler selbst. Aber es ist ein Irrtum, anzunehmen, der Imitator wäre unbefangener als der Künstler. Der Imitator ist befangen in äußerlichen Formeln, weil er den Kern nicht begreift. Und da seine Beobachtung der Kunst des anderen nur an der Oberfläche haften kann, so bleibt seine Imitation nur äußerlich.

DER IMITATOR ist eine Seuche, eine PEST. Imitatoren sind gewissenlose Schurken, ehrlose Betrüger, Raupen, dazu dumm wie Schafe, Schieber, Schweine, Idioten und Insurgenten, Konjunkturathleten, Etappenschweine, und es gibt kein sauberes Schimpfwort, das nicht auf sie paßt. Ich bitte die Abonnenten, die Reihe der Schimpfworte nach ihrem Vermögen und Geschmack zu verlängern, mir schäumt der Bleistift. Nur der Ehrentitel »kritischer Mensch«, nicht zu verwechseln mit »Kritiker«, paßt nicht. Der kritische Mensch urteilt um zu lernen, der Kritiker verurteilt um zu lehren. Der Künstler unserer Zeit ist der schaffende kritische Mensch. Denn nur der kritische Mensch kann innerlich so weit reifen, um für den kommenden STIL irgendwie vorbereiten zu können, ohne zu imitieren.

Der kritische Künstler wird stets neue Gestaltungsformen schaffen, im Sinne der Zeit, der Imitator dagegen verbrauchte Ausdrucksformen wiederholen, ohne Sinn, ohne Geistiges, rein dekorativ. Der kritische Künstler ist stets konsequent, der Imitator extrem. Der Künstler hat seine Gesetze in sich, deshalb kann er konsequent sein. Der Imitator rettet sich in ein fanatisches Extrem, weil er keinen eigenen Gesetzen folgen kann und deshalb unsicher ist. Konsequenz ist wichtiger als Inkonsequenz oder Extrem. Sicherheit ist wichtiger als verborgene Unsicherheit. Und so kommen wir zur Betrachtung des Begriffes

KONSEQUENZ.

Hier wäre der Artikel »dada complet 2« zu schreiben, Abbildung Untertaille Seite 37 in Merz 4. Ich verweise aber aus Platzmangel auf den folgenden Jahrgang II, 1924. Prosit Neujahr!

K. SCHWITTERS.

---

*) Vergl. Sturm 14,5 S. 74 »Aus der Welt Merz«, Beitrag zum Verständnis der Merzbühne.

1923

S. TAEUBER

FAMILIENNACHRICHTEN

Dr. Rudolf Bluemner, der Strammrecitator, Messer=Erfinder und

WESTHEIM

=Kämpfer ist am 15. August 50 Jahre alt geworden. Sein Raklitammesser ist im Sinne von Merz eine außerordentlich wichtige Erfindung. Wann wird Bluemner sein RAKLITAM, das schärfer ist, als jedes andere Messer, dem größten Schädling in der Kunstentwicklung, dem Herausgeber des kunstfeindlichsten Organs, an die Kehle setzen? Dr. Bluemners Geburtstag ist Herrn Paul Westheim in Verehrung zugeeignet.

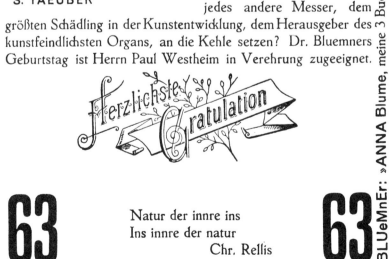

63   Natur der innre ins
Ins innre der natur
Chr. Rellis   **63**

BLUeMnEr: »ANNA Blume, meine 3 Buchstaben zu Dich, bin ich.«

1923

Tran 35

Dada ist eine Hypothese

Motto: I think the world's menagerie
the greatest kind of show,
that any one could wish to see
whereever they may go,
t'will be a pleasant task to me
to introduce to you
the different sorts of animals
you'll find are here on view.
First come, first served.

Gelegentlich des Jahreswechsels 1923 reißt mir endlich der bekannte Faden der Geduld. Ich hänge nun nicht mehr wie eine Spinne am Faden, sondern fädele ein und spinne mit Tinte. Wie oft habe ich meine Erkenntnisse wohl schon in die Welt posaunt, wie oft habe ich die Kritik kritisch betrachtet, ohne daß man mir am Neujahrstage Kränze eingefädelt hätte. Warum schreiben eigentlich die Zeitungen immer noch nicht: »Merz ist der Konstruktivismus, den unsere Zeit braucht?« Sehr einfach, weil ich selbst es schreibe. Aber sie werden schreiben: »Der Expressionismus ist schon längst großer Merz geworden, nun ist auch der ganze Konstruktivismus mitsamt dem Kubismus Merz, nichts als MERZ. Das Kunstblatt wird sich Merzblatt nennen und von den Aftermerzern fünf Jahrgänge mit Abbildungen drucken. Und so werde ich auch in den großen deutschen Konzern mit eingemerzt werden, wenigstens meine Brut. Dabei fällt mir eine Stelle aus meinem Roman ›Franz Müllers Drahtfrühling‹ ein, die ich mit Hans Arp im Sommer 1923 auf Rügen gedichtet habe. Ich lasse sie folgen:
»Das Wort Merz aber stammte von ›ausmerzen‹ und war von Herrn ComMERZienrat Katz sehr sinnreich erfunden. MERZ war nämlich Ironie, indem es die Lichtseiten des sogenannten Dadaismus, den in Revon so recht niemand kannte, und die Schattenseiten des sogenannten Expressionismus, der in Revon mit Recht so gefürchtet war, und in dem die Herren Westcohn und Heimwiener ihr Wesen trieben, beleuchtete, wodurch die Herren Westwiener und Heimcohn zu phosphoreszieren begannen. Nun sind sie Glühwürmchen geworden und schwirren in Berlin umher.«

Glühwürmchen, Glühwürmchen, schimmre, flimmre,
Glühwürmchen, Glühwürmchen, schimmre, flimmre,
Schimmerst mir auf Lehmbruchwegen
Mit dem Kitsch dem Geld entgegen;

Glühwürmchen, Glühwürmchen, schimmre, flimmre,
Glühwürmchen, Glühwürmchen, schimmre, flimmre,
Zeigst im Kitschblatt expressiv
Mir deinen Genetiv.
(Zu singen nach bekannter Melodie.)

Sogleich bei dem Worte 'Kitschblatt' sprang bums Dr. Rudolf Bluemner mit
'Hurrah' aus der kleinen Spieldose, welche dazu
Kitschblatt, Kitschblatt über alles,
spielte,

Über alles in der Welt,
Wenn es stets zu Mistwehs Trotze
Von den Schiebern Geld erhält.
Von Steinpech bis zu Deffregger,
Alles schmiert den Kitsch ums Geld,
Kitschblatt, Kitschblatt über alles,
Über alles in der Welt.

Dr. Rudolf Bluemner schaute sich stumm ringsum. Er hatte doch was von 'Kunstblatt' gehört, und da war ja gar kein Kunstblatt, da war ja ein Kitschblatt. Er hatte doch Westheim sprechen wollen, aber da war ja gar kein Westheim. Da war doch ein Westcohn und ein Heimwiener, ein Heimcohn und ein Westwiener. Das war doch Westheim nicht. Daher wurde Dr. Bluemner 50 Jahre alt und verschwand wieder in seiner Dose.«
    Warum lesen Sie immer noch nicht die Zeitschrift Merz? Wäre es nicht ein echter Neujahrsspaß, sich einmal ernsthaft mit den Fragen der Kunst zu beschäftigen? Sie werden mit Staunen die Kluft zwischen Merz und Dada kennenlernen. Sie werden erkennen, daß der Dadaismus nicht Weltanschauung, sondern nur Mittel ist, etwa wie ein lebendiger Tran. Sie werden ›i‹ kennen lernen. Assis sur l'horizont les autres vont chanter. Ruhig singen lassen! Aber in Verbindung mit dem Kunstwerk, welches erst durch den Beschauer wird, wird alles i. Wenn Sie selber Künstler sind, brauchen Sie bloß zuzupacken, und Sie haben ein Kunst-

werk. Sehen Sie, das nenne ich i. Sie sind plötzlich selber i, indem Sie sich selber erfaßt haben. Herr Westheim ist plötzlich i, Herr Cohn-Wiener plötzlich i, Herr Kurt Glaser plötzlich i, Herr Fritz Stahl plötzlich bester i-Stahl. Plötzlich geht ihnen selber ein i auf; die Welt ist i, wenn sie es nur wollen? O nein, so einfach ist die Sache mit i nicht, und so steche ich ihnen ein i mit den Banalitäten auf.

Die Welt ist banal, und zwar um so banaler, je mehr sie sich betut; voran Ludwig Meidner: Herrgott, nimm meinen Dank auf meinen stammelnden Knien an. Ruhig stammeln lassen. Bei uns heißt ein Professor Stammler. Sehen Sie so etwas nenne ich Dada, und Sie können sich davon nur durch Dadaismus befreien; jedermann sein eigener Dadaist, und so erfahren Sie staunend, daß der Dadaist der Mann ist, der Dada in sich überwunden hat, also der, wie Sie alle sein möchten. Und plötzlich erkennen Sie, daß Sie alle Dadaisten sind, indem Sie Dada längst überwunden haben. Herr Westheim ist plötzlich Dadaist, Herr Cohn-Wiener ist plötzlich Dadaist, Herr Kurt Glaser ist plötzlich Dadaist, Herr Fritz Stahl ist plötzlich bester Stahl-Dadaist, und plötzlich geht ihnen ein Dada auf, die ganze Welt ist Dadaist; alles Marke Fliegentod, weil sie Dada in sich überwunden hat. Punkt. Leider nicht Punkt. So einfach ist die Sache immer noch nicht, denn sie haben Dada noch nicht in sich überwunden; Beweis: jeder Kunstgelehrte behauptet, Dada wäre eine längst überwundene Angelegenheit. Und dabei sind die Herren Kunstgelehrten die für den Dada fähigsten Leute.

Aber Dada beiseite. Betrachten wir einmal den Dadaismus kritisch. Dada ist die Kritik an der Kritik, Dada ist die Opposition auf die Opposition, gelegentlich des Jahreswechsels von 1923 auf 1924 natürlich auch. Das ist selbstverständlich, oder sind Sie anderer Ansicht? Aber Sie denken, nun risse mir der Faden, der Faden, den ich vorher in meinem Bleistift eingefädelt habe, und plötzlich reißt ihnen auch der Faden. Herrn Westheim reißt plötzlich der Faden, Herrn Cohn-Wiener reißt plötzlich der Faden, Herrn Kurt Glaser reißt plötzlich der Faden, Herrn Fritz Stahl reißt plötzlich sogar der Stahlfaden; und plötzlich geht ihnen ein Faden auf. Die ganze Welt besteht nämlich nur aus gerissenen Faden, weil nämlich das Knäuel vorher zu verwirrt war und weil jeder an einem anderen Faden zerrt.

So einfach ist die Sache doch noch nicht, sehen Sie Dada ist nicht der zerrissene Faden, und wenn Sie es auch möchten, meine Herren Kunstorgane. Dada ist der christliche Geist auf dem Gebiete der Kunst. Dada ist nicht Kunst aus Selbstbescheidung, Dada ist nicht Kunst, die für die Kunst arbeitet. Dada setzt sich ein für die Kunst nach Dada, die Dada selbst nicht schaffen will, Dada ist die Ausmistung des Augiasstalles. Und plötzlich erkennen alle, daß auch sie ausmisten, und plötzlich erkennen alle, daß auch sie Dadaisten sind, weil auch sie für etwas anderes kämpfen als für die Kunst. Und plötzlich ist Herr Westheim ein Asket, Herr Cohn-Wiener ein Asket, Herr Kurt Glaser ein Asket, Herr Fritz Stahl sogar ein Stahl-Asket. Alle sind sie Asketen geworden.

Aber so einfach ist die Sache doch noch nicht, immer noch nicht, denn zum Asketen gehört der Athlet. Meine Herren Westheim, Cohn-Wiener, Kurt Glaser, Fritz Stahl, Sie können einfach nicht Dadaisten sein, weil Verneinung einer Sache zunächst einmal bedingt, daß man sie besessen hat. Sie können nicht Kunst verneinen, weil Sie nicht einmal vorher gewußt haben, was Kunst ist. Man kann nicht Asket sein, ohne die Wollust des Lebens zu kennen, und Athlet wird man durch konsequente Übung und Erfahrung auf diesem Gebiete, und sehen Sie, nun komme ich zum Jahreswechsel noch zum wahren Wesen des Dadaismus. Nämlich das wahre Wesen des Dadaismus existiert überhaupt nicht und hat nie existiert, weil seine Vorkämpfer nicht fähig, nicht mutig und nicht dadaistisch genug waren. Das Wesen des Dadaismus ist das absolute Gegenteil von Kunst. Wer Kunst kennt, dazu Fähigkeiten, Mut, Veranlassung und Gelegenheit hat, Kunst in ihr Gegenteil umzukehren, ist Dadaist.

Und plötzlich drehen alle sich selbst um. Herr Westheim dreht sich um (zum wievielten Male?), Herr Cohn-Wiener dreht sich um, Herr Kurt Glaser dreht sich um, Herr Fritz Stahl dreht sich um, der ganze Konzern dreht sich um. Jetzt lesen sie sich von hinten und staunen selbst. Denn sie heißen jetzt Nreznok, Lhats, ja, L hats, Resalg, Nhoc oder Reneiwnhoc, so ähnlich wie Renaissance, Miehtsew, ja, da steht einem Dada still. Und ich kehre ruhig, in Worten *reuig* zu Merz zurück und verspreche Ihnen in meinen nächsten Tränen den kompletten Dadaismus.
Difficile est, satyram non scribere.
Es grüßen herzlichst meine Frau und Ihr
Kurt Schwitters

1924

[/i/ Architektur]

Zunächst verweise ich auf den Artikel /i/ in Merz 2, April 1923. Hier aber rege ich an, man möchte die Nutzanwendung machen. /i/ ist ein mehr oder weniger künstlerischer Komplex, aus dem durch Begrenzung plötzlich ein Kunstwerk entsteht, das durch inneren Rhythmus konsequent ist. Ich möchte hier anregen, daß man unsere Großstädte nach diesem Gesichtspunkte durcharbeiten möchte. Die künstlerische Tat ist stets Unterordnen, nie Überordnen. Ich begrüße hier den Willen, die Stadt einheitlich zu gestalten, etwa wie er in Magdeburg Wirklichkeit wurde, jedoch nur teilweise Wirklichkeit, weil es in sehr langer Zeit noch kaum möglich sein wird, auf diese Weise eine Großstadt zur Einheit zu bringen. In Magdeburg hat man einige Häuser bunt und stark farbig angestrichen, teils auch Gesimse und überflüssige Schnörkel glatt geputzt, möglichst nebeneinanderstehende Häuser nach anderem Prinzip übermalt. Ich begrüße hier die Tat an sich, kritisiere aber die Ausführung, um daran zu lernen, nicht um etwa zu verurteilen. Daß nicht Haus bei Haus, ganze Straßenzüge gestrichen werden konnten, ist nicht Schuld der Festleitung, aber es wäre doch darauf Rücksicht zu nehmen, daß man heute noch auf den Auftraggeber warten muß, um so mehr, als die künstlerische Gesamtwirkung nur durch Werten des Unwesentlichen gegen das Wesentliche entsteht. Allgemein pflegen die öffentlichen Bauten gewisse Mittelpunkte zu sein durch ausgewählte Lage, durch detaillierte Gestaltung und durch gutes Material. Es wäre nun zu versuchen, diese Mittelpunkte, etwa Rathäuser, Kirchen, Markthallen, Bahnhöfe, mit ihrer nächsten Umgebung der Straßen dadurch zur künstlerischen Wirkung zu bringen, daß man sie hervorhebt, indem man die Wirkung der sie umgebenden Häuser herabmindert, und nicht umgekehrt. Dieses ist eine Begrenzung im Sinne von /i/, die ein Stadtbild zur Einheit bringen kann ohne viel Kosten, ohne viel Zeitaufwand, wenn die ganze Stadt so gewertet wird, wie anfangs die einzelnen Zentren. Da verwende man graue Farben und einfache neutrale Formen bei den vermittelnden Privathäusern. Überflüssige Verzierungen können vorteilhafterweise abmontiert und evtl. als Streusand verwertet werden. Sollen aber irgendwo starke Farben angewandt werden, so ist es zu empfehlen, nur solche Farben zu wählen, die in ihrer Summe einen grauen Ton ergeben. An sich ist es zwar gänzlich gleichgültig, auf welchen grauen Klang eine Stadt gestimmt werden soll. Aber es ist nicht möglich, daß, wie es in Magdeburg erscheint, jedes Haus seinen eigenen Klang erstrebt, wenn je eine Einheit erzielt werden soll. Ich schlage daher vor, daß wie in Holland nur ein bestimmtes Blau, ein bestimmtes Rot und ein bestimmtes Gelb gewählt werden unter Ausschluß von Grün, Violett und Orange. Man kann es natürlich auch anders machen, aber zur Entscheidung und Auswahl zwingt uns das Streben zur Einheit; wir müssen uns entscheiden, weil die Entscheidung an sich gleichgültig ist. Unbedingt falsch ist aber bei der Verwendung eines blau-rot-gelben Farbklanges das Grün, wie es in Magdeburg so häufig ist, etwa an demselben Hause, an dem blau, rot und gelb gestrichen sind, und zwar alles in leuchtenden Farben. Das Grün ist falsch, weil es im Widerspruch steht zu der Klarheit der reinen Farben an sich und zu dem Prinzip der Unterordnung, die durch /i/ begründet ist. Hier wäre noch besonders zu erwähnen, daß ich zwar ursprünglich zum Zwecke der Klarheit die Bezeichnung /i/ erfunden habe, daß /i/ aber ein Begriff ist, den alle Kulturen aller Zeiten erstrebt haben.

Jetzt wäre noch über die Art der Verteilung der bemalten Flächen auf den Häusern zu schreiben. Ein durch Oskar Fischer bemaltes Haus auf dem breiten Wege in Magdeburg, das Warenhaus Barasch, ist zunächst Fassade einer Architektur aus Türen, Fenstern und Wandflächen. Türen und Fenster sind gleichmäßig angestrichen; die Wandflächen sind durch geschwungene Linien und dadurch begrenzte Flächen wie ein kubistisches Bild eingeteilt. Eine solche Vergewaltigung der Architektur ist natürlich unmöglich, wenn man auch anerkennen muß, daß der Rhythmus der Bemalung ursprünglich von Linien der Architektur ausging. Ebenso falsch ist natürlich das Betonen irgend einer häßlichen oder überhaupt irgend einer architektonischen Einzelheit durch die Farbe, und es ist nicht im Sinne von /i/. Soll schon eine vorhandene Form, besonders eine nicht ursprünglich farbig beabsichtigte, nachträglich bemalt werden, so kann die Bemalung nur den Zweck haben, diese Form zu entformeln, um sie als Material für höhere Formung beim Angleichen an eine übergeordnete Gesamtform zu verwenden. Wie man aber ohne Widerspruch zur architektonischen Form und ohne sklavische Unterwürfigkeit gegenüber der Architektur anstreichen muß, darüber entscheidet die Genialität des Malers im einzelnen Falle. Weiß der Maler, was /i/ als neugestaltetes Prinzip bedeutet, so kann es sich dabei auch einordnen in die Erfordernisse der betreffenden Architektur.

1924

DADA COMPLET Nr. 2.

Hier ist zunächst hinzuweisen auf meinen Artikel „dada complet" auf S. 41 in Heft 4. Ich zitiere: „Der konsequente Dadaismus, der reine Dadaismus ist absolute Nichtkunst." Man kann auch sagen abstrakte Nichtkunst oder abstrakte Unkunst.

Tran 50

Herrn F. C. Kobbe, Braunschweig, Landeszeitung. (anläßlich meiner Merz-Nachtvorstellung im Braunschweiger Operettenhaus am 26. 1. 24.) Sehr geehrter Herr Kobbe! Erlauben Sie mir, Sie auf einen grundlegenden Irrtum aufmerksam zu machen. Sie bezeichnen in Ihrer Kritik den Dadaismus als eine Gefahr, die man nicht unterschätzen sollte. Würden Sie auch die Diagnose des Arztes bei einer schweren Krankheit als eine Gefahr bezeichnen, die man nicht unterschätzen sollte? Wofür Gefahr? Für die Krankheit? Also: ein nicht zu unterschätzendes Heilmittel für den Patienten. Unsere Generation ist schwer krank. Sie z. B. auch. Dadá stellt die Diagnose, Dadá ist ein nicht zu unterschätzendes Heilmittel für unsere schwer kranke Generation. Wollen Sie sich dazu bitte äußern?

Sie sehen hier eine Neuerung: der Akzent bei dada. Und dieser Akzent ist so wichtig, daß ich wohl darüber länger schreiben darf. Ich habe seit dem 30. Dezember 1923 den Akzent bei dem Worte dada eingeführt. Man kann nun schreiben dáda, dada oder dadá. Im ersten Falle ruht der Ton auf der ersten, im letzten auf der letzten Silbe, im zweiten Falle ist jede Silbe gleichmäßig betont. Sie sehen den Zweck nicht ein? Bitte sprechen Sie es aus: dáda klingt sächsisch, trivial; dadá klingt französisch, etwa wie Berlin, eben Elan oder Weltstadt; dada dagegen klingt indifferent, wie jemand, der nicht weiß, was er will. Und nun der Beweis. Auf unseren Abenden rief uns die, verzeihen Sie, blöde Masse des Publikums ›dáda‹ zu. Sie glauben es nämlich gar nicht, wie blöde solch eine Masse Publikum unter Umständen sein kann. Bei den tragischsten Stellen in

Shakespeares Dramen habe ich das Publikum lachen hören, als ob sie in einer dadá-Vorstellung säßen. D. h. man glaube nicht, daß bei dadá das Lachen etwa angebrachter wäre: dadá ist der sittliche Ernst unserer Zeit. Und das Publikum platzt vor Lachen. Wie bei Shakespeare. Die Kunstkritik hat stets nur ›dada‹ geschrieben, ohne Akzent, um dadurch zu beweisen, daß sie gegenüber dadá ebenso indifferent ist, wie gegenüber der Kunst. Dadá aber ist der Kampfruf der Dadaisten stets gewesen. Schon die ersten Menschen, die bewußt den Begriff des Wortes DADA in ihr Tun einführten, die Gründer des Dadaismus in Zürich: Arp, Hülsenbeck, Tzara, nannten das Wort ›dadá‹, indem sie richtig den Elan erkannten, der in dieser Betonung liegt. Und als der große Hülsenbeck dadá in Deutschland einführte, legte er großen Wert auf diese Betonung: ›dadá‹. Neu ist nur die offizielle Einführung des Akzentes durch mich zum Zwecke der Klärung. In Merz 1, S. 5, heißt es: »Unsere Zeit heißt dáda, wir leben im Dadazeitalter. Wir erleben im Zeitalter dáda, nichts ist für unsere Zeit so charakteristisch, wie dáda. Denn unsere Kultur ist dáda« und: »Dadá ist das Bekenntnis zur Stillosigkeit. Dadá ist der Stil unserer Zeit.« Sie lesen am besten den ganzen Artikel mit Einfügung der Akzente noch einmal durch. Ich wiederhole nur kurz: dáda ist das Gesicht unserer Zeit, dadá ist die Bewegung, die sich zum Ziel gesetzt hat, die Zeit zu heilen, indem sie die Diagnose stellt. Daher ist dadá ein nicht zu unterschätzendes Heilmittel für das dáda-Zeitalter, daher sieht der bürgerliche, total indifferente dada-Kritiker in dadá eine nicht zu unterschätzende Gefahr. Der Krankheitsbazillus sieht in der Diagnose des Arztes, wenn sie richtig war, auch eine nicht zu unterschätzende Gefahr. Und nun dürfen wir Dadás uns schmeicheln, daß nach Kobbe unsere Diagnose richtig war. Hätten wir des Beweises noch bedurft, so hätte ihn uns jener Mann erbracht, der auf der eben schon erwähnten Merz-Nachtvorstellung während der Revolution den Saal polternd verließ, indem er sich dabei in rührender Selbsterkenntnis mit der Hand vor den Kopf schlug, unter allgemeinem Beifall des Publikums, der Mann hatte nämlich plötzlich erkannt, daß er total verrückt war und im Schmerz über diese Erkenntnis hatte er den Saal verlassen. Einige Leute riefen ihm ›dáda‹ nach. Hierzu ein französisches Sprichwort: »Il n'y a pas de sots métiers, il n'y a que de sottes gens.«
  Hiermit beantwortet sich die Frage, ob der Dadaismus tot wäre, von selbst. Wenn jemand solche Wirkungen ausüben kann, wie dadá z. B. bei jener Nachtvorstellung am 26. 1. 24 in Braunschweig, oder wie bald hier, bald da, so lebt der Jemand. Aber das große Publikum glaubt es auch gar nicht, daß dadá tot wäre, eine Totenklage würde nie so lärmend sein, wie die Äußerungen des Publikums. Die Totsager des Dadaismus sind Kritik und Künstler, Museumsdirektor,

Kunstsammler, Kunsthändler und der kleine Kunstgelehrte. Sie sehen, wie durchsichtig solch ein Manöver ist. Der Wunsch ist hier der Vater des Gedankens. Mit ebensoviel Recht könnten wir die Kunst totsagen, oder die Kunstkritik. Lieber Gott, mach mich fromm, daß ich nicht in die Hölle komm. Nun meinen unsere Gegner spitzfindig, der dadá wäre tot, weil man ihn durch die strenge Kunst überwunden habe. Sie irren sich, liebe Totsager, haben Sie ihn etwa überwunden? Sind Sie jemals dadá gewesen? Man kann nicht einen Zustand überwunden haben, den man nie gekannt hat. Die Leute aber, die vor dadá waren und noch vor dadá sind, haben dadá noch nie überwunden. »Aber«, sagen die kleinen Kunstgelehrten, »haben wir auch nicht selbst dadá überwunden, so ist doch die Zeit über dadá hinweggeschritten.« Mithin wäre dadá totgetreten, ganz platt. Die kleinen Kunstgelehrten irren fortgesetzt, wie nur Kunstgelehrte zu irren pflegen. Wer sollen solche Leute nach dadá etwa sein? Ich z. B. Sie sehen, obgleich ich Merz bin, lebe, male, dichte, obgleich ich Gegner von dadá bin, muß ich doch zugeben, daß dadá lebt, und bediene ich mich zeitweise dieses Mittels. Oder etwa van Doesburg? Er ist die Zeitschrift Stijl, die konsequenteste Kunstzeitschrift von Holland, jedoch fördert er aktiv den Dadaismus als bestes Werkzeug um aufzulockern, um umzugraben. Oder meinen die kleinen Kunstgelehrten etwa Hans Richter, den Herausgeber von G, den konsequentesten deutschen Filmkünstler? Richter sagt: »Eine moderne Zeitschrift ohne dadá ist nicht denkbar.« Meine kleinen Herren Kunstgelehrten, was meinen Sie nun? »Dadá wäre tot, weil es sich nicht weiter entwickeln könnte?« Sie irren, wie Sie sich immer geirrt haben. Denn:

dadá ist ewig.

Denn stets ist Reinigung der Kunst durch irgendwelche Art von dadá nötig, zur Beseitigung der Fäulnisprodukte, die durch Absterben entbehrlich gewordener Zellenkomplexe entstehen. Nun fragen die kleinen Kunstgelehrten, wie sich dadá würde weiterentwickeln können. Es ist eine undankbare Aufgabe, zu prophezeien, aber ich möchte wetten, daß der reine Dadaismus sich entwickeln wird in Richtung ›abstrakte Nichtkunst‹. Ich füge einige Vorschläge hinzu für reine Dadaisten, was sie in Zukunft tun sollen, wenn sie gesund bleiben wollen. Zum Beispiel stelle sich ein Dadaist zu Beginn eines Dadávortrags auf die Bühne und tue weiter nichts, als von eins anfangend ganz gleichmäßig zu zählen, ohne sich um die Resonanz im Publikum irgend zu kümmern. Oder man lasse die Bühne leer, ziehe den Vorhang auf und lasse das Publikum vor der leeren Bühne sitzen. Die Wirkung wird außerordentlich sein und manchem Anregung geben. Wenn mehrere Dadaisten verwendet werden, so stelle man einen Tisch mit Tasse auf die Bühne. Langsam gehen ohne Unterbrechung die Dadaisten an der Tasse vorbei und sagen monoton, einzeln, je bei Passieren der Tasse: »Das ist eine Gabel.« Hat der letzte dieses gesagt, so beginnt der erste wieder mit derselben Feststellung, ohne Unterbrechung, monoton ganz gleichmäßig, und so weiter. Jetzt haben Sie eine Ahnung davon, was abstrakte Unkunst sein wird, und welchen erzieherischen Wert sie haben kann. Merz

1924

Dadaisten. **Dadaisten.**

Im Kampfe für die Verbreitung des Dadaismus vermittelt die Zeitschrift Merz die Namen und Aussprüche einiger Dadaisten, die sich selbst zum Teil für dadafrei halten.

1. ENGAU, Ingenieur in Laubegast, Schöpfer des Bismarckehrengartens, „bestehend aus Steinen, Plakaten, Reliefs, Büsten und anderen Ehrungen, in Form von Denksteinen geschichtlich geordnet, so daß wir vom einen Stein zum anderen schreitend gleichermaßen durch die Jahrhunderte gehen können. Die auf den Ehrengaben befindlichen Widmungen haben ihnen Leben und Poesie verliehen. Die Steine reden . . ." Von Herrn Engau stammt ein complett dadaistisches Gemälde, bestehend aus einem wirklichen ca. 25 cm langen alten Nagel und einer Unterschrift. Ich glaube, daß es von Engau stammt, da es im Ehrengasthause hängt. Ich lasse hier ein Facsimile folgen:

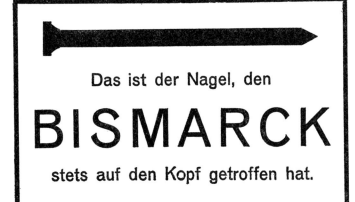

2. CARL BOBE, Kulturpionier, Friedensstadt im Teutoburger Walde, Weltorganisator und Weltordnungsdiktator. Bobe schreibt: „An dem kupfernen, kriegerischen Cherusker Hermann, erbaut von Bandel, im Teutoburger Walde vollzieht sich geistig der große Friedenswandel. Im Paradies auf Erden, den 21. April 1922, dem 107. Geburtstage des deutschen Geistesheroen Bismarck. Geistesarbeiter aller Länder! Jeglicher Widerstand ist gebrochen. Um vorgenannte Beweise zu erbringen, benutze ich die günstige Gelegenheit, in erster Linie holzindustrielle Berufskollegen zur Möbelmesse einzuladen, wobei ich aber ausdrücklich betone, daß jeder fortschrittlich veranlagte Geistesarbeiter willkommen ist. Nebenbei gemütliches Zusammensein im Berggasthaus. Ich habe die hohe Ehre, gemeingefährlich geisteskrank erklärt zu sein. Kulturpionier Carl Bobe."

3. Johannes BAAADER, Oberdada, Präsident des intertellurischen oberdadaistischen Völkerbundes, Telefon Steinplatz 18:

8 Sätze von Johannes BAAADER. Die Menschen sind Engel und leben im Himmel. Sie selbst und alle Körper, die sie umgeben, sind Weltallkumulationen gewaltigster Ordnung. Ihre chemischen und physikalischen Veränderungen sind zauberhafte Vorgänge, geheimnisvoller und größer als jeder Weltuntergang oder jede Weltschöpfung im Bereiche der Sterne. Jede geistige und seelische Aeußerung oder Wahrnehmung ist eine wunderbarere Sache, als das unglaublichste Begebnis, das die Geschichten von Tausendundeinenacht schildern. Alles Tun und Lassen der Menschen und aller Körper geschieht zur Unterhaltung der himmlischen Kurzweil als ein Spiel höchster Art, das so vielfach verschieden geschaut und erlebt wird, als Bewußtseinseinheiten seinem Geschehen gegenüberstehen. Eine Bewußtseinseinheit ist nicht nur der Mensch, sondern auch alle die Ordnungen von Weltgestalt, aus denen er besteht, und inmitten deren er lebt als Engel. Der Tod ist ein Märchen für Kinder und der Glaube an Gott war eine Spielregel für das Menschenbewußtsein während der Zeit, da man nicht wußte, daß die Erde ein Stück des Himmels ist, wie alles andere. Das Weltbewußtsein hat keinen Gott nötig. BAAADER.

4. ALFA BEI TISCHE, der Schriftgeist, Hannover, Ich citiere aus dem deutschen Blatte zur Befriedigung der Parteien vom Dezember 1917, genannt Hirnamtliche Richtung: „Eine fünfzeilige Mutung, die an Stoff 69 für Genügen durch den Geist hat, und zwar auf Sicht: 41 für das Wirken auf die Kraft, 25 für Gemeinschaft auf den Stoff und 3 für das Hirnamt auf den Geist: Nur die Verheit schuf den Krieg 4 für das Stolze! und der Krieg schafft den Frieden 2 für das Pflichten; im Ge-isten muß der Geist 3 für das Hirnamt schaffen, da ihm die Kritik 5 für das Glücken oliegt, was ihn begeistert 1 für das Leben. 5 Zeilen von je 11 Silben — ergeben 55 für die Reue — auf den Stoff! Gilt die Ziffer 5 für das Glücken, dann auch die Zahl 11 für den Genuß auf den Geist!

5. DANNY GÜRTLER, der König der Bohème, der mit Kindertrompete auftrat und dazu sprach: „Ich trage mein Haupt so frei, wie der Edelhirsch sein Geweih! Wer kühner als ich die Welt verhöhnt, der sei statt meiner zum König gekrönt." Man nannte ihn den letzten Romantiker. Er ist aber Dadaist, vielleicht der erste. Das Kleine Journal, Dresden, schreibt dazu am 1. 3. 05: „und eine angenehme Gänsehaut überschauerte die kleinen Dämchen."

Der KONZENT. Unter diesem Titel veröffentliche ich eine Reihe von Banalitäten großer Zeitgenossen und großer Vorfahren, um zu zeigen, wie lebendig dada war und ist. Außerdem hat der Dadaismus sich der Radiovorträge angenommen, und was dem Publikum innerhalb der nächsten 6 Monate durch Radio geboten wird, ist ausschließlich dadá. „Daß die Menschen und Völker die Welt, in der sie leben, und vor allem sich, immer so ernst nehmen, ist Schuld an all ihrem Unglück." Iwan Goll. „Schmiede dein Glück, bis es warm ist." Moholy. „Der Merzquadrat wächst aus das Kartoffel," Lissitzky. „Jeder Tag ist Deutschlands Schicksalsstunde." Kurt Stresemann. „Die besten Freunde sind die schlimmsten." Dexel. „Ich denke doch nicht, wenn ich denke." Lehmann. „Ich bin der erste Diener meiner Zeitschrift." Schwitters. „Ich abäte nich for die Barrisahden der Gesellschaf." Raoul Dix. „Das Leben ist ein dostonewskischer Wirrwar." Raoul Schrimpf. „Phlox ist eine Welt der Gnade. Das Leben ohne Phlox ist ein Irrtum." Karl Förster. „Nicht an der eigenen Hohlheit ging dadá zugrunde, denn es ist nicht zugrunde gegangen." Raoul Hausmann. „Der Herr wedelt mit dem Hund." Arp, Persisches Sprichwort. „Lesen Sie Mecano, meine Herren, und Sie werden in 10 Tagen auf eine Tomate zum Himmel fahren können." v. Doesburg. „Ich sehe in dem Dadaismus keine Opposition, sondern die Bejahung dessen, was wir sind." Richter. „Alle Energien der Welt werden für Zwecke vergeudet, sobald sich der Mensch ihrer bedient. Nur dadá verwendet die Energien richtig, d. h. ohne Zweck." Schwitters. „Nous étions tous dadá avant l'existence de dadá." ARP. „Brutto minus Tzara gleich Dadá." Karl Minder. „Jedermann der Clown des andern." H. Hoerle. „Der Mensch ist einer Notdurftkonstruktion." Raoul Kemeny. „Ein Loch bohren ist nicht schwierig, ein genaues Loch bohren ist eine Kunst." Paul Westheim. „Ein Kunstloch schreiben ist nicht schwierig, das Loch in der Kunst stopfen ist ein Kunstblatt." Merz. „Der Dadaismus ist die Wertbeständigkeitsprobe für alle Dinge." Baaader. „Hiermit warne ich jedes lose Maul, mir irgend etwas nachzureden. Auch verbitte ich mir auf das entschiedenste, daß mich jedes Schaf anstarrt." Selma Hädrich, Hermdorf, Naumburgerstraße. „Nichts ist gewaltiger als der Mensch." Sophokles, Meisterwerke dadaistischer Dichtungen. „Ne jamais mettre le pinceau en bouche." Cézanne. Uit Doetinchem wordt gemeld: Het bericht inzake een poging van bolsjewisten om naar ons land te komen, blijkt een misverstand te zijn. Wel is dit bericht bij den commandant der politietroepen te s'Heerenberg ontvangen en zijn onmiddellijk uitgebreide politiemaatregelen genomen, doch deze bleken onnoodig. Wel heeft een vrij talrijke menigte zich gedurende eenigen tijd bij de grens opgehouden, maar dit is waarschijnlijk een geselschap, wandelende geestelijken geweest." Wo aber steht der göttliche Mozart? Hier scheint die Natur ein Rätsel aufgeben zu wollen. In arte voluptas.

L'odeur des autres chiens est délicieux.

ANATOLE FRANCE.

„Mama, ist morgen eigentlich übermorgen?" Ernst Lehmann. „Hannover hat das geistigste Publikum Europas." Mynona. „Poésie pour Ceux qui ne comprennent pas." Picabia. „Das Volk will glauben, and the man of Geist uill see, will sehen, will reisen om to see." Rosenberg.

1924

Der große MERZ

KURT SCHWITTERS veranstaltet Merzabende. Jeder merzliebende Kunstverein sollte seinen Merzabend haben. Bislang fanden Merzabende statt in Amsterdam, Berlin, Braunschweig, Bremen, Delft, Drachten, Dresden, Einbeck, den Haag, Haarlem, Hamburg, Hannover, s'Hertogenbosch, Hildesheim, Jena, Leer, Leiden, Leipzig, Lüneburg, Magdeburg, Prag, Sellin, Utrecht, Weimar.

1924

[Versuch einer Anleitung zur Aussprache von W W   P B D]

```
W W
P B D
Z F M
R F    R F
T Z P F    T Z P F
M W T
R F M R
R K T         P C T
S W        S W
K P T
F         G
K P T
R         Z
K P T
R Z L
T Z P F      T Z P F
H F T L
```

Versuch einer Anleitung zur Aussprache von W W P B D. Ich wähle die Vokale und Konsonanten der deutschen Aussprache. Konsonanten ohne Vokal sind tonlos. Doppelte Konsonanten sind nicht doppelt zu sprechen. **Ein** Vokal ist sehr kurz zu sprechen, **zwei** Vokale lang, nicht doppelt. In P B D ist übrigens alles kurz zu sprechen.
wö wö, pébede, zefümm, rüf rüf, tezepüff tezepüff, m wit, refümmr, rákete pézete, swé swé, kepitt, fé gé, kepitt, rrr zé, kepitt, rrrzill, tezepüff tezepüff, hefttill.

Hannovers erste Merz-Matinee

ging am 29. Dezember 1923 vor sich, in den Räumen des Etablissements Tivoli. Die Veranstalter, Herr Kurt Schwitters, Hannover-Waldhausen, und Herr Raoul Hausmann, Berlin, abhold jeder lauten Reklame, hatten an ihre Freunde und positiven Bewunderer Einladungen verschickt, denen aber nur wenige gefolgt waren. So sah man nur den aus früheren DADA-Abenden bekannten Kreis, in dem man u. a. bemerkte: den Gottsucher Herrn Prof. V. C. Habicht, die Galerie Garvens (auf räumlich sehr weit getrennten Plätzen), die Bankiers Basse und Stein, den Maler Gleichmann nebst Gemahlin, den Jazz-band-captain Hans Dancker und als bedeutendste Person den Bürgervorsteher und Landtagsabgeordneten Iwan Katz, der symbolisch eine rote Weste trägt und alles ›in englischen Pfunden, in Gold‹ bezahlt. Der philosophisch durchtränkte Poete und Oberlehrer Hans Havemann fehlte in der illüstren Gemeinde. Er liebt nicht die Weisen, die ihn an sein bestes Werk erinnern.

Nachdem man seiner Aufforderung, doch näher an die Bühne zu rücken, es sei dann gemütlicher, gefolgt war (und siehe, die Anwesenden füllten gerade die vier Reihen der Orchesterfauteuils), nahm Kurt Schwitters das Wort zu einer Begrüßung und Einleitung. Er stellte den Unterschied klar zwischen DADA und Merz – welche Kluft trennt diese beiden Begriffe! –, sprach die schmählich betrogene Hoffnung aus, in seinen Hörern DADA zu wecken, und gab sich selbst das Versprechen, auf alle Fälle sich zu freuen, komme oder komme nicht, was da wolle. Seine Ansprache gipfelte in dem Hymnus ›Freude, schöner Götterfunken‹ – und auch hier verfehlten die zündenden Worte unseres Schiller nicht ihre begeisternde Wirkung. Kaum war der Beifall verrauscht, erschien Herr Raoul Hausmann, stellte sich artig vor »mein Name ist Raoul Hausmann« und legte Mantel ab und Hut und Stock und tätigte das Manifest der Urlaute, in dem unanständig viel die Rede war von Margarine und Seele. Dann zog er auch noch den Rock aus und tanzte zu den Klängen eines Rag-time seinen Wang-wang, Rainbow oder irgend etwas anderes.

Und nun ging es Schlag auf Schlag: Bald war Kuwitter auf der Bühne, bald im Rang oder Parkett. Man hörte Lautgedichte ohne Sinn, dramatische Szenen in der Art des jungen Holländers Jan van Mehan (Hans Havemann). ›Es fiel ein Reif in der Frühlingsnacht‹ melodramatisch zu der Melodie ›Guter Mond, du gehst‹ usw. usw. Raoul Hausmann brüllte zwischendurch seine Gedichte und tanzte wild mit einer Grazie, zu der seine fast polizeiwidrige Visage zwar in keinem Gegensatz stand, doch sehr gut paßte. Er tanzt so, wie Ringelnatz dichtet.

Dank der quasi wissenschaftlichen Anteilnahme des Publikums (und Merz gehört noch nicht in die Kulturgeschichte) kam das Ende überraschend schnell. War in der Pause es den vereinten Bemühungen vieler schöner Frauen gelungen, aus Schwitters' treu blauen Augen sanft quellende Tränen im Keime zu ersticken, war alle Anstrengung jetzt umsonst. »Es ist zu kalt«, meinte der Erfinder des Merz. Und dann gingen wir Schlittschuhlaufen.

1924

Merz

Merz ist Weltanschauung. Sein Wesen ist absolute Unbefangenheit, vollständige Unvoreingenommenheit. Darauf beruht die Art, im Sinne von Merz zu schaffen. In keinem Augenblick des Schaffens gibt es für den Künstler Hemmungen, Vorurteile. In jedem Stadium vor der Vollendung ist das Werk für den Künstler nur Material für die nächste Stufe der Gestaltung. Nie ist ein bestimmtes Ziel erstrebt außer der Konsequenz des Gestaltens an sich. Das Material ist bestimmt, hat Gesetze, hat Vorschriften für den Künstler, das Ziel nicht. Die Konsequenz beaufsichtigt das Schaffen. Entscheidend bei Beurteilung der Qualität eines Werkes ist der Grad der erzielten Konsequenz im Schaffen. Ist der Künstler zu größerer Konsequenz fähig, so hat er auch die Pflicht dazu. Unfähigkeit entschuldigt nicht, denn ein Mindestmaß von Können ist für jeden Künstler notwendig. Nach der inneren Konsequenz seines Kollegen zu arbeiten, heißt Imitation. Imitatoren glauben es ebensogut zu machen, wie das kopierte Original. Nur fehlt ihnen das, worauf es allein ankommt, das Schöpfertum, die elementare Kraft, mit der der originelle Künstler schafft. Das Publikum fürchtet nichts so sehr, wie elementare Kraft, die es stets wittert. Denn elementare Kraft kann die Ruhe des Publikums stören. Elementare Kraft pflegt man gefangen zu setzen oder zu vernichten. »Wohltätig ist des Feuers Kraft, wenn sie der Mensch bezähmt, bewacht, doch furchtbar wird die Himmelsmacht, wenn sie der Fessel sich entrafft, einhertritt auf der eigenen Spur, die freie Tochter der Natur.« Darum wurde Christus gekreuzigt, Galilei gefoltert. Das Publikum bewertet den Imitator höher als das Original, weil es mit feinem Instinkt die Abwesenheit alles Elementaren erkennt. An der Kraft der Ablehnung, an der Größe der Empörung des Publikums erkennt der Künstler die elementare Kraft seiner Werke. An dem Grade der Zuneigung eines großen Publikums zu einem Künstler erkennt der Kluge den Grad der Imitation in den Werken dieses Künstlers. Der absolute Imitator, der Kitscher, hat die meisten Freunde beim Publikum, bei seinen Werken fühlt das große Publikum sich so heimisch, so zu Hause, so unter sich, es fühlt sich zufrieden. Statt des Imitators schlägt es lieber die elementare Kraft tot: »Kreuzige, kreuzige!« Doch das ist Täuschung, denn es kann zwar den Künstler, nicht die Kraft totschlagen. Elementare Kraft tritt nie vereinzelt auf, sie wächst aus der Zeit hier und da. Schlagt Ihr den Einen tot, so leben noch Hundert.

Merz ist Konsequenz. Merz bedeutet Beziehungen schaffen, am liebsten zwischen allen Dingen der Welt.

1924

[Merzfrühling]

»Sie glauben es nicht? Nein, Sie irren sich gewaltig. Es ist doch so, daß Merz die ernsteste künstlerische Bewegung der Zeit ist. Merz hat nichts zu schaffen mit den Albernheiten von DADA. Sie meinen wieso? Merz faßt zusammen. Jawohl, Frau Meier, Sie werden zusammengefaßt werden. Merz bringt die Kräfte unserer Zeit auf einen Generalnenner. Der Generalnenner heißt ›Kunst‹. Schwitters wird Ihnen auf seinem Abend im Operettenhaus am 26. Jan. nicht etwa Blödsinn vorsetzen nein, er wird Sie von allem Blödsinn der Zeit befreien. Sie werden schmunzeln und das mit Recht. Sie können wohl lachen, so frei von allem zu werden, das Sie bedrückt wie ein falscher Frühling. So ist Merz mit E, sagen Sie aber ruhig mit ›Ä‹, Frau Meier, der Merzfrühling wird doch in Ihr Herz einziehen mit Vogelgesang in der Merz-Sonate in Urlauten:
    fmsbwtázän
    pggiffquiee
    ddsnnrrr ie mpflfto Alll jü Ka ---
können Sie sich das vorstellen? Dann kommen Sie und erleben Sie den Merzfrühling im Operettenhaus.«

NASCI NASCI NASCI NASCI **LISSITZKY**
    NASCI NASCI NASCI **SCHWITTERS**

Wenn Sie Ihre inneren Beschwerden auf vollständig ungefährliche Weise aufbürsten wollen, wenn Sie, ohne die Plattform zu besteigen, hineinsehen wollen in die gegenüberliegende Kellerwohnung, wenn Sie Blumen säen und dafür Samen ernten wollen, wenn Sie ohne zu wollen weder können noch wollen müssen, wenn Sie im Namen der vorderen drei Ecken eines ausgewachsenen Hundes das Quadrat quadrieren wollen, wenn Sie überhaupt für Ihre Seele und speciell Ihre Bildung tun und lassen wollen, was unsere Zeit braucht, wenn Sie sich und mich überzeugen wollen von der Kraft unserer Kunst, heutigen Tages zu ebener Erde, so lesen Sie regelmäßig die Zeitschrift M E R Z   Bestellen Sie sofort ein Abonnement für 3 Mark oder 2 Fl. oder 5 Schweizer Franken oder 1 Dollar bei der Redaktion **Merz, Hannover, Waldhausenstr. 5, II.**   **Bestellen Sie gleich.**

Kunst ist Form. Formen heißt entformeln.
L'art c'est la forme. Transformer, c'est changer la valeur.

1924

DIE REDAKTION MERZ BITTET DIE
KRITIK
DIESES AUSSERGEWÖHNLICH WICHTIGE MERZHEFT ZU BESPRECHEN

	nasci	

In der ungeheuren Verwirrung von Stilen, Henkeln und saurer Seele zeigt MERZ in seiner Nummer 8/9 genannt „nasci", daß von einem höheren Standpunkt aus betrachtet in den Werken der Besten unserer Zeit eine wesentliche Gleichartigkeit zu erkennen ist. Denn wenn man sauber Henkel und saure Seele ausmerzt und nicht äußerlich, sondern wesentlich betrachtet, so bleibt eine starke und einheitliche Kunst übrig: DIE KUNST UNSERER ZEIT. Lissitzkys schöpferische Jdee war es, den Werken neuer Künstler den wesentlich gleichen Aufbau von Naturgebilden plastisch gegenüberzustellen. Aussprüche von Künstlern, deren Werke abgebildet sind, sollten als Belege dienen. Und so haben wir endlich durch Gegenüberstellung von Kunst und Natur den Schlüssel gefunden, um Henkel und saure Seele ab-, und dafür den Stil der Zeit aufzuschließen. Nun ist der Weg vom Kubismus bis zu den Konstruktivisten nicht mehr weit, und zwar viel näher als von der sauren Seele, genannt Expressionismus, bis zum Henkel, genannt Imitation.

SIE KÖNNEN HIER ZUM ERSTEN MALE AUS DER

ZUKUNFT
ZURÜCKBLICKEN IN UNSERE
GEGENWART

Und Sie sehen, daß unsere zerknitterte Gegenwart sauber geplättet ein chiques Faltenhemd ist, das für alle Zeiten als Zierde wohl gelten kann.   KURT SCHWITTERS.

1924

Konsequente Dichtung

Nicht das Wort ist ursprünglich Material der Dichtung, sondern der Buchstabe. Wort ist:

1. Komposition von Buchstaben.
2. Klang.
3. Bezeichnung (Bedeutung).
4. Träger von Ideenassoziationen.

Kunst ist undeutbar, unendlich; Material muß bei konsequenter Gestaltung eindeutig sein.

1. Die Folge der Buchstaben bei einem Worte ist eindeutig, ist für jedermann dieselbe. Sie ist unabhängig von der persönlichen Stellungnahme des Betrachters.
2. Der Klang ist nur eindeutig beim gesprochenen Wort. Beim geschriebenen ist er abhängig von der Vorstellungsfähigkeit des Betrachters. Daher kann der Klang nur Material für den Vortrag und nicht für die Dichtung sein.
3. Die Bedeutung ist nur eindeutig, wenn z. B. der bedeutete Gegenstand dabei ist. Sonst ist sie abhängig vom Vorstellungsvermögen des Betrachters.
4. Die Ideenassoziation kann nicht eindeutig sein, da sie nur abhängig ist von der Kombinationsfähigkeit des Betrachters. Jeder hat andere Erlebnisse und erinnert sich und kombiniert verschieden.

4. Die klassische Dichtung rechnete auf die Ähnlichkeit der Menschen. Sie betrachtete die Ideenassoziation als eindeutig. Sie irrte sich. Jedenfalls baute sie ihre Schwerpunkte auf aus Ideenassoziationen: ›Über allen Gipfeln ist Ruh‹. Goethe will hier nicht bloß sagen, daß es still über den Gipfeln ist, sondern der Leser soll diese Ruhe ebenso genießen, wie der von seinen Amtsgeschäften ermüdete, im allgemeinen städtischen Umgang pflegende, Dichter selbst. Wie wenig allgemein solche Ideenassoziationen sind, erkennt man, wenn etwa ein Heidjer (Gegend 2 Menschen auf 1 qkm) solchen Vers lesen würde. Ihm würde sicherlich ›Blitz hasten zack die Untergrundbahn überfährt den Wolkenkratzer‹ bedeutend mehr imponieren. Jedenfalls löst bei ihm die Feststellung, daß es ruhig ist, keine poetischen Gefühle aus, weil ihm die Ruhe normal ist. Mit den

poetischen Gefühlen rechnet der Dichter. Und was ist ein poetisches Gefühl? Die ganze Poesie der Ruhe fällt und steht mit der Gefühlsfähigkeit des Betrachters. Worte sind hier nicht gewertet.

Außer einem ganz unbedeutenden Klangrhythmus im Tonfall – ist nur eine Reimbeziehung von ›Ruh‹ und ›du‹ im nächsten Verse. Die einzige konforme Beziehung der Teile klassischer Dichtung ist nur bezüglich der Ideenassoziationen, sprich poetischen Gefühle. Die gesamte klassische Dichtung erscheint uns jetzt als dadaistische Philosophie, und sie wirkt um so verrückter, je weniger die Absicht zum Dadaismus vorhanden war. Heute pflegen die klassische Dichtung nur noch die Coupletsänger im Varieté.

3. Die abstrakte Dichtung löste, und das ist ein großes Verdienst, das Wort von seinen Assoziationen, und wertete Wort gegen Wort; speziell Begriff gegen Begriff, unter Berücksichtigung des Klanges. Das ist konsequenter als Wertung poetischer Gefühle, aber noch nicht konsequent genug. Was die abstrakte Dichtung erstrebte, erstreben in gleicher Weise, nur konsequenter, dadaistische Maler, die wirkliche Gegenstände auf einem Bilde gegeneinander werteten durch nebeneinander Kleben und Nageln. Hier sind die Begriffe viel klarer zu werten, als in ihrer übertragenen Bedeutung im Worte.

2. Den Klang zum Träger des Gedichtes zu nehmen, halte ich auch nicht für konsequent; weil der Klang nur beim gesprochenen, nicht beim geschriebenen Worte eindeutig ist. Nur in einem Falle ist die Klangdichtung konsequent, wenn sie gleichzeitig beim künstlerischen Vortrag entsteht und nicht geschrieben wird. Zwischen Dichtung und Vortrag ist streng zu unterscheiden. Für den Vortrag ist die Dichtung nur Material. Dem Vortrag ist es sogar gleichgültig, ob sein Material Dichtung ist oder nicht. Man kann z. B. das Alphabet, das ursprünglich bloß Zweckform ist, so vortragen, daß das Resultat Kunstwerk wird. Über den künstlerischen Vortrag wäre noch viel zu schreiben.

1. Die konsequente Dichtung ist aus Buchstaben gebaut. Buchstaben haben keinen Begriff. Buchstaben haben an sich keinen Klang, sie geben nur Möglichkeiten zum Klanglichen gewertet werden durch den Vortragenden. Das konsequente Gedicht wertet Buchstaben und Buchstabengruppen gegeneinander.

1925

ES IST BEI JEDER PROPAGANDA WICHTIG, DASS SIE DEN EINDRUCK ERWECKT, DASS ES SICH HIER UM EINE FIRMA HANDELT, DIE WEITERARBEITET AN WARE, AUFMACHUNG UND ANGEBOTSFORM.

Thesen über Typographie

Über Typographie lassen sich unzählige Gesetze schreiben. Das Wichtigste ist: Mach es niemals so, wie es jemand vor Dir gemacht hat. Oder man kann auch sagen: mach es stets anders, als es die anderen machen. Zunächst einige allgemeine Thesen über Typographie: I. Typographie kann unter Umständen Kunst sein. II. Ursprünglich besteht keine Parallelität zwischen dem Inhalt des Textes und seiner typographischen Form. III. Gestaltung ist Wesen aller Kunst, die typographische Gestaltung ist nicht Abmalen des textlichen Inhalts. IV. Die typographische Gestaltung ist Ausdruck von Druck- und Zugspannungen des textlichen Inhaltes (Lissitzky). V. Auch die textlich negativen Teile, die nichtbedruckten Stellen des bedruckten Papiers, sind typographisch positive Werte. Typographischer Wert ist jedes Teilchen des Materials, also: Buchstabe, Wort, Textteil, Zahl, Satzzeichen, Linie, Signet, Abbildung, Zwischenraum, Gesamtraum. VI. Vom Standpunkt der künstlerischen Typographie ist das Verhältnis der typographischen Werte wichtig, hingegen die Qualität der Type selbst, des typographischen Wertes gleichgültig. VII. Vom Standpunkt der Type selbst ist die Qualität der Type Hauptforderung. VIII. Qualität der Type bedeutet Einfachheit und Schönheit. Die Einfachheit schließt in sich Klarheit, eindeutige, zweckentsprechende Form, Verzicht auf allen entbehrlichen Ballast, wie Schnörkel und alle für den notwendigen Kern der Type entbehrlichen Formen. Schönheit bedeutet gutes Ausbalancieren der Verhältnisse. Die photographische Abbildung ist klarer und deshalb besser als die gezeichnete. IX. Anzeige oder Plakat aus vorhandenen Buchstaben konstruiert ist prinzipiell einfacher und deshalb besser als ein gezeichnetes Schriftplakat. Auch die unpersönliche Drucktype ist besser als die individuelle Schrift eines Künstlers. X. Die Forderung des Inhaltes an die Typographie ist, daß der Zweck betont wird, zu dem der Inhalt gedruckt werden soll. — Das typographische Plakat ist also das Resultat aus den Forderungen der Typographie und den Forderungen des textlichen Inhaltes. Es ist unbegreiflich, daß man bislang die Forderungen der Typographie so vernachlässigt hat, indem man allein die Forderungen des textlichen Inhalts berücksichtigte. So wird heute noch die qualitätsvolle Ware durch barbarische Anzeigen angekündigt. Und noch unglaublicher ist es, daß fast alle älteren Kunstzeitschriften von Typographie ebenso wenig verstehen wie von Kunst. Umgekehrt bedienen sich die führenden neuzeitlichen Kunstzeitschriften der Typographie als eines ihrer Hauptwerbemittel. Ich erwähne hier besonders die Zeitschrift „G", Redakteur Hans Richter, Berlin-Friedenau, Eschenstraße 7, „Gestaltung der Reklame", Herausgeber Max Burchartz, Bochum, die Zeitschrift „ABC", Zürich, und ich könnte noch einige wenige andere nennen. Die Reklame hat schon längst die Wichtigkeit der Gestaltung von Anzeige und Plakat für den Eindruck der angepriesenen Ware erkannt und hat schon längst Reklamekünstler beschäftigt. Aber leider waren diese Reklamekünstler der kurz vergangenen Zeit Individualisten und hatten keine Ahnung von konsequenter Gestaltung von Gesamtanzeige und von Typographie. Sie gestalteten mit mehr oder weniger Geschick Einzelheiten, strebten nach extravagantem Aufbau, zeichneten verschnörkelte oder sonst unlesbare Buchstaben, malten auffällige und verbogene Abbildungen, indem sie dadurch die angepriesene Ware vor sachlich denkenden Menschen kompromittierten. Es ist hier gleichgültig, daß von ihrem Standpunkt aus betrachtet gute Leistungen entstanden, wenn der Standpunkt falsch war. Heute beginnt die Reklame ihren Irrtum der Wahl von Individualisten einzusehen und bedient sich statt der Künstler für ihre Reklamezwecke der Kunst, oder deutlicher gesagt: DER TYPOGRAPHIE. Besser keine Reklame, als minderwertige; denn der Leser schließt aus dem Eindruck der Reklame und nicht aus dem textlichen Inhalt auf die Ware.

SCHNURRUHR VON HANS ARP AUS DER ARPMAPPE, MERZ 5, VERKLEINERT. DIE MAPPE ENTHÄLT 7 SOLCHE ARPADEN UND KOSTET 80 MARK.

1924

Der Dadaismus

›BLOK‹ hat mich gebeten, einen Artikel über den Dadaismus zu schreiben; einleitend muß ich bemerken, daß ich in Wirklichkeit gar nicht Dadaist bin. Denn der Dadaismus – der nur ein bestimmtes Mittel, ein Instrument ist – kann nicht das Wesen einer Person ausmachen, wie z. B. eine Weltanschauung. Der Dadaismus ist aus einer bestimmten Weltanschauung entstanden, jedenfalls nicht aus einer dadaistischen, sondern aus einer reformatorischen. Der Dadaismus – Dadá (ich bitte dabei, die besondere Aufmerksamkeit auf den Akzent zu lenken) ist das beste Mittel, um die festgefügte, gedankenlose Tradition, die bisherige Weltordnung (.. dáda) lächerlich zu machen. Hier haben die rücksichtslose Opposition der Tradition und die aus ihr entstandenen Handlungen, die sich gegen eine Verhöhnung durch den Dadaismus wehren, ihren Ursprung. Dadá ist ein Spiegelbild des ursprünglichen Dáda; deshalb hat sich der Akzent gewöhnlich auf die zweite Silbe verschoben, so geschieht das mit einem Spiegelbild (rechts–links). Der Dadaismus spiegelt sowohl Altes wie Neues, ebenso Junges wie Veraltetes wider und erprobt dadurch seine Kraft. Was stark ist, wird sich trotz Dadá behaupten, das Schwache muß so oder so untergehen. Dadá ist sogar gnädig, denn er trägt mit seinem bescheidenen Teil dazu bei, daß der zum Sterben Verurteilte schneller stirbt. Dadá ist aber kein Sterbegesang, er ist vielmehr ein fröhliches, buntes Spiel, ein göttliches Vergnügen. Im Himmel und im Dadá ist alles gleich; nirgends sonst gibt es einen solchen Zustand. Hieraus strömt auch die Freude der Zuschauer und Hörer auf den Dadá-Abenden, denn alle sehen zugleich ihre eigene Dummheit. Dadá ist eher eine Evolution als eine Revolution. Nach diesen Vorbehalten: Aber natürlich bin ich insofern Dadaist, als ich diesen Apparat genau kenne und ihn oft der Menschheit vor Augen halte. Und die Menschheit sieht sich dann im Spiegel wieder! Dann wird es schlecht.

Der Mensch hat einen Körper und einen Geist und noch ein Drittes, dessen Existenz ich zwar bestreiten muß – was er aber dessenungeachtet ziemlich häufig besitzt –, nämlich eine Seele. Im Jahre 1924, als man in Deutschland beginnt Wolkenkratzer zu bauen, als man mit Hilfe des Radios die Stimmen des ganzen Kontinents hören kann, als die Kunst zum Normativismus und zum Leben zurückkehrt, als das Leben umgekehrt gerade die normative Kunst fordert, in dieser Zeit nun ist die Seele eine Krankheit, sie ist die Psychose. Oh! Dann wird es schlecht. Wenn Dadá und die Seele zusammentreffen, wittert die Seele sofort einen Todfeind und eröffnet den Kampf. Nur, daß die kämpfenden Seelen für sich allein eine aussichtslose Sache sind, ihr Kampf also zwecklos ist. Die Seele, die bisher auf den Abwegen des Transzendentalismus umherirrte, empört sich, sobald sie ihr Spiegelbild im Dadá, natürlich umgekehrt sieht. Es begegnen sich dann plötzlich eine falsche Scheinheiligkeit und ein unaufrichtiges Pathos mit einem aufrichtigen Sarkasmus. Die Folge davon ist die gleiche, wie wenn man einen stark aufgepumpten Ballon mit einer Stecknadel durchsticht: Die Luft – ich wollte sagen: Die Seele entflieht.

Und nun: Wollen Sie wissen, ob der Dadaismus noch lebt? Er lebt und wirkt – wie die Heilsarmee – am häufigsten im Verborgenen und tritt von Zeit zu Zeit immer in einer anderen Gestalt ans Tageslicht. Der Gedanke, daß Dadá überhaupt einmal sterben könnte, ist unsinnig. Dadá tritt immer von neuem in Erscheinung, so oder anders, immer, wenn sich zuviel Dummheit angesammelt hat. Die Tragödie eines jeden Wachsens ist wohl, daß es in sich zugleich den Todeskeim trägt; und einmal wird alles alt mit Ausnahme von Dadá.

Bei uns in Deutschland ist der Dadaismus jetzt nicht mehr so notwendig, wie im Jahre 1918. Jetzt leben und schaffen die Künstler im Geiste der Zeit, im Geiste von 1924. Dadá bereitete ihnen den Boden und leistet ihnen auch heute noch Hilfe. Ich denke hier, um nur einige Namen zu nennen, an Leute wie: Lissitzky (Hannover, Ambri-Sotto), Burchartz (Bochum), Moholy, Gropius und Meier (Weimar), Mies van der Rohe, Richter (Berlin), Schwitters (Hannover) und viele andere. Es existiert ein ›junger‹ 1924er Dadaismus, im Jahre 1918 existierte nur ein ›alter‹ 1918er. Damals, da mußte ›Dadá‹ sich mit allen streiten, in der Hauptsache mit dem Expressionismus, der sich damals gerade in einem chronischen Darmkatarrh befand. Heute ist der Expressionismus schon lange tot und die Kunstzeitschriften feiern sein Begräbnis. Zuweilen finden prachtvolle Begräbnisse statt.

Welch riesige Massenaufregung erwirkte Huelsenbeck, als er 1919 den Dadá von Zürich nach Berlin verpflanzte. Ich erwähne hier Namen wie: Hausmann, Baader, Walter Mehring, Wieland Herzfelde, John Heartfield, George Grosz. In Köln entstand ein neues deutsches Zentrum des Dadaismus, das sich ›Gruppe Stupide‹ nannte. Dort waren nämlich: Max Ernst, Anton Räderscheidt, Heinrich Hoerle, Baargeld. In Hannover gab es außer mir noch Christof Spengemann und Hans Arp, einen der vier Pro-Dadaisten, der von Zeit zu Zeit die deutschen Kameraden besuchte und es auch jetzt immer noch tut. Darüber hinaus habe ich nichts von dadaistischen Erscheinungen in Deutschland gehört.

Nach 1918 grassierte hier an Stelle eines Dadaismus einige Jahre lang ein allgemeiner, sehr aggressiver und revolutionärer Expressionismus, solange die Revolution in Mode war. Infolgedessen verhielt sich auch der Dadaismus in Berlin revolutionär. Aber während der Expressionismus gefallsüchtig revolutionäre Grimassen schnitt, vollbrachte der Dadaismus revolutionäre Taten, um so kräftiger zuzuschlagen. Huelsenbeck, einer der klügsten Köpfe unseres Zeitalters, war sich genau darüber im klaren, daß in jener Zeit nichts besser die verfetteten Seelen aufrütteln konnte, als der Kommunismus. Aus diesem Grunde wurden Dadákommunistische Manifeste herausgegeben. Als Hauptforderung wurde z. B. herausgestellt, daß alle geistig schaffenden Menschen auf dem Potsdamer Platz ernährt werden sollten. Vielleicht ist das ein Beweis dafür, wie wenig es solcher Menschen geben muß!

Von den Dadaisten war der typischste Dadaist im Leben Hausmann. Er liebte es, mit jedem Menschen entsprechend seiner Gemütsart durch Widerspiegelung gerade seiner allerheiligsten Gefühle umzugehen. Baader wanderte mit seinen Programmen von einem Ort zum anderen und brachte den Menschen in seiner Person den Präsidenten des Erdballs. Einer der befähigtesten Künstler und Dadaisten war Baargeld. Er kam wie ein Mädchen aus dem Süden, erstrahlte und leuchtete nur für einige Minuten auf wie die Königin der Nacht. Seitdem Max Ernst nach Paris ausgewandert ist, herrscht in Köln Totenstille. In Berlin sind von sämtlichen Dadaisten nur Hausmann und Baader übriggeblieben. Huelsenbeck praktiziert als Arzt, Grosz schuf eine radikale politische Formel (im Dadaismus hatte er niemals einen lebendigeren Anteil); für ihn war Dadá wohl für kurze Zeit ein politisches Kampfmittel, umgekehrt wie bei Huelsenbeck, für den der Kommunismus ein dadaistisches Kampfmittel war. Walter Mehring wird heute mit Recht als einer der besten Coupletdichter bewundert; nur vom Dadaismus kann hier nicht mehr die Rede sein. Und Herzfelde, ehemals John Heartfield, ist heute der bürgerliche Leiter des bürgerlichen Verlages ›Malik‹ und verachtet den Dadaismus 1924. Endlich Baader, der seinen prächtigen Bart abrasiert hat und nicht mehr wie Christus aussieht, sieht nicht mehr genial aus, sondern nur noch so ein bißchen sächsisch.

Nur Hausmann und ich betreiben in Deutschland noch den Dadaismus, machen Propaganda, veranstalten ›Dadá‹-Abende. Hausmann ist sehr klug, sehr phantasiereich, sehr künstlerisch. Er ist aber Dadaist. Hausmann ist, ob er schreibt oder schafft, ob er wissenschaftliche Kombinationen entwickelt oder malt, ob er modelliert, vorträgt oder referiert, ob er singt oder tanzt, ob er will oder nicht, er ist immer und überall ein lebendiger ›épater le bourgeois‹. Auch Hans Arp, der nicht in Deutschland, sondern im Lande der Gletscher lebt, ist wirklich Dadaist und wird es auch immer bleiben, denn er kann gar nichts anderes sein.

Seine liebe lyrische Herzlichkeit, sein gutmütiges, verklärtes Gesicht, alles an ihm ist Dadá.

Im Jahre 1924 veranstalteten wir nur einige kleine Salonabende zur Orientierung. Das heutige Publikum hat im allgemeinen die Geste des dadaistischen Mitlachens aufgenommen. Während der größeren dadaistischen Veranstaltungen ist es uns fast immer gelungen, im Publikum den schlafenden Dadaismus zu wecken. Die Dadá-Bewegung mit ihrer das Publikum erweckenden Demonstration war in Holland der größte Schock, den das kleine Land seit vielen Jahren in seinen Konzertsälen und Zeitschriften erlebte. Das ist ein Beweis, wie notwendig unsere Kolonisationsarbeit ist.

Dem Dadaismus habe ich die Merz-Schreiben gewidmet. MERZ soll Dadá dienen, der Abstraktion und der Konstruktion. In der letzten Zeit ist jedoch die konstruktionelle Gestaltung des Lebens in Deutschland so interessant geworden, daß wir uns erlaubt haben, die nächsten MERZ-Nummern 8/9, ›Nasci‹ genannt, ohne Dadá herauszugeben.

1924

Nationalitätsgefühl

Was ist das eigentlich? Gefühl für die Nation? Es gibt ein deutsches, ein französisches, ein russisches Nationalitätsgefühl. Das deutsche Nationalitätsgefühl schließt das französische aus. Für einen Deutschen ist es eine Tugend, deutsches Nationalitätsgefühl zu haben und wäre es eine Sünde, für die französische Nation zu fühlen. Umgekehrt ist es beim Franzosen. Ich frage: gibt es nicht ein allgemeines Nationalitätsgefühl? Ich meine die Konsequenz der einzelnen individuellen Nationalitätsgefühle, ein überindividuelles Nationalitätsgefühl, etwa das Nationalitätsgefühl an sich, in einem Worte ›das‹ Nationalitätsgefühl. Wenn es ›das‹ Nationalitätsgefühl gäbe, so wäre es sicher dem deutschen, dem französischen, dem russischen übergeordnet, weil es allgemeiner und konsequenter ist.

Wesen unserer Zeit sind Verallgemeinerung und Konsequenz. Zum Beispiel ist die konstruktiv-abstrakte Kunst die Konsequenz aus den künstlerischen Bestrebungen aller Zeiten. Und so soll ›das‹ Nationalitätsgefühl die Konsequenz aus allen früheren Nationalitätsgefühlen sein. Übrigens ist Nationalitätsgefühl mehr als Gefühl, es ist die Hingabe der ganzen Person an die Nation, selbst bis zum Opfer des Lebens. Was man für sich selbst nicht tut, das Leben für seine Güter einzusetzen, das soll man für die Nation tun, so verlangt es das Nationalitätsgefühl. Und während der Egoismus für sich verwerflich ist, so ist der Egoismus für seine Nation eine lobenswerte Charaktereigenschaft.

Was ist aber Nation? Es gibt eine deutsche, eine französische, eine russische, eine luxemburgische und noch viele andere Nationen. Was ist zum Beispiel die deutsche Nation? Eine mehr oder weniger zufällige oder bewußte Gemeinschaft von Menschen, die größtenteils deutsch sprechen, durch irgendwelche geschichtlichen Zufälle eine zeitlang zusammen gelebt, gearbeitet, gewirtschaftet, gekämpft haben, gemeinsame Feste feiern und sich zur Unterscheidung von anderen Nationen, etwa von der luxemburgischen, die deutsche Nation nennen. Nicht alle deutsch sprechenden Menschen gehören zur deutschen Nation, und nicht alle Mitglieder der deutschen Nation sprechen deutsch oder hauptsächlich deutsch. Die Unterschiede der Deutschen untereinander sind oft sehr groß, oft wesentlich größer, als unter Umständen die Unterschiede zwischen einem Deutschen und einem Angehörigen einer andern Nation. Innerhalb der deutschen Nation gibt es viel persönliche Feindschaft und Gegnerschaft, während es oft Freundschaften zwischen Deutschen und Angehörigen anderer Nationen gibt. Die geographische, durch Verträge festgesetzte Grenze entscheidet über die Zugehörigkeit eines Menschen zu einer Nation. Alles in allem gibt es sehr viel Zufälliges bei dem Zusammenleben von Menschen unter dem Titel Nation. Es fehlen Klarheit und Konsequenz. Den reinen Begriff ›der‹ Nation aber erhalten wir durch Ausschaltung alles Zufälligen. ›Die‹ Nation ist die bewußte Zusammengehörigkeit aller Menschen, ohne zufällige Verträge, ohne zufällige Freundschaften und Feindschaften, ohne zufällige Kriege. ›Das‹ Nationalitätsgefühl ist die Liebe und Hingabe der Person an ›die‹ Nation, an die Nation aller Menschen, die als Vaterland die ganze Erde besitzt. Nicht alldeutsch, nicht allfranzösisch, sondern allmenschlich ist ›die‹ Nation, und es ist eine Ehre ihr anzugehören.

Nationalitätsgefühl wird hier zum allgemeinen Menschlichkeitsgefühl. Der Egoismus ist dem Menschen angeboren. Das Nationalgefühl ist veredelter Egoismus, ist Egoismus für all die Menschen, mit denen man sich vereint fühlt. Aber zugegeben, daß Nationalgefühl für Deutschland, für Frankreich, für Luxemburg veredelter Egoismus ist, so ist eine weitere Veredelung in dieser Richtung ›das‹ Nationalgefühl.

Man verwechsele nicht ›das‹ Nationalgefühl mit Internationalität, es ist Übernationalität. Wer übernational ist, hat kein Verständnis für Haß von Nationen

untereinander. Soll ich für einen Teil der Menschen Haß und einen Teil der Menschen Liebe empfinden, so bleibt mir doch die Entscheidung, für welchen Teil. Damit der unselbständige Mensch weiß, wen er hassen und wen er lieben soll, liest er die Zeitungen seiner Nation. Der selbständige aber sollte das Recht haben, sich die Gegenstände seines Hasses und seiner Liebe selbst auszusuchen, da es keinen logischen Grund gibt, der mich als Menschen in eine Gemeinschaft zwingt. Ich stamme aus Hannover. Ich kann sagen: »Mein Nationalitätsgefühl beschränkt sich auf Hannover-Stadt mit Ausschluß der Nachbarstadt Linden. Oder auf die Waldhausenstraße, und zwar linke Seite, auf der ich wohne. Gegenüber wohnen meine Feinde. Ich stelle mein Maschinengewehr vor mein Haus und schieße jeden Passanten einfach tot.« Sie sehen, bei aller Heiligkeit aus Gewohnheit und Übung sind doch die üblichen Begriffe des partikularen Nationalitätsgefühles und der partikularen Vaterlandsliebe ein wenig komisch, nicht zu verwechseln mit kosmisch.
Daher fordere ich ›das‹ Nationalitätsgefühl und

›Die‹ Nation

1924

Noch einmal die Gefahr Westheim

Paul Westheim, der seit mehr als zehn Jahren für die Verbreitung falscher Meinungen über Kunst sorgt, schreibt im ›L'Esprit Nouveau‹, Nummer 20 einen Artikel über ›La situation des arts plastiques en Allemagne‹, der ein vollständig falsches Bild über das Neue Werden sowie das Stagnieren und Abfaulen alles Alten in Deutschland gibt. Das Bild ist so falsch, daß ich an Westheims Absicht, irrezuführen, glauben muß. Wenn nicht vielleicht, und dafür sind auch wohl Gründe vorhanden, Westheims Überblick über das künstlerische Schaffen und besonders seine Urteilsfähigkeiten sehr gering sein sollten. ›La réaction devait venir‹. Das ist Westheims uralter Herzenswunsch, noch zu Zeiten, als er sich selbst fortschrittlich gebärdete. Die sogenannte Reaktion in Deutschland ist nichts weiter als das Versagen der Mitläufer, Imitatoren, Kitscher und Herrn Westheim und Kameraden zu einer Zeit, in der politisch nicht mehr Revolution, sondern Reaktion Hochkonjunktur geworden sind. Gott sei Dank, daß diese

Herren endlich abschwenken. Aber in demselben Esprit Nouveau findet Westheim die Antwort auf seinen Artikel: »Il y a toujours des cadavres vivants qui se dressent pour combattre le vrai« (Le Corbusier).

1924/25

Nationale Kunst

So etwas gibt es nicht. Wie es keine proletarische Kunst gibt. Es gibt Kunst, und es mag wohl Nationen und Proletarier geben, aber nicht nationale oder proletarische Kunst.

Wer würde etwa eine nationale Reklame oder eine proletarische Reklame oder nationale oder proletarische Wissenschaft wollen? Selbst wenn nationale Reklame möglich wäre, würde man sie nicht wollen, denn wir wollen, wenn wir machen möglichst für die ganze Menschheit Reklame machen. Leider gibt es Nationen. Die Folge von Nationen sind Kriege. Die nationale Kunst soll dienen das Zusammengehörigkeitsgefühl der Menschen, die sich Nation nennen, zu stärken. Nationale Kunst hilft Kriege vorzubereiten.

Leider gibt es auch Proletarier. Es wäre besser, es gäbe nur gleichberechtigte, sich gleich fühlende Menschen, wie es schließlich das Streben aller Proletarier ist. Die Folge davon, daß es Proletarier gibt, sind Revolutionen. Die proletarische Kunst soll dem Proletarier das Bewußtsein stärken helfen, daß er als Proletarier im Gegensatz zu anderen Menschen ist und hilft so Revolutionen vorbereiten.

Schließlich gibt es aber auch Menschen trotz Nationen und trotz Proletarier. Die Kunst wendet sich nur an den Menschen, ganz gleich, ob er Deutscher, Franzose, Russe, Luxemburger, Demokrat, Alldeutscher, Bourgeois oder Bolschewist ist. Es ist die vornehmste Aufgabe der Kunst, den Menschen zu bilden, zu erziehen, denn sie ist der Ausdruck des Menschlichkeitsgefühls der edelsten unter den Menschen, manchmal wenigstens. Das sollte wenigstens die Aufgabe der Kunst sein. Es soll hier nicht polemisiert werden gegen Kriege, Nationenhaß, Hader, rohe Gewalt und Kämpfe aller Art. Hier soll nur die Kunst geschützt werden, daß sie in den Dienst von irgend etwas gestellt wird. Kunst kann und Kunst darf nicht dienen.

Denn die Kunst hat ihre Pflichten für sich selbst. Ihre erste Pflicht ist Treue gegen sich selbst. Die eigenen Gesetze schreiben der Kunst vor, keinen Gott außer sich zu haben. Wie kann aus Liebe zur Nation Kunst entstehen? Daraus kann nur Nationalitätsgefühl erwachsen. Aus Liebe zur Kunst aber entsteht nur ein Kunstwerk.

1924/25

Was ist Wahnsinn?

Wahnsinn läßt sich teilen.
Wahnsinn ist dividierbar und multiplizierbar.
Man lernt Wahnsinn am besten kennen, wenn man sich von ihm entfernt.
Wahnsinn ist Politik.
Dada ist gegen Politik, weil gegen Wahnsinn.
Politik steht im Weichbild unserer Zeit.
Möge selbiges Bild bald weichen und unserer Zeit freien Raum lassen.

1925

Religion oder Sozialismus

Religion ist in ihrer uns überlieferten Form in der heutigen Zeit zum Unding geworden. Ich will hier nicht darüber streiten, ob es eine Gottheit gibt, oder nicht. Wenn ja, so muß sie nach den Vorstellungen aller Religionen unendlich erhaben sein, so ist sie jedenfalls allem Weltlichen, Irdischen, Menschlichen übergeordnet. Es gibt Dinge auf unserer kleinen Erde schon, über deren Existenz wir kleinen Menschen in höchste Bewunderung geraten, Dinge wie Naturgewalten, das Meer, zwangsmäßige geschichtliche Entwicklung und anderes. Man kann aus unserem Abstande von solchen Dingen den Abstand ermessen, den wir kleinen Menschen von Gott haben müssen, er muß größer sein. Und er ist größer, als der vom Tropfen zum Meer. Die Religion fordert Gottesfurcht, Gottesverehrung. Ich kann mir nicht denken, daß das Meer dadurch gewinnen kann, daß der Tropfen es fürchtet oder verehrt. Ich kann mir nicht denken, daß das Meer sich überhaupt darum bekümmert, was ein Tropfen tut. Es könnte nur umgekehrt für den Tropfen von Vorteil sein, oder dem Tropfen inneres Bedürfnis sein, sich nach den Gepflogenheiten des Meeres zu richten. Obwohl es falsch wäre, denn der Tropfen hat andere Gesetze, als das Meer, er ist viel leichter, beweglicher, veränderlicher, und weniger kraftvoll. Der Tropfen fliegt, weht, das Meer lastet, wogt. Bei gleicher chemischer Zusammensetzung. Das Meer würde nicht den geringsten Wunsch des anbetenden Tropfens erfüllen oder auch nur erfüllen können. Und es besteht auch wahrscheinlich keine persönliche Beziehung zwischen der Gottheit, wenn eine existiert, und dem einzelnen Menschen. Sollten doch Wechselbeziehungen sein, so sind sie uns Menschen mit den Sinnen oder mit dem Verstande unfaßbar. Die Religion verlangt, daß sich der Mensch mit solchen unfaßbaren Beziehungen beschäftigt. Eine solche Beschäftigung soll den Menschen zum religiösen Menschen machen und dadurch innerlich adeln, aus seiner Menschgebundenheit erlösen, erheben. Wenn das der Zweck ist, so ist er sehr lobenswert, und wenn das das Ziel der Religion ist, so glaube ich, daß der Weg zu diesem Ziele sehr leicht ein Irrweg werden kann. Denn man kann sich als Mensch dort, wo unsere Sinne uns etwas mitteilen, schon sehr täuschen, aber wo wir ohne den Gebrauch unserer Sinne auf das Gefühl, den Instinkt angewiesen sind, können wir uns noch viel leichter irren. Ich frage jedenfalls, warum sollen wir diesen Umweg gehen, wenn es einen direkten Weg gibt. An sich wäre es ja gleichgültig, ob jemand so oder so denkt und fühlt, wie es auch an sich gleichgültig ist, ob jemand Briefmarken sammelt, oder nicht. Aber es ist in der gesamten menschlichen Gesellschaft nicht gleichgültig, weil die Religion gerade die Kräfte für sich absorbiert, die sonst zur Verfeinerung der Beziehungen der Menschen untereinander verwendet werden könnten. Der religiöse Mensch fühlt sich seelisch befriedigt durch sein religiöses, auf das Anschauen Gottes gerichtetes Leben, er kennt seinen Wert und überhebt sich leicht unbewußt über seine Mitmenschen. Leicht fehlt ihm die Bescheidenheit und der Takt, die das Zusammenleben von Menschen erträglich machen. Und so ist die Religion eine innere Hemmung für den Sozialismus, und nicht nur eine innere. Aber unsere Zeit verlangt entwicklungsgeschichtlich Sozialismus, nicht Religion.

Die Zeit der Religion ist aus. Die Religion hat lange genug bewiesen, daß sie dem Menschen nicht das menschenwürdige Leben verschaffen kann, sie denkt materialistisch, zentralisiert Macht, beherrscht. Der gute Sozialist kann nicht religiös sein. Die Menschheit, nicht die Gottheit, fordert seine ganze Kraft. Hier, nicht in der Religion, ist für uns die Möglichkeit, unsere inneren Kräfte zu steigern, unsere Qualität zu verbessern. Die Religion kultiviert das aufs Ferne gerichtete Gefühl und vernachlässigt das Nächstliegende.

1924

[Die normale Bühne Merz]

Die normale Bühne Merz ist eine normale Montierbühne. Sie verwendet nur normale Formen und Farben als Begleitung und Hintergrund für typische und individuelle Formen und Farben. Die normale Bühne Merz ist einfach und zeitgemäß, billig, stört nicht die Handlung, ist leicht zu verändern, unterstützt die Handlung durch Unterstreichen der beabsichtigten Wirkung, kann mitspielen, sich bewegen, paßt für jedes Stück.

1925

Normalbühne Merz   1925

Die Bühne ist nur Begleitung der Handlung des Stückes. Sie soll so einfach und unauffällig sein wie möglich, damit die Handlung hervortritt, SOWEIT SIE NICHT SELBST AKTIV AN DER HANDLUNG TEILNIMMT. Die begleitende Normalbühne verwendet die einfachsten Formen und Farben: GERADE, KREIS, EBENE, WÜRFEL, WÜRFELTEIL; – SCHWARZ, GRAU, WEISS, ROT. – Die Teile sind so einfach konstruiert, normiert und gefärbt, daß sie zueinander leicht in Beziehung gebracht werden können. Zum Beispiel finden sich die gleichen Normalmaße und Normalfarben immer wieder. Alles ist leicht gebaut, leicht transportabel, leicht veränderlich, so daß es während der Vorstellung variiert werden kann. Die Normalbühne dient als Hintergrund und Begleitung für JEDES STÜCK, das als gutes Drama WESENTLICH HANDLUNG ist. Die verwendeten flächenhaften Kulissen sind von zwei Seiten verschieden bemalt, z. B. die Seitenwände schwarz und grau.. Diese sind außerdem um ihre senkrechte Mitte drehbar und können in jede Drehung um ihre Achse gebracht werden, wodurch der charakteristische Ausdruck des gesamten Bühnenbildes bestimmt werden kann. Wahl der Farbe entsprechend. Zur Unterstützung des Ausdrucks dienen seitlich einzuschiebende rote, schwarze oder graue Dreiecke oder Kreissegmente, sowie Würfel, Würfelteile, Gruppierungen von Würfelteilen, Kugelteile von gleichem Radius, die auf dem Boden der Bühne stehen. Zur Unterstützung dienen auch senkrecht von oben oder waagerecht von der Seite schwebende schwarze oder rote Balken, eine von oben schwebende rote Kugel, die durch Senken und Heben den Ausdruck sehr stark beeinflussen kann, von oben her seitlich ins Bühnenbild drehbare rote Kreissektoren. Vor und mit diesen einfachsten regelmäßigen Formen werden je nach Bedarf typische und auch individuelle Formen verwendet, etwa ein Baum zur Andeutung des Waldes, oder ein Horn, wenn etwa Jagd gespielt werden soll, ein Becher zum Trinken usw. Und vor und mit diesen einfachen Formen spielen DIE SCHAUSPIELER in ihrer einfachsten Form, d. h. nicht als Kuben, sondern ALS MENSCHEN, ohne sich irgend den geometrischen Formen der Bühne anzupassen. Denn wie der Würfel die einfachste Form in der Architektur ist, so ist der Mensch die einfachste Form für seinen Typ, für seine Art. Es ist hier nicht wichtig, daß die sichtbare Bühne ein Bild aus gleichartigen Teilen wird, sie darf überhaupt kein Bild werden, sondern muß stets durch bildmäßige Schiefheit schon hindeuten auf den nächsten Zustand, der die Auflösung des vorigen Zustandes und neue Schiefheiten bringt. Kleidung der Schauspieler ist gewöhnlich, üblich, entsprechend der zu spielenden Rolle. Das Verwenden von Masken oder ungewöhnlicher Bekleidung oder Bekleidung, die nicht gemäß der Handlung ist, muß vermieden werden bei den TRÄGERN DER HANDLUNG. Dahingegen können Menschenmengen durch Masken uniformiert werden, ebenso alle Personen, die nur Staffage sind. Dinge, mit denen die Spieler spielen, können je nach ihrer Bedeutung normale, typische oder individuelle Form haben. Ein Spieler kann z. B. auf einem Kasten oder auf einem Stuhl sitzen, er kann aber nicht aus einem Kasten trinken, dazu braucht er eine Tasse oder einen Becher. Wichtig ist, daß alle auf der Bühne notwendigen Dinge eine Form haben, die die Handlung nicht beeinträchtigt, sondern unterstützt. DAS WICHTIGSTE IST DIE HANDLUNG. Man verwechsle nicht die Normalbühne Merz mit der Merzbühne: das ist etwas Grundverschiedenes. Die Normalbühne ist SACHLICH, ist BEQUEM, ist BILLIG.

Die Normalbühne ist sachlich, weil sie nicht durch unnötige Imitation von Naturgebilden stört, sondern die Handlung sinngemäß begleitet. Daß anfangs dem üblichen Theaterbesucher die Gestaltung als ungewöhnlich auffällt, oder die ungewöhnliche Gestaltung auffällt, ist belanglos für die Richtigkeit dieser Idee, der Normalbühne. Darum zieht doch der Würfel weniger Aufmerken auf sich, als irgend eine organische Form, weil er einfacher ist. *Die Normalbühne* ist bequem, weil sie schnell und leicht variiert werden kann. *Die Normalbühne* ist billig, weil sie für jedes Stück zu verwenden ist. Es sind nur kleine Anschaffungen für typische oder individuelle Dinge erforderlich.

Aber:
Nur ganz ungewöhnlich begabte Bühnenarchitekten und Regisseure können mit den einfachsten Mitteln *so* gestalten, daß das Stück trotzdem das individuelle, nur für das betreffende Stück passende Milieu erhält. Die Gestaltung allein ist entscheidend für die Einheit des Ausdrucks von Bühne und Drama.

1925

Einige praktische Anregungen zur Normalbühne = MERZ

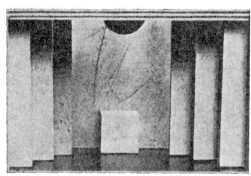

Einfache Form der Normalbühne = Merz

Die Normalbühne = Merz ist ein Instrument, auf dem man jede erforderliche Begleitung für jede Art von Theaterstück spielen kann. Die Farben sind so einfach wie möglich, damit die Bühne stets Hintergrund oder Begleitung bleiben kann. Dadurch wird nicht ausgeschlossen, daß unter besonderen Bedingungen die Bühne auch aktiv, selbst spielend, das Spiel unterstützt. Auch die Formen sind zurückgeführt auf möglichst einfache Arten.

Als Lokal- oder Anstrichfarben verwendet die Normalbühne nur Schwarz, Weiß, Mittelgrau, Rot, und zwar nur eine Art Rot, leuchtend Zinnoberrot. Als Formen verwendet die Normalbühne nur die ebene Fläche, den Würfel von 90 cm Seitenlänge, kastenförmige Teile dieses Würfels mit dem Divisor 2,4 usw., wodurch Längen von 45, $27^{1}/_{2}$, $13^{3}/_{4}$ ... cm entstehen, und andere normale Formen. Die Seitenlänge von 90 cm ergibt für das Spiel gute Maße, z. B. Höhe 45 cm zum Sitzen, Höhe $27^{1}/_{2}$ cm als Stufe für Treppen. Die Normalisierung ermöglicht das schnelle Aufbauen von Gruppen, die stets zusammenpassen. Zu dem Normalinventar gehört noch eine Kugel von 135 cm Durchmesser. Zunächst der Grundriß der Bühne. Es ist ein ganz spezieller Grundriß, und es ist klar, daß der Grundriß den räumlichen Verhältnissen angepaßt werden muß. Höhe des Bühnenrahmens 405 cm. Aus der Zeichnung ist die Anordnung der Seiten- und Rückwände deutlich ersichtlich. Die Seitenwände sind um ihre Mitte drehbar um 360°. Man kann sie also je nach Bedarf in eine gerade Linie bringen, die dann zu der unteren Rahmenlinie im Winkel von 60° steht, oder senkrecht, waagerecht, schräg zu dieser Linie stellen. Zur Vermittlung von Senkrecht und Waagerecht auf der Bühne, und allgemein zum Vermitteln, dienen Flächen in Form von Dreiecken, Kreissegmenten, Kreisabschnitten mit normalen Maßen. Sie werden teilweise auf dem Boden seitlich hereingeschoben, teilweise, z. B. die Kreissegmente, von der Seite her hereingedreht. Stellung der drei oder vier Rückwände aus Zeichnung ersichtlich. Sie werden zum Schnürboden hochgezogen. Die Kugel hängt an einem dünnen, grauen Seile vom Schnürboden herab. Sie kann gehoben, gesenkt und nach rechts und links bewegt werden. Außerdem sind eine große Zahl von weitmaschigen Schleiern, viereckig, von oben herunterzulassen. Die Schleier sind grau und dienen zum Ausbalancieren von Tonunterschieden. Dadurch können Komplexe zusammengefaßt werden. Zum Hervorheben von einzelnen Teilen dienen Scheinwerfer. Die Scheinwerfer waren auf der alten Bühne das einzige normalisierte Inventar. Von der Seite aus waagerecht und von oben aus senkrecht können lange, balkenförmige Kästen eingeführt werden. Diese sind nach rechts und links und nach oben und unten verschiebbar und können gemeinsam ein Kreuz bilden. Gerade diese Balken können den Ausdruck sehr beeinflussen und bequem während des Spiels verändert werden. Ich habe 2 Balken in meinem Modell vorgesehen von der Größe $13^{3}/_{4}$: $41^{1}/_{4}$: 360, resp. 270. Die Hinterwände haben Türen, die nach Bedarf geöffnet werden. Überkleben einer Tür durch Rot oder Schwarz kann die Tür markieren, allgemein sind die Türen nicht von der Fläche farbig getrennt. Versenkungen überall, wie üblich. Eine besondere Form zum Vorsetzen ist 45 × 45 × 90, als Sitz.

1925

Normalbühne

Die Normalbühne MERZ, die nicht verwechselt werden darf mit der Merzbühne, bekümmert sich nicht um Fragen wie die, ob man auf der Raumbühne oder auf der Guckkastenbühne spielen soll. Der Normalbühne MERZ ist es nur wichtig, zu normalisieren, ganz gleich, ob auf der Raumbühne oder auf der Guckkastenbühne. Die Bühne soll zu dem werden, was sie sein müßte: Schauplatz der Handlung. Die Bühne darf nie die Aufmerksamkeit besonders auf sich lenken, weder durch ein Zuviel, noch durch ein Zuwenig. Der Schauplatz der Handlung ist die von der Logik der Natur bestimmte Begleitung der Handlung; und so soll die Bühne die Handlung sinngemäß begleiten.

Ich habe für die Theaterausstellung in Wien im Jahre 1924 ein Modell der Normalbühne MERZ gebaut, welches für eine Guckkastenbühne gedacht war, und aus dem man fälschlich schloß, daß ich damit etwa für die Guckkastenbühne demonstrieren wollte. Vergleichen Sie dazu die ›Nachworte‹ von Dolbin im ›Sturm‹, XVI. Heft 7 u. 8 zu der Internationalen Ausstellung neuer Theatertechnik in Wien. Ich kann mir sehr wohl eine normale Raumbühne denken, und werde in New York in der ›Exposition Internationale of New Theatre Technique‹ im Januar 1926 neben der normalen Guckkastenbühne von Wien auch einen Entwurf einer normalen Raumbühne ausstellen. An dieser Stelle muß ich auch noch auf 2 Irrtümer im Ausstellungskatalog zu der Wiener Theaterausstellung aufmerksam machen. Durch ein Versehen des Setzers, der ursprünglich an jener Stelle einen Artikel benannt ›Stegreifbühne‹ gesetzt hatte, der aber dann entfernt und durch meinen Artikel ›Merzbühne‹ ersetzt wurde, ist der Titel ›Stegreifbühne‹ stehen geblieben. Aber MERZ ist durchaus nicht Stegreif, denn es rechnet mit allen Gegebenheiten als Faktor. Meine Normalbühne MERZ ist dann versehentlich unter Nr. 101 ›Merzbühne‹ genannt.

Das Wichtigste für das Theater ist das Spiel. Zwar erfordert das Drama an sich das Spiel nicht, es kann gelesen werden. Es kann auch gesprochen oder gespielt werden. Wenn das Drama gespielt wird, ist es sich selbst nicht genug, dann verlangt es auch neben den Schauspielern die Bühne, da der körperliche Schauspieler eine körperliche Einkleidung braucht. So wird die Bühne, für die das Drama ursprünglich nicht gedacht war, in der Praxis zum wichtigen Faktor. Allein schon, wenn ein Schauspieler sich setzen will, braucht er einen Sitz. Es braucht nicht ein Stuhl zu sein, er kann sich auch auf einen Kasten oder auf die Erde setzen. Allerdings würde die Handlung besonders betont, wenn er sich auf die Erde setzte, weil es ungewöhnlich ist. Will der Schauspieler trinken, so braucht er eine Tasse oder ein Glas. Es ist unmöglich, daß er aus einem Kasten trinkt. Alles, was der Schauspieler zum Spiel gebraucht, ist Bühne. Und Sie sehen schon, daß durchaus nicht alles normalisiert werden kann. Wenn Sie einen Spieler trinken sehen, so wird die Tasse Ihre Aufmerksamkeit nicht von der Handlung ablenken, wohl aber der Tisch mit raffiniertem Tafelschmuck und die ganze hochherrschaftliche Zimmerdekoration. Eine ruhige Wand, aufgeteilt in wenige Flächen dahingegen, wird niemand stören können. Die Wand und der Tisch können normalisiert werden, die Tasse nicht. Wichtig ist, daß die Bühne einfach und selbstverständlich in allen Teilen ist, daß durch sie das Stück hervorgehoben wird.

Ich unterscheide auf der Bühne normale, typische und individuelle Dinge. Der Held ist individuell, die Volksmenge und die Tasse sind typisch, der Sitz, die Wand und das Licht sind normal. Durch Werten dieser ungleichwertigen Dinge gegeneinander entsteht das künstlerische Gleichgewicht.

Auf der Normalbühne MERZ wird die einfachste Körperlichkeit, verbunden mit der einfachsten Farbe, alles reduziert auf wenige normale Werte, zum Instrument, das zur Begleitung des Spiels gut dienen kann, ohne besonders die Aufmerksamkeit auf sich zu lenken, ohne zu stören; aber auch ohne den Schauspieler, der doch zum Schauen spielt, aus seiner Dreidimensionalität herauszureißen.

Zuerst will ich hier mein Modell der Guckkastenbühne erklären. MERZ verwendet stets alte Gegebenheiten für neue Zwecke. Die Normalbühne MERZ verwendet das vorhandene Bühnenhaus als Grundlage. Das Spiel und der das Spiel tragende Schauspieler bleiben Hauptsache, die Bühne wird Begleitung. Der Schauspieler wird im Gegensatz zu der normalisierten Bühne nicht normalisiert, und zwar, wenn er Träger der Handlung ist. Er spielt in üblicher, selbstverständlicher und natürlicher Kleidung und in ganz natürlicher Weise vor und mit der normalen Bühne. Er ist Individuum, unteilbar, daher nicht normalisierbar, und spielt also individuell. Staffagepersonen und Volksmengen müssen zumindest typisch gekleidet sein und typisch spielen, denn alles soll nur dienen, die Handlung der wenigen Hauptpersonen hervorzuheben.

Gegenstände, die das Spiel erfordert, müssen teils individuell, teils typisch, teils normal sein, je nach dem Zweck. Aber nur das unbedingt Notwendige darf typisch oder gar individuell sein, alles andere ist normal. Dadurch entsteht der große Vorteil, daß alles Bedeutende besonders hervorgehoben wird, bedeutend mehr, als auf der üblichen gleichförmigen Bühne. Es entsteht unzweideutige Klarheit, und Klarheit ist die erste Forderung unserer Zeit. Zwar erscheint zuerst die Normalbühne dem Beschauer als neu, aber sie wird ihm allmählich vertraut, und selbstverständlich durch die stets gleichen normalen Elemente. Das Vertrautsein aber bewirkt, daß er nicht mehr die Elemente, sondern nur noch den Aufbau sieht. Er kann nun direkt genießen, ohne von zufälligen Äußerlichkeiten erst abstrahieren zu müssen, wie er es bei der üblichen gegenständlichen Bühne tun muß. Daß dem Theaterbesucher von gestern diese Bühne neu erscheint, besagt gar nichts, auch nicht, daß sie seine Aufmerksamkeit auf sich lenkt, weil sie ihm noch neu erscheint, denn alles Neue lenkte einst seine Aufmerksamkeit auf sich. Er scheut immer vor dem Neuen und kann deshalb nicht sachlich werten.

Die Normalbühne ist für Szenenwechsel sehr bequem, denn die einfachen Kuben nach normalen Maßen lassen sich leicht versetzen und aneinander passen, daher kann die Normalbühne gut die Handlung durch Veränderungen während des Spiels begleiten. Jede Bewegung hat ihren eindeutigen Ausdruck, wie jede Komposition. Ebenso hat auch jede Handlung ihren bestimmten Ausdruck. Es ist nun wichtig, daß der Ausdruck der Handlung mit dem der Bewegung und dem der Komposition parallel ist.

Alle verwendeten Materialien sollen echt sein. Holz ist als Holz und Farbe als Farbe zu verwenden, damit wir von der Talmibühne loskommen, die die Farbe z. B. als Haus oder als Landschaft verwendet. Dabei sind die echten Materialien billig. Farbe ist viel billiger als ein gemalter Wald. Besonders aber verbilligt der Umstand, daß jedes Stück wieder auf derselben Bühne gespielt wird, und es sind nur sehr wenige neue typische oder individuelle Dinge anzuschaffen, ein Lehnstuhl, ein Trinkglas oder die Pfeife für den Herrn Landpfarrer oder sowas daher. Die Schwierigkeit aber ist die Leitung. Bühnenarchitekt und Regisseur müssen in diesem Falle wirklich Künstler sein, d. h. Schaffende, damit sie mit richtigem Takt herausfinden, was individuell, was typisch, was normal sein muß.

Normale Form ist so allgemein, daß sie alles sein kann, typische Form ist die allgemeine Form einer Gattung, etwa Typus Mensch oder Typus Schieber, individuelle Form aber ist nur einmal da, etwa Herr Meier oder Goethe. Zwischen diesen Begriffen gibt es natürlich unzählige Zwischenstufen.

Es hat natürlich keinen Zweck, für *ein* Stück eine Normalbühne zu bauen, nur wer *alle* Stücke auf der Normalbühne spielen will, soll sich eine bauen.

Die Formen der Normalbühne sind auf wenige Grundformen zurückgeführt. Grundform ist der Würfel von 90 cm Seitenlänge. Davon abgeleitet sind kastenförmige Teile dieses Würfels. Am gebräuchlichsten in der Praxis sind die Kästen von den Größen: 90:45:90, 45:45:90, 45:22,5:90, 45:15:90, 22,5:15:90, 45:45:45 usw. (siehe Abbildung). Die Höhe 90 ist Tischhöhe, die Höhe 45 Sitzhöhe, die Höhe 15 Stufenhöhe. Da die Bühne Ausdruck vermitteln und Handlung begleiten soll, verwendet sie auch viele Dinge, die nicht von den handelnden Personen benutzt werden, sondern nur den Ausdruck durch Vermittlung über das Auge des Zuschauers verstärken. Man könnte das in erweitertem Sinne Dekoration nennen, wenn es auch weit mehr ist. Solche dekorativen Dinge sind in der Guckkastenbühne u. a. die Kulissen. Es folgt ein möglicher Grundriß meiner Bühne:

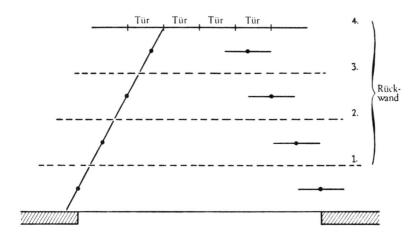

Es sind natürlich viele möglich. Hier sind 4 Rückwände vorgesehen, die je 4 bis 5 Türen haben. Die Türen sind mit der Wand gleichfarbig, nur die zu benutzende eine Tür wird farbig markiert. Die vier Seitenwände sind um ihre vertikale Achse drehbar, und es können schon durch zahlreiche Variationen in Stellung und Beleuchtung der Seitenwände eine große Zahl von verschiedenen Ausdruckswerten geschaffen werden, noch mehr, da die Wände vorn grau, hinten schwarz gestrichen sind. Vergleichen Sie dazu die Abbildungen. Man kann die Seitenwände in eine gerade Linie bringen, wodurch ein sehr ruhiger Raum entsteht [Abb. S. 211]. Zur Vermittlung von Senkrecht und Waagerecht dienen Flächen in Form von Dreiecken, Kreissegmenten und Kreissektoren. Sie werden teils auf dem Boden seitlich hineingeschoben, teils, wenn sie von oben herabhängen, seitlich hereingedreht, oder von oben heruntergelassen. Eine rote große Kugel hängt von oben und kann gesenkt und gehoben werden während des Spiels. Sie kann auch nach rechts und links bewegt werden, auch von vorn nach hinten und umgekehrt; große und dicke Balken hängen von oben und von der Seite in die Bühne hinein und können nach allen Seiten bewegt werden.

Zeichnung zur ›Normalbühne Merz‹ (Raumbühne), 1925

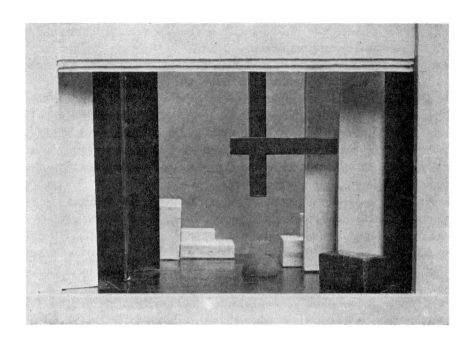

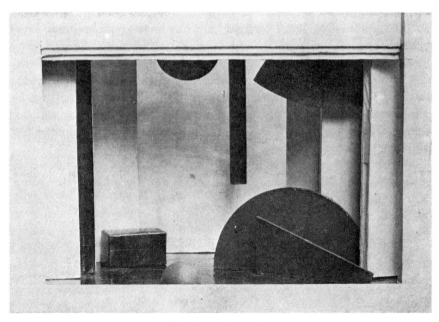

Modell der ›Normalbühne Merz‹ (Guckkastenbühne), 1925

Graue Schleier dienen zum Ausbalancieren von Tonverschiedenheiten. Auch zum Zusammenfassen von Komplexen.

Zum Hervorheben von einzelnen Teilen dienen Scheinwerfer. Die Scheinwerfer waren auf der alten Bühne das einzige normalisierte Material.

Die Kugel und die Balken können den Ausdruck sehr beeinflussen. Sie können auch bequem während des Spiels verschoben werden. Die gesenkte Kugel kann unheimlich und drohend wirken, die Balken in Form des Kreuzes ruhig usw. Versenkungen sind überall, wie üblich. Von der Seite und von oben werden dann noch, wenn zur Charakterisierung erforderlich, typische oder individuelle Dinge als letzte Betonung hineingeschoben.

Die Farbe dient auf der Normalbühne zur Gestaltung. Die meisten normalen Dinge sind grau in den verschiedensten Nuancen. Dazu kommen Weiß und Schwarz. Das alles ist die Farblosigkeit. Die Farbe wird wesentlich in ein Zinnoberrot normalisiert. Wenn der Eindruck stark farbig sein soll, so kommen zu dem Rot das Zitronengelb und das Blaugrün. Auf dieser Skala können dann alle individuellen Farben gespielt werden.

Die normale Raumbühne verwendet die gleichen Elemente wie die Guckkastenbühne. Es sind aber einige spezielle Erfordernisse für sie. Sie ist rund, kann allerdings auch viereckig sein. Die auf der Raumbühne verwendeten Dinge dürfen nicht über 90 cm hoch sein, denn der sitzende Mensch ist 130 cm, der stehende 165 cm groß. Und man muß auch den Sitzenden von allen Seiten sehen können. Die Raumbühne kann vom Saal aus durch eine oder mehrere Treppen, von unten durch Versenkungen, von oben mittels Aufzug, Förderkorb oder Strickleiter betreten werden. Es sind auch Hochstände einzubauen, die teils von oben an Stricken hängen, teils auf dünnen Stützen ruhen. Die Hochstände sind z. B. aus Glas. Man darf nie vergessen, daß das Spiel, das sich auf der Guckkastenbühne normalerweise von rechts nach links oder von vorne nach hinten abspielt, oder umgekehrt, daß sich dieses Spiel auf der Raumbühne selbstverständlich von oben nach unten oder umgekehrt abspielen muß.

Die Raumbühne kann auch so konstruiert werden, daß sie sich mit der dazugehörigen Deckenplatte langsam dreht, damit jeder die Schauspieler von allen Seiten sehen kann.

Um 1925

Einige praktische Anweisungen zur Normalbühne
(In der Grundrißskizze: grau, schwarz)

Die Farben und Formen sind so einfach wie möglich gewählt, damit die Möglichkeit besteht, daß die Bühne sich bei- oder unterordnet. Es bleibt jedoch nicht ausgeschlossen, daß sie sich unter besonderen Bedingungen in die Handlung einmischt, daß sie als Bühne handelt oder spielend hervortritt. Die Farben der Seitenwände sind grau auf 3 Flächen, auf der Rückfläche schwarz. Die Farbe des Fußbodens ist Schwarz. Die Farben der Segmente und Kreisabschnitte sind Schwarz oder Rot oder Weiß. Die Farben der Balken sind Schwarz, Weiß oder Rot. Die Farben der Kästen sind Schwarz, Weiß, Grau oder Rot. Die Kugel ist nur Rot. Beleuchtungen Weiß, Rot, Blau oder Gelb. Es gibt nur ein Rot, ein Gelb, ein Blau. Wichtig ist die rechte Verteilung der Schwerpunkte. Sehr wichtig ist, daß alles den Erfordernissen, den Gegebenheiten des Theaters und der Stadt, in der gespielt wird, angepaßt werden muß. Der Bühnenleiter muß durchaus komponieren können, muß Farbe und Form beherrschen können. Außerdem muß er einen sicheren Sinn für die Spannungen des Stückes haben. Er muß die optischen Verhältnisse zu den Verhältnissen der Handlung ausbalancieren können und sehr viel Fantasie haben. Kurz, er muß eine Künstlerpersönlichkeit sein. Der Schauspieler muß spielen (schaffend spielen, spielend schaffen).

1925

DIE NEUE GESTALTUNG IN DER TYPOGRAPHIE

F1

VON KURT SCHWITTERS
HANNOVER / WALDHAUSENSTR. 5

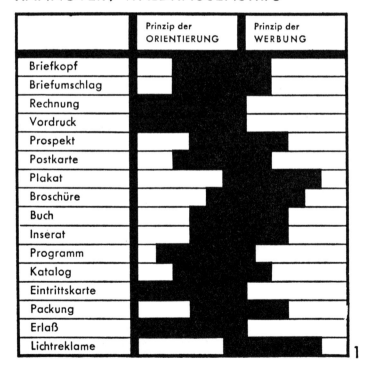

F₁ DIE NEUE GESTALTUNG . . . .

a ▌orientierende ——————————▐ Drucksachen
b ▌werbende ————————————▐ Drucksachen

das ist:
  ▌Zweck ——————————————▐ Mittel
  ▌literarisch logisch ——————▐ optisch logisch

und ist berechnet für:
  ▌Verstand ——————————————▐ Auge

das ergibt:
  ▌Text-Form ——————————————▐ Bild-Form
  ▌Symbol ————————————————▐ Zeichen

INHALT:

Gestaltung	Seite 3
Beziehungen	Seite 4 bis 7
Gesetze der Textform	Seite 8 und 9
Gesetze der Bildform	Seite 10 und 11
Die geeignete Schrift	Seite 12 und 13
Beispiele	Seite 14 und 15
Topographie der Typographie	Seite 16

..IN DER TYPOGRAPHIE F₁

Die neue Typographie erfaßt alles durch
GESTALTUNG

Logische, bewußte Gliederung in Text-Form und Bild-Form, sowie das Schaffen deutlicher Beziehungen in Text und Bild überzeugen durch Qualität, sind übersichtlich und mindern skeptisch-kritische Einstellung.

GESTALTUNG
ist Einheit aus Vielheit,
durch Auswahl, Begrenzung, Gliederung, Rhythmus,
durch ruhendes oder gerichtet bewegtes Gleichgewicht,
durch System

GLEICHGEWICHT	SYSTEM?
▎Auswägen ───────	▎Ordnen
▎ästhetisch	▎praktisch

Wichtig ist beides, aber das System ist dem Gleichgewicht überzuordnen.

3

F₁ BEZIEHUNGEN

zu schaffen, ist das Ziel aller Typographie.

Dabei folgt die Text-Form literarischen Gesetzen, die Bild-Form optischen.

Die Drucksache soll den gedachten oder gesprochenen Text optisch ausdrücken.

Die Bild-Form ersetzt die Text-Form, damit sich der Leser wieder die Text-Form zurück übersetzt.

Parallelität in der Übersetzung ist banal und falsch, da die Gesetze der Literatur und Optik verschieden sind.

Trotzdem soll das Wesentliche des Textes klar und eindeutig optisch ausgedrückt werden.

Die Bild-Form muß den Zug- und Druckspannungen der Text-Form entsprechen. (Vergl. Lissitzky, Seite 16).

Beziehungen schaffen Ordnung.

4

BEZIEHUNGEN IN DER TEXT-FORM F_1

Worte geben gedankliche Richtung.

Worte sind gerichtete Kraft.

Man kann die gerichteten Kräfte summieren oder multiplizieren.

Man kann sie auch subtrahieren oder dividieren.

Summieren ——————— lineare Beziehung
Multiplizieren ——————— flächige Beziehung

Beziehungen ergeben sich durch Über-, Neben-, Unter-Ordnen, durch Überschneiden, durch Wiederholungen, durch gemeinsames Streben nach gleichem Ziel.

usw.

Die Sprache als Werkzeug ist unvollkommen.

5

F₁ BEZIEHUNGEN DER BILD-FORM

linear, flächig, räumlich, dynamisch.

Lineare und dynamische Beziehungen verwendet die Typographie öfter als flächige und räumliche.

a. LINEAR

Statt der gedachten Mittellinie, die zwei unruhige Umrißlinien ergibt, konsequente Durchführung der vorderen Begrenzung als Gerade. (Dann ist nur der hintere Abschluß zufällig).

Lineare Beziehungen an jeder auffallenden Stelle des Textes. Keine Linie, kein Buchstabe darf ohne Beziehung sein. Man kann eine wichtige Grenze herunterholen, indem man einen Teil Satz überspringt.

Lineare Beziehungen können senkrecht, wagerecht, schräg sein.

b. FLÄCHIG

Beziehungen der ganzen Fläche zum Teil.
Beziehungen zwischen Satz, einzelnen Worten, Linien und unbedruckten Zwischenräumen.

Alles ist positiver Wert.

Während die Spannungen der Linien parallel zur Druckfläche gerichtet sind, stehen die Spannungen

BEZIEHUNGEN DER BILD-FORM F₁

flächiger Art senkrecht zur Druckfläche.

Jeder Farb- oder Helligkeitswert ist eine vor- oder rückwärts gerichtete Kraft.

c. RÄUMLICH

Als Illusion (Abbildung) oder Wirklichkeit (Giebel), Packung, Schaufenster usw.

Man muß hier wie der Bildhauer räumlich werten, nicht wie der Maler malerisch.

d. DYNAMISCH

Als Illusion (die sogenannte Bewegung von in Wirklichkeit ruhenden Linien, Flächen, Kuben) oder Wirklichkeit. (Wirklich bewegte Linien, Flächen, Kuben).

Man muß motorisch werten, die Bewegungen und Schnelligkeiten untereinander. Die ruhende Linie, Fläche, der ruhende Raum haben den Wert Null.

Beziehungen aller Werte untereinander.

Gleichgewicht muß erreicht werden. (Einheit).

Die Einheit kann ruhen oder gerichtet bewegt sein.

Die Beziehungen sind Material für das System.

F₁ GESETZE DER TEXT-FORM

ORIENTIERUNG.

Orientierung setzt eine Vielheit voraus.

Man orientiert sich durch Vergleichen verschiedener Dinge untereinander über jedes einzelne Ding.

Dazu müssen deutliche Begriffsgruppen geschaffen werden, die einander über-, neben- und unterzuordnen sind.

Die Begriffsgruppen addieren sich zur Summe.

Summe ist übergeordneter Begriff.

Durch addieren von Summen erhält man die höhere Summe.

Man vermehrt so die Fähigkeit des Lesers, Schlüsse zu ziehen.

Orientierung ist ruhend, ohne Mitte, passiv, objektiv.

Übergeordneter Begriff.

Über-, Neben-, Unterordnen.

Rhythmische Gliederung.

Eindeutigkeit.

Zweck: Sichere Übersicht vermitteln.

8

GESETZE DER TEXT-FORM F₁

WERBUNG.
Werbung erstrebt die Einheit.

Man wirbt am besten nur für **eine** Sache, nicht zugleich für mehrere.

Dazu müssen deutliche Begriffsgruppen geschaffen werden, die allein, zusammen, nebeneinander oder sich kreuzend für die eine Sache werben.

Die Begriffsgruppen multiplizieren sich zum Produkt.

Produkt ist erstrebtes Ziel.

Durch Multiplizieren von Produkten erhält man das höhere Produkt.

Man verhindert so die negative Kritik des Lesers.

Werbung ist bewegt, zentrisch, aktiv, subjektiv.

Das zu erreichende Ziel.

Wiederholung, Kreuzen.

Rhythmische Gliederung.

Eindeutigkeit.

Zweck: Urteil günstig beeinflussen.

9

F₁ GESETZE DER BILD-FORM

ORIENTIERUNG.

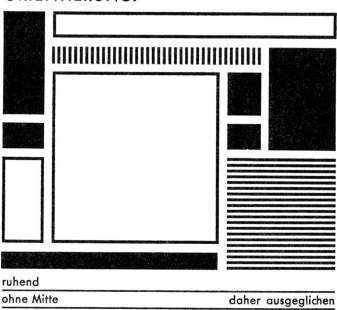

ruhend
ohne Mitte   daher ausgeglichen
passiv
objektiv
senkrecht - wagerecht -   Vierecke
Teile gleichartig, das Negativ jeden Teiles ist im Wesen gleich seinem Positiv
also - orientierend

10

GESETZE DER BILD-FORM   F₁

WERBUNG.

bewegt	
betonte Mitte	daher ausstrahlend
aktiv	
subjektiv	
parallel oder schräg,	alle beliebigen Formen
Teile verschiedenartig. Negativ und Positiv sind wesentlich verschieden, wie konvex und konkav	
also - werbend	aggressiv

F₁ DIE GEEIGNETE SCHRIFT

FUTURA

in allen Größen

und allen Schnitten, für alle Zwecke.

mager	4 - 84 Punkt
halbfett	4 - 84 Punkt
dreiviertelfett	6 - 84 Punkt
fett	6 - 84 Punkt
black	20 - 84 Punkt
schräg mager	6 - 48 Punkt
schräg halbfett	6 - 48 Punkt
schmalfett	6 - 84 Punkt
PLAKAT halbfett	8 - 60 Cicero
PLAKAT **fett**	8 - 60 Cicero
PLAKAT **schmalfett**	8 - 60 Cicero
PLAKAT **black**	8 - 60 Cicero

Bauersche Gießerei · Frankfurt am Main

Gezeichnet von Paul Renner, München

DIE GEEIGNETE SCHRIFT

FUTURA

ihre Vorzüge:

konstruktiv und bestimmt im Ausdruck,

klar, exakte Formen, gleichmäßiger Lauf, schmucklos,

elegant, rassig, klassisch rein, edel, ebenmäßig in den Verhältnissen, abstrakte Strenge,

neutral, große Ruhe des Satzbildes, lebendig im Versalsatz, vielseitig,

leicht lesbar, Betonung formaler Gegensätze der einzelnen Buchstaben, knapp, präzis,

gespannt, bewegt charaktervoll, technisch,

geistreich, trotz des sauberen Stils der Maschine; daher suggestiv.

NICHT DAS KLEINE a

unterscheidet die Futura wesentlich,
sondern ihre Gestalt, ihr Reichtum, ihre Durcharbeit.

F₁ BEISPIEL ORIENTIERUNG

deutliche Begriffsgruppen, Heftrand, Zeichen oben rechts, Anschrift absichtlich klein, trennende Linien.
Briefkopf für das Fürsorgeamt Karlsruhe, Entwurf Kurt Schwitters

STÄDTISCHES FÜRSORGEAMT KARLSRUHE
Bezirksfürsorgeverband Karlsruhe - Stadt
Anschrift: Städt. Fürsorgeamt Karlsruhe, Amalienstr. 35

Postscheckkonto: Wohlfahrtskasse 5343 Karlsruhe Geschäftsstelle:
Fernruf: 7004 — 7006
Geschäftszeit: 8 — 11 Uhr

An   Bearbeitungsvermerke:

                                      Betreff:

Beilagen: Geschäftsst. u. Betr. in der Antwort u. bei Zahlg. angeben.

Ihre Zeichen: Ihre Nachricht vom: Tag:

12.29.30000

Din A 4
Futura

Zeichen für Karlsruhe entworfen von Kurt Schwitters

14

BEISPIEL WERBUNG

Funktion des ausfließenden Wassers

zentrische Bewegung
ausstrahlend, aktiv

Schutzmarke für Weise Söhne

Entwurf Kurt Schwitters

Plakat von Kurt Schwitters — Schrägstellung

F₁ TOPOGRAPHIE DER TYPOGRAPHIE

von EL LISSITZKY
(aus Zeitschrift Merz vom Juli 1923)

1. Die Wörter des gedruckten Bogens werden abgesehen, nicht abgehört.
2. Durch konventionelle Worte teilt man Begriffe mit, durch Buchstaben soll der Begriff gestaltet werden.
3. Ökonomie des Ausdrucks - Optik anstatt Phonetik.
4. Die Gestaltung des Buchraumes durch das Material des Satzes nach den Gesetzen der typographischen Mechanik muß den Zug- und Druckspannungen des Inhalts entsprechen.
5. Die Gestaltung des Buchraumes durch das Material der Klischees, die die neue Optik realisieren. Die supernaturalistische Realität des vervollkommneten Auges.
6. Die kontinuierliche Seitenfolge — das bioskopische Buch.
7. Das neue Buch fordert den neuen Schrift-Steller. Tintenfaß und Gänsekiel sind tot.
8. usw.

Bewahren Sie dieses Heftchen auf, es folgen in der Serie **F** andere Hefte über die Druckgestaltung verschiedener Spezialgebiete.   KURT SCHWITTERS

1925

Sprache

Der Sinn und Zweck einer neuen Sprache wird erst dann gut, wenn sie bei Klarheit und Verständlichkeit auch kurz ist. Wichtig ist größte Vereinfachung und Zusammenlegung.

Wir gehen aus von Begriffen

sein (haben)   *nichtsein* (nicht haben)
  a   u

wollen (begehren)   *fürchten*   *vermuten*
  o   i   e

Die Aussprache der Vokale ist lang. Wenn sie kurz sein soll, kommt ein c hinter den Vokal.
Dadurch ergeben sich die Verben im Infinitiv. Nicht alle Verben beginnen mit Vokalen.

Pronomina:

ich	du	(er)	(sie)	es	wir	ihr	sie
b	d	m	n	g	p	t	k

Die Aussprache der Konsonanten ist tonlos, ausgeprägt, aber ohne Vokal, wie es die Kinder in der Schule lernen.

Das deutsche Alphabet ist

a b c d e f g h i h l m n o p q r s t u v w x y z

Ich verwende die doppelten Buchstaben zunächst nur als Zeichen. Ein c hinter einem Vokal bedeutet weiter nichts als Verkürzung, kurze Aussprache, also

a e i o u (lang)   ac ec ic oc uc (kurz)

Das c wird dadurch zum Knacklaut, zum kurzen Verschlußlaut, und wird so zum neuen Zeichen: c Allein spricht es sich wie die Absicht, der Wille zum Vokal.

Die Pronomina werden dem Verbum vorangesetzt

ich bin oder ich habe	------- ba
du bist oder du hast	------- da
er ist oder er hat	------- ma
sie ist oder sie hat	------- na
es ist oder es hat	------- ga
wir sind oder wir haben	------- pa
ihr seid oder ihr habt	------- ta
sie sind oder sie haben	------- ka

ich bin nicht oder ich habe nicht	------- bu
du bist nicht oder du hast nicht	------- du
er ist nicht oder er hat nicht	------- mu
sie ist nicht oder sie hat nicht	------- nu
es ist nicht oder es hat nicht	------- gu
wir sind nicht oder wir haben nicht	------- pu
ihr seid nicht oder ihr habt nicht	------- tu
sie sind nicht oder sie haben nicht	------- ku

ich will	------- bo
du willst	------- do
er will	------- mo
sie will	------- no
es will	------- go
wir wollen	------- po
ihr wollt	------- to
sie wollen	------- ko

Es ergeben sich die Bejahung ›ja‹ als ------- ac = ja
und die Verneinung ›nein‹ als ------- uc = nein oder nicht
und das Begehren oder ›wollen‹ als ------- oc = begehrt, gewollt, erstrebt

Bei Verben ist das nicht lang, es ist u und wird angehängt

ich will nicht	------- bou
du willst nicht	------- dou
er will nicht	------- mou
sie will nicht	------- nou

es will nicht	-------	gou
wir wollen nicht	-------	pou
ihr wollt nicht	-------	tou
sie wollen nicht	-------	kou

Die Aussprache ist wie zwei Laute hintereinander. Zur Verstärkung dient der angehängte sch-Laut. Ich schreibe ihn x, da x doppelt ist, zur Verminderung dient das angehängte l. Also viel oder sehr, gut, vollständig heißt sch, also wenig oder etwas heißt l.
basch heißt z. B.: ich bin sehr, d. h. ich fühle mich stark als Existenz. Dusch heißt: du fühlst dich wenig existent. Mosch heißt: er will sehr.

1926

Prag
(erster Brief)

Die Stadt Prag ist eine eigentümliche und ganz ungewöhnliche Stadt. Sie können sich den Eindruck nicht vorstellen, wenn jemand von dem nüchternen Hannover kommt, um Prag zu sehen. Fremdenführer und Abbildungen geben ja gar kein Bild, es muß erlebt werden. Sie kommen da mit der Eisenbahn durch das aus Miniaturfelsen gebaute Elbsandsteingebirge, vorbei an der Festung Schreckenstein von Richter und an den mit der Luftpumpe aufgepumpten Bergrücken von Salesel ins Hügelland. Darin liegt in einer anmutigen Mulde Prag. Auf dem schwarzen Bahnhof hält der Zug, und es riecht direkt nach Ausland. Alles spricht eine unerhörte Sprache, und alle Aufschriften haben Haken und umgekehrte Dächer, in die es leicht hineinregnen kann. Lesen können Sie nichts, verstehen noch bedeutend weniger. Wer wie ich zuletzt in Holland gewesen ist, erinnert sich unwillkürlich daran, daß er im Ausland ausländisch reden muß und redet natürlich holländisch. Aber das wird Ihnen schlecht belohnt. Jede andere Sprache ginge hier besser als gerade holländisch. 20 Dienstleute reißen Ihnen den Koffer aus der Hand, und Sie stehen in einem großstädtischen Leben, wie Sie es noch nie erlebt haben. Wenn Sie nicht überfahren werden, verdanken Sie es nur Ihrem geschickten Dienstmann, der sicher durch das Fahren der Autos und Wagen hindurchkommt. Denn hier in Prag gibt es tatsächlich noch Pferde. Es ist übrigens, wie Sie bald erfahren, deshalb so gefährlich auf der Straße, weil alle Gefährte verkehrt fahren, d. h. auf der verkehrten Seite. Denn man biegt in Prag einander links aus, nicht rechts. Gehen Sie über die Straße, so sehen Sie immer nach der verkehrten Seite hin und denken, alles wäre leer, nur in der Ferne führe ein Wagen weg. Inzwischen fährt aber schon einer so hart an Ihnen vorbei, daß Sie es bald bemerken, daß es wichtiger ist, den Prager Verkehr als die Aufschriften zu studieren, die Sie doch nicht verstehen. Würden Sie nun in irgend einem Hotel nach einem Zimmer fragen, so würden Sie die Antwort erhalten: »Alles besetzt.« Aber der Dienstmann weiß Bescheid, er weiß, wo das letzte Zimmer frei ist und bringt Sie zum Blauen Stern. Kommen Sie, wie ich, im Mai 1926 an, so beunruhigt Sie bald ein Schild, das als breites Band über eine schmale Straße gespannt ist, mit der Aufschrift: »Hospodařska Vistasa.« Sie können unmöglich das ř aussprechen, denn Sie haben nicht gelernt, von unten zu spucken. An der Waterkant spuckt man von oben. Hat Ihnen nun der Dienstmann vorgelesen, was da steht, so wissen Sie nicht, was es bedeutet. Aber für Sie ist es auch belanglos, es ist weiter nichts als eine landwirtschaftliche Ausstellung. Das Hotel heißt eigentlich bloß ›Blauer‹, denn das Wort Stern wird nicht geschrieben, sondern gezeichnet: ✡ so etwa. Da sind Sie am großstädtischen Platz von Prag. In der Mitte von verkehrt fahrenden Wagen steht ein Schutzmann und hantelt, hinter ihm ist ein ...

[Fragment]

1926

Phantastische Gedanken

Wenn wir die Dinge und uns durch menschliches Denken betrachten, so kommen wir zu ganz sonderbaren Resultaten. Wir müssen uns zunächst darüber klar sein, daß unser ganzes Denken nicht Mathematik ist, sondern menschliche Logik. Ist doch schon unser Sehen erheblich verschieden von dem rein optischen Wahrnehmen des photographischen Apparates, und unser Denken ist von der mathematischen Richtigkeit noch bedeutend verschiedener. Daß es nicht gelingt, unser Denken in Einklang mit der Mathematik zu bringen, zeigt uns nur, daß die Mathematik kein rechtmäßiges Kind der Menschheit ist, sondern ein angenommenes. Wie mir scheint, ist die Mathematik nichts anderes als die Umgangssprache der Himmelskörper untereinander. Wir Menschen denken nicht 1, 2, 3, 4, 5, oder 1, $1/2$, $1/4$, $1/8$, $1/16$, oder 2, 3, 14159 . . ., sondern wir denken: ich, du, wir, ihr. Dieses Denken ist mathematisch ungenau, denn dieses Ich ist schon verschieden, wenn derselbe Mensch es zu verschiedenen Zeiten denkt, obgleich es für ihn dasselbe Ich bleibt. Und es wird noch erheblich verschiedener, wenn ein anderer Mensch das Ich denkt. Noch bedeutend verschiedener ist das Du.

Es soll hier nun der Versuch gemacht werden, über einige Dinge zu denken, soweit der Autor eben darüber denken kann. Denn man kann in seinem Denken den Dingen nie auf den Grund kommen.

Zunächst der Begriff Einheit. Es ist der Gegensatz zu Vielheit, ein zusammengehöriges Ganzes, also nicht bloß lose aneinandergereihte Teile. Der Mensch ist solch eine Einheit. Ich bin, du bist, wir sind eine Einheit.

Es ist, betrachtet von dem Begriff Einheit aus, kein wesentlicher Unterschied zwischen der Einheit Mensch und der Einheit Menschheit. Und doch ist der Mensch von sich verschieden jeden Augenblick. Wenn Sie diese Erkenntnis etwa in die mathematische Formel eins gleich unendlich bringen wollten, oder wenn Sie sagten eins ist ungleich eins, so würden Sie Unsinn schreiben, oder Mathematik mit menschlichem Denken betrachten. Aber vielleicht ist die ganze Mathematik deshalb ein Unsinn, weil wir nicht rein abstrakt denken können. Unser Denken stimmt nur solange, wie es noch durch körperliche Vorstellungen unterstützt wird. Die Mathematik sagt: 1 plus 1 gleich 2 und sagt, daß dieses 2 dann doppelt so groß wäre wie 1. Das kann sich ein Mensch aber nur als Menge, als Raum, als Gewicht oder als Zeit vorstellen. Sie können klar sehen, daß ein Meter vermehrt um noch einen Meter gleich zwei Meter ist; weniger deutlich, daß eine Minute vermehrt um eine Minute gleich zwei Minuten ist. Aber plötzlich versagt diese Denkweise, wenn man wesentlich denkt. Nicht die Erscheinung, sondern das Wesen ist wichtig für die Einheit. Im Wesen gibt es aber kein Summieren im Sinne von 1 plus 1 gleich 2, sondern nur ein Balancieren. Jedes Plus ist immer ein Minus, denn jedes Plus ist Veränderung im Wesen und bedingt ein Subtrahieren in anderer Beziehung zur Erhaltung des Gleichgewichts. Wenn sich ein Mensch mit einem Dinge intensiv beschäftigen will, so darf er nicht nebenbei eine andere Beschäftigung haben, denn das zweite Ding vermindert seine Aufmerksamkeit für das erste. Eine Tasse Tee mit zwei Stücken Zucker ist gleich zwei Tassen Tee mit vier Stücken Zucker. Wir Menschen sind mit einem bestimmten Wesen zur Welt gekommen. Es war Gleichgewicht vorhanden, wodurch wir zur Einheit geworden waren. Das Wesen verändert sich. Wir selbst können viel an uns verändern, wenn wir wesentlich betrachten. Wir können ebensogut das Wesen aus eigener Kraft erhalten. Wir müssen statt zu summieren, statt Wissen auf Wissen oder Reichtum auf Reichtum zu häufen, warten, durch unsere Beschäftigung an unserem Wesen arbeiten.

Die Religion denkt wesentlich, die Mathematik nicht.

1926

Kunst und Zeiten

Wir haben das deutsche Wort Kunst. Es deutet hin auf ein Können. Was soll hier gekonnt werden?

Der alte Mensch sagt: »Ein Können aus uns gibt es nicht, denn die ganze Welt, von der wir nur ein winziger Teil sind, steht neben uns, und sie kann viel richtiger als wir, so viel richtiger, daß unser Können nur ein Nachahmen sein kann, eine Imitation der durchaus gekonnten Natur. Es ist hier für diese Anschauung gleichgültig, ob die Nachahmung streng oder persönlich ist; Nachahmung bleibt Nachahmung. Die Nachahmung ist Schwäche und Irrtum. So entstanden Imitations-Landschaften und Porträts, Programmusik, und endlich auch die sogenannten Stile, die unsere Zeit überfluten.

Man muß aber qualitativ werten, und da stehen wir als einzelner Mensch einer Welt gegenüber, die zwar als Menge den einzelnen weit übertrifft, aber im Wesen uns gleich ist. Wir werden durch den Verkehr mit der Welt das, was wir werden konnten, und wir werden als aufmerksame Weltbürger der Welt immer verwandter. Nun sehen wir das gleiche Streben, Wachsen, Werden und Vergehen bei uns wie bei unserer Umwelt. Es wird dieses besonders deutlich beim Kunstwerk. Wenn Sie wesentlich sehen, dann erscheint Ihnen das Kunstwerk, ich meine hier etwa Werke von Braque, Gleizes, Boccioni, van der Leck, Mondrian, Doesburg, Malewitsch, Lissitzky, Moholy, Hans Arp, Mies van der Rohe, Hilberseimer, Domela, von mir selbst oder auch die Arbeiten eines noch unverbildeten Kindes, also dann erscheint Ihnen das Kunstwerk als Einheit. Die

Einheit ist zeitlich und räumlich begrenzt, als Ding, das aus sich wächst, in sich ruht und unterscheidet sich wesentlich nicht von anderen Dingen in der Natur. Das frühere, imitierende Bild aber unterscheidet sich bedeutend von der umgebenden Welt, es war wesentlich bloß Imitation, während das neue naturalistische Kunstwerk wächst wie die Natur selbst, also ihr verwandter ist, als die Imitation je sein konnte. Ich verweise hier auf das Heft ›Nasci, MERZ 8/9‹, das ich mit Lissitzky zusammengestellt habe. Sie sehen dort deutlich demonstriert die wesentliche Gleichheit von einer Zeichnung Lissitzkys und einem Kristall, von einem Hochhause von Mies van der Rohe und dem streng sparsamen Aufbau eines Oberschenkelknochens, Sie werden die konstruktive Tendenz der Stellung der Blätter zum Stengel erkennen, Sie werden die fotografierte Oberfläche des Mars für ein abstraktes Gemälde, etwa von Kandinsky, halten, weil es bloß durch einen schwarzen Streifen eingerahmt ist. Sie werden bei meinem ›i‹-Bilde sehen, daß die Natur, der Zufall, oder wie Sie es nennen wollen, oft Dinge zusammenträgt, die in sich dem entsprechen, was wir Rhythmus nennen. Die einzige Tat des Künstlers ist hier: erkennen und begrenzen. Und im letzten Grunde ist das überhaupt die einzige Tat, deren ein Künstler überhaupt fähig ist: begrenzen und erkennen. Denn wenn auch der Kristall [einen] wesentlich gleichen Aufbau hat wie die Zeichnung von Lissitzky, so ist er doch Kristall, nicht Kunstwerk, während Lissitzkys Zeichnung Kunstwerk, nicht Kristall ist. Das Erkennen von Kunst aber ist eine angeborene Fähigkeit, entstanden aus dem angeborenen Triebe, sich schöpferisch künstlerisch, ordnend künstlerisch betätigen zu müssen.

Und so kommen wir auf die Ursache der Kunst, sie ist ein Trieb, wie der Trieb, zu leben, zu essen, zu lieben. Triebe sind begründet im Gesetz des Menschen, und der Trieb zu etwas kann bei einem Menschen stark, bei einem anderen Menschen schwach vorhanden sein. Triebe sind aber nicht im Zusammenhang mit der sozialen Einstellung oder der Bildungsstufe des Menschen [zu sehen]. Da nun, soviel ich beurteilen kann, durch Vorhandensein des Kunsttriebes keine natürliche Auswahl im Sinne Darwins stattfinden kann, weil der Kunsttrieb für die übrige Entwicklung des Lebens belanglos ist, so ist als bestimmt anzunehmen, daß die durchschnittliche Häufigkeit des Vorkommens dieses Kunsttriebes zu allen Zeiten und in allen Kulturen gleich ist. Aber immer nur sind wenige Menschen künstlerisch begabt. Diese wenigen nehmen dadurch eine Ausnahmestellung ein, und je nach der Mode lacht man über sie, oder man empört sich, oder man vergöttert sie. Kunstvölker oder Kunstzeiten, etwa wie Griechenland, Renaissance, gibt es nicht, es gibt nur Zeiten der Kunstmode. Wir haben soeben eine Zeit der Kunstmode hinter uns, und als Reaktion darauf ist die Kunst jetzt sehr unmodern geworden. Aber man darf sich dadurch nicht täuschen lassen. Darum taugt unsere Zeit ebensogut zur reinen Betätigung der Kunst wie alle anderen Zeiten, und es wäre eine Selbsttäuschung, etwa anzunehmen, daß die Kunst nicht mehr in unsere Zeit oder in die Zukunft paßte. Im Gegenteil, man braucht nicht Prophet zu sein, um eine Mode der Kunst in der Zukunft voraussagen zu können. Und in unserer Zeit ist sogar eine qualitative Höchstleistung der Kunst selbstverständlich, weil unsere Zeit frei ist von der in Kunstmodezeiten üblichen modischen Verflachung der Kunst. In Zeiten der Kunstmode beschäftigen sich viele Unberufene mit der Kunst, weil solche Beschäftigung Geld, Ruhm oder angesehene Stellung bringt. Das sind die Mitläufer und Imitatoren, die nur dazu dienen, das Ansehen der Kunst zu verunglimpfen.

Gerade diese selben Modekünstler werden in Zeiten der Mode der Kunstverfolgung am meisten gegen die Kunst eifern, denn sie gehen immer mit der bequemen Mode und können so am ersten etwas für sich erreichen. Aber die Kunst ist nicht an den Berufskünstler gebunden, denn es gibt einen solchen Beruf in diesem Sinne nicht. Und so kann es kommen, daß die Kunst neben den beruflich arbeitenden Nichtkönnern liegt, wo sie niemand vermutet von der Gemeinde der Snobs, etwa im Spiel des Kindes oder im Handwerk. Die Kunst ist eben eine eigentümliche Blume, die keinerlei Bindung verträgt. Sie ist überall da zu finden, wo ein kräftiges Wachsen aus einem Gesetz und ein richtiges Werten der Teile gegeneinander, die ein Ganzes bilden wollen, vorhanden ist.

In unserer Zeit ist wohl ein Ende der vergangenen Kunstmode festzustellen. Es gibt dafür viele sichere Zeichen, zum Beispiel, daß viele Berufskünstler von der Kunst lassen, daß sich der zur Lächerlichkeit macht, der den Künstlerberuf in der Kleidung zur Schau trägt, daß das allgemeine Interesse an der Kunst ganz erheblich nachgelassen hat. Statt dessen ist das allgemeine Interesse an Sport und Technik sehr gewachsen. Aber das bedeutet nichts gegen die Notwendigkeit und Lebensfähigkeit der Kunst. Und für das gesunde Gedeihen des künstlerischen Schaffens und gegen das Überwuchern des Unkrauts ist es der glücklichste Zustand. Zwar wird es dem Künstler schwer gemacht, sich durch künstlerische Tätigkeit zu ernähren, aber das hat ein Künstler nie fertig gebracht, auch zu Zeiten der Kunstmode. Denn der Käufer ging auch damals mit großer Geschicklichkeit an dem Künstler und an dem Kunstwerk vorbei. Tatsache ist, daß viele Berufskünstler jetzt andere Berufe haben, nur darf man aus dieser Tatsache nicht folgern, daß sich die künstlerische Tat an sich überlebt habe. Denn selbst da, wo sich die künstlerische Tat etwa in Handwerk oder Industrie als Gestaltung äußert, ist sie doch lebendig, und sogar viel lebendiger, als in dem Werk des Mode-Künstlers, der etwa nicht gestalten kann. So rettet sich vielfach jetzt die Kunst in Handwerk, Industrie, Spiel des Kindes, ohne daß sie dadurch unfrei würde, etwa indem sie ein Ding gestaltet, das einen anderen Zweck hat. Denn auch hier ist die Art der Gestaltung zwecklos, wie beim Staffeleibilde, sie hat, vom Standpunkt des industriellen Gegenstandes aus betrachtet, keinen Zweck. Ansichten wie die, daß die industriell einfachste, also beste Lösung gleichzeitig die künstlerisch einfachste, also beste Lösung wäre, lehne ich als falsch ab. Die künstlerische Gestaltung ist letzten Endes funktionell zwecklos. Kunst ist immer zwecklos, Selbstzweck. Die Menge aber, die das gute und schöne Auto bewundert, sieht hier nicht das, worauf es für die gute Gestaltung ankommt, sie sieht im günstigsten Falle das Modische, und es ist heute Mode geworden, trotz größter technischer Sachlichkeit einen industriellen Gegenstand auch künstlerisch zu gestalten. Aber das Publikum sah ja auch bei einem Leibl nicht die künstlerische Gestaltung.

Ich soll hier sagen, was ich von der Zukunft der Kunst hielte. Sie wissen mein Urteil schon. Sie wird stets in gleicher Frische leben, weil sie das Resultat eines prozentual gleichmäßig vorkommenden Triebes ist. Und dieser Trieb ist nicht auszurotten, weil jene Art verfeinerter, sensibler und degenerierter Menschen nicht ausstirbt. In welcher Form sich aber dieser Trieb äußern wird, ist nicht vorauszusagen, nur wird er sich sicher anders äußern, als man vorher vermutet. Denn Kunst ist stets ein Geschaffenes, und man kann nicht immer wieder dasselbe schaffen. Und andererseits braucht ein durchaus richtiges Ding, wie es der Ingenieur oder der Architekt schafft, nicht unbedingt Kunst zu sein, weil der Zweck nicht der der Kunst ist, nämlich: rhythmische Gestaltung.

Ob nun die Kunst im sozialen Staate noch Zweck hätte? Sie kennen meine Antwort schon. Für die Kunst ist es ganz gleichgültig, welche Form der Staat hat, denn sie ist das Resultat eines Triebes. Ob nun der soziale Staat die Kunst besonders pflegt oder vernachlässigt, das kann ich als Künstler nicht wissen. Jedenfalls ist es keine besondere Kunstpflege, wenn etwa Bilder und Filme im sozialen Staate sozialen Inhalt bekommen, wie auch der national bürgerliche Inhalt ehemaliger Bilder nicht Kunstpflege war. Einen das Soziale fördernden Zweck kann die Kunst nie haben, da sie sich ihrem Wesen nach nur um die Gestaltung kümmert. Aber man darf deshalb nun nicht den allgemein menschlichen Wert der Kunst auch im sozialen Staate unterschätzen. Denn gerade die Beschäftigung mit den Dingen, die nicht direkt notwendig sind für die wichtigsten Erfordernisse des Lebens, macht den Menschen frei von den kleinen Dingen des Alltags, erhebt den Menschen über sich selbst und seine Leidenschaften. Das künstlerische Werten, das in Beziehungsetzen der Werte eines Kunstwerkes, das zunächst zwecklos erscheint, das Schaffen von Rhythmus und das Nachempfinden solcher

Tätigkeiten, ist eine Übung und Stärkung für den Geist, die dieser in unserer so nüchternen und auf das Reale gerichteten Zeit so nötig hat, wie der Körper den Sport. Und nicht nur die Athleten, sondern gerade die Schwachen sollten ihren Körper durch Sport stärken; und so sollten gerade die kunstfremdesten Rationalisten ihren Geist durch Beschäftigung mit der zwecklosen Kunst elastisch erhalten.

1926

Daten aus meinem Leben

Es ist nicht gerade interessant, aus seinem Leben Daten zu schreiben, man kann nicht lügen, man hat nichts von Bedeutung erlebt, und man lebt doch. Ist es nicht gänzlich gleichgültig, wann ich geboren bin, außer für die Wahrsager. Aber ich gehöre nicht zu den Propheten, und ich glaube nicht daran, daß man aus den Linien der Hand, der Minute der Geburt, den Ereignissen des Lebens auf den Menschen schließen kann. Der wird immer anders, als man prophezeien kann. Hat man doch zum Beispiel meiner Mutter, als ich drei Jahre alt war, prophezeit, ich würde bald sterben, noch als Kind. Jetzt bin ich 39 Jahre und lebe noch. Allerdings werde ich jedes Jahr ein Jahr älter, und ich prophezeie es jedem Menschen, daß auch er jedes Jahr ein Jahr älter wird, falls er nicht sterben tut. Für die anderen Propheten gebe ich als Material, daß ich am 20. Juni 1887 geboren bin, leider etwas zu früh, denn ich erlebe meine Gottähnlichkeit nun nicht mehr. Aber wir Menschen sind alle zu früh geboren. Man kann ja später mal wiederkommen und dann seinen Ruhm genießen. Ich bin zum Beispiel der festen Überzeugung, daß ich früher einmal als Rembrandt van Rijn gelebt habe, denn nur die Lumpen sind bescheiden. Und ich kann mich so von ganzem Herzen freuen, wie man mich in dieser Form begeistert verehrt. Übrigens wollte ich ursprünglich Kutscher werden, um meine Mutter spazieren fahren zu können. Dann hatte ich die Absicht, Physik zu studieren, weil ich dazu noch weniger Begabung habe als zur Malerei. Aber ich entschloß mich zur Kunst und studierte an der Hannoverschen Kunstgewerbeschule, wodurch diese später einmal berühmt wird und eine Tafel erhält: »Hier ruhte usw.« Dann war ich 5 Jahre Musterschüler der Akademie in Dresden, wie es mir schien. Ebenfalls Tafel fällig. Ich lernte bei Bantzer Portraitmalerei, Herr Professor Bantzer ist dadurch Direktor der Akademie in Kassel geworden. Zwischendurch habe ich die Berliner Akademie blamiert, indem ich versuchte, dort als Schüler aufgenommen zu werden. Nach 4 Wochen wurde ich mit dem Begründen entlassen, als wie ich wäre vollständig talentlos. Das Schicksal teile ich mit Menzel. Daraufhin bekam ich ein Meisteratelier in Dresden bei Kühl. Herr wirklicher Geheimer Rat Professor Gotthard Kühl hat sich da in meinem Atelier höchstpersönlich auf meine Palette gesetzt, und wollte mich nun nicht mehr korrigieren. Mich aber regte dieser Vorfall zur abstrakten Malerei an. Die Palette ist mitten durch. Ich ging nun zu Herrn Professor Hegenbarth, um Tiere zu malen und Farbe zu lernen. Dann kam der Krieg. Ich heiratete und lebe noch in glücklicher Ehe mit Helma, geborene Fischer, mein Schwiegervater ist Prokurist der Hannoverschen Straßenbahn. Vielleicht können Sie daraus einige Schlüsse auf meine Kunst ziehen, wenn auch nur Trugschlüsse. Im Kriege habe ich mich dem Vaterlande und der Kunstgeschichte durch Tapferkeit im Vaterlande erhalten, ich war nur drei Monate Soldat, und zwar auf der Schreibstube. Dann habe ich mich für den nächstliegenden Beruf reklamieren lassen, als Zeichner für Handhebelausrücker und Zahnstangenausrücker für Hillkupplungen auf dem Eisenwerk Wülfel, wo wieder eine Tafel fällig ist. Sofort bei Ausbruch der großen glorreichen Revolution habe ich gekündigt und lebe nun ganz der Kunst. Zunächst suchte ich aus den Resten ehemaliger Kultur neue Kunstformen aufzubauen. Daraus entstand die Merzmalerei, eine Malerei, die jedes Material verwendet, die Pelikanfarbe ebensogern wie den Müll auf dem Müllhaufen. So erlebte ich die Revolution in der lustigsten Form und gelte als Dadaist, ohne es zu sein. Aber ich konnte deshalb vollständig unbefangen den Dadaismus in Holland einführen. In Holland lernte ich zum ersten Mal Architektur kennen. Obgleich ich schon einmal im Kriege 2 Semester Architektur studiert hatte. Jetzt habe ich einen Architekturverlag, den Apossverlag, der schon ein Heft von 32 Seiten herausgebracht hat, die Großstadtbauten von Ludwig Hilberseimer, das Sie unbedingt lesen müssen. Auch meine Zeitschrift MERZ, vierter Jahrgang, müssen Sie gelesen haben. Noch zu erwähnen ist meine außerordentliche Begabung zur Poesie, die ich in der Revolution entdeckte. Da habe ich das bekannte Gedicht an Anna Blume gedichtet. Eine besonders wertvolle Sentenz von mir ist: »Das Weib entzückt durch seine Beine; ich bin ein Mann, ich habe keine.« Wertvoller noch sind meine Lautdichtungen: »Fümmsböwötääzääuu, pögiff, kwiiee.: dedesnnnnrrrrrr, Ii Ee, mpiffltillfftoo till, Jüü Kaa. Rinnzekete bee bee

nnz krr müü, ziiuu ennze, ziiuu rinnzkrrmüü; rabete bee bee. Rrummpftillff-
toooo?...« Wenn Sie mehr wissen wollen, die ganze Sonate soll jetzt in Amerika gedruckt werden, Typographie von El Lissitzky. So, nun können Sie sich
eine ungefähre Vorstellung machen,
Hochachtungsvoll KURT SCHWITTERS.

1926

Mein Merz und ▬▬
Meine Monstre Merz ▬▬
Muster Messe im Sturm

Als ich seinerzeit zum ersten Male Merz im Sturm ausstellte, war es mir darum
zu tun, alles für die Kunst nutzbar zu machen, und meine künstlerischen Fähigkeiten an jedem beliebigen Material zu erproben. Denn Kunst ist nichts anderes
als Gestaltung mit beliebigem Material. Im Laufe der Zeit gelangte ich zu einer
gewissen Auswahl, indem ich mir voll bewußt war, daß diese Auswahl nur ein
privates Vergnügen ist. Heute ist mir das Wichtigste die präzise Auswahl und
die präzise Gestaltung. Nicht als ob ich dadurch etwa ein fertiges Werk schaffen
zu können glaubte. Denn es ist unmöglich, auf dieser Welt etwas schlechthin
Vollendetes zu schaffen.

Für diejenigen aber, die behaupten, wir alle malten jetzt wieder wie früher
nach der Natur, möchte ich erklären, daß meine neuen Arbeiten mit Kopie der
Natur wenig zu tun haben. Auch der Einfluß von Ingres auf mich ist doch nur
sehr gering zu nennen. Ich selbst bin es mir kaum bewußt, aber ich bin auch nicht
Picasso. Der Kritik würde ich vorschlagen, lieber zu schreiben, ich wäre von
Moholy, Mondrian und Malewitsch beeinflußt, denn wir leben im Zeitalter des
M, siehe Merz. Man nennt das Monstruktivismus. Vor einigen Jahren hieß es
noch: »Kandinsky, Klee, Kokoschka«, alles mit K. Davor hieß es Lissitzky mit L.
Wir machen eben das ganze ABC der Entwicklungen durch. Heute ist nun die

Mode bei M angelangt, weil eben das Alphabeth so weitergeht. Und eines Tages, wenn die Entwicklung bis S gekommen sein wird, heißt es plötzlich: ›Schwitters‹. Ja, ja, Kunst ist Mode.

Sie fragen, weshalb ich nicht mehr jedes beliebige Material verwendete? Nicht als ob ich die Gestaltung jeden Materials erreicht hätte, sondern das kann man nicht, es ist schlechterdings unmöglich und endlich auch unwichtig. Wichtig ist nur das Prinzip. Heute ist es die präzise Form, die ich Ihnen zeigen will neben geklebten und genagelten Arbeiten wie früher. Nicht als ob mir die Form das Wichtigste wäre, denn dann wäre meine Kunst dekorativ. Nein, es ist das Lied, das in mir klang, als ich arbeitete, das ich in die Form hineingegossen habe, das nun auch zu Ihnen klingt durch die Form. Sind Sie musikalisch? Ich meine musikalisch für Farben, Flecken und Linien? Übrigens denken Sie nie, daß ich im Kampfe mit der alten Kunst lebte. Ich kämpfe gegen das Alte, nicht gegen die Kunst. Ganz im Gegenteil will ich ein Instrument mitschaffen helfen, das jeder Künstler verwenden kann.

Aber was das Instrument anbelangt, bin ich der Meinung, daß sich keine Zeit genügend selbst kennt, um zu wissen, was in ihr wertvoll ist und bleibend sein wird. Gewiß, wir haben heute eine Zeit der Technik, das unterscheidet uns von früheren Zeiten. Es wird uns von späteren Zeiten nicht mehr unterscheiden, denn wir werden die Maschine behalten. Wir haben auch eine Zeit des Verkehrs, der praktischen Erfordernisse. Das alles wird bleiben für die Zukunft. Aber ob die Kunst im Sinne der Technik arbeiten soll, kann mir niemand beweisen. Gewiß hat der Konstruktivismus seinen Wert, denn er zeigt, daß man auch so Kunstwerke unter Umständen gestalten kann, aber das ist seinem eigenen Programm entgegen, welches an Stelle von Kunst Konstruktion setzen will, ohne den Rhythmus in der Konstruktion als Wichtigstes zu erkennen.

Aber wenn die Kunst der Zeit gefordert wird, sollte nicht gerade die Erlösung aus der Zeit der Technik, des Verkehrs, der praktischen Erfordernisse die Kunst eben dieser Zeit sein? Jede Zeit muß sich selbst erlösen, weil sie an sich allein leidet. Aber nichts kann den Geschäftsgeist, den Geist der praktischen Konstruktion mehr erlösen, als das nutzloseste aller Dinge auf der Welt: ›Die Kunst‹. Und so wage ich es selbst heute noch, mich offen zur Kunst zu bekennen. Ich weiß, daß es heute, wo Kunst nicht mehr Mode ist, ein Wagnis ist, sich so zu kompromittieren. Aber ›M‹ ist gerade Mode, weshalb soll Merz zurückstehen? Kunst war Mode mit Klee und Kandinsky, in der Serie K. Aber ich habe die alte Tradition geerbt. Wenn heute keine Kunst mehr leben würde, so lebte noch ein Künstler, ich höre Sie schon dreimal »Bravo« rufen: der Künstler heißt, und wenn es auch eine Schande wäre und wenn es auch davon zeugte, daß der Be-

treffende ein rückständiger Trottel ist, ich kann es ruhig und ohne Überheblichkeit sagen, weil es ja heute keine Auszeichnung mehr ist, Künstler zu sein, dann eher schon Chauffeur, also der einzige Künstler wäre, rufen Sie noch dreimal »Bravo«, kein Geringerer als Ihr sehr ergebener
Kurt Schwitters

1926

Wenn man das richtig überlegt...

»Wenn man das richtig überlegt...«, sagt neben mir einer. Der Mann hat recht. Man soll sich eben alles erst einmal richtig überlegen. Denn wer richtig überlegt, der kann unter Umständen auch zu richtigen Schlüssen kommen. Er kann, er muß nicht etwa. Allerdings, wenn da mancher manchmal vorbeidenkt, das kommt meist nur davon, daß er es sich nicht richtig überlegt hatte. Und zwar vorher. Denn man muß immer vorher richtig überlegen, nicht nachher. Denn nachher weiß man oft auch ohne richtige Überlegung, was man vorher falsch überlegt hatte. Das heißt, wem es früh genug ist, nachher zu wissen, was er vorher nicht richtig überlegt hatte, der kann sich die Mühe sparen zu überlegen. Und wenn man es richtig überlegt, dann ist es auch wirklich überflüssig, vorher richtig zu überlegen, denn man kann ja abwarten, was kommt, und das ist immer bedeutend bequemer, als erst groß zu überlegen.

1926

[Was Kunst ist, wissen Sie...]

Was Kunst ist, wissen Sie ebensogut wie ich, es ist nichts weiter als Rhythmus. Wenn das aber wahr ist, so beschwer ich mich nicht mit Imitation oder mit Seele, sondern gebe schlicht und einfach Rhythmus mit jedem beliebigen Material, Straßenbahnfahrscheinen, Ölfarbe, Holzklötze, ja, da staunen Sie Bauklötze, oder mit dem Wort in der Dichtung, dem Ton in der Musik, oder wie Sie wollen. Darum sehen Sie sich nicht das Material an, denn das ist unwesentlich. Suchen Sie nicht versteckt irgendeine Imitation von Natur, fragen Sie nicht nach Seelenstimmungen, sondern suchen Sie trotz des ungewöhnlichen Materials, den Rhythmus in Form und Farbe zu erkennen. Mit Bolschewismus hat das ebensowenig zu tun wie der moderne Bubikopf. Dafür ist es die Essenz aller Kunst, das heißt, jedes Kunstwerk aller Zeiten mußte diese primäre Forderung erfüllen, Rhythmus zu sein, sonst war es nicht Kunst.

1926

Der Rhythmus im Kunstwerk

Zwar ist es zuerst wichtig, daß der Künstler schafft, aber von Zeit zu Zeit ist die Zeit reif, daß ich eine Anfrage erhalte, was ich eigentlich über Kunst denke. Und ich kann ja immerhin einige Aufschlüsse geben.
    Ich bin der Ansicht, daß der Künstler seine Kunst gar nicht ernst genug nehmen kann, und daß er sich beim Schaffen um nichts anderes kümmern darf, etwa um Politik, soziale, nationale oder kirchliche oder gar philosophische Dinge, denn darunter würde seine Kunst zuerst leiden, weil man nur ein Ding zur gleichen Zeit intensiv betreiben kann.
    Kunst ist für mich ein Ding, das aus seinen Gegebenheiten so selbstverständlich wächst, wie der Baum, das Tier, der Kristall. Kunst ist nie Nachahmung der Natur, sondern Kunst ist selbst Natur. Kunst ist stets Schaffen, kann also nie Nachahmung sein, besonders nicht Nachahmung der Kunst eines anderen; die so beliebte Imitation. Damit ist nicht gesagt, daß ein Kunstwerk prinzipiell nichts darstellen dürfte. Wenn die Erfordernisse des künstlerischen Rhythmus gewahrt sind, so ist eine Darstellung, die etwa dem Verständnis für die Formgebung den Weg weist, wohl erlaubt.
    Das Wichtige beim Bilde ist der Rhythmus, in Linien, Flächen, Hell und Dunkel, und Farben; kurz, der Rhythmus der Teile des Kunstwerks, des Materials. Am klarsten wird der Rhythmus im abstrakten Kunstwerk.

Im Gegensatz zu der Kritik halte ich Hannover für die erste Kunststadt in Deutschland. Es ist wohl wahr, daß Hannover in der Zeit, als die Kunst viele Abwege ging, zurückgeblieben ist, aber es hat alles wieder nachgeholt.
In einer so merkwürdigen Stadt wie Hannover, in der nebeneinander Steegemann, Haarmann, Gleichmann, Wilhelm Gross, Behrens, Dorner, v. Garvens und viele andere wohnen, in der Typhusepidemien ausbrechen, da muß auch eine eigentümliche Kunst wachsen.
Wir haben gegenüber den sogenannten Kunststädten den Vorteil, daß wir nicht an veraltete Tradition gebunden sind, und statt dessen haben wir in Hannover eine mustergültige Kunstpflege. Die Kestnergesellschaft hat uns ungefähr alles gezeigt, was heute geschaffen wird, und unser Museum ist das einzige in Deutschland, das einen Raum für abstrakte Gemälde hat. Es ist daher kein Wunder, daß in Hannover am meisten abstrakt malende Künstler wohnen, es sind vier: Vordemberge, Nitzschke, Buchheister und ich. Und ich glaube, daß gerade eine Stadt wie Hannover mir die wertvollsten Anregungen gegeben hat.

1926

Nennen Sie es Zufall

Anmerkungen:
verschieden von der üblichen Art der Filme ist, daß
1) die Texte nicht bloß Erklärungen der Handlung sind, sondern selbständige Dichtung, daß
2) die großen Teile in naturalistischer Darstellung nicht durch Texte irgendwie unterbrochen werden und daß
3) die Handlung so unkompliziert wie möglich ist, damit das visuell Filmische selbständiger wird.

Zu 1: Die Titel sind ein Text, der etwa einzeln herausgenommen die Darstellung durch die Bilder nicht mehr nötig haben würde. Er ist so geformt, daß man ihn als lyrische Dichtung bezeichnen könnte, welche reichlich Anlaß gibt, zum Gefühl, zur Sentimentalität. Die Bilder begleiten diesen Text parallel oder

gehen zeitweise ihren eigenen Weg. Jedenfalls ist der Titel aus Verlegenheit vermieden, der da steht, weil der Operateur sich ohne Titel nicht mehr verständlich machen konnte, und der um Verzeihung bittet, daß er da stehen mußte.
Zu 2: Hier wäre gleich zu 3 mit zu erklären, daß die großen Teile nicht durch Texte unterbrochen werden brauchten, weil die Handlung sehr unkompliziert ist. Die Handlung ist so einfach, daß jeder sie verstehen muß, der die Vorgeschichte mit den Texten, die als Einkleidung dient, gesehen hat. Und selbst wer sie nicht kennt, würde viel raten können. Durch das Fehlen der Texte ist ohne Frage die Aufmerksamkeit größer, da man nicht immer wieder die Auflösung der Rätsel des Films in unzweideutigen leeren Worten hören muß.
Man sieht und braucht nicht zu hören.
Zu 3: Es ist ein selbstverständliches Erfordernis, daß bei einem visuellen Film im Gegensatz zu einem literarischen der Operateur sehr geschickt sein muß. Das Optische muß sehr reizvoll werden.

Die Spannung des Zuschauers, man könnte sagen sein Interesse an der Handlung, ist bis zur Auflösung kurz vor dem Schluß rege; das Verlangen nach einer Auflösung wird sehr stark, da es vermieden ist, die eine Haupthandlung durch kreuzende Nebenhandlungen zeitweilig aus dem Kreis des Interesses zu bringen. Eine starke Gegenhandlung dient der Handlung zur Kräftigung. Übrigens ahnt der Zuschauer bis zum Schluß nicht die letzte Wendung in der Handlung, die trotzdem an dieser Stelle sehr plausibel wirkt, und die plötzlich die Gegenhandlung siegen läßt.

Neuartigkeit, Einheitlichkeit, Einfachheit, Spannung, Mitfühlen, das sind so einige Schlagworte, die das Wesen des Films, nennen Sie es Zufall, etwa bestimmen könnten.

1926

Merzbuch 1
Die Kunst der Gegenwart ist die Zukunft der Kunst

Merz ist ein Standpunkt, den jeder benutzen kann. Von diesem Standpunkt aus kann er nicht nur die Kunst, sondern alle Dinge, mit einem Wort die Welt betrachten. Für mich ist Merz eine Weltanschauung geworden, ich kann meinen Standpunkt nicht mehr wechseln, mein Standpunkt ist Merz. Dieses wurde so während der Arbeit eines Jahrzehnts. Ich bitte den Leser, mir hier nicht böse zu sein, daß ich von mir selbst viel schreibe, aber die Entwicklung des Gedankens Merz hängt ganz eng zusammen mit meiner persönlichen Entwicklung, ist von ihr untrennbar. Vergleicht man hier und da in der Welt den Einfluß von Merz auf größere Kreise, wie z. B. merkwürdigerweise besonders in Gruppen, wo die Zeitschrift MA ganz Merz zu sein scheint, so haben doch, soviel mir bekannt geworden ist, meine Anhänger nichts wesentlich Neues oder Wichtiges zur Entwicklung hinzugetragen.

Für den Standpunkt, den ich Merz nenne, sind 3 Voraussetzungen:
1. Der Mensch kann nichts schaffen im Sinne der allmächtigen Gottheit, er kann nichts aus dem Nichts schaffen, sondern bloß aus bestimmten Gegebenheiten, aus bestimmtem Material. Das Schaffen des Menschen ist nur ein Gestalten von Gegebenem.
2. Die Vollkommenheit ist uns Menschen unerreichbar.
3. Der Künstler will im Werk nur das erstreben, was er auch erreichen kann.

Dazu kommt das ernste Streben, alles so gut, so ehrlich, so offen, so logisch wie möglich zu machen. Was sich hieraus ergibt, ist Merz.

Merz ist das Lächeln am Grab und der Ernst bei heiteren Ereignissen.

1926

Merzbuch 2

Am besten wird es sein, Ihnen zu erklären, wie ich zu Merz kam, dann wird Ihnen Merz klar werden. Vielleicht wird es Sie interessieren, etwas aus meiner Kinderstube zu erfahren. Ich meine meine künstlerische Kinderstube. Erst Daten aus meinem Leben. Geboren bin ich am 20. 6. 1887. Vater Kaufmann, Manufakturwarenhandlung, Mutter Direktrice im Geschäft des Vaters. Großeltern Handwerker. Schule Realgymnasium I in Hannover bis zum Abiturium. Während der Schulzeit Autodidakt. Während der Zeit Aquarelle wie Abbildung 1, Harzburg. Bitte beachten Sie den gleichen Rhythmus, das gleiche Gefühl in diesem Aquarell und meinen letzten Merzarbeiten. Dieses ist eine persönliche Angelegenheit, jeder Mensch hat seinen ihm eigenen Rhythmus, seinen persönlichen Rhythmus; der Künstler will den Rhythmus des Werkes kultivieren, der allgemein ist, nicht seine persönlichen Eigentümlichkeiten. 1910 bis 1914 Kunstakademie Dresden, Professor Bantzer (Portrait), Direktor Kühl (Genre). Aus der Zeit bilde ich ab das Stilleben mit Abendmahlskelch und die Kesselträgerin.

1926

Allgemeine Reklame

»Verlangen Sie nur...«

Merz-Werbe: Wollen Sie nicht bald damit beginnen, Ihre Reklame der Neuzeit entsprechend umzugestalten? Ihre bisherige Reklame verfehlt ihren Zweck, denn sie fällt nicht mehr auf in dem Strom neuer Reklamen. Nur wer zur rechten Zeit das Richtige tut, hat den Vorsprung, der ihm den Erfolg bringt.
   Warum machen Sie unnütze Reklame? Bedienen Sie sich der wirkungsvollen Reklame, die Ihnen die Merz-Werbe liefert, und Sie werden den Erfolg haben.
   Warum suchen Sie nach einem Fachmann, der Ihnen sicher und wirkungsvoll Ihre Propaganda bearbeitet, wenn Ihnen die Merz-Werbe das Richtige schafft? Warum? Beeilen Sie sich, unsere Hilfe in Anspruch zu nehmen!
   Es ist nicht genug, gute Ware zu erzeugen, wichtig ist auch, daß es die Kundschaft weiß.
   Wie ein Baum über den Boden ragt, so ist die Qualität meiner Erzeugnisse über alle Anforderungen erhaben.

1926

Grotesken und Satiren

(Ein Sammelbuch für meine Dichtungen)

Einleitung:
Es sind in diesem Buche Grotesken und Satiren gesammelt. In diesen Dichtungen sind natürlich irgendwelche Verhältnisse humorvoll erzählt. Den Humor kann selbstverständlich nur der erkennen, der über den Verhältnissen steht, die satirisch behandelt wurden, im anderen Falle kann es sogar vorkommen, daß der Leser selbst angegriffen wurde. Daher kommt es, daß immer einige aus meinem Publikum sich beleidigt fühlen, denn man hört nicht gern seine eigenen Schwächen.

[Fragment]

1927

»KURT SCHWITTERS
gibt uns wieder, was wir lange entbehrten: Geheimnis. Der Grundzug in seinem Schaffen scheint mir große Ehrlichkeit zu sein. Er ist ein wahrer Mensch, er folgt treu wie Wenige dem Gesetze seiner inneren Notwendigkeit. Er sucht das Unmittelbare, den Geist.«

Diese Betrachtung Adolf Behnes im Cicerone setze ich voran. Denn weshalb soll ich etwa Kritiken abdrucken, die nicht so objektiv und nicht so klug und verständnisvoll sind, wie die Behnes. Denn es besteht heute eine unüberbrückbare Kluft zwischen einem großen Teil der Kunstliebhaber mit ihren Kritikern, und den meisten zeitgemäßen Künstlern. Hier will man die Natur schön kopiert haben, dort will man neben die Natur ein Gebilde stellen, das so gesetzmäßig ist wie die Natur, das selbst Natur ist. Vergleichen Sie dazu das Heft 8/9 von Merz, genannt nasci, welches sich eingehend und demonstrativ mit diesem Thema beschäftigt. Red. Lissitzky/Schwitters.

Kunst ist nie Nachahmung der Natur, sondern aus ebenso strengen Gesetzen gewachsen, wie die Natur. Ich zeige zur Zeit eine Entwicklungsausstellung meines Werkes, von der ein Teil im Sturm im November 1926 gezeigt wurde. Sie wird im März 1927 im Nassauischen Kunstverein in Wiesbaden ausgestellt, wandert dann im Mai zu Schames nach Frankfurt a. M., und im Juli nach Bochum, im August in die Ruhmeshalle nach Barmen, im September zur Galerie Dr. Bekker in Köln, dann weiter und weiter, über Braunschweig nach wohin Sie wollen: Konstantinopel, New York, Shanghai, eben hoffentlich nach allen Plätzen. Aber das ist bisher nur mein Projekt, und Sie können durch Ihr Interesse dazu beitragen, daß es zur Wirklichkeit wird. Bis jetzt geht es gutwillig nur bis Braunschweig. Liebes Publikum, liebe Kritik, zeigen Sie Interesse.

Sie werden fragen, wie es kam, daß dieser schöne Traum aller Kunstliebhaber nun endlich in Erfüllung ging? Nun, das kam einfach daher, daß ich am 20. 6. 1927 gerade 40 Jahre alt werde. Das ist so ein halbes Menschenalter, und man feiert so etwas gern durch Zeigen des halben Lebenswerkes. Man kann schon etwas sehen, und es ergeben sich so schöne und zahlreiche Ausblicke in die Zukunft, eben, es ist ein interessantes und wichtiges Ereignis, Punkt.

Bei der Gelegenheit möchte ich gleichzeitig für die zahlreichen Glückwünsche, die ich erhalten werde, bestens und tiefgerührt danken, da ich bei der großen Menge nicht imstande bin, sie alle persönlich zu beantworten. Ich stelle hier Bilder und Zeichnungen aus meiner Entwicklung aus, und da möchte ich erst einige Worte über diese Entwicklung sagen. Es ist die übliche, die wir ja alle durchmachen, von der Naturnachahmung zu den abstrakten Gestaltungen. Aber Sie wollen es im Detail hören. Geboren bin ich Anno 1887 in Hannover als Sohn von Henriette Schwitters, geborene Beckemeyer und Eduard Schwitters. Meine Eltern hatten ein Damenkonfektionsgeschäft in Hannover am Theaterplatz. Ich besuchte das Realgymnasium I in Hannover bis zum Maturum und habe dann 1 Jahr an der Kunstgewerbeschule in Hannover gearbeitet. Dann war ich Schüler der Dresdener Akademie von 1909 bis zum Anfang des Krieges, besonders bei Professor Bantzer (Portrait), Geheimrat Kühl (Genre), und Professor Hegenbarth (Tiermalerei). Sie können an meinen ersten Arbeiten noch die Einflüsse meiner Meister spüren, etwa Kühl in 1 und 4, Hegenbarth in 2 und 3, und heute noch in 31. Bantzers Einfluß sehen Sie wieder in 17 vom Jahre 1921. Im Kriege habe ich an allen Fronten des Waterlooplatzes in Hannover gekämpft, im Felde war ich nie. Aber nach Absolvierung der Schreibstube kam ich als Hilfsdienstpflichtiger auf das Eisenwerk Wülfel, wo ich im nächstliegenden Beruf als Maschinenzeichner ausgebildet und für Handhebelausrücker für Hillkupplungen spezialisiert wurde. Ich habe dann auch 2 Semester Architektur studiert. In der stürmischen Kriegszeit machte ich innerlich und äußerlich ohne Meister und fast ohne Zeit zum Schaffen meine Wandlung in der Entwicklung durch vom Abmalen zum Malen. Die ersten Versuche dazu im Malsaal Bantzer wurden weiter ausgearbeitet, und so entstanden 1918 die ersten rein abstrakten Gemälde in Öl, etwa Nr. 13. Sie finden in meiner Ausstellung die Überleitungen etwa von Hegenbarth zu den Abstraktionen in der Reihenfolge 6, 8, 9, 10, 11, 12. Man kann hier deutlich beobachten, wie allmählich mehr und mehr die Genauigkeit der Naturnachbildung vernachlässigt wird, zu Gunsten einer intensiveren bildhaften Komposition. Denn es ist nicht möglich, beides gleichzeitig intensiv zu tun, abzumalen und zu malen. An Stelle der individuellen und speziellen Naturbeobachtung tritt jetzt mehr und mehr objektives und allgemeines Studium des Bildes und seiner Gesetze. Anfangs wird noch der Versuch gemacht, ganz bestimmte spezielle Stimmung zu malen, etwa in 13 das Gefühl der Unendlichkeit. Aber das Ziel ist das Allgemeine, das Ganze.

In den Bildern der folgenden Jahre wird der Ausdruck immer allgemeiner, und gelangt zum Schluß zu dem ganz abstrakten Ausdruck von Gelb, Rot, Blau zu Grau und Weiß, bei besonderer Bevorzugung von einfachen Flächenverhältnissen und manchmal sogar einer nur senkrecht-waagerechten Komposition. Für diese Entwicklung in den Farben und Formen war es an sich gleichgültig, daß ich aus rein menschlichen Gründen, sagen wir einmal aus Moral oder allgemeiner Gerechtigkeit, außer der Tubenfarbe zum Herstellen von Gemälden jede beliebige Farbe, wie sie auch entstanden sein mochte, verwendete. Ich sah nämlich den Grund nicht ein, weshalb man die alten Fahrscheine, angespülte Hölzer, Garderobenummern, Drähte und Radteile, Knöpfe und altes Gerümpel der Bodenkammern und Müllhaufen nicht ebensogut als Material für Gemälde verwenden sollte, wie die von Fabriken hergestellte Farbe. Es war dieses gewissermaßen eine soziale Anschauung, und künstlerisch betrachtet ein Privatvergnügen, besonders aber letzte Konsequenz. Weshalb man mir eigentlich dieses so übel genommen hat, daß es durch mich Bilder aus abgelegtem Material gibt, kann ich nicht begreifen. Aber es ist so. Ich sehe auch nicht den Grund der langen, häufigen und oft sehr böswilligen, ja sogar gehässigen Kritiken über meine Bilder und Dichtungen der Jahre 1919 bis etwa 1923 ein, denn es kann sich doch der Kritiker nicht denken, daß er imstande wäre, die Zeit zurückzuschrauben, oder gar mich durch seine Kritik zu beeinflussen. Ich nannte meine neue Gestaltung mit prinzipiell jedem Material MERZ. Das ist die 2te Silbe von Kommerz. Es entstand beim Merzbilde, einem Bilde, auf dem unter abstrakten Formen das Wort MERZ, aufgeklebt und ausgeschnitten aus einer Anzeige der KOMMERZ UND PRIVATBANK, zu lesen war. Dieses Wort MERZ war durch Abstimmen gegen die anderen Bildteile selbst Bildteil geworden, und so mußte es dort stehen. Sie können es verstehen, daß ich ein Bild mit dem Worte MERZ das

MERZbild nannte, wie ich ein Bild mit »und« das und-Bild und ein Bild mit »Arbeiter« das Arbeiterbild nannte. Nun suchte ich, als ich zum ersten Male diese geklebten und genagelten Bilder im Sturm in Berlin ausstellte, einen Sammelnamen für diese neue Gattung, da ich meine Bilder nicht einreihen konnte in alte Begriffe, wie Expressionismus, Kubismus, Futurismus oder sonstwie. Ich nannte nun all meine Bilder als Gattung nach dem charakteristischen Bilde MERZbilder. Später erweiterte ich die Bezeichnung MERZ erst auf meine Dichtung, denn seit 1917 dichte ich, und endlich auf all meine entsprechende Tätigkeit. Jetzt nenne ich mich selbst MERZ.

In meiner Ausstellung sind als typische MERZbilder zu sehen die Nummern 14–16, 18 und 19. Das waren Bilder aus der Zeit der leidenschaftlichen Erforschung der Materialien, aus meiner Revolutionszeit. Allmählich kam dann aus meinem Studium der Materialien und der Bildgesetze die Auswahl, das Zusammenfassen, die Frucht der Arbeit, und so entstanden zuerst die Versuche zu größerer Strenge, Vereinfachung und allgemeinerem Ausdruck des Jahres 1924: die Bilder 21–28. Es sind typische Übergangsbilder zu dem neuen, eindeutigen Ausdruck, den ich erst 1926 im Anblick der Nordsee in Holland fand, wo ich im Atelier von Lajos von Ebneth in Kijkduin die meisten neuen Bilder malte: 32–45. Es ist immer noch Merz, denn ich habe mich immer noch anregen lassen durch irgendwelche nicht von mir selbst geformte Einzelheit. Aber es sind doch so wenige Anregungen, und die kontrapunktische Durcharbeitung ist so hauptsächlich, daß man die Arbeiten zuerst als Kompositionen und erst in zweiter Linie als Merz betrachten sollte. Nun habe ich wieder meine neue Ausdrucksform gefunden, und da habe ich mich entschlossen, nun wieder meine Arbeiten öffentlich zu zeigen, und daraus entstand diese Ausstellung und dieser Katalog. Die beiden neuen Bilder 46 und 47 aus dem Jahre 1927 sind größer, aber im Wesen nicht anders, als die des vorigen Jahres, gut durchgearbeitete Kompositionen nach gefundenen Zufälligkeiten.

Die Bilder 17 und 31 habe ich mit ausgestellt, um zu zeigen, daß ich neben den abstrakten Kompositionen immer noch die Natur studiert habe, jährlich eine kleine Zeit lang. Es ist dieses vielleicht auch ein privates Vergnügen, jedenfalls möchte ich den Zusammenhang mit meinen früheren Entwicklungsstadien nicht verlieren. Denn ich halte es für unbedingt wichtig, daß zum Schluß das ganze Leben mit allem Wollen ganz dasteht, daß nichts verloren geht, selbst wenn es einmal falsch oder träge war. Denn wir Menschen mit den tausend Schwächen und dem kleinen idealen Funken können nur bestenfalls offen und ehrlich uns geben und an uns in idealem Sinne arbeiten. Wir können aber nicht ein ideales Wesen aus uns machen. Der Versuch dazu endet meistens mit Heuchelei. Ich

habe nichts zu verbergen, auch nicht, daß mir noch heute die Sentimentalität der Naturnachbildung so angenehm anhaftet, ohne irgendwelche künstlerische Absichten, nur zur Orientierung.
KURT SCHWITTERS 4. 3. 1927.

1927

MERZBÜHNE
GRUNDSTELLUNG

Es gibt eine Merzbühne und eine Normalbühne. Gemeint ist hier die Normalbühne MERZ. Die Merz=bühne, s. Anna Blume, Verlag Paul Steegemann ist nur anregende Idee. Die Normalbühne MERZ ist eine Bühne mit den allereinfachsten Formen, die einen neutralen Hintergrund für jede Handlung bildet. Sie ist leicht veränderbar und soll durch Veränderung während der Handlung, den Ausdruck der Handlung unterstützen. Die Seiten=Kulissen sind drehbar, vorn grau und hinten schwarz. Die Sonne oben ist rot.

MERZZEICHNUNGEN und i-ZEICHNUNGEN

Merzzeichnungen nenne ich kleine, geklebte und manchmal übermalte Kompositionen. Eigentlich ist der Ausdruck „Zeichnungen" nicht gut, denn es handelt sich um dem Wesen nach gemalte, das heißt, farbig=flächig gestaltete kleine Arbeiten. Aber durch irgend ein Versehen hat sich schon früh der Ausdrucksfehler eingeschlichen, und nun ist die Bezeichnung nicht gut mehr zu ändern. Aber bitte betrachten Sie die kleinen Merzzeichnungen nur als Gemälde Ebenso sind die „i"=Zeichnungen meistens Gemälde, das heißt nicht immer. Mit „i" bezeichne ich Kompositionen, die durch Zugreifen allein entstanden sind, die der Künstler von der zufällig gewachsenen Natur durch Ausschneiden übernommen hat. Die Bezeichnung „i" habe ich erfunden. In Heft Merz 2 habe ich über dieses Thema lang geschrieben. Außerdem enthält Merz 7 eine Anwendung des „i"=Prinzips auf die moderne Großstadt. Damit Sie mich recht verstehen, eine „i"=Zeichnung ist zum Beispiel ein aus einem verdruckten Stück Papier ausgeschnittenes Stück, an dem ich nachher nichts verändert habe, welches als Komposition, als eindeutiger Ausdruck ohne Tadel sein soll. Ich sage ausdrücklich: „sein soll", denn es ist eine große Seltenheit, weil die Natur, die von unserem detaillierenden Standpunkt aus betrachtet zufällig wächst, selten Dinge schafft, die im Ausschnitt schon rhythmisch abgewogen sind. Die Natur ist als Ganzes so harmonisch und gesetzmäßig gestaltet, daß sie uns zum Vorbild dienen kann, aber die Einzelheit ist nicht durchaus gestaltet. Daher darf man auch nicht die Einzelheit abmalen.

1927

MERZDICHTUNG

Daß ich inzwischen einmal auch modelliert habe, ist unwesentlich, denn ich habe außer Merzreliefs nichts wesentlich Neues hervorgebracht. Noch unwichtiger ist meine private Leidenschaft zur Musik, speziell zum Klavierspiel. Das Komponieren mit Noten ist mir bis heute noch ein Rätsel, vielleicht kann ich es eines Tages plötzlich. Denn mein Streben geht zur harmonischen Betätigung auf allen Gebieten der Kunst, weil jedes Gebiet durch das andere lernt und bereichert wird. Aber ich habe viel und gern gedichtet, ich erinnere an die Bücher „Anna Blume": Verlag von Paul Steegemann, Auguste Bolte, Sturmbilderbuch, Blume Anna: Sturmverlag und die Memoiren in Blei=E, besonders aber Die Märchen vom Paradiese und Die Scheuche: Apossverlag. Ich begann in der Dichtung im Jahre 1917 mit einer Gestaltung ähnlich der äußeren Form August Stramms:

UNDUMM (1917)
So höre glant schrein qualte Morea
Mamauer gleiss verlarnte du ich singe
Schrill glutet glant équalte fein
Wie Räderachsen schreien schrein
Glut qualte leiberheiß verlarnte Schein
O höre! E verlarnte qualte Qualen.
   Sidu Sibeele platscht der Mond
   O siehe du, oh singe mit,
   Libeelee goldet Glotea.
Doch Quaale Traum erdrosselt meine Singe.

Bald gewann ich eine eigene Form, in meiner dada= istischen Zeit, Sie kennen ja alle mein Gedicht an Anna Blume. Ich zitiere daher hier eine dadaistische Sentenz: „Das Weib entzückt durch seine Beine, ich bin ein Mann, ich habe keine." und das dada= istisch pathetische Gedicht: „Und als sie in die Tüte sah, da waren rote Kirschen drin. Und als sie in die Tüte sah, da waren rote Kirschen drin. Da machte sie die Tüte zu, da war die Tüte zu, da war die Tüte zu!!" Über die Dichtung kam ich zum Vortrag, und ich habe schon an vielen Orten vor= getragen, u. a. in Amsterdam, Berlin, Braunschweig, Bremen, Delft, Drachten, Dresden, Einbeck, den Haag, Haarlem, Hamburg, Hannover, s'Hertogenbosch, Hildesheim, Holzminden, Jena, Leer, Leiden, Leipzig, Lüneburg, Magdeburg, Prag, Rotterdam, Sellin, Utrecht, Weimar, Zwickau. Man kommt mal da, mal dort hin. Wiesbaden, Frankfurt a. M., Paris und Köln sind in Aussicht. Ich trage gern und mit großer Begeisterung vor und wäre dankbar, wenn mir andere Orte Gelegenheit gäben, dort vorzutragen Bitte schreiben Sie mir. Ein Teil meiner Dichtungen, die Lautdichtung, ist auf den Vortrag angewiesen, und ihre Aufzeichnung ist nur von dem zu lesen, der aufmerksam meine Zeichen= erklärung studiert hat, falls er überhaupt stimmlich formen kann. Meine Sonate in Urlauten ist ein Variationenwerk von 35 Minuten Vortragsdauer. Ich zitiere hier ein neues Lautgedicht:

priimiitittii.

priimiitittii tisch
tesch
priimiitittii tesch
tusch
priimiitittii tischa
tescho
priimiitittii tescho
tuschi
priimittii
priimiitittii
priimiitittii too
priimiitittii taa
priimiitittii too
priimiitittii taa
priimiitittii tootaa
priimiitittii tootaa
priimiitittii tuutaa
priimiitittii tuutaa
priimiitittii tuutaatoo
priimiitittii tuutaatoo
priimiitittii tootaatuu
priimiitittii tootaatuu

Meine süße Puppe,
Mir ist alles schnuppe,
Wenn ich meine Schnauze
Auf die Deine bautze.

Außer diesen rein abstrakten Dichtungen schreibe ich jetzt auch Märchen und Grotesken. In größerem Format ist der Punsch von Nobel er= wähnenswert und das Totenbett mit happy end, ein Lustspiel. Ich bin mit meinen Grotesken zum Mitarbeiter der größten Zeitungen avanciert, z. B. Berliner Tageblatt, Frankfurter Zeitung, Hamburger Fremdenblatt, Prager Presse, Hannoverscher Kurier, Schleswiger Nach= richten, Badische Presse, Hannoversches Tageblatt, Bohemia, Braun= schweiger N. N., Schlesische Zeitung, Hartungsche Zeitung, West= fälische N. N., Prager Tagblatt, Haagsche Post, Wiesbadener Fremden= blatt... Die interessantesten meiner Zeitungsgrotesken sind u. a. Die Lotterie, Das geliehene Fahrrad, Brautwerbung, Zauberkünstler, Radio, Horizontale Geschichte, Affe tot .. Bude zu, Schweinehirt und Dichter= fürst, Sieben Hasen, Piepmänner und Schwein, Mein Selbstmord, Hamburger Hafen... Jetzt zitiere ich noch 2 Gedichte von 1926:

Die letzte Fliege.

Herbst ist es. Denn die Fliegen ziehen nach dem warmen Süden,
Und die Gardinen sind leer.
Nur eine Fliege singt mir ihr Lied aus goldener Zeit.
Sie muß mir den Lärm der Legionen von Sommerfliegen vortäuschen.
Flieglein, süßes, umspiele meine Nase.
Umsurre mein träumendes Kitzelohr, daß es wieder Sommer wird.
O, du Göttliche!
Jetzt sitzt Du auf meiner Nasenspitze.
Heil Dir!
Sitze, Du Süße, wärme Dich, denn es ist schon kalte Zeit.
Leck von den Brosamen meiner Nase, leck Dich satt!
Denn ich danke es Dir, daß Du mich an den Sommer erinnerst.

1927

Meine Ansicht zum Bauhaus-Buch 9

Lieber Herr Kandinsky!
Ich habe mit Interesse Ihr Buch 9 im Bauhaus Verlag gelesen. Sie sind mir nicht böse, wenn ich einige Fragen an Sie stelle. Denn man schreibt doch, um anzuregen, um seine Ansichten mit denen der anderen auszutauschen, und so wird Ihnen eine ehrlich gemeinte Kritik nicht ärgerlich sein können, und ich hoffe, Sie werden es mir nicht übelnehmen, daß ich schreibe. Zum Ganzen möchte ich sagen, ich begrüße sehr Ihren Versuch, eine Theorie der Malerei zu schreiben. Nun möchte ich aber den Weg kritisieren, und ich glaube, daß bei allem System, das Sie in Ihren Ausführungen durchgeführt haben, der Weg viel zu kompliziert ist. Sie versichern, eine Theorie zu schreiben, nach der man jedes beliebige, sagen wir mal abstrakte Gemälde analysieren könnte. Aber der Vergleich mit der Musik lehrt, daß das doch letzten Endes unmöglich ist und sein muß. Denn das beliebige abstrakte Gemälde ist eine so unendliche Vielheit, daß mir eine Theorie nie ausreichen wird, um es restlos zu erfassen. Genauso wäre in der Musik eine Theorie nie kompetent, ein Musikstück zu analysieren, wenn es nicht sich auf wenige, ganz einfache Mittel beschränkt. Denn von den zahlreichen Klängen und Geräuschen wählt die Musik nur sehr wenige aus, bis vor einigen Jahrzehnten nur die ganzen und halben Töne, die sich sehr leicht in ein System bringen ließen, und nach diesem System läßt sich selbstverständlich auch eine Analyse stellen, jetzt arbeitet die Musik schon mit Viertel- und Achteltönen, mit Geräuschen, und die Theorie läßt sich nun nicht so erweitern, wie die Phantasie in der Musik arbeiten kann. Sie kann nicht mehr vorlegen. Die Entwicklung der Malerei geht ja den umgekehrten Weg wie die der Musik – von der Kompliziertheit zur Einfachheit. Und man müßte, um eine Theorie der Malerei schreiben zu können, zunächst die Mittel auf das Allereinfachste konzentrieren, darauf erst die Bilder hierfür schaffen und da wäre vielleicht eine Übertragung der Methode von der Musik auf die Malerei nicht uninteressant und auch außerdem sehr lehrreich und praktisch; denn man könnte einige Dinge direkt übernehmen, man muß nur richtig übersetzen, und da kritisiere ich Ihre Übersetzungsart auf Seite 37 und folgende. Sie haben die Noten, die Klänge angeben, als Punkte aufgefaßt: gut. Sie haben die Reihe der Zeit in der Notenschrift der Musik beibehalten und das, was man willkürlich hoch und tief in der Musik nennt, in der Zeichnung hoch und tief gesetzt. Aber was heißt hoch und tief in der Zeichnung? Man kann das bitte doch nur so ausdrücken. Die Idee, das Her-

ausgleiten der es und d auf Seite 37 durch Zeichnungsformen herauszustellen, oder die übergelagerte Melodie auf Seite 39 durch eine Schlangenlinie, finde ich ganz außerordentlich, aber das hindert nicht, daß es falsch dargestellt ist. Ich muß das ganz besonders betonen, da solch falsche Darstellung leicht gerade die Entwicklung hemmen könnte, an der Sie selbst sehr wichtig mitgearbeitet haben. Bei solcher Übersetzung muß meiner Ansicht nach *Zeit* durch *Raum* ersetzt werden, unbedingt, unwiderruflich. Das Nacheinander in gleichen Abständen bedeutet ein Nebeneinander. Das Gleichzeitige bedeutet ein Zusammen. Das Nichts ist in der Musik die Abwesenheit des Tones, in der Malerei die Abwesenheit der Farbe, wie Schwarz. Der Ton der Musik ist die Farbe der Malerei; denn beide beruhen auf Schwingungen. Aber in der Musik gibts sieben Oktaven, in der Malerei nur eine. Der Takt ist das Maß der Zeit, das Quadrat ist das Maß des Raumes. – Das ist eine sehr interessante Sache, daß die Malerei gerade eine Oktave hat, nicht viel mehr, nicht weniger. – Ich glaube, nur dieses könnte die Grundlage einer allgemeinen Theorie der Malerei bilden. Die Deutungen von Punkt und Linie sind meisterhaft, sogar sehr interessant zu lesen, aber inadäquat und im letzten Wesen inkonsequent, wie alles Inadäquate, was ich hier beweisen will. Der absoluten Malerei sind auch weder Ihre noch meine Arbeiten nahe, ich glaube, heute malt noch niemand absolut. Am nächsten sind ihr die Arbeiten von Mondrian.

Davon abgesehen halte ich es für sehr nützlich und besonders hochinteressant, sich mit Ihren Ausführungen zu beschäftigen, und Ihr Buch erklärt vollständig Ihre eigenen alten Arbeiten. Nur schreibe ich ihm die allgemeine Gültigkeit und allgemeine Bedeutung ab. Bloß aber glaube ich, eine Theorie der Malerei wird ganz andere Wege gehen müssen. Um auf das Beispiel von Seite 37 zurückzukommen, so haben Sie nicht die Musik in die Malerei übertragen, sondern die Unterschiede, die sowieso schon sind, – das ist etwas Verschiedenes. Wollte man die Musik übertragen – was nebenbei kein Auftrag der Malerei ist, so müßte man zunächst daran denken, daß eine einheitliche Zielsetzung gegeben ist, die ich durch Formrichtung anzeigen müßte. Ich muß also ein Band ziehen, meinetwegen waagerecht, und ich fange an einem beliebigen Punkt an, meinetwegen links. Die Musik fing außerdem an einem beliebigen Punkt an. Die Produkte wären ein schwarzes Quadrat, dann folgen drei blaue, darauf ebenso viereinhalb gelbe, genau gelborange, weil es ein es ist, nicht e, und zwar beginnt e gelb hell und rot und endet dunkler und schwächer, denn ›laut‹ und ›leise‹ in der Musik, also die Intensität der Schallwellen bedeuten Intensität der Lichtwellen in der Malerei, also stark (hell) und schwach (dunkel) in der Malerei. Es würde jetzt folgen ein schwarzes Quadrat, 3 grüne und achteinhalb orange.

Letztlich kann aus solcher Übersetzung ebensowenig Malerei erfolgen, wie aus Ihrem Versuch der Übersetzung von Seite 37 eine Zeichnung. Und hier beginnt nun das typische Unterscheiden. Die Malerei ist nicht Band, sie hat nicht eine Richtung, sondern unendlich viele. Es verlangt eine Flächenkomposition nach allen Richtungen, die sich nicht in und aus Musik einfach übertragen läßt. Wir haben zunächst eine quadrierte Grundfläche, die wir durch Farben und in sieben Grundarten ausfüllen. Nicht zu vergessen Schwarz. Die Farben können akkordartig übereinander gemalt werden, so erhalten wir die Mischfarbe. Da wir nur wenige reine Farben anerkennen, gibt es auch nur wenige Mischfarben. Nuancen gibt's natürlich nicht.

Aber wir können die Farben stark und schwach auftragen, wodurch auch das Grau entsteht. Wir können außerdem alle Farben in stärkster Lichtkraft zusammen auftragen und erhalten dann das Weiß. Das wäre natürlich unmöglich, aber es ist so. Es wäre noch eine Forderung zu stellen, daß nur positive Formen entstehen, daß keine Form etwa nur das Negative der danebenliegenden ist, d.h. alle Formen müssen Rechtecke sein, und so gibt es nur Variation in derselben Form, also Formlosigkeit. Nur so wird die Malerei wirklich absolut, d.h. losgelöst von aller Form. Nur für diese Malerei läßt sich eine präzise Theorie schreiben, die man dann mit mehr oder weniger Geschick auf alle Bilder übertragen könnte. Und so wird mit einem Male die furchtbar komplizierte Grundlage für eine Theorie der Malerei ganz einfach. So das wäre ungefähr wohl alles.

Schluß: Das wäre die Grundlage für eine logische und persönliche und reine Theorie der Malerei. Und es wäre wundervoll und ich glaube sehr erfolgversprechend, wenn ein Mann von so großem künstlerischen Wissen und so elementarer Stoßkraft wie Sie auf dieser Grundlage eine allgemeine Theorie schrieben.

In der Musik wandert der Ton, das Ohr ist ruhig, in der Malerei ist die Fläche ruhig, das Auge wandert.

Musik	Malerei
Zeit	Raum
nacheinander gleichzeitig	nebeneinander zusammen
Pause	Schwarz

Ton	Farbe
c d / e f / g a / h c	rot orange / gelb grün / blau indigo / violett rot
Takt	Quadrat
Zielrichtung	Flächenrichtung
laut und leise	stark (hell) und schwach (dunkel)
Akkord	Mischfarbe

1927

Elementarkenntnisse in der Malerei
Vergleich mit der Musik

Wenn wir die Mittel der Malerei zunächst ganz grob betrachten, so fällt uns die Verwandtschaft zur Musik auf. Es sind Schwingungen, die den *Ton* hervorrufen, und es sind Schwingungen, die die *Farbe* hervorrufen. Alle Musik setzt sich bekanntlich ausschließlich aus Tönen zusammen, alle Malerei aus Farben.

In der Musik verwenden wir Schwingungen von – – – bis – – – Wellen in der Minute, in der Malerei von – – – bis – – –. Die Musik verfügt praktisch über 7 Oktaven, die Malerei über eine. Das bedeutet, während in der Musik etwa die *Note a* 7- bis 8mal vorkommt, kommt in der Malerei die Farbe Rot nur einmal vor. Man kann in der Musik die Note a in verschiedenen Höhenlagen verwenden, die Farbe Rot in der Malerei nur in einer Lage.

Zunächst fällt uns ein großer Unterschied auf: Die Musik verwendet die *Zeit,* um *ihre Töne* darin zu komponieren, die Malerei den *Raum,* um darin die *Farben* zu komponieren.

Ich sage ausdrücklich Raum, nicht *Fläche.* Denn jede Farbe auf einer vollkommen ebenen, glatten Fläche zerstört die Fläche, wenn sie nicht die der Fläche eigentliche Farbe ist, da verschiedene Farben in gleicher Entfernung vom Auge gegeneinander vor- oder zusammenzukommen scheinen. Es ist auch noch ein anderer Grund, weshalb ich ausdrücklich Raum sagte. Die Fläche ist ja auch Raumteil, und nicht selten springt die abstrakte Malerei durch aufgesetzte

Raumteile von der Ebene gerade in den Raum vor. Oder die naturalistische oder kubistische Malerei durchbrechen durch die Wahl der Farben bewußt die Fläche.

Nach diesen vorbereitenden Sätzen aber halte ich es in der Theorie doch für besser, zunächst die Fläche zu betrachten und zur Grundlage für weitere Betrachtungen zu machen.

Ich stelle noch einmal klar einander gegenüber:

Musik	*Malerei*
Ton	Farbe
Zeit	Fläche

Ich werde überall, wo ich Parallelen zwischen Musik und Malerei finde, darauf aufmerksam machen. Das Ziel in Musik und Malerei ist das gleiche, *Komposition*. Die Übertragung der Komposition geschieht aber durch verschiedene Sinne: In der Musik durch das Ohr, in der Malerei durch das Auge. Gleich ist bei beiden wiederum der Zweck, zu vermitteln zwischen Komponisten oder Maler und dem Hörer oder Beschauer. Also:

Musik	*Malerei*
Komposition mit Tönen	Komposition mit Farben
Vermittlung durch das Ohr	Vermittlung durch das Auge

Ich will hier übergehen, was vermittelt werden soll, Gefühl, Stimmung, Ausdruck, eine bestimmte Angelegenheit, ich will hier auch übergehen, ob etwas einheitlich für alle Menschen ist, deren Aufnahmeapparate verschieden sein können und sicherlich verschieden sind, und die einen verschiedenen Grad der Vorbildung oder Empfänglichkeit für die Vermittlung haben. Zunächst will ich denken, alle Menschen wären gleich und hätten die gleichen Voraussetzungen. Man kann nicht eine Theorie für verschiedene Menschen schreiben, und will man doch eine Theorie schreiben, so kann man nicht darauf Rücksicht nehmen, daß es farbenblinde Menschen gibt, daß die Augenstellung der Menschen verschieden ist, näher oder weiter voneinander entfernt, daß Menschen kurzsichtig oder weitsichtig, empfindlich oder unempfindlich, dumm oder klug sein können.

Ich fahre zunächst fort, einander entsprechende Begriffe in Musik und Malerei zu suchen. Es entspricht hierbei in Musik und Malerei:

Musik *Malerei*
Nacheinander Nebeneinander
gleichzeitig (Akkord) übereinander (Mischfarbe)

Das Entsprechende für Töne nacheinander, was man in der Musik mit Melodie bezeichnet, wäre das Nebeneinandersetzen von Farben, während das Entsprechende für gleichzeitige Töne, also Akkord, die Mischfarbe wäre. Da entsteht zunächst die Schwierigkeit, festzustellen, was nebeneinander bedeutet. In der Musik gibt es nur eine Richtung, von der Vergangenheit über die Gegenwart in die Zukunft. In der Malerei gibt es auf der Fläche unendlich viele Richtungen, und zwar von jedem Punkt aus, und es gibt unendlich viele Punkte auf einer Fläche, wenn sie auch noch so klein ist. Wo ist der Ausgangspunkt, wo der folgende? Aber in der Musik ist ja auch das Ganze wichtig, nicht das Nacheinander an einer bestimmten Stelle, und der Zuhörer sollte theoretisch alle Einzelheiten des Musikstückes gegenwärtig haben, bevor er es begreifen kann. Stellen wir zunächst nur fest, daß es in der Malerei also ein Nebeneinander und Übereinander gibt. Übereinander ist zu verstehen, wenn man in der Richtung senkrecht von der Bildfläche aus betrachtet, also nicht etwa das Übereinander, wenn etwa die Bildfläche an einer senkrechten Wand hängt. Und zu verstehen ist bei dem Übereinander das Durchdringen der Farben; sie sollen sich so intensiv durchdringen, *daß eine vollkommene Mischfarbe entsteht.*

Wenn in Musik und Malerei Dinge einander entsprechen, und die Musik hat dafür allgemein verständliche Begriffe gefunden, so möchte ich es unternehmen, hier die musikalischen Begriffe zu übernehmen, indem ich damit gleichzeitig ein Kompliment an die sehr durchgearbeitete Theorie der Musik mache. Ich möchte also alles Nebeneinander von Farben (auch Mischfarben) die *Melodie eines Bildes* nennen, wenn ich die Mischfarben auf einem einzelnen begrenzten Farbfleck, der als Einheit gedacht werden soll, einen *Akkord* nenne. In einem Akkord sind verschiedene Farben in *harmonischer Verbindung* miteinander, sie können einen *Wohlklang* oder einen *Mißklang* bilden. Auch die in der Melodie nebeneinander gestellten Akkorde können zusammen oder in deutlich erkennbaren Teilen Wohlklang oder Mißklang bilden. Der Begriff Klang wäre ebenso zu verstehen wie in der Musik.

An dieser Stelle ist es wichtig, zunächst auf den Begriff Farbe einzugehen. Gemeint ist der abstrakte Begriff Farbe, nicht etwa das, was Sie als Farbkörper, als Tubenfarbe von den Händlern kaufen. Die Physik lehrt uns, daß Farbe gleich *Licht* ist. Das Gegenteil davon ist *Dunkelheit* (Schatten). Licht sowohl wie Schatten können stark und schwach sein. Das hellste Licht und der tiefste (dunkelste) Schatten wären stark zu nennen, während das dunkelste Licht und der hellste Schatten schwach zu nennen wären. Man sieht hier, daß Licht und Schatten ineinander aufgehen. Wenn ich als Linie starkes und schwaches Licht nebeneinanderstelle, so komme ich über schwachem Schatten zu starkem Schatten. Das hellste Licht in der Malerei pflegt weiße Farbe zu sein, wenn man natürlich auch künstliches Licht verwenden könnte, etwa das Licht einer Bogenlampe, das heller ist als die von außen her beleuchtete weiße Farbe. Ich sehe von dieser Verwendungsmöglichkeit ab, ebenso wie ich davon hier absehe, daß weiße Farbe mit etwas reinem Cadmium hell vermischt heller wirken kann als reines Weiß. Die stärkste Dunkelheit, die man gewöhnlich verwendet, ist schwarze Farbe. Bei Weiß in Schwarz ist zunächst normale Beleuchtung vorausgesetzt, wobei später zu definieren wäre, was eigentlich normale Beleuchtung ist und wie sich Farbe von Beleuchtung unterscheidet. Ich möchte nur vorausschicken, daß sowohl Weiß als auch Schwarz bei verschiedener Beleuchtung heller oder dunkler erscheinen können.

Nehme ich an, daß die Fläche eines Bildes an allen Teilen gleichmäßig beleuchtet würde, was bestimmt nicht der Fall ist, das Licht von einem Punkte ausgeht, der von den verschiedenen Punkten der Fläche verschiedenen Abstand haben muß, so bleibt das Verhältnis von Weiß und Schwarz auf dieser Fläche konstant, ob ich das Licht verstärke oder geringer mache. Das ergibt für später die wichtige Bestätigung der *Verhältniswerte auf dem Bild,* auf die es allein ankommt.

Wir wollen zunächst die *normale Beleuchtung* definieren als farbloses Licht, nicht zu hell, nicht zu dunkel, und später näher darauf eingehen. Weiße Farbe wäre dann die hellstmögliche Farbe bei auffallender normaler Beleuchtung, während schwarze Farbe unter gleichen Bedingungen die dunkelstmögliche ist. Vermischen wir miteinander Weiß und Schwarz, so entsteht Grau. Nehmen wir zuviel Weiß und zu wenig Schwarz, so entsteht Hellgrau, umgekehrt Dunkelgrau. Es versteht sich von selbst, daß es unendlich viele Abstufungen gibt zwischen Weiß und Schwarz: etwa Hellhellgrau, Hellgrau, Grau, Dunkelgrau usw. Stellen wir nun diese Farben zu einer Reihe zusammen, so ist sie parallel der Reihe von Licht und Dunkelheit:

Weiß	Hellgrau	Dunkelgrau	Schwarz
starkes Licht	schwaches Licht	schwache Dunkelheit (schwacher Schatten)	starke Dunkelheit (starker Schatten)

Man könnte sagen, daß schwaches Licht in schwachen Schatten übergeht und daß sie an einer Stelle einander gleich sein müssen.

Ich mache darauf aufmerksam, daß ich Weiß, Grau und Schwarz als Farben bezeichne, und zwar sind's Akkorde, und zwar Akkorde, die alle Farben enthalten. Die Physik bezeichnet weißes Licht als eine Summe aller Farben und die Dunkelheit als Abwesenheit von Farben. In der Malerei ist Weiß der hellste und Schwarz der dunkelste Akkord, der verwendet werden kann. Auch Schwarz enthält alle einzelnen *Farbtöne* in der Malerei, genau wie Weiß, nur schwächer. Es versteht sich von selbst, daß Grau ebenfalls ein Akkord aller Farbtöne ist.

Da kommen wir auf die Begriffe stark und schwach. Das entspricht in der Musik dem laut und leise. Man kann in der Musik dasselbe a laut, leise, mittel anschlagen.

Musik	*Malerei*
laut	stark (hell)
mittellaut	mittelstark
leise	schwach (dunkel)

Man könnte hier die Begriffe der Musik von fortissimo (ff), forte (f), mezzoforte (mf), piano (p) und pianissimo (pp) übernehmen.

Dann sähe unsere Reihe von Weiß zu Schwarz etwa so aus:

Weiß	Hellgrau	Mittelgrau	Dunkelgrau	Schwarz
Weiß ff	Weiß f	Weiß mf	Weiß p	Weiß pp
oder				
Schwarz pp	Schwarz p	Schwarz mf	Schwarz f	Schwarz ff

Man sieht hier deutlich, daß Weiß mf gleich Schwarz mf ist.

Die Physik sagt Ihnen, daß Weiß alle Farben enthalte. Was bedeutet nun das? Man kann durch ein Spektrum weißes Licht zerlegen, dann entstehen 7 Farbtöne, die weiter zu zerlegen der Physik noch nicht gelungen ist. Es sind das:

Rot, Orange, Gelb, Grün, Blau, Indigo, Violett.

Zwischen Blau und Indigo besteht kein wesentlicher Unterschied, nennen wir nun der Einfachheit halber beides Blau. Dann heißt die Reihe: Rot, Orange, Gelb, Grün, Blau, Violett.

In der Musik entspräche diese Reihe einer Tonleiter, etwa c, d, e, f, g, a, h. Aber das Entsprechende ist nicht so augenscheinlich, wie unsere bisherigen Entsprechungen. Gleich ist, daß man in der Musik über h und unter c die gleiche Tonleiter fortsetzen würde, also etwa a, h, c, d, e, f, g, a, h, c, d, e ... usw. Auch in der Malerei würde die Tonleiter fortsetzen, so daß unter Rot an Violett und Indigo usw. mit geringeren Schwingungszahlen kämen, wenn wir fähig wären, solche mit den Augen wahrzunehmen, während über dem Violett wieder Rot, Orange mit höheren Schwingungszahlen kämen.

Aber in Wirklichkeit haben wir genau eine Tonleiter in der Malerei, nicht mehr und nicht weniger. Wir können nicht von C-Dur in D-Dur (d e fis g a h cis) in der Malerei transponieren, weil uns das höhere cis fehlen würde. Es ist noch auf eines aufmerksam zu machen: Die Tonleiter in der Musik ist nicht gleichmäßig zusammengesetzt, d. h., der Abstand der Tonart ist nicht immer der gleiche. Man unterscheidet ganze und halbe Töne; der Abstand von c zu d ist ein ganzer, von e zu f ein halber Ton. Ich übergehe, daß man zwischen klein und kleinen ganzen Tönen unterscheidet, außer auf dem temperierten Klavier, wo es nur ganze und halbe Töne gibt. Nun gibt es in der Musik verschiedene Tonleitern, z.B. Dur und Moll. Der Unterschied ist, daß der Abstand der Tonstufen voneinander verschieden ist, bei Dur folgen aufeinander ganzer, ganzer, halber, ganzer, ganzer, ganzer, halber Ton, bei Moll ganzer, halber, ganzer, ganzer, halber, ganzer, anderthalber, halber, und zwar aufwärts, während es abwärts anders ist. Es würde zu weit führen, hier weitere musikalische Feinheiten zu erklären, hier soll nur angenommen werden, daß zunächst die Tonstufen voneinander gleichen Abstand haben. Also der Abstand von Rot zu Orange soll gleich dem von Orange zu Gelb usw. sein. In der Malerei entspräche dann also die Tonleiter der chromatischen in der Musik, wenn man nicht in halben Tönen, sondern ausschließlich in ganzen Tönen fortschreitet:

Musik
chromatische ganze Töne

Tonleiter
c d e fis gis ais

Malerei
chromatische ganze Töne

Tonleiter
rot, orange, gelb, grün, blau, violett

Man könnte nun, wenn man wollte, noch Zwischentöne und damit andere Tonleitern anführen, aber zunächst sehe ich davon ab und mache auf die uralte Anordnung im Kreise aufmerksam. Da es nur eine Tonleiter in der Malerei gibt und man andeuten sollte, daß es eine Tonleiter ist, die sich theoretisch fortsetzen müßte, so stellte man die 6 Haupttöne im Kreise auf

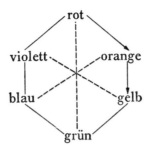

Verbindet man nun über Kreuz jede Farbe mit der nächstdritten in der Tonleiter, so entstehen die Werte, die man Komplementärfarben nennt. Man würde das in der Musik »ein intervall« nennen. Intervall nennt man den Abstand von 2 Tönen. Das Intervall von c zu d nennt man eine *Sekunde* (ganzer Ton). Die Tonleiter von c zu c hat, wenn man sie als chromatische Tonleiter mit nur ganzen Tönen betrachtet, 6 Sekunden. Man könnte diesen Begriff gut in der Malerei einführen, indem man jeden reinen Farbton (nicht gemischte Farbtöne) als Prime bezeichnet, so wäre der Abstand von jedem folgenden eine Sekunde. Der Abstand von Rot zu Grün also, den man komplementär nennt, würde aus 3 Sekunden bestehen. In der Musik wäre es der Abstand von c nach fis etwa, eine übermäßige Quarte oder eine verminderte Quarte, oder besser gesagt ein *Tritonus* = 3 Töne. Nennen wir also den Abstand der Komplementärfarben Tritonus.

Nun hat sich herausgestellt, daß Komplementärfarben von gleicher Stärke miteinander gemischt Grau ergeben. Also theoretisch müßte Rot mit Grün gemischt das gleiche Grau ergeben, wie Orange mit Blau oder Gelb mit Violett. Praktisch entstehen bei Verwendung unserer Tubenfarben 3 Grau, die einander annähernd gleich sind, aber nicht ganz gleich. In der Theorie müssen wir sie aber als gleich betrachten. Ferner kann man Orange aus Mischungen von Rot und Gelb, Grün von Gelb und Blau, Violett von Blau und Rot herstellen. Es müßte ebenso Gelb aus Orange und Grün entstehen, Blau aus Grün und Violett und Rot aus Violett und Orange. Aber das ist nur Theorie. In Wirklichkeit kommt es nicht so. Jedenfalls wird die Mischung mehr Grau als farbig, d. h. eine Häufung von Farben zum Akkord. Daher kann man Rot, Gelb und Blau als *reine Farben*, Orange, Grün und Violett als *Mischfarben* (ebenfalls Akkord, wie Weiß, Grau und Schwarz, nur anders zusammengesetzt) bezeichnen. Nun zeigt sich, daß Rot, Gelb und Blau in richtiger Mischung ebenfalls Grau ergeben müssen, da

Blau und Gelb Grün ergeben und Rot und Grün sich zu Grau ergänzt. Wir können unseren Farbenkreis also folgendermaßen darstellen:

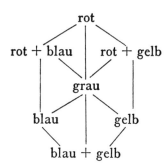

Man erkennt, daß Grau in der Mitte steht und die wichtigste Farbe ist, die Farbe, die alle anderen miteinander zu verbinden imstande ist.

1927

Der farbige Aufbau

Ella Bergmann-Michel und ihre Anregung auf die neue Entwicklung in der Malerei: Die allgemeine Entwicklung in der neuen Kunst führte zu immer zunehmender Vereinfachung in Form, Farbe und Linie, bis zu den jetzigen Gemälden von Mondrian. Bei Mondrian gibt es keine Form mehr im alten Sinne, denn die Form ist dadurch aufgehoben, daß bei Mondrians Bildern die Negativform der Positivform immer gleich ist, daß es kein Spiel von Formen mehr gibt. Alle Formen sind Vierecke, alle Linien sind senkrecht und waagerecht, alle Farben nur der Dreiklang, d. h. außer Schwarz, Weiß und Grau gibt es nur Rot, Gelb und Blau. Diese Beschränkung war wichtig, um der Willkür der Naturnachbildung und der Malerei des Seelenausdrucks der letzten Jahrzehnte System und Klarheit gegenüberzustellen. Mondrian ist nur einer von vielen, die sich auf den Dreiklang beschränkten, und Lissitzky beschränkt sich meist nur auf das Zinnoberrot als einzige ausgesprochene Farbe. Wichtig ist aber nicht die Beschränkung, sondern nur die dadurch erreichte Klarheit. Und wenn es möglich ist, von der Beschränkung wieder den Weg zur Vielheit zu gehen, ohne die Klarheit zu vernachlässigen, so ist das eine Bereicherung, die man nur begrüßen müßte.

Soviel mir bekannt ist, hat außer Frau Ella Bergmann niemand diese Klarheit im farbigen Aufbau trotz der Vielheit erreicht. Ich erinnere an die Bemalung Magdeburgs nach dem System Tauts, bei der neben dem Dreiklang das Grün immer nur verwirrend und brutal wirkt. Ella Bergmann hat nun in ihren farbigen Zeichnungen, die jetzt im Museum in Wiesbaden ausgestellt sind, alle Farben des Regenbogens mit allen Zwischenstufen in der Reihenfolge des Regenbogens verwendet und dadurch eine vollständig klare und selbstverständliche Wirkung erreicht. Es ist dieses eine wichtige Tat und ein wesentlicher Schritt weiter als der Dreiklang. Es läßt sich darauf ein System gründen für eine Methode der Malerei. Dazu ist das Studium der nachbarlichen Beziehungen der Farben nötig, wie sie ineinander übergehen, und wie sie gesetzmäßig zusammenleben im Regenbogen. Der bisherige Dreiklang kennt nur Gegensätze, während der Regenbogen nur Verbindungen kennt. Die bisherige methodische Malerei kannte Verbindungen nur im Grau. Die neue Malerei wird nach den Anregungen Ella Bergmanns die Gegensätze der drei Grundfarben gegen die Übergänge des Regenbogens werten und dadurch die Methode der Malerei sehr bereichern.

1927

Zahlen

0	nul	✚		9	neun	✕		17	einfünf	I)
1	ein	I		10	zehn	⌈		18	einsex	I⊢
2	zwo	L		11	elf	⌒		19	einsieb	I(
3	drei	⌐		12	einnul	I✚		20	einacht	IT
4	vier	⊥		13	einein	II		21	einneun	I✕
5	fünf	)		14	einzwo	IL		22	einzehn	I⌈
6	sex	⊢		15	eindrei	I⌐		23	einelf	I⌒
7	sieb	(		16	einvier	I⊥		24	zwonul	L✚
8	acht	T								

1927

Zahlen

nul	ein	zwo	drei	vier	fünf	sex	sieb	acht	neun	zehn	elf	einnul
+	I	L	⊦	⊥	)	⊢	C	T	X	⌈	2	I+

Alle durch 2 teilbaren Zahlen zeigen bei der letzten Ziffer waagerecht nach rechts, alle anderen nicht

Alle durch 3 teilbaren Zahlen haben in der letzten Ziffer einen Querstrich in der Mitte, alle anderen nicht (sie sind allein winklig)

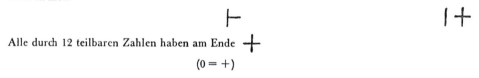

Alle durch 4 teilbaren Zahlen haben in der letzten Ziffer waagerechte Durchstriche, alle anderen nicht

⊥   T   I+

Alle durch 6 teilbaren Zahlen haben in der letzten Ziffer in der Mitte waagerechte Striche, alle anderen nicht

⊢   I+

Alle durch 12 teilbaren Zahlen haben am Ende ✢

(0 = +)

einein	einzwo	eindrei	einvier	einfünf	einsex	einsieb	einacht	einneun	einzehn	einelf	zwonul
II	IL	I⊦	I⊥	I)	I⊢	IC	IT	IX	I⌈	I2	L+

typographie und orthographie: kleinschrift

in der entwicklung unserer zeit gehen viele dinge parallel: die forderung des neuen zeitwillens drückt sich auf den verschiedenen gebieten gleich aus. einfache sachlichkeit, klare ruhe, übersichtlichkeit, daher zusammenfassen von teilen zum ganzen, daher das zweckdienliche material, daher system in allen dingen, das ist das ziel unserer zeit, entsprungen aus dem neuen lebensgefühl, welches uns technik einerseits und der wille zu einem neuen stil, dem stil der zeit, gegeben hat.

hier herrscht nicht willkür, sondern strengstes gesetz und logische folgerichtigkeit. es ist nicht zufall, daß die kleidung einfach und sportlich geworden ist, daß die frauen statt langer zöpfe einen bubikopf tragen, daß die architekten ihre bauten sachlich konstruieren, ohne verzierung, aber schön in den proportionen. unsere zeit ist nicht mehr weit davon entfernt, system als schönheit zu empfinden.

in dieser gesamtentwicklung mußte auch das drucksachenwesen neu gestaltet werden. nur solche menschen, die am alten auf jeden preis festhalten, die jede entwicklung leugnen, die die großen zusammenhänge nicht sehen oder nicht sehen wollen, könnten die neue typographie als laune oder mode auffassen, und fühlen nicht die wohltuende wirkung der systematischen ordnung.

die art alles nur klein setzen zu lassen hat 2 wichtige gründe:
1) weil es richtiger ist als die übliche art der verbindung von minuskeln und majuskeln, und
2) weil es wirtschaftlicher ist.

1) geschichtlich betrachtet ist die übliche groß- und kleinschrift eine willkürliche mischung zweier alphabete geworden, und die kleinschrift macht einen geschichtlichen fehler wieder gut. bis heute ist es nicht gelungen, in irgend einer schriftgattung, die gegensätze der minuskeln und majuskeln genügend auszugleichen, daß man nicht immer das mißverhältnis empfindet.
2) wenn man die kleinschrift allgemein einführte, würde das kind nur die hälfte der buchstaben zu lernen brauchen, würde der setzer schneller arbeiten können, würde der drucker nur die hälfte der schrift zu kaufen brauchen, würde man auf der schreibmaschine erheblich schneller tippen können, würden die schreibmaschinen einfacher gebaut werden können usw.

warum halten wir an dem alten zopf der groß- und kleinschrift denn noch fest?

1927

plastische schreibung

es sol dii schreibung nach möchlichkeit soo plastisch sein, wii dii spraache selbst. dii spraache unterscheidet deutlicht tswischen langen und kurzen silben, eebensoo sol es die schreibung machen und tswaar oone jede einschränkung. jeede lange silbe mus markiirt werden, jeede kurtse silbe mus deutlich kentlich sein, dan wird man klaar leesen und klaar sprechen. die deutsche rechtschreibung kent mittel zuur deenung und mittel zur kürzung. beides tsu sammen is ferkeert. noch ferkeerter ist, das diise mittel nuur manchmal aangewendet werden, manchmal aaber nicht. und das es ferschiidene mittel gibt, ist uneinheitlich und onloogisch. waaroum schreibt man: das und dass, man und mann, wen es nicht in deer spraache tsu unterscheiden ist? mein sisteem deer plastischen schreibung ist seer einfach, es hat folgende reegeln:

1) alle unnötigen buchstaben meiden
2) jeede ungedeente silbe ist an sich kurts (wen an stelle des früheren wenn)
3) soll eine silbe lang werden, soo wird deer wookaaal ferdoppelt (ween an stelle des früüheren wen)

das besaagt schoon alles, und nach diisen reegeln kan jeeder selbst schreiben, man lernt in 5 minuten, was man früüher in 9 schuuljahren noch nicht lernte, man schreibt alles richtig, man hat an stelle deer eehemaaligen wilküür eine loogik, man höört wiider beim schreiben was gesprochen wird, und es gibt noch tausend forteile. wotsuu das ie, das deenungs h, wiir schreiben alles nach einem sisteem: wiir, liibe, iir, statt deer wir, liebe, ihr fon früüher.

1927

Stil oder Gestaltung

Der unbefangene und ungebildete Mensch differenziert nicht, sondern summiert, um sich gegenüber der Fülle von Dingen verschiedener Art zu behaupten. Und so nannte der Laie früher jede neue Bestrebung in der Kunst Jugendstil, dann Futurismus, und heute Bauhausstil, wenn er ein Deutscher ist. Das ist zwar für das Ansehen des Bauhauses sehr vorteilhaft, vielleicht auch nicht, man kann nie wissen, was alles Schreckliches dem Bauhaus zur Last gelegt wird. Aber es ist erstens falsch und außerdem dem Bauhaus durchaus schädlich, wenn man es in einer Zeit, in der noch kein Stil allgemein lebt, als Hochschule für Stil abstempelt. Das Bauhaus selbst nennt sich Hochschule für Gestaltung, und das ist richtig.

Zwar haben wir eine internationale Form der Gestaltung, für die die Anregung von Wright in Amerika ausging, der zuerst die waagerechte Lagerung der Stockwerke betonte. Die Holländer Oud, Wills und andere übernahmen das Waagerecht und stellten ihm das Senkrecht bewußt gegenüber, wodurch sie zu einer Form der Gestaltung kamen, indem sie waagerecht gegen senkrecht ausbalancierten, die in Holland so allgemein geworden ist, daß man sie wohl dort Stil (siehe Zeitschr. De Stijl) nennen kann. Aber nicht nur die Holländer ließen sich anregen, sondern der Wille zu ähnlicher Form ist allgemein, international. In Deutschland ist das Bauhaus Pflegestätte der neuen Gedanken, aber nicht allein das Bauhaus. Ich nenne von den zahlreichen modernen Architekten nur einige: Mies van der Rohe, Hilberseimer, May, Haesler, Kosina und Dr. Mahlberg, Mendelsohn, Hopp, Tüdecke, und könnte noch viele andere nennen, die unbeeinflußt durch das Bauhaus einen entsprechenden Gestaltungswillen haben, der sie zu entsprechenden Formen kommen läßt. Von den entsprechenden Malern nenne ich Baumeister und Vordemberge-Gildewart.

Nun gibt es aber auch Architekten, die den gleichen Gestaltungswillen wie die Mehrzahl der anderen haben, aber zu gänzlich anderen Formen kommen. Ich denke an Hugo Häring, den ich deshalb für außerordentlich bedeutend halte. Häring zeigt uns, daß wir in unserer Zeit keinen Stil haben, sondern nur ein Gestaltungsprinzip. Das Prinzip ist, mit den neuen Materialien Eisen, Beton, Glas usw. eine einfache, sinnfähige und zweckmäßige Form zu erhalten. Das ist bei allen neuen Architekten das gleiche, und es ist vielleicht ein wenig bedenklich, daß dabei die äußere Form so ähnlich wird. Häring nennt selbst das Kastensystem in der Architektur eine Verpackungsangelegenheit. Und es hat auch nur diese praktische Bedeutung, da man die Räume einander bequem angliedern kann, wie Kisten in einem Lagerschuppen oder Güterwagen. Dadurch entsteht der große Vorteil der leichten Veränderlichkeit, aber eine Starrheit, und da auch das Detail kastenförmig durchgebildet ist, so entsteht eine normale Architektur, während Häring die funktionelle Architektur schafft. Das übergeordnete Prinzip ist die Gestaltung. Häring nimmt Richtung nach der Sonne und der Landschaft, baut offen nach den Gegebenheiten, vor allem aber nimmt er Rücksicht auf die Art der Bewohnbarkeit des Raumes, auf die Funktion. Ein klassisches Beispiel ist sein Kuhstall auf dem Birtnerschen Mustergut Garkau im Landesteil Lübeck. Dieser mußte wegen seiner Funktion eine vollkommen windschiefe Form erhalten. Im Detail aber ist solch ein Kuhstall von Häring ebenso aus Backstein, Eisenbeton und rationeller Bauweise gewachsen, wie etwa ein Haus von Oud oder von wem Sie wollen von den Neuen. Ich komme also zurück auf meine Behauptung. Es gibt keinen Stil in unserer Zeit, aber ein Gestaltungsprinzip. Quod erat demonstrandum. Fremdwörter ist Glückssache.

1927

Front gegen Fronta
Nachwort zum Vorwort der Fronta

Die Fronta schreibt in ihrem Vorwort: »Hat die Kunst überhaupt noch eine Lebensberechtigung?« und behauptet, die Kunst hätte keine direkt wirkende Kraft im Leben mehr, die schöpferische Arbeit wäre voll von Ungewißheiten, es erschienen Gedanken pro und contra, wir lebten in einer Zeit der kulturellen Reaktion, nur durch die Beantwortung der Frage nach einer neuen Gesellschaft könnte die Kultur vorwärts kommen.
Dem gegenüber behaupten wir:
1. Die Lebensberechtigung und das Ziel der Kunst ist Schaffung der neuen Menschen, die die neue Gesellschaft bilden werden. Dadurch hat die Kunst eine große Aufgabe, und künstlerische Betätigung sowie künstlerischer Genuß, die einem Triebe entsprechen, d.h. nicht angelernt oder anerzogen werden können, bedeuten eine große Kraft für die neue Gesellschaft.
2. Wir erkennen in der Entwicklung der Kunst unbedingt eine einheitliche Richtung zur Abstraktion, und man kann nicht von Ungewißheiten sprechen, bei einer lückenlosen Entwicklung in einer festen Richtung. Es kann da nur Ungewißheiten geben für den einzelnen schaffenden Künstler, der sich noch nicht über das Ziel klar geworden ist. Es kann aber keine Ungewißheit darüber bestehen, daß derjenige Künstler nicht mehr zur Front gehört, über den die Entwicklung bereits hinweggeschritten ist.
3. Daß Gedanken pro und contra erscheinen, ist selbstverständlich in der heutigen Zeit der allgemeinen Zersplitterung und bedeutet nichts dagegen, daß sich die Entwicklung der Kunst logisch und elementar in der Richtung der

Abstraktion vollzieht und somit die Kunst vorbereitend ist für die Entwicklung der neuen Gesellschaft.
4. Wir stellen fest, daß allerdings eine Reaktion in der Kunst vorhanden ist. Diese Reaktion ist aber nur eine Kunsthändlerangelegenheit und keine ästhetische. Diese Reaktion hat nicht die Kraft, die Entwicklung der abstrakten Kunst irgendwie zu hemmen.
    Buchheister / Jahns / Nit[z]schke / Schwitters / Vordemberge-Gildewart
          Die Abstrakten Hannover

1927

optophonetisch, Verkehrsschrift, dynamisch

Ich arbeite an einer Schrift. Durch den Besuch bei der Bauerschen Schriftgießerei habe ich viel gelernt, z. B. daß man für die schwierigeren Buchstaben einen gefälligen Ersatz haben muß. Zunächst wird es eine Verkehrsschrift. Das heißt, sie wird in den Versalien so unkompliziert, daß man sie schnell lesen kann, was im Hasten des Verkehrs unbedingt nötig ist. Nur 3 waagerechte Richtungen werden durchgeführt, also nur *eine* mittlere. Dadurch wird das Bandartige betont. Man braucht nicht immer mit den Augen zu steigen beim Lesen. Bei den kleinen Buchstaben läßt sich das leider nicht durchführen, aber ich denke, daß man doch nur in der Reklame regelmäßig mit großen Buchstaben schreibt, und beim Lesen der Zeitung ist es nicht so wichtig, daß nur 3 waagerechte Linien durchgeführt werden. Im Gegenteil scheint mir bei Zeitungsdruck oder bei Buchdruck in Büchern die Dynamik wichtiger zu sein, als das flüssige Band, und man faßt schneller auf, wenn die Unterschiede der Zeichen, welche die Buchstaben darstellen, möglichst groß sind. Rhythmus erleichtert das schnelle Fassen, und Rhythmus entsteht durch Werten unterschiedlicher Dinge, nicht etwa von gleichen Dingen. Und so habe ich auch bei den Versalien mehr als bisher die Breiten voneinander unterschieden. Es ist falsch, gleiche Breiten zu nehmen, weil das nur ein Erfordernis der untereinander geschriebenen Buchstaben wäre. Mein Grundalphabet ist nun eckig. Vokale und Konsonanten. Dann habe ich für die Vokale noch eine runde Serie beigegeben. Das ist ein opto-phonetisches Moment. Wie soll ich sie nun nennen? Ein guter Name ist wichtiger als alles andere. 3 Schlagworte halten einander die Waage: »optophonetisch, Verkehrsschrift, dynamisch«.

1927

i 10

KURT SCHWITTERS

ANREGUNGEN ZUR ERLANGUNG EINER SYSTEMSCHRIFT

Eigentlich ist eine Systemschrift nur ein Teilproblem innerhalb eines grossen Komplexes, der unter anderem Systemsprache und systematisches Denken umfasst. Aber das sind Aussichten in eine weit entfernt liegende Zukunft, und bevor es wirklich fertig vor uns steht, kann kein Mensch sagen, ob es eine Utopie ist oder nicht. Die Systemschrift aber ist bestimmt keine Utopie, und ich möchte eine Anregung geben, wie man sie erlangen kann, und wie sie ungefähr aussehen müsste.

Zunächst möchte ich den Einwand entkräften, dass wir solange ohne Systemschrift auskommen konnten, weshalb brauchen wir jetzt eine. Ich möchte demgegenüber sogar sagen, wir hätten sie schon einige Jahrzehnte nötig gehabt, und vielleicht sogar schon einige Jahrhunderte. Bestimmt ist aber in einer Zeit, die sich gezwungen sieht, alles zu normalisieren und in ein System zu bringen, die von dem System allgemein eine grössere Präcision und Bewusstheit in der Lebensführung erwartet und erreicht, eine Schrift,

TABELLE, 1 A-F

die nur ornamental gestaltet ist, ein Rest aus dem Mittelalter, der organisch nicht mehr in die Zeit passt. Es ist fast unerklärlich, dass dieselben Menschen, die heute schon nicht mehr in der elegantesten Pferdedroschke fahren mögen, eine Schrift benutzen, die aus dem Mittelalter oder dem Altertum stammt.

Denn unsere heutigen Schriften sind durchweg von der römischen Antiqua oder der gothischen Fraktur oder von beiden abgeleitet. Sie sind wesentlich historisch, statt wesentlich systematisch zu sein. Alle Versuche, zu neuer Schrift zu gelangen, beschränken sich darauf, 1.) die übernommenen Buchstaben durch schöne Verzierungen zu verzieren, 2.) durch Vereinfachung und Fortlassen alles Entbehrlichen zu der wesentlichen Form des Buchstaben zu gelangen, gewissermassen die geschichtlich gewordene Quersumme zu ziehen, 3.) durch Abwägen der Verhältnisse zu einer neuen, eleganten oder lebendigen Form zu gelangen. Je nach Veranlagung des Gestalters wurde mehr das eine oder andere Ziel oder mehrere Ziele erreicht. Wir haben eine Fülle von Schriften, aber alle sind historisch, keine ist systematisch. Wer aber würde heute den Ehrgeiz haben, ein Auto in seiner äusseren Form von der Form einer Droschke oder gar der Form einer Sänfte direkt abzuleiten?

Um nun zu einer systematischen Gestaltung zu gelangen, muss man zuerst untersuchen, was Schrift ist. Schrift ist das niedergeschriebene Bild der Sprache, das Bild eines Klanges. Sie sehen, dass uns hier die Untersuchung weiterführt zur Untersuchung der Sprache, aber es ist nicht unbedingt erforderlich, wenn man die Aufgabe sich so stellt, dass man nur das systematisch vollendetste Mittel zu erlangen sucht, um bestehende Sprachen bildhaft auszudrücken. Wie auch immer die zu vermittelnde, zu übersetzende Sprache ist, die Schrift muss optophonetisch sein, wenn sie systematisch gestaltet sein will. Ich weiss, dass man schon längst versucht hat, zu erklären, weshalb gerade ein A so, oder ein N so aussehen muss, als optische Erklärung des Klanges. Trotzdem ist das nicht optophonetische Schrift, weil man jeden Buchstaben einzeln, bald nach diesem, bald nach jenem System erklärt, denn mehr als *ein* System bedeutet Systemlosigkeit. Systemschrift verlangt, dass das ganze Bild der Schrift dem ganzen Klang der Sprache entspricht, und nicht, dass hier und da einmal ein Buchstabe mehr oder weniger dem durch ihn dargestellten Laut entspräche, wenn er einzeln aus den Klang herausgenommen werden würde.

Um nun zu erreichen, dass das Schriftbild dem Sprachklang entspricht, muss man die Buchstaben untersuchen auf ihre Ähnlichkeiten oder Verschiedenheiten unter einander. In Tabelle 1 habe ich die Entwicklung meiner Versuche von der üblichen Groteskschrift a über die systematischen Schriften b bis e zu der Systemschrift f gezeigt. Bei a sehen Sie eine grosse Ähnlichkeit zwischen E und F und eine grosse Verschiedenheit zwischen E und O. Im Klange sind aber E und O verwandter als E und F. Da ist eine deutliche Unlogik, und so unterscheide ich zuerst zwischen Vokalen und Konsonanten. Denn alle Vokale sind unter einander ähnlicher, als ein Vokal einem Konsonanten ähnlich wäre. In b habe ich alle Konsonanten mager, alle Vokale fett geschrieben. Aber zur deutlichen Trennung dieser 2 Gruppen schien mir das nicht zu genügen, daher habe ich in c, d, e alle Konsonanten mager und eckig, aber alle Vokale fett und rund geschrieben. Es war mir dieses nur möglich unter Zuhilfenahme des kleinen e und unter Verwendung eines ungebräuchlichen i, welches dem bisherigen j mehr ähnlich sieht. Bei der Form des I stütze ich mich auf die Tatsache, dass man in der lateinischen Schreibschrift diesen Buchstaben wesentlich so schreibt. Aber Sie werden sich überzeugen, dass man den Text trotzdem sehr gut liest. Man liest jetzt besser und vor allen Dingen plastischer, weil man die klangvollen Laute breit und deutlich sieht, die klanglosen matt. Das Bild der Schrift ähnelt schon viel mehr dem Klange. Die Unterschiede zwischen c, d und e sind, dass ich bei den Konsonanten bei c von den bisherigen Minuskeln, bei d von den Majuskeln mehr ausgegangen bin, e hingegen ist e, entstanden durch Auswahl der charakteristischsten Zeichen aus c oder d und durch stärkere Betonung der Vokale.

Diese Schriften a — e können von jedem ohne Weiteres gelesen werden und könnten leicht eingeführt werden. Denn die Zeichen für sch und ch können entweder schnell gelernt oder auch fortgelassen werden, indem man die einfachen Laute, wie bisher, zusammengesetzt schreibt. Aber ich möchte bei dieser Gelegenheit anregen, dass allgemein ein Zeichen für sch und ch eingeführt wird, denn die Abwesenheit eines Zeichens für diese einfachen Laute ist einer der grössten logischen und praktischen Mängel des Alphabeths.

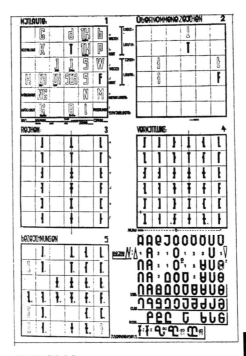

TABELLE 2, 1-5

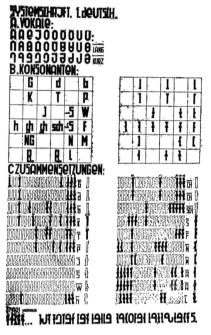

TABELLE 3, A–C

Nun zu f. Dieses ist das Alphabeth einer rein systematisch, einer rein optophonetisch aufgebauten Schrift. In Tabelle 2 sehen Sie unter 1 eine phonetische Ordnung aller deutlich unterscheidbaren Mitlaute, die der Mensch hervorbringen kann oder in der Sprache verwendet. Sie sehen 6 mal 6 Reihen, in denen von oben bis unten nacheinander eingereiht sind die Knacklaute weich, Knacklaute hart, Zischlaute weich, Zischlaute hart, Nasenlaute und Schwinglaute. Und zwar geben die senkrechten Richtlinien an, ob der Laut entsteht im Hals, hinteren Gaumen, mittleren Gaumen, vorderen Gaumen mit Zunge, an den Zähnen mit Zunge oder mit den Lippen. Ich habe hier ausdrücklich nicht den Klang, sondern den Ort der Entstehung in meine phonetische Ordnung eingereiht, und das hat 2 Gründe, dass auf die kleinen Nuancen keine Rücksicht genommen werden soll, und dass die Inflation der Laute ausgeschlossen wird. Prüfen Sie bitte die Reihe von h bis f nach. Dieses ist nach meinen Feststellungen die einzige Reihe, in der sich an allen vorher bezeichneten Stellen des Mundes Laute bilden lassen, die sprachlich verwendet werden. 8 Quadrate sind frei geblieben. Es war mir nicht möglich, an diesen Stellen die entsprechenden Laute zu bilden. Ob andere Nationen dort Laute bilden können, weiss ich nicht, aber es ist als immerhin möglich anzunehmen, und deshalb müssen für alle Quadrate die Zeichen einheitlich gestaltet werden. Die durch Hustelaut, Würgelaut, Brüllaut und Pferdelaut bezeichneten Quadrate enthalten zwar Laute, die ich bilden kann, aber es ist mir unbekannt, ob man sie in Sprachen verwendet. Betrachten wir nun die entstandene phonetische Ordnung, so sehen wir deutlich, dass es 2 th (englisch) gibt, weich und hart, dass es 2 j gibt, in dem deutschen Worte jedoch und in dem französischen jamais, dass es 2 ch gibt, in noch und mich, dass es ein Gaumen r und ein Zungen r gibt, dass ch, sch und ng (Angel) nicht zusammengesetzte, sondern einfache Laute sind. Anderseits vermissen wir in der phonetischen Tabelle die Buchstaben z und x, weil das zusammengesetzte Laute sind.
In dem üblichen Alphabeth, etwa in dem Deutschen, wird alles das, was uns hier auffällt, nicht berücksichtigt. Sie sehen, wie weit das deutsche Alphabeth von einem System entfernt ist.
Jetzt bilde ich eine optische Ordnung von 6 Reihen von 6 Zeichen. Ich muss einen Grundsatz aufstellen: dass alle Zeichen für Konsonanten mager, eckig, rechtwinklig sein sollen, dass sie bestehen sollen aus nur einem senkrechten Strich von etwa 7 Höhenlängen und etwa einer Breiten länge, und dass an diesen senkrechten Strich unten, mitten und oben, rechts und links je nach Wahl Querbalken von je $^1/_2$ bis 1 Breitenlänge angesetzt werden können, je nachdem die Schrift gross oder klein werden soll. (Doppencicero oder Nonpareille.)

Nun entsprechen T und F meinem Gesetz. Ich übernehme beide und bilde durch Spiegelung zunächst die 6 Zeichen von 2. In 3 bilde ich aus diesen 6 Zeichen durch Reihenbildung 18, und in 4 durch Vermittlung 36. Diese Liste 4 ist eine optische Ordnung von Zeichen nach einem formalen System. In Liste 5 ersetze ich nun die phonetische Ordnung 1 durch die optische Ordnung 4 und erhalte so eine optisch phonetische Ordnung der Konsonanten. Ich habe die unbrauchbaren Laute weiss gelassen, die im Deutschen ungebräuchlichen schraffiert und die deutschen Konsonanten schwarz angetuscht.

Die Vokale entwickle ich wieder aus der Entstehung. Ich bilde zunächst eine Reihe aller deutlich unterscheidbaren Vokale, von der breitesten Mundstellung über die grösste Rundung zur kleinsten Rundung, d.h. von ä über o zu ü. Denn ä, ö und ü sind nicht Umlaute, sondern sie sind den anderen Vokalen gleichberechtigt. Nur historisch sind es Umlaute.

Wenn man ä den Umlaut von a nennt, muss man a den Umlaut von e und e den von i neunen, u.s.w. Nun gibt es ein geschlossenes und ein offenes o und ö. Nur bei o und ö

i 10

ist der Unterschied von geschlossen und offen so gross, dass ich diese 2 Laute trennen möchte. Ich nehme in meiner Reihe erst jedesmal den geschlossenen Laut, weil das der präcieseste ist. Dann ist meine phonetische Vokalreihe: ä a e i o o ö ö u ü. Betrachten Sie nun die Majuskeln A, O, U..., dann ergibt sich eine Reihe, die in der Mitte das ganz geschlossene Zeichen O hat, vorn beim A oben geschlossen, unten offen ist, hinten beim U umgekehrt. Ich übernehme A O U. Dann ergibt sich durch systematische Ausarbeitung vor dem A ein umgekehrtes U, vor dem U ein umgekehrtes A. Durch Vermittlung entsteht die Reihe der langen Vokale. Durch Fortnehmen einer halben Länge vorn entstehen die kurzen Vokale, durch Fortnehmen einer halben Länge hinten die nasalen.

Es ist selbstverständlich, dass sich nicht aus einem Buchstaben ein System frei und lückenlos ohne weitere willkürliche oder mindestens freie Wahl entwickeln und zur letzten Konsequenz führen lässt, auch wenn die Wahl nach System erfolgt. Trotzdem ist immer die grösstmögliche Konsequenz vorzuziehen, und es ist kein Fehler, dass der Weg zu weiterer konsequenterer Entwicklung offen bleibt. Dadurch bleibt das System lebendig. Meine Systemschrift ist, soviel ich es beurteilen kann, konsequenter und systematischer als alle mir bekannten Schriften. Ich weiss sehr gut aber, dass man noch daran arbeiten kann und werde das sogar selbst in aller Ruhe tun.

Nun gibt es noch zusammengesetzte Buchstaben. Ich lehne zunächst als unsystematisch eine Zusammensetzung von einem Konsonanten mit einem Vokal ab. Nur Vokale einerseits und Konsonanten anderseits setze ich zusammen. Alle zusammengesetzten Vokale sind zunächst kurz, und nicht lang, wie das die deutsche Grammatik meint. Das System der Zusammensetzung ist das, dass der hintere Vertikalstrich des ersten mit dem vorderen des zweiten Vokals verschmolzen wird zu einem. Dazu muss der zweite um 180 Grad herumgeklappt werden, sodass er dann das Aussehen des entsprechenden nasalen Vokals erhält.

Nun die zusammengesetzten Konsonanten. Da sich praktisch das ng nicht mit anderen einfachen Konsonanten verbindet, so habe ich 20 mal 20 Verbindungen im deutschen Alphabeth, von denen aber nur ein Teil gebräuchlich ist. Auf Tabelle 3 unter C sehen Sie die deutschen Zusammensetzungen von je 2 Konsonanten. Ich habe die gebräuchlichsten nach meiner Schätzung schwarz angetuscht. Aber es ist nutzlos, etwa die Zusammensetzungen zu lernen, denn ich habe eine Methode gefunden, nach der man ohne zu lernen, sofort lesen kann, wenn man nur die 20 Grundbuchstaben kennt. Nach meinem System wird der erste Buchstabe üblich gezeichnet, der zweite schräg nach rechts oben darüber gezeichnet, so dass die senkrechten Striche zusammenfallen. Sollen 3 Buchstaben zusammengesetzt werden, so wird der dritte über die Zusammensetzung der zwei ersten noch schräg nach links oben darüber gezeichnet.

Ob man nun zusammensetzt oder nicht, ist eine Frage der Deutlichkeit, denn es wird immer klarer sein, wenn man nicht zusammensetzt. Aber es geht nicht, dass man nur das ts gleich z und ks gleich x verwendet. Wenn man aber zusammensetzt, kann man nur zusammensetzen, was sich zusammen spricht. Konsonanten zweier Silben, die sich getrennt sprechen, können nicht zusammengesetzt geschrieben werden.

Um zu resumieren: Die Schriften a bis e sind reif zum Drucken, die Schrift f soll eine Anregung sein, soll einen Weg zeigen, auf dem man zu einer Systemschrift kommen könnte. Ich füge noch als Beispiele systematischer Schrift 2 Plakate hinzu, die in Frankfurt a. M. gehangen haben.

1927

Pflichtgefühl

Der Mensch hat es verlernt, was Pflichtgefühl ist. Man weiß, daß es die Hingabe des ganzen Menschen an seine Pflicht, nicht nur ein vages Gefühl bedeutet. Aber der Mensch kennt seine Pflicht nicht mehr. Man weiß, daß man nicht nur Rechte, sondern auch Pflichten hat, Pflichten durch seine Rechte. Das Recht der Anderen legt uns Pflichten auf, wie unser Recht die anderen verpflichtet. Aber man kennt seine Rechte nicht mehr. Die neue Zeit ist so kompliziert, daß man sich nicht mehr auskennt, ohne auf den Grund der Dinge zurückzugehen. Und so können wir wieder alles erkennen, auch was dem Menschen erstes Recht und heiligste Pflicht ist. Es ist so selbstverständlich, daß ich es hier fett drucken muß:
DAS ERSTE RECHT DES MENSCHEN IST SEIN MENSCHENRECHT, und da es das erste Recht ist, so ist es sein größtes Recht. Daraus ergibt sich, daß die heiligste Pflicht des Menschen seine

MENSCHENPFLICHT

ist. Menschenrecht ist das Recht, so zu leben, wie es eines Menschen würdig ist. Das bedeutet erstens Recht auf Leben und zweitens Recht auf Menschenwürde. Daher ist es heiligste Pflicht, den Menschen leben zu lassen und in seiner Menschenwürde nicht zu kränken. Totschlag und Mord gehören in die Museen zu den alten Gemälden, sie müssen tot sein und begraben werden. Es ist die edelste Tat eines Menschen, selbst seinen Feinden zu vergeben.

MENSCHEN, SEID MENSCHEN, MENSCHEN, WERDET MENSCHEN!

Seid würdig, Mensch genannt zu werden, handelt menschenwürdig.

1927

Stuttgart die Wohnung
Werkbundausstellung

Der Volk wil glauben, and the man of Geist wil see, will sehen, will reisen om to see. Dieses Wort von Rosenberg paßt auf die Stuttgarter Ausstellung ›Die Wohnung 1927‹. Der Volk, der glauben will, das sind in diesem Falle die Laien, die zwar nicht viel von der Architektur verstehen, aber gern glauben, daß die Ausstellung der Stadt Stuttgart, ihre Ausstellung, gut ist, die große Reden halten, etwa »Wenn auch..., so...« Denn keine der vielen offiziellen Reden ist frei von dem Unterton: »Man kann zwar darüber reden oder denken, wie man will,... aber...« Sie fühlen es zwar, daß da eine Tat getan ist, aber sie begreifen es einfach nicht, warum. Nicht das Resultat der Ausstellung und der Siedlung überzeugt sie, sondern die Tatsache, daß the man of Geist gereist gekommen ist, om to see. Denn zu der Eröffnung sind sie alle gekommen, die man immer wieder bei solchen Gelegenheiten trifft. Und Herr Werner Graeff hatte ja auch eine geradezu aufregende Propaganda für die Ausstellung unter the men of Geist entwickelt, die den Volk in aller Herren Ländern glauben machen sollten.

Aber ich denke, die Behörden in Stuttgart und Württemberg kommen mir vor, als wären sie Hühnerglucken, die falsche Eier ausgebrütet haben, und nun stehen sie am Ufer des Teichs und sehen mit Stolz und mit Grauen, wie die Entenküchlein, die sie aber doch für ihre Kinder ansehen, weit hinaus auf die Wasserfläche schwimmen, wo sie ihnen nicht folgen können. Ein schönes Bild, was? Und die Hühnerglucke ruft und lockt die Wasserkinder, wenn auch vergeblich. Hier in Stuttgart beim offiziellen Diner aber macht sich die Opposition am Tische der Behörden Luft, indem der betagte Vertreter der Universität Tübingen in seiner Eigenschaft als Heimatschutzmann, wie er sich selbst nennt, erwähnt, daß doch Stuttgart nicht in Holland oder Kalifornien läge, deshalb gehörte auch das flache Dach nicht hierher. Für ihn scheint das flache Dach bei Häusern das zu sein, was beim Menschen die Plattfüße sind, denn er nennt es plattes Dach. Zum Schluß wurde dann der Herr Schutzmann auch verhindert, noch mehr Plattheiten über das platte Dach hervorzubringen, weil doch diese platte Diskussion nicht auf der Tagesordnung stand, indem die meisten Mitesser so laut redeten, daß ihn niemand mehr verstehen konnte. Ein besonders frecher Mitesser mit einem ovalen Gesicht, sagte sogar: »Danach ist der Mann ja garnicht gefragt«, was allgemeine Heiterkeit erweckte; Wie offizielle Essen eben so sind. Aber finden Sie es nicht auch selbstverständlich, daß so ein alter Professor sich doch nicht von heute auf morgen an die neue Zeit gewöhnen kann? Dazu ist doch wohl die kurze Zeit von 1918 bis 1927 nicht lang genug. Und wenn da einer an die 60 Jahre hat gut wandern können und bekommt nun plötzlich Plattfüße, der kauft sich eben Einlagen. Und daß dieses eine Einlage war, merkte man daran, daß alle Nachredner den üblen Eindruck zu vertuschen suchten. Und das möchte ich hiermit auch getan haben. Meine Mutter pflegt immer zu sagen: »Wie die Kinder, sie wollen es garnicht, und mit einem Male sagen sie eine große, große Dummheit.« Ich habe dann mit Herrn Mies van der Rohe angestoßen, weil der mir so leid tat, daß er nun keine platten Dächer mehr bauen darf, aber der hat sich furchtbar schnell damit abgefunden und hat über das ganze Gesicht dazu gelacht. Ich habe ihn lange nicht so lachen sehen.

Das sind übrigens prächtige Leute in Wirtteberg. So menschlich und nett! Ich lernte persönlich den Herrn Württembergischen Staatspräsidenten Bazille kennen, den Schirmherrn der Ausstellung. Ein wirklich menschlicher und sehr freundlicher Herr. Das ist übrigens derselbe Bazille, der vor einigen Jahren in den Bodensee gefallen sein soll. Und das kam sogar ganz per Zufall. Nach dem Diner nämlich trafen wir einander in der Toilette, ganz zufällig. Da geht ja jeder gern mal hinein. Da hab ich den Herrn Präsidenten ganz beiläufig nach ganz etwas Beiläufigem gefragt, und er merkte es meiner Hannoverschen Aussprache gleich an, daß die Wirtteberger fir unsch Hannuverahner Auschländer sind mit unserem spitzen s und machte mir die Ehre und sich ein Vergnügen daraus, mir die Gemäldegalerie in der Villa Berg zu zeigen, wo das Diner stattfand. Wirklich wundervolle Gemälde. Alles echt Öl. Handgemalt. Sie atmeten den Geist der verflossenen Zeit, manche atmeten auch nicht mehr. Aber die Villa Berg atmete einen noch viel verflosseneren Geist. Rokoko. Wundervoll. Und mit dem Geist ist es so, je länger er lagert, desto besser wird er, genau wie Schnaps. Und so sagte ich zu Herrn Präsident Bazille, Herrn Reiniger hoch in Ehren, der wäre in den bei uns in Hannover in Betracht kommenden Kreisen auch best bekannt, aber der Geist dieser Bilder hätte noch nicht lange genug gelagert, nichts für ungut, und der Geist dieser Rokokovilla wäre schon viel klarer. Und der Herr Dr. Bazille merkte es meinem jovialen Gesicht auch gleich an, daß ich einer Meinung mit ihm war, und ich unterstützte diesen Eindruck, indem ich sagte, daß die Architekten von heute so nicht mehr bauen könnten, wie die Villa Berg wäre. Da lächelte der Herr Staatspräsident begeistert: »Nicht wahr? Können sie auch nicht.« Da fuhr ich fort: »Aber wir brauchen auch solche Häuser nicht mehr« und machte ihm mein Kompliment, daß er das erkannt habe und die Siedlung Weißenhof habe mit begründen helfen. Dann zeigte der Herr Staatspräsident mir noch eine schwarze Marmorschale, die allein mehr wert war als die ganze Villa Berg zusammen genommen. Ich sah mir das schwarze Ding genau an und staunte. Aber so beginnt bei mir immer der Kunstgenuß, ich staune. Denken Sie, eine Großfürstin oder so was soll diese Schale aus einem einzigen Stück Marmor selbst gemeißelt haben. Das hat Raritätswert, etwa wie Briefmarken, aber das verstehen Sie so doch nicht, das müssen Sie mitgesehen haben.

Aber Sie wollen wissen, weshalb ich Ihnen das alles erzähle. Ja, das hängt damit zusammen, daß aus diesem Geiste heraus die Ausstellung und die ganze Weißenhofsiedlung geboren ist. Viele reden, wenn sie von Wirtteberg schpreche von de Greischschewahn. Und wenn ein Berlina oder Herr Westheim selbst die Rede mit angehört hätte, daß wir Stuttgarter in Schtuggert dies alles geschaffen haben, weil wir doch ebensogut, wie die Berliner etwas gutes Neues hinstellen können, und weil wir einen gut Schwäbischen Dickkopf hätten, der hätte vielleicht nur den Rauschschebaart gesehen, wie Berlina eben so sind. Aber mit Unrecht. Denn es ist eine große Beweglichkeit in dem Vulke der Wirtteberger. Wollte Gott, daß wir in Hannover nicht den Typhusbazillus gehabt hätten, sondern einen Mann wie Bazille, dann hätten wir auch vielleicht einmal eine gute Ausstellung zustandebringen können. Denn die Ausschtellung ist wirklich muschtergiltig, und die Sicdlung, wenn auch problematisch, eine groschsche Tat. Die Auswahl der Fotos aus der Entwicklung der internationalen Architektur durch Herrn Architekt Ludwig Hilberseimer ist wirklich umfassend, und die Gruppierung instruktiv. Wenn ich einer der vielen Vorredner wäre, so würde ich sagen, daß Herrn Hilberseimer Dank gebührte, denn alle Reden endeten damit, daß irgend jemand Dank gebührte. Ich war denn auch in einer so dankbaren Stimmung, daß ich allen Leuten gegenüber dankbar war, die da in Stuttgart herumliefen, weil ich nicht unterscheiden konnte, wem alles der Dank gebührte.

Und nun die Siedlung Weißenhof. Leider fehlte hier ein sehr bedeutender deutscher Architekt, Hugo Häring. Aber die Zeit ist noch nicht so weit, daß Härings Gedanke auto-funktioneller Architektur sich bei einer Siedlung durchsetzt. Hier und da sind einzelne Versuche im Sinne Härings, wie Ausnutzen der Aussicht, Formung von Räumen zu bestimmtem Zweck, aber es herrscht vor der Bau für möglichst allgemeinen Zweck, das was Häring Verpackungsangelegenheit nennt.

Dank für Gruppierung der ganzen Siedlung gebührt Miesch van der Rohe. »Er hat es meischterhaft verschtanden...«, um im Geischte desch Vorrednersch zu schprechen, den Gesamtplan dem Gelände anzupassen. Lage und Größe der Häuser hat Mies van der Rohe bestimmt. Die einzelnen Architekten haben von ihrem Beschten das Beschte gegeben. Trotzdem bleibt es eine Kateridee, daß man so viele prominente Vorkämpfer der Architektur und Werkbundmitglieder unserer Zeit so in unmittelbarer Nähe nebeneinander je ein Haus bauen läßt. Das muß uneinheitlich werden, unbesehen. Obgleich jeder den Anderen nach Möglichkeit geschont hat. Als Ausstellung ist das Ganze außerordentlich lehrreich, und ich brauche ja nicht dort oben zu wohnen. Ganz starke Persönlichkeiten, wie Peter Behrens und Poelzig, bauen hier aus lauter Höflichkeit gegen die Jungen plötzlich Häuser, die sie selbst nicht glauben und die ich ihnen auch nicht glaube. Poelzig hat eine schöne italienische Villa aus dem neuen Stil gemacht, und Peter Behrens hat überhaupt keinen Charakter mehr. Er ist allgemein modern. Schade. Wozu denn diese Verstellung? Behrens ist doch sehr wichtig für die ganze Entwicklung. Er ist doch einer der bedeutendsten Vorkämpfer der neuen Architektur. Warum läßt er hier eine 25prozentige Anleihe auf seine bisherige Bauweise eintragen? Wozu diese moderne Aufwertungshypothek? Glaubt er nicht mehr an sich selbst? Schade drum. Es wäre doch für den Betrachter viel interessanter, neben Mies, Oud, Gropius, Stam, Le Corbusier den wahren Behrens und den wahren Poelzig sehen zu können. So kann man doch nicht direkt vergleichen.

Man kann das überhaupt nicht ganz, denn die Herren haben alle ihre Aufgabe verschieden gelöst und sich mehr oder weniger an gegebene Richtlinien gehalten. Zum Beispiel hat Gropius als einzelner neue Bauweisen ausprobiert, während die anderen in ihrer bekannten Bauweise mit oder ohne Anleihe gebaut haben. Der Versuch, sich mit neuen Materialien auseinanderzusetzen, ist das Interessante an Gropius' Hause. Auch haben nicht alle sich nach den Maßen des Planes ganz gerichtet, wie zum Beispiel Le Corbusier, der seine beiden Häuser viel zu groß gebaut hat und dadurch den Gesamteindruck sehr stört. Überhaupt ist Le Corbusier nicht ganz ungefährlich. Denn er ist ein genial begabter Architekt und dabei leider so romantisch eingestellt. Ich halte ihn für die gesunde Architektur für ebenso gefährlich, wie Dudok und De Clero. Oder irre ich mich vielleicht? Vielleicht findet mancher diese imposanten Bauten von Le Corbusier fabelhaft. Aber der läßt sich verblüffen. Meine Großmutter sagte immer: »Laat deck nich verblüffen!« und das tue ich auch nicht. Ich wäge sine ira et studio ab, wenn da son verputzter Eisenbalken vor dem Fenster mitten im Zimmer steht, was soll das bedeuten? Ach so, das tut er, damit man von außen eine ungeteilte Fensterreihe hat. Ist da ein prinzipieller Unterschied zwischen dieser Bauweise und dem Schlachthof von Dudok in Hilversum, der vorn Burg mit trutzigen Mauern und hinten Fabrik ist, weil doch irgendwo das Licht herkommen muß? Jetzt finden Sie weiter in dem Hause von Le Corbusier in einem Wohnraume, durch eine halbe Wand abgetrennt, eine Badewanne. Warum? Wegen der

Wasserdämpfe? Ist das gesund oder ist es hygienisch? Ich sehe weiter und finde dicht daneben eine Klosettür, die ins Zimmer mündet, und es wird mir klar, wegen des Geruchs. Der Franzose riecht gern, wenn seine Dame aufs Klosett geht oder im Bade sitzt. Der Franzose ist eben elegant, das verstehen wir Deutschen nicht. Der Hauptraum geht durch zwei Etagen. Warum? Wenn man heizt, ist es unten noch nicht warm, wenn man es oben vor Hitze schon nicht mehr aushalten kann. Sollte das Haus wohl für ein südliches Klima gebaut sein, wo man nicht heizt? Und per Malheur steht es nun in Stuttgart. Schade drum, denn ich frage mich wieso. Für diese Idee sprechen auch die riesigen Balkons, die man bei dem Stuttgarter Klima selten benutzen kann. Sollte das Haus von Le Corbusier vielleicht das Klima in Stuttgart günstig beeinflussen und ändern können? Vielleicht durch geheime Gewalten? Oder ist es Romantizismus? Ich kenne mich da nur schwer aus. Auch die Windrichtung und der Regen bei westlichen Winden müssen sich drehen, weil der Balkon nach der verkehrten Seite geschützt ist. So macht man Natur. Aussicht ist Nebensache, denn im Hauptraume fehlt das Fenster an der Wand, die die beste Aussicht haben würde. Aber ich will nichts gesagt haben, denn ich weiß sehr wohl, wie große Verehrung gerade Le Corbusier genießt, und daß man oft meint, unsere deutschen Architekten hätten viel von ihm gelernt. Das kann man auch, man kann an dem Studium Le Corbusiers genau sehen, was falsch ist für deutsche Verhältnisse.

Das Haus von Victor Bourgeois finde ich sehr durchdacht. Es ist hier nicht das hohle Pathos der Fassade von Le Corbusier, dafür ist es innen aber gut, wirklich gut. Alles ist gut durchgearbeitet, Wohnlichkeit, Berücksichtigung der Aussicht, der Wetterseite, Fenster meist nach Süden, guter Sitz der Fenster im Zimmer, gute Form der Zimmer.

Den Häusern von Oud merkt man es an, daß sie von einem erfahrenen Architekten gebaut sind, der vollkommen sicher arbeitet aus seiner Erfahrung heraus. Hier könnte man von allgemein funktioneller Architektur sprechen. Sein Ziel ist, mit den Mitteln der Architektur möglichst einfache und brauchbare Wohnungen zu schaffen. Ich will nicht alle Architekten einzeln erwähnen, das habe ich nicht nötig, weil ich dazu nicht verpflichtet bin.

Interessant ist, daß Rading sein ganzes Haus nur wegen der elektrischen Lichtleitung gebaut hat. Aber die kommt auch wirklich erstklassig heraus. Sie sitzt immer auf kleinen Holzbrettchen, die immer etwa 5 cm von der Decke und Wand vorstehen. Das sieht tadellos aus. Hoffentlich macht diese Anregung Schule, dann haben wir bald in unseren Wohnungen auch jene schönen Oberleitungen, die unser Stadtbild so angenehm verzieren.

Sehr ehrlich wirkt das Haus von Hilberseimer. Es ist gründlich, normal und unphantastisch, das Gegenteil von Le Corbusier. Hier sind keine Badewannen im Zimmer und keine Balken vor den Fenstern. Wie sehr ich diese nüchterne Art schätze, sehen Sie daran, daß ich in meinem Apossverlag schon vor Jahren ein Heft von Hilberseimer: ›Großstadtbauten‹ verlegt habe.

Mies van der Rohe vereinigt Geist der Zeit und Format. Was ist Format? Ein neues Schlagwort für Architekten. Maler können Qualität haben, Architekten Format. Format bedeutet Qualität in der Anschauung. Da kann ein ganz kleines Ding oft Format haben. Und dabei ist das Haus von Mies van der Rohe groß, das größte der Siedlung. Und innen wirkt es riesig durch die bis zur Decke hochgezogenen Türen. Ich kann mir nicht denken, daß man durch diese Türen einfach gehen soll, sondern man schreitet hindurch. Große, edle Gestalten schreiten durch die Türen, voll neuen Geistes. Hoffentlich wenigstens. Es kann ja auch werden wie in den Frankfurter Siedlungen, wo die Leute mit ihren grünen Plüschsofas ankommen. Es kann vorkommen, daß nachher die Einwohner nicht so reif und frei sind wie ihre eigenen Türen. Aber hoffen wir, daß das Haus sie edelt.

Mart Stams Haus ist genial und hat Schwung. Ich meine hier nicht Schwung wie etwa das Dach einer Treppe bei einem anderen Hause Schwung hat, welches im Winter auch als Rodelbahn benutzt werden soll, ich meine mit Schwung das sichere Verwenden der Materialien zu einheitlicher und überzeugender Wirkung. Genialität ist Sicherheit im Arbeiten mit neuen Dingen. Kennen Sie den Stuhl von Mart Stam, der nur zwei Beine hat? Warum vier Beine nehmen, wenn zwei ausreichen? In Stams Hause hängen von Ella Bergmann-Michel Aquarelle.

Ausgestellt ist von May ein Bimsbetonplattenhaus. Warum auch nicht? Stuttgart ist von Frankfurt aus bequem auf dem Wasserwege zu erreichen, und es könnte leicht in diesem Material gesiedelt werden. Jedenfalls ist das Frankfurter Haus eine wesentliche Ergänzung der Werkbundsiedlung.

Ich war sechs Stunden unter den Häusern, habe meinen neuen Sommermantel mit frischer Ölfarbe eingeseift, wodurch ich mich nicht von den anderen Besuchern unterschied, habe Speise und Trank verweigert, weil es da oben nichts Reelles gab und weil ich für das offizielle Diner einen Platz lassen mußte, und könnte Bände über die Siedlung schreiben. Aber ich tue es nicht, weil ich nicht verpflichtet bin, sondern empfehle es allen, hinzugehen, Sie haben sicher nicht so leicht wieder Gelegenheit, etwas so Interessantes zusammen zu sehen. Ich empfehle Ihnen auch, machen Sie es wie ich und fahren Sie zurück in einem befreundeten Privatauto über Wildbad, Herrenalb, Baden-Baden, Bruchsal usw. nach Hause, es ist eine nette Fahrt und ein guter Schluß, obgleich dieser Teil des Schwarzwaldes nicht der schönste ist. Bruchsal ist nach den Entwürfen von

Taut angemalt, der auch in der Siedlung das bunteste Haus hat. Aber Mies van der Rohe hat es gut berechnet, daß das bunte Haus im Gesamtbilde gerade an der richtigen Stelle steht. Sonst ist Bruchsal mehr Rokoko.

Nun gebe ich nur noch eine wichtige Anregung, und zwar dem Verlage Ullstein: Möge sich der Verlag dazu entschließen, zu der Architekturausstellung in Stuttgart 1000 Worte Schwäbisch herauszugeben, es würde den Genuß erhöhen und das Verständnis erleichtern.

Hochachtungsvoll
Kurt Schwitters

1927

Sensation

Chamberlin besucht die Theaterausstellung in Magdeburg. Das war am 17.6.27 um soundsoviel Uhr soundsoviel. Das ganze Magdeburg ist sowieso eine sensationelle Stadt. Denken Sie nur an die bunte Bemalung neben dem herrlichen gotischen Dom und den vielen mustergültigen Plakaten und Firmenschildern. Dann denken Sie sich das alles in glühend heißer, schwüler Temperatur, wie es am 17. der Fall war, und welch letztere durch die Aufregung der Menge noch gesteigert wird, denn wie gesagt erwartet man heute den Besuch Chamberlins, des heldenhaften Piloten, der den Ozean bezwungen hat, um die Magdeburger Theaterausstellung zu besichtigen. Darum kostet heute der Eintritt nur 50 Pfennige, statt der üblichen Mark und fünfzig. Es wird entsetzlich voll draußen auf der Elbinsel.

Die Theaterausstellung ist auch ein Ding für sich. Drei viertel ist Vergnügungspark, der Rest ist eine neuerbaute Stadthalle, eine Halle mit Messeständen, eine sogenannte Industrieabteilung, dann eine Versuchsbühne und eine Kulturabteilung und hier und da noch dies und das, wie Kinderbewahrungsraum, Kasper-Theater, Alpendorf, Zuckerwaren. Wasserfall und was so zu einer Theaterausstellung unmittelbar dazu gehört. Die Stadthalle ist noch nicht fertig, wodurch sie sich aber nicht von der übrigen Ausstellung unterscheidet. Aber heute soll sie schon dem Empfang der Ozeanflieger aus Amerika dienen. Wie Stadthallen so sind, ist sie außen längs gestreift, innen dagegen zur Unterscheidung diagonal bemalt. Außen ist sie trutzig, innen dahingegen mehr wie ein Varieté, wie Stadthallen eben so sind. Stundenlang ist der Saal übervoll, denn man erwartet heute die Ozeanflieger. Die vorderen Reihen sind abgesperrt für die Verwandten der Flieger, hinten drängt es sich in den Gängen, und auf der Bühne stehen 3 leere Stühle, für die beiden Ozeanflieger und noch wen. Vielleicht werden die da eine Zigarette rauchen. Nummer 2, die Industrieabteilung, enthält auch einen imposanten Lindwurm. Er stammt aus dem Siegfriedfilm und ist von ziemlichen Ausmaßen. Aber leider tot, und da er aus Papiermaché gemacht ist, so erschrickt so leichte niemand von den Besuchern. Anders der Siegfried, der ihn damals kalt gemacht hat, damit wir ihn in der Theaterausstellung bewundern können. Drittens die Versuchsbühne ist ein seriöser Raum mit Plüsch-Vorhängen. Herr Lasló spielt seine Farblichtmusik vor. Ich halte das für einen zwar sehr interessanten Irrtum, aber es bleibt ein Irrtum. Bilder sind keine Musik, wenn sie sich bewegen. Die Zeit in der Musik entspricht in der Malerei dem Raume. Und wie die Musik raumlos ist, so gibt es in der Malerei keine Zeit. Verbindung von Musik und sich bewegenden Farbflecken ist ein Unding. Die Beziehung ist literarisch, nicht sinnlich. Aber interessant. Daher war der Vortrag denn auch nicht gut besucht. Es waren nur 11 Personen da, während draußen und in der Stadthalle etwa zehntausend Menschen auf Chamberlin warteten, und der Rest von etwa hundert in der Industrieabteilung vor den Vexierspiegeln sich kranklachen wollte. Arme Kunst. Die Kunst von heute ist die Sensation. Und nun Nummer 4, die Kulturabteilung. Das sind viele, viele kleine Bühnenmodelle aus vielen, vielen großen und kleinen Zeiten, nach vielen, vielen privaten und offiziellen Anschauungen entworfen und gestaltet. Ich gelte ja sowieso als verrückter Künstler oder Halbidiot, aber mir haben besonders gefallen die Arbeiten von Tairoff aus Moskau, von Bragaglia aus Rom, vom Bauhaus und vom Sturm. Mein eigenes kleines Modell zu einer systematischen Normalbühne fand ich auch wieder, es stand sehr nett auf einem Postamentchen und war sehr neckisch als ein Bühnenentwurf von Moltzahn bezeichnet. Ich glaube, Johannes Molzahn, ohne t, wird sich schönstens bedanken. Ich habe mich auch im Sekretariat bedankt, und da zeigte man mir, daß mein Bühnchen im Katalog als Merzbühne bezeichnet war. Das beruhigte mich etwas, obgleich auch diese Bezeichnung falsch ist, denn es ist eine Normalbühne. Aber die ganze Ausstellung ist ja sowieso noch nicht fertig, sie ist ja auch erst Mitte vorigen Monats eröffnet worden. Interessant war im oberbayrischen Alpendorf die Szenerie. Riesige Eisberge ragten allüberall, wie ich sie so zahlreich auf meiner Schweizerreise nie erlebt habe. Ein echter bayrischer Seppl mit kurzen imitierten Lederhosen klebte noch eben mit Sichelleim echte bayrische Pappdachziegel auf ein Hausdach. Aber schadet nichts, denn da in der Halle regnet es ja doch nicht durch. Die echten Föhrenzweige waren schon trocken, rehrten aber noch nicht. Sie können ja zum Schluß ausgewechselt werden. Das echte Moos war trocken, wie die Föhren, dagegen scheinen die echten Farne zu leben. Sie sind aber bei der schlechten Beleuchtung sehr dünn gewachsen. Tischdecken sind natürlich blau-weiß kariert. Das Bier ist sehr gut, Kunststück! Nett sieht es aus, wenn in der Gebirgslandschaft plötzlich die echte Tür ins Freie geöffnet wird, und es strömt der echte strahlende Tag hinein und verdunkelt die Bergriesen. Sone Tür ist größer als ein Berg von 3500 m Höhe. Das nennt man Perspektive. Sinnig ist das Marterl mit hängendem Christus zwischen den Biertischen. Kinder, das war fein!

1927

Meine Sonate in Urlauten

Zeichenerklärung
Die verwendeten Buchstaben sind wie in der deutschen Sprache auszusprechen. Ein einzelner Vokal ist kurz, zwei nicht doppelt, sondern lang, wenn es gleiche Vokale sind. Sollen aber 2 gleiche Vokale doppelt gesprochen werden, so wird das Wort an der Stelle getrennt. Also ›a‹ wie in Schnaps, ›aa‹ wie in Schlaf, ›a a‹ ist doppeltes kurzes a, u.s.w., ›au‹ spricht sich wie in Haus. Konsonanten sind tonlos. Sollen sie tonvoll sein, muß der den Ton gebende Vokal hinzugefügt werden. Beispiele: ›b, be, bö, bee‹. Aufeinanderfolgende b p d t g k z sind einzeln zu sprechen, also: ›bbb‹ wie 3 einzelne ›b‹. Aufeinanderfolgende f h l j m n r s w sch sind nicht einzeln zu sprechen, sondern gedehnt, ›rrr‹ ist ein längeres Schnarren als ›r‹.
Die Buchstaben c q v x y fallen aus. Das z wird der Bequemlichkeit halber beibehalten. Große Buchstaben dienen nur zur Trennung, zum Gruppieren, zum besseren Erkennen von Abschnitten, als erste Buchstaben von Zeilen u.s.w. ›A‹ spricht sich wie ›a‹. *Man kann* zur Bezeichnung von laut rote Unterzeichnung, von leise schwarze nehmen. Es bedeutet also ein dicker roter Strich, F F ein dünner F, ein dünner schwarzer Strich p, ein dicker pp. Alles nicht unterstrichene ist mf. Schrift wie Noten ist auch möglich, wenn Tempo taktmäßig ist, z. B.:

$$\frac{4}{4}\left|\frac{Oo}{1}\right|\frac{bee}{4}\frac{bee\ bee\ bee\ bee}{4\ \ \ \ 8\ 8}\left|\frac{3}{1}\right|\frac{Oo}{1}\left|\frac{zee}{4}\frac{zee\ zee\ zee\ zee}{4\ \ \ \ 8\ 8}\right|\frac{3}{1}\left|\frac{Oo}{1}\right|\frac{enn\ ze}{8\ \ 8\ 4}\frac{1}{8}\frac{enn\ ze}{8\ 4}\frac{1}{1}\left|\frac{Oo}{1}\right|\ldots$$

(leise, gleichmäßig)

Dieses wäre eine andere, nicht sinnfällige Schreibweise des zweiten Satzes. Bei freiem Takt können eventuell zur Anregung der Phantasie auch Taktstriche verwendet werden. Alle Zahlen dienen nur zur Angabe von Taktzeiten. Zahlen, Striche und alles Eingeklammerte sind nicht zu lesen. Die zu verwendenden Buchstaben sind, um noch einmal alle zusammenzuzählen: a ä au e ei eu i o ö u ü b d f g h k l m n p r s s sch ch w z.

Die Selbstlaute sind: a e i o u ei eu au ä ö u.

Sollen die r einzeln gesprochen werden, so empfiehlt sich folgende Schreibweise: RrRrRrRrRrRr. Ebenso: SchschSchsch, oder LlLlLl u. s. w.

Bei freiem Rhythmus werden Absätze und Satzzeichen wie in der Sprache verwendet, bei strengem Rhythmus Taktstriche oder Bezeichnung des Taktes durch entsprechende Einteilung des Schriftraumes in gleich große Raumabschnitte, aber keine Satzzeichen. Also , . ; ! ? : sind nur als Klangfarbe zu lesen.

Natürlich ist in der üblichen Schrift mit den Buchstaben des alten römischen Alphabets nur eine sehr lückenhafte Angabe der gesprochenen Sonate zu geben. Wie bei jeder Notenschrift sind viele Auslegungen möglich. Man muß wie bei jedem Lesen Phantasie haben, wenn man richtig lesen will. Der Lesende muß selber ernst arbeiten, wenn er wirklich lesen lernen will. Arbeiten fördert die Aufnahmefähigkeit des Lesenden mehr als fragen oder gar gedankenloses Kritisieren. Das Recht zur Kritik hat nur der, der alles verstanden hat. Besser als zu lesen ist die Sonate zu hören. Ich selbst trage deshalb meine Sonate gern und oft öffentlich vor und bin auf Einladung überall gern bereit, einen Sonatenabend zu veranstalten. Da es aber nicht gut möglich ist, überall Abende zu veranstalten, habe ich einige charakteristische Teile ins Grammophon gesprochen. Die betreffende Platte ist als MERZ 12 veröffentlicht und für 20Mk. beim Merzverlag in Hannover zu haben, Waldhausenstr. 5. Die Dauer der ganzen Sonate ist ca. 35 Minuten.

Allgemeine Erklärungen:

Meine Sonate in Urlauten ist auf dem ersten Satz aufgebaut einem Rondo mit dem Hauptthema: ›Fümms....‹ Dieses Hauptthema ist teilweise entlehnt einem Gedicht von Raoul Hausmann, das sich so schrieb:

F M S B W T C U
P G G F
M Ü

und ursprünglich nur, so viel ich weiß, eine Druckprobe für die Auswahl von Typen war. Hausmann hat es mit außerordentlicher Phantasie als Vortrag gestaltet, und da er Böhme ist, etwa folgendermaßen ausgesprochen:

fümms bö wö tää zää uu
pögiff
mü

Auch das ›Kwiiee‹ aus dem ersten Thema des ersten Satzes stammt von dem Hausmann'schen

Q I E

Das ›De des nn nn rrrrr‹, oder wie ich es erst schrieb: ›D D S S N N R‹ ist aus dem Worte D R E S D E N entstanden. Vielleicht interessiert es den Leser, obgleich es für das Kunstwerk gleichgültig ist, wie es entstanden ist. Das ›rakete‹ ist selbstverständlich nichts anderes, als das Worte Rakete. Im zweiten Teil ist das ›P R A‹ eine bewußte Umkehrung des Namens ›arp‹. Gemeint ist Hans Arp, der französische Dadaist, Paris, nicht etwa das allgemeine Relativitäts-Prinzip. Arp ist der Gründer der Zeitschrift ARP. Das ›zätt üpsiilon iks wee fau uu . .‹ ist aus den Alphabet entstanden, indem ich es rückwärts gelesen habe. Alle anderen Lautverbindungen sind frei erfunden, teilweise unbewußt angeregt durch abgekürzte Aufschriften auf Firmenschildern oder aus Drucksachen, besonders aber durch die interessanten Aufschriften auf Eisenbahnstellwerkhäusern, die immer so interessant wirken, weil man den Sinn nicht versteht. Nun weiß ich recht wohl, daß man durch Erklärungen dem Kunstwerk nicht näher kommt, sie haben bloß historischen oder dadaistischen Wert. Meine Erklärungen sind letzten Endes ein Dokument für die Unerklärbarkeit des Kunstwerkes, oder wie Raoul Hausmann sagt: »*Erst die Kunst, und dann das Klavierspiel.*«

Nun etwas über den Aufbau. So dadaistisch und willkürlich das Sammeln der Themen und Anregungen war, so streng ist die innere Logik, Strenge und Konsequenz der Durcharbeitung und Gruppierung. Die Sonate besteht aus 4 Sätzen, einer Einleitung, einem Schluß, und siebentens einer Kadenz im vierten Satz. Der erste Satz ist ein Rondo mit vier Hauptthemen, die in diesem Text der Sonate besonders bezeichnet sind. Den Rhythmus in stark und schwach, laut und leise, gedrängt und weit u. s. w. empfinden Sie wohl selbst. Die feinen Abwandlungen und Kompositionen der Themen erklären zu wollen, wäre auf die Dauer langweilig und würde den Genuß des Lesens und Hörens beeinträchtigen können, und zum Schluß bin ich kein Oberlehrer. Ich mache noch beim ersten

Satz aufmerksam auf die Wiederholungen der Themen wörtlich vor jeder neuen Variation, auf den explosiven Anfang des ersten Themas, auf die reine Lyrik des gesungenen ›Jüü-Kaa‹, auf den streng militärischen Rhythmus des dritten Themas, das gegenüber dem zitternden, lammhaft zarten vierten Thema ganz männlich ist, und endlich auf den anklagenden Schluß des ersten Satzes in dem gefragten ›tää?‹ Der zweite Teil ist auf Mitte komponiert. Daß er gesungen wird, sehen Sie aus den Anmerkungen im Text. Das Largo ist metallisch und unbestechlich, es fehlt Sentiment und alles Sensible. Beachten Sie bei ›Rinn zekete bee bee‹ und ›ennze‹ die Erinnerung an den ersten Satz. Beachten Sie auch in der Einleitung das lange ›Oo‹ als Prophezeiung zu dem Largo. Der dritte Satz ist ein echtes Scherzo. Beachten Sie das schnelle Aufeinanderfolgen der 4 kurzen Themen: ›Lanke‹, ›trr gll‹, ›pe pe pe pe pe‹ und ›Ooka‹, die voneinander sehr verschieden sind, wodurch der Charakter ›scherzo‹ entsteht: die bizarre Form. Thema 1 und 2 sind unwandelbar und kehren eigensinnig taktmäßig wieder. In ›rrmmp‹ und ›rrnnff‹ ist eine Erinnerung an ›rrmmpff tillff too‹ vom ersten Satz, doch klingt es jetzt nicht mehr lammhaft zart, sondern kurz und befehlend, durchaus männlich. Das ›Rrumpfftillftoo‹ im dritten Satz klingt dort auch nicht mehr so zart. Die ›ziiuu lenn trll‹ und ›lümpff tümpff trill‹ sind klanglich dem Hauptthema ›lanke trr gll‹ nachgebildet. Das ›ziiuu iiuu‹ im Trio erinnert sehr an das ›ziiuu ennze‹ in Teil 1, nur ist es hier sehr getragen und feierlich. Das Scherzo unterscheidet sich wesentlich von allen drei anderen Sätzen, in denen das lange ›bee‹ außerordentlich wichtig ist. Im Scherzo kommt kein ›bee‹ vor. Der vierte Satz ist der strengste und dabei reichste im Aufbau. Die vier Themen sind wieder im Text genau bezeichnet.

Bitte beachten Sie den Block bis ›Oo bee‹, der wörtlich wiederholt wird. Es folgt eine lange Durcharbeitung mit vielen Überraschungen, und endlich erscheint der Block etwas verändert wieder, nur daß die Reihenfolge der Themen geändert ist. Das Überleitungsthema ›Oo bee‹ erinnert entfernt an den zweiten Satz. Der lange, schnelle vierte Satz ist für den Vortragenden eine gute Lungenprobe, besonders da die endlosen Wiederholungen, um nicht zu gleichförmig zu klingen, oft eine große Erhebung der Stimme erfordern. Beim Schluß mache ich aufmerksam auf das beabsichtigte Rücklingen des Alphabets bis zum a. Man ahnt das und erwartet das a mit Spannung. Aber es hört zweimal schmerzlich bei b auf. Das b klingt hier in der Zusammenstellung schmerzlich. Beruhigend folgt die Auflösung im dritten Alphabet beim a. Nun aber folgt das Alphabet zum Schluß ein letztes und viertes Mal und endet sehr schmerzlich auf ›beeee?‹ Ich habe dadurch die Banalität vermieden, die sehr nahe gelegen hätte, die allerdings nötige Auflösung an den Schluß zu verlegen. Die Kadenz nun ist ad libitum, und jeder Vortragende kann nach seinem Geschmack eine beliebige Kadenz aus den Themen der Sonate zusammenstellen. Ich habe nur für den eventuell phantasielosen Vortragenden *eine* Möglichkeit vorgeschlagen. Ich selbst trage jedesmal eine andere Kadenz vor und erreiche dadurch, da ich sonst alles wörtlich auswendig vortrage, daß die Kadenz besonders lebendig wirkt und einen großen Gegensatz zu der übrigen starren Sonate bildet. So.

1927

Kitsch und Dilettantismus

Wir kennen ihn, überall umgibt er uns. Nur wenige erkennen ihn, die meisten sehen ihn nicht. Sehr wenige leiden darunter, daß es Kitsch gibt.

Zum Erkennen des Kitsches ist nicht eine besonders große Begabung erforderlich, sondern nur intensive Beschäftigung mit den Dingen. Das Denken muß eine gewisse Qualität haben, damit jemand den Kitsch erkennen kann. Daraus ergibt sich, daß Kitsch Mangel an Qualität ist. Aber auch Dilettantismus ist Mangel an Qualität. Nun beruht der Unterschied von Kitsch und Dilettantismus darin, daß der Kitsch Resultat qualitätloser Denkweise ist, der Dilettantismus aber Resultat qualitätlosen Handwerks. Sie sehen, daß eine Arbeit gleichzeitig Kitsch und Dilettantismus sein kann. Versagt der Mensch, der die Arbeit schafft, als Persönlichkeit, so entsteht Kitsch, versagt bei immerhin qualitätvoller Persönlichkeit die handwerkliche Fähigkeit, so entsteht Dilettantismus.

Der Dilettantismus läßt die Menge der urteilslosen Menschen unbefriedigt, weil sie den Mangel an handwerklichem Können sehen kann und als Mangel empfindet, während sie die Persönlichkeit, die gearbeitet hat, oder den Ernst, der den arbeitenden Menschen begeisterte, darüber nicht sehen kann. Der Kitsch aber befriedigt den Harmlosen meist restlos, weil er das handwerkliche Können bewundert, welches er nicht hat, und weil dem Harmlosen nicht auffallen kann, daß da keine Persönlichkeit an der Arbeit war, weil er für Persönlichkeit aber überhaupt keinen Sinn hat.

Und nun die Kunst: sie läßt den Harmlosen noch unbefriedigter als der Dilettantismus, weil er hier überhaupt nichts erkennen kann. Wenn die Persönlichkeit des Künstlers das Handwerk zum Schöpferischen meistert, so hält das der Harmlose für ein schlechtes Handwerk, da er die Persönlichkeit nicht erkennt und so den Grund zu der schöpferischen Verbiegung nicht sieht. Daher blüht der Kitsch und genießt der Kitscher die größten Ehren und erzielt die höchsten Preise.

1927

Glück oder Unglück

Es beschäftigt viele Leute, aber wenige kennen es. Ich höre so oft, daß jemand sagt, er hätte kein Glück. Die anderen hätten immer so viel Glück, er niemals. Diese Leute kennen das Glück nicht, besonders dann nicht, wenn sie behaupten, das Unglück verfolge sie. Denn Glück und Unglück ist dasselbe. Beides ist der Zufall, der durch das Geschehen einen Menschen verändert. Oft erkennen die Menschen erst viel später, welche Richtung der Zufall hatte, den sie anfangs für Glück oder Unglück gehalten haben, die banale Tatsache ist jedem geläufig, daß sich ein Glück in Unglück verkehren kann, oder umgekehrt, weil es dasselbe ist. Man könnte bildlich sagen, daß das Glück mit zwei Händen gibt: mit der einen das, was das Geschehen des Menschen fördert, mit der anderen, was es hemmt. Und jeder kann sich sogar aussuchen, was er haben will! Er kann auch beides nehmen oder nichts. So bewahrheitet sich das alte Sprichwort: »Jeder ist seines Glückes Schmied.« Der Zufall für das Geschehen eines Menschen kommt immer jeden Augenblick. Und dadurch, daß der Mensch in den meisten Fällen frei wählen kann, nimmt er dem Zufall für sein Geschehen das Zufällige, er macht ihn bewußt. Nicht das Glück ist wesentlich, sondern die Stetigkeit im Geschehen eines Menschen, daß er ein Ganzes werde. Und so sollten die Menschen mehr lernen, sich selbst zu erkennen, statt dem Glücke nachzujagen, das sie doch nur zwingen können, wenn sie sich kennen und zwingen. Glück ist das, was dem Menschen an seiner Einheit fehlt. Für jeden gibt es viel Glück in seinem Bereich. Nur der Kluge findet es richtig heraus. Glück auf! Suchen Sie das Glück in sich, da ist es.

Um 1927

[Das Leben ist eine herrliche Erfindung]

In Paris mußte ich oft an Doesburgs Ausspruch denken: »Das Leben ist eine herrliche Erfindung.« Das ist es auch. Man sollte sich ein Patent darauf geben lassen! Fragt sich nur: »Wer hat Anspruch darauf, die Rente darauf zu empfangen?« Jedenfalls beabsichtige ich, in Deutschland beim Patentamt diese Erfindung einzureichen. Da sie bislang nicht patentiert ist, müßte man mir wohl das Patent geben. Es ist auch immer wieder neu, das Leben, und Neuheit ist ein sehr wesentlicher Bestandteil des Patents. Nur muß es noch einem Bedürfnis genügen, um patentfähig zu sein. Das tut es auch in hohem Maße, denn wäre das Leben nicht vorhanden, so wäre ganz Paris zwecklos. Was meinen Sie dazu, bitte?

1928

Über griechische Tempel

(Ein Versuch, den Mangel an Logik im griechischen Tempelbau zu erklären.)

Unsere Architekten studieren gern das klassische Griechenland, sie bauen moderne Häuser mit Teilen griechischer Tempel, oder sie bauen im Sinne griechischer Architektur, ohne sich klar darüber zu werden, daß einerseits die griechische Anschauung nicht für unsere Zeit paßt, in der ja auch keine Griechen leben, und daß abstrakt betrachtet die griechische Architektur auch unlogisch ist. Das zu erklären ist natürlich nicht leicht, weil der selbst im demokratischen Zeitalter noch vorhandene starke Autoritätsglaube die griechischen Tempel restlos bewundert und im Lichte einer aufgehenden Sonne sieht. Doch scheint die Sonne noch so schön, einmal muß sie untergehn. Und gerade Berlin, daß dieses gottlose Lied geschaffen hat, ist auf dem besten Wege, die schönste Großstadt zu werden. Man sollte deshalb mit Tempeldienerei gänzlich aufhören.

Möge uns erst einmal ein kleines Gleichnis erfreuen. Ein Maler wollte einen Mann, einen Knaben und ein Kind malen. Er malte den Mann groß, den Knaben halb so groß, das Kind viertel. – Es war einmal ein Knabe, der einen Garten mit einer Laube hatte. Als er groß war, baute er sich in einen Park ein Haus nach dem Plane der Laube, nur aus Stein, und wo die Laube Hirnholz hatte, da erfand er die Form der Triglyphen. Aus gekochten Eiern aber machte er einen Stab rund um die Laube herum, weil weiche Eier zu weich gewesen wären. In das Dreieck aber unter dem Giebel des Daches stellte er die getreuen Abbildungen seiner Jugendgespielen in Stein, vom Schmetterling oder Maulwurf bis zum großen Schlachterhund. Nun mußte das Haus auch seine Inschrift haben, und da schrieb er nicht etwa: »My home is my castle«, sondern: »Mein Haus soll mein Tempel sein.«

Und es war einmal ein Griechenvolk, das hatte ein Patent auf ästhetische Architektur gepachtet, das wohnte in Holzhäusern und baute sich seine Tempel nach dem Muster der Holzhäuser aus Stein, aber mit Holzdach. Nur größer und schöner.

Was heißt hier aber schön? Nicht unser Schönheitsideal hatten die Griechen, daß alles echt und entsprechend dem verwendeten Material sein muß, also entsprechend den Erfordernissen des Steins, sondern Schönheit war den Griechen Vollendung der Form. Sie versuchten mit mehr oder weniger Geschick einen Ausgleich von senkrecht und waagerecht, von tragen und lasten, menschliche Linien statt der dem behauenen Stein entsprechenden geometrischen, menschliche Proportionen statt architektonischer. Der Mensch und die Laube sind das Maß aller Dinge.

Und als eine Zeit kam, in der man Säulen innen hohl und ohne Kapitell, dafür aber sehr hoch in die Luft hinein baute, als man diese Säulen innen von Rauch und giftigen Gasen ausfüllte, damit sie oben an Stelle des fehlenden Kapitells gut rauchten, als man Tempel der Arbeit mit unzähligen Säulen baute, da gab es keine Sklaven für den Tempelbau mehr, sondern alle waren freie Männer der Arbeit. Der eine machte den Qualm, der andere berechnete ihn. Aber nun wurde das Erzeugen von Qualm geringer bezahlt, als das Berechnen, man nannte das Arbeiter. Der Arbeiter aber wollte ebenso vornehm sein wie sein Direktor und als er sich seine kleine Wohnung einrichtete, konnte er sich keine echten Möbel leisten, echt Mahagoni, echt Biedermeister, darum kaufte er sich in imitiert bemaltem Tannenholz eine etwas verkleinerte Biedermeisterimitation, einen Öldruck nach Defregger, einen echt einseitig bemalten Linoleum-Smyrnateppich und eine ausgestopfte Fächerpalme. Er lebte sehr gut in diesem Plunder, weil er sich einbildete, nun ebenso vornehm zu sein wie sein Direktor, welcher sich statt dessen gerade im selben Augenblick seine echten Biedermeier-Möbeln aus Mahagoni furniert, seinen echten Klinger, seine echten Schmierna-Brücken und seine echte verstaubte Agave entfernen ließ und sich statt dessen ein Zimmer von Mart Stam, ohne jede Stukkatur, ohne jeden Plunder, ohne jede Kunst, aber mit nur zweibeinigen Stühlen aus Fahrradrohr einrichten ließ. Als der Arbeiter bei seinem Direktor etwas zu bestellen hatte und in jenes Zimmer geführt wurde, da war er stolz auf seinen Plunder, mit Unrecht. Denn wie sah der Plunder nach einiger Zeit abgetragen aus! Das echte Tannenholz kam wieder raus, der Linoleum-Smyrna wurde echtes Linoleum, der Defregger zerriß, und die Palme schimmelte, während das Zimmer Mart Stams neu geweißt wurde.

Und es gab eine Zeit, die konnte sachlich denken, einfach bauen, aber das war ihr nicht schön genug. Sie wollte mehr sein, als Arbeiter, sie wollte Grieche sein. Sie hatte alle Voraussetzungen zu sachlicher, bequemer, einfacher Architektur, aber sie konnte es nicht unterlassen, die sachliche Architektur durch Tempelfassaden und Triglyphen zu verschönen, oder wenigstens im Sinne griechischer Tempel schön ästhetische Formen zu bauen.

Und als das Griechenvolk groß und mächtig wurde, baute es seine Tempel immer größer. Die Größe der Tempel war das sichtbare Zeichen der Größe seiner Macht. Aber da es arm an Ideen war, so baute es die großen Tempel nach demselben System wie die kleinen, die nach dem System der Hütte gebaut waren, kleine Tempel in groß. Und als der Maler sein Bild betrachtete, hatte er nicht einen Mann, einen Knaben und ein Kind gemalt, sondern drei gleich große und gleich alte Menschen in verschiedener Entfernung.

Und nun im Ernst:
Man kann nicht Holzarchitektur in Stein übertragen, wenn es auch noch so geistreich klingt. Alles, was falsch ist, gibt zu vielen geistreichen Erklärungen die Möglichkeit, während oft gerade das Richtige so einfach ist, daß der moderne Grieche es nicht für nötig hielte, zu verweilen. Der moderne Grieche fällt auf jeden Bluff herein, weil er nicht sieht, sondern denkt.

Im Ernst, Architekten waren die Griechen nicht. Ist es schon falsch, Holzarchitektur in Stein zu übertragen, so müßte man, wenn man es will, wenigstens richtig übertragen. Was sollen im Stein die Triglyphen, die weiter nichts sind als Hirnholz? Der Stein ist anders gewachsen als Holz, er hat keine Hirnseite. Also haben die Griechen das fehlende Hirn durch 3 senkrechte Linien symbolisiert. Gut, aber es ist auf alle Fälle unmöglich, diese Hirnansichten der imitierten Holzbalken auf einem Bande rund um den Tempel serienweise anzuordnen, denn würden da wirklich Holzbalken liegen, so ist es sehr unwahrscheinlich, daß man sie in gleicher Höhe gitterförmig anordnete, und wenn man es täte, indem man sie ineinander verzinkte, so wäre es einfach undenkbar, daß an den Ecken 2 Hirnansichten aufeinander platzten. Der griechische Tempel hat aber an den Ecken wie die Deckel eines Buches im rechten Winkel aneinander geheftet 2 Triglyphen gehabt. Nichts als Dekoration. Und denkt man nun, daß das wirkliche Holzdach in Fortsetzung der Triglyphen sich ansetzte, so irrt man wieder, und die Triglyphen werden zum Schwindel. Irgend etwas stimmt hier nicht ganz. Nun die Säulen. Es ist einfach Unfug, sie in der Mitte zu verdicken, als ob sie durch den Druck der lastenden Steinmassen deformiert worden wären. Schließlich ist doch Marmor kein Kuchenteig. Ich nenne das Knetgummiarchitektur, wenn auch die entstandene Linie ästhetisch betrachtet noch so schön ist, abgesehen davon, daß die Übertragung der Schwellung durch den Verstand geht, nicht durchs Gefühl. Die Steinfiguren aber, welche oben in dem Dreieck standen, müssen schwindelfrei gewesen sein. Offenbar waren es aber die meisten nicht, denn sie sind im Laufe der Jahrtausende doch heruntergefallen. Aber es ist gut so, denn eigentlich ist es grober Unfug, daß sich Personen in so großer Menge in einem architektonischen Kunstwerk aufhalten. Was hat eine Person in der Architektur zu suchen? Sie kann drin wohnen, aber sie ist nie eine Zierde der Architektur. Halten sich aber Personen in einem Hause auf, die da nichts zu suchen haben, so kann man sie durch die Polizei vertreiben lassen, weil das Hausfriedensbruch ist. Und passen sie sich durch allerhand Verrenkungen noch so gut der Architektur nach besten Kräften an, so sind sie doch nicht entschuldigt, weil sie nicht tragen oder halten, sondern nur stören.

Aber es war einmal ein starker Mann, der wollte seine ganze Kraft zeigen. Alle Welt staunte über seinen geschwollenen Bizeps, denn er stemmte eine Feder mit großer Kraft in die Luft, ja, er stemmte sie wohl 20 mal hoch und nieder. Die Griechen aber bauten Säulen von mehreren Metern Durchmesser, die von der Wucht des Kapitells ganz zusammengedrückt werden und zum Schluß nur ein leichtes Holzdach tragen. Kinder, was gibt es doch für Menschen!

Und an diesem Ideale schulen sich Tausende von Architekten für die neue Architektur. Das ist ein großer Kummer, denn weder an der Form noch am Geiste der Griechentempel dürfen wir uns heute schulen. Der Griechentempel ist monumentale Dekoration, wir brauchen dagegen den sozialen Zweckbau.

Und noch ein Grund, weshalb eine Schulung am Griechentempel nur verwirren kann: Die griechische Architektur war linear, unsere Architektur wertet Raumgewichte. Die Schönheit des Griechentempels war dekorativ, unsere Schönheit ist materialecht. Man kann mit jedem Material gestalten, es braucht nicht Marmor

oder Mahagoni zu sein. Gut und haltbar gestrichene Tannenholzmöbel sind
künstlerisch wertvoller als die beste Mahagoniimitation.

Es wäre uns heute eine Kleinigkeit, die dicksten Säulen der Tempel in Girgenti*
aus Spritzbeton herzustellen, und wir brauchten nicht mehr Tausende von Sklaven zum Herbeischaffen der riesigen Trommeln. Voll brauchten die Säulen garnicht zu sein, denn es ist sowieso ja Schwindel. Man könnte ja schlimmstenfalls
in den gewaltigen Hohlraum der Säulen einen kleinen Eisenträger zum Auf-
nehmen der Last des Holzdaches stellen. Man könnte das Kapitell gleich an die
Säule in eins drangießen. Der Eindruck wäre derselbe wie bei den Griechen-
tempeln. Aber ich würde doch energisch abraten, den Zeustempel von Girgenti
in Spritzbeton wieder aufzubauen, obgleich man ihn so fest bauen könnte, daß
ihn so leicht kein Erdbeben erschüttern kann. Und es wäre sogar absolut denkbar, den ganzen Tempel in einem Stück herzustellen. Wo aber bliebe der Gedanke des Tragens und Lastens?
Das Weib entzückt durch seine Beine,
Ich bin ein Mann, ich habe keine.

* Bis 1927 amtlicher ital. Name für Agrigent (Anm. d. Hrsg.)

1928

Die Straße von Messina

Am meisten fiel mir auf, daß man eigentlich nicht recht von Pflasterung bei der
Straße des Bürgermeisters von Messina reden kann. Aber statt dessen war sie
mit Wellen wie gepflastert. Da gab es kleine und große Wellen ohne den
Wellenmittelstand. Darüber hinweg gleitet das wanzenförmige Schiff. Das
Schiff hat die Güterteile unseres Eisenbahnzuges verschluckt, man nennt das
Trajekt. Messina baut sich auf und wieder ab, und der Ätna schlingert und
schlingert, so daß manche von uns seekrank werden. Der Ätna ist grau, und
manche von uns haben das graue Elend. Ich bin heute straßenfest, obgleich die
Straße des Bürgermeisters von Messina weniger kapitelfest ist als das offene

Meer zwischen Neapel und Palermo. Das Gepolter rührt mich nicht. Schlecht gepflastert, ruhig schlingern lassen. Da braucht man nicht mit zu schlingern. Die Sonne merkt auch, daß hier was los ist, denn sie geht nicht bloß unter, sie fällt hinter die Berge, schließt die echte Bergkette mit schwarzen Wolken ein, faßt Meer und Wolken mit Messina durch Strahlenbündel zusammen, überhaupt sie ist recht nett heute. Nur schlingert der ganze Himmel, die Wolken schlingern, obgleich die Wellenpflasterung en miniature ist. Man spricht von Dünung. Die Dünung macht das Schlingern. Die Landstraßen haben Dünung, die Wasserstraßen haben Dünung, wir haben Dünung, der Ätna hat Dünung. Und alles, alles schlingert. Und jeder Gegenstand hat einen starken Eigengeruch. Und der Magen ist wie ein altes Scheuertuch. Jeder zahlt so gut er kann der Dünung seinen Tribut. Ein armes kleines italienisches Mädchen sieht voll Hingebung auf die Dünung. Aber sie zahlt keinen Tribut. Und so bricht der Abend herein. Er bricht direkt auf die Pflasterung los. Lange Reihen von Lichtern erhellen sich an den Häuserfronten, winzig klein. Wir schleppen unsere Koffer hin und her, quer über den Bahnhof, zurück, dreimal um das Gebäude herum, stemmen sie je 20 mal hoch mit Kniebeuge, wieder zum Schiff, zur Bahn, zum Schiff, Bahn, Schiff, Bahn, an vielen, vielen Bahnhöfen vorbei. Berge Messina Apfelsinen blaut rollen unter über Steine Wellen, und Korr Reggio speist die Opfernden mit einem Abendessen. Die Mädchen der Straße von Messina haben wir nicht gesehen. Aber man hat heute ein Attentat auf seine Majestät, den Herrn König Victor Emmanuel, in Mailand gemacht, welches hierzustraße schon bekannt ist. 15 Menschen tot, der Rest war Invaliden. Reggio demonstriert. Der König hat Glück gehabt. 7 Minuten zu früh gekommen. 7 Minuten zu früh gekommen. O Mussolini, wer hätte das gedacht?

1928

Tarent

Eine Stadt von 60 bis 80tausend Einwohnern. Fabrizieren Austern, tanzen Tarantella, lassen sich von Taranteln stechen, liebe Leute, bekämpfen die Malaria mit unlauteren Mitteln, tragen dunkle Schutzbrillen gegen den Straßenlärm der Sonne. Im Weiß der Straßen auch eine Straßenbahn. Irgendwo ein Dom, man muß ihn suchen. Landschaft direkt aus Holland bezogen. Alles stinkt nach Fisch. Kriegsschiffe donnern und stechen mit Fischernetzen in See. Man übt sich an Austern, Miesmuscheln und den üblichen Miesmachern. Eine kreidige Hitze. Eine Auster glitscht nach der anderen, mit Zitrone frisiert. Kennen Sie den alten Witz vom Bauern mit dem Hund? Meinen Sie, daß das in Tarent gewesen ist? Übrigens ist Tarent nach Griebens Reiseführer reinlich. Nach dem Plane ist die neue Stadt sehr einfach, alle Straßen rechtwinklig, wie Bari, wie viele italienische Städte. Es ist unglaublich, wie hier die Autos stauben können wie in Bari, wie in Apulien. Darum haben sich die Austern in dicke eiserne Schalen verpackt, man schneidet sie an beiden Seiten mit der Schere auf.

1928

Dritter Prager Brief

Was soll man nun als Fremder in Prag anfangen? Ich sah mir die Kirchen an, denn Prag hat keine Rembrandts und keine Sixtinische Madonna wie Dresden. Aber dafür gibt es eine große Menge von Kirchen. Und es fällt auf, daß sie nicht gotisch oder romanisch wie in der Gegend von Hannover sind, sondern barock und renaissance. Außer dem Dom auf dem Hradschin, der gotisch ist, und zwar ein ganz herrliches Bauwerk, wie der sich schon aufbaut auf dem anderen Moldauufer, oben auf einem Berge zwischen Palästen aus längst verflossener Zeit, und über die Moldau führt die Karlsbrücke, der ehemaligen Augustbrücke ähnlich, aber mit vielen Figuren auf den Pfeilern. Die Moldau ist braun und ruhig und ist an vielen Stellen aufgestaut, hat wenig Schiffahrt, es verkehren nur einige Flöße und Kähne. So ist zu hoffen, daß die Schiffahrt nicht wie einst in Dresden durch die zu enge Brücke gestört werden wird. Es wäre wirklich zu schade, wenn die schöne alte Brücke ähnlich der Augustbrücke in Dresden abgerissen werden müßte.

Manchmal denke ich, wenn ich durch alte Städte gehe, wir leben wie in einem Museum, was soll uns eigentlich all das Alte! Täte man nicht besser, in unserer neuen Zeit alles Alte einfach abzureißen, damit Platz für das Neue wird, oder täte man vielleicht gut, das gute Alte zu erhalten, um zu zeigen, was frühere Generationen alles gekonnt haben, oder täte man vielleicht gut, neben dem guten auch das schlechte Alte aufzubewahren, damit nicht jemand auf die Idee kommen könnte, daß etwa frühere Zeiten tüchtiger gewesen wären als unsere Zeit. Nein, wenn etwas wirklich gut ist, dann kann es gerne bleiben, von mir aus sogar sehr gerne, wenn es aber schlecht ist, dann kann es ebenso gerne bleiben als Gegenbeispiel. Ich bin überhaupt heute in einer so angenehmen Stimmung, daß ich alles liebe und daß ich alles anerkennen möchte, und wenn mir heute eine gute Freundin begegnete, ich würde ihr sicher einen Kuß geben, gern sogar, sehr gern, das kommt alles von der Prager Luft. Denn Kunst bleibt Kunst, und wenn es auch ewig dauern sollte.

Der Dom auf dem Hradschin wurde innen gerade ausgebessert, aber man konnte noch die wunderbaren Fenster betrachten, jedes in einer erstaunlich schönen, klaren Farbe. Die vielen Renaissancekirchen liebe ich sehr an warmen Sommertagen, mag es draußen noch so warm und lebhaft sein, drinnen in der Kirche ist es kühl, still und friedlich wie in allen Kirchen, und eigentlich hat der Stil damit nichts zu tun. Manche Kirchen sind überladen mit Altären, die noch an die Säulen gebackt sind, manche kleineren haben einen reichlich starken Weihrauchduft, manche sind gut und können so bleiben.

Ich war einmal in einer Gesellschaft. Da war auch eine Dame dabei, und die Dame hatte ein für meine Begriffe unmögliches Parfüm, zugegeben. Der Herr des Hauses konnte Parfüm nicht gut riechen, aber er war höflich genug, es der Dame nicht zu sagen, zugegeben. Um nun nicht seinerseits bei der Gelegenheit krank zu werden, zündete er ein halb Dutzend Weihrauchkerzen an, die er für solche Gelegenheiten immer im Hause hatte, zugegeben, aber die jetzt entstehende Mischung war wiederum für mein Gefühlsleben direkt unerträglich, da besann ich mich rechtzeitig, daß ich noch zum Glück ein Stück dicken Bindfaden in der Tasche hatte, zugegeben. Ich zündete also heimlich unter dem Tische den dicken Bindfaden an, und das hat gestunken, gestunken hat es, daß man hinterher weder den Weihrauchgeruch noch den Maiglöckchengeruch mehr bemerkte. Da hat es aber die Dame bemerkt, hat furchtbar in die Luft gerochen und hat behauptet, die Weihrauchkerzen hätten einen ganz unmöglichen Geruch an sich. Da nun der Hausherr diese nicht entfernen wollte, hat sich die Dame entfernt, und wir haben dann sofort alle Fenster aufgemacht, während ich den glimmenden Bindfadenstummel ausgetreten habe. An diese Schnurre muß ich immer denken in den Kirchen von Prag, obgleich eigentlich gar kein Zusammenhang damit besteht.

1928

Primavera in Italien

Wenn man von Sizilien über den Brenner nach Deutschland zurückkommt, so fällt einem vieles sehr angenehm auf. Schon ab Bologna beginnen wieder die We Ce Anlagen sauberer zu werden; überhaupt ist Bologna eine saubere Stadt mit Läden, die durch Sauberkeit zum Kaufen direkt herauszufordern scheinen. In Bologna besteigt man höchst beglückt wieder einen deutschen D-Zugwagen, indem es für die Italiener sehr seltene Dinge gibt und zwar Handtuch, Wasser und Seife. Es gibt jetzt auch wieder Gelegenheit, seinen Überzieher aufzuhängen, und das Gepäcknetz ist für den Koffer breit genug, und es ist sogar für Kleinigkeiten wie Schirme oder Butterbrot ein zweites kleines Gepäcknetz da. In Italien mußte man verbotener Weise eine Schraube in die Wand drehen, wenn man etwa seinen Mantel aufhängen wollte, der Handkoffer mußte unten bleiben, weil die dafür bestimmten Plätze in Italien so schmal sind, daß er doch leicht hätte herunter fallen können. Die Sitzbänke sind sauber. Während die Damen in Italien nicht ohne weiteres mit ihren hellen Kleidern auf den rußigen Bänken sitzen konnten. Es beginnen auch wieder schöne Waldungen längs der Eisenbahnlinie in Tirol, während südlich vom Gardasee bis zur Südküste Siziliens keine bewaldeten Berge zu sehen sind. Und nicht nur, daß es besser aussieht, wenn auf den Bergen Wälder stehen, so ist es auch für die Gesundheit der Bewohner und für die Fruchtbarkeit des Landes unbedingt besser, wenn Wälder die Feuchtigkeit sammeln und aufhalten. Steigt man nun in München aus, so fällt es sehr angenehm auf, daß nicht so viele Menschen, die nichts zu tun haben und auch nichts tun wollen, auf den Straßen herumstehen, und es ist eine falsche Vorstellung vieler Deutscher zu denken, daß drüben alles schöner wäre. Nicht einmal die italienischen Kunstsammlungen sind qualitativ besser zu nennen als die Museen in Dresden, Kassel und Berlin, und an der Entwicklung der neuen Zeit hat Italien nur einen sehr geringen Anteil, erheblich geringer als Holland, Deutschland, Frankreich, Rußland, am ehesten noch Oberitalien und Rom. Die höchste künstlerische Entwicklung ist der Futurismus, der bei uns in Deutschland längst durch den ruhigen Konstruktivismus und abstrakte Ideen abgelöst ist. Ich brauche wohl nicht besonders zu erwähnen, daß die deutsche Technik der italienischen bedeutend voraus ist, auch sind die Deutschen und besonders die Norddeutschen nüchtern und sachlich im Gegensatz zu der pathetischen italienischen Ausdrucksweise, die leicht einem Norddeutschen unecht und verlogen erscheint.

Daß es aber immer wieder im Frühling die Deutschen nach Italien lockt, das macht neben dem künstlich genährten Glauben an beispiellose Kunstschätze jenseits der Alpen die Primavera, d. h. der Frühling mit seinen verbilligten Eisenbahnfahrpreisen, der in Italien wirklich außergewöhnlich schön ist. Sich vorzustellen, daß es in Deutschland hagelt, regnet und schneit, daß ein rauher und kalter Wind weht, während man zu gleicher Zeit in Sizilien üppige Blumen pflücken und im Meere baden kann, das ist es, was immer wieder die Deutschen verführt, im Frühling nach Italien zu reisen. Und man vergißt vom einen zum anderen Male, daß man oft Wanzen in den Hotels in Sizilien hatte, daß man sich anfangs etwas überwinden mußte zu essen, weil das Tischtuch dreckig war, oder weil der Teller einen Rand hatte, man vergißt, daß man eigentlich das Essen gar nicht lecker fand, daß einem zum Schluß die Spaghetti gar nicht mehr schmecken wollten, wie verschieden sie auch zurechtgemacht waren, daß man keine vernünftigen Zigaretten bekommen konnte, daß in ganz Italien und Sizilien keine anständige Schokolade zu kaufen ist, daß das Kissen zu hart und die Decke zu dünn war, und so weiter und so weiter. Den schönen Pantelleria, der wie Samos schmeckte, und die süßen Apfelsinen aber behält man in schöner Erinnerung. Die Blumen und die Sonne vergißt man nicht und den bezaubernden Frühling, auf deutsch primavera. Da bleibe, wer Lust hat, mit Sorgen zu Haus. Wer aber den Frühling nicht zu Hause genießen will, der kehrt sich nicht viel um Wanzen, Dreck, Bettler und die so angestaunten Trümmer, der Frühling ist so schön, daß er jedes Opfer wert ist.

1928

Syrakus

Ein Fünftel des Alten, gerade die Insel noch! Schmutzig? Schmutzig. Ein Dom? Ein Tempel. Der alte Tempel ist der Dom. Mit Fassade? Mit neuer Fassade, Marke Kaiser Friedrich. Museum? Für Altertumsforscher. Donnerwetter allerhand. Makkaronifabrik? Makkaronifabrik. Und zwar mit Triglyphen: allerhand. Der griechische Einfluß ist noch sehr stark in der Industrie, allerhand Achtung. Ob die Makkaroni auch Triglyphen haben? Wahrscheinlich Eierstab aus Eisenbeton, Donnerwetter allerhand.

Die neue Zeit! Spotten Sie nicht! Kenner sagen, daß die neue Zeit schon 3000 Jahre alt ist, das ist mir neu. Sie unzeitgemäßer neuzeitlicher Neuerer! Die Neuzeit ist immer alt. Die Neue Zeit ist neu. Eisenbeton mit Triglyphen! Wie die Syrakuser Makkaronifabrik. Nein, Triglyphen aus Eisenbeton! Die Griechen haben unsere Zeit mit feinem Instinkt vorgeahnt. Darum haben sie den Eierstab erfunden. Uhren mit Eierstab, Särge mit Eierstab, ein Nachttopf verziert mit Eierstab, Uhren mit Triglyphen, Särge mit Triglyphen, ein Nachttopf verziert durch Triglyphen, so verstehen wir die griechische Architektur, das ist der heilsame Einfluß Griechenlands auf unsere Kultur! Wollen Sie nicht ein WC mit Triglyphen erfinden? Sie müssen es Athena nennen, dann wird es gehn, denn die Architekten sind heute griechisch orientiert. Nur der Papst ist deutsch mit seinem Vater Rheinklosett. Erfinden Sie einmal ein Wasserklosett ohne Wasser, dafür schmutzig, echt italienisch! Heißt Makkaroni! Wie soll ein italienisches WC anders heißen? Schmutzig, Trinkgeld, Trümmerfeld, ein fideles Gefängnis heißt Syrakus.

Wirklich ein fideles Gefängnis. Der alte Steinbruch nämlich. Ist früher weniger fidel gewesen. Die Gefangenen mußten verhungern. Politische Gefangene, Athener. Sieht heute wie die Sächsische Schweiz aus. Kennen Sie die Sächsische Schweiz? Wie in Uttewaldergrund. 7000 Athener gefangen verdurstet. Heute ist es ein schöner Garten. Ich habe nie eine so phantastische Gebirgslandschaft gesehen wie hier in der Erde des ebenen Syrakus. Das riesige Ohr des Dionys, der konnte bestimmt das Gras wachsen hören. Ein Herr und eine Dame versuchen einen vierstimmigen Gesang im Ohre zu markieren. Diese Akustik! Da klingen einem die Ohren! Mir klingen heute die Ohren immerzu. An den Ohren des Dionys ziehen. Man bellt draußen. Hier haben die Wände Ohren und die Ohren Wände. Sie haben wohl Hunger? 7000 Athener verdursten lassen, alles für die reisenden Engländer. Die Geschichte ist nur für unsere Zeit da. Im griechischen Theater laufen grüne Eidechsen. Fangen Sie mir eine für meinen Sohn! Die Natur ist nur für meinen Sohn da. So sind die Kinder alle! Unser Wagen schnurrt, ein Schimmel; Auto ist vornehmer. 15 Lire pro Person, nach Epipoli. Das Amphitheater in Pompeji ist besser erhalten. Asche konserviert sehr gut. Wollen Sie sich nicht mit Asche behandeln lassen, Fräulein? Der Vesuv hat seine Schuldigkeit getan für die Geschichtsforschung, der Ätna ist pflichtvergessen. Man kann manchmal was vergessen, seine Pflicht soll der Mensch nie vergessen. Vergessen Sie Ihren Mantel nicht. Sie haben wohl vergessen sich zu rasieren, auch das wird in Vergessenheit geraten. Hätte der Ätna nicht ein paar lumpige Waggon Asche herüberschicken können, um Syrakus einzudecken? Sie vergessen die Entfernung! 7000 Athener verhungern lassen. Hier im Theater sind wichtige griechische Dramen uraufgeführt worden. Welcher edel denkende Direktor wird mein Totenbett uraufführen? Dazu müssen Sie selber erst drauf gelegen haben! Haben Sie etwa auch Wanzen im Zimmer? Gehabt! Ich reise nie wieder mit einer Gesellschaft! Das ist eine Gesellschaftsbeleidigung! Unsere Reisegesellschaft hat keine Wanzen. Aber sie zieht die Wanzen an! Das ist auch nicht wahr, die Wanzen waren vor uns in Sizilien. Es wiederholt sich alles im Leben. Eine Wanze kommt selten allein, man muß Beziehungen haben. Meine Beziehungen zu den Wanzen sind gering. An mich gehen sie nicht. Junger Mensch muß Glück haben! Tuen Sie sich nur nicht dicke, so jung sind Sie auch nicht mehr! Bei den Wanzen und Frauen habe ich Glück! Also die Frauen meiden Sie auch? Frauen sind doch keine Wanzen! An manche Männer gehen die Frauen auch nicht, an manche desto lieber, kleiner Schieber! Sie Loser! Ich nehme Bezug auf meine Beziehungen, ich habe Gardinen zum Ziehen. Ist das Ihre einzige Beziehung? Der Ätna kann niemals bis hierher spucken, dazu müßte er näher kommen. Dafür ist der doch zu hoch. Das Baden im Hafen ist sehr schmutzig. Die Überfahrt kostet 5 Lire. Das Wasser ist sehr seicht, aber warm. Igitte, wie pfui! Baden Sie eigentlich nur in der Badehose? Zum Schutz gegen die Haifische. Non capisco. Die Syrakuser sprechen ein sehr schlechtes Italienisch. Glauben Sie, etwa besser zu sprechen. Man kennt in Syrakus keine tschee. Die Bank wird Ihre Dollar wechseln. Schlechter als in Deutschland. Kennen Sie Hamburg? Die Alster ist doch bedeutend schöner. Barca di guerra. Dafür haben wir Kiel. Va belle. Der hat den doch angesägt! Wau, wau, huuh.

1928

Neapel

Der Busen der Natur, an dem Neapel liegt, ist fraglos ein Kraterloch aus den ersten Zeiten der Rindenbildung unserer Erde. Die Randgebirge sind die Kraterwälle, und einige davon, wie der Vesuv, spucken noch heute Feuer oder dampfen wenigstens. Es gibt auch noch viele nichtdampfende Krater, längst erloschene kleine Kraterbildungen in der Umgebung auf den Randgebirgen, und wenn man einmal in einen kleinen Krater, der noch Schwefeldampf und heißes Wasser nach oben befördert, hineinsteigt, und unter den Füßen bewegt sich der

Boden, so gewinnt man das Gefühl dafür, daß ganz Neapel mit seinen schönen Vororten, mit Capri und anderen weltberühmten Orten, auf ganz gefährlichem Boden steht. Nicht nur, daß der Vesuv alles zerstören kann, wie seinerzeit Pompeji, es kann sich auch per Malheur ein neuer Ausgang bilden, der die Stadt glatt vernichten kann, oder es kann so wackeln, daß alles zusammenpoltert, und endlich kann sich auch ein Spalt bilden, der durch Schwefeldämpfe alles vernichtet.

Aber es muß nicht sein, und Anzeichen sind wohl nicht vorhanden außer der Tatsache, daß hier Neigung zu allem besteht, was ein Vulkan leisten kann. Da habe ich noch Seebeben mit haushohen Wellen vergessen, was natürlich auch durchaus möglich ist. Man denke an das Beben in Messina, das immerhin in diesem Ausmaß seinerzeit unerwartet kam. Aber das hindert nicht, daß gerade Neapel von der Natur so angelegt ist, daß es mit seinen phantastischen Inseln und Halbinseln außerordentlich reich ist und in der südlichen Beleuchtung, noch dazu für einfache Gemüter, sehr beruhigend wirkt, so daß man Vertrauen zu der Gegend faßt, und bei seiner eigenen kitschigen Stimmung, entzückt durch die Natur, einschläft. Es ist wohl kein Zufall, daß die hiesigen Maler sehr oft kitschig malen, und es ist nicht nur, daß sie das malen, was das reisende Publikum verlangt, weil es kitschig denkt, sondern sie verkitschen auch selbst in dieser Natur, die wenig Herbes besitzt. Diese Gegend, die wie die Schienen der Untergrundbahn, pericolosa di morte, ist, sieht so harmlos nett aus, daß sich jeder wohl fühlt.

1928

Werkbundtagung in München, 1928

Ich beginne von hinten.

Was heißt München? – Residenz? Künstlerstadt? Bürgerliche Behaglichkeit? Bolschewismus, wie einst im Mai? Oder Weißwürschte?

Alles nicht allein, sondern Überfluß.

Man sagt, man könne die Kulturhöhe einer Nation an ihren sanitären Einrichtungen ablesen, zum Beispiel an ihren We Cees. Ich habe daher ein W. C. auf der Ausstellung ›Heim und Technik‹ gründlich studiert.

Er war ziemlich finster, aber doch alles Erforderliche da, was man gebraucht, aber sogar noch viel mehr, als man unbedingt nötig hat, und das war das Charakteristische. Ein sehr kleines Spiegelchen nämlich hing ziemlich hoch oben, in einer dunklen Ecke, weil nämlich alle Ecken dunkel waren. Eigentlich konnte man es gar nicht benutzen, das Spiegelchen. Dafür aber war darüber ein ungehobeltes und ungestrichenes Holzbrett als Bört angebracht, rund an den Seiten überdeckt mit handgestickten langen kostbaren Spitzen, welches einen echten Bayrischen Bierkrug trug, eine Maß, aber ohne Bier, sondern mit Blumen. So etwas ist charakteristisch für München, es ist alles da, was überflüssig ist, aber dieses Überflüssige ist nett, man könnte sagen ein bißchen nett, angebracht.

Das nennt man Kunstgewerbe.

Es ist jedoch auch alles Notwendige da, aber dunkel und versteckt, und manchmal überdeckt von dem netten Überflüssigen. Denn der Münchner hat immer Geschmack, und ich bitte, mir nicht übelnehmen zu wollen, wenn ich hier feststelle, daß ihm dabei ein ganz klein wenig der Sinn für den großen Zug fehlt, der die Dinge zur Einheit bringen kann, und ein noch ganz klein bißchen weniger das, was unsere neue Zeit ausmacht, die Nase.

Z. B. der Hauptbahnhof in München besteht aus mehreren 100 verschiedenen kleinen Häuserln, malerisch und unbedingt ein bißchen nett, ihm fehlt aber jene große Linie, welche eine Weltstadt ausmachen würde. Ebenso fehlte der große Zug auf der Ausstellung ›Heim und Technik‹, welche wieder genau wie der Hauptbahnhof aus mehreren 100 kleinen einzelnen Gebäuden bestand, auf der aber, wie man mir sagte, die Münchner Hausfrauen viel, ja sogar sehr viel lernen könnten und täten. Für ein Abonnement konnte man nicht weniger als 126496 einzelne Veranstaltungen mitmachen, und als Gast für seine 50 Pfennig Eintritt eine mustergültige Beschriftung sehen.

Man kann sich übrigens schwer vorstellen, daß sich ein Münchner in einer anderen Stadt wohl fühlen könnte, der würde sich allein schon an die Lichtreklame nie im Leben gewöhnen können.

Und jetzt komme ich nach vorn.

Was heißt Werkbund.

Ich habe viele Herren und Damen darum gefragt. Die meisten sagten mir: »Werkbund, das ist eben Werkbund, da kann man nicht viel machen, das kann man nicht weiter erklären.« Andere sagten: »Werkbund ist Muthesius.« Aber das ist keine Definition. Wieder andere sagten, Werkbund hätte mit Form zu tun, und das ist wahr, denn sein Organ heißt Form. Niemand aber hat mir eine wirkliche Definition des Wortes Werkbund geben können, und scheinbar gibt es auch keine. Darum habe ich selbst gefragt, ob es vielleicht eine Umstellung wäre,

nicht Werk, sondern das K nach vorn, also KWER. Aber da meinte der Herr, der Werkbund stände nicht quer, sondern leider mit, und dann überhaupt wozu eigentlich quer? Da sagte ein anderer: »Werkbund heißt tanzen.« Aber das ist eine Unterstellung, denn ich selbst habe mit eigenen Ohren hören können, daß Werkbund Diskussion heißt. Zu einer Diskussion gehört aber vorerst eine aufgeworfene Frage, das nennt man Referat. Das Ganze aber, vermehrt um Tanz und Wein, nennt man Werkbundtagung.
  Nun bin ich mitten drin.
  Der Werkbund besteht aus einer großen Anzahl wichtiger Persönlichkeiten. Einige haben über wichtige Dinge ernst gesprochen. Ich erlaube mir hier als Beispiel einen kleinen Ausschnitt aus einem größeren Referat zu geben:

Das Referat:

»Die menschliche Seele, im Geschichtskörper eingebettet, ringt, wie ich sagte, und indem sie damit ringt, und wenn diese Substanz sich verwandelt hat, sich seine immer wieder für einen adäquaten Ausdruck das, was man Lebensgefühl nennt, allgemein zu finden. Daraus folgt das Resultat. Jede neue Lebensaggregation ist ein Aggregatzustand, der zu einer neuen Kontinuität aufruft. Ich bitte das nicht zu oberflächlich oder zu einfach zu verstehen.
  Um das ganz offen zu sagen, die Heimat des Menschen ist in die vierte Dimension gehoben worden. Sein Haus ist ein sicherlich gefühlsbetonter Aufenthaltsort geworden, in dem er sich aufhält. Das alles ist eigentlich so furchtbar klar, das man eigentlich gar nicht darüber zu reden brauchte.
  Aber nun liegt noch mehr vor. Der Panscientallismus und der Pantapanhistorismus haben dem in der heutigen Zeit stehenden Menschen alle Objekte, Subjekte und Prädikate, Gegenstände, Zustände, Abstände, Über- und Unterstände, Verbindungen und Trennungen der Heimat relativiert. Das Verwachsensein mit den Dingen ist nicht mehr dasselbe, sie sind museal geworden, in einem bestimmten Sinne. Solche Sachen müssen glatt ausgesprochen werden. Täglich liest der Mensch in seinen Zeitschriften. Aber in diesem tiefen Raum wissen wir noch nicht Bescheid. Ich bitte das nicht zu oberflächlich oder zu einfach zu verstehen. Es ist eine Art von Clair-Obscur. Die positiven Leistungen sind kunst- und kulturhistorisches Dokümang. Nur eines ist sicher, was in den seelischen Wölbungen uns früher mitgerissen hat, das will doch nicht mit demselben Pathos klingen. Solche Sachen müssen glatt ausgesprochen werden. Das ist der entscheidende Punkt.

Es will mir scheinen, als ob die neue Lebensaggregierung ein theologischer[1] Komplex in einem anderen Aggregatzustande ist. Und das alles zusammengenommen, was ich vorwegahnend ausgesprochen habe, ist es wohl klar, daß das Zentrale mit den alten Symbolen der Gestaltung zu einer Kontinuität zusammenwächst. Anders ausgedrückt, der Mensch dieses neuen Lebensgefühls befindet sich allein mit der Natur. Ich weiß nun nicht, ob Sie eine weitere Gewagtheit akzeptieren, wenn ich sage, dieser Mensch steht in einem gewissen Sinne wie am ersten Tage, wie Adam. Der moderne Purismus ist nichts anderes als der Ausdruck für eine gewisse Bloßheit. Und wie der heilige Franziskus seine Kleider auf dem Markte von Assisi auseinandergerissen und weggeworfen hat, so ist es das Suchen nach der Zweckmäßigkeit, das zu diesem Wegwerfen geführt hat. Dabei muß ich um das, was ich sagte, wirklich klar zu machen, erwähnen, daß das alles doch abgewandelte Holzarchitektur ist. Denn man muß sich klarmachen, nicht Eisen und Glas bilden eine neue Tektonik, nicht das sind die entscheidenden Dinge für den puristischen Stil, ja, bitte lesen Sie doch das Buch von Bruno Taut, die Frau als Schöpferin, das ist das eng behagliche Eingebettetsein in ein glückhaftes Gebilde, das ist das erbärmliche Behagen.

Nun die Konsequenzen, und damit bin ich am Schluß. Da dieser moderne Purismus aus dem Zentrum moderner Existenz hervorbricht, so frage ich nur, ob das schon ein nach Fixierung strebender Ausdruck ist, der als gleichberechtigt sich neben frühere Stile daneben stellen kann. Ich habe das Gefühl, daß in diesem neuen Ausdruckswollen viel negativ ...«

Jetzt muß ich ein schillersches Wort von Goethe zitieren: »Tages Arbeit, abends Gäste, saure Worte, warme Feste«, denn die Stadt München hat ein lukullisches Mahl gegeben zu Ehren des Werkbundes, der in München vor nunmehr 301 Jahren gegründet wurde. So erklärten sich die riesigen Weintrauben, die als Schmuck von der Decke des Rathaussaales herabhingen und die seiner Zeit Jakobsohn aus dem Heiligen Lande geholt hat. Und wenn diese Substanz sich verwandelt hat, fanden wir auch allgemein das, was man Lebensgefühl nennt. Ich bitte das nicht zu oberflächlich oder zu einfach zu verstehen, und der Tanz nachher in der Reginabar, wo wir zu 72 Werkbund betonten Herren 2 junge Damen in dem köstlichen Aggregatzustand der ersten Jugend kennenlernten, war mir sicherlich ein gefühlsbetontes Erlebnis, ein bleibender Aufenthaltsraum; das alles ist eigentlich so furchtbar klar, daß man gar nicht darüber zu reden brauchte. Aber auch die Pausen zwischen den Sitzungen wurden nutzbringend angewandt. Wir haben eine Ausstellung von Schularbeiten eröffnet, die beson-

---

[1] soll wohl ›theoretischer‹ heißen

ders in den Arbeiten der jüngsten Schüler hervorragende Leistungen zeigte, das ist eben der Erfolg des Kunstunterrichts. Wir haben die ausgezeichnete durch Herrn Baron von Pechmann geleitete neue Sammlung im bayrischen Nationalmuseum sehr gern besichtigt. Wir haben andächtig einem Schwimmlehrer zugehört, wie er langsam, aber konsequent selbst den unbegabtesten Knaben das Schwimmen beigebracht hat. Wir haben das Walchenseekraftwerk besucht, in welchem eine durch eine ägyptische Sphinx getragene Uhr in der Turbinenhalle mit den neuen Symbolen der Gestaltung zu einer Kontinuität zusammenwächst.

Wir haben die ausgezeichneten Leistungen der Meisterschule für Deutschlands Buchdrucker unter Herrn Oberstudienrat Renner kennengelernt, in welcher Jan Tschichold die Fähigkeiten der Schüler zu typographischer Gestaltung vorbildlich leitet. Wir haben in Mittenwald eine staatliche Schule für Geigenbau und Mittagstisch aus dem Jahre 100 vor Christi besichtigt, und last not least, auf Deutsch Ende gut alles gut, eine beispiellos schöne Autofahrt in 334 Großkraftwagen nach Oberammergau und Kloster Ettal unternommen, wo es eine blaue Gams gibt, in welcher man ausgezeichnete blaue Alpenmilch trinken und Erdbeertörtchen dazu essen kann. Übrigens gibt es da auch noch sone olle Kirche in Ettal, aus der Zeit des Rokoko, in der ein etwas geistlich angehauchter Herr von der unbeschreiblichen Schönheit schwärmte. Ich sah mich lange um und merkte immer noch nichts. Und plötzlich saß neben mir die Schönheit in Gestalt von entzückenden Fältchen an einem Damenstrumpf unterhalb der Kniekehle. Da bemerkte ich, daß diese Kirche sicherlich son gefühlsbetonter Aufenthaltsraum im Aggregatszustand war, von dem der Herr Vorredner so lange gesprochen hat. Und nun die Konsequenz, und damit bin ich am Schluß. Ich muß mit Dank an die herrlichen Stunden zurückdenken zum Schluß der Tagung am Gestade des Starnbergersees, an dem ich eine ausdrucksvolle Sommernacht mit..., mit einem anderen Menschen, wer, ist ja gleichgültig, ebenfalls Mitglied des Werkbundes, erleben durfte. Wir saßen auf einer Bank, sie immer ganz am rechten Ende mit den Falten am Knie, ich dagegen ganz am linken Ende ohne Falten, weil ich ein Mann bin, und philosophierten über den Begriff ›Werkbund‹. Der Mond, der das nicht begriff, verschleierte sich dabei mit Wolken, ganz anders als der heilige Franziskus auf dem Markte von Assisi; und wir standen im gewissen Sinne am ersten Tage, wie Adam und Eva, ich weiß nicht, ob es mir erlaubt ist zu sagen, daß das das eigentliche Zentrum des modernen künstlerischen Ausdrucksmittels ist, und hinten spielte ein unbeschreiblich schönes Grammophon irgendwo in einem der großen Privatgärten das Intermezzo aus der Cavalleria rusticana von Richard Wagner. Dabei muß ich, um das, was ich sage, wirklich klarzumachen, erwähnen, daß ich mir vorkam, wie der heilige Franziskus von Assisi, nur daß ich meinen Hut vergessen hatte abzusetzen. Die Natur befand sich in einem anderen Aggregatzustande, der Mond war in die vierte Dimension gehoben worden und wuchs mit der Bank zu einer gewissen Kontinuität zusammen.

Und alles zusammengenommen, was ich hier gesagt habe, ist wohl klar, daß der Werkbund ein sich Eingebettetseinfühlen in die Kontinuität des eigentlichen Zentrums bedeutet.

1928

Gestaltende Typographie

Die Bezeichnung neue Typographie ist geschichtlich richtig, aber nicht logisch, denn sie ist nichts absolut Neues und hat besonders mit Begriffen wie Mode oder modern nichts zu tun. Neu wirkt sie auf uns nur, weil man in den letzten Jahrzehnten überhaupt die Typographie sehr vernachlässigt hatte. Den meisten Werbesachen unserer Zeit fehlt am dringendsten gestaltende Typographie, trotzdem bewertet der Bund deutscher Gebrauchsgraphiker in seinen Mindestsätzen die sogenannte typographische Anordnung, wie er das nennt, sehr gering im Vergleich zu gezeichneter Schrift. Das Wort ›typographische Anordnung‹ ist sehr plausibel, wenn man ihm den Begriff ›typographische Gestaltung‹ gegenüberstellt. Man sieht dann deutlich den grundlegenden Unterschied; gemeint ist mit Anordnung das übliche verstandliche Ordnen, das dem Werbefachmann eigentümlich ist, und wodurch er mit Sicherheit die typographische Ordnung, die er zu erstreben glaubt, vernichtet. Zwar ist die verstandliche Ordnung der Glieder einer Werbesache die notwendige Voraussetzung, jedoch als Ziel ist sie verkehrt, denn sie ist für die Wirkung auf die Sinne des Betrachters belanglos und verfehlt ihren Zweck, weil zum Schluß alle Menschen doch nur mit den Sinnen und nicht mit dem Verstande etwas wahrnehmen können. Die Wirkung auf die Sinne aber erstrebt und erreicht die typographische Gestaltung durch Zusammenfassen der einzelnen Reize zu einer Komposition, die mit dem Auge und nicht mit dem Verstande betrachtet werden soll. Die Werbefachleute denken immer, daß andere Leute auch dächten, und daß andere Leute, wenn sie denken,

genauso wie sie dächten, dabei denken sie aber vorbei. Besonders denken sie
dann aber vorbei, wenn sie denken, daß andere dächten, bevor sie gesehen
haben. Sie konstruieren sich ein ganzes System, in dem ihrer Ansicht nach der
beliebige Beschauer zu denken pflegt, und es kommen dabei die verschrobensten
Dinge heraus. So kann man z. B. auf der Pressa in einem speziellen, dem
Werbefachmann gewidmeten Raume lesen, daß sich in Rot das Alter kleiden
kann, daß Rot aber auch wieder die der Jugend gemäße Farbe ist, daß Rot also
überall hinpaßt. In Wirklichkeit liegt die Sache aber so, daß die Farbe Rot wie
jede andere Farbe zu jedem Alter, Stande oder Volke und zu jeder Berufsklasse
sowie zu jeder geistigen Einstellung paßt oder nicht paßt; und so wird es mit
allen Werbeweisheiten gehen, es ist zwar gut, sie zu befolgen, jedoch kommt
man ebenso schnell ebenso weit, wenn man es auch nicht tut, und man sollte den
Werbefachleuten raten, sich statt dessen einen ordentlichen Gebrauchsgraphiker
zur Gestaltung ihrer Werbepläne zu nehmen. Der wird ihnen aber vielleicht
beweisen, daß vielleicht die Farbe Rot gerade fürs mittlere Alter am besten
paßt, während fürs hohe Greisenalter ein scharfes Zitronengelb richtig ist, denn
es kommt nur auf die Zusammenstellung aller Werte, die eine Einheit bilden
sollen, auf deutsch: auf die Komposition, an. Nicht das Was macht es aus, sondern das Wie, was wir sehen und hören, und ob es bis zum Denken kommt, denn
vom Sehen bis zum Denken ist noch ein weiter Weg, und keiner tut eine Arbeit
wie das Denken ungezwungen; und abgesehen davon, daß die Denkfaulheit
sowieso allgemein ist, hört und sieht der moderne Mensch eine solche enorme
Fülle von Eindrücken, daß er ungezwungen schon die Registrierung der Eindrücke abzustellen pflegt, um sich nicht unnütz mit Dingen zu belasten, die
ihn nichts angehen. Da ist es zunächst schon von großer Wichtigkeit, überhaupt erst einmal die Aufmerksamkeit des an einer Zeitschrift oder Giebelwand
Vorbeihastenden zunächst einmal auf die Anpreisung allgemein, dann zunächst
auf den anzupreisenden Gegenstand zwingend hinzulenken. Da kann aber die
beste Gedankenvorarbeit nichts nützen, sondern helfen kann nur die richtige
Komposition, die mit allen visuellen Eigentümlichkeiten und Gewohnheiten des
durchschnittlichen Menschen zu rechnen gewohnt ist, und die den Blick zwingend
auf die wichtige Stelle lenken.

In etwas dilettantischer Weise nutzen manche Werbearbeiten geschickt die
Eigentümlichkeit des Mannes aus, daß er gern schöne Frauen betrachtet, indem
sie den anzupreisenden Gegenstand gemeinsam mit einer Frauengestalt wiederholt abbilden. Aber zuletzt ist hier nicht die Frau das Wirksame, sondern die
Wiederholung, und der Werbefachmann rechnet damit, daß jeder irgend wann
einmal zufällig seine Propaganda sehen muß. Wiederholung ist aber ebenso gut

ohne Frau zu machen. Wenn eine Firma z. B. an jedem Hausgiebel längs aller Eisenbahnlinien die Bezeichnung ›Pelikanschreibband‹ malen läßt, so ist das zwar eine teure Reklame, doch es ist fast unmöglich, daß jemand mit der Eisenbahn fährt, ohne wenigstens einmal das Wort ›Pelikanschreibband‹ gelesen zu haben. Durch Menge kann man immer wirken, doch muß man die Wirkung teuer bezahlen. Ein Trick, der oft aber brutal wirkt, ist die Lichtreklame. In der dunklen Nacht, wenn es absolut duster ist, muß natürlich jeder helle Fleck den Blick auf sich ziehen, aber schon wenn die Lichtreklame in Massen auftritt, beginnt ihre Wirkung aufzuhören, und es wirkt nur noch unter den zahlreichen Reklamen die am besten gestaltete. Es wäre noch über das Überraschende und Neue zu reden. Selbstverständlich wirken neuartige Dinge stark auf den Menschen, aber nichts bleibt lange neu, und so ist die Wirkung nur von kurzer Dauer.

Die einzige Wirkung aber von bleibender Dauer kann die gestaltende Werbung erzielen, wie eine Eisenbahn auf den ihr vorgeschriebenen Schienen einen ganz bestimmten Weg geleitet wird. Sie muß ihn fahren, wenn sie ihn überhaupt fährt, ob sie will oder nicht, sie muß ihn fahren, wie die Schienen vorgezeichnet sind; so leitet die gestaltende Werbung durch gestaltende Typographie den Blick des Vorbeieilenden zum Lesen auf das, was sie hervor-zu-heben beabsichtigt. Die Tätigkeit des Werbegestalters beim Schaffen ist verwandt der Tätigkeit des Künstlers, wenn er gestaltet; bloß ist ihm ein bestimmtes Ziel gegeben, während der Künstler frei und ohne Ziel schafft. Der Werbegestalter wertet wie der Künstler wertet; will er dieses betonen, muß er jenes vernachlässigen. Das Ganze muß den Blick auf ein Ding zentralisieren, das ist aber nur durch Mittel der Komposition zu erreichen. Ist der Blick aber auf eine Stelle hingelenkt worden, dann muß er veranlaßt werden, ebenfalls durch Mittel der Komposition über die zu lesenden Einzelheiten zu wandern. Für die Gestaltung der Komposition kann man nicht Regeln schreiben, notwendig ist das Feingefühl, das die einzelne Schrift, Schriftmassen und Zwischenräume sicher gegeneinander auswerten kann. Nur der Künstler besitzt dieses durch Übung verfeinerte Gefühl, doch ist dieses keine besondere Eigentümlichkeit, die etwa andere Menschen nicht haben könnten, sondern weiter nichts als eine durch Übung verfeinerte Eigentümlichkeit aller Menschen, bewußt oder unbewußt das Verhältnis verschiedener Größen gegeneinander abzu-werten. Der Künstler ist nur empfindsamer und empfindet sicherer und kann daher den Weg für andere vorschreiben, wie der Ingenieur durch Schienen der Eisenbahn den Weg vorschreibt.

Klare Schrifttypen, einfache und klare übersichtliche Verteilung, Wertung aller Teile gegeneinander zum Zwecke der Hervorhebung einer Einzelheit, auf die besonders aufmerksam gemacht werden soll, das ist das Wesen neuer Typographie, das ist gestaltende Typographie oder typographische Gestaltung. Auf der Pressa habe ich mich überzeugen können, daß man allgemein zur Zeit Gutenbergs noch erheblich sicherer gestalten konnte als heute. Je mehr sich die Maschine vervollkommnete, desto schlechter wurde die Typographie. Heute kann der Setzer nicht mehr gestalten, er braucht die Hilfe des Künstlers. Eine große Schau von Druckwerken unserer Zeit in der Pressa; Leder, Pergament, Goldschnitt, bestes Material, beste Maschinenarbeit war in den Höchstleistungen nichts als geschmackvoll zu nennen. Nur ein Raum von mittlerer Größe, vielleicht der hundertste Teil der gesamten Drucksachenschau, war in seiner Gesamtwirkung besser zu nennen, als zu Zeiten Gutenbergs, das war der Raum der neuen Typographie. Wir haben vor einem Jahr den ›ring neue werbegestalter‹ gegründet, bei dem ich den Vorsitz führe, und der jetzt folgende Mitglieder umfaßt: Vordemberge-Gildewart, Trump, Burchartz, Zwart, Michel, Leistikow, Baumeister, Tschichold, Dexel, Domela, Baurat Meyer-Frankfurt Main. Es wird uns hoffentlich gelingen, in immer gesteigertem Maße die Werbeverbraucher davon zu überzeugen, daß nur die Gestaltung den Wert einer Werbesache ausmacht.

Kurt Schwitters:
Typographie

Kurt Schwitters:
Typographie

Kurt Schwitters:
Signet für Pelikan

1928

Ausgelaufene Handlungen

Es ist manchmal nicht gut, wenn man auf Bildern Handlungen darstellt. Handlungen sind gewiß sehr schön, aber sie regen doch auf, und man weiß nicht, wie sie auslaufen können. Das regt auf, furchtbar auf. Wenn man daher Handlungen auf Bildern darstellt, so tut man gut, sie gleich ausgelaufen darzustellen. Da ist zum Beispiel ein wirklich guter Genremaler, Name tut nichts zur Sache, man kennt ihn immer an den runtergerutschten Strümpfen bei den Buben. Sie kennen ihn sicher alle, denn er fällt immer auf. Dieser so wirklich gute Maler malt sehr schön, so natürlich, aber sein eines Bild, das mit dem Apfel, sollte lieber keine Handlung haben. Denn das regt furchtbar auf. Und wenn man es vier Wochen lang ansieht, und die Handlung geht immer noch nicht weiter, dann fragt man sich doch endlich, wie das wohl auslaufen mag. Sehen Sie, die Schwester hat es wahrscheinlich dem alten Großpapa in die Ohren geflüstert, daß der Bube den Apfel gestohlen hat, denn der Großvater droht mit dem Finger, und der Bube steht trotzig da. (Mit viel Erfolg gastiert der lustige Isidor im Friedrichstunnel.) Man denkt, der Großvater müßte doch endlich mal den Apfel sehen, den der Bube hinter den Rücken hält. So etwas läßt auf die Dauer der Zeit unbefriedigt. Man möchte dem Großvater einen Stips geben, daß er endlich den Apfel sieht. Das ist furchtbar aufregend. Ja, wenn das Bild ein Gegenstück hätte, dann würde das besser werden. Der Schrei nach dem Pendant. Aus diesem Grunde hat der große Genremaler ein Pendant gemalt, ein Pendant zu dem mit dem Apfel hinter dem Rücken. Ein Meisterstück. Aber ich muß da weiter ausholen. Denn das Bild mit dem Großvater ist auch schon ein Pendant, es ist das zweite Bild. Auf dem ersten Bilde steht der Bube, man erkennt ihn an den heruntergerutschten Strümpfen bekanntlich, und neckt den Hund mit dem Stocke. Sehen Sie, das ist auch so ein Bild, das man nicht länger als vier Wochen ansehen kann, ohne sich zu fragen: warum beißt denn der Hund nicht zu? Und nun kommt das geniale Meisterstück Nr. 3. Da malt dieser geniale Maler, der Name ist ja überflüssig, das betreffende Gegenstück. Der Bube klettert nämlich auf den Zaun und der Hund reißt ihm der Einfachheit halber seinen Hosenboden heraus. So etwas ist edel, rein, hilfreich und gut, mit einem Wort genial; aber nur wenn es gemalt ist, nicht aber, wenn man es an seinen eigenen Kindern erleben muß. Nun kann man ruhig schlafen, der Konflikt ist gelöst. Die Handlungen sind ausgelaufen, wobei auch die mit dem geklauten Apfel ausgelaufen ist, und das spricht zum Herzen. Man nennt das auf deutsch: Pendants. Wenn man das gesehen hat, dann hat man ein Urteil über Kunst. Was sage ich? Das Urteil über Kunst, und man erkennt, was gut und böse ist. Gut war der Hund, der den Hosenboden ausgebissen hat, und böse war der Bube, der Äpfel klaut und Hunde neckt, wenn wir ihm darüber auch nicht gram sein können, denn wir haben alle einmal so kleine Delikte ausgefressen. Es ist nur gut, daß die Eier so billig sind.

Auf diese einfache Weise werden hölzerne Fensterscheiben durchsichtig.

1928

Revue zu dreien

Am kommenden Sonnabend findet in der hiesigen Stadthalle das ›Fest der Technik‹ statt, bei dem eine Revue aufgeführt wird.

Zum Feste der Technik wurde von Direktor Kranich, Käthe Steinitz und Kurt Schwitters eine Revue geschrieben: Mit Hilfe der Technik. Man fragt bei dieser Gelegenheit: Ist es denn möglich, gut oder sogar erwünscht, wenn drei Personen zusammen an einer Revue dichten? Man erinnert sich, daß schon oft an einer Dichtung von Format mehrere Dichter von Format gleichzeitig zusammen gearbeitet haben, so auch hier. Wer wird unserer Dichtung das Format absprechen können, zumal da sie eigens für den großen Kuppelsaal der Stadthalle geschaffen wurde, indem die fehlende Akustik durch Format zu ersetzen ist? Wer wird uns drei dichterischen Persönlichkeiten etwa ernsthaft das Format absprechen wollen, zumal, da es eine einwandfreie Definition für das Wort gar nicht gibt? Man weiß nur, daß es so eine neue Erfindung wie der Tango ist; ein moderner Mensch hat eben Format zu haben, früher nannte man das ›große Persönlichkeit‹. Von mir will ich ja gar nicht reden, und schließlich irgendein Format hat jeder Mensch, und wenn's mal nicht so groß ausfällt, dann wird's mal eben etwas kleiner. Wir haben natürlich zum Feste der Technik das DIN-Format eingeführt; übrigens auch so 'ne Sache, an der mehrere Personen gemeinschaftlich herumgeknobelt haben! So lautet also die Frage: Wie sieht eine Dichtung in DIN-Format aus, und welches sind die Normen, nach denen sich der Dichter gerichtet hat?

Das erste möchte ich Ihnen raten, persönlich anzusehen, das zweite bin ich gemäß meiner Überschrift verpflichtet, Ihnen zu erklären.

Haben Sie schon mal zu dreien eine Wanderung gemacht? Der eine will nach Pattensen, weil es da so ländlich ist; der zweite will nach Celle wegen der neuen Architektur, der dritte versteht weniger von Architektur und will sich dafür lieber mal den tausendjährigen Rosenstock in Hildesheim ansehen. Recht haben natürlich alle drei. Wenn nun der eine, der kleine Dicke, ein bißchen lauter schreien kann, dann gehen sie alle drei nach Pattensen. So setzt man das Ziel einer Revue fest, das Ziel ist eine Übereinkunft nach logischen Gründen. Bei jedem Kreuzweg entsteht derselbe Streit, der eine liebt gerade Wege, der andere gewundene, der eine kennt den Weg rechts, der andere den links, aber da es nur noch auf die Wege ankommt, läßt man sich schon leichter überzeugen und kann auch andere leichter überzeugen, denn es gibt plausible Vernunftgründe, daß beispielsweise ein Weg von zwei Kilometer Länge nicht unbedingt länger zu sein braucht als ein anderer von vier Kilometer. Auch über die Schönheit oder Bequemlichkeit eines Weges läßt sich streiten, und schließlich ist man sehr zufrieden und beglückt, daß man den Vernunftgründen des anderen nachgegeben hat, weil der nämlich erklärt hat, im Weigerungsfalle keine Zeile mehr weiter zu dichten; das aber ist die überzeugendste Logik, die man beim geistigen Zusammenarbeiten anwenden kann; denn würde jeder seiner Dichterkraft ungehemmt folgen, so kämen drei Dichter schon zu zwanzig verschiedenen Zielen. Ist aber das Ziel bestimmt etwa die Verherrlichung der Technik, so läßt es sich wiederum auf sehr verschiedene Art und Weise erreichen. Es führen viele Wege nach Pattensen, man kann marschiert vereinen und getrennt schlagen; und es nützt einer Revue, wenn ein jeder Weg, der nach Pattensen führt, zur Benutzung freigegeben wird, denn wer vieles bringt, wird jedem etwas bringen; und das Publikum ist ja so dankbar für jeden kleinen Wegweiser, denn »sie irrten traurig in der Finsternis, wenn nicht zu allen Lebenszeiten die neueste Technik sie würde begleiten« (Musik von Walter Gieseking.)

Das ist der Vorteil der Zusammenarbeit verschiedener Dichter an einer Dichtung, wenn sie sich gegenseitig achten und verstehen, daß sie einen gewaltigen moralischen Einfluß direkt mit der Dichterfaust auf das Publikum ausüben können. Und so bildet sich in der Praxis ein gewisses Vertrauensverhältnis heraus. Man weiß allmählich, daß der eine dieses, der andere jenes weniger gut kann oder auch besser versteht, und so bekommt der eine das Ressort Lyrik, der andere Pathos, der andere Handlung, der andere Gestaltung, schließlich hat ja jeder Mensch nur zwei Hände. Nur so kann Aufrichtigkeit und Tiefe des Gefühls, Einheitlichkeit und Wahrheit in der Handlung Größe des Aufbaues,

Wärme und was es sonst noch für allgemeine Phrasen gibt, erzielt werden. Oder meinen Sie etwa, daß Shakespeare so'n Drama hätte alleine dichten können? Und wenn er auch nicht wie wir modernen Menschen am laufenden Band gedichtet hat, so hat er doch auf frühere Dichter zurückgreifen müssen, z. B. italienische Novellenschreiber, die ihm den Stoff zu seinen Dramen laufend kilometerweise geliefert haben. Dabei sind doch ganz beachtliche Arbeiten herausgekommen, denen ein gewisser Publikumserfolg immer sicher ist. Dadurch aber, daß jeder den Teil dichtet, der seinem Temperament und seinen Fähigkeiten am meisten entspricht, wird natürlich die Qualität einer jeden einzelnen Piece außerordentlich gehoben, so daß man heute geradezu bedauert, daß die meisten klassischen Dramen vergangner Zeiten immer nur von einer einzigen Person gedichtet sind. Hinzu kommt, daß man bei der Arbeit des anderen kritischer ist als bei seiner eigenen. Man überwacht mit scharfer Kritik die schwachen Leistungen des anderen auf Gegenseitigkeit, »wie du mir, so ich dir«. Und läßt ihm nur Schwächen durch, wenn der's auch mal tut; dadurch schützt man das Werk vor Lahmheiten und Übertriebenheiten, das versteht sich wohl von selbst. Natürlich wird durch das alles der Aktionsradius des Ganzen sehr vergrößert.

Sie können sich daher vorstellen, daß man heutzutage für Dichtungen, die eine große Menschenmenge etwas angehen, mehrere Dichter zusammen beschäftigt. Eine Revue wäre keine Revue, wenn nicht viele Köche den Brei durch dauerndes Quirlen aufgepustet hätten, so auch die Revue »Mit Hilfe der Technik« von Kranich, Steinitz, Schwitters. Drei Augen sehen mehr als zwei, und Sie können sich denken, daß bei diesen drei hervorragenden Dichtern ein Beist von Dichtung daraus hat werden müssen.

1929

Urteile eines Laien über neue Architektur

Die Hauptfehler der heutigen Architektur sind Individualismus des Architekten und Größenwahn des Bauherrn. Jeder Architekt, und wenn er noch so unbedeutend ist, baut individuell, und er muß individuell bauen, weil er sonst nicht die Möglichkeit sieht, Aufträge zu erhalten. Es muß eben was Besonderes sein. Daher kommen die vielen Gesuchtheiten und Blödheiten, die gesetzlose Willkür. Der gesunde und starke Individualismus ließe sich aber immer noch ertragen, denn falls er sehr stark ist, schafft er manchmal persönlich die wenigen starken und gesunden Neuerungen.

Ebenso schlimm ist der Größenwahn der Bauherrn. Jeder Bauherr, und wenn er noch so wenig Baugeld hat, möchte ein Schloß haben. Und so resultieren aus dem Individualismus der Architekten und dem Größenwahn der Bauherrn jene Talmischlösser, in denen der Großstädter wohnt. Wenn es nur wirklich ein Schloß würde, so wäre es ja nicht abzulehnen, aber es wird talmi, so wie der Bewohner auch kein Fürst ist. Der Architekt nimmt vom Schloß nicht etwa die Sorgfalt der Durcharbeitung, nicht etwa das gute Material, sondern nur die Tatsache, daß viele unnötige Verzierungen daran sind. Er rechnet dann damit, daß der Bauherr doch sowieso nicht beurteilen kann, ob solch eine Verzierung gut ist oder nicht und nimmt daher den allerbilligsten Schmarrn und klebt ihn an seine Schlösser. Und wenn er bloß einmal ein Paar Steine herauszieht oder auf die Seite legt, es sieht doch immer ein bißchen nett aus, es riecht nach Schloß. Dazu kommt, daß er selbst nicht die Fähigkeit besitzt, zu beurteilen, an welcher Stelle eine Verzierung als besonderer Akzent sitzen könnte, und so sitzt sie eben beliebig. In diesem Stil sind heute leider 99% aller Großstadthäuser erbaut. Was Du geklaut von Deinen Vätern hast, erbau es, um es zu besitzen. Jeder Architekt ist eben kein Licht. Aber er muß es vortäuschen, sonst verdient er nichts. Es bestand einmal so etwas wie ein Typ für Häuser. Meier hatte den Typ, und Müller wollte ihn auch haben. Der Bauherr verlangte diesen Typ, und der Architekt konnte im besten Falle geringe Veränderungen, kleine Verbesserungen an dem Typ vornehmen. Die Wirkung war garantiert, weil schon Generationen vor ihm gedacht und gearbeitet hatten. Der Architekt von heute, ich meine den durchschnittlichen, will zwar auch nicht denken, aber es fehlt der Typ, und der fehlt uns heute. Der Ton ist auf gut und nicht auf neu zu legen. Nicht neuer, sondern besser, dann wird der Typ schon kommen. Aber dazu muß der Architekt denken lernen. Als Typen entstanden früher die guten Niedersächsischen Bauernhäuser, die Amsterdamer Bürgerhäuser, die vorgekragten Fachwerkhäuser Hildesheims. So entstehen heute die Maschinen, das Auto, alle Dinge, die funktionieren sollen; die Funktion des Wohnhauses wird leider nicht anerkannt. Das Prinzip ist: ›Verbesserungen‹, die neue Architektur dagegen beginnt immer von vorn und weiß nicht, wo sie anfangen soll.

Das Alte behagt nicht mehr, und das ist gut, soziale Bedingungen zwingen zu anderer Einstellung, und der kleine Architekt versucht den neuen Anfang beim Talmischloß nach alter Manier, wie er sich eben die neue Zeit vorstellt.

Die meisten denken an eine neue Form. Nur die wenigen Begabten wissen, daß es sich heute *um eine neue Gesinnung handelt.*

Der Anfang liegt nicht in der neuen Form, sondern in der Erkenntnis der neuen gesellschaftlichen Zusammensetzung. *Gegenüber der chaotischen Gesellschaft braucht der Architekt innere Disziplin.* Das erreicht man nicht durch Schlagworte oder große Geste, sondern nur durch Denken. Und Erfahrung. Heute muß der Architekt Führer sein und nicht nur private Wünsche der Bauherrn befriedigen.

Erforschen neuer Konstruktionsmethoden, Befriedigung sozialer Bedürfnisse, Erkennen der guten Lösungen und Weiterarbeiten auf den Erfahrungen, das sind unsere Schlösser, das sind die Ziele der Architektur. Es gibt schon viele begabte Architekten, zugegeben, die ehrlich und richtig arbeiten, aber selbst manche von den Begabten befinden sich noch befangen in formalen Hemmungen. Aber das bedaure ich am meisten, weil diese formalen Hemmungen der Begabten die ganze Entwicklung am meisten hemmen. Zugegeben soll sein, daß man oft nur schwer erkennen kann, wo solch eine formale Hemmung sitzt, aber der Architekt selbst muß es ganz genau selber wissen, warum er etwa einen Schornstein von der Mitte des Hauses oben in die Front vorgezogen hat, warum er Eisenbetonsäulen ins Zimmer baut, warum er etwa hier und da Klinker verwendet. Das kann alles unter Umständen richtig sein, man muß sich aber immer fragen, ob es vielleicht doch Dekoration ist. Ich bin Künstler, und zwar Kunstmaler. Ich liebe die Kunst sehr. Sie ist sogar heute in der Zeit sozialer Architektur nicht etwa überflüssig, sondern sehr wichtig. Aber ich bin für saubere Trennung. Die Architektur ist nicht da zur Befriedigung unklarer künstlerischer Triebe. Man sollte sich lieber in der Malerei gründlich ausleben, dann hat man sich abreagiert und betrachtet die Architektur ganz klar und sachlich.

1929

About me by myself

Questions which are important to some people are absolutely unimportant to others. It is of no importance to me that I am a painter; it is, however, important that I have a profession, in which I can create and work. And I believe if

I had become an engineer I would have been quite satisfied with my calling, and if, for example, I had had to be a teacher I certainly believe that I would have worked for reforms in the schools, by which I would certainly have made myself as disliked as I am now for my painting and poetry. Therefore humanity should be happy that I became just an artist.

From the future I expect really nothing, for our earth has a thousand centuries of development behind it, and there is no reason to believe that out-and-out idiots have conducted the affairs of mankind. I am also quite inclined to say in this connection that mankind around me, as to normal gifts, is many times as gifted as I am. If however in spite of this it often seems that one were shut up in a mad-house ... it is my opinion that many cooks spoil the broth and that they will always do so in the future. If humanity would, once and forever, decide to place its fate in my hands, I would guarantee it heaven on earth. But I fear that it will never do this, so alas, humanity, through no fault of mine, will, have to remain in the befogged state in which it now finds itself.

The happiest moment of my life was when I discovered that everything is really indifferent, for through that I won the freedom to work only as much as was necessary to satisfy my impulse to work. I remark at the same time, to my regret, that hunger is one of my impulses; and for this reason I often have to work more than my health can stand.

The unhappiest moments of my life for me, not for others, are those in which I have to do something that I have absolutely no desire to do, and I might say that for me, not for others, in such cases there is nothing in the work.

I consider it my greatest strength that I work in spite of the fact that many times I have no desire to work, and when it is very often useless, and I consider it useless because the future will treat it just as it treats old junk, as I treat the work of the past, unless it can put something better in the place of it. In every case and before all things I strive for results, for even if the striving is of no account, nevertheless the result is important, as the one way of knowing exactly what one has created.

I cannot say that I have ever liked one thing more than another, whether it be ideas or objects, for to me objects are only a means of expression and live for me in their form.

It would be quite banal to mention that obviously I should rather eat a ripe apple than a sour one. And it is quite a private matter, for instance, that I prefer guinea-pigs to white mice, because guinea-pigs are often quite droll to watch, while white mice are always stupidly turning in circles just like the whole of humanity, and the old mice are often bald just like men in the prime of life. Then I like salamanders very much, they have a noble repose, they do not spin about in circles, but lie in the damp, eat angleworms, above all things they shed their skins more often than men.

The art of today is a remarkable affair. In so far as it is art, it differs in nothing from the art of the past. In so far as it is not art, it differs just as little from the bunk of the past. Art is above all only formation, creation. Therefore it does differ from the growth of a plant or of a crystal, from the life of a star or the construction of a machine. Raoul Hausmann once very rightly said, "first art and then piano-playing." It is not to be inferred that all that is called piano-playing is art. And so we have, for example, in abstract painting today, in my opinion, the highest development that painting has had in the course of a thousand years, while the music of our day lags far behind that of Beethoven and Bach.

Of my world-view I have already spoken. I seem to myself to be a completely thinking man who, with other more or less thinking men, and a multitude of absolutely idiotic individuals, is shut up in a sort of insane asylum, in which one passes the time reading classic poetry. If any one asks me why I go on living in this mad-house, I can give him the same answer as to the question why I have visited that museum where "the lemon trees bloom": in order to observe and to register. Ecco.

I could here once more write ecco, but enough and why should one give oneself unnecessary labour.

1930

[L'art d'aujourd'hui est une chose bizarre...]

L'art d'aujourd'hui est une chose bizarre: pour autant qu'il est de l'art il ne diffère en rien de l'art du passé, mais pour autant qu'il n'est pas de l'art il diffère tout aussi peu de la camelote du passé. Art n'est jamais autre chose que structure, évidence créatrice. Il ne diffère par cela en rien de la croissance d'une plante ou d'un cristal, de la vie des étoiles ou de la construction d'une machine.

1930

Über einheitliche Gestaltung von Drucksachen

Eine logische Gestaltung der Vordrucke erfordert zunächst die gedankliche Durcharbeitung des Textes auf Knappheit, Schärfe und Eindeutigkeit. Der so erfaßte Text ist durch die Form zur beabsichtigten und erforderlichen Wirkung zu bringen.

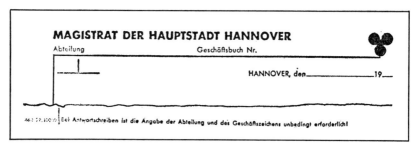

Bild 1   Kopf und Fußzeile für ganze (Din A 4) und halbe Blätter (Din A 5)

Bei den Drucksachen der Stadt Hannover handelt es sich um Vordrucke zu Eintragungen, um Bekanntmachungen in Blatt- oder Plakatform, um Briefbogen und Briefumschläge, Postkarten, um Zeitungsanzeigen (besonders solchen von den städtischen Werken, von den Theatern usw.), um Eintrittskarten, Gedenktafeln, auch um Bücher und ähnliche Drucksachen. Es ist nicht leicht, alle diese Dinge auf einen Generalnenner zu bringen. Erschwerend wirken da noch

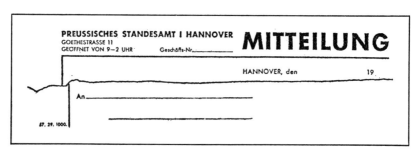

Bild 2   Mitteilungsblatt (Din A 4)

die verschiedenartigen Bedürfnisse der Amtsstellen; deren sind es gegen hundert, und es drucken gegen 70 verschiedene Druckereien die städtischen Drucksachen. Es ist aber gar nicht nötig, daß alle diese verschiedenen Drucksachen schematisch die gleiche Form haben, wenn nur das Ganze eine gewisse Einheitlichkeit erkennen läßt. So ergab sich als Ziel, gleiche Dinge möglichst gleich, verschiedene Dinge hingegen möglichst charakteristisch unterschiedlich, und ähnliche Dinge ähnlich zu gestalten. Es versteht sich von selbst, daß die oft nur privaten Wünsche der einzelnen Amtsstellen wie auch die Gepflogenheiten der

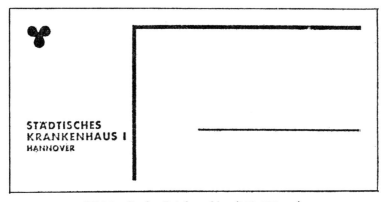

Bild 3   Großer Briefumschlag (128:194 mm)

Druckereien gegenüber dem allgemeinen Gestaltungswillen zurücktreten müssen. Der Oberbürgermeister bestimmte für die textliche Durcharbeitung aller Drucksachen das Presseamt, für die sachliche Durcharbeitung die Abteilung Organisation, für die formale Gestaltung das Bauamt als höchste Instanzen gegenüber den einzelnen Amtsstellen. Und das war gut, denn sonst wäre es fast unmöglich gewesen bei den zahlreichen Meinungen und Gewohnheiten im Arbeitsamt auch nur annähernd eine Einheit in der Formgestaltung zu erzeugen.

Der erste Schritt zur einheitlichen Gestaltung war, daß das Bauamt eine einheitliche Schrifttype bestimmte. Das veranlaßte den Widerspruch der Vereinigung der Druckereibesitzer, weil einige Druckereien deswegen gezwungen waren, sich diese Schrifttypen zu beschaffen. Unter Fraktur-, Antiqua- und Grotesk-Schriften, die ich in verschiedenen Schnitten dem Bauamt vorlegte, suchte das Bauamt die Grotesk als die einfachste und klarste Schrift aus, und von den verschiedenen Groteskschriften wählte es die Rennersche ›Futura‹ aus der Bauerschen Gießerei in Frankfurt a. M., und etwa ein Dutzend Duckereien, welche diese Schrift nicht hatten, schafften sie an.

Nach meinem Vorschlag sollte das Zeichen der Stadt, welches bis dahin nur wenig verwendet war, von jetzt an auf allen städtischen Drucksachen erscheinen. Ich begann damit, das Zeichen, welches bislang ausgesprochen auf der Form des Kreises aufgebaut war, auf Dreieckform zu stilisieren, um eine waagerechte Linie zu erhalten, die ich typographisch in Beziehungen zu den Zeilen bringen konnte. Inzwischen aber stilisierte Wilhelm Metzig, beauftragt von der Stadt, das Wappen, das auch zur Verwendung bestimmt wurde.

Für Briefbogen, Briefumschläge und Bekanntmachungen in Blattform wählte ich die gleiche Form. Bei jeder an andere gerichteten Drucksache ist es erforderlich, daß der Empfänger bequem damit arbeiten kann; er muß sie, eingereiht in den Briefordner, leicht auffinden können; deshalb ist das Zeichen oben rechts in die Ecke gesetzt. Links ist durch die Linie der Heftrand bestimmt, der nicht bedruckt oder beschrieben werden darf. Die Heftrandlinie biegt oben waagerecht um, damit sich der Kopf deutlich vom Inhalt trennt. Diese Linie beherrscht optisch die Einteilung des ganzen Blattes. Für Briefbogen schien mir die viertel Petit-Linie ausreichend, während für textreiche Vordrucke und Mitteilungen die Nonpareille-Linie besser wirkte. (siehe Bild 1 und 2.) Als Format kam nur Din A 4 hoch oder Din A 5 quer oder auch hoch in Frage; bei halben Briefbogen, die meistens mit der Schreibmaschine ausgefüllt werden, erscheint es praktischer, Din A 5 quer zu nehmen, weil dann die Schreiberin nicht so oft zu neuen Zeilen umzustellen braucht. Bei Din A 5 hoch gab ich übrigens nur durch die waagerechte Trennungslinie das Zeichen an, wo der Heftrand beginnen soll; man muß das hier vom guten Willen des Briefschreibers abhängig machen, inwieweit er den Rand einhält. Bei der Aufteilung des Briefkopfes richtete ich mich nur wenig nach den Vorschriften für den Din-Geschäftsbrief. Man hat es offenbar bei der Ausarbeitung dieser Vorschriften versäumt, einen guten Typographen oder Gebrauchsgraphiker mit zu Rate zu ziehen; daher widersetzt sich die Din-Norm den Möglichkeiten, einen Briefkopf gut und klar zu gestalten. Nur selten habe ich die bei Din angegebene Stelle für die Anschrift bei Verwendung von Fensterbriefumschlägen verwenden können, ohne große Verschwendung mit dem Platz treiben zu müssen. Zumal wenn der gleiche Satz aus Sparsamkeitsgründen und wegen des Kuvertfensters auch für den Kopf von Din A 5 verwendet werden soll. Der Raum für die Firma ist bei Din-Normen wohl zu groß.

Die Reihenfolge in der Anschrift der Amtsstellen ist bei den Entwürfen meistens die gleiche, zuerst der genaue Titel, dann Straße und Nummer, dann Zimmer, dann Fernruf und Nebenanschluß, dann Postscheckkonto. Der Titel wird groß und fett und, wenn angängig, in Versalien gedruckt. Weitere Angaben über den Absender werden nur dann gemacht, wenn es die Amtsstelle wünscht, daß sich deren der Empfänger bedient. Da das Datum zum Brief gehört, ist es unter der Trennungslinie angegeben; handelt es sich indes um einen Vordruck, bei dem mit dem Platz gespart werden muß, so steht das Datum über der Linie.

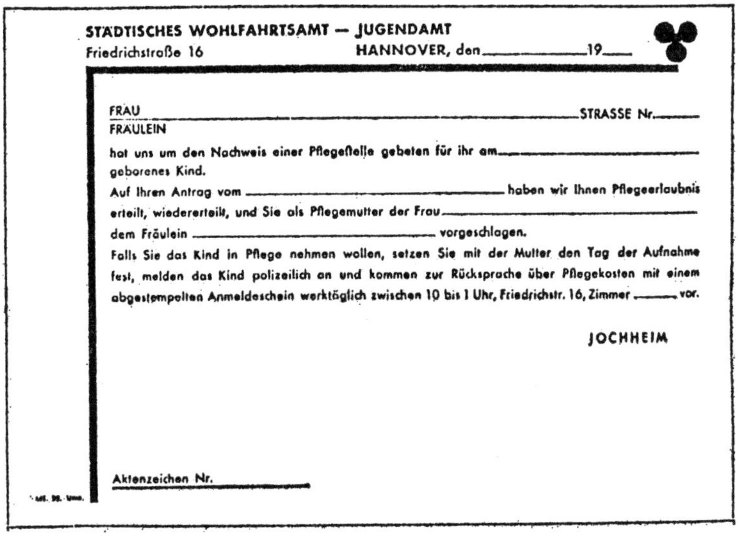

STÄDTISCHES WOHLFAHRTSAMT — JUGENDAMT
Friedrichstraße 16 HANNOVER, den ______ 19__

FRAU ______ STRASSE Nr. ___
FRÄULEIN

hat uns um den Nachweis einer Pflegestelle gebeten für ihr am ______ geborenes Kind.
Auf Ihren Antrag vom ______ haben wir Ihnen Pflegeerlaubnis erteilt, wiedererteilt, und Sie als Pflegemutter der Frau ______ dem Fräulein ______ vorgeschlagen.
Falls Sie das Kind in Pflege nehmen wollen, setzen Sie mit der Mutter den Tag der Aufnahme fest, melden das Kind polizeilich an und kommen zur Rücksprache über Pflegekosten mit einem abgestempelten Anmeldeschein werktäglich zwischen 10 bis 1 Uhr, Friedrichstr. 16, Zimmer ___ vor.

JOCHHEIM

Aktenzeichen Nr. ______

Bild 4 Vordruck (Din A 5)

Durch ⊥ Striche ist die Stelle gekennzeichnet, wo der Diktierende und der Tippende ihre Zeichen eintragen sollen. (Bilder 1, 6.)

Die Überschrift zum Text, dessen Gruppierung und die Hervorhebung seiner wichtigsten Teile ist stets Sache des einzelnen Falles. Ich pflege den ersten Auftrag neu zu gestalten und dann dieses Blatt als Muster für ähnliche andere Amtsstellen zu nehmen. Da ich mit vielen Druckereien zu tun habe, lege ich neuen Bestellungen ähnliche Vordrucke als Muster bei.

Je konsequenter man die Mittel zum Hervorheben anwendet, um so schwächer dürfen sie sein; mit Linien soll man sparsam sein, dekorative Linien sind zu verwerfen. Eine Linie kann trennen, verbinden, unterstreichen um zu betonen, oder durch ihre Kraft in eine Vielheit Ruhe bringen. Als Linien, auf denen geschrieben werden soll, nehme ich meistens stumpffeine Achtelpetit, nicht die üblich gewesene punktierte. Bei Tabellen nehme ich die äußeren Linien in der Regel dünner als die inneren, da das Abgrenzen der Teile gegeneinander wichtiger ist als die Abgrenzung des Ganzen nach außen hin. Statt wie bisher auf Mitte zu setzen, betone ich die vordere Begrenzungslinie und kümmere mich nicht so sehr darum, wie es hinten abschließt. Man erkennt daran, daß sachliche Gründe leiten, nicht schmückende. Aus demselben Grunde wird der ganze Text auch nach rechts verschoben, weil der Heftrand freibleiben und der übrige Teil der Fläche voll ausgenutzt werden soll. Manche Vordrucke pflegen nicht in Registraturen abgelegt zu werden; wenn auch bei diesen der Heftrand betont ist, so wegen der Einheit des ganzen Drucksachenwesens. Oft besteht eine Drucksache aus vielen einzelnen Teilen, die sich der Einheit widersetzen. In solchem Falle ist versucht, durch die Anordnung Beziehungen zwischen den Teilen zu erzielen, indem die Satzanfänge entsprechend gestaltet oder markante Linien dazwischen gezogen sind.

Bei Postkarten wird verlangt, daß der obere Rand $2^{1}/_{2}$ cm hoch freibleibt von Druck oder Schrift, damit der Poststempel frei steht. Ich gehe darüber hinaus, weil oft der Stempel mehr freien Raum braucht. Links steht nach den Postbestimmungen ein Drittel der Karte für den Absender zur Verfügung. Zur Trennung der Adresse von Absender und Stempel wurde auch hier eine Nonpareillelinie, die links auf die Grenze des freibleibenden Drittels hochgeht, umbiegt und den Adressenraum waagerecht abschließt, genommen. Das Zeichen der Stadt steht auf dem linken Drittel mit dem Linienabschluß Linie. Die Absenderangabe würde auf dem linken Drittel, etwa in Höhe des Ortsnamens stehen, wenn weitere Angaben nicht eine andere Stellung bedingen (Bild 3). Die Textseite der Postkarte ist ähnlich den Briefbogen mit Winkellinie und Heftrand angeordnet. Ähnlich den Postkarten-Vorderseiten werden die Adreßseiten der fensterlosen Briefumschläge zu gestalten sein. Bei Fensterumschlägen wird man zum Dinformat greifen, weil sie einen kleinen Adressenteil haben und zu Dinformat am besten passen. Damit die Adresse auf alle Fälle voll sichtbar ist, selbst wenn einmal der Brief schlecht gefaltet wurde, ist es rätlich, die für die Adresse bestimmte Stelle kleiner zu nehmen als sie sein könnte. Außerdem begrenzt man noch rechts und links die Stelle für die Anschrift durch eine dicke Linie, damit der Schreiber nicht darüber hinausschreiben kann.

Das Dinformat schlug ich, wie gesagt, für alle Stadtdrucksachen vor, besonders dann, wenn es eine Verbesserung bedeutete. Bisher war das Folioformat allgemein gebräuchlich neben einigen Quart- und Dinformaten. Da auf manchen Vordrucken viel Platz für den Text gebraucht wird, kommt es vor, daß Folio bequemer ausreicht als Dinformat. In solchen Fällen ließ ich es noch bei Folio. Auch die Verwendung der ›Futura‹ sollte nicht zum Schema werden, und das Bauamt gab für Theater, Sparkasse und Betriebswerke auch andere Schriften frei, um den Druckereien Arbeit zu lassen, welche nicht die Futura-Grotesk besitzen.

Über die Gestaltung der *Plakate* läßt sich keine allgemeine Regel aufstellen. Die Zwecke sind zu verschieden, deshalb auch die Lösungen. Wie bei allen Drucksachen, sollte der Text auch hier vorn beginnen und nach Absätzen nicht eingerückt werden, es sei denn, die Ausgangszeile sei eine volle, mit dem Satzspiegel abschließende Zeile. Ebenso halte ich es auch bei Büchern. Es ist nicht nötig doppelt auszudrücken: Wenn der Absatz schon durch die nicht gefüllte Zeile gekennzeichnet ist, wäre das Einrücken der neuen Zeile eine doppelte und daher unnötige Betonung. Soll sich aber der folgende Absatz des Textes besonders hervorheben, so nehme ich etwas größeren Zeilenabstand und fülle diesen, wenn angebracht, durch eine Achtelpetit-Linie (stumpffein) aus.

Bei der Durcharbeitung der Plakate für die städtischen Bühnen mußte mit den vorhandenen Mitteln der Druckereien, mit sehr kurzer Korrekturzeit und mit großer Vielseitigkeit der Anforderungen der Bühnen bei den verschiedenen Texten gerechnet werden. Nach längeren Versuchen wurde eine vorläufige Form gefunden; der Text wurde nach Möglichkeit vereinfacht, die Namen der Schauspieler fortgelassen, die Spieltage wurden in der Regel gleich groß gesetzt. Da die Zettel für Oper und Schauspiel nebeneinander stehen sollten und die Spieltage in gleicher Linie, so muß der Raum, der für eines der beiden Theater größer zu nehmen ist, auch für den anderen Zettel vergrößert werden. Im Gegensatz zur früheren Satzweise, die einzelne Worte möglichst groß und fett hervorhob, wodurch alles unübersichtlich und manches betont wurde, was gar nicht hervorgehoben zu werden brauchte, verwendete ich möglichst viel leeren Platz für die Namen der Theaterstücke und erstrebte eine möglichst gleiche Wirkung in der Schrift. Zwischen den Tag- und den Stücknamen ließ ich Abgrenzungen, weil überflüssig, fehlen. So entstand zwischen den beiden Zetteln nur ein senkrechter Balken von Cicerobreite, von oben aus nach links und rechts neun Cicerolinien waagerecht abfallend, nur als untere und obere Abgrenzungen der acht Tage von Samstag bis Sonntag zu dienen. Wie ich durch wiederholte Proben feststellte, herrschten die Farben Rot und Gelb an den Anschlagsäulen, so wählte ich ein blaues Papier für die Theaterplakate aus. Da dieses Papier aber schnell verschoß, so lasse ich nun mit blauer Farbe auf weißem Papier drucken (Bild 10).

Auch die Platzkarten für die städtischen Bühnen wurden logisch durchgearbeitet. Ein Kritiker meinte zwar, die Platzkarten wären schlecht gestaltet; er sah es nicht, daß Rücksicht auf das Wesentliche genommen war, daß jetzt gleiche Dinge immer an der gleichen Stelle stehen und immer gleich groß erscheinen, und daß hier die Ordnung wichtiger ist als die Form.

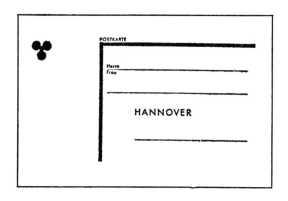

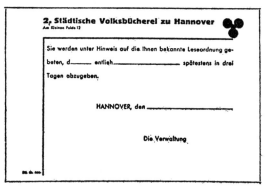

Bild 5   Vorderseite und Rückseite eines Vordrucks in Postkartenform (Din A 6)

Bild 6   Kopf und Fußzeile einer Mitteilung

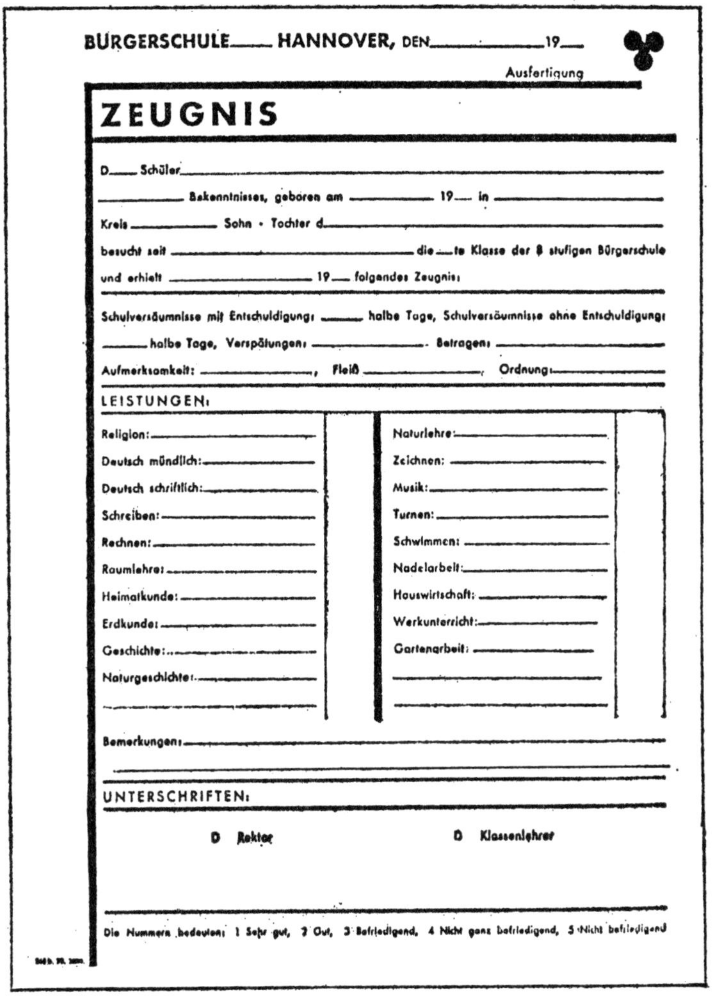
BÜRGERSCHULE ___ HANNOVER, DEN ___ 19__
Ausfertigung

ZEUGNIS

D___ Schüler ___
___ Bekenntnisses, geboren am ___ 19__ in ___
Kreis ___ Sohn · Tochter d___
besucht seit ___ die ___ te Klasse der 8 stufigen Bürgerschule
und erhielt ___ 19__ folgendes Zeugnis:

Schulversäumnisse mit Entschuldigung: ___ halbe Tage, Schulversäumnisse ohne Entschuldigung:
___ halbe Tage, Verspätungen: ___ Betragen: ___
Aufmerksamkeit: ___, Fleiß ___, Ordnung: ___

LEISTUNGEN:

Religion: ___
Deutsch mündlich: ___
Deutsch schriftlich: ___
Schreiben: ___
Rechnen: ___
Raumlehre: ___
Heimatkunde: ___
Erdkunde: ___
Geschichte: ___
Naturgeschichte: ___

Naturlehre: ___
Zeichnen: ___
Musik: ___
Turnen: ___
Schwimmen: ___
Nadelarbeit: ___
Hauswirtschaft: ___
Werkunterricht: ___
Gartenarbeit: ___

Bemerkungen: ___

UNTERSCHRIFTEN:

D Rektor
D Klassenlehrer

Die Nummern bedeuten: 1 Sehr gut, 2 Gut, 3 Befriedigend, 4 Nicht ganz befriedigend, 5 Nicht befriedigend

Bild 8 Schulzeugnis in Blättern (Din A 4)

Bei *Zeitungsanzeigen* wäre es falsch, versuchen zu wollen, ein formales Schema aufzustellen; es kommt hier zur Gestaltung die Absicht der Reklamewirkung, und nur das Neue, das Ungewohnte fällt auf. Allerdings ist es auch wichtig, durch gleiche Arten der Gruppierung und Gestaltung den Leser an früher gelesene Anzeigen zu erinnern.

Man kann bei allen typographischen Arbeiten zwei Hauptarbeiten der Gestaltung entsprechend den beiden Hauptarten der Bedürfnisse unterscheiden.

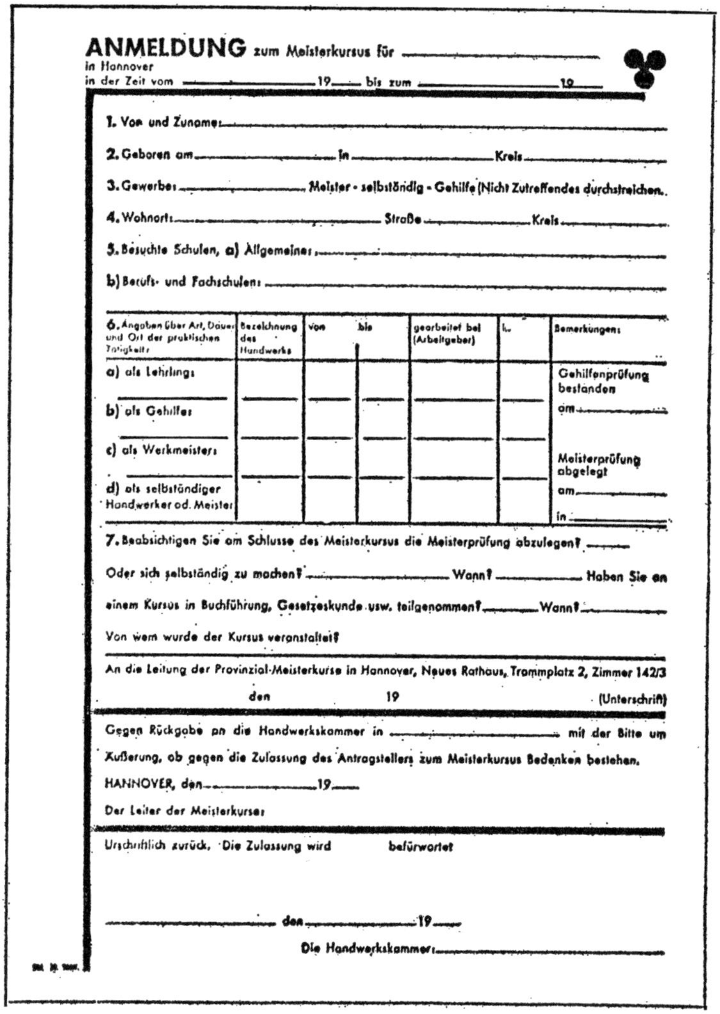

ANMELDUNG zum Meisterkursus für ____
in Hannover
in der Zeit vom ____ 19__ bis zum ____ 19__

1. Vor- und Zuname: ____

2. Geboren am ____ in ____ Kreis ____

3. Gewerbe: ____ Meister - selbständig - Gehilfe (Nicht Zutreffendes durchstreichen.

4. Wohnort: ____ Straße ____ Kreis ____

5. Besuchte Schulen, a) Allgemeine: ____

b) Berufs- und Fachschulen: ____

6. Angaben über Art, Dauer und Ort der praktischen Tätigkeit:	Bezeichnung des Handwerks	von	bis	gearbeitet bei (Arbeitgeber)	l.	Bemerkungen:
a) als Lehrling:						Gehilfenprüfung bestanden
b) als Gehilfe:						am ____
c) als Werkmeister:						Meisterprüfung abgelegt
d) als selbständiger Handwerker od. Meister						am ____ in ____

7. Beabsichtigen Sie am Schlusse des Meisterkursus die Meisterprüfung abzulegen? ____

Oder sich selbständig zu machen? ____ Wann? ____ Haben Sie an einem Kursus in Buchführung, Gesetzeskunde usw. teilgenommen? ____ Wann? ____

Von wem wurde der Kursus veranstaltet?

An die Leitung der Provinzial-Meisterkurse in Hannover, Neues Rathaus, Trammplatz 2, Zimmer 142/3

den 19 (Unterschrift)

Gegen Rückgabe an die Handwerkskammer in ____ mit der Bitte um Äußerung, ob gegen die Zulassung des Antragstellers zum Meisterkursus Bedenken bestehen.

HANNOVER, den ____ 19__

Der Leiter der Meisterkurse:

Urschriftlich zurück. Die Zulassung wird befürwortet

____ den ____ 19__

Die Handwerkskammer: ____

Bild 9 Vordruck zur Anmeldung zu einem Vorbereitungskursus für die Meisterprüfung (Din A 4)

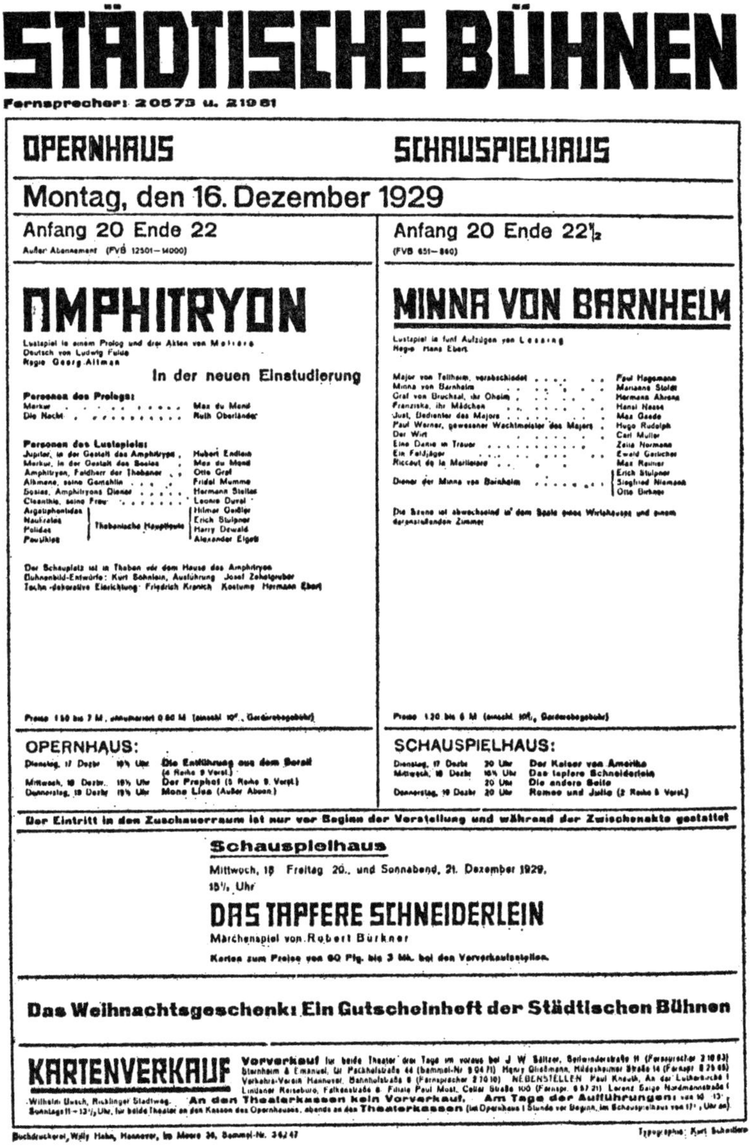

Bild 10 Theater-Anschlag-Zettel, wirkl. Größe 35 : 40,5 cm

In einem Falle soll ein Ding strengster Sachlichkeit dienen, im andern Falle soll es werbewirksam sein und den Blick des Beschauers fesseln; also etwa a = die Liste, b = die Werbedrucksache. Daraus ergeben sich zwei grundverschiedene Lösungen: die Liste soll den Blick sammeln und innerhalb der Druckebene leiten, während die Werbedrucksache den Blick auf die Druckfläche hinlenken soll. Im ersten Fall ergibt sich eine Satzbildgestaltung, bei der die Teile mehr gleichwertig sind und das Bild in sich ruht, aus dem anderen Falle ergibt sich die angreifende Art, bei der das Bild aus sich herausstrahlt und so den Blick des Beschauers einfängt. Es würde zu weit führen, hierauf näher einzugehen; man erkennt, bei Listen ist es günstig, eine streng senkrecht-waagerechte Aufteilung einzuhalten, während bei Werbedrucksachen auch die in Rhythmus oder Gleichgewicht gebrachte Schräge die Wirkung gut unterstützt.

1930

Kurt Schwitters
Hannover, Waldhausenstr. 5.

Geboren 20. 6. 1887 in Hannover.

Ich besuchte das Realgymnasium in Hannover und mußte auf Wunsch meiner Eltern das Abiturientenexamen machen, denn ich sollte studieren. Für mich kam aber nur Malerei, Kneten in Ton, Dichten in Frage.

Ausbildung erlitt ich auf der Kunstgewerbeschule in Hannover ein Jahr und von 1909 bis 1914 auf der Dresdener Kunstakademie. Zwischendurch gastierte ich in Berlin auf der dortigen Kunstakademie und wurde als unheilbar unbegabt entlassen. Meine Erfolge auf Kunstschulen waren nie groß, denn ich kann ja nicht lernen, das ist mein Kummer, und was ich selbst wollte und mußte, das stand nicht auf dem Programm. Für mich bedeutet Kunst schaffen und nicht imitieren, sei es der Natur, sei es stärkerer Kollegen, wie das so üblich ist.

Im Kriege da hat es furchtbar gegoren. Was ich von der Akademie mitgebracht habe, konnte ich nicht gebrauchen, das brauchbare Neue war noch im Wachsen, und um mich da tobte ein blöder Kampf um Dinge, die mir gleichgültig sind.

Und plötzlich war die glorreiche Revolution da. Ich halte nicht viel von solchen Revolutionen, dazu muß die Menschheit reif sein. Es ist, als ob der Wind die Äpfel unreif abschüttelt, solch ein Schaden. Aber damit war der ganze Schwindel, den die Menschen Krieg nennen, zu Ende. Ich verließ meine Arbeitsstelle ohne jede Kündigung, und nun gings los. Jetzt begann das Gären erst richtig. Ich fühlte mich frei und mußte meinen Jubel hinausschreien in die Welt. Aus Sparsamkeit nahm ich dazu, was ich fand, denn wir waren ein verarmtes Land. Man kann auch mit Müllabfällen schreien, und das tat ich, indem ich sie zusammenleimte und -nagelte. Ich nannte es Merz, es war aber mein Gebet über den siegreichen Ausgang des Krieges, denn noch einmal hatte der Frieden wieder gesiegt. Kaputt war sowieso alles, und es galt aus den Scherben Neues zu bauen. Das aber ist Merz. Ich malte, nagelte, klebte, dichtete und erlebte die Welt in Berlin. Denn Berlin war die billigste Stadt der Welt, daher waren Millionen von interessanten Ausländern da. Meine Anna Blume feierte Triumphe, man verachtete mich, schrieb mir Drohbriefe und ging mir aus dem Wege. Es war wie ein Abbild der Revolution in mir, nicht wie sie war, sondern wie sie hätte sein sollen. Übrigens bin ich Künstler des Sturm und liebe Herwarth Walden wegen seines mutigen Werkes.

Und plötzlich war die Revolution wieder zu Ende. Aber in mir gärte es weiter, aber wie edler Sekt gärt, in Deutschland auf Flaschen gezogen. Ich baute auf, und es kam mir mehr auf das Bauen als auf die Scherben an. Mehr kann ich nicht über meine Kunst schreiben. Aber der Mensch will auch leben. Und so suchte ich wieder nach dem nächstliegenden Beruf. Dieses Mal war es die Reklame und die Gestaltung von Drucksachen allgemein. Ich habe im letzten Jahre allein mehr als 400 Drucksachen gestaltet. Ich bin zur Zeit künstlerischer Beirat der Stadt Hannover, und seit 8 Tagen bin ich Mitglied des PEN-Clubs, was man so werden kann.

Mein Hauptgrundsatz bei der typographischen Gestaltung ist der, jedesmal das zum Ausdruck zu bringen, was ich im einzelnen Falle ausdrücken wollte. Genauer anzugeben, was z. B. Ziel typographischer Gestaltung sein kann, würde sehr weit führen. Es ist mir aber auch besonders wichtig, deutlich genug gesagt zu haben, daß es keine Regel gibt, etwa ein Schema, nach dem man immer wieder arbeiten könnte. Manchmal kann man für die einzelne Arbeit ein System schaffen, aber hier sind die Ausnahmen nicht selten. Man soll sich dadurch aber nicht beirren lassen, denn es ist das Wesen der Ideale, nicht erreicht werden zu können. Diese Grundsätze sind ohne Ausnahme überall anwendbar. Wichtig ist nur, daß man ihre richtige Auslegung im einzelnen Falle kennt. Dazu braucht man aber nichts weiter als mit beiden Augen zu sehen und andererseits das Gesehene mit seinem Verstande richtig zu überlegen. Übung macht den Meister, so auch hier; und so erkennt man häufig beim Arbeiten ähnlicher Dinge, daß man sich selbst und sein System korrigieren muß. Lehrreich ist aber immer die Beschäftigung mit verwandten Gebieten, denn das Gleichnis ist neben der Erfahrung der beste Lehrmeister der Menschen.

Kurt Schwitters

1930

der ring neue werbegestalter

wurde im jahre 1928 gegründet und wollte der zusammenschluß oder ring aller werbegestalter sein. er ist nicht vollständig, aber was ist überhaupt auf der erde denn vollständig?
 werbegestalter sind leute, die durch die gestaltung der drucksachen werben oder die ihre werbedrucksachen nicht nur anordnen, sondern gestalten. das sind schöne worte.
 man könnte vielleicht sagen, daß bei ihnen werbung und gestaltung dasselbe sind. aus der werbung entsteht direkt die gestalt, und aus der gestalt die werbung. werbung und gestaltung sind eine einheit geworden:
die werbegestaltung.

das klingt so einfach und ist wie alles, was einfach aussieht, sehr kompliziert.
 werben heißt die aufmerksamkeit auf ein ding lenken. der werbegestalter lenkt die aufmerksamkeit des beschauers nun nicht durch worte, phrasen oder künstliche künstlerische zutat auf den gegenstand, für den er wirbt, sondern schlicht durch die gestaltung der drucksache als einheit. gestaltung ist das schaffen einer bewußten einheitlichen gestalt, und der gestalter kann sich dabei nach ebenso allgemeinen gesetzen richten, wie etwa der musiker. das beruht darauf, daß wir menschen im wesen alle gleich sind und gleich funktionieren.
 einheit ist gleichgewicht der erkannten teile. durch ungleichheit der teile untereinander ergeben sich spannungen. jeder teil ist ein gewicht, eine kraft mit bestimmter richtung und bestimmter stärke. die wertung wiegt die gegeneinander in spannung befindlichen kräfte so gegeneinander ab, daß sie addiert und subtrahiert zusammen null ergeben. nicht die kräfte, sondern der ausgleich der kräfte ist die gestaltung.
 in der drucksache sind die kräfte abbildung, schrift, satzmaterial, bedruckte und unbedruckte fläche usw. in ihren spannungen gegeneinander. alles ist gleich wichtig. aber man denke nicht, daß gestaltung etwa dekoration mit balken wäre, wie es unsere imitatoren denken.

die mitglieder des ringes sind: baumeister, burchartz, dexel, domela, leistikow, michel, schuitema, schwitters, trump, tschichold, vordemberge, zwart. gäste für die ausstellung in basel sind: cyliax, kassák, molzahn, teige. die anschrift des ringes ist: kurt schwitters, vorsitzender, hannover, waldhausenstraße 5.
im märz 1930.

1925-1930

Kleine Weisheiten

Niemand denke, daß er was kann, denn selbst wenn es ihm niemand besser machen könnte, so kann er es selbst, wenn er fleißig arbeitet und den Verstand behält. Denkt er, er könnte etwas, so wird er bald nichts mehr können, weil die anderen, die an sich arbeiten, weil sie nicht so eingebildet sind wie er, ihn überholen werden. Wenn man denkt, fertig zu sein und ein hohes Ziel erreicht zu haben, wird man bald erkennen müssen, daß dahinter ein höheres Ziel steht, das man erreichen muß.

Niemand denke aber, daß er nichts könne, denn jeder kann so viel, daß ihn sein Können befähigt, weiter zu arbeiten.

Niemand denke, daß ein anderer mehr könnte, als er, denn dieser Gedanke würde ihn unfrei machen.

Jeder ist sich selbst sein Ziel. An der Vervollkommnung seiner selbst arbeite jeder zumeist.

Daher solle sich jeder zunächst selbst erkennen, damit er sich kennt. Dazu sollte er die anderen kennen, und das erreicht er durch dauerndes Beobachten aller.

1930/31

Das große E

Das große E ist fertig. Es ist die Negativfunktion der K d e E. Es ist das Monument reiner Kunst. Es ist zwecklose Gestalt von Dingen, die früher einmal einen Zweck hatten. So ist es Merz. Es ist das Resultat von rastloser konsequenter Arbeit von 7 Jahren. Das große E ist fertig. Bleibt nur noch an wenigen Stellen das Detail und dazu brauche ich Material und darum wende ich mich an Sie. Bedeutende Künstler haben bereits an wesentlichen Teilen mitgearbeitet, Künstler wie Walden, Hannah Höch, Vordemberge-Gildewart und andere. Sie würden mich außerordentlich verpflichten, wenn auch Sie die Gestaltung einer kleinen Grotte stiften würden. Auch große Grotten sind noch zur Verfügung. Bloß in diesen großen Grotten fehlt's nun an international bedeutendem Material wie Straßenbahnfahrscheinen, Garderobenkarten, Visitenkarten, Wahlzettel, Theaterzettel, Geschäftsanzeigen und besonders Fotografien. Gerade von Ihnen und Ihren werten Angehörigen wie auch von Ihren Werken fehlen mir geeignete Fotos. Schon jetzt sind viele bedeutende Personen bei mir im großen E im Bild vertreten, etwa Haarmann, Hitler, Hindenburg, sämtliche römischen Götter, Kapitän Dreier von der untergegangenen Monte Cervantes, Conrad Veidt, Mussolini, meine Frau und ich, mein Sohn, Professor Wanken und dessen Sohn Punzelchen, Frau Elisabeth Klenner und viele, viele andere. Stiften Sie bitte auch für das große E Dinge aus dem Ihnen liebgewordenen Wirkungskreis, Kunst, Kitsch und was sie wollen.

Dem großen E angegliedert ist eine Sammlung E. Sie verfolgt den Zweck, zu orientieren über das neue Künstlerische.

1931

ICH UND MEINE ZIELE.

Warum soll ich nicht auch einmal über mich selbst schreiben, selbst wenn mich an dieser Stelle niemand darum bittet. Ich bin nicht eitel, weil ich die Belanglosigkeit aller Dinge kenne. Ich schreibe hier nur, um allen denen eine gemeinsame Antwort zu geben, die immer wieder wieso und warum fragen, z. B. weshalb die „Veilchen" zum Schluß ganz anders geworden sind, als am Anfang geplant war, **denn ich selbst bin solch ein Veilchen,** welches mit Absicht im Verborgenen blüht, weil ich überzeugt bin, daß ich dort schöner dufte.

Ursprünglich wollte ich als „Veilchen" nur eine Sammlung neuer Dichtungen veröffentlichen, um den Vielen, die immer fragen, wo man meine neuesten Sachen kaufen könne, dazu Gelegenheit zu geben. Sie werden jetzt wohl nicht mehr fragen, wenn sie wissen, daß sie kaufen können, **denn man fragt gern, aber man kauft ungern.** Aber warum soll ich immer nur an andere denken und anderen Gefälligkeiten erweisen; man hat so selten als Künstler Gelegenheit etwas zu veröffentlichen. **Die Welt ist voll von Parteien,** und jede Partei hält den Künstler für unbegabt, der etwas Anderes für wichtig hält als ihr Programm. **Jede Partei spricht der Kunst die innere Berechtigung ab, wenn sie nicht für ihr Programm mitkämpft** oder ihr sonst in irgend einer Weise zur Durchführung ihres Programms verhilft. „Wirken" ist heute die Devise, die Kunst aber braucht beschauliches **„Sichversenken",** die Kunst will schaffen, und nicht anders wirken als durch die Tatsache ihres Bestehens. „Ja warum wollen Sie nicht gleichzeitig wirken?" fragt mich die Partei, und denkt dabei an eine großzügige Propaganda, die ich für ihre Ideen entwickeln soll, um ihr dadurch meine Berechtigung als Künstler nachzuweisen; aber ich weiß, daß man nur ein Ziel bei einer Arbeit haben kann, und **die Kunst ist mir viel zu wertvoll, um als Werkzeug mißbraucht zu werden;** lieber stehe ich persönlich dem politischen Zeitgeschehen fern.

Ich hoffe, die Zeit wird auch ohne mich politisch weiter bestehen können, wohingegen ich bestimmt weiß, **daß die Kunst für ihre Entwicklung mich noch braucht.** Kunst ist ein sonderbares Ding, sie braucht den Künstler ganz.

Das Kunstwerk ist wie jede Einheit **nicht Summe, sondern Zustand,** wie ein chemischer Stoff nicht die Summe seiner Elemente ist. H_2O bedeutet nur das Verhältnis von je 2 Teilen Wasserstoff zu je einem Teil Sauerstoff. Es bedeutet, daß sich je 2 Teile Wasserstoff und je ein Teil Sauerstoff das Gleichgewicht halten. Addiere ich SO_3, so erhalte ich als H_2SO_4 einen neuen Stoff, der nicht mehr Wasser, sondern Schwefelsäure ist. In gleicher Weise ändert sich das Wesen rein künstlerischer Gestaltung, wenn ich zu dem Rhythmus der Teile etwa die Wirkung für oder gegen irgend etwas hinzunehme, und aus Kunst wird **Kompromis.** Man sieht, daß ich als Künstler mich nicht dazu bereit erklären kann. Nur Gleichgewicht ist das Ziel des Kunstwerks, und Kunst ihr Zweck.

Kunst will nicht beeinflussen und nicht wirken, sondern **befreien, vom Leben,** von allen Dingen, die den Menschen belasten, wie nationale, politische oder wirtschaftliche Kämpfe. **Kunst will den reinen Menschen,** unbelastet von Staat, Partei und Nahrungssorgen.

Man hält mir entgegen, daß ich die Zeit nicht miterlebte, wenn ich sie nicht irgendwie im Kunstwerk wiederspiegelte. Ich behaupte, daß **die abstrakte Kunst,** und nur die abstrakte Kunst, **unsere Zeit spiegelt,** denn sie ist die letzte logische Phase in der Entwicklung der Kunst in der ganzen uns bekannten Zeit, und sie ist keine Angelegenheit von Jahren oder Jahrzehnten, sondern sie ist voraussichtlich **die Kunst der nächsten Tausend Jahre.** Die sogenannte neue Sachlichkeit in der Malerei ist eine vorübergehende, zeitliche und parteiische Reaktion; zudem ist der Name total verkehrt angewendet, denn **die neue und sachliche Kunst unserer Zeit ist die Abstraktion. Jede folgende Entwicklung kann nur aufbauen auf dem Grunde der Abstraktion,** darstellende Kunst ist in Zukunft nur als Reaktion möglich, da die Entwicklung über sie hinweggegangen ist. So stehe ich als abstrakter Künstler, zwar dem sozialen und politischen Zeitgeschehen fern, aber ich stehe in der Zeit, **mehr als die Politiker,** die im Jahrzehnt stehen.

Man hält mir vor, ich beachtete nicht die Jugend, die, ganz gleich, ob sie rechts oder links steht, in unserer Zeit nichts von der abstrakten Kunst wissen will, weil es bei ihr um andere Dinge geht. Ich glaube nicht, daß es bei der Jugend ausnahmslos um andere Dinge geht. Aber ich bemerke, daß beide Extreme, die rechten sowohl wie die linken Parteien, sich alle erdenkliche Mühe geben, **die Jugend** in ihrem Sinne **für Politik zu erziehen.** Da kann es dann geschehen, daß die so erzogene Jugend, die hier ganz im Sinne der Erwachsenen denkt, an der Kunst nicht viel Gefallen findet; aber das ändert sich. Denn es gibt nichts dem Menschen so wertvolles, als das Sichversenken in die strenge Gesetzmäßigkeit der Kunst. Fassen Sie es nicht als Lästerung auf, daß der Begriff der Gottheit, der die Menschheit Jahrtausende lang beglückt hat, über alle nationalen und sozialen Schranken hinweg, mit dem der Kunst nahe verwandt ist. **Das Sichversenken in Kunst kommt dem Gottesdienst gleich** in der Befreiung des Menschen von den Sorgen des Alltags. Gerade deshalb gibt die Kunst um so mehr, je ferner sie sich vom Nationalen und Sozialen hält, je mehr sie das rein Menschliche will, das Sichversenken, das Schauen und Hören, das Sichselbstvergessen. Zwar ist die Kunst nicht ausschließlich für die Sinne geschaffen, aber Darstellen und Aussagen sind nicht Ziele des Kunstwerks, wenn sie auch lange Zeit zu ihren Mitteln gehörten. An sich kann jedes Mittel und jedes Material im Kunstwerk gewertet und ausbalanciert werden, **aber es kommt nicht auf das Mittel und das Material an, sondern auf die Kunst, die durch Wertung im Rhythmus entsteht.**

Nachdem nun die Entwicklung gezeigt hat, daß man beim abstrakten Bilde, d. h. beim Bilde, welches nicht darstellt sondern da-stellt, **ein Kunstwerk schaffen kann,** ist wieder eine weitere Stufe der Kunstentwicklung erreicht worden, und **die Entwicklung kann nicht rückwärts gehen.**

Ich betone hier ausdrücklich, daß dadurch in der neuen Entwicklungsstufe nicht etwa wertvollere Kunstwerke entstehen, als in früheren Entwicklungsstufen, sondern nur **die zeitgemäßen**; denn das Kunstwerk jeder Entwicklungsstufe ist unendlich, und da **unendlich gleich unendlich** ist, kann man Kunstwerke untereinander nicht werten.

Es ist in der **Litteratur** schwer möglich, die Abstraktion rein durchzuführen, dazu genügen die heutigen Voraussetzungen noch nicht. Von meinen Dichtungen ist die am reinsten abstrakte **die Ursonate,** von der ich das Scherzo hier abgedruckt habe. Ich möchte hier auf den Beweis verzichten, statt dessen möchte ich bei **„Schacko"** auf den Aufbau hinweisen, auf das abstrakte Gesetz in der Komposition. Ich selbst habe die Geschichte des Schacko von einer Frau erzählen hören, **Wort für Wort – die ganze Dichtung –**, und habe auch das arme Tierche dabei gesehen. Durch das Schicksal dieser Frau war ich gerührt, die ihren über alles geliebten Mann verloren hat, und nun dieses abscheuliche Tier, welches sie wie die Sünde haßt, als einzige Erinnerung an ihren Mann besitzt. Sie liebt ihren Mann weiter in dem gehaßten Tiere, das brachte mir den Stoff menschlich näher; aber es war **so** noch durchaus kein Kunstwerk. **Zum Kunstwerk wurde die Angelegenheit erst durch die Form:** wie die Aussagen der Frau einander gegenübergestellt sind, wie sie sich wiederholen, einander ergänzen, wie sie vorwegnehmen oder bestätigen, wie sie in ihrer Gesamtheit zusammenstehen, um immer deutlicher die Liebe der Frau zu ihrem Manne, **einen abstrakten Begriff,** und ihre Verzweiflung, **wiederum einen abstrakten Begriff,** immer klarer werden zu lassen, und das ist **der Inhalt dieser Dichtung.** Sie können in dieser Weise alle meine Dichtungen analysieren, und Sie werden mir zugeben, daß in diesem Sinne ihre Form immer abstrakt ist: Aussagen sind gewertet.

Auch in der Malerei verwende ich für die Komposition gern **die Brocken des täglichen Abfalls,** etwa wie der Schacko aufgebaut ist aus den Reden seiner Besitzerin. So entstanden meine **Merzbilder,** und so entstand besonders meine **große Säule.** – Ja, was ist die Säule? Sie ist zunächst nur **eine von vielen,** etwa von zehn. Sie heißt **Kathedrale des erotischen Elends,** oder abgekürzt **K d e E,** wir leben in der Zeit der Abkürzungen. Außerdem ist sie unfertig, und zwar aus Prinzip. Sie wächst etwa nach dem Prinzip der Großstadt, irgendwo soll wieder ein Haus gebaut werden, und das Bauamt muß zusehen, daß das neue Haus nicht das ganze Stadtbild verpatzt. So finde ich irgend einen Gegenstand, weiß, daß er an die **K d e E** gehört, nehme ihn mit, klebe ihn an, verkleistere ihn, bemale ihn im Rhythmus der Gesamtwirkung, und eines Tages stellt es sich heraus, daß irgend eine neue Richtung geschaffen werden muß, die ganz oder teilweise **über die Leiche des Gegenstandes hinweg** geht. Dadurch bleiben überall Dinge, die ganz oder teilweise überschnitten sind, als deutliches Zeichen ihrer Entwertung als eigene Einheit. Durch das Wachsen der Rippen entstehen **Täler,** Vertiefungen, Grotten, die dann innerhalb des Ganzen wieder ihr Eigenleben führen. Indem sich kreuzende Richtungslinien durch Flächen miteinander verbunden werden, entstehen schraubenartig gewundene Formen. Das Ganze ist übergossen mit einem System von Kuben strengster geometrischer Form, über verbogene oder aufgelöste Formen, bis zur völligen Auflösung. Der Name **K d e E** ist nur eine Bezeichnung. **Er trifft von Inhalt nichts** oder wenig, aber dieses Los teilt er mit allen Bezeichnungen, z. B. ist Düsseldorf kein Dorf mehr, und Schopenhauer ist kein Säufer. Man könnte sagen die **K d e E** ist die Gestaltung **aller** Dinge, **mit einigen Ausnahmen,** die in meinem Leben der letzten sieben Jahre **entweder wichtig oder unwichtig** waren zu reiner Form; in die sich aber eine gewisse litterarische Form eingeschlichen hat. Sie hat 3½ zu 2 zu 1 Raummeter und hatte einmal eine großangelegte elektrische Beleuchtung, die aber durch Kurzschluß im Inneren zerstört worden ist. Statt dessen stehen jetzt überall die Baulichter, das sind kleine Weihnachtskerzen, die beim Ausbau und Anstrich zum Ausleuchten der Winkel benutzt sind; sie gehören aber nicht eigentlich zur Komposition; wenn sie aber brennen, geben sie dem Ganzen den Eindruck eines unwirklichen, illuminierten Weihnachtsbaumes. Alle Grotten sind durch irgend welche hauptsächlichen Bestandteile charakterisiert. Da gibt es den **Nibelungenhort** mit dem glänzenden Schatz, den **Kyffhäuser** mit dem steinernen Tisch, die **Göthegrotte** mit einem Bein Göthes als Reliquie und den vielen fast zu Ende gedichteten Bleistiften, die versunkene Personalunionstadt **Braunschweig – Lüneburg** mit Häusern aus Weimar von Feininger, Persilreklame und dem von mir entworfenen Zeichen der Stadt Karlsruhe, die **Lustmordhöhle** mit dem arg verstümmelten Leichnam eines bedauernswerten jungen Mädchens, mit Tomaten gefärbt, und reichlichen Weihgeschenken, das **Ruhrgebiet** mit echter Braunkohle und echtem Gaskoks, die **Kunstausstellung** mit Gemälden und Plastiken von Michel – Angelo und mir, deren einziger Besucher ein Hund mit Schleppe ist, den **Hundezwinger** mit Abort und mit dem roten Hunde, die **Orgel,** die linksrum gedreht werden muß, damit sie „Stille Nacht, heilige Nacht" spielt, früher spielte sie „Ihr Kinderlein kommet", den **10%tigen Kriegsbeschädigten** mit Tochter, der keinen Kopf mehr hat, sich aber noch gut hält, die **Monna Hausmann,** bestehend aus einer Abbildung der Monna Lisa mit überklebtem Gesicht von Raoul Hausmann, wodurch sie ihr stereotypes Lächeln vollkommen verloren hat, das **Bordell** mit einer Dame mit 3 Beinen, gestaltet von Hannah Hoech und die große **Grotte der Liebe**. Die Liebesgrotte allein umfaßt ungefähr ¼ der Unterfläche der Säule; eine breite Freitreppe führt zu ihr hinauf, unterhalb steht die **Klosettfrau des Lebens** in einem langen, schmalen Gang, in dem sich auch Kamelslosung befindet. Zwei Kinder grüßen uns und treten ins Leben hinein; von einer Mutter mit Kind ist infolge von Beschädigung nur ein Teil geblieben. Glänzende und zerklüftete Gegenstände charakerisieren die Stimmung. In der Mitte ist das zärtliche Liebespaar: er hat den Kopf verloren, sie beide Arme; **zwischen den Beinen hält er eine riesige Platzpatrone**. Der verbogene große Kopf des Kindes **mit siphylitischen Augen** über dem Liebespaar warnt eindringlich vor Übereilungen. Es versöhnt aber wieder das kleine runde Fläschchen mit meinem Urin, **in dem sich Immortellen aufgelöst haben.** Ich habe hier nur einen geringen Teil des litterarischen Inhalts der Säule wiedergegeben. Manche Grotten sind auch schon unter der augenblicklichen Oberfläche längst verschwunden, wie z. B. die **Lutherecke**. Der litterarische Inhalt ist dadaistisch; aber das ist nur selbstverständlich, da er **aus dem Jahre 1923** stammt, und da ich seinerzeit Dadaist war. Da nun aber die Säule schon sieben Jahre zu ihrem Aufbau gebraucht hat, hat sich die Form entsprechend meiner geistigen Weiterentwicklung, besonders in den Rippen, immer strenger entwickelt. Der Gesamteindruck erinnert dann etwa an kubistische Gemälde oder an gothische Architektur (kein Bischen!).

Ich habe diese **K d e E** ziemlich ausführlich beschrieben, weil es die erste Veröffentlichung über sie ist, und weil sie infolge ihrer Vieldeutigkeit sehr schwer zu verstehen ist. Ich kenne **nur 3 Menschen**, von denen ich annehme, daß sie mich in meiner Säule restlos verstehen werden: Herwarth Walden, Doktor S. Giedion und Hanns Arp.*) Die anderen werden mich, fürchte ich, **auch selbst mit dieser Anweisung** nicht ganz verstehen, aber ein restloses Verstehen ist ja auch **bei so ganz außergewöhnlichen Dingen** nicht erforderlich. Die **K d e E** ist eben ein typisches Veilchen, das verborgen blüht. Vielleicht wird meine K d e E immer im verborgenen bleiben, **aber ich nicht.** Ich weiß, daß ich als Faktor in der Kunstentwicklung

---

*) Ich wäre froh, wenn sich noch Andere zu ihr bekennen würden.

wichtig bin und in allen Zeiten wichtig bleiben werde. Ich sage das mit aller Ausdrücklichkeit, damit man nicht nachher sagt: „**Der arme Mann hat es garnicht gewußt,** wie wichtig er war". Nein, dumm bin ich nicht und schüchtern bin ich auch nicht. Ich weiß es ganz genau, daß für mich und alle anderen wichtigen Persönlichkeiten der abstrakten Bewegung die große Zeit einmal kommen wird, in der wir eine ganze Generation beeinflussen werden, nur fürchte ich, das persönlich nicht mehr mitzuerleben, darum sammle ich, lege Dichtung auf Dichtung, Skizze auf Skizze und Bild auf Bild, alles sorgfältig verpackt und signiert, an verschiedene Stellen, um der Feuersgefahr zu begegnen und so versteckt, **daß es der Dieb nicht findet.** Das ist mein Erbe an die Welt, der ich nicht böse bin, daß sie mich noch nicht verstehen kann.

Was ich hier mit kühl überlegendem Verstande voraussage, ist in Wirklichkeit nichts weiter als eine banale Selbstverständlichkeit, denn was wir in unseren Werken zum Ausdruck bringen, ist weder Idiotie noch ein subjektives Spielen, sondern **der Ausdruck unserer Zeit,** diktiert durch die Zeit selbst, und die Zeit hat uns freie Künstler, die wir am beweglichsten sind, zuerst beeinflußt. Durch uns und neben uns beeinflußt sie aber auch die gebundenen Ausdrucksformen, wie etwa ganz deutlich die Typographie oder die Architektur.

Ich möchte durchaus nicht, daß etwa die **Typographie** oder die **Architektur** als Anwendung der abstrakten Kunst aufgefaßt würden, denn das sind sie nicht. Man kann nicht eine freie, zwecklose Gestaltung anwenden auf eine Zweckform. **Typographie und Architektur sind Parallelerscheinungen mit der abstrakten Kunst.** Typographie darf nicht nur aus optischen Gründen gestaltet werden. Hinzu kommt, daß die Typographie immer einen Zweck außer sich hat, sie will wirken oder orientieren. Und der Zweck der Architektur ist, eine Wohnung oder einen anderen zweckbestimmten Raum herzustellen. Ich verkenne nicht die Notwendigkeit, das auch zum optischen Ausdruck zu bringen, was der Architekt konstruiert, aber das erstrebte Ziel ist und bleibt das Bauen von Raum.

Nun sind bei aller Verschiedenheit in der Absicht formal doch große Ähnlichkeiten zwischen der neuen Form in der Architektur und Typographie einerseits und in der abstrakten Malerei und Plastik andererseits. **Beide Formen sind eben entwickelt aus dem für uns typischen Formwillen der Zeit.** Noch liebt die Menschheit, die immer in veralteten Formen denkt, die Form der Zeit nicht, während sich gleichzeitig, aber unbemerkt durch die Allgemeinheit, und nur von wenigen begabten Kunsthistorikern erkannt, der neue Stil herausbildet. Später wird er einmal allgemein werden, und dann wird man uns alle aus unsern Verstecken herausholen, vielleicht erst dann, wenn die Zukunft schon längst andere Bedürfnisse haben wird, **denn das Schicksal der Menschheit im Allgemeinen ist es zu irren,** und man soll sie gewähren lassen, denn sie fühlt sich wohl dabei. Heute noch gibt es nicht viele Leute, die gern in jenen schmucklosen, von innen heraus gestalteten Häusern wohnen, man zieht allgemein die alten, überladenen, barocken Häuser vor, weil man auch etwas für die Schönheit tun möchte. Erst eine spätere Zeit wird erkennen können, daß gerade diese schmucklosen Häuser, wenn sie von einem begabten Architekten, **etwa Haesler,** gebaut sind, nicht nur allen Erfordernissen der Bequemlichkeit und der Gesundheitspflege entsprechen, nicht nur technisch die besten Lösungen sind, sondern auch optisch die schönsten Formen. Relativ leicht findet die neue Typographie allgemeineres Verständnis. Zwar liebt man nicht die einfacheren Formen, aber man heißt sie gut, wenn sie verbunden sind mit einer intensiveren Verdeutlichung des Inhalts, welches der Hauptzweck neuer Typographie ist. Allgemein beginnt man sie mehr und mehr zu schätzen, weil sie leichter orientiert, besser wirbt, Zeit und Geld spart.

Und nun zurück zu der heutigen Jugend und dem Menschen überhaupt. Ich bitte Euch Alle, laßt mich in meiner Verborgenheit weiter blühen. Es geht mir dabei ganz gut, und ich strebe nicht nach Ruhm und Ehre, oder nach Eurer Anerkennung. Ich bin zufrieden, wenn ich in meinem Atelier oder an meinem Schreibtisch ungestört und in aller Ruhe, vom Lärm der Straße nicht berührt und ohne Nahrungssorgen, weiter arbeiten kann. Dazu verhilft mir aber meine Tätigkeit als typographischer Gestalter und Berater bei zahlreichen Behörden und Fabriken, wo ich im Jahre mehr als 500 Drucksachen bearbeite. **Mir kann Keiner und Ihr könnt mir Alle,** zumal da ich auch glücklich verheiratet bin; und ständig wächst die Anerkennung meiner typographischen Tätigkeit. Und allmählich kenne ich mich auf dem außerordentlich komplizierten und vielseitigen Gebiet des Druckens etwas aus.

Anders die Kunst, denn erstens kennt sich da keiner aus, denn das Gebiet ist noch bedeutend komplizierter, und zweitens fehlt mir persönlich die Anerkennung. Es bleibt bei schlechten Kritiken, **weil sich die Kritiker in ihrem Wesen stets gleich bleiben.** Und wenn ein junger Kritiker bei meinem eigenen Vortrag schreibt, ich wäre einfach unmöglich, so ist mir das vollkommen gleichgültig, ebenso gleichgültig, als wenn er schriebe, ich wäre der beste Sprecher der Gegenwart, eine Behauptung, die zwar auch nicht ganz stimmt, mit der er sich persönlich aber bestimmt weniger blamiert hätte. **Meine Zeit wird kommen,** das weiß ich, und dann werden später dieselben Kritiker schreiben: „Wie dumm waren doch früher die Menschen, als sie Schwitters nicht erkannten, hingegen wie gescheit sind wir, daß wir ihn jetzt erkennen". Ich habe zwar nicht die Absicht, Leute zu beleidigen, die noch garnicht geboren sind, aber ich weiß es schon jetzt, daß sie, soweit sie Kritiker sind, genau so harmlos sein und genau so wenig erkennen werden, wie ihre augenblicklichen Kollegen, denn das ist allgemein menschlich, und dazu kann keiner etwas; **nur sollen sie sich dann nicht aufspielen.** Wenn Ihr Menschen der Zukunft aber mir eine besondere Freude machen wollt, so versucht es die wichtigen Künstler Eurer Zeit zu erkennen. Es ist für Euch wichtiger und für mich eine größere Freude, als wenn Ihr mich entdeckt zu einer Zeit, in der man mich schon längst entdeckt hat.

Ihr aber, Ihr politischen Menschen von rechts oder links, oder Ihr mittlere Sorte, oder aus welchem blutigen Heerlager des Geistes Ihr kommen mögt, **wenn Ihr eines Tages mal die Politik recht satt habt,** oder Euch auch nur für einen Abend von Euren Strapazen ausruhen wollt, so kommt zur Kunst, **zur reinen unpolitischen Kunst, die ohne Tendenz ist,** nicht sozial, nicht national, nicht zeitlich gebunden, nicht modisch. **Sie kann Euch erquicken und sie wird es gerne tun.** 27. 12. 1930.

Subskribieren Sie auf das folgende MERZ-HEFT, 22: **Entwicklung,** Preis 3 RM, es erscheint Anfang 1932.

1931

VEILCHEN

nennt der Volksmund das, was im Verborgenen blüht und gut duftet. Dieses hier sind Alpenveilchen, weil sie in Zürich in den Alpen eingetopft sind. Aber sonst sind es echt nordische Veilchen, die blauen, die an Hecken und unter Bäumen wachsen, und die im Herbst blühen.

Wir selbst hatten als Kinder solche kleinen Veilchensträucher im Garten und haben oft daran gerochen. Oh, das riecht gut! Und nun habe ich mich als großer Mensch daran gewöhnt, immer und überall die kleinen Veilchen zu suchen und zu finden, Sommer, Winter, Herbst und Frühling.

Traun, begegnen sie uns nicht überall, die kleinen Veilchen? Blicken sie uns nicht so lieb und treu an aus ihren blauen Kinderaugen? Duften sie nicht still für sich hin und führen ihr violettes Leben voll duftender Bescheidenheit in dieser Frühlingswelt, die lieben, herztausigen Veilchen?

Das alles weiß ich sehr gut, und darum habe ich gepflückt und gepflückt. Manche habe ich auch gleich mit der ganzen Wurzel ausgegraben, die wachsen dann weiter.

Im Merz blühen die meisten Veilchen. Im April nennt man sie meistens Anemonen. Im Mai heißen sie Maiglöckchen, und im Juni Maikäfer. Im Dezember aber blühen sie an kalten Fensterscheiben und heißen Eisblumen.

Lesen Sie, lieber Herr, Frau, Fräulein, das Unzutreffende bitte durchzustreichen, und schreiben Sie mir voll Vertrauen, welches Veilchen bei Ihnen am besten geduftet hat.

Das würde mir ein Schützenfest sein! —
KURT SCHWITTERS, HANNOVER, WALDHAUSENSTR. 5.

1931

[Van Doesburg]

Man kennt den Doesburg des ›Stijl‹, der Sammlung, der konsequenten Entwicklung, der logischen Gestaltung und nur wenige kennen seine Bedeutung für dada. Dabei hat er im Jahre 1923 mit beispiellosem Erfolge den Dadaismus in Holland eingeführt und dabei selbst ein gutes Stück dada geleistet.

Schon in seiner Zeitschrift ›Mécano‹ zeigte er sich als großer Kenner dadaistischer Dinge, und man fühlt bei jeder Zeile seine echte Begeisterung für dada, ob er das gewollt hat oder nicht.

Am Ende des Jahres 1922 lud Theo van Doesburg die wichtigsten Dadaisten zu einem Kongreß nach Holland ein, der 1923 stattfinden sollte. Man unterschätzte leider die Aufnahmebereitschaft Hollands, und so war ich außer Doesburg der einzige Dadaist, der zu dem Versuchsabend im Haagschen Kunstkring erschien. Theo van Doesburg hielt eine erklärende Rede über den Dadaismus, und ich sollte als Beispiel für den Dadaismus auftreten. Dabei wirkte Doesburg auf dem Podium im Smoking mit seinem vornehmen schwarzen Vorhemd und weißen Schlips, dazu weiß gepudert, das Monokel im Auge und mit unheimlichen Ernst auf den strengen Gesichtszügen gerade dadaistisch genug; nach dem von ihm selbst geprägten Sprichwort: »Das Leben ist eine wunderbare Erfindung.«

Da ich nun kein Wort Holländisch kannte, hatten wir verabredet, daß ich den Dadaismus demonstrieren sollte, sobald er einen Schluck Wasser trinken würde. Doesburg trank, und ich begann plötzlich mitten im Publikum sitzend, und ohne daß mich das Publikum kannte, fürchterlich zu bellen. Das Gebell brachte uns einen zweiten Abend in Haarlem ein, der sogar ausverkauft war, weil jeder gern einmal Doesburg Wassertrinken sehen und mich daraufhin plötzlich und unerwartet bellen hören wollte. Auf Doesburgs Anregung bellte ich dieses Mal nicht. Und das brachte uns den dritten Abend in Amsterdam ein, auf dem nun schon Ohnmächtige aus dem Saal getragen wurden, und eine Frau in Folge eines Lachkrampfes die Aufmerksamkeit des Publikums eine Viertelstunde lang auf sich lenkte, während ein fanatischer Herr im Lodenmantel das Publikum in prophetischer Weise ›Idioten‹ nannte. An dieser Stelle siegte Doesburgs Feldzug für den Dadaismus entscheidend. Zahllose Abende in allen holländischen Städten waren der Erfolg, und Doesburg erreichte es für sich und die Seinen überall die energischste Opposition zu erwecken. Wir alle, Petro van Doesburg und Vilmos Huszár gehörten auch zu unserer kleinen Truppe, wagten uns immer wieder an das rasende Publikum heran, welches wir vorher selbst rasend gemacht hatten, und Does wirkte immer wieder, trotz seines schwarzen Vorhemdes als rotes Tuch. Gerade die ausgezeichnete tief-schwarze Vornehmheit Doesburgs empfand man in Holland furchtbar aufreizend, und so konnte er das Publikum um und um pflügen und den Boden beackern, damit wichtige neue Dinge darauf wachsen konnten.

Das schönste Erlebnis für mich war, als in Utrecht plötzlich, als ich gerade die große glorreiche Revolution vortrug, während sich Does im Künstlerzimmer befand, mehrere unbekannte und vermummte Männer auf der Bühne erschienen, um mir ein eigenartiges Blumenstück zu präsentieren, und darauf den Vortrag weiter zu übernehmen. Das Blumenstück war etwa drei Meter hoch und montiert auf ein riesiges Holzgerippe. Es bestand aus morschen Blumen und Knochen und war überragt von einer leider enttopften Kalla. Außerdem wurde mir ein sehr großer verfaulter Lorbeerkranz vom Utrechter Friedhof der Bürgerlichkeit zu Füßen gelegt und eine verblichene Schleife ausgebreitet, und einer der Herren setzte sich an meinen Tisch und las aus einer großen mitgebrachten Bibel etwas vor. Da ich ihn als Deutscher nicht recht verstand, hielt ich es für meine Pflicht, Doesburg zu benachrichtigen, damit er mit dem Herrn ein paar freundliche Worte wechsele.

Aber das kam anders. Als Doesburg kam, sah und siegte er. Das heißt, als er den Mann sah, zögerte er nicht lange, sondern, ohne sich vorher vorzustellen und ohne jegliche Zeremonie, kippte er ihn samt seiner Bibel und samt seinem riesigen Blumenstück in die Versenkung für die Musik hinunter. Der Erfolg war beispiellos. Zwar war der eine Mann nun fort, aber wie ein Mann stand das ganze Publikum nun auf. Die Polizei weinte, und das Publikum prügelte sich, um nur ein kleines Teilchen von dem Blumenstück zu erhalten; überall wurden blutige Knochen herumgereicht, mit denen man sich und uns beglückwünschte. Es war ein beispielloser dadaistischer Triumph.

Ich hätte es mir sehr gewünscht, öfter mit einem so begabten Dadaisten wie Doesburg vortragen zu können. Der Weltdadaismus hat in Doesburg einen seiner größten Kenner und Könner verloren.

1932

les merztableaux

si le délégué d'un pays se rend à l'assemblée de la société des nations, il a un programme, il a un but qu'il voudrait atteindre. si un éleve de la première classe doit faire une composition il commence par élaborer un plan. si le bon bourgeois sort, il a un but. mais cela n'est pas merz.

si merz était à la société des nations, il n'aurait pas de but, sauf l'intention de sauver ce qui est à sauver. si merz faisait une composition, il ajouterait un mot après l'autre et, par la création le long des mots d'un rythme, se découvrirait un but jusqu'alors inconnu. si merz sortait pour faire une promenade, il entortillerait ses jambes sans but et collectionnerait ee qu'il y a à collectionner. demandez à quelqu'un comment il se porte et il vous dira ce qu'il a l'intention de faire. demandez à merz ce qu'il va faire et il vous dira qu'il se porte bien.

on peut avec des buts détruire un monde et par la connaissance et la conformation des possibilités, construire un nouveau monde avec les débris.

Merz 1926, 3 Cicero, 1926

c'est ainsi que la diplomatie détruit, et aussi l'élève de première classe: ainsi merz crée.

car merz ne connait aucun but et que d'ailleurs les buts demeurent inaccessibles:

car merz travaille sans plan et parce que les plans demeurent illogiques.

car merz entortillerait ses jambes jusqu'à ce qu'il se forme quelque chose, jusqu'à ce qu'un but apparaisse par dévelopement logique.

le matériel de base est à volonté. le but qu'on atteint est indifférent.

le bref espace du temps qui nous est donné peut être aujord'hui. demain ou hier, seulement ce temps doit se reconnaitre, compenser ses tensions, se construire, se poétiser, se conduire avec justesse.

quant à hier, demain, ou après-demain, il est indifférent où et comment on est né, ce qu'on porte avec soi; seule importe la façon dont on le porte et ce qu'on en fait.

mais cela même est merz.

et de tels tableaux sont des merz-tableaux.

et celui qui les peint est merz.

avant-hier, hier et demain.

Gustav Finzlerbild, 1926

1933

[Schwitters 1933]

Ces deux photos représentent quelques parties du ›Merzbau‹ à Hannover: ›die große Gruppe‹ (le grand groupe) et ›die Goldgrotte‹ (le groupe d'or).

Le ›Merzbau‹ est la construction d'un intérieur par des formes plastiques et des couleurs. Dans des grottes vitrées sont des compositions de Merz qui forment un volume cubique et qui se réunissent à des formes cubiques blanches en formant l'intérieur. Chaque partie de l'intérieur sert à la partie voisine d'élément médiateur. Il n'y a pas de détails qui forment comme unité une composition limitée. Il y a un grand nombre de différentes formes qui servent de médiateur du cube jusqu'à la forme indéfinie. Quelques fois, j'ai pris une forme de la nature, mais plus souvent j'ai construit la forme comme fonction de différentes lignes parallèles ou croisées. Ainsi j'ai trouvé la plus importante de mes formes: la demie vis. (Halbschraube).

Je fais une grande différence entre la logique artistique et la logique scientifique, entre construire une forme nouvelle ou constater la forme de la nature. En construisant une forme nouvelle, on crée une œuvre abstraite et artistique. En constatant la forme de la nature, on ne fait pas une œuvre d'art, mais on étudie seulement la nature. Il y a un grand nombre de membres intermédiaires entre construire la forme et constater la nature.

1. C'est en tout cas possible, qu'un artiste abstrait peigne aussi des nus.
2. Dans mes compositions abstraites, il y a l'influence de tout ce que j'ai vu dans la nature, par exemple des arbres.
3. Une locomotive n'est pas une œuvre d'art, parce qu'on ne l'a pas construite dans l'intention de faire une œuvre d'art.
4 et 5. Il ne fait rien à l'efficacité artistique, qu'on reproduise une machine ou un animal ou la Joconde.

1934

Einladung für lustigen Abend

Mitten in der Zeit ernsten Aufbauens lade ich Sie ein, zu mir zu kommen und einmal herzlich zu lachen. Nicht etwa über ernste Dinge, oh nein, sondern Sie sollen lachen über die Kleinigkeiten des täglichen Lebens, die uns oft, wenn wir sie selbst erleben, so sehr quälen, gerade weil sie so unbedeutend sind, daß es sich eigentlich gar nicht lohnt, sich darüber zu ärgern.

Darum sollen Sie mit mir lachen, ein befreiendes Lachen, um so befreiender, wenn Sie mit mir über die Schwächen anderer lachen.

Sie dürfen auch über mich lachen, wenn Sie wollen, aber einen Gefallen bitte ich mir zu erweisen, nehmen Sie bitte nichts ernst außer meinem Streben, Sie an meinem nächsten Vortragsabend recht fröhlich zu machen. Am . . . . . veranstalte ich solch einen Abend eigener Dichtungen in meinem Hause und lade Sie dazu herzlichst ein. Sie erhalten auch eine Tasse Tee hinterher und etwas Keks dazu. Hinterher können Sie vielleicht auch tanzen oder sich unterhalten, was Sie wollen.

Für die allgemeinen Unkosten bitte ich, den Betrag von einer Mark mitzubringen, und wenn Sie dazu nicht in der Lage sind, wenigstens 95 Pfennige.

Kommen Sie bitte um 8 Uhr pünktlich und bringen Sie viele nette Menschen mit.

Mit schönsten Grüßen von Haus zu Haus Ihr Kurt Schwitters.

1925–1935

Malerei

Ich bin aufgefordert, über Malerei zu sprechen. Ich soll ohne Lichtbilder sprechen, ganz allgemein, was bedeutet Malerei, was ist für den Beschauer zu beachten, wenn er Bilder betrachtet. Es ist schwer, da wir ja eine sehr große Menge von Möglichkeiten haben, wie man Bilder malen kann, und da die Resultate sehr mannigfaltig sind, und man für jedes Beispiel ein Gegenbeispiel finden könnte. – Sie sehen, daß es daher unmöglich ist, allgemein bindende Richtlinien für alle Möglichkeiten in der Malerei zu geben, und ich möchte mich auch wiederum nicht entscheiden für eine bestimmte Art von Malerei, etwa die klassische, impressionistische, expressionistische, kubistische oder konstruktive Malerei.

Das Resultat der Tätigkeit des Malerkünstlers ist das Gemälde, und das ist wohl das einzige, was gleich ist bei allen Malern, nämlich daß sie Gemälde hervorbringen. Ich sehe ab von Grenzfällen, etwa daß ein Gemälde außerdem noch als Relief Plastik ist oder sich als Teil in eine Architektur einreiht. Ich spreche hier nur vom reinen Tafelbild, d. h. von dem Gemälde auf einer begrenzten Platte, die als Malgrund dient.

Das Primäre ist der Malgrund, d. h. eine Tafel, die begrenzt ist, auf der man malt. Sie könnten einwerfen, das Primäre wäre die geistige Idee, das was man malen will. Es könnte auch jemand behaupten, das Primäre wäre die Handschrift des Malers. Alle drei Ansichten haben ihre Berechtigung, und man kann sowohl von dem Malgrund als auch von der geistigen Idee, dem Ziele ausgehen, als auch von der Handschrift.

Von diesen drei Dingen, Malgrund, Ziel und Handschrift aber kann man nur zwei wollen, dann entsteht das 3. von selbst. Das heißt, hat man einen Malgrund und bearbeitet ihn mit einer Handschrift, so entsteht zwangsläufig ein Ziel, welches man nicht außerdem noch bestimmen kann. Oder man hat einen Malgrund, d. h. alles Material, mit dem man malt und wünscht ein vorher gefühltes Ziel zu erreichen, so muß man die entsprechende Handschrift wählen, d. h. die entsprechende Methode, dieses Material zielstrebend anzuwenden. Oder geht man von einer Handschrift oder einem bestimmten Gestaltungswillen aus und sucht ein bestimmtes Ziel zu erreichen, so muß man das zweckdienliche, also nicht ein beliebiges Material verwenden.

Bevor ich nun die drei Dinge, Material, Gestaltung und Ziel, einzeln betrachte, möchte ich noch aufmerksam machen auf zwei grundlegende Unterschiede der Gemälde, denn nur von Gemälden rede ich in diesem Vortrag. Ein Gemälde kann nämlich Bild oder Abbild sein. Diese beiden Begriffe schließen einander aus. D. h. ein Bild, ein Gebilde, eine Gestaltung bildet nichts außer sich ab, stellt nichts anderes dar, es steht nur da, während ein Abbild nicht beabsichtigt, es selbst zu sein, sondern eine andere Sache, nämlich der abgebildete Gegenstand.

Ich will hier zunächst nur von dem Bild sprechen, d. h. von jener begrenzten Einheit, die nichts sein will außer sich selbst.

Ich spreche zunächst vom Malgrund. Der Malgrund kann aus verschiedenartigem Material von verschiedenartiger Begrenzung sein. Bedingung ist, daß es sich um eine Ebene handelt. Gewöhnlich ist der Malgrund viereckig, auch ovale Malgründe sind nicht selten. Er pflegt viereckig zu sein, allein schon, weil ein viereckiges Bild sich leichter einordnet in die im wesentlichen rechtwinklig gebauten Häuser. Natürlich kann ein viereckiger Malgrund quadratisch sein, d. h. alle 4 begrenzenden Seiten sind einander gleich. Doch ist das selten. Leute, die mit der Rolleiflex, einem Fotoapparat, bei dem die Negative quadratisch sind, gearbeitet haben, werden mir zugeben, daß es erheblich viel schwieriger ist, ein Motiv quadratisch zu fassen als in Hoch- oder Querformat. Dafür hat das quadratische Bild als einziges den Vorteil, daß es im Wohnraum diagonal aufgehängt werden kann, wenn das der Komposition entspricht. Es ist nun üblich, daß immer 2 einander gegenüberliegende Seiten des Vierecks, das den Malgrund bildet, einander gleich genommen werden, obgleich kein Grund dafür vorhanden wäre, sie verschieden zu machen und einen Malgrund mit 4 verschieden langen Seiten zu bemalen. Die Winkel zwischen den Seiten pflegen rechte zu sein. Nun kann man die Unterschiede zwischen den Seiten groß oder klein nehmen, man kann sie prinzipiell im Verhältnis 1:10 oder 9:10 nehmen. Aber beide Verhältnisse würden praktisch ungünstig sein. Am günstigsten und schönsten wirkt ein Verhältnis der Seiten, das etwa durch 3:4, 4:5 oder 5:6 auszudrücken ist. Es ist nämlich, um die Einheit des Bildes optisch erfassen zu können, für das Auge nötig, daß es die ganze Fläche sieht, ohne gezwungen zu sein, auf der Fläche hin- und herzuwandern, und ohne zu viele Ablenkungen durch Dinge außerhalb des Bildes zu sehen. Das Auge müßte aber bei länglichen Formaten entweder auf der Fläche in der Längsrichtung wandern und könnte infolgedessen die Einheit nicht sehen, sondern nur verständlich rekonstruieren, oder es würde bei entsprechend großem Abstand zwar das ganze Bild überschauen ohne zu wandern, würde dann aber durch eine zu große Fläche störender Dinge zu beiden Längsseiten des Bildes verwirrt werden. Die quadratische Fläche ist ungünstig, weil das Verhältnis 1:1 der Seiten zueinander langweilig ist.   [Fragment]

1935

[So ist der Weg]

So ist der Weg. Wir kennen ihn. Wir gehen ihn, weil wir ihn kennen. Das Ziel ist dunkel, aber hell der Weg. Der Weg ist hell, wenn wir ihn gehen wie ein Kind an Gottes Hand. Und mag es auch gefährlich scheinen, wir wissen, daß für uns der Weg, den wir gerade gehen müssen, der beste Weg von allen Wegen ist.
Wenn wir nicht fragen nach dem Zweck und Ziel, wenn wir vertrauen, daß der Weg, den wir erwählen, der einzige von allen Wegen ist, dann haben wir die Kraft, den rechten Weg zu finden. Und dabei ist es gleich, ob wir auf uns vertrauen, auf uns selbst, daß wir das Richtige finden müssen, oder auf Gott – ein Wesen außer uns – und ob wir Gott als Schicksal oder als Gesetz erkennen, oder an den Gott der Kirche glauben, der schon der Gott der Väter war.
Nur eins ist für uns von unbegrenzter Wichtigkeit, daß wir den Weg erkennen. Dem einen ist die breite Straße richtig, dem andern ist es der schmale Weg. Der eine fährt bequem im Wagen und der andre geht, der Dritte klettert steil hinauf und steil hinab. Der eine ist sehr langsam und der andere schnell. Nur eines wäre falsch, den Weg des anderen statt des eigenen zu begehen.
So ist der Weg.
Wir kennen ihn, wir gehen ihn und sind zufrieden.

1937

Die Blechpalme

Man soll den Touristen nicht unterschätzen, seine Gewohnheiten spiegeln den Grad der Bildung, die die Menschheit erhalten hat. Auf Touren ist der Mensch frei von den Bindungen des Alltags, vom Zwang seiner Herkunft, er ist in seinem Geschmack unverantwortlich und äußert seinen Geschmack unverhohlen. Und da sind die Menschen nicht etwa verschieden, sondern sie sind gleich, vollkommen gleich. Wenn ein Touristenschiff nach Spitzbergen fährt und seine Passagiere an Land setzt, so gibt es nur wenige, die es geschmacklos finden, sich mit einem kleinen Eisberg fotografieren zu lassen. Bei weitem die meisten haben gar nicht das Gefühl dafür, daß sie zu dem Eisberg überhaupt keinerlei Beziehungen haben, daß sie die große Natur vollkommen verderben mit ihren werten Personen. Was aber unsere Kultur ausmacht, ist, es muß leider gesagt werden, nichts anderes als Kulturlosigkeit.

Der Dadaismus gab sich Mühe, andere Beispiele zu zeigen von Dingen, die mit dem besten Willen nicht zusammenpassen. Er machte ein Konzert, an dem eine Schreibmaschine und eine Nähmaschine miteinander musizierten. Das Publikum, man kann wohl sagen, dasselbe, das sich mit Eisbergen fotografieren läßt, raste hier vor Entrüstung, weil es begriff, daß das Geklapper dieser beiden Maschinen zusammen kein Konzert geben kann. Das Publikum fühlte die Verlogenheit wahrer Musik in dem dadaistischen Konzert, es fühlte aber nicht die vollkommen gleiche Verlogenheit der bildenden Kunst durch die Fotografie des Herrn Meier mit dem Eisberg. Und dabei ist es ganz das gleiche, nur mit dem Unterschied, daß im ersten Falle diese Verleugnung aus Dummheit geschah, im zweiten als Imitation des Publikums wohl überlegt. Diese Imitation des durchschnittlichen Kulturmenschen aber ist es gerade, die der Kulturmensch übelnimmt. Er sieht sich plötzlich objektiv, sagt: »So blöd kann ich doch nicht sein« und fährt fort: »also ist der Künstler blöde, der uns das Konzert vorgespielt hat«. Sich selbst nimmt keiner eine Blödheit übel, Blödheit bei anderen aber ist unerträglich. Man könnte nun unter dem Titel ›Die Blechpalme‹ solche Blödheiten zusammenfassen, zum Abscheu und zur Warnung.

Was aber ist eine Blechpalme? Eine Abstraktion, eine Kulisse, vor der man sich fotografieren lassen kann. Paßt schon Herr Meier nicht in die Landschaft, so braucht auch die Palme nicht hineinzupassen, dann passen eben beide nicht.

Ich denke da an einen sehr beliebten Touristenort im norwegischen Hochgebirge. Man ist etwa 500 Meter über der Baumgrenze, nur Zwergbäume überziehen den moosigen Boden dünn mit ihrem Geäst. Ein bis in den Sommer vereister See und ein Gletscher ziehen das Publikum dorthin. Autos fahren die Touristen bequem hinauf, in einem guten Hotel erhalten sie guten Kaffee und Kuchen. Und dann ist da noch etwas, das sie anzieht, die Touristen, eine Lappenfamilie in einem Zelt. In jenem südlichen Norwegen gibt es eigentlich keine Lappen, außer diesen Fotografier-Lappen. Aber das schadet nichts. Wenn auch dieser oder jener es ahnt, daß der Lappe eigentlich nicht hierher paßt, so läßt er sich doch gern mit ihm und seiner Familie fotografieren, am besten Arm in Arm, lachend, damit der Freund, dem er das Foto zeigt, sieht, wie vertraut er mit jenen Völkerstämmen durch seine Weltreise geworden ist, die er für wild hält.

Dabei hat jener Lappe bestimmt nicht weniger Geschmack als er selbst, immerhin ist Geldverdienen eine wichtigere Sache als prahlen wollen.

Ich würde nun vorschlagen, da jener Lappe nicht dahin gehört, und da Herr Meier sich mit nicht dahingehörenden Dingen gern fotografieren läßt, das Hotel könnte eine Palme dafür bereitstellen. Ich gebe zu, es wächst dort keine Palme, um so mehr wird sie attraktiv werden. Man läßt sich gern unter Palmen fotografieren, um zu beweisen, daß man im Süden gewesen ist. Ob dieser Süden aber im Norden sich befindet, das geht ja keinen Menschen etwas an. Man wird schon Dumme finden, die in Geographie schwach sind. Also immer heran mit der Palme. Und da sie nicht dort wachsen kann, soll man sie aus Blech bauen und schön palmig anstreichen. Für die Fotografie ist es gleichgültig, ob es sich um Kunst oder um Natur handelt, und Blech bleibt Blech, das sowieso.

1937

Betrachtungen – 1

Einmal sah ich einen berühmten Sänger im Film, wo er sang und spielte. Sänger brauchen nicht unbedingt immer Chinesen zu sein. Dieser Sänger war es auch nicht, sein Gesicht wirkte auch geschminkt durchaus nicht chinesisch. Aber er spielte einen Chinesen. Mit unerbittlicher Deutlichkeit zeigte die Fotografie, er war kein Chinese. Er gab sich aber alle Mühe, daß man glauben sollte, er wäre ein Chinese. Er tat, als wäre er mit China so verwurzelt, daß er als echter Chinese leiden müßte unter Härten gewisser chinesischer Sitten. Das gab ihm dann eine willkommene Gelegenheit, aus vollem Halse zu singen, und sein Gesang sollte bewundert werden.

Da fragte ich mich, weshalb er eigentlich nicht das spielte, was er wirklich war, sondern das, was er absolut nicht sein konnte. Ja ist es nicht so?

1937

Betrachtungen – 2

Oft hat mich der Gesang im Film zur Verzweiflung gebracht. Jeder soll singen, wenn er singen muß.

Wenn zum Beispiel eine Köchin den ganzen Tag bei der Arbeit grölt, ist dagegen kein triftiger Einwand. Man kann sie kündigen, aber moralisch oder künstlerisch hat sie sich nicht vergangen. Daß musikalische Menschen ihr Gegröl nicht aushalten können, fällt ihr nicht zur Last.

Wenn aber einer im Film singt, um seine schöne und ausgebildete Stimme zu zeigen, und gerade an den Stellen singt, wo die Handlung durchaus keine Unterbrechung vertragen kann, wenn er ein Mädchen im Arme hält und statt sie zu küssen vor ihrem Mund herumsingt, so ist das ein schweres Verbrechen.

Man sollte sich einmal klarwerden, daß im Film, der mit filmischen Mitteln eine Handlung im Leben gestaltet, der gute Gesang nicht wertvoller ist als jede andere Äußerung der menschlichen Stimme, etwa das Grölen eines Dienstmädchens.

1937

Betrachtungen – 3

Wer über die Menschen will schreiben, der muß gutmütig sein und guten Mutes an seine Arbeit gehen. Er muß die kleinen Schwächen sowie die großen Fehler seiner Mitmenschen objektiv zu sehen bestrebt sein, auch die großen Zeitgenossen, bei denen die Fehler entsprechend ihrer Größe natürlich noch größer sein müssen. Er müßte sogar bestrebt sein, seine Zeitgenossen im Genuß ihrer schwachen Fehler zu lieben. Statt einen Menschen wegen seiner Schwächen zu verurteilen, kann der objektive Optimist ihn gerade wegen dieser entzückenden kleinen und großen Fehler an die Stelle drücken, wo der normale Mensch seinen Verstand im Herzen hat. Und wenn Sie fragen, was das bedeutet, so sage ich: Dichtung.

1938

Das Ziel meiner Merzkunst

Ich wurde einmal von einem sehr kunstverständigen Herrn gefragt, weshalb ich eigentlich in den Jahren um 1919 als Material für meine Bilder x-beliebiges, zum Teil auf Müllhaufen gefundenes Altmaterial verwendete und ob ich noch heute die Verwendung solchen Materials für geeignet hielte; und was ich mir überhaupt dabei dachte, solche Bilder herzustellen, die doch einem Müllkasten ähnlicher wären als etwa einem Werke der ewigen Kunst, und ob ich nicht ebensogut Ölfarbe zur Herstellung solcher Bilder hätte verwenden können.

Darauf will ich sehr gern antworten, denn alles, was einmal zu mir gehört hat, gehört selbstverständlich immer noch zu mir. Ich war ein Kind und werde einmal ein Greis sein, und dazwischen spielt sich mein Leben ab, und das bin ich. Ich würde ja selbstverständlich ebenso gefragt haben, wenn ich, wie voraussichtlich jener Fragesteller, nicht gesehen hätte, aus welchem Grunde diese beliebigen, irgendwo scheinbar zufällig gefundenen Gegenstände hier auf einer Fläche zwischen 4 Rahmenleisten zusammengeklebt und zusammengenagelt sind, denn eine Arbeit ohne Grund ist Unsinn.

Und so ist es mir damals auch oft genug gelungen, zwar halb ohne meine Absicht, daß die Presse oder die Besucher meiner Ausstellung mich für irrsinnig bezeichneten; aber das war ich – Gott sei Dank – nicht.

Ich selbst würde mich vielleicht veranlaßt gesehen haben, wenn ich nicht den Grund meiner Merzbilder erkannt hätte, zu sagen: »Welch ein butterweicher Blödsinn ist es, solche vollkommen wertlosen und dabei unästhetischen, einfach widerlichen Abfallprodukte vom Müllhaufen hier aneinanderzusetzen, und wohl eine Frechheit, dieses Produkt in einer Kunstausstellung zwischen Bildern aufzuhängen, die Ewigkeitswerte besitzen, und wie kann ein Museum so etwas kaufen für das Geld, das Menschen, die solche Müllhaufen nicht schätzen, mit Fleiß und ernster Arbeit sauer verdient haben?« Ich selbst würde vielleicht mit Empörung so ausrufen, wenn . . . . ., ja, wenn ich nicht ganz genau wüßte, daß ja gar nicht das Ziel meiner damaligen Arbeiten war, einen kleinen Müllhaufen für den Salon oder fürs Museum herzustellen.

Mein Ziel war damals, wie heute, und wie immer, Kunstwerke zu gestalten, wobei ich natürlich nicht wissen kann, ob es mir gelungen ist. Man kennt sich ja oft selbst am wenigsten gut. Es kann ja sein, daß ich eine kleine Veranlagung zum Unsinn habe?

Aber was ist denn ein Kunstwerk? Wodurch unterscheidet sich das Kunstwerk von der Umwelt der künstlerisch beliebigen Erscheinungsformen? Was die Natur so geschaffen hat, ist nicht Kunst, obgleich es unzähligen Menschen die Begeisterung zum Schaffen von Kunstwerken eingehaucht hat. Die Natur begeistert Künstler, sie ist ein Meisterwerk unseres Schöpfers, aber kein Kunstwerk. Kunstwerke können nur von Menschen und für Menschen geschaffen werden.

Betrachten wir einmal eine Landschaft. Das Blau der fernen Berge entsteht durch die eigene Farbe der Luft, während Wasserdampf ferne Gegenstände rot färbt, und das Sonnenlicht alle Lokalfarben mit gelbem Schimmer übergießt. Als Resultat entsteht über den in ihrer Lokalfarbe grauen Feldern und grünen Wäldern der fernen Berge eine Schattierung durch blau, rot, gelb, dazu ein Aufhellen durch das Licht, ein Verdunkeln durch die davor befindliche Luft sowie den Wasserdampf. Das Resultat wird eine zwar sehr nuancierte, aber vollkommen eindeutige Farbe, die man so, wie sie ist, und nicht anders sehen kann. Aber die Farbe wechselt mit den Tageszeiten, und mit der Ab- und Zunahme von Luftdichte, Wassergehalt oder Luft, und mit der Richtung des Sonnenlichts. Die Farbe des fernen Berges ist also ein vollkommen unbestimmter Faktor in der übrigen ihn umgebenden Natur, und die Faktoren seiner Umgebung sind ebenso unbestimmt. Und da kann es vorkommen, daß es vielleicht zu einer bestimmten Zeit außerordentlich günstig wäre, einen Teilausschnitt der Natur als Grundlage für ein künstlerisches Gemälde zu nehmen, während der gleiche Teilausschnitt zu einer anderen Zeit vollkommen ungeeignet wäre. Beim Kunstwerk aber sind die resultierten Farben vollkommen bestimmte und veränderte Werte als Teile einer Komposition.

Das Kunstwerk unterscheidet sich von der Natur durch Komposition in einem begrenzten Raume, denn nur in einem begrenzten Raume kann man in einer Komposition alle Teile gegeneinander werten. Und wenn es sich um ein Gemälde handelt, so geschieht diese Wertung nur optisch.

Die Wertung kann nur optisch geschehen, da man ein Bild weder riechen, noch schmecken, noch hören, noch fühlen kann. Die Tätigkeit des Künstlers ist es, die optisch erkennbaren Bildteile so zusammenzusetzen, daß sie eine möglichst günstige, möglichst starke Komposition in ihrer Gesamtheit ergeben, die die von ihm beabsichtigten Gefühlswerte eindeutig vermittelt. Die Tätigkeit des Beschauers ist nun der Versuch, durch Abtasten der von dem Künstler im Bilde vereinigten optischen Einzelteile mit den Augen und durch Vergleichen und Addieren der so wahrgenommenen Einzelteile im Geiste die Komposition zu erkennen, die der Künstler aufgebaut hat. Das Erkennen der Komposition aber genügt nicht zum vollkommenen Verständnis eines Kunstwerks, sondern man hat es erst dann verstanden, wenn es einem gelungen ist, mittels der erkannten Komposition in das Land der Phantasie des Künstlers mitzufahren.

Es ist dabei gleichgültig, daß etwa der Beschauer das gleiche fühlt, was den Künstler veranlaßte, das Kunstwerk zu schaffen. Beethoven hat seine Sonaten nicht geschrieben, damit eine bestimmte Verteilung von Tönen innerhalb des bestimmten Zeitabschnitts erklingt, sondern damit durch diese Sonaten Gefühlswerte im Zuhörer entstehen, und der Musikliebende hört sich die Sonaten deshalb an, weil ihm diese Gefühlswerte angenehm sind. – Vielleicht hört der Unmusikalische nur, daß da viele Töne gleichzeitig und nacheinander angeschlagen werden, und langweilt sich entsetzlich, und beschäftigt sich damit, seine Daumen umeinander zu drehen.

Wie es nun unmusikalische Menschen gibt, so gibt es leider auch Menschen, die nicht die Begabung besitzen, durch eine malerische Komposition sich Gefühlswerte vermitteln zu lassen. Sie sehen zwar die Komposition, die durch Abwägen der Gegensätze von Hell und Dunkel, durch das Ausgleichen komplementärer Farben, durch zweckdienliche Führung der Linien entsteht, aber sie fragen, weshalb macht man überhaupt so etwas, weil sie es nicht fühlen können. Man kann ihnen keinen Vorwurf daraus machen, daß sie so veranlagt sind, wie man den Unmusikalischen auch nicht den Vorwurf machen kann, daß sie unmusikalisch sind. Nur können solche Leute, die kein Verständnis für Komposition haben, weil sie sie nicht fühlen, nicht darüber urteilen, daß etwa eine rein abstrakte Komposition zwecklos wäre. Die Elektrizität ist auch nicht etwa deshalb zwecklos, weil der mittelalterliche Mensch damit nichts anfangen konnte, und die Musik ist nicht zwecklos, weil der Unmusikalische sich dabei langweilt.

Wie nun der unmusikalische Mensch aus Langeweile seine Daumen dreht, so sucht der für optische Verhältnisse Unbegabte sich beim Betrachten von Kunstwerken anzulehnen, weil der Geist des Menschen immer arbeiten will und muß. Kann er das Bild nicht erkennen, so beschäftigt er sich mit etwas anderem. Bei einer Landschaft stellt man fest, ob man den Ort kennt, ob das wohl ein schöner Ort ist, ob wohl die Luftperspektive richtig und schön gestaltet ist, wie dick die Farbe darauf sitzt, und bei einem geklebten und genagelten Merzbild stellt man fest, aus welchen Einzelteilen es eigentlich zusammengesetzt ist, daß da zum Beispiel ein kaputter alter Trichter und ein altes ehemaliges Kinderwagenrad zur Verwendung gelangt ist. Das ist natürlich nicht die Betrachtungsweise, die man Bildern zukommen lassen sollte, und ich glaube, daß ein solcher Betrachter auch an den vielleicht vorhandenen Kunstwerten der Landschaftsmalerei vorbeigeht.

Also, um zu resümieren, das Ziel der Kunst ist der Gefühlswert, das Mittel, um dieses Ziel zu erreichen, die Komposition. Den Gefühlswert kann man nicht erklären, die Komposition ist sehr einfach zu erklären. Bei Gemälden kommen als Werte der Komposition nur Linien, Farben, helle und dunkle in Betracht. Wie diese Kompositionsteile ausgewählt und gegeneinander verteilt werden, das entspricht der Art des Künstlers, der das Werk geschaffen hat, und Künstler sind verschieden voneinander. Was übermittelt wird, hängt ab von der Fähigkeit des Künstlers zu erleben, von der Kraft seiner Komposition, und nicht zum geringsten Teile von der Aufnahmefähigkeit des Beschauers eines Bildes. Diese Aufnahmefähigkeit wieder hängt ab von der Mühe, die der Betrachter überhaupt schon in das Studium der Kunst hineingesteckt hat.

Kommt es aber nur auf die Verteilung von Farben innerhalb eines begrenzten Raumes an, so habe ich in den Merzbildern der Jahre um 1919 nicht gefragt, woher diese Farben kommen, wer sie hergestellt hat und ob sie vielleicht einmal einem anderen Zwecke vorher gedient haben, als Teile eines Kunstwerks zu sein. Und es gibt auch wohl kein Gesetz, welches vorschreibt, daß man Kunstwerke nur aus einem ganz bestimmten Material herstellen kann.

Indem ich neben anderen Bildern, die rein aus Ölfarbe gemalt waren, auch diese Merzbilder herstellte, habe ich auch nicht etwa dafür demonstrieren wollen, daß man von nun ab nur aus Müllabfällen Bilder schaffen könnte, sondern ich habe ein Material, welches vorher schon andre Künstler, wie Picasso, mit verwendet hatten, in einzelnen Bildern ausschließlich verwendet.

Sollte es mir nun gelungen sein, damit beschwingte Kompositionen zu schaffen, dann glaube ich, das Gebiet der Kunst etwas erweitert zu haben, ohne dadurch im geringsten den Bestand an großen Kunstwerken aller Zeiten haben stören zu wollen.

1938

Bogen 1 für mein neues Atelier

Zunächst ist der Name zu nennen wichtig. Es heißt ›Haus am Bakken‹. Mein Atelier in Hannover trägt den Namen ›Merzbau‹. Das ›Haus am Bakken‹ war ursprünglich als auseinandernehmbares, transportables Atelier gedacht. Ich hatte die Absicht, die Teile voreinander zu schachteln und dann bei eventuellem Transport von der Wegseite aus auseinanderzunehmen. Daher ist eine große Stelle der Wand nach dem Wege zu so befestigt, daß man sie herausnehmen kann.

Aber bei der Durcharbeit stellte sich heraus, daß man die Teile miteinander verbinden, ineinander versparren mußte aus Gründen der abstrakten Gestaltung. Immer noch ist das Atelier transportabel, es müßte in einem Stücke mittels großer Kräne auf Lastwagen und in Lysaker auf ein Schiff geladen werden. Natürlich kann man nur den oberen Raum transportieren, der Keller, der die Felsen gestaltet hat, ist wohl schwer fortzubefördern.

Da ich Ausländer bin, nicht Norweger, und zu der Zeit, als ich das Atelier zu bauen begann, hier in Norwegen keine Erlaubnis bekommen hatte, ein Haus zu bauen, baute ich es heimlich und versteckte es zwischen Föhren und Tannen am Abhang, so daß es möglichst wenig gesehen wurde. Aber ich mußte an einer Stelle bauen, die von dem Haus der Lysaker Polizei dauernd beobachtet werden konnte. Ich war daher ängstlich, wenn auf dem Drammensveg unten jemand stehenblieb oder gar ein Kind fragte, was das werden sollte. Ungefähr jedes Brett wurde gleich, nachdem es angenagelt war, scheckig gestrichen und durch Bewurf mit Dreck und Tannennadeln alt gemacht.

Das Hauptfenster baute ich nach der Aussicht ins Moor. Das Haus wurde nach diesem Fenster orientiert, und es ergab sich, daß ich ungefähr die Südrichtung hatte. Gewissermaßen wies das Atelier nach Hannover zu meinem alten Atelier. Der Zusammenhang wird aber noch stärker durch die letzte Form, die ich in Hannover gestaltet habe. Es war zwischen Weihnachten und Neujahr 1936, Ernst war schon in Norwegen, da arbeitete ich zuletzt oberhalb des Schäfersteg. Plötzlich erkannte ich, daß die entstandene Form ein Hufeisen war. Hufeisen bedeuten Glück, und mein Hufeisen wies nach Norden, ungefähr nach der Stelle, an der jetzt das Haus am Bakken steht. Damals aber ahnte ich noch nicht, daß ich nach Oslo übersiedeln würde.

1938

Bogen 2

Bevor Ernst von Hannover abreiste, widmete er 2 Tage meinem Atelier, um alles zu fotografieren, was ihm bedeutend erschien. Ich half ihm und erlebte das Atelier auf diese Weise nochmals im ganzen.

Ich war nicht sonderlich froh dabei, weil mir vieles im Atelier Merzbau überholt vorkam, aber nochmals ein neues Atelier zu bauen, traute ich mir nicht recht zu.

Ernst sagte, er genieße sehr die Formen, es war gewissermaßen sein Abschied. Ich brauchte nicht Abschied zu nehmen, da ich ja nicht zu scheiden beabsichtigte.

Kurz vor der Abreise von Ernst erfuhren wir durch die Zeitungen, daß für ihn nach dem 1. Januar 1937 die Ausreise unmöglich werden würde, infolge neuer Gesetze. So verzichtete er auf eine Reise mit dem Zuge, und wir bestellten in aller Eile einen Schiffsplatz. Er mußte am 2. Weihnachtstage spätestens fahren.

Das Weihnachtsfest war für uns ein grauenvolles Erlebnis. Am Heiligen Abend brachten wir drei, Helma, Ernst und ich meinem Vater Kerzen zum letzten Gruß von Ernst auf den Friedhof. Wegen des Sturms wollten sie nicht recht brennen. Als wir zur Bescherung zu meinen Schwiegereltern fuhren, fanden wir eine überfahrene Katze in der Güntherstraße. Deshalb blieben wir nur kurz und brachten das arme Tier zur Tierärztlichen Hochschule, wo es getötet werden mußte. Der Wärter sprach sich nicht sehr freundlich darüber aus, daß wir ihn am Heiligen Abend störten. Ich schenkte Ernst allerlei Kleinigkeiten zu Weihnachten unter dem Motto: »Man kann nie wissen.« Als wir am 1. Weihnachtstag zu Mittag gegessen hatten, bei meinen Schwiegereltern, verabschiedeten wir uns für das Fest, weil wir die ewigen Nörgeleien meiner Schwiegermutter, die zu ihrem Charakter gehören, nicht am letzten Nachmittag ertragen wollten. Da sagte mein Schwiegervater zu Ernst: »Ich wünsche Dir für Dein weiteres Leben alles Gute.« Es war sonderbar, daß er sagte: »Für Dein weiteres Leben«, denn er konnte nicht wissen, daß Ernst Deutschland für immer verlassen wollte. Aber dieses verkorkste die augenblickliche Stimmung für uns. Den letzten Abend fuhren wir zu Nitzschke, um ihn um seinen Rat zu fragen. Er riet, erst einmal zu fahren, alles weitere über sich ergehen zu lassen, wenn die Notwendigkeit uns zwinge. Aber ich wollte nicht auswandern, nur eine Woche später als Ernst mit den Sachen kommen, die er nicht mitnehmen konnte, und 2 Monate dableiben, um ihm alles einrichten zu helfen. Von den Nitzschkes aus fuhren wir mit den

Rädern unseren Lieblingsweg über Steuerndieb durch den Wald, 10 Kilometer. Ich glaube, wir haben es beide sehr genossen in der Dunkelheit.

Am 2. Weihnachtstage fuhren wir bei Nacht ganz früh am Morgen nach Hamburg. Es war eisig kalt, es lag etwas Schnee, die Bäume waren bereift. Bei Lüneburg wurde es hell, ich begrüßte Bardowick. In Hamburg war starker Nebel. Das Tuten der Schiffe war ganz scheußlich. Dazu leiser Regen. Den Paß- und Devisenkontrolleur nahm ich menschlich, ich unterhielt ihn mit seinen eigenen Angelegenheiten, er hatte nämlich eine Gans zu Weihnachten. Nein, es war eine Ente, keine Gans. Der Mann war gerührt über meine Teilnahme. Nachmittags fuhr ich nach Retelsdorf und holte Lori, um sie der Schwiegermutter als Ersatz für Ernst zu bringen mit der Nachricht, daß Ernst nach Norwegen gefahren wäre. Sie nahm es gut auf.

Die letzte Woche verschönte mir Lori, die ich sehr gern leiden mag. Ich hatte viel zu packen und dachte daher wenig nach, an Abschied dachte ich mit keinem Gedanken.

Am 2. Januar 1937 fuhr ich ebenso heimlich von Hamburg ab, wie Ernst, damit nicht etwa meine Schwiegermutter mich festhalten ließe. In Oslo stand Ernst am Kai. Er war traurig, hatte keine Wohnung.

1925–1940

Wahrheit

Es gibt wenig Begriffe, über die so viele Gerüchte im Umlauf sind, wie über den der Wahrheit. Man sagt andern ›die Wahrheit‹, wenn man grob gegen sie wird. Viele verbinden mit dem Begriff der Wahrheit den des Edlen. Das Gegenteil der Wahrheit soll die Unwahrheit sein, die man sagt, wenn man lügt, auch wenn diese Lüge in den Himmel führt. Die Wahrheit beansprucht ewig und göttlich zu sein. Ich aber sage Euch die Wahrheit: »Die Wahrheit ist eine Flüssigkeit.«

Sie denken an Wein. Im Wein liegt Wahrheit. Da aber im Wein nur Flüssigkeit liegt, müßte sie ja wohl oder übel eine Flüssigkeit sein. Doch bin ich der Ansicht, daß die Wahrheit mehr eine dem Erdöl verwandte Flüssigkeit ist. Dafür kann ich Beweise erbringen.

Eine mir bekannte kompetente Persönlichkeit sagte neulich zu mir: »Ich habe mir immer schon gewünscht, die Leute anbohren zu können, um dann die Wahrheit herauszubekommen.« Er sagte es wörtlich so, und deshalb glaube ich ihm, daß dieses Experiment gelingen würde, wenn es seitens der Regierung erlaubt wäre, eine Vivisektion an Menschen vorzunehmen, zwecks Hebung der Wahrheit.

Diese Wahrheit würde dann aus der Bohrstelle spontan ausfließen, was wieder beweist, daß Wahrheit eine Flüssigkeit ist.

Nun habe ich mich gefragt, wenn Wahrheit im Menschen ist, weshalb kommt sie nicht aus den vielen schon vorhandenen Löchern geflossen, die man nicht erst zu bohren brauchte. Da sind zunächst einmal eine Legion von Poren, die braucht man nicht zu bohren. Das aber ist wieder wie mit dem Petroleum, welches auch aus vielen vorhandenen Löchern fließen könnte, z. B. aus der Wasserleitung oder aus dem Kanal, ohne daß es das täte. Nein, Petroleum und Wahrheit wollen sich bohren lassen.

Nun könnte aber doch einmal eine vorhandene Öffnung der Wahrheit den Lauf geben, etwa wie doch per Zufall Petroleum auch aus der Wasserleitung strömen könnte. Es könnte z. B. der Mund die Wahrheit verkünden. Was tut aber der Mund? Er frißt und frißt, und wenn er einmal etwas von sich gibt, so ist es meistens gerade, oder auch ungerade, um besagte Wahrheit zu verhüllen. Oder die Ohren. Ja, sie leiten wenigstens die hineingefüllte Wahrheit wieder hinaus, denn wenn Sie einem die Wahrheit sagen, pflegt sie ins eine Ohr hinein- und aus dem anderen wieder herauszugehen. Die Augen aber sehen geschickt um die Wahrheit herum, selbst wenn die Wahrheit noch so dick aufliegt.

1935–1940

Licht

Ob ich nach der Natur oder abstrakt male oder baue, für mich ist das Licht wesentlich, und das ist das Verbindende meiner Arbeiten. Denk an eine große Landschaft: ferne Berge mit Schnee, Wolken im Tal, ein sonnenbeschienenes

Haus im Mittelgrund, dabei Felsen und Grün in Sonne, vorn Felsen und Grün im Schatten, ein kleiner Flußlauf ganz vorn. Dann male ich vorn und hinten, das heißt die Veränderung des Lichtes durch Luft und Wasserdampf, oder ich male Gegensätze, den schwarzen Fels im Vordergrunde gegen den grünlich weißen Gletscher, wie im abstrakten Bilde. Luft und Auge schaffen mir komplementäre Farbkontraste, und ich muß sie aus der Natur herausholen. Das Malen der Gegensätzlichkeiten in der Natur ist abstrakt. Baue ich aber an meinem Atelier, so schaffe ich Hohlräume und Flächen für das Licht und verbinde sie durch Farben. Scheint das Licht draußen durch Weidensträucher, so beobachte ich, was ich im Atelier in den Grotten baue. Nicht die Gegenstände sind mir wesentlich, sondern die Musik, die das Licht auf ihnen spielt.

1940

Kunst

Ein Wort. Ein Begriff auch. Jeder weiß, was es ist, es ist schwer zu definieren. Jeder weiß, daß es verschiedene Arten von Kunstäußerungen gibt, verschiedene Arten von Kunstwerken. Man spricht von
        Baukunst
        Malerei
        Plastik
        Dichtkunst
        Musik.
Man könnte mehrere andere Arten der Kunstäußerungen finden.

Hier soll nur von der Malerei gesprochen werden.

Unter Malerei verstehe ich das Schaffen eines Kunstwerkes, welches mit Farben, Flächen, Linien und einer begrenzten Fläche aufgebaut ist. Wichtig ist, daß die Fläche begrenzt ist, weil ein Kunstwerk nur eine in sich geschlossene Einheit sein kann. Es ist nicht beabsichtigt, erschöpfend über Malerei zu schreiben, sondern nur einige Anregungen zu geben zu diesem Thema.

Die Malerei der früheren Jahrtausende malte die Natur ab auf der Bildfläche. Auch dieses interessiert mich in dieser Schrift nicht. *Die abstrakte Malerei der*

Zeit nach 1900 gestaltet die Fläche. Dazu möchte ich einige Bemerkungen schreiben. Es soll durchaus nicht damit gesagt sein, daß man nicht etwa in der Art alter Meister gleichzeitig die Fläche gestalten und abmalen könnte, also malen und gleichzeitig abmalen; hier soll nur vom Malen gesprochen werden. Auch die Musik kann in gewissem Sinn darstellen, die Musiktheorie beschäftigt sich in der Harmonielehre und im Kontrapunkt nicht mit dem Darstellen, sondern mit den Gesetzen musikalischer Gestaltung. Man spricht von *natürlicher melodischer und harmonischer* Verbindung. Darin liegt begründet, daß diese Lehre von der Melodie und Harmonie abhängig ist, von dem, was der Theoretiker für natürlich hält. Neue Komponisten mit neuen Einfällen beweisen immer wieder, daß das, was früher als unnatürlich galt, plötzlich natürlich wurde.

Hier ist beabsichtigt, in ähnlicher Weise über die Gestaltung in der Malerei zu schreiben, also gesehen von meinem persönlichen Standpunkt aus, gesehen im Jahre 1940 und unvollständig. Ich bitte, mit mir zu überlegen, bei Fehlern mich zu verbessern, Lücken ausfüllen zu helfen, so daß durch gemeinsame Arbeit ein Schlüssel für die Allgemeinheit gefunden werden möge zum Verständnis der abstrakten Gestaltungsmöglichkeiten in der Malerei.

1940

Vermischung von Kunstgattungen

In Alfred Richters ›Elementarkenntnisse der Musik‹, einem wichtigen musikpädagogischen Buch, nach dem wohl die meisten deutschen Musiker begonnen haben, Musiktheorie zu studieren, steht als erster Satz: »*Die Kunst wirkt auf uns durch die Sinne, die Musik speziell durch das Gehör.*« Die Richtigkeit dieses Satzes wird niemand bestreiten. Wenn ich aber hinzufüge: »*Die Malerei speziell durch das Auge*«, so werden das viele bestreiten, denn heute noch, 1940, gibt es wenige Menschen, die es verstehen, daß Malerei ausschließlich optisch wirkt. Der Beweis ist einfach zu erbringen, wenn Sie bei einem abstrakten Gemälde, welches nichts darstellt, nach der Bedeutung fragen. Bedeutung!? Das Bild will etwas bedeuten, es soll etwas anderes sein als es ist. Das Bild ist eine Leinwand oder Holzfläche, die mit Farben bestrichen ist, und soll etwa eine junge Dame bei der Morgentoilette im Wald darstellen. Man will hören können, wie die im Sonnenschein hüpfenden Vöglein dazu singen und tremolieren.

Jede Darstellung ist eine unnötige literarische Zulast. Sie ist erlaubt, wenn mit ihr und mit den eigentlichen optischen Mitteln gestaltet ist, nur ist es dann nicht reine Malerei. Denn Darstellung ist in jedem Falle literarisch. Auch die Musik stellt oft dar, nur weniger deutlich, man kann nicht wissen, ob es Mondschein oder Wasserrauschen ist, was man hindurchhört, während man bei dem Bild von der Morgentoilette am Bach sogar ein so bestimmtes Mädchen sieht, daß man sie wiedererkennen würde, wenn sie einem irgendwo begegnete. Natürlich kann die Musik ebenso wie die Malerei auf das Darstellende verzichten. Plastik pflegt auch darzustellen. Diese 3 Kunstgattungen pflegen literarisch zu sein, d. h. Malerei und Plastik überwiegend literarisch, so literarisch, daß das allgemeine Publikum sie nicht versteht, wenn sie einmal rein vorkommen. Man könnte sogar der nicht funktionellen Architektur nachsagen, daß sie darstellt, daß sie in literarischer Weise etwa die Zeit der Griechen vorzutäuschen versucht. Nur eine Kunstgattung soll nach Ansicht der Allgemeinheit nicht literarisch sein: die Literatur.

Ich sehe Ihren Augen die verwunderte Frage: »Wieso?« an. Die Literatur pflegt zu malen. Statt sich auf ihr Mittel, das ›Wort‹, zu besinnen, beginnt die Literatur die Worte in ihrer Bedeutung so zusammenzustellen, daß sie scheinbar einen Eindruck von der Natur abmalen. Natürlich könnte man das mit Farbe und Pinsel besser tun als mit Worten, weil es weniger vieldeutig ist.

Ich will nun nicht die Vermischung von Kunstgattungen miteinander bekämpfen, nur will ich hier allein von der reinen (abstrakten) Malerei sprechen. Hier soll Fläche und Farbe nichts sein als Fläche und Farbe, eine (rhythmische) Komposition von Farben auf einer bewußt begrenzten Fläche.

1940

Theorie in der Malerei

Theorie ist eine an sich trockene Angelegenheit, und man wird denken, das hat doch mit Kunst an sich nichts zu tun. Richtig. Man denkt gleichzeitig auch an die Theorie in der Musik, und es wird wohl niemand bestreiten, daß die großen Meister, etwa Beethoven, die Theorie gekannt haben. Natürlich kann man nicht aus der bloßen Kenntnis der Theorie heraus komponieren wollen, denn zu komponieren, wie überhaupt zu erfinden, ist eine Begabung, die der eine hat, der andere nicht. Aber es wird immer nützlich sein, die Theorie zu kennen, auch für den Begabten, damit er nicht zu viele Irrwege zu gehen braucht, und damit er nicht zu viel Zeit mit dem Aufsuchen von Gesetzen zu verschwenden braucht, die schon vorher gefunden sind. Man könnte einwenden, daß diese Gesetze und damit die ganze Theorie nicht für ihn zu stimmen brauchen. Richtig. Aber es ist eine bekannte Tatsache, daß oft Theorie in der Musik ständigem Wechsel unterworfen war und voraussichtlich in aller Zukunft unterworfen sein wird. Harmonien, die das Mittelalter allgemein als Mißklänge empfand, klingen uns sehr wohl, und ich bin überzeugt, daß der übermäßige Dreiklang, der heute noch als Mißklang gilt, in gar nicht so ferner Zeit auch als Wohlklang empfunden wird.

Dadurch kommen wir auf eine wichtige Sache. Der übermäßige Dreiklang bleibt, was er war, aber unser Ohr wird feiner und unterscheidet differenzierter. Klänge, die das Mittelalter als schön empfand, empfinden wir als zu einfach und banal, während das zunehmende Verständnis der harmonischen Zusammenhänge uns befähigt, Dinge leichter zu erfassen, die das Mittelalter überhaupt nicht fassen konnte. Die Theorie hat sich also nicht geirrt, als sie den übermäßigen Dreiklang nur in Ausnahmefällen bei Durchgängen gestattete, sondern sie ist erweitert worden. Dadurch ist manches überflüssig geworden, anderes hinzugekommen, das Ganze verändert. In diesem Sinne will diese Theorie in der Malerei Regeln finden helfen, die vielleicht schon bald überholt sein werden, vielleicht Geltung behalten.

Nun kann man nicht gleich mit dem Schluß beginnen, sondern muß analytisch vorgehen, langsam *die Mittel* kennenlernen, bevor man von der *Wirkung* spricht. Und erst die Wirkung gibt uns Veranlassung, über *allgemeine Gesetze* zu sprechen. Zunächst wird es sich darum handeln, *elementare Kenntnisse* der Mittel der Malerei zu erhalten, so trocken auch solche Arbeit ist, die selbstverständliche Dinge in ein System zu bringen sucht.

[Fragment]

1940

Malerei (reine Malerei)

Malen ist das Ausfüllen einer begrenzten Form mit Farbe. Es gibt nichts weiter, was man tun könnte, um ein Gemälde fertigzustellen. Aber wie?

Zunächst kann die *Form* beliebig sein, und die *Farbe* kann jeglichen Ursprungs sein, und das *Ausfüllen* kann sinnvoll oder sinnlos sein, je nachdem, ob es einen Zweck erfüllt oder nicht. Vielleicht hat es nicht einmal einen Zweck.

Es kommt also etwas Neues hinzu, der Zweck.

Der Einfachheit halber nehme ich die begrenzte Form als eine rechteckige ebene Form an. Alles, was innerhalb dieser Form ist, gehört zum Bild, was außerhalb ist, nicht. Es spielt keine Rolle, daß es keine wirkliche Ebene gibt, und wenn es eine gäbe, daß jede hinzugefügte Farbe praktisch diese Ebene infolge ihrer Körpersubstanz zerstören würde. Bei der Malerei kommt es darauf an, daß es die Absicht ist, in der Fläche zu bleiben, im Gegensatz etwa zur Plastik, die absichtlich die Fläche verläßt, und daß der Auftrag derart ist, daß es dem Beschauer möglich ist, sich innerhalb der beabsichtigten Fläche zu denken.

Als Farbe ist praktisch jedes Farbmaterial brauchbar, aber nicht immer zweckdienlich. Nehmen wir an, wir nehmen Tubenfarben von einer guten Fabrik, die innerhalb von jahrzehntelanger Arbeit die leuchtendsten Farben nach Möglichkeit hergestellt hat, welche sich nicht chemisch gegenseitig beeinflussen, ihre Leuchtkraft nicht verlieren und den Regenbogenfarben möglichst nahe kommen. Denn alles, was wir als Farbe sehen können, ist im Regenbogen in der Grundfarbe vorhanden. Leider kann man nicht mit wirklichen Regenbogenfarben malen.

Nun käme der Zweck der Malerei. Man kann etwas literarisch Gedichtetes illustrieren. Das ist an sich falsch, weil man nicht die Kunstgattungen untereinander vermischen sollte. Die Literatur kann solche Dinge besser in Worten ausdrücken, als es der Malerei in Farben möglich wäre. Man kann auch etwas darstellen, d. h. eine irgendwo vorhandene Natur, einen Kopf oder eine Landschaft, *mehr oder weniger* getreu durch Farbe abbilden. Oder man kann die Farben so auf die Leinwand verteilen, daß es einen Rhythmus ergibt, der nichts darstellt oder nur teilweise etwas darstellt. Die Naturdarstellung jeder Art ist eine Übersetzung der Natur in ein ihr artfremdes Material, daher an die Gesetze dieses Materials gebunden.

Die Malerei, um noch einmal zusammenzufassen, die ich hier erklären will, ist also das Ausfüllen einer viereckig begrenzten Fläche mit Farbe aus Tuben zum

Zwecke einer Darstellung oder eines Rhythmus' oder einer Kombination von Darstellung und Rhythmus.

Zwischen der reinen Darstellung und dem reinen Rhythmus liegen alle Möglichkeiten der Malerei, die sich in den verschiedenen Stilen ausdrücken: Naturalismus, Impressionismus, Expressionismus, Abstraktion. Eine Wertung innerhalb der Stilarten gibt es nicht, d. h., es ist nicht etwa der Naturalismus besser oder schlechter als Impressionismus, Expressionismus oder Abstraktion und umgekehrt.

Dadaismus und Surrealismus sind nicht reine Malerei zu nennen, sondern eine Mischung von Malerei und Literatur, im Wesen anders, als etwa Historienmalerei oder Propagandamalerei. Ihr Wert ist nicht mit dem der reinen Malerei zu vergleichen, d. h. er kann größer oder kleiner sein vom gesellschaftlichen Standpunkt aus. Ihr künstlerischer Wert muß logischerweise geringer sein als der der reinen Malerei, weil zu der reinen Darstellung wie der Gestaltung etwas Artfremdes hinzukommt, und da ideale Dinge nur 100prozentig sein können, so ist dieses Hinzukommen ein Vermindern der Möglichkeiten der reinen Malerei.

Ob nun ein Kunstwerk erreicht wird oder nicht, hängt natürlich von den Fähigkeiten des Malers ab. Manche sind Künstler, manche sind eine Beschwerde für die Kunst. Je reiner und höher das Ziel des Künstlers ist und je näher er der Erreichung des Zieles kommt, und je mehr Möglichkeiten er für das Verstehen beim gebildeten Publikum und besonders den Besten unter dem Publikum findet, desto näher ist das Ziel der Kunstrichtung. Man sieht, daß es durchaus nicht leicht ist, ein Kunstwerk zu schaffen, selbst wenn man die Voraussetzungen davon in sich hat. Das Erreichen des Zieles ist eine besondere Gnade, und nur wenige Künstler haben es in wenigen Werken vollkommen erreicht. Diese größten Kunstwerke aller Zeiten sind einfach, unübertrefflich und im Werte einander gleich, wie alle unendlichen Begriffe einander gleich sind für unser Fassungsvermögen. Sonst ist es aber durchaus möglich, unter Kunstwerken zu werten und zwischen guten, brauchbaren und unbrauchbaren schlechten in jeder Stilart zu unterscheiden. Zu denken, daß jemand infolge von Zugehörigkeit zu einer im Stil sich ausdrückenden Weltanschauung an sich schon etwas Besonderes leistet, ist ein Irrtum. So wichtig die Weltanschauung und der Stil für die Zeit sind, so wichtig ist für die Unendlichkeit und Zeitlosigkeit der Kunst das Können des Künstlers.

Ich wiederhole hier: viereckig *begrenzte Fläche, Ausfüllen mit Farben,* und da es sich hier teilt, betrachte ich einerseits *die Darstellung eines Naturobjekts,* andererseits die *Gestaltung eines Rhythmus'.* Das ergäbe zunächst 4 verschiedene Betrachtungen, also nach dieser Einleitung 4 Kapitel. [Fragment]

1940

[Das Porträt]

Das Porträt ist der künstlerische Ausdruck (3) eines dargestellten Individuums, oder
Das Porträt ist der künstlerische Ausdruck einer dargestellten (1) Natur (2) im Kunstwerk (weiter gefaßt)

1. Die darzustellende Natur kann alles sein, Blumen, Tiere, eine Landschaft, ein Mensch, Klänge, etwa das Rauschen des Meeres oder Glockenläuten, Gewohnheiten oder Gepflogenheiten von Tieren oder Menschen, seelische Kräfte oder Abnormitäten.
2. Das Kunstwerk ist nicht Wiederholung der Natur weder wörtlich noch in der Erscheinung, sondern eine neue Einheit, die an sich unabhängig von der dargestellten Natur ist. Es kann die charakteristischen Züge der Natur betonen, dann ist es Porträt, es kann aber, ohne seine Eigenschaft als Kunstwerk zu verlieren, etwa das Typische wiedergeben oder ganz frei über die darzustellende Natur verfügen.
3. Ich nenne es Ausdruck der Natur, d. h., die Natur wird durch ein anderes Material dargestellt, in einem anderen Material ausgedrückt. Z. B. ist die mit Ölfarbe bemalte Bildebene der Ausdruck eines lebenden Menschen aus Fleisch und Blut. Material und Handschrift des Künstlers im weitesten Sinn prägen den Ausdruck.

Ich wiederhole: Das Kunstwerk ist der künstlerische Ausdruck eines dargestellten Gegenstandes.

Nun wäre zu untersuchen, was die Verschiedenheit der Porträts in den verschiedenen Kunstgattungen bedeutet.

a) Ich betrachte zuerst die Malerei. Ich gestalte Farbe auf der Bildebene, um das gemalte Porträt auszudrücken. Es kommt an auf die malerische Erscheinung, also die Erscheinung des darzustellenden Individuums im Licht, da man ihn im Dukeln nicht sehen kann. Plastik kann man fühlen, Bilder nur sehen. Das Licht trennt die Erscheinung des darzustellenden Gegenstandes zunächst in Licht und Schatten. Es färbt das Licht mehr als den Schatten und erzeugt im Auge des Beschauers im Schatten die komplementäre Wirkung, da der Schatten weniger vom Licht erhält und daher durch die stärkere Lichtfarbe beeinflußt wird. Im Licht ist das Glanzlicht, im Schatten der Reflex. Beides sind Spiegelungen der Umgebung. Z. B. wird der Kopf eines im Sonnenlicht auf einer Wiese stehenden Menschen bei einer rosa Lokalfarbe als Zusatzfarbe erhalten: im Licht gelb, im Schatten blau plus gelb gleich grün, im Glanzlicht blau als Spiegelung des Himmels, im Reflex grün als Spiegelung der Wiese. Einzelheiten sind hier unwichtig, aber wichtiger ist die Feststellung, daß man keinen Gegenstand malen kann, ohne daß man die Umgebung und das Licht mitmalt, in dem er sich befindet. Das gemalte Porträt ist also fest verknüpft mit seiner Umgebung, und daher malt gern der Maler auch Gegenstände der Umgebung mit in den Hintergrund.

b) Anders verhält sich das modellierte Porträt, das plastische Porträt. Es kann nicht nur gesehen, sondern auch gefühlt werden. Die Reflexe und Glanzlichter sowie die Art des Lichtes sind hier gleichgültig. Es ist vollkommen losgelöst aus seiner Umgebung. Daraus scheint sich mir zu ergeben, daß es viel allgemeiner, viel typischer sein kann als das gemalte Porträt. Man kann nicht einfach von einem gemalten Porträt auf ein modelliertes übersetzen oder umgekehrt. Die Losgelöstheit des modellierten Porträts ermöglicht auch die Wahl eines ganz von der Natur verschieden wirkenden Materials. Man kann das gleiche Individuum in Ton dunkelbraun darstellen, oder in Holz hellgelb, oder in Bronze grünlich, oder in getöntem Ton ziegelrot, oder in Marmor gesprenkelt weiß, und stets wird der Beschauer es als das gleiche Individuum erkennen, welches rosa gefärbt ist.

c) Ob man ein architektonisches Porträt überhaupt darstellen kann, glaube ich nicht, aber die Diskussion wird mir vielleicht Anregungen geben. Mir scheint es nämlich fraglich, was man anderes in der Architektur darstellen kann als Architektur, denn das Kunstwerk ist etwas wesentlich verschiedenes von seinem Motiv. Ein Klumpen Ton stellt etwa Herrn Meier dar.

d) Ich komme zum literarischen Porträt. Bei einem Menschen als Motiv würde die Malerei die Beleuchtungserscheinung etwa des Gesichts und mit ihr durch die richtige Wahl von Stellung, Lichtrichtung, einzelne Züge im Gesicht betonen, die sich durch sein Wesen, seine Gewohnheiten, besonders ausgeprägt haben. Die Bildhauerkunst würde die gleichen Züge, die den Charakter des Menschen ausdrücken, direkt als Form darstellen. Es wäre höchst uninteressant, wollte die Literatur das gleiche tun. Wenn sie die äußere Erscheinung des Menschen für das Auge darstellen wollte, müßte sie stundenlang berichten, wie lang und breit und tief die Nase, das Auge, das Ohr usw. in Millimetern ist, wie sich in der Umrißlinie Richtungsverschiebungen zeigen usw. Über eine Nase allein könnte man stundenlang sprechen, und noch immer wäre es unmöglich, sie danach zu malen oder zu modellieren. Aber die Literatur kann direkt auf den Charakter des Menschen losgehen, kann ihn festlegen durch Handlungen des betreffenden Menschen oder einige wenige ganz charakteristische Einzelheiten in der Form und Farbe des Menschen, die durch sein Wesen entstanden sind, beschreiben. Wenn ich etwa das Porträt ehrlich treffend charakterisieren wollte, so würde ich sagen: er pflegt bei seinem rechten Auge die Augenbrauen im Gespräch hochzuziehen, wodurch die Falten der Stirn sich wie Kreise um das Auge legen. Bei dem englischen Arzt oder Marschall würde ich die Gewohnheit, seinen Kopf nach links zu drehen und dann erst den Beschauer anzusehen, wenn man mit ihm spricht, besonders betonen, eine Gewohnheit, die dadurch entstanden ist, daß sein linkes Ohr taub ist. Oder man porträtiert in der Literatur, indem man gewöhnliche Redensarten des Menschen, den man darstellen will, öfter wiederholt, etwa: »Wissen Sie, was der und der dazu sagt?« Sie sehen jedenfalls, daß es unmöglich ist, ein literarisches Porträt in ein optisches oder umgekehrt zu übersetzen.

e) Über die Möglichkeiten eines musikalischen Porträts bitte ich um Ihre geschätzten Anregungen.

Ich wiederhole also: Das Porträt ist der künstlerische Ausdruck eines dargestellten Individuums. Ferner: Man kann nicht ein Porträt von einer Kunstgattung in eine andere übersetzen.

Nun bitte ich bei der Diskussion zum Thema zu sprechen und nicht abzuschweifen. Ich habe Ihnen, um das zu erreichen, Zettel herumreichen lassen, auf denen die Sätze stehen, über die diskutiert werden soll. Ich habe auch aus diesem Grunde nicht frei gesprochen, damit ich Ihnen auf Anfragen genau vorlesen kann, was ich im einzelnen Falle gesagt habe.

1940-1945

Europäische Kunst des 20. Jahrhunderts

Die Gestalt der europäischen Kunst des 20. Jahrhunderts ist sehr mannigfaltig; sie ist der Ausdruck der letzten Entwicklung des Stammbaums der Kunst. Ich verwende ausdrücklich das Wort ›Stammbaum‹.

Bei einem Stammbaum irgendeiner Familie ist die Entwicklung der Individuen bestimmt durch Momente der Vererbung, wie durch Züge der Gegensätzlichkeit aus bewußter Entscheidung aus Überzeugung. Wenn Sie einen Stammbaum durch Jahrhunderte verfolgen, so können Sie in gleichen Zeiten stets Ähnlichkeiten der einzelnen Individuen der einzelnen Länder oder Kunstgruppen erkennen, besonders wenn die Zeit historisch geworden ist und dadurch Abstand erhalten hat. Nur in der eigenen Zeit glaubt man festzustellen, daß dort ein riesiger Wirrwarr vorhanden ist, weil man das Bildende noch nicht erkennen kann.

Die europäische Kunst ist ein Ast nur an dem Stammbaum der Kunst, der aber zum Beispiel deutlich verschieden ist etwa von dem japanischen oder etwa dem ägyptischen Ast. Die Entwicklung geht schnell, und oft vollzieht sie sich in einem Jahr schneller als früher in einem Jahrhundert. Was wundert Sie das, wenn die Entwicklung auf allen Gebieten sich schneller vollzieht.

Nun ist in zwei Ländern, Deutschland und Rußland, die Entwicklung durch äußere Eingriffe von seiten des Staates, der ja an sich nichts mit der Kunst zu tun haben sollte, stark beeinflußt. Aber auch das ist nichts Neues, denn früher war sie durch die Kaufkraft des Kapitals oder durch die Kirche ebenfalls beeinflußt, nur daß man anstatt die letzten Triebe der Entwicklung herauszuschneiden, sie von der Wasserzufuhr abtrennte und dadurch langsam vertrocknen ließ.

Wie ist nun die Situation in den totalitären Staaten? In Deutschland wie in Rußland sagt man: »Vor einigen Jahrzehnten war der Baum der Kunst vor unserem Fenster kleiner. Wir hatten eine schönere Aussicht und liebten diesen Baum mehr, weil uns die letzten Triebe schöner vorkamen. Also schneiden wir einfach die letzten Triebe, die nachher gewachsen sind, ab, dann wird der Stammbaum der Kunst wieder schön werden.« Aber wie erstaunt sind sie und die Welt, daß, nachdem die letzten Triebe mit ihrem frischen Laub und ihren Knospen abgeschnitten sind, da kahle Zweige ohne Knospen, Blüten oder Blätter in die Luft stehen. Aber einstweilen freuen sie sich an der schönen Aussicht, und außerdem gefällt ihnen die ganze Form des Baumes entschieden besser so.

Ich habe gesehen, wie man Bäume in der Natur auf ein Zehntel ihrer ursprünglichen Größe reduziert hat, und sie haben im nächsten Frühling schöne, starke neue Zweige bekommen. Allerdings ist dann zum Beispiel aus einer großen, frei gewachsenen Weide eine sogenannte Kopfweide geworden. Wie sieht das nun beim Stammbaum der Kunst in Deutschland und Rußland aus. Sie wünschen, daß ich frei und offen sage, wie ich denke, ich sehe dort im Prinzip eine Ähnlichkeit, vielleicht sogar eine Gleichheit.

Die neuen Individuen im Stammbaum der Kunst entstehen durch Vermählung zweier Prinzipien miteinander. Der Vater ist in beiden Fällen die akademische, naturalistische Kunst, die Mutter ist die Propaganda.

Sie sehen also, daß es nicht hundertprozentige Kunst sein kann. Auf dem Stammbaum der Kunst sind natürlich neben herrlichen Blüten und Früchten auch einige Quadderbälge. Ich weiß nicht, ob Ihnen dieses Wort aus meiner Heimat in Hannover bekannt ist, es ist eben nicht hundertprozentig, es ist Propagandakunst, nicht reine Kunst.

Die reine Kunst, ich nenne Namen wie Rembrandt, Frans Hals, Leibl, Hans Arp usw. usw., ist hundertprozentig zu reinen, unbändigen Freude der Menschen geschaffen, ohne jede Absicht, die Menschen zu verändern, sie wendet sich besonders an die Sinne der Menschen, denen sie einen unbeschreiblichen Genuß bereiten kann, wenn die Menschen aufnahmefähig dafür sind.

Die Propagandakunst wendet sich über die Sinne der Menschen an den Verstand. Der Verstand kann nicht fühlen, er kann nur denken, und das ist der Zweck der Propagandakunst. Es kommt also gar nicht so sehr darauf an, daß das Gefühl befriedigt wird, als darauf, daß der Mensch, der das Propagandakunstwerk betrachtet, in der Weise beeinflußt wird, wie die Propaganda dieses Landes ihn sowieso schon beeinflußt, in Deutschland stark völkisch, in Rußland kommunistisch. Die Malweise der beiden Länder ist ähnlich, wenn nicht gleich. Trotzdem würde ein russischer Arbeiter ein nationalsozialistisches Bild ebensowenig verstehen wie ein durch den Nationalsozialismus beeinflußter Arbeiter ein russisches, weil die übrige Beeinflussung durch die gleichgerichtete Propaganda fehlt. Die Propagandakunst ist nichts weiter als ein Glied in der gesagten Propaganda, und es ist anzunehmen, daß sie als Kunstäußerung bedeutungslos wird und verschwindet, sobald sie ihren Zweck dieser Beeinflussung erreicht hat. Die reine Kunst ist hier nichts weiter als Dienerin zum Nutzen der Propaganda, zu ihrem eigenen Schaden. Das bedeutet nun aber, daß nicht etwa trotzdem später, wenn einmal aus irgendeinem Grunde die Propaganda nicht mehr nötig ist in diesen Ländern, wieder reine Kunst dort entstehen kann.

Ich möchte nun betrachten, was geschehen ist. Die Kunst ist nivelliert. Man hat rücksichtslos die letzten Entwicklungsstadien abgeschnitten und läßt auf den Stümpfen neue Zweige einheitlich wachsen, die den ehemaligen Zweigen, die dort vorhanden waren, nur wenig ähnlich sehen. Die neuen Triebe sind nicht reine Kunst, sondern vielleicht zur Hälfte Propaganda. Von der gleichen Propaganda sind die voraussichtlichen Betrachter sowieso bearbeitet, und sie finden sich daher leicht zurecht und üben nur selten an der Form, die sowieso für sie nicht schwer verständlich ist, Kritik. Es ist also alles in Butter, nur ist das keine Kunst und kein Beweis dafür, daß das Volk etwa die nivellierte Kunst leichter verstehen könnte als die sich frei entwickelnde. Denn das Publikum ist in den autoritativen Ländern ebenfalls nivelliert, und die Komponente der reinen Kunst in den Arbeiten der Propagandakunst ist nicht ausschlaggebend.

Wie aber in England. Dort würden die gleichen Methoden zu einem vollkommen verschiedenen Resultat führen. In England ist das Publikum nicht nivelliert, und eine Propaganda in der Kunst würde nur immer auf einige Gruppen wirken. Das Publikum würde weit mehr auf die Form als den Inhalt der Kunst achten, und da würde es voraussichtlich den englischen Traditionen folgen in dem, was es für schön hält, besonders Water colours.

Ich habe jetzt zu untersuchen, was das Publikum an Kunstwerken erkennt und schön findet. Das ist eine rein menschliche Angelegenheit, nicht eine Gemeinschaftssache. Das Publikum pflegt nicht einheitlich zu reagieren, man kann nur einen Weg aufzeichnen, wie voraussichtlich ähnliche Individuen reagieren. Es ist zu berücksichtigen, daß die Individuen einer Zeit und einer Kulturgruppe trotz aller gesellschaftlichen Verschiedenheiten menschlich gar nicht sehr verschieden sind.

Im allgemeinen pflegt der unvoreingenommene Mensch die reine Naturabbildung um so höher zu schätzen, wie mehr sie der Natur nahekommt. Das Idol des halbwüchsigen Jungen ist das Panoptikum, in dem Verbrecher und Landesfürsten in naturfarbigem Wachs mit richtigem wirklichem Haar, Glasaugen, einer richtigen Brille auf der Nase und einer richtigen Haut naturgetreu dargestellt sind, die Damen mit Parfüm und Lippenstift. Eine weitere Stufe der Entwicklung ist, daß sie naturalistisch gemalte Abbildungen verstehen. Gemalt sein müssen natürlich die Lokalfarben, nicht etwa Beleuchtungsfarben oder Abtönungen durch Luft und Wassernebel oder gar komplementäre Eindrücke des Malers oder gar gesichtliche Veränderungen aus bestimmten künstlerischen Gründen. Das sind alles Dinge, die einer späteren Entwicklung in der Aufnahmefähigkeit des Betrachters vorbehalten sind. Und das ist ganz klar, daß er dieses nicht begreifen kann, bevor er es erarbeitet hat. Nur glaubt jeder Mensch in seinem augenblicklichen Zustand fertig zu sein, und da er die neuen

Werte des intensiv gemalten Bildes nicht sieht, so sieht er nur die scheinbaren Männer, etwa daß die Haut nicht richtig fleischfarbig gemalt ist. Sie sehen, Sie können einfach nicht eine Menge Menschen, wie sie ein Volk darstellt, auf das gleiche Kunstverständnis nivellieren. Der eine ist zufrieden mit einer anderen Entwicklungsstufe der Kunst und wird abgeschreckt durch die höhere, die er nicht versteht, der andere wird durch die niedrige, deren Fehler er erkennt, degoutiert und liebt die höhere. Jedes einzelne Werk wendet sich nur an einen bestimmten Kreis von Menschen, und es ist kein Kriterium für die Güte eines Kunstwerkes, ob es sich an möglichst viele Menschen wendet, sondern Kriterium ist es, ob es sich an die am meisten Vorgebildeten wendet.

Praktisch genommen ist aber nun wohl die Mehrheit weniger oder mittelmäßig gebildet, infolgedessen eignen sich für die großen Hauptausstellungen auch die mittleren Bilder, die akademischen, und das ist ja hier in England, wie in Rußland oder in Deutschland all right, die Hauptkunstpflege nimmt darauf Rücksicht.

Man läßt aber die Spitzenentwicklung den weiter Vorgebildeten, damit auch sie einen Genuß haben können, und man vergißt nicht, einen wie großen Einfluß die Avantgarde-Bilder auf die Menschen indirekt haben, die sie nicht verstehen. Geben wir ihnen eine Bezeichnung als experimentelle Arbeiten, es kommt ja nicht auf die Bezeichnung an. Wie die Bilder, die Hitler als entartet bezeichnet hat, nicht dadurch weniger gut geworden sind, so würde hier diese Bezeichnung nur gut sein, weil sie dem Betrachter das Gefühl der Selbstsicherheit wiedergibt, er weiß, daß er diese Bilder nicht unbedingt zu verstehen braucht, und ist doch ein gebildeter Mensch. Verweisen wir sie in kleine Ausstellungen, geben wir ihnen in kleinem Kreise Laboratoriumswert. Nun wäre nur noch zum Schluß von den letzten Trieben der Entwicklung der Dadaismus und der Surrealismus zu betrachten. Sollte man diese Zweige vielleicht doch trotzdem abschneiden? Ich sage: »Nein.«

Denn sie haben in ihrem Wirkungskreise ihre Bedeutung, vielleicht noch, vielleicht gehabt. Der Dadaismus war eine revolutionäre Kunst. Das Revolutionäre war das épater le bourgeois. Aber er war zugleich Mittler der reinen Kunst. Der Grund war teilweise politisch, besonders aber kunstpolitisch. Der werte Bürger wurde absichtlich in seinen heiligsten Gefühlen gekränkt, weil diese heiligsten Gefühle ein Schmarren waren. Man wollte ihn dadurch, daß man seine Gefühle lächerlich machte, veranlassen, sie aufzugeben, und ich bin überzeugt, der Dadaismus hat viel Gutes erwirkt, in der Epoche nach dem letzten Kriege, sowohl politisch wie kunstpolitisch, indem er den Weg für das gute Neue öffnete. Nun ist ein Tohuwabohu entstanden. Da sich der Dadaismus besonders gegen Hohlheiten in der Kunst wandte, mußte er, um von dem richtigen Publikum richtig verstanden zu werden, auf richtiger Ebene arbeiten, d. h., er verwandte oft die Mittel der reinen Kunst: Komposition in Farbe, Form, Linie, hell und dunkel. Und da entstand das Sonderbare, daß das Mittel, welches die Hohlheiten der Kunst seinerzeit benutzten, selbst zum direkten künstlerischen Ausdruck seinerzeit wurde.

Nun der Surrealismus. Man kann ihn nicht in Bausch und Bogen abtun. Er hat sich bekanntlich aus dem Dadaismus entwickelt, aber ohne dessen kämpferisches Ziel zu haben. Daher fehlte ihm die dem Dadaismus anhaftende Verantwortlichkeit. Die Wahl seiner künstlerischen Mittel war nicht konsequent, und da ihm das Ziel des Angriffs fehlte, so wurde er zum Nonsens an sich. Der reine Surrealismus ist ungestalteter Unsinn. Gott sei Dank ist er nicht überall rein.

Als mich mit Beginn des Surrealismus Hans Arp, mein guter Dadafreund, bat, mit ihm zu einer Surrealistenversammlung in Paris zu kommen, um mich Breton und den Surrealisten anzuschließen, kam ich zwar mit, schloß mich aber nicht an. Ich sagte, ich wollte zunächst erklären, wie ich den Surrealismus auffasse. Ich sagte, in Paris gebe es einen Drahtkorb zum Gemüsewaschen, der äußerlich einem Goldfischglas ähnlich sehe, aber er wäre weder aus Glas noch wasserdicht. Ein richtiger Goldfisch könne nicht darin leben. Es gebe auch Zelluloid-Goldfische, die auch ohne Luft leben könnten, weil sie überhaupt nicht lebten. Ich erklärte nun, um ein sogenanntes Objekt wahrzumachen, würde ich einen solchen Zelluloid-Goldfisch in einem solchen Gemüsekorb waagerecht anbinden und das Ganze ›Vögel unter sich‹ nennen. Ich erregte brausenden Beifall, trat aber doch nicht den Surrealisten bei. Und die Entwicklung hat mir recht gegeben. Der Surrealismus ist ungestalteter Unsinn, vollendet aus Extravaganzfarben, wie man sie in der Harmonielehre der Kunst unnatürlich nennen müßte.

Dieser Zweig der Entwicklung muß eigentlich abgeschnitten werden, besonders weil man nach ihm etwa die Abstraktion, den Konstruktivismus und andere neue Entwicklungszweige verkennen könnte. Für den Europäer sind die meisten Japaner gleich, aber der an sich arbeitende Kunstbetrachter kann doch unterscheiden. Darum lassen wir den Surrealismus ruhig leben, denn auch er hat schöne Blüten, und wer weiß, ob er nicht dereinst einmal der Vater einer schöneren Blüte werden wird. Schon die Phantasie, mit der er Dinge zusammenbringt, die eigentlich nicht zusammengehören, ist ein Kunstfaktor und ein unvergeßliches Bild, eines der schönsten der Kunstgeschichte überhaupt, stammt vom vielgeschmähten Dali. Das Bild zeigt Uhren, die vielleicht infolge einer Hitzewelle oder weil man sie in warmem Wasser gewaschen hat, weich geworden sind. Die Uhren werden nun getrocknet und hängen schlapp auf Gegenständen, indem sie wie ein Tuch über eine Kante hinaushängen. Das ist ein göttlicher und unübertrefflicher Humor. Man kann dieses Bild dem Zerbrochenen Krug von Kleist oder den Lustspielen Molières gleichstellen, und sehen Sie, kommt doch nicht wieder Kunst von anderer Seite hinein in den Surrealismus, dessen Moral ich Ihnen soeben erklärt habe. Man muß nur Sinn für Humor haben. Und denken Sie an einen Surrealisten wie Tanguy, der die schönsten und angenehmsten Farben auf seinen phantastischen Kompositionen erreicht hat.

Schneiden Sie nicht am Baum der Kunst, lassen Sie die Dinge sich entwickeln und versuchen Sie, durch strenges Studium das zu begreifen, was Sie noch nicht begreifen können.

1942–1945

[Sie sandten mir eine Aufforderung]

Sie sandten mir eine Aufforderung, dem Deutschen Kulturbund beizutreten. Ohne Grund war ich bisher außerhalb desselben, ich hatte nur ein Gefühl, daß es nicht richtig für mich war, etwa beizutreten. Nachdem ich den Artikel Kokoschkas gelesen habe, ist es mir ganz klargeworden, daß meine Arbeit nicht typisch deutsch ist. Ich bin Deutscher, d. h., ich bin in Deutschland geboren. Meine Arbeit ist Beweis, daß ich von einem deutschen Standpunkt mich weiter und weiter zu einem allgemeineren Standpunkt entfernte. Ich arbeite meine Bilder und Skulpturen und meine Gedichte für jeden, der sehen und fühlen kann, ganz gleich, ob er Deutscher, Russe oder Japaner ist. Man muß nicht Deutscher sein, um eine besondere Verständnismöglichkeit dafür zu haben. Natürlich ist meine ganze Erziehung deutsch, soweit Vorbild und Schule in Betracht kommen, aber in meiner Arbeit, in meiner Kunst, versuche ich so allgemein zu sein wie möglich. Meine Kunstwerke gehören nicht in einen typisch deutschen Kulturkreis. Darum weiß ich nun ganz sicher, daß ich bei allem Interesse, das ich als geborener Deutscher an dem Deutschen Kulturbund habe, jetzt als Flüchtling in England nicht ihm beitreten muß. Seien Sie mir nicht böse, aber ich versuche weit mehr jetzt, da ich mich in England wohl fühle, englisches Fühlen und englisches Wesen zu verstehen, als das deutsche, das ich von Geburt her kenne.

1940–1946

Abstract Art

Abstract art is a way, it is one way for expressing one's feelings. As any other art, it is not an aim, because final aims don't exist. Every aim of the future is only on the way to the next aim. In 1917 I invented a new manner of painting abstract pictures, and of doing abstract art at all, sculptures, poems and so on. I called this new manner MERZ. A MERZ picture starts with the material, every possible material for painting, and uses it as paint. The MERZ picture sticks its material together after the rhythm of a compositional scheme and does not bother about the fact, that parts of its materials to begin with had been done for quite another purpose. A busticket has been printed for controling the passenger. The MERZ picture uses it only as colour. You must not read it on the picture. The 3, for example, is only a line consisting of two bows. If necessary this may be painted over in part, or another thing may be put over part of it; deciding for the composition is the rhythm. The picture is finished when you can't take away or put on anything without disturbing the present rhythm.

Of course such a composition does not represent anything outsides itself. Therefore the title does not mean much. You may call it ›Christoffer‹ or ›London‹ or ›3‹, it is only a name. The name may fit more or less to the rhythm.

The material gives a certain movement, another may assist or fight it, and the composition collects all single movements to a rhythm. Perhaps one can feel the rhythm of London and give a similar rhythm in an abstract picture.

MERZ pictures, sculptures or poems represent rhythm. There is the possibility for every spectator to find in them a guide for his thinking or feeling. But there is no difference in the kind of guidance in an abstract picture or a sonata of Beethoven, except that people usually don't read sonatas. But when a hundred men hear the same sonata, they hear it in a hundred different ways.

1940–1946

Materials and Aims

As people ask me very often about the materials I use to take for my art and about the aims, I put here some of my materials to look at. Principally there is no material excluded to be used for doing art work but I exclude all materials which don't keep and prefer those materials which lead me easily to my aim. I use very often.

[Fragment]

My Art and my Life

When I was born, 20. 6. 87, I was influenced by Picasso to cry. When I could walk and speak I still stood under Picasso's influence and said to my mother: »Tom« or »Happening« meaning the entrances of the canal under the street. My lyrical time was when I lived in the Violet Street. I never saw a violet. That was my influence by Matisse because when he painted rose I did not paint violet. As a boy of ten I stood under Mondrian's influence and built little houses with little bricks. Afterwards I stood under the influence of the Surrealists, because when they painted natural things with their phantasy, I refused to tear out the wings of the flies for throwing them in the air. I never stood under influence of the Dadaism because whereas the Dadaist created Spiegeldadaismus on the Zurich Lake, I created MERZ on the Leineriver, under the influence of Rembrandt. Time went on, and when Hans Arp made concret Art, I stayed Abstract. Now I do concret Art, and Marcel Duchamp went over to the Surrealist. I became an admirer of Chirico, when Chirico went to the Classics, and at all I have much fun about Art. Life and history of Art is as simple as the human spirit, for example Philosophy. I think I shall create now the Phylism, or the Ptolism, because Sophism does already exist. I have to combine it, and call it *Philphorism*. The Philphorism goes out from the Anatomy of the Spirit, without being Spiritism.

One needs a medium. The best is, one is his own medium. But don't be serious because seriousness belongs to a passed time. This medium, called you yourself will tell you to take absolutely the wrong material. That is very good, because only the wrong material used in the wrong way, will give the right picture, when you look at it from the right angle. Or the wrong angle. That leads us to the new ism: Anglism. The first art starting from England, except the former shapes of art. That is my confession I have to make

MERZ

1946

[Schwitters antwortet auf vier Fragen in ›Le savoir vivre‹:]

1. – Quelles sont les choses que vous détestez le plus?
1. La stupidité qui se croit habile.

2. – Quelles sont les choses que vous aimez le plus?
2. Jouer avec des choses jusqu'à ce qu'elles forment une œuvre d'art.

3. – Quelles sont les choses que vous souhaitez le plus?
3. Que les gens puissent comprendre les mouvements spirituels, de sorte qu'ils aprennent à mieux se comprendre entre eux.

4. – Quelles sont les choses que vous redoutez le plus?
4. Réellement, je ne redoute rien. Si une chose terrifiante survient, j'essaie, comme les Anglais le font toujours, d'en tirer le meilleur parti. Et réellement, il y a toujours une issue hors des ennuis.

1946

PIN

Une fantaisie
Une chose fanfan
La juste chose saisie
Le monde a besoin de tendances nouvelles en poésure et peintrie
Les vielles camelotes ne peuvent plus mentir
Les Muses doivent fanfanter, si l'humanité veut survivre
Les farauds du sprit sont tombés bien bas pendant la guerre
Nous voulons farfarder le sprit, parce que nous voyons avec nos oreilles et entendons avec nos yeux
Nos drsls et rlquars fantômes sont pleins de fatatras. Ils surpassent la «poésie moderne» par leur goût noveau
Leurs contenus sont tellement directs, qu'ils se placent au-dessus du langage entier
Le langage n'est qu'un moyen de comprendre et de ne pas comprendre
Vous préférez le langage pour comprendre des platitudes que déjà chacun connaît par coeur. Nous préférons le langage, qui vous procure un sentiment nouveau pour des temps nouveaux
Quittez vos sentiments contrôlés et voyez, s'il vous plaît, à travers notre fanfan et vous verrez que cela en vaut la peine

PIN
La juste fanfare à saisir

1946

PIN

A fancy
A thing of fan
The right thing of phan
World needs new tendencies in poeting and paintry
Old stuff is not able to lead further on
Muses ought to be whisked, when mankind will survive
In the very war creative whisky is fallen very dry
We will develop whisky spirit, because we see it with our ears and hear with our eyes
Our phantic drsls and rlquars are full of whisked away formal life
They overwhelm »modern poetry« by their new taste
Their phantic contents are so direct, that they are placed above the meanings of language at all
Language is only a medium to understand and not to understand
You prefer the language, when you understand by it things, which everybody knows by heart already. We prefer the language, which provides you a new feeling for new whiskers to come
Give up your human feelings and please go through our fan pin and you will know, that it was worth while.

PIN
The thing of phan – fan

1946

La Poésie

La Poésie ne sert pas aux besoins.
Depuis quatre mille ans elle a servi à remplir l'espace à vivre pour l'homme avec des archétypes féodaux.
Depuis Homère, Eschyle, Sophocle, Virgile, jusqu'aux Racine, Molière, Shakespeare, Goethe et Hugo, elle a servi à ranimer le grand VIDE par un IMAGINAIRE héroïque, d'un langage métaphorique.
La Poésie du PRESENT a abandonné les archétypes asiano-méditerranéens.
Elle a abandonné les HEROS.
La Poésie du PRESENT a trouvé la nouvelle objectivité des choses de l'espace à vivre.
Elle ne cherche plus à expliquer des phénomènes, qu'ils soient sociaux ou d'un faux philosophique.
La Poésie du PRESENT n'est pas née de la peur, elle s'est libérée du problème de l'angoisse et du maintien ridiculement tragique dans les ruses des combats autour du manger.
La Poésie du PRESENT comprend ses objets, les mots, comme agents de notre espace vécu.
Elle rend aux mots et par les mots les correspondances des choses d'avant et en dehors les besoins sociaux et eugéniques.
Le son poetique (non musical) crée une dimension complexe: fonctionnelle, temporelle et numérique, il fait voir par ces interrelations la coincidence oppositoire des choses par leurs propres valeurs.
Ces valeurs ne sont pas une marchandise des couches sociales ni des aspects historiques.
La Poésie du PRESENT est en dehors de l'historique restreint, de l'utilité froussarde anthropophage et anthropomorphe.
La Poésie PRESENTE vise la vie relative des fonctions indomptées et non-classifiées.
POUR en faire de faux simulaeres.
La Poésie PRESENTE n'est ni POUR ni CONTRE, ni classique, ni romantique, ni surréelle.
Elle intègre l'ETRE et elle EST.

Poetry Is Now
Présence Inter New
PIN
Poetry Intervenes New

1946

Present Inter Noumenal

Poetry does not serve any more for needs
Since four thousand years it has served feudal archetypes
Since Homer, Aeschylos, Sophocles, Vergil, till Racine, Molière, Shakespeare, Goethe and Hugo, it has served to revive the great EMPTINESS by a heroic IMAGINARY, in a metaphoric language
Poetry of the PRESENT has given up the asiano-mediterranian archetypes
It has given up the HEROS
Poetry of the PRESENT has found the new objectivity of things in the living space
It does not seek any more to explicate phenomenals, be they social or false philosophical
Poetry of the PRESENT does not spring out of fear, it has liberated itself of the world = agony and the ridiculously tragic keeping up of the cunning of struggle for eating
Poetry of the PRESENT understands its objects, the words, as agents of our living space
It gives back to the words and by the words the correspondances of the things before and outside their social and eugenic needs
The poetical (non-musical) sound creates complex dimensions: functional, temporal and numerical, it shows by these inter-relations the "coincidentia oppositorum" of the things by their own value
These values are no ware of social classes, nor of historical aspect
Poetry of the PRESENT is outside the restrained history, outside the coward anthropophagous and anthropomorphous utilisations
PRESENT Poetry aims at the relative life of untamed and non-classified functions, avoiding the false semblances
PRESENT Poetry is neither FOR nor AGAINST, neither classic, nor romantic, nor surrealistic
It integrates BEING and it IS
Poetry Intervenes Now
Presence Is New
PIN

Raoul Hausmann *Kurt Schwitters*
27. XII. 1946

1946

Key to Reading Sound Poems

As the English language is very difficult for exact sounds, I choose the simpler sounds of the German language. A e i o u are simple sounds, not ou, or ju, as o and u are in English.
And I go back to simple consonants. If consonants may be expressed by two others, I don't use them; for example, instead of z in German sounds, I say ts. If two vowels are written, that means a longer sound than one. If two vowels are to be spoken as two, I separate them. Aa is a long a, a a are two a.
Consonants are without sound; if they are to be sounded, the vowel of the sound is to be written: b be bö bee.
If consonants such as b p d t g h follow one another, they are to be spoken bbb as three single b.
If any of f h l j m n r s w ch sch (sh) follow one another, they are not to be spoken separately, but as one long consonant. c q v x y z are not used. W is not double u as in English, but like the English v.
Big letters are like small, they only mark a better separation. The English vowels a, i are printed ä, ei; the French u—ü; the Norwegian ø—ö.

Schlüssel zum Lesen von Lautgedichten

Da die englische Sprache für exakte Klänge sehr schwierig ist, wählte ich die einfacheren Klänge der deutschen Sprache. A e i o u sind einfache Töne, nicht ou oder ju, wie o und u im Englischen.
  Und ich gehe zurück auf einfache Konsonanten. Wenn ein Konsonant durch zwei ausgedrückt werden kann, gebauche ich ihn *nicht*, z. B. das deutsche z, so sage ich ts.

Wenn 2 Vokale geschrieben werden, so bedeutet das einen längeren Ton als einer. Wenn 2 Vokale als 2 gesprochen werden sollen, so trenne ich sie. aa ist ein langes a; a a sind 2 as.

Konsonanten sind ohne Klang. Sollen sie einen Klang haben, so muß der Vokal des Klanges geschrieben werden: b be bü bee. Wenn Konsonanten wie bp dt gk einander folgen, so sind sie einfach zu sprechen. bbb wie 3 getrennte b. Wenn einige f h l j m n r s w ch sch (sh) einander folgen, so sind sie nicht als einzelne zu sprechen, sondern wie ein langer Konsonant. c q v x y z werden nicht verwendet. w ist nicht double u wie im Englischen, sondern wie das englische v. Große Buchstaben bedeuten dasselbe wie kleine, sie ergeben nur eine bessere Trennung. Die englischen Vokale a, i werden gedruckt ä, ei; das französische u = ü; das norwegische ø = ö.

Lieber Houseman!
Kannst Du den Klangschlüssel besser machen? Immerhin, ich arbeite nun nach diesem Schlüssel.

Die wirkliche disuda des Alptraums

I	II	I	II
ch	ch	jj iiii!!	jJ iiii (1 very long i)
chcht	ch Ch t	kkkk iiii!!	kKkK iiii (1 very long i)
chchtt	ch Ch t T	hh z	hHz
cchattt	ch Ch at		g t g
chat!	chat!	g t g	g t g t
chtatt	chtat	gtgt	gtgtgtgtgtgt
cht att at ee	chtattatee (1 long e)	fff rrrf	f F f r R f
e.	ee.	h	h
chuatt	chnat	h uu	h uu (1 long u)
batt	bat	ooiioo	oo ii oo (2 long o, 1 long i)
bgatt	bgat	hhh uu	h Hh uu (1 long u)
bgg	bgG	uu	uu (1 long u)
bbbgg.	bBbgG	jjj uu	jJj uu (1 long u)
cc	cC	frf g g zu u	frfgGzu
jjjjiuut	jJjJi uut (1 long u)	gggttt jjj uu	gGgtztj Jj uu (1 long u)
ffr	ffr (1 long f)	u	uu (1 long u)
uuuuiiii!!	uu ii	uuu	uUu

I	II	I	II
uuzuu ggg	uuzuug G g	ujuj	nj nj
bbgjjjji	b B g G j J j J ii (1 long i)	kkk opp	kKk oo p P (1 long o)
zz uu oooo	zZ uu oo	öö oo ii	öö oo ii (1 long ö, 1 long o, 1 long i)
nj	nj	huu	
hz hz ggz	nj	hhhuu	hHh uu (1 long u) (2)
	hz Hz g G z	uuii	h uu (1 long u) (1)
ggz kkiiuu	g Gz kK ii uu (1 long i,	uu ii (1 long u, 1 long i)	
hn iiu hz	hn iiuu hz 1 long u)	h uu h uu (2 long u)	
hhhhggg	hHhHgGg	uuii (1 long u, 1 long i)	
kkkoo	kkk oo (1 long o)		
jjj	jJj	ggg z	gGgz
zzz	zZrR	g z	gz
tt trr uu	tTtrR uu (1 long u)	huuhuu	huuhuu (2 long u)
jjj uu	jJj uu (1 long u)	huu	huu (1 long u)
iii uuu	iIi uuu (1 very long u)	ii oop	iioop (1 long i, 1 long o)
jjj uu	jJj uu (1 long u)	ii oooo ii	ii oooo ii (2 long i, 2 long o)
hh z	hHz	uuuuii	uu uu ii (2 long u, 1 long i)
ff r	fFrR	ooooii	oo oo ii (2 long o, 1 long i)
tz	tz	uuh g g hki	uu hgGkK i (1 long u)
z.	z.	grr	grk
hhhh gg	hH hH gG	curr.	kurR

Anmerkungen

KSA. = Kurt Schwitters Archiv, Oslo
GMs. = Manuskript in Gabelsberger Kurzschrift
HMs. = Handschriftliches Manuskript
MMs. = Maschinengeschriebenes Manuskript
 * = Verweis auf die Seitenzahl

Die Datierungen gab Kurt Schwitters auf den Manuskripten an.

Die Faksimileausgabe ›Kurt Schwitters Merzhefte‹ mit einer Einleitung von Friedhelm Lach (Bern/Frankfurt 1975) wurde nicht eigens wieder aufgeführt.

26* **Das Problem der abstrakten Kunst** (erster Versuch), GMs., 37 S., in zwei kleinen blauen Notizbüchern aus dem Jahre 1910. KSA. Im ersten Notizheft sind die Seiten 1–18 und 24–31, im zweiten die Seiten 19–23 und 38–43 beschrieben. Es handelt sich offensichtlich um eine Materialiensammlung für eine größere Publikation, an der der damalige Kunststudent der Dresdner Kunstakademie seit Frühjahr 1910 arbeitete. Aus den verschiedenen Datierungen (13. 6. 10; 10. 8. 10 und 20. 8. 10) geht hervor, daß Schwitters den ganzen Sommer über seine Reflexionen und Beobachtungen niederschrieb. Es lassen sich drei Textabschnitte voneinander absetzen, die überschrieben sind:

a) Zur Einleitung
b) Einleitung
c) Abteilungen des Buches
   1. Theorien der Kunst im allgemeinen
   2. Spezielle Beobachtungen = Beispiele für abstrakte Probleme
   3. Über abstrakte Kunst

a) und b) sind ausgeführt, von c) gibt es nur eine lockere Folge von Aufzeichnungen der Beobachtungen und von Zitaten.
Schwitters gab zu a) und b) mehrere Randbemerkungen.

Gedruckt sind die zusammenhängenden Schwitters-Texte. Die Zitatensammlung und die Randbemerkungen folgen hier im Anhang:
S. 26, Z. 20:
Zweck: Ich gestatte den Künstlern übrigens ein geringes Maß Unreinheit, nur darf es nicht übersteigen. Aber es wird jeder Kunst heilsam sein, wenn sie sich einmal mit ihrem Ideal für eine Zeitlang beschäftigt.
S. 27, Z. 26–31: Es soll nicht gezeigt werden, wie man ein Kunstwerk machen *muß*, sondern wie man es aufbauen *kann*.

Nach der Einleitung auf S. 27, Z. 24 stehen folgende Zitate aus Peschkau, ›Moderne Probleme‹:
Die Kunst ist nichts anderes als ein Naturprodukt. Sie ist ein Erzeugnis des seelischen Lebens, und dieses ist eine Naturerscheinung, gerade wie die Elektrizität, wie das Licht, wie das Leben überhaupt. (S. 8 des Notizbuches)
Die Musik entstand nun in dem Augenblick, da unsere Vorfahren gewahr wurden, daß eine gewisse Folge von Tönen einen Genuß verursacht und da sie sich bemühten, solche Tonfolgen künstlich zu erzeugen. (S. 9)
Die Existenzbedingung der Kunst ist: Erweckung jenes eigentümlichen Lustgefühls, jener seelischen Regung, die eben das echte Kunstwerk hervorruft. (S. 11)

Nach S. 27, Z. 31 schrieb Kurt Schwitters folgende Zitate ins Notizheft:
Die Kunst ist nicht dazu da, die Wirklichkeit nachzuäffen, sie ist selber eine Welt, die wir uns geschaffen haben, um uns vom niederdrückenden anderen zu befreien. (Peschkau, S. 13)
Der Zweck des Kunstwerkes ist Erquickung, Befreiung, Erhebung, seelischer Genuß. (Peschkau, S. 13)
»Dichtigkeit und Weiße haben an sich etwas Edles und Wünschenswertes«. (Goethes Farbenlehre, S. 9)
Kurt Schwitters kommentierte diese Zitate:
Ich glaube, daß diese so gefundenen, losgelösten Gesetze auch nur auf abstrakte Kunstwerke angewandt werden können.

Zu S. 27, Z. 32/33 bemerkte er am Rand: Ich will nicht einer Kunst, die anders ist als die abstrakte, das Recht absprechen.

Nach S. 28, Z. 8 folgt folgendes Laokoon-Zitat mit der Randbemerkung: Einleitung, sehr wichtig.
»Auf dieses festgesetzt, folgt entweder, daß alles andere, worauf sich die bildenden Künste zugleich erstrecken können, wenn es sich mit der Schönheit nicht verträgt, ihr halb weichen, und wenn es sich mit ihr verträgt, ihr wenigstens untergeordnet sein muß«. (Laokoon, S. 15)
Zu S. 28, Z. 9–13 vermerkte Schwitters am Rand: Unmittelbar für die Spezialunterabteilung abstrakte Kunst.
Zu S. 28, Z. 18–22 findet sich die Randbemerkung: Das wäre kein Motiv, weil sich dieser Fleck auf keinen anderen beziehen könnte. Man würde den zweiten Fleck vermissen. 12. 8. 10.
Zu S. 28, Z. 24–36 bemerkte Schwitters am Rand: Das Gefühl der Schönheit bei Wiederholung.
Randbemerkung (vertikal) zu S. 28: Denn Fortschritt und Veränderung sind das Wesen der ganzen Welt.

S. 29, Z. 12: allgemeine Gesetze.
S. 29, Z. 20/21: über Farbarten (Dur und Moll).
S. 29, Z. 37: Dur und Moll
    Tonhöhe = Farbe

S. 30, Z. 21–26 ergänzte den früheren später ausgestrichenen Text: Etwas Wichtiges, Grauenvolles kann man nicht durch helle Farben geben, es muß dunkel sein. Helle Farben geben mehr den Eindruck des Zierlichen, Geheimnisvollen.

S. 31, Z. 3–13: zur Einleitung über konkrete Malerei.

S. 31, Z. 14 ist datiert 10. 8. 10.
Auf S. 31 nach Z. 13 folgen Auszüge aus verschiedenen kunst- und musiktheoretischen Büchern, wobei folgende Hauptquellen benutzt wurden:
Alfred Köppen, ›Die moderne Malerei in Deutschland‹, Bielefeld und Leipzig 1902, 146 S.
Friedrich Naumann, ›Form und Farbe‹, Berlin-Schöneberg 1909, 219 S.

Im einzelnen lesen wir:
Gegensätze notwendig
(Goethes Zitat von Seite 7)
Naumann, Farben, Seite 133 »Ein ruhiges, schweres Rot, tief und gut.«
»Ringsum ist nichts als dieses Rot, nur leise kamen grüne Flocken herein, die das innere Auge braucht, weil es sonst das Rot nicht aushalten kann.«
»Dieses Rot schien mir die *Grundfarbe meines Lebens* zu sein, vielleicht deshalb, weil das Innere des Menschen fast ganz rot ist.«
»Das Blau ist freier als das Rot. Es ist nicht unsere eigene Menschenfarbe, wir haben es nur im Auge.« »Blau ist wie helle Trompete.«
In bezug auf Blau: »Es war, als ob jemand uns tröstet oder für sich singt, und wir hören zu.«
»Jeder Mensch hat gewissen Hunger nach bestimmten Farben.« Der Städter sucht Grün.
»Geschmack ist nur ein anderer Ausdruck für Bedarf.«
»Jeder Mensch hat alle Farben nötig, aber er hat eine bestimmte Lieblingsfarbe; es ist die Farbe, die er von Jugend auf am meisten gesehen hat, also die Farbe, an die sich seine Vorfahren gewöhnt haben.«

Naumann: ›Die Harmonie der Farben‹, Seite 136
»Es ist viel leichter, von den Bezeichnungen der Töne zu reden, als von denen der Farben, da es weniger Töne gibt, als Farben, da man gelernt hat, Töne durch Notensprache auszudrücken.«
In der Malerei liegen alle Töne nur unterhalb einer Oktave, aber man unterscheidet mehr Stufen auf der Skala.
Weg zur Notensprache in der Malerei:
In der Malerei würde d entstehen, wenn man e mit c vermischte. Wenn wir Rot mit Gelb ver-

mischen, so gibt es Orange. Wenn wir vermischten eine Farbe von x Schwingungszahlen mit einer von x + 4, so erhielten wir $\frac{2x+4}{2} = x + 2$.
So entsteht die Tonleiter in der Malerei. Man muß die Tonleiter als feststehend annehmen. Alle Töne der Tonleiter sind homogene Farben. Ein Akkord entsteht wie in der Musik, wenn man Töne der Tonleiter miteinander verbindet. Bei der Musik muß es gleichzeitig geschehen, bei der Malerei auf demselben Fleck. Es gibt genau wie in der Musik schöne Akkorde und Mißakkorde. Die Akkorde nennt man reine Farben, die Mißakkorde schmutzige Farben.
Nackte Farben sind solche, die bei der Brechung nicht zerlegt werden.
Ein neu beschütteter Kiesweg, ein mit Ziegeln gemauertes Wartehaus, etwas winterliche Heide, etwas dunkler Fichtenwald.
»Daß es ein Akkord in Rot war, ist ohne weiteres deutlich, darüber hinaus aber versagte jeder Versuch fester Fixierung. Im Fichtenwald, den man dunkelgrün nennen mußte, lag zweifellos etwas von verborgenem Rot (gebrannte terra de Siena?), und das Auge fühlte dieses verborgene Rot, weil es durch die Umgebung rot gestimmt war. In anderer Umgebung hätte derselbe Wald als ein Teil einer bläulichen Harmonie empfunden werden können. (c e ist ein Teil des c-dur-Akkords und des a-moll-Akkords). Das verborgene Rot des Waldes hatte eine Verwandtschaft mit dem Rot, das ein Kiesweg war. Dieser Kiesweg kann unter anderen Verhältnissen ein Stück einer gelben Harmonie sein. Der in sich verwandte rote Ton von Wald und Kies stand in halber Feindschaft zwischen dem (mehr auf Karmin gestimmten) Rot des Wärterhauses. Gerade solche halbe Feindschaften von Farben sind interessant. Sie können unter Umständen den gesamten Eindruck völlig verderben, können aber auch ungeheuer beleben, wenn eine Farbe hinzutritt, mit der beide Gegner in guten, ruhigen Beziehungen stehen. Das war hier die Farbe der Heide. An sich war sie unklar (etwas van-Dyk-Braun), aber gerade in ihrer Unklarheit trug sie die Verbindung nach rechts und links, nach oben und unten, in sich. Es handelte sich also offenbar um ein ganz elementares Farbengefüge, und dieses einfache Gefüge hatte dabei den Vorzug, von einfachen Nebenbeziehungen umgeben zu sein. Das Blau im Fichtenwald war irgendwie komplementär zum Gelb im Kiesweg, und wahrscheinlich gehörte das verwaschene Grün, das in der Heide mit dem Rotbraun zusammenlag, einer Familie an, die irgendwie von diesem Blau und diesem Gelb abstammt. Andererseits ist es nicht unmöglich, daß Wärterhaus, Heide, Wald und grauer Himmel eine kleine, schwer erkennbare blaue Freundschaft unter sich besäßen.«

»Farbe ist ja doch alles. Nein: Farbe und Form.« Naumann S. 142.

$$\overset{24}{24\ 27\ 30\ 32\ 36\ 40\ 45\ 48}$$
Konsonanz   Dissonanz
2 Töne konsonieren um so vollständiger, in je kleinere Zahlen sich das Verhalten ihrer Schwingungszahlen ausdrücken läßt, je öfter also die Schwingungen des einen Tones mit denen des anderen in gleichen Phasen zusammentreffen.
1   9/8   5/4   4/3   3/2   5/3   15/8   2
   9/8   10/9 16/15 9/8   10/9   9/8   16/15
Kammerton 435 Schwingungen
Tiefster Ton 14, höchster Ton 40 000
E 41¼ Schwingungen   d 4752 Schwingungen.

Das sind die musikalisch ausdrückbaren Töne. Durch die mehr oder weniger große Geschwindigkeit, mit welcher die Moleküle der Körper schwingen, werden verschiedene Farben erzeugt. Das violette Licht hat die größte, das rote die kleinste Vibrationsgeschwindigkeit.

Unterschied eine Oktave { Violett 800 000 000 000 000 (am stärksten brechbar)
Rot 400 000 000 000 000 (am schwächsten brechbar)
(450?)
Höchster Ton   40 000
Tiefster Ton   14
Vibrationshypothese von Huyghens
Violett (chemische Strahlen)
         am stärksten gebrochen
Rot   (thermische Strahlen)
         am geringsten gebrochen.

Newton unterschied nach Analogie der 7 Töne in der Musik 7 Hauptfarben: Rot, Orange, Gelb, Grün, Blau, Indigo, Violett. Helmholtz hat übrigens in einem ganz dunklen Raum bei Abschaltung der Hauptfarben Strahlen noch jenseits des Rots als braunrotes Licht und Strahlen jenseits des Violetten als lavendelgraues Licht wahrgenommen.

e 132
ē 264
ā 435 (440?)
Die Empfindung einer bestimmten Farbe kann auf zweierlei Weise entstehen, entweder durch die Einwirkung einer einzigen bestimmten Strahlengattung oder durch das Zusammenwirken mehrerer verschiedenfarbiger Strahlen. Einfach- und Gemischtfarben, welche dem Auge nahezu dieselbe Empfindung hinterbringen. Durch das Prisma unterschieden. Einfachfarben durch das Prisma gesehen unverändert (Köppen, S. 213). Die Farbenempfindungen, welche man durch die Vereinigung zweier Farben des prismatischen Farbenbildes erhält, weichen wesentlich von den Farben ab, welche durch die Vermischung der betreffenden Farbstoffe entstehen (Köppen, S. 213).
Die drei prismatischen Farben Rot, Grün und Violett geben Weiß, ebenso Indigo und Gelb (prismatisch) (nach Helmholtz) (Köppen, S. 213).
Das prismatische Gelb vermischt mit einem prismatischen Blau gibt Weiß. Köppen 213.
Es ist die Harmonie der Form und des Inhalts, die die Größe des Kunstwerks ausmacht, das ist das wiederentdeckte Schönheitsgesetz Menzels (Köppen, S. 25).

Auf S. 32, Z. 9 folgen Stichworte zur Farbenpsychologie: (Psychologie)
Ton der Empfindung = Gefühlston = sinnliches Gefühl (Psychologie, S. 41)
Angenehm = Forderung des leiblichen Lebens
Unangenehm = Hemmung des leiblichen Lebens
Körperempfindungen haben starke Betonung, Sinnesempfindungen schwache Betonung. Geringste Betonung bei Gesicht und Gehör.
    physiologisch – psychologisch
    Ton   – Geräusch
Ton ist ein Zusammenklingen des Grundtones mit den Obertönen. Klangfarbe bedingt durch die Anzahl der Töne. Der Gesichtssinn hat Lichtempfindungen und Farbempfindungen.
    rot   heiter
    blau   beruhigend
    grau   kalt

Nach S. 33, Z. 19 finden sich folgende Literaturhinweise:
Von Handbüchern der Kompositionslehre sind zu empfehlen: Antonie Reicha, ›Traité de haute composition musicale‹ (Paris 1824–26) 361 S. – Mares, ›Die Lehre von der musikalischen Komposition‹ (Leipzig 1837–41), neu bearbeitet von Rümann 1887. – Sochter, ›Grundsätze der musikalischen Komposition‹ (Leipzig 1853–54). – Löbe, ›Lehrbuch der musikalischen Komposition‹ (Leipzig 1858–67, bearbeitet von Kretzschmar 1884 u. 87). – Lina Ramann, ›Katechismus der Kompositionslehre‹ (Leipzig 1889).

34 **Materialien zu meinem Werk über das Problem der reinen Malerei,** (dritter Versuch), datiert Dresden 2. 11. 10, GMs., 3 S. in einem schwarzen Notizheft, KSA.

35 **Katharina Schäffner,** GMs., kleines blaues Notizheft, KSA.
Die besprochene Ausstellung der Katharina Schäffner in der Galerie Arnold, Dresden, besuchte Schwitters am 11. 12. 1910. Der Kritik folgen im Notizheft Aufzeichnungen zur Kunsttheorie:
Es sind Zitate aus:
›Katharina Schäffner, Eine neue Sprache, zweiundvierzig Zeichnungen von K. Schäffner, mit einer Besprechung von Ferdinand Avenarius‹, hrsg. vom Kunstwart München 1908, 4 Bl. 20 Tafeln.
Zitate von Avenarius:
»Bis wir sehen, daß auch die Landschaft bei ihr sich auflöst. Aber nicht nur in Schmuck, sondern vor allem in Ausdruckselemente.
Ist nichts erstrebt als einen seelischen Zustand durch einen Augeneindruck zu übertragen.
Bei weitem die meisten größeren Zeichnungen Katharina Schäffners sind dieser Art: ein *ganz allgemein* und traumhaft gesehener landschaftlicher Untergrund verbindet sich mit ›Symbolen‹, will sagen mit Träumen (möglicherweise auch ›tragischen‹) von Assoziationen (Flammen, Wellen, Wolken, Augen, Schwerter, Stacheln, Räder, Tränen, Kränzen, mikroskopische Zellengebilde u. a. m.) oder mit Bewegungsgefühlen, die nicht mehr an Körperliches, die nur noch an die Linie gebunden sind, und mit den eigentümlichen Gefühlen, die das Zusammenwirken von Licht und Schatten in uns anregt.«

Katharina Schäffner: 11. 12. 10 Galerie Arnold

›**6 Zeichnungen in dekorativem Stil**‹.
Umschlagblatt:
Die kreisähnlichen Linien stören ein wenig in der Fleckenverteilung. Dadurch entsteht ein Zusam-

menschmieden der hellen Flecken im oberen Teil, das unangenehm wirkt.
Titelblatt:
Angenehmer Rhythmus. Großes kompositionelles Gefühl.
Blatt vasenartig mit Rankengewebe:
Einheit fehlt wegen der Plastik in dem Kegelgebilde. Überhaupt zu körperlich.
Das Felsenblatt mit erdenkalter Sonne:
(Tod) Erhaben in der Stimmung, aber keine abstrakte Kunst.
Das Blatt mit der sich wälzenden Kugel:
Gewaltige Stimmung. Genial. Unheimlich, aber keine abstrakte Kunst. Zu sehr Landschaft.
Das Blatt mit der großen Wellenbiegung:
Sehr gut komponiert. Aber leider zu körperlich. Keine abstrakte Kunst.

Der grundlegende Unterschied zwischen Katharina Schäffner und mir ist der, daß Katharina Schäffner nach Ausdrucksformen sucht, ich aber nach Schönheit.

36 **Zur abstrakten Kunst,** GMs., kleines blaues Notizheft, KSA. Anmerkung von Kurt Schwitters zum ersten Satz: »aus einem Gespräch mit Lange am 28. 12. 10«,
zum zweiten Satz: »aus Avenarius Einleitung zu Schäffner«
zum dritten und vierten Satz: »aus Brief 5 an Lange«
zum Rest des Textes: »aus Brief 7 an Lange vom 29. 12. 10«
Dem Text sind folgende Aufzeichnungen vorangestellt:
Hirt, Seite 189:[1]
»Der Maler und Zeichner hat aber noch andere Elemente als diejenigen des objektiven und subjektiven Lichtes in seiner Gleichung darzustellen: Es sind die Effekte des körperhaften Sehens. Sind jene besser durch Vereinfachung zu charakterisieren, so sind diese vielmehr und fast ausschließlich durch Verstärkung der Lichtenergien, durch Vertreibungen und Übertreibungen zu erreichen.«
Weiß und Schwarz gleichen nach Hirt Seite 196 deshalb so gut Disharmonien in Farben aus, weil sie alle Farben enthalten.

[1] Eduard Hirt, ›Die Temperamente, ihr Wesen, ihre Bedeutung für das seelische Erleben und ihre besonderen Gestaltungen‹, Wiesbaden 1905.

Starkes Licht (Sonnenlicht) vereinfacht dadurch, daß unser Sehorgan unempfindlich wird gegen kleine Unterschiede. Schwache Beleuchtung vereinfacht natürlich auch.
»So schwer wir Steigerungen der Gesamtbeleuchtung in der Natur nach ihrem absoluten Wert empfinden, so stark wirken auf uns die komplementären Energien, wenn und wo sie vorhanden sind ...« (Hirt, Seite 180). »... die hier in Betracht kommenden Erscheinungen sind ... der Grenzkontrast« – das nennt Hirt Induktion – »und die sogenannten farbigen Schatten. Vor ›nachfolgenden‹ Kontrasten, den negativen Nachbildern, unterscheiden sie sich lediglich dadurch, daß sie gleichzeitig neben- bzw. übereinander zur Geltung kommen.«
Induktion wirkt am stärksten an hellen oder dunklen neutral-farbigen Flächen.
»Ist die Komplementärfarbe in der Nachbarschaft einer Farbe, so wird die komplementäre Energie in dem Maße verstärkt, wie sich die Flächenausdehnung an Intensität der induzierenden von derjenigen der induzierten verhält.« (Hirt, Seite 181).
[An den Rand der letzten fünf Zeilen schrieb Schwitters: »Subjektive Erscheinung«]
Die Beleuchtung durch die Sonne ist etwa 800 000mal stärker als die hellste Vollmondbeleuchtung (Nach Hirt, Seite 172).

Das Weber-Fechnarsche Gesetz in seiner Übertragung auf die Malerei nach Hirt, Seite 175:
»Innerhalb so breiter Grenzen der Helligkeit sind Unterschiede der Lichtstärke gleich deutlich oder erscheinen in der Empfindung gleich groß, wenn sie den gleichen Bruchteil der gesamten verglichenen Lichtstärken ausmachen.«
(100 : 50 : 10 = 10 : 5 : 1)
Pupillenweite kann zwischen $1^{1/2}$ bis 5 mm schwanken.
Dadurch kann subjektiv der Lichteinlaß auf das 15 bis 20fache gesteigert werden.
Die Empfindlichkeit des Auges ist für schwache Schatten im Blau am größten, im Rot am geringsten (nach Helmholtz). Im Blau wird ein Unterschied von $1/205$ bis $1/268$ gemerkt, im Rot wird ein Unterschied von $1/16$ und bei Abstufung der Farbe durch längeres Betrachten von $1/50$ bis $1/70$ bemerkt. Wählt man ein Blau und ein Rot, die bei mittlerer Beleuchtung gleich hell erscheinen, so erscheint bei abgeschwächter Beleuchtung das Blau heller, bei gesteigerter das Rot.

Das Reizvolle in einer skizzenhaften Technik besteht darin, daß das innere Auge mitarbeitet. Hirt denkt sich das Sehen mit 2 Augen so, daß sich 2 verschiedene Bilder physiologisch im inneren Auge zusammenschieben. Dadurch entsteht der Glanz der Natur seiner Ansicht nach. Diesem Vorgang verwandt muß der Eindruck einer Skizze sein. (Dresden, 15. 1. 11)

Das Sehorgan

Jedes Nervensystem besteht aus zweierlei Elementchen, *Nervenzellen* = Ganglienzellen und *Nervenfasern* (2 Arten), die baumförmig verzweigten *Dendriten* und die mehr gerade verlaufenden *Achsenzylinder-Fortsätze*.
Eine Nervenzelle mit ihren zweierlei Fasern ist eine anatomische oder physikalische Einheit und heißt *Neuron*.
Die Überleitung einer Erregung von einem Neuron auf das folgende erfolgt, indem die Erregung von der einen Ganglienzelle über den eigenen Achsenzylinder in die Dendriten der folgenden Zelle und von diesen auf die folgende Ganglienzellen selbst übergeleitet wird.

Schwitters griff im Februar 1918 noch einmal auf seine frühen Aufzeichnungen von 1910 zurück. Erhalten blieb ein kleines blaues Notizbuch, GMs., KSA., mit dem Titel: ›Abstrakte Malerei 1918 A‹. Darin finden sich folgende Aufzeichnungen:

Abstrakte Malerei
1918 A
28. 2. 18
Ich benutze meine früheren Aufzeichnungen und benenne die vorhandenen Bücher mit A, B, C usw., indem ich die Buchstaben beliebig verwende, wie mir die Aufzeichnungen in die Hände kommen. Dieses Buch nenne ich A.
Register
1. Wirkung der Farben
Seite 1
Wirkung der Farben

zu *Rot*	hat etwas Aufregendes. Es kann als Steigerung der Stimmung leuchtend, freudig wirkend, als Gegensatz aber schreiend, qualvoll. Hellrot ist die Farbe des Lebens.
Blau	hat etwas Beruhigendes, Liebevolles, Feierliches und Erhabenes, Tröstendes. Blau kann auch hell und gleichgültig sein.
Gelb	ist kalt, verstandesmäßig, giftig, erschreckend.
Dunkelrot	ist ruhig, gut, feierlich.
Hellgelb	hat etwas Jauchzendes, Jubelndes, Elementares.
Violett	wirkt ruhig, begütigend, wehmütig, traurig oder sentimental.
Schwarz	ist ernst, monumental, erdrückend tödlich.
Grün	wirkt liebevoll, wie gesundes Leben.
Grau	wirkt indifferent.

Harmonie zweier untereinander komplementärer Farben ist zu erzielen durch Hinzutreten einer dritten Farbe, die mit beiden verwandt ist. Beispiel: Grün und Rot durch Violett oder Rotgelb. Wenn eine Farbe stark vertreten ist, so muß ihre komplementäre Farbe matt sein, damit die Harmonie gewahrt bleibt. Das rote Abendlicht macht das rote Haus noch röter, den grünen Wald dagegen grauer.

37 **Die Merzmalerei,** ›Der Zweemann‹, I, Nr. 1 (Nov. 1919), S. 18. ›Der Sturm‹, X, Nr. 4 (4. Juli 1919), S. 61.
›Der Cicerone‹, XI, Nr. 18 (1919), S. 580 und S. 582.
Varianten in ›Der Sturm‹ und in ›Der Cicerone‹:
S. 37, Z. 6 des Pinsels und der Palette.
S. 37: Der letzte Absatz fehlt.

38 **Selbstbestimmungsrecht der Künstler,** Nachwort Kurt Schwitters, ›Anna Blume Dichtungen‹, Die Silbergäule 39/40 (Hannover, 1919), S. 36–37. ›Anna Blume und ich. Die gesammelten «Anna Blume»-Texte‹, hrsg. von Ernst Schwitters (Zürich, 1965), S. 87–88.
›Der Sturm‹, X, Nr. 10 (Jan. 1920), S. 140–141, mit dem Nachsatz: »Vorwort zu dem Gedichtband Anna Blume / Verlag Paul Steegemann / Hannover.«

Varianten in ›Der Sturm‹:
S. 38,
Z. 2   ›Nachwort‹ fehlt,
Z. 7   ist ein Absatz,
Z. 25   usw. mit und ohne Abänderungen (Das ist furchtbar!)
Z. 28   (Das ist schrecklich!)
Z. 28–29 Was Gedicht und was Rahmen ist.

Stramm, August (1874–1915), Lyriker und Dramatiker des Frühexpressionismus, wichtigster Vertreter der expressionistischen Wortkunst im

Sturm-Kreis, Berlin. Schwitters' Frühwerk ist von Stramms Lyrik stark beeinflußt.

Herwarth Walden (1878–1941?), (Pseudonym: Georg Levin) Dichter, Komponist, Veranstalter von Ausstellungen, Lesungen und Vorträgen, Begründer und Herausgeber der Zeitschrift ›Der Sturm‹ (1910–1932). Sein Kunstsalon in Berlin war Treffpunkt der modernen Kunstbewegung Sturm-Kreis, der die futuristischen Ideen Marinettis in Deutschland verbreitete. Schwitters trat 1918 mit Blümner und Walden, den Organisatoren des Sturm-Kreises, in Verbindung und stellte bald darauf in der Galerie Sturm aus, erstmals in der 70. Ausstellung gemeinsam mit Klee und Molzahn (Januar 1919). Die erste Ein-Mann-Ausstellung von Schwitters veranstaltete Walden im April 1920 (85. Ausstellung des Sturms). Schwitters veröffentlichte in der Zeitschrift ›Der Sturm‹ erstmals in der Juni-Nummer 1919, S. 35–36. In den zwanziger Jahren erschienen von Schwitters mehr als 80 Gedichte, Prosadichtungen, Artikel und Abbildungen in ›Der Sturm‹.

39 [Vorwort] **Die Merzbühne,** Kurt Schwitters. ›Anna Blume Dichtungen‹ (Hannover, 1919), S. 31.
›Anna Blume Dichtungen‹, neue veränderte Auflage (Hannover, 1922), S. 70.
›Anna Blume und ich. Die gesammelten «Anna Blume»-Texte‹, hrsg. von Ernst Schwitters (Zürich, 1965), S. 82.
In der neuen veränderten Auflage von 1922 hat das Wort »Spiritus Zentrale« die Fußnote: »ältere Lesart« erhalten.

39 **An allen Bühnen der Welt,** Kurt Schwitters ›Anna Blume Dichtungen‹, a.a.O., S. 31–35.
Kurt Schwitters ›Anna Blume Dichtungen‹, neue veränderte Auflage, a.a.O., S. 71–75.

›Anna Blume und ich. Die gesammelten «Anna Blume»-Texte‹, a.a.O., S. 83–86.

Variante in der neuen veränderten Auflage von ›Anna Blume Dichtungen‹:

S. 39, Z. 1: An alle Bühnen der Welt!
S. 40, Z. 1: Das Wort »Kritiker« hat die Fußnote »Pardon, 'Herren Kritiker'« erhalten.
 Z. 36: Puddings backt (Khunstkritiker) und S. 41 die Fußnote: »In Vorbereitung: ›Aus der Welt Merz‹, das Buch der Bühne.«

Teilabdruck S. 40, Z. 5 bis S. 41, Z. 27 unter dem Titel ›Erklärungen meiner Forderungen zur Merzbühne‹ in ›Sturm-Bühne, Jahrbuch des Theaters der Expressionisten‹, 8. Folge (Berlin, Okt. 1919), S. 3.

42 **1 Die Merzbühne,** ›Sturm-Bühne, Jahrbuch des Theaters der Expressionisten‹, 8. Folge (Berlin, Okt. 1919), S. 3.
›Der Zweemann‹, I, Nr. 2 (Dez. 1919), S. 18.
›MA‹, IX. Jg., Nr. 8/9 (15. Sept. 1924), o. S.
Den Text verarbeitete Kurt Schwitters auch in seinem Artikel ›Merz‹, der in ›Der Ararat‹, II, Nr. 1 (Jan. 1921), S. 3–9, erschien (vgl. Bd. V, S. 74ff).

In ungarischer Übersetzung erschien der Text unter dem Titel ›A Merzszinpad‹ in ›MA‹, VI, Nr. 3 (1. Jan. 1921), S. 29.
Die Übersetzung lautet:

A Merzszinpad
Kurt Schwitters

A merzszinpad müvek előadására való. A merzszinpadi mű elvont műalkotás. A dráma és az opera rendesen az irott szövegből keletkezik, amely szinpad nélkül, mint irott szöveg is kerek egészet képez. A szinpadi kép, zene és előadás csak illusztrálni akarják ezt a szöveget, amely viszont a cselekményt illusztrálja. A drámával éz az operával ellentétben, a merz szinpadi munka össes részei elszakithatatlanul egymáshoz kapcsolódnak, nem irható, olvasható és hallható: a szinházban meg kell élni azt. Ezelőtt minden tényezőt különdolgoztak fel, mindent külön lehetett élvezni. A merzszinpad esak a tényezőknek az össz-müben való felolvadásáról tud. A szinpadi kép anyagát képezi minden szilárd, folyékonyés légnemü test, mint feher fal, ember, drótkerités, vizsugár, kék messziség, fénykúp. Használhatunk olyan sikokat amelyek sürüsödhetnek vagy svövedékké oldódhatnak, sikokat, amelyek függönyszetüen ráncosodnak, kisebbedhetnek vagy nagyobbothatnak. Lehet dolgokat forgatni, mozgatni és vonalakat sikokká szélesiteni. Betolhatunk a szinpadi képbe részeket és kivehetünk belőle részeket. A partiturának anyaga lehet minden hang, zaj, amely hegedüvel dobbal, trombitával, varrógéppel, tik-tak órával, vizsugárral elérhető. A költeménynek anyaga lehet minden olyan élmény, amely az ertelmet vagy az érzelmeket izgatja. Az anyagot nem tárgyias viszonyaikban kell logikusan elhelyezni, hanem a mü logikáján belül felhasználni. Mennél inkább széttöri a mű az értelmileg tárgyias logikát, annál több lehetősége nyilik a müvészi megépitésre. Amint a költeményben szót szóval szemben értékelünk, ugy értékelünk itt tényezőt tényezővel, anyagot anyaggal szemben. A szinpadi kép ugyszólván a merzkép módjára képzelhető el. A kép részei mozognak és változnak és a kép kiéli magát. A kép mozgássá lesz, amely aztán némán vagy zaj és zene kiséretében megy végbe. Követelem a merzszinpadot. Hol van a kisérleti szinpad?

Varianten in ›Der Zweemann‹:
S. 42, Z. 8 un<u>z</u>ertrennbar mite<u>in</u>ander verbunden
Z. 30 vollzieht sich <u>dann</u> stumm
Es folgt am Ende die Anmerkung der Redaktion: »Dieser Artikel ist entnommen der Zeitschrift ›Sturm-Bühne‹, achte Folge, in der sich eine nähere Erklärung von Kurt Schwitters über die Forderungen zu seiner Merzbühne befindet.«

Varianten in ›MA‹:
Z. 1 Die Mer<u>z</u>-Bühne
Z. 15 man verwende<u>t</u>

43 **Erklärungen meiner Forderungen zur Merzbühne,** ›Sturm-Bühne‹, Jahrbuch des Theaters der Expressionisten‹, 8. Folge (Berlin, Okt. 1919), S. 3.
Der Text erschien auch eingearbeitet in den Artikel ›An alle Bühnen der Welt‹ (vgl. Anmerkung S. 39)

45 **Tran 1 Ein solider Artikel.** Eine Anwienerung im Sturm, ›Der Sturm‹, X, Nr. 5 (August 1919), S. 76–77.
›Anna Blume Dichtungen‹, Hannover 1922, S. 46–49 mit dem Titel und Untertitel: »*Tran 1 Ein solider Artikel Berlin soll nicht zur Ruhe kommen. Ein Zwiegespräch, Herrn Dr. Cohn-Wiener gewidmet.*«
›Anna Blume und ich. Die gesammelten «Anna Blume»-Texte‹, a.a.O., S. 130–132.

Varianten in ›Anna Blume und ich‹, 1922:
S. 45
Z. 4   bedeutet
Z. 11   dem Merzbild . . .
Z. 14/15   <u>es</u> ist reiner Zufall . . . (Junges Mädchen,<u>_</u>total automatisch

Z. 18   das Wort ›<u>Merz</u>‹ nicht selbst?
Z. 20   liebt?) <u>und</u>
Z. 21   mit der Kunst<u>.</u> (Weil
Z. 23   gelb <u>etehet</u>
Z. 27   Brocken (Riesenidiot)<u>.</u>
Z. 31   Klebstoff <u>)</u>
Z. 34   für die <u>n</u>eue Berliner
S. 46
Z. 1   auch nicht <u>)</u>
Z. 2   nehmen sollte<u>_</u>(Berliner
Z. 4   (<u>Krebs</u> zahlt gute Preise.)
Z. 6   Artikel <u>(</u>Fordern
Z. 7   Mauerbl<u>ü</u>mchen <u>(</u>Lesen Sie den Sturm).
         Le<u>s</u>en Sie
Z. 18   Coh<u>n</u> <u>W</u>iener – Anna Blume<u>.</u> Anfang
Z. 23   Siedelung
Z. 25   Vogel<u>.</u>)
Z. 25   gefalle? <u>NB Übrigens wendet sich meine Anwienerung nicht gegen die Herren Oberlehrer. Hochachtungsvoll</u>

Ausstellungskatalog 1971, Städt. Kunsthalle, Düsseldorf – Akademie der Künste, Berlin – Staatsgalerie Stuttgart – Kunsthalle Basel – Kunstverein Hamburg, S. 21.

Die Polemik richtete sich gegen den Berliner Kritiker Dr. Cohn-Wiener, der in Berliner Zeitungen Artikel gegen Schwitters und die Sturm-Künstler veröffentlichte. Cohn-Wiener wurde auch von Herwarth Walden und Rudolf Blümner angegriffen.

47 **Du meiner, ich deiner, wir mir** (Und Sonne Unendlichkeit lichten die Sterne) Offener Brief an Herrn Martin Frehsee
›Der Zweemann‹, I, Nr. 2 (Dez. 1919), S. 20–21.
Das Gedicht ›An Johannes Molzahn‹ wurde in Schreibweise und Zeichensetzung wie in ›Das literarische Werk‹, Bd. I, S. 66 gesetzt.

Gegen den Kritiker Martin Frehsee polemisierten wegen seiner negativen Kritiken auch Max Burchartz und Johannes Molzahn. Martin Frehsee war von 1914 bis in die zwanziger Jahre am ›Hannoverschen Kurier‹ Leiter der Kulturredaktion und Literaturkritiker. Er schrieb mehrere Theaterstücke, darunter ›Cain‹, ›Als ich noch im Flügelkleide‹, ›Tante Tüschen‹, ›Wieland‹. Johann Frerking hat in seiner Schrift ›Martin ohne Flügelkleid‹, Steegemann-Verlag, Bd. 87/88 der

Silbergäule (Hannover, 1920), diesen hannoverschen Kritiker als Sprecher einer bestimmten »bürgerlichen Geistigkeit« polemisch porträtiert.

49 **Nichts tötet schneller als Lächerlichkeit,** ›Der Sturm‹, X, Nr. 11 (Febr. 1920), S. 157.
Antwort auf die Kritik von Felix Neumann über den Gedichtband ›Anna Blume Dichtungen‹ in der ›Post‹ (6. 1. 1920).

50 **Berliner BörsenKukukunst,** ›Der Zweemann‹, I, Nr. 4 (Febr. 1920), S. 13–14.
Manuskript im Brief von Helma und Kurt Schwitters an Christof Spengemann vom 18. 4. 1920, Stadtbibliothek Hannover.
Angriff auf Curt Glaser wegen dessen Kritik über die erste Kollektivausstellung von Schwitters im ›Sturm‹. Curt Glaser veröffentlichte seine Kritik im ›Berliner Börsencourier‹.

52 **Tran Nummer 7 Generalpardon an meine hannoverschen Kritiker in Merzstil,** ›Der Sturm‹, XI, Nr. 1 (April 1920), S. 2–4.
Angriff gegen die Kritiker Johannes Frerking, ›Hannoversches Tageblatt‹, Dr. Erich [Paul?] Madsack, ›Hannoverscher Anzeiger‹, Adolf Schaer, ›Hannoverscher Kurier‹ und Hein Wiesenwald, ›Hannoverscher Volkswillen‹.

56 **Erklärung,** ›Der Zweemann‹, I, Nr. 6 (April 1920), S. 8.

57 **Was Kunst ist; eine Regel für große Kritiker,** ›Der Zweemann‹, I, Nr. 6 (April 1920), S. 11–12.

59 **Erweiterung,** ›Der Sturm‹, XI, Nr. 3 (Juni 1920), S. 35–37.
Der Text ist ein Angriff auf den Kritiker Franz Servaes wegen seiner negativen Kritik über die Schwitters-Ausstellung im ›Sturm‹ im April 1920. Servaes' Kritik erschien im ›Berliner Lokalanzeiger‹ vom 27. 4. 1920.

61 **Tran Nummer 11 Deutsche Volkskritik, die Kritik des Wiederaufbaus,** ›Der Sturm‹, XI, Nr. 5 (August 1920), S. 70–71.
Schwitters reagiert hier auf die negative Kritik von Max Streese über die Ausstellung ›Deutscher Expressionismus‹ (Darmstadt, Mathildenhöhe, Juli 1920) in den ›Leipziger Neuesten Nachrichten‹, in der vor allem Schwitters und die Maler des ›Sturm‹ angegriffen worden waren.

64 **Tran Nr. 12 Kritik als Kunstwerk,** ›Die Pille‹, I, Nr. 5 (Sept. 1920), S. 107–109.

65 **Tran Nummer 13 Das Privatscheuertuch,** (Beiträge zur Phaenomenologie des kritischen Genusses). ›Der Sturm‹, XI, Nr. 7/8 (Okt. 1920), S. 114–116.
Fußnote: »In Anlehnung an G. F. Hartlaubs Artikel: ›Deutscher Expressionismus‹, 15. 7. 1920 / ›Frankfurter Zeitung‹.«
Die Polemik richtet sich gegen die Kritik G. F. Hartlaubs an der Ausstellung ›Deutscher Expressionismus‹ im Juli 1920 auf der Mathildenhöhe in Darmstadt, in der auch Bilder von Schwitters gezeigt wurden.

67 **Tran Nr. 14 Herr Dr. Frosch hungert den Geist aus,** ›Die Pille‹, I, Nr. 8 (Okt. 1920), S. 179–181.
Schwitters antwortet auf Dr. Froschs kritischen Artikel ›Dada‹ in Hannovers ›Welt am Morgen‹ vom 9. Oktober 1920.

69 **Ein Dementi,** ›Die Pille‹, I, Nr. 12 (Nov. 1920), S. 286.

69 **Wählt Anna Blume,** ›Der Marstall‹ (Hannover, 1920), S. 20.

69 **Tran Nr. 15 Die Durchschnittserscheinung mit hellen Augen,** ›Die Pille‹, II, Nr. 2 (Jan. 1921), S. 54–56.
Die Polemik richtet sich gegen den Hannoverschen Kritiker Alois Vogedes.

72 **Tran Nummer 16 Das Leben auf blindem Fuße,** ›Der Sturm‹, XI, Nr. 11/12 (Dez. 1920), S. 152–153.
Schwitters polemisiert hier gegen Paul Westheim, der in seinem Artikel ›Kunst in Berlin‹ in der ›Frankfurter Zeitung‹ vom 25. Nov. 1920 gefragt hatte, »ob es nach ebensoviel Jahren nicht auch peinlich sein wird, an Bauer, Wauer, Nell Walden, Schwitters und Nebel erinnert zu werden«.

73 **Tran Nr. 17 Der gefesselte Paul Madsack,** ›Die Pille‹, I, Nr. 17 (Dez. 1920), S. 400. ›Der Sturm‹, XII, Nr. 1 (Jan. 1921), S. 24.
Dies ist ein Angriff gegen Paul Madsack wegen dessen Kritik am ›Sturm-Bilderbuch Nr. IV Kurt Schwitters‹ im ›Hannoverschen Anzeiger‹ vom 19. Dez. 1920.

74 **Merz** (Für den ›Ararat‹ geschrieben 19. Dezember 1920), ›Der Ararat‹. Glossen, Skizzen und Notizen zur Neuen Kunst, II, Nr. 1 (München, Jan. 1921), S. 3–9.

Ausstellungskatalog ›Kurt Schwitters‹, Ausstellung Okt.–Dez. 1978, Galerie Gmurzynska, Köln 1978, S. 43–49.
Teilabdruck in französischer, deutscher und englischer Sprache im Katalog ›Kurt Schwitters‹, Aus-

stellung im Grand Palais (FIAC), Paris, 22.–29. 10. 1980. Galerie Gmurzynska, Köln, 1980. Teilabdruck in englischer und deutscher Sprache im Katalog ›Kurt Schwitters im Exil: Das Spätwerk 1937–1948‹. Ausstellung Marlborough Fine Art Ltd., London, 2.–31. 10. 1981.

In diesem Text hat Schwitters mehrere Artikel oder Teile davon verarbeitet, z. B. ›An alle Bühnen der Welt‹, ›Die Merzbühne‹ und ›Erklärungen meiner Forderungen zur Merzbühne‹. Siehe die Anmerkungen im vorliegenden Band zu den Seiten 39–43.

Bantzer, Carl, Ludwig, Noah. Maler, * 6. 8. 1857 in Ziegenhain/Hessen, † Ende Dezember 1941 in Marburg/Lahn.
Bantzer studierte von 1875–1880 an der Berliner Akademie bei Thumann, Knille, Michael und Gussow sowie bei Leon Pole an der Dresdener Kunstakademie.
1896–1918 Professor an der Königl. Sächs. Kunstakademie in Dresden; danach ein Jahr Direktor der Akademie in Kassel, danach bis zu seinem Tode in Marburg/Lahn ansässig.
Literatur: Beiträge zur hessischen Volks- und Landeskunde, Heft 4, Marbach 1939.

Kühl, Gotthard. Maler. * 28. 11. 1850 in Lübeck. † 9. 11. 1915 in Dresden.
Studium 1867–1870 an der Dresdener Kunstakademie, ab 1870 in München. 1895–1915 Professor für Malerei an der Königl. Sächs. Kunstakademie in Dresden.
Kühl malte besonders Stadtbilder und Interieurs (viele Kirchen), genremäßig figurale Kompositionen und Stilleben.
Literatur: F. v. Boetticher, Malerwerke des 19. Jahrhdts. 1/2 (1895), R. Hamann, Die Deutsche Malerei im 19. Jahrhundert, 1914, S. 292 f.

Hegenbarth, Emmanuel. Maler. * 14. 1. 1868 in Kamnitz (Böhmen). † 18. 7. 1923 in Dresden.
1898–1901 Schüler der Münchener Akademie. Seit 1903 Professor für Malerei an der Königl. Sächs. Kunstakademie in Dresden.
Hegenbarth bevorzugte Tiermalerei, Landschaften, später dann reine Figurenmalerei.
Literatur: Jansa, Deutsche bildende Künstler, 1912.

Goltz, Hans, Inhaber einer Münchener Galerie, Briennerstraße 8, und des Goltz-Verlages, in dem die Avantgarde-Zeitschrift ›Ararat‹ erschien. Schwitters hatte in der Galerie Goltz 1921 eine Sonderausstellung.

In englischer Übersetzung: ›Schwitters and Merz‹, in ›The Dada Painters and Poets‹: An Anthology, edited by Robert Motherwell, New York, 1951, S. 55–65.

Kurt Schwitters: *Merz (1920)*
I was born on June 20, 1887 in Hanover. As a child I had a little garden with roses and strawberries in it. After I had graduated from the *Realgymnasium* [scientific high school] in Hanover, I studied the technique of painting in Dresden with Bantzer, Kühl and Hegenbarth. It was Bantzer's studio that I painted my Still Life with Chalice. The selection of my works now [1920] on exhibit at the Hans Goltz Gallery, Briennerstrasse 8, Munich, is intended to show how I progressed from the closest possible imitation of nature with oil paint, brush and canvas, to the conscious elaboration of purely artistic components in the Merz object, and how an unbroken line of development leads from the naturalistic studies to the Merz abstractions.
To paint after nature is to transfer three-dimensional corporeality to a two-dimensional surface. This you can learn if you are in good health and not color blind. Oil paint, canvas and brush are material and tools. It is possible by expedient distribution of oil paint on canvas to copy natural impressions; under favorable conditions you can do it so accurately that the picture cannot be distinguished from the model. You start, let us say, with a white canvas primed for oil painting and sketch in with charcoal the most discernible lines of the natural form you have chosen. Only the first line may be drawn more or less arbitrarily, all the others must form with the first the angle prescribed by the natural model. By constant comparison of the sketch with the model, the lines can be so adjusted that the lines of the sketch will correspond to those of the model. Lines are now drawn by feeling, the accuracy of the feeling is checked and measured by comparison of the estimated angle of the line with the perpendicular in nature and in the sketch. Then, according to the apparent proportions between the parts of the model, you sketch in the proportions between

parts of the canvas, preferably by means of broken lines delimiting these parts. The size of the first part is arbitrary, unless your plan is to represent a part, such as the head, in "life size". In that case you measure with a compass an imaginary line running parallel to a plane on the natural object conceived as a plane on the picture, and use this measurement in representing the first part. You adjust all the remaining parts to the first through feeling, according to the corresponding parts of the model, and check your feeling by measurement; to do this, you place the picture so far away from you that the first part appears as large in the painting as in the model, and then you compare. In order to check a given proportion, you hold out the handle of your paint brush at arm's length towards this proportion in such a way that the end of the handle appears to coincide with one end of the proportion; then you place your thumb on the brush handle so that the position of the thumbnail on the handle coincides with the other end of the proportion. If then you hold the paintbrush out towards the picture, again at arm's length, you can, by the measurement thus obtained, determine with photographic accuracy whether your feeling has deceived you. If the sketch is correct, you fill in the parts of the picture with color, according to nature. The most expedient method is to begin with a clearly recognizable color of large area, perhaps with a somewhat broken blue. You estimate the degree of matness and break the luminosity with a complementary color, ultramarine, for example, with light ochre. By addition of white you can make the color light, by addition of black dark. All this can be learned. The best way of checking for accuracy is to place the picture directly beside the projected picture surface in nature, return to your old place and compare the color in your picture with the natural color. By breaking those tones that are too bright and adding those that are still lacking, you will achieve a color tonality as close as possible to that in nature. If one tone is correct, you can put the picture back in its place and adjust the other colors to the first by feeling. You can check your feeling by comparing every tone directly with nature, after setting the picture back beside the model. If you have patience and adjust all large and small lines, all forms and color tones according to nature, you will have an exact reproduction of nature. This can be learned.

This can be taught. And in addition, you can avoid making too many mistakes in "feeling" by studying nature itself through anatomy and perspective and your medium through color theory. That is academy.

I beg the reader's pardon for having discussed photographic painting at such length. I had to do this in order to show that it is a labor of patience, that it can be learned, that it rests essentially on measurement and adjustment and provides no food for artistic creation. For me it was essential to learn adjustment, and I gradually learned that the adjustment of the elements in painting is the aim of art, not a means to an end, such as checking for accuracy. It was not a short road. In order to achieve insight, you must work. And your insight extends only for a small space, then mist covers the horizon. And it is only from that point that you can go on and achieve further insight. And I believe that there is no end. Here the academy can no longer help you. There is no means of checking your insight.

First I succeeded in freeing myself from the literal reproduction of all details. I contented myself with the intensive treatment of light effects through sketch-like painting (impressionism).

With passionate love of nature (love is subjective) I emphasized the main lines by exaggeration, the forms by limiting myself to what was most essential and by outlining, and the color tones by breaking them down into complementary colors.

The personal grasp of nature now seemed to me the most important thing. The picture became an intermediary between myself and the spectator. I had impressions, painted a picture in accordance with them; the picture had expression.

One might write a catechism of the media of expression if it were not useless, as useless as the desire to achieve expression in a work of art. Every line, color, form has a definite expression. Every combination of lines, colors, forms has a definite expression. Expression can be given only to a particular structure, it cannot be translated. The expression of a picture cannot be put into words, any more than the expression of a word, such as the word "and" for example, can be painted.

Nevertheless, the expression of a picture is so essential that it is worth while to strive for it consistently. Any desire to reproduce natural forms limits one's force and consistency in working out an expression. I abandoned all reproduction of natural elements and painted only with pictorial elements. These are my abstractions. I adjusted the elements of the picture to one another, just as I had formerly done at the academy, yet not for the purpose of reproducing nature but with a view to expression.

Today the striving for expression in a work of art also seems to me injurious to art. Art is primordial concept, exalted as the godhead, inexplicable as life, indefinable and without purpose. The work of art comes into being through artistic evaluation of its elements. I know only how I make it, I know only my medium, of which I partake, to what end I know not.

The medium is as unimportant as I myself. Essential is only the forming. Because the medium is unimportant, I take any material whatsoever if the picture demands it. When I adjust materials of different kinds to one another, I have taken a step in advance of mere oil painting, for in addition to playing off color against color, line against line, form against form, etc., I play off material against material, for example, wood against sackcloth. I call the *weltanschauung* from which this mode of artistic creation aros "Merz."

The word "Merz" had no meaning when I formed it. Now it has the meaning which I gave it. The meaning of the concept "Merz" changes with the change in the insight of those who continue to work with it.

Merz stands for freedom from all fetters, for the sake of artistic creation. Freedom is not lack of restraint, but the product of strict artistic discipline. Merz also means tolerance towards any artistically motivated limitation. Every artist must be allowed to mold a picture out of nothing but blotting paper for example, provided he is capable of molding a picture.

The reproduction of natural elements is not essential to a work of art. But representations of nature, inartistic in themselves, can be elements in a picture, if they are played off against other elements in the picture.

At first I concerned myself with other art forms, poetry for example. Elements of poetry are letters, syllables, words, sentences. Poetry arises from the interaction of these elements. Meaning is important only if it is employed as one such factor. I play off sense against nonsense. I prefer nonsense but that is a purely personal matter. I feel sorry for nonsense, because up to now it has so seldom been artistically molded, that is why I love nonsense.

Here I must mention Dadaism, which like myself cultivates nonsense. There are two groups of Dadaists, the kernel Dadas and the husk Dadas. Originally there were only kernel Dadaists, the husk Dadaists peeled off from this original kernel under their leader Huelsenbeck [Huelse is German for husk, Tr.] and in so doing took part of the kernel with them. The peeling process took place amid loud howls, singing of the *Marseillaise*, and distribution of kicks with the elbows, a tactic which Huelsenbeck still employs. . . . In the history of Dadaism Huelsenbeck writes: "All in all art should get a sound thrasing." In his introduction to the recent *Dada Almanach*, Huelsenbeck writes: "Dada is carrying on a kind of propaganda against culture." Thus Huelsendadaism is oriented towards politics and against art and against culture. I am tolerant and allow every man his own opinions, but I am compelled to state that such an outlook is alien to Merz. As a matter of principle, Merz aims only at art, because no man can serve two masters.

But "the Dadaists' conception of Dadaism varies greatly," as Huelsenbeck himself admits. Tristan Tzara, leader of the kernel Dadaists, writes in his *Dada manifesto 1918:* "Everyone makes his art in his own way," and further "Dada is the watchword of abstraction." I wish to state that Merz maintains a close artistic friendship with kernel Dadaism as thus conceived and with the kernel Dadaists Hans Arp, of whom I am particularly fond, Picabia, Ribemont-Dessaignes and Archipenko. In Huelsenbeck's own words, Huelsendada has made itself into "God's clown," while kernel Dadaism holds to the good old traditions of abstract art. Huelsendada "foresees its end and laughs about it," while kernel Dadaism will live as long as art lives. Merz also strives towards art and is an enemy of *kitsch*, even if it calls itself Dadaism under the leadership of Huelsenbeck. Every man who lacks artistic judgment is not entitled to write about art: "quod licet jovi non licet boci." Merz energetically and as a matter of principle rejects Herr Richard Huelsenbeck's inconsequential and dillettantish views on art, while it officially recognizes the above-mentioned views of Tristan Tzara.

Here I must clear up a misunderstanding that might arise through my friendship with certain kernel Dadaists. It might be thought that I call myself a Dadaist, especially as the word "dada" is written on the jacket of my collection of poems, *Anna Blume*, published by Paul Steegemann.

On the same jacket is a windmill, a head, a locomotive running backwards and a man hanging in the air. This only means that in the world in which Anna Blume lives, in which people walk on their heads, windmills turn and locomotives run backwards, Dada also exists. In order to avoid misunderstandings, I have inscribed "Antidada" on the outside of my Cathedral. This does not mean that I am against Dada, but that there also exists in this world a current opposed to Dadaism. Locomotives run in both directions. Why shouldn't a locomotive run backwards now and then?

As long as I paint, I also model. Now I am doing Merz plastics: Pleasure Gallows and Cult-pump. Like Merz pictures, the Merz plastics are composed of various materials. They are conceived as round plastics and present any desired number of aspects.

Merz House was my first piece of Merz architecture. Spengemann writes in *Zweeman*, No. 8–12: "In Merz House I see the cathedral: *the* cathedral. Not as a church, no, this is art as a truly spiritual expression of the force that raises us up to the unthinkable: absolute art. This cathedral cannot be used. Its interior is so filled with wheels that there is no room for people . . . that is absolute architecture, it has an artistic meaning and no other."

To busy myself with various branches of art was for me an artistic need. The reason for this was not any urge to broaden the scope of my activity, it was my desire not to be a specialist in one branch of art, but an artist. My aim is the Merz composite art work, that embraces all branches of art in an artistic unit. First I combined individual categories of art. I pasted words and sentences into poems in such a way as to produce a rhythmic design. Reversing the process, I pasted up pictures and drawings so that sentences could be read in them. I drove nails into pictures in such a way as to produce a plastic relief aside from the pictorial quality of the painting. I did this in order to efface the boundaries between the arts. The composite Merz work of art, par excellence, however, is the Merz stage which so far I have only been able to work out theoretically. The first published statement about it appeared in *Sturmbühne*, No. 8: "The Merz stage serves for the performance of the Merz drama. The Merz drama is an abstract work of art. The drama and the opera grow, as a rule, out of the form of the written text, which is a wellrounded work in itself, without the stage. Stage-set, music and performance serve only to illustrate this text, which is itself an illustration of the action. In contrast to the drama or the opera, all parts of the Merz stage-work are inseparably bound up together; it cannot be written, read or listened to, it can only be produced in the theatre. Up until now, a distinction was made between stage-set, text, and score in theatrical performances. Each factor was separately prepared and could also be separately enjoyed. The Merz stage knows only the fusing of all factors into a composite work. Materials for the stage-set are all solid, liquid and gaseous bodies, such as white wall, man, barbed wire entanglement, blue distance, light cone. Use is made of compressible surfaces, or surfaces capable of dissolving into meshes; surfaces that fold like curtains, expand or shrink. Objects will be allowed to move and revolve, and lines will be allowed to broaden into surfaces. Parts will be inserted into the set and parts will be taken out. Materials for the score are all tones and noises capable of being produced by violin, drum, trombone, sewing machine, grandfather clock, stream of water, etc. Materials for the text are all experiences that provoke the intelligence and emotions. The materials are not to be used logically in their objective relationships, but only within the logic of the work of art. The more intensively the work of art destroys rational objective logic, the greater become the possibilities of artistic building. As in poetry word is played off against word, here factor is played against factor, material against material. The stage-set can be conceived in approximately the same terms as a Merz picture. The parts of the set move and change, and the set lives its life. The movement of the set takes place silently or accompanied by noises or music. I want the Merz stage. Where is the experimental stage?

"Take gigantic surfaces, conceived as infinite, cloak them in color, shift them menacingly and vault their smooth pudency. Shatter and embroil finite parts and bend drilling parts of the void infinitely together. Paste smoothing surfaces over one another. Wire lines movement, real movement rises real tow-rope of a wire mesh. Flaming lines, creeping lines, surfacing lines. Make lines fight together and caress one another in generous tenderness. Let points burst like stars among them, dance a whirling round, and realize each other to form a line. Bend the lines, crack and smash angles, choking revolving around a point. In waves of whirling storm let a line rush by, tangible in wire. Roll globes whirling air they touch one another. Interpermeating surfaces seep away. Crates corners up, straight and crooked and painted. Collapsible top hats fall strangled crates boxes. Make lines pulling sketch a net ultramarining. Nets embrace compress Antony's torment. Make nets firewave and run off into lines, thicken into surfaces. Net the nets. Make veils blow, soft folds fall, make cotton drip and water gush. Hurl up air soft and white through thousand candle power arc lamps. Then take wheels and axles, hurl them up and make them sing (mighty erections of aquatic giants). Axles dance mid-wheel roll globes barrel. Cogs flair teeth, find a sewing machine that yawns. Turning upward or bowed down the sewing machine beheads itself, feet up. Take a dentist's drill, a meat grinder, a car-track scraper, take buses and pleasure cars, bicycles, tandems and their tires, also war-time ersatz tires and deform them. Take lights and deform them as brutally as you can. Make locomotives crash into one another, curtains and portières make threads of spider webs dance with window frames and break whimpering glass. Explode steam boilers to make railroad mist. Take petticoats and other kindred articles, shoes and false hair, also ice skates and throw them into place where they belong, and always at the right time. For all I care, take man-traps, automatic pistols, infernal machines, the tinfish and the funnel, all of course in an artistically deformed condition. Inner tubes are highly recommended. Take in short everything from the hairnet of the high class lady to the propeller of the S.S. *Leviathan*, always bearing in mind the dimensions required by the work.

"Even people can be used.
"People can even be tied to backdrops.
"People can even appear actively, even in their everyday position, they can speak on two legs, even in sensible sentences.
"Now begin to wed your materials to one another. For example, you marry the oilcloth table cover to the home owners' loan association, you bring the lamp cleaner into a relationship with the marriage between Anna Blume and A-natural, concert pitch. You give the globe to the surface to gobble up and you cause a cracked angle to be destroyed by the beam of a 22-thousand candle power arc lamp. You make a human walk on his (her) hands and wear a hat on his (her) feet, like Anna Blume. (Cataracts.) A splashing of foam.
"And now begins the fire of musical saturation. Organs backstage sing and say: 'Futt, futt.' The sewing machine rattles along in the lead. A man in the wings says: 'Bah.' Another suddenly enters and says: 'I am stupid.' (All rights reserved.) Between them a clergyman kneels upside down and cries out and prays in a loud voice: 'Oh mercy seethe and swarm disintegration of amazement Halleluia boy, boy marry drop of water.' A water pipe drips with uninhibited monotony. Eight.
"Drums and flutes flash death and a streetcar conductor's whistle gleams bright. A stream of ice cold water runs down the back of the man in one wing and into a pot. In accompaniment he sings c-sharp d, d-sharp e-flat, the whole proletarian song. Under the pot a gas flame has been lit to boil the water and a melody of violins shimmers pure and virgin-tender. A veil spreads breadths. The center cooks up a deep dark-red flame. A soft rustling. Long sighs violins swell and expire. Light darkens stage, even the sewing machine is dark."

Meanwhile this publication aroused the interest of the actor and theatrical director Franz Rolan who had related ideas, that is, he thought of making the theatre independent and of making the productions grow out of the material available in the modern theatre: stage, backdrops, color, light, actors, director, stage designer, and audience, and assume artistic form. We proceeded to work out in detail the idea of the Merz stage in relation to its practical possibilities, theoretically for the present. The result was a voluminous manuscript which was soon ready for the printer.

At some future date perhaps we shall witness the birth of the Merz composite work of art. We can not create it, for we ourselves would only be parts of it, in fact we would be mere material.

Übersetzer Ralph Manheim

82 **[Kurt Schwitters Herkunft, Werden und Entfaltung]**, ›Sturm-Bilderbücher IV: Kurt Schwitters‹ (Berlin, 1921), S. 1–2. Otto Nebel zitiert diesen Text in seinem Vorwort zum ›Sturm-Bilderbuch‹.

84 **Meine Unzufriedenheit mit der Kunst der Ölmalerei,** im Deutschen bisher unveröffentlicht, übersetzt aus dem Ungarischen. Erschienen unter dem Titel ›Miképen vagyok elégedetlen az olajfestészettel‹, ›MA‹, VI, 3 (1. Jan. 1921), S. 29–30.

A ›Ma‹-folyóirat felszólít, írjam meg, miért vagyok elégedetlen az eddigi művészettel. Egyáltalán nem azért vagyok békétlen a művészettel, mert merzképeket festek. A merz művészet lényege a tolerancia. Mért ne juthatna valaki más előfeltételekből kiindulva, más eredményekhez? Mért ne festhetne valaki festékkel vászonra művet? Ellenkezőleg.
Éppen az eddig szokatlan anyagoknak szokatlan módon a merz festészetben vaió felhasználása mutatja, menyire lényegtelen a mű szempontjából a felhasznált anyag. Anyagot és tartalmat sem előírni sem eltiltani a művésznek ennélfogva nem lehet. Az én szempontomból kiindulva tehát semmi sem kifogásolható az olajfestészetben, ha az eredmény művészet, vagyis, ha az az illető mű esetében az illető művész előtt magától értődő. A megalakítás a fő. Az olajfestészettel, mint olyannal tökéletesen megbékélek.
Ellenben. Nem vagyok elégedett az olajfestészet túlságos elterjedésével. Bizonyos élettelenséget látok benne olyan fontos dolgokkal szemben, mint a formálandó anyagok. Mert az emberek között levő nagy különbségek mellett valószinütlen, hogy az olajfestékkel vászonra húzott ecsetvonás egyformán a feltétlenül adódó anyagot képezné az egyik művésznél, mint a másiknál: annak megformálására, amit megél. Ebben a megszorításban semini mesterit nem látok. Mért korlátozzuk magunkat, amikor az érzékeink előtt álló egész világ rendelkezésünkre áll? A korlátozás valódi okát csak a művész mindenkori akarásában látom, aki belső kényszernek enged.

85 **Tran 18 an Dresdener Kritiker, vermischt mit Eindrücken von der Bernaer Fochelwiehße** (Hier gannsde dirr nachdrächlich das E.K. einz verdienen, hierr), ›Die Pille‹, II, Nr. 6 (Febr. 1921), S. 166–167.

Der Artikel richtet sich gegen Dr. Felix Zimmermann, der eine Ausstellung von Schwitters, Baumeister und Schlemmer im Juli 1920 in der Dresdener Galerie Arnold kritisiert hatte, und gegen Herrn Richard Stiller. Der Artikel erschien in den ›Dresdener Nachrichten‹ vom 19. 7. 1920. Paul F. Schmidt, Kunstkritiker und Dresdener Museumsdirektor, war ein leidenschaftlicher Anhänger von Kurt Schwitters, er rezensierte im ›Cicerone‹ dieselbe Ausstellung positiv. Schwitters setzte seine Polemiken auch an Vortragsabenden fort: 1921/22 ›Leseabend‹, GMs., 1 S., KSA.

Leseabend

Meine verehrten Damen und Herren.
Wenn ich heute abend an dieser Stelle, wo die Dadaisten vor einem Jahre den Märtyrertod gestorben sind, Ihnen aus meinen Werken vorlese, so weiß ich, daß dieses ein unerhörtes Wagnis bedeutet; denn man hält auch mich allgemein für einen Dadaisten. Um nun jede Verwechslung in dieser Beziehung auszuschließen, muß ich von vornherein betonen, daß es sich hier heute abend nicht um Dadaismus oder Unfug, sondern um Merz- und ernste künstlerische Tätigkeit handelt. Ich muß daher das Publikum bitten, in diesem Falle Publikum zu bleiben und sich nicht aktiv an der Handlung zu beteiligen. Sollte jedoch das Publikum wie im vorigen Jahre als Publikum aus seiner Rolle herausrollen, so muß ich betonen, daß ich nicht gewillt bin, mich wie die Dadaisten zu benehmen. Ich würde in diesem Falle warten, bis sich das Publikum beruhigt hat, bevor ich meine Vorlesungen fortsetze. Sollte jemand aus dem Publikum hierher gekommen sein, um Unfug zu machen, so bitte ich hier im Interesse der Allgemeinheit, damit bis zum Schluß meiner Vorlesungen zu warten, ob es heute ein genußreicher Abend wird, kommt auf Ihre Haltung an, meine verehrten Zuhörer. Zunächst erwähne ich, daß ich eine Änderung meines Programms vornahm. Meine Antwort an meine Dresdener Kritiker [Herr Dr. F. Zimmermann und Herr Richard Stiller] eignet sich nicht zum Vorlesen.

Da sie in der Hannoveraner Wochenzeitung ›Die Pille‹ abgedruckt ist, beschränke ich mich, darauf hinzuweisen, daß ›Die Pille‹ an der Kasse ausliegt. Die Antwort an Herrn Richard Stiller erscheint allerdings erst in der nächsten Nummer. Da die Kritiker einander ziemlich ähnlich sind, werde ich sie als eine allgemeine Abhandlung über die Kritik lesen: ›Was Kunst ist‹. Die anderen Punkte des Programms werde ich mit gütiger Erlaubnis des verehrten Publikums folgendermaßen festsetzen: Zur Einführung einige Worte darüber, was ich unter Dichtkunst verstehe.

87 **Über den Wert der Kritik (Nachtrag)**
Meine Ansicht über den Wert der Kritik (Für den Ararat), ›Der Ararat‹, II, Nr. 5 (Mai 1921), S. 177–178.

88 **Sauberkeit** (Für Leute, die es noch nicht wissen), ›Die Pille‹, II, Nr. 18 (Mai 1921), S. 77.

89 **Tran 19 Mein Zerfahren gegen Paul Westheim, zur Gewinnung aromatischer, alkoholfreier Säfte. (Die Axt im Haus zersetzt den Zimmermann)**, ›Der Sturm‹, XII, Nr. 8 (August 1921), S. 137–138.
›Anna Blume Dichtungen‹, neue veränderte Auflage, a. a. O., S. 77–82.
›Anna Blume und ich. Die gesammelten «Anna Blume»-Texte‹, a. a. O., S. 138–141.

Die Polemik richtet sich gegen Paul Westheim, der Schwitters im ›Kunstblatt‹, dem Sprachrohr des Expressionismus, wiederholt negativ rezensiert hatte.

Varianten in ›Anna Blume Dichtungen‹:
S. 89
Z. 1 Tran 19 Bä sagt das Schaf (Herrn Paul Westheim gewidmet) Mein Zerfahren gegen Paul Westheim, zur
S. 90
Z. 1 zu wissen.). Sie
Z. 6 Kümmernis
Z. 17 sog. Stulpen,
Z. 22 Kind von Heinrich Bender.)
Z. 23 jeder Manier.
Z. 27 heraus. n. Haug.) Forschen
Z. 38 Schillers Erben.) Formel (!)
S. 91
Z. 11 Schwitters; die Auswahl

Z. 26 kein Absatz
Z. 27 nicht einem, nicht allen, nicht alles, warte nur, balde
Z. 32–33 haben immer recht. Caesar equus consilium. Ich bin der Doktor Eisenbarth, kurier die Leut nach meiner Art. Mit treudeutschem Gruß Ihr sehr zerfahrener Kurt Schwitters. (Persönlichkeit.)
Auch der Abdruck in ›Anna Blume und ich‹ hat diese Varianten.

92 **Antworten auf die Kritik meines Abends bei Garvens am 8. 12. 1921,** Die ›Pille‹, II, Nr. 49/50 (Dez. 1921).
Der Artikel kritisiert Brauweilers Notiz im ›Hannoverschen Kurier‹ vom 8. 12. 1921 über einen Merzabend in der Galerie von Garvens.

94 **Tran 21 Rede am Grabe Leo Reins** (In der ›Berliner Börsenzeitung‹ 547 vom 27. 11. 1921), ›Der Sturm‹, XIII, Nr. 1 (Jan. 1922), S. 8.
›Anna Blume und ich. Die gesammelten «Anna Blume»-Texte‹, a. a. O., S. 29–30.

Der Artikel greift den Kritiker Leo Rein an. Er hatte in der ›Berliner Börsenzeitung‹ vom 27. 11. 1921 die Kunst von Schwitters als dadaistisch, die Merzmalerei als lächerlich und die ›Anna Blume‹ als widerlich bezeichnet.

95 **Schloß und Kathedrale mit Hofbrunnen,** ›Frühlicht. Eine Folge für die Verwirklichung des neuen Baugedankens‹, hrsg. von Bruno Taut, I, Nr. 3 (Magdeburg, 1922), S. 87; Bruno Taut, ›Frühlicht 1920–1922‹ (Berlin, 1963), S. 166–167.

97 **Tragödie Tran No. 22, gegen Herrn Dr. phil. et med. Weygandt,** ›Der Sturm‹, XIII, Nr. 5 (Mai 1922), S. 72–80.
Die Polemik richtet sich gegen den Hamburger Arzt Dr. Weygandt, der nebenberuflich Kunstkritiken schrieb. Er hatte Schwitters in seinem Artikel ›Moderne Kunst oder Wahnsinn‹ in der Berliner Zeitung ›Germania‹ in der Morgenausgabe vom 27. November 1921 bescheinigt, daß seine Arbeiten eine bedenkliche Ähnlichkeit mit den Erzeugnissen Schizophrener hätten.

104 **Tran 23 Blumen (Der Kritiker visavis der absoluten Stofflichkeit),** ›Der Sturm‹, XIII, Nr. 9 (Sept. 1922), S. 136–137.
Es handelt sich um eine Polemik gegen den Kritiker Oskar Bie, der während der Hans Thoma-Ausstellung im Kronprinzenpalais in Berlin im September 1922 einen Artikel ›Deutsche Malerei‹ im ›Berliner Tageblatt‹ schrieb, in dem er deutsch-

tümelnd von den malerischen Sujets bei Thoma schwärmte.

107 **Tran 24 die Schwanenjungfrau. Was man kaut, wird Brei** (Ernst Lehmann) (Pseudonym: Franz Müller)
›Der Sturm‹, XV, Nr. 1 (März 1924), S. 42.
Bereits 1923 als Einleitung zu Kurt Schwitters ›Auguste Bolte‹ (Berlin), S. 9–10 veröffentlicht.
Varianten siehe ›Das literarische Werk‹, Bd. II, S. 70.

108 **Tran 25 Sämischgares Rindleder,** ›Der Sturm‹, XIII, Nr. 6 (Juni 1922), S. 84–92.
Die Polemik richtet sich gegen den Kritiker Lange, der in der ›Göttinger Zeitung‹ vom 3. 3. 1922 eine Ausstellung der Sturmkünstler heftig kritisiert hatte, u. a. hatte er geschrieben: »Der Expressionismus, oder besser gesagt das, was die Vertreter dieser Richtung wollen, das hat mit dem Tamtam und den ornamentalen Floskeln derer um Walden garnichts gemein«, und weiter über den Sturm-Kreis: »Die Disziplinlosigkeit, die lächerliche Aufgeblasenheit, die geistige Austrocknung, das spielerische Hinweghandeln . . . das alles macht uns die Gesellschaft so unbehaglich«.

115 Abbildung der Titelseite von ›Elementar. Die Blume Anna. Die neue Anna Blume‹.

116 **Motto,** Kurt Schwitters ›Elementar. Die Blume Anna. Die neue Anna Blume, eine Gedichtsammlung aus den Jahren 1918–1922, Einbecker Politurausgabe‹ (Berlin: Verlag Der Sturm, 1922), S. 4.

116 **Einleitung Tran Nr. 26 An alle Kritiker,** datiert Einbeck, 5. 7. 1922. Kurt Schwitters, ›Elementar Die Blume Anna. Die neue Anna Blume‹, a. a. O., S. 5–6.
›Anna Blume und ich. Die gesammelten «Anna Blume»-Texte‹, a. a. O., S. 165.
Der deutsche Text mit italienischer, holländischer und englischer Übersetzung erschien in Ernst Schwitters' ›One never knows‹, Katalogvorwort, Marlborough Fine Arts Ltd., London 1963; Katalogvorwort Museum Boymans-van Beuningen, Rotterdam 1964; Katalogvorwort Tonielli Arte Moderna, Mailand 1964; Marlborough Galleria d'Arte, Rom 1964.

117 **Kritiker Tran 27,** Kurt Schwitters, ›Elementar. Die Blume Anna. Die neue Anna Blume‹, a. a. O., S. 26–27;
›Anna Blume und ich. Die gesammelten «Anna Blume»-Texte‹, a. a. O., S. 196–197;
›Der Sturm‹, XXI, Nr. 1 (1932), S. 29.

Varianten in ›Der Sturm‹:
ohne Untertitel Tran 27

Z. 7/8 sinn, man könnte sagen gewissermaßen
Z. 9   Fehler statt Kunst.
Z. 10   für den Kritiker, seine Fehler
Z. 11   mit Unrecht
Z. 14   gesäugt, nährt
Z. 16/17 in den er wieder
Z. 18   Die besagte
Z. 18/19 dicker sirupartiger
Z. 21   Es fehlt der Satz: Den Regenschirm benutzt der Kritiker, um ihn verkehrt aufzudrehn.
Z. 23/24 zur Kritik zugelassen.
Z. 24   desto mehr Regen. Je mehr Regen, desto mehr Segen. je mehr
Z. 28   Es fehlt der Schlußsatz: Der Unterschied zwischen Künstler und Kritiker ist der: »Der Künstler schafft, während der Kritiker schaaft.«

Französische Übersetzung: Critiques in ›La Loterie du Jardin Zoologique‹, traduit de l'allemand par Robert Valançay et accompagné de ›Fiat Modes‹, 8 dessins de Max Ernst (Paris, 1951), S. 56–60.

118 **Tran 31 [Was sagt denn Frau Piefke zur neuen Kunst],** Oktober 1922, schwarzes Notizbuch, KSA.
Die Polemik richtet sich gegen Alexander Dorner, Museumsdirektor des Provinzmuseums Hannover, der im ›Hannoverschen Kurier‹ die Schwitters-Ausstellung in der Galerie Garvens kritisiert hatte.

120 **i (Ein Manifest),** ›Der Sturm‹, XIII, Nr. 5 (Mai 1922), S. 80.
Ausstellungskatalog ›Kurt Schwitters‹. Ausstellung Oktober–Dezember 1978, Galerie Gmurzynska, Köln, 1978, S. 41 (deutsch und englisch).

Die englische Übersetzung lautet:
Any child todays knows what Merz is. But what is i? i is the middle vowel of the alphabet and the sign for Merz' grasping of artistic form, taken to its highest degree. Merz makes use of large ready-made complexes to form a work of art. These materials shorten the distance from intuition to the realisation of an artistic idea, reducing loss by friction. i reduces this distance to zero. Idea, material and work of art are one and the same. i comprehends the work of art in nature.

The act of creation means here the recognition of rhythm and expression in a part of nature. Thus there is no loss through friction; no distractions can occur during the creative act.
I postulate i, not as the sole art-form, but as a special form. In my exposition in May 1922 in "Der Sturm" the first i-drawings were shown. For Messieurs art-critics, i must add that naturally much more skill is required to extract a work of art from unformed natural material than to put together according to one's own artistic principles a work af art from just any material; it needs only to be formed into a work of art. The material for i is however, not so easily found, since not every piece of nature is artistically formed. Thus i is a special form. For once it is necessary to be consistent. Can an art-critic grasp that?

Abgedruckt in französischer, deutscher und englischer Sprache im Katalog ›Kurt Schwitters‹. Ausstellung im Grand Palais (FIAC), Paris, 22.–29. 10. 1980. Galerie Gmurzynska, Köln, 1980, S. 34–35.

Die französische Übersetzung lautet:
Ce qu'est Merz, pas un enfant ne l'ignore aujord'hui. Mais i, qu'est-ce que c'est? i est la voyelle médiane de l'alphabet et le nom donné à la conséquence logique de Merz, appliqué à une haute conception de la forme artistique. Merz utilise de grands ensembles tout faits, considérés, comme matériau dans l'élaboration de l'œuvre d'art, réduisant autant que possible la distance entre l'intuition et la réalisation de l'idée artistique afin que le frottement n'entraine de trop grandes déperditions de chaleur. i réduit cette distance à zéro. L'idée, le matériau et l'œuvre d'art sont une seule et même chose. i saisit l'œuvre d'art dans la nature. La mise en forme artistique revient ici à discerner rythme et expression dans un fragment de nature. Ainsi la moindre perte par frottement est impossible comme l'est la moindre perturbation de l'acte créateur.
Je proclame i, non comme une forme d'art unique, mais comme une forme particulière.
Les premiers dessins i ont été présentés au public dans mon exposition à la galerie. Der Sturm en Mai 22. Je dois ajouter, à l'intention de Messieurs les critiques d'art, qu'il faut une bien plus grande maîtrise pour extraire une œuvre d'art de la nature – que l'art n'a pas façonnée – que pour organiser une œuvre, selon sa propre loi artistique, avec un quelconque matériau. Pour l'art le matériau est indifférent; il suffit qu'il soit mis en forme pour devenir une œuvre. Mais pour i, le matériau est loin d'être indifférent puisque n'importe quel fragment de nature ne peut constituer une forme artistique. C'est pourquoi i est une forme particulière. Il faut rester logique au moins une fois. Un critique d'art saura-t-il le comprendre?

120 **De Zelfoverwinning van Dada,** ›Haagsche Post‹ (20. Jan. 1923).
K. Schippers, ›Holland Dada‹ (Amsterdam 1974), S. 82–84.

124 Abbildung der Titelseite ›Merz I. Holland Dada‹.

125 **Zeitschriften gibt es genug,** ›Merz I. Holland Dada‹ (Hannover, Jan. 1923), S. 1.

126 **Que fait DADA?,** ›Merz I. Holland Dada‹, a. a. O., S. 2.

127 **Dadaismus in Holland,** ›Merz I. Holland Dada‹, a. a. O., S. 3–8.

133 **[Die Bedeutung des Merzgedankens in der Welt],** ›Merz I. Holland Dada‹, a. a. O., S. 8–11.

136 Abbildung der Titelseite ›Merz 2 nummer i‹.

137 **i** (»assis sur l'horizon, les autres vont chanter« Pierre Reverdy), ›Merz 2 nummer i‹ (Hannover, April 1923), S. 17–21,

Variante S. 140, Z. 14/15 in ›Merz 8/9 Nasci‹, S. 85.
Die einzige Tat des Künstlers bei **i** ist <u>entformeln eines schon vorhandenen Komplexes</u> durch <u>Abgrenzung eines in sich rhythmischen Teiles.</u>
Vgl. ›Das literarische Werk‹, Bd. I, S. 95 (Pornographisches i-Gedicht).

142 **Krieg,** ›Merz 2 nummer i‹, a. a. O., S. 22.

143 **Manifest Proletkunst** ›Merz 2 nummer i‹, a. a. O., S. 24–25.

Ausstellungskatalog 1971, Städt. Kunsthalle, Düsseldorf – Akademie der Künste, Berlin – Staatsgalerie Stuttgart – Kunsthalle Basel – Kunstverein Hamburg, S. 24.

Katalog ›Kurt Schwitters im Exil: Das Spätwerk 1937–1948‹. Ausstellung Marlborough Fine Art Ltd., London, 2.–31. 10. 1981, S. 23–24 (englisch) u. S. 31–33 (deutsch).

Die englische Übersetzung lautet:

Proletarian Art Manifesto

There is no such thing as art relating to a particular class of human beings, and, if there were, it would have no relation to life.
To those who aspire to create proletarian art we put the question: 'What is proletarian art?' Is it art produced by members of the proletariat, or art that is of value only to the proletariat, or art designed to awaken proletarian i.e. revolutionary instincts? There is no such thing as art produced by the proletariat, since, when a proletarian produces a work of art, he ceases to be a proletarian and becomes an artist. An artist is neither a proletarian nor a bourgeois, and his work belongs neither to the proletariat nor to the bourgeoisie, but to everyone. Art is a spiritual function of man, the purpose of which is to redeem him from the chaos of life and its tragedy. Art is free in its choice of means but is bound by its own laws and by them alone, and once a work of art is created it far transcends the class distinction between proletarian and bourgeois. If there were a kind of art exclusively for the benefit of the proletariat, then, apart from the fact that the proletariat is infected by bourgeois taste, it would be no less limited than specifically bourgeois art. Such art could not be universal or reflect a sense of world citizenship, but would remain at the level of individual views rooted in social conditions and the restrictions of time and space. If art is to embark on a policy of awakening proletarian instincts, it is essentially resorting to the same kind of means as ecclesiastical or nationalist art. Hackneyed as this may sound, it makes no real difference whether one depicts a Red Army headed by Trotsky or an Imperial Army under Napoleon. The value of the picture as art is unaffected by whether it is supposed to arouse proletarian instincts or patriotic feelings – from the artistic point of view, one is as much a fraud as the other.
The sole object of art is, by its own means, to arouse man's creative powers; its target is the mature human being, not the proletarian or the bourgeois. Only petty talents, lacking the breadth of view to see things in proportion, create 'proletarian art', that is to say politics in pictorial form; the true artist is not bound by the specifics of social organization.

ART AS WE WOULD HAVE IT IS NEITHER PROLETARIAN NOR BOURGEOIS: THE FORCES IT DEVELOPS ARE STRONG ENOUGH TO INFLUENCE THE WHOLE OF CIVILIZATION, RATHER THAN LET THEMSELVES BE INFLUENCED BY SOCIAL CONDITIONS.
THE PROLETARIAT, LIKE THE BOURGEOISIE, IS A CONDITION THAT MUST BE SUPERSEDED. But if the proletarians imitate the bourgeois cult by setting up a rival cult of their own, they are unconsciously helping to preserve the corrupt culture of the bourgeoisie, to the detriment of art and of civilization.
By their conservative attachment to old, outworn forms of expression and by their incomprehensible aversion to modern art they are keeping alive the bourgeois culture which they profess to attack. This is how it happens that bourgeois sentimentalism and romanticism continue to exist and are cultivated a new despite the most strenuous efforts of radical artists to put an end to them. Communism is already just as bourgeois as Majority-Socialism, that is to say capitalism in a new form. The bourgeoisie uses the apparatus of Communism, which was invented by the bourgeois and not by proletarians, simply as a means of rejuvenating its own decayed culture (Russia). Hence the proletarian artist is fighting neither for art nor for the new life of the future, but for the bourgeoisie. Every single proletarian work of art is an advertisement for the bourgeoisie and nothing else.
WHAT WE ON OUR PART ARE STRIVING FOR IS THE UNIVERSAL WORK OF ART THAT RISES ABOVE ALL FORMS OF ADVERTISEMENT, BE THEY FOR CHAMPAGNE, DADAISM OR COMMUNIST DICTATORSHIP.

Theo van Doesburg   Kurt Schwitters
Hans Arp   Tristan Tzara
Chr. Spengemann   The Hague, 6 March 1923
(übersetzt von P. S. Falla)

145 **das schiffchen: Dada Nachrichten,** ›Merz 2 nummer i‹, a. a. O., S. 27.

146 **[Krieg ist die größte Schande],** Fragment, datiert Amsterdam im April 1923, MMs. 1 S., KSA.

147 **Krieg. Et vous?,** ›Merz 4 Banalitäten‹ (Hannover, Juli 1923), S. 46.

147 **MPD**, ›Merz 4 Banalitäten‹, a. a. O., S. 37.
148 **Banalitäten (3)**, ›Merz 4 Banalitäten‹, a. a. O., S. 40–41.
149 **dada complet. 1**, ›Merz 4 Banalitäten‹, a. a. O., S. 41.
150 **Banalitäten (4)**, ›Merz 4 Banalitäten‹, a. a. O., S. 43.
152 **Dada Nachrichten**, ›Merz 4 Banalitäten‹, a. a. O., S. 44.
153 **[Und so fortan]**, ›Merz 4 Banalitäten‹, a. a. O., S. 48.
153 **Aus der Welt: ›MERZ‹**, Ein Dialog mit Einwürfen aus dem Publikum von Kurt Schwitters und Franz Rolan, ›Der Sturm‹, XIV, Nr. 4 (April 1923), S. 49–56.
›Der Sturm‹, XIV, Nr. 5 (Mai 1923), S. 67–76.
›Der Sturm‹, XIV, Nr. 6 (Juni 1923), S. 95–96.
Erschienen unter dem Titel ›Stegreiftheater Merz‹ in ›Internationale Ausstellung neuer Theatertechnik, Musik und Theaterfest der Stadt Wien‹, Katalog, 1924, S. 26–38.
167 **Watch your step!**, ›Merz 6 Imitatoren watch step!‹ Red. des Merzverlages Kurt Schwitters (Hannover, Okt. 1923), S. 57–60.
Das erwähnte Merzbild ist heute verschollen, abgebildet in Werner Schmalenbach: ›Kurt Schwitters‹, Köln 1967, nach S. 80.
171 **Familiennachrichten**, ›Merz 6 Imitatoren watch step!‹, a. a. O., S. 63.
172 **Tran 35 Dada ist eine Hypothese**, ›Der Sturm‹, XV, Nr. 1 (März 1924), S. 29–32.
Von Ernst Schwitters leicht modifiziert in ›Anna Blume und ich. Die gesammelten «Anna Blume»-Texte‹, a. a. O., S. 31–34, 39.
Die Polemik richtet sich gegen die Kritiker Westheim, Cohn-Wiener, Curt Glaser und Fritz Stahl.
176 **[i Architektur]**, ›Merz 7 Tapsheft‹ (Hannover, Jan. 1924), S. 66.
178 **Dada complet Nr. 2**, ›Merz 7 Tapsheft‹, a. a. O., S. 66.
178 **Tran 50** [Herrn F. C. Kobbe, Braunschweig, Landeszeitung], ›Merz 7 Tapsheft‹, a. a. O., S. 66–67.

Vor ›Tran 50‹ setzte Kurt Schwitters folgende Zeilen:
Es gibt Leute, die heute behaupten, der Dadaismus wäre tot, und zwar nicht die große Masse des Publikums behauptet dies, sondern der kleine Kunstgelehrte, der Kunsthändler, Kunstsammler, Museumsdirektor, Künstler, und für diese der Kunstkritiker. Nur der große Kunstgelehrte, der Kunstphilosoph, weiß, daß dada nie sterben kann. Was ist nun aber abstrakte Unkunst, was bedeutet tot beim Dadaismus, warum ist der Dadaismus nicht tot, sondern lebendig? Bevor ich all diese Fragen beantworte, drucke ich einen offenen Brief an Herrn Kobbe ab.

F. C. Kobbe hatte den Merzabend im Braunschweiger Operettenhaus am 26. 1. 1924 kritisiert.

181 **Dadaisten**, ›Merz 7 Tapsheft‹, a. a. O., S. 68.
184 **Der große MERZ Kurt Schwitters**, ›Merz 7 Tapsheft‹, a. a. O., S. 70.
185 **[Versuch einer Anleitung zur Aussprache von WW PBD]**, ›Merz 7 Tapsheft‹, a. a. O., S. 70.
Das Gedicht ›WW PBD‹ ist in Bd. I, S. 211 veröffentlicht.
185 **Hannovers erste Merz-Matinee**, ›Störtebecker‹, hrsg. P. Steegemann, Nr. 1 (Hannover, 1924), S. 21–22.
187 **Merz**, ›Der Sturm‹, XVIII, Nr. 3 (Juni 1927), S. 43.
›Pásmo‹, Revue internationale moderne, Nr. 4 (Brünn, 1924), S. 1.
›Contimporamul‹ (Bukarest, 1924), o. S.
Varianten in ›Pásmo‹ und ›Contimporamul‹:
Z. 24 Abwesenheit des Elementaren
Z. 25/26 der Künstler Kraft und Größe seiner elementaren Kraft. An

Ausstellungskatalog 1971, Städt. Kunsthalle, Düsseldorf – Akademie der Künste, Berlin – Staatsgalerie Stuttgart – Kunsthalle Basel – Kunstverein Hamburg, S. 19.

188 **[Merzfrühling]**, ›Braunschweiger Volksfreund‹, 26. Januar 1924.
188 **Nasci – Wenn Sie Ihre inneren Beschwerden...**, ›Merz 7 Tapsheft‹, a. a. O., S. 72.
188 **Kunst ist Form**, ›Merz 8/9 Nasci‹ (Hannover, April/Juli 1924), S. 78.
Der deutsche Text ist gleichzeitig der Untertitel von ›Merz 7‹.
189 **Die Redaktion Merz bittet die Kritik...**
Reklametext zu ›Merz 8/9 Nasci‹, 1 S. KSA.
190 **Konsequente Dichtung**, ›G. Zeitschrift für elementare Gestaltung‹, hrsg. Hans Richter, Redaktion Graeff, Kiesler, Mies van der Rohe, Richter (Berlin, 1924), 1. Jg., Nr. 3 (Juni 1924), S. 45–46.

192 **Thesen über Typographie,** ›Merz 11 Typoreklame Pelikan-Nummer‹ (Hannover, 1925), S. 91.

193 **Der Dadaismus,** dt. Übersetzung von ›Dadaizm‹, ›Blok: Revue internationale d'avantgarde‹, Nr. 617 (Warschau, 1924/25).

Der polnische Originaltext, datiert Juni 1924, übersetzt von I. Saloni, lautet:

DADAIZM
Wezwał mnie ›BLOK‹ do napisania artykułu o dadaiżmie; na wstępie zastrzec muszę, że w swojej istocie nie jestem dadaistą. Dadaizm bowiem, będąc jedynie pewnym środkiem, narzędziem, nie może stanowić istoty żadnej osoby tak, jak np. światopogląd. Dadaizm zrodził się z pewnego światopoglądu, w każdym razie nie z dadaistycznego, lecz reformatorskiego. Dadaizm – dadá, (proszę przytem baczną uwagę zwracać na akcent) jest najlepszym środkiem, by ośmieszyć ustanowioną, bezmyślną tradycję, dotychczasowy porządek świata (... dáda). Stąd pochodzi bezwzględna opozycja tradycji i tworów na niej opartych, które bronią się przed ośmieszeniem, przeciw dadaizmowi. Dadá jest odbiciem w żwierciadle pierwotnego dáda; dlatego to akcent przesunął się na drugą zgłoskę zwyczajnie, tak się to dzieje z obrazem w lustrze (prawe – lewe). Dadaizm odzwierciedla zarówno stare, jak nowe, zarówno świeże, jak przestarzałe i przez to wypróbowuje siłę. To, co silne, utrzyma się mimo dadá – słabe tak czy owak musi zginąć. Dadá jest przeto łaskawe, bo w swej skromnej części przyczynia się do tego, by skazany na śmierć szybciej skonał. Lecz dadá nie jest śpiewem pogrzebowym, – jest raczej wesołą, barwną igrą, boską zabawą. W niebie i w dadá wszystko jest równe; taki stan nie zachodzi nigdzie indziej. Stąd płynie także radość widzów i słuchaczy na wieczorach dadá, bo wszyscy zarówno widzą swą głupotę. Dadá jest raczej ewolucją, niż revolucją. Po tych zastrzeżeniach: ależ naturalnie, ja jestem dadaistą, jako, że znam ten przyrząd dokładnie i trzymam go nieraz przed oczyma ludzkości. I ludzkość wtedy widzi się odbita w zwierciadle! Wtedy zaczyna być źle. ■ Człowiek ma ciało i ducha i jeszcze coś trzeciego, czego istnienia ja zaprzeczyć muszę – co jednak on dość często posiada – coś trzeciego – duszę. W r. 1924, kiedy w Niemczech rozpoczynają budować drapacze chmur, gdy zapomocą radio można słyszeć głosy całego kontynentu, gdy sztuka powraca do normatywności i życia, gdy naodwrót życie wymaga właśnie normatywnej sztuki – w tym czasie dusza jest to choroba – jest to psychoza. O! wtedy zaczyna być źle. Kiedy się zejdą dadá i dusza, – dusza zaraz zwietrzy śmiertelnego wroga i rozpoczyna walkę. Tylko że dusze walczące są same w sobie rzeczą umarłą – walka więc jest bezcelowa. Zżyma się dusza, która dotychczas błąkała się po bezdrożach transcendentalizmu, gdy widzi swe odbicie w dadá – odbicie naturalnie odwrócone. Spotyka się wtedy nagle fałszywe świętoszkostwo i nieszczery patos, ze szczerym sarkazmem. Skutek tego jest taki, jak gdyby szpilką przekłuć silnie napompowany balon: powietrze – chciałem rzec: dusza ulatuje. ■ A teraz: chcecie wiedzieć czy dadaizm jeszcze żyje? Żyje i – jak armja zbawienia – działa najczęściej w ukryciu, a na światło występuje od czasu do czasu w coraz to innej postaci. Myśleć, że dadá wogóle kiedyś umrze, jest niedorzecznością. Dadá zawsze na nowo się ukaże, tak czy inaczej, zawsze, gdy nagromadzi się za wiele głupstwa. Wszak tragedją wszelkiego wzrostu jest, że idzie z nim w parze wzrost nasienia śmierci; i kiedyś wszystko będzie stare z wyjątkiem dadá. ■ U nas w Niemczech dadaizm nie jest obecnie tak potrzebny, jak w r. 1918. Obecnie żyją i tworzą artyści w duchu czasu, w duchu 1924; dadá przygotowało im teren i dziś ich wspomaga. Mam tu na myśli, by wymienić kilka nazwisk, ludzi takich jak: Lissitzky (Hannover, Ambri-Sotto), Burchartz (Bochum), Moholy Gropius i Meier (Weimar), Mies van der Rohe, Richter (Berlin), Schwitters (Hannover) i wielu inn. Istnieje ›młody‹ 1924 – w r. 1918 istniał tylko ›stary‹ 1918. Wtedy to musiało ›dadá‹ ze wszystkimi się użerać, głownie z ekspresjonizmem, który wtedy właśnie przekształcał się w chroniczny katar kiszek. Dziś – dawno już umarł ekspresjonizm, a czasopisma artystyczne wyprawiają mu pogrzeb. Zdarzają się czasem wspaniałe pogrzeby! ■ W r. 1919, gdy Hülsenbeck, preszczepiał dadá z Zurichu do Berlina, jakieś to wywołało olbrzymie, wpływające na masy, podniecenie. Wymienię tu takie nazwiska jak: Hausmann, Baader, Walter Mehring, Wieland Herzfelde, Jerzy Heartfield, Jerzy Gross. W Kolonji powstało nowe centrum niemieckiego dadaizmu, które nazwało sję »gruppe stupide«. Byli tam mianowicie: Max Ernst, Antoni Räderscheidt, Henryk Hörle, Baargeld. W Hannowerze, prócz

mnie, był jeszcze Kizysztor Spengelmann + Jan Arp, jedch z czteciсеn pro dadaistow, który do czasu du czasu dawicuzai mchnecchi towarzyszy i czym to jeszcze obecnie. Pozatem nie słyszałem nic o zjawiskach dadaistycznych w Niemczech. ■ Po r. 1918, grasował tu zamiast dadaizmu przez lat kilka ogólny, bardzo zaczepliwy ekspresjonizm rewolucyjny, jak długo rewolucja była w modzie. Wobec tego i dadaizm w Berlinie zaczął się zachowywać rewolucyjnie. Ale, podczas gdy ekspresjonizm stroił grymasy rewolucyjne celem przypodobania się, dadaizm wykonywał gesty rewolucyjne, by tem silniej uderzyć. Hülsenbeck, jedna z najtęższych głów naszego wieku, zdawał sobie dokładnie sprawę z tego, że w owym czasie nic lepiej nie zdoła poruszyć obrośniętej tłuszczem duszy, niż komunizm. Dlatego wydawano dadá – komunistyczne manifesty. Jako żądanie naczelne wysuwano np., by wszyscy, duchowej twórczości oddani ludzie, żywieni byli na placu Poczdamskim. Może to jest dowodem jak mało musi być takich ludzi? ■ Z dadaistów, najbardziej typowym dadaistą w życiu był Hausmann. Lubiał on postępować z każdym człowiekiem stosownie do jego usposobienia przez odzwierciedlanie właśnie jego najświętszych uczuć. Baader wędrował z miejsca na miejsce ze swym programem i przynosił ludziom w swej własnej osobie prezydenta kuli ziemskiej. Jednym z najzdolniejszych artystów i dadaistów był Baargeld. Przyszedł, jak dziewczę z Południa, zajaśniał, błysnął jak królowa nocy na parę tylko minut. Odkąd Max Ernst wywędrował do Paryża, panuje w Kolonji zupełna martwota. W Berlinie pozostali ze wszystkich dadaistów tylko Hausmann i Baader. Hülsenbeck praktykuje jako lekarz, Gross wypracował radykalną formułę polityczną (nigdy nie brał żywszego udziału w dadaiżmie); wszak dla niego dadá było tylko przez niedługi czas politycznym środkiem walki, odwrotnie niż dla Hülsenbecha, dla którego komunizm był dadaistycznym środkiem walki. Waltera Mehringa słusznie dziś uwielbiają jako jednego z najlepszych kuplecistów; tylko o dadaiżmie nie może być już i mowy. A Herzfeld, ongiś John Heartfield, jest dziś burżuazyjnym kierownikiem burżuazyjnego wydawnictwa ›Malik‹ i pogardza dadaizmem 1924. Baader wreszcie ogolił swą wspaniałą brodę, nie wygląda już jak Chrystus, nie wygląda już genjalnie, ale tak trochę po sasku. ■ Tylko Hausmann i ja uprawiamy jeszcze dadaizm w Niemczech, robimy propagandę, urządzamy wieczory ›dadá‹. Hausmann jest bardzo roztropny, o bardzo bogatej fantazji, bardzo artystyczny. A jednak jest on dadaistą. Hausmann, czy pisze, czy tworzy, czy snuje naukowe kombinacje czy maluje, czy modeluje, wykłada, czy referuje, śpiewa czy tańczy – chce czy nie chce, zawsze i wszędzie jest żywem ›epater le bourgeois‹. Także Jan Arp, który żyje nie w Niemczech, lecz w krainie lodowców, jest istotnym dadaistą i pozostanie nim zawsze, bo niczem innem być nie może. Jego kochana, liryczna serdeczność, jego dobrotliwa twarz z glazurową powłoką, wszystko w nim jest dadá. ■ W 1924 r. urządziliśmy tylko kilka małych salonowych wieczorów dla orjentacji. Publiczność dzisiejsza na ogół przyjęła gesty dadaistycznego współśmiechu. Prawie zawsze udawało się nam podczas większych imprez dadaistycznych obudzić w publiczności śpiący dadaizm. W Hollandji ruch dadá i podniecenie nim wśród publiczności było największym wstrząsem, jaki przeżyło to małe państwo od wielu lat w swych salach koncertowych i czasopismach. Jest to dowodem, że nasza praca kolonizacyjna jest konieczna. ■ Dadaizmowi na użytek oddałem pismo Merz. Merz winien służyć dadá, abstrakcji i konstrukcji. W ostatnim czasie jednak konstrukcyjne ukształtowanie życia w Niemczech jest tak interesujące, że najbliższy numer 8, 9 Merzu, zwany ›nasci‹ pozwoliliśmy sobie wydać bez dadá.

Hannover,   Kurt Schwitters
Czerwiec 1924   *(Tłum. J. Saloni).*

196 **Nationalitätsgefühl,** ›Der Sturm‹, XV, Monatsbericht (August 1924), S. 3–4.

198 **Noch einmal die Gefahr Westheim,** ›Der Sturm‹, XV, Nr. 4 (Dez. 1924), S. 234.
Der Artikel ist eine Kritik an Paul Westheims Artikel ›La situation des arts plastiques en Allemagne‹ in: ›L'Esprit Nouveau‹, Nr. 20.

199 **Nationale Kunst,** ›Het Overzicht‹, Red. M. Seuphor, Nr. 22–24 (1925), S. 168.
Tschechische Übersetzung von A. Černik in ›Pásmo‹, :Revue internationale moderne. Ed.: Devětsil (A. Černik), Nr. 11/12 (1925), S. 5.

         Nacionální umění.
Takového něco není. Jako není prolètářského umění. Jest umění a zajisté jsou národnosti a pro-

letáři, nikoli však nacionální nebo proletářské umění.
Kdo pak by chtěl nacionální reklamu nebo proletářskou reklamu nebo nacionální nebo proletářskou vědu? I kdyby byla možná nacionální reklama, nechtěli bychom jí, neboť chceme, děláme-li reklamu, pokud lze, pro celé lidstvo.
Bohužel jsou národnosti. Následkem národností jsou války. Nacionální umění má sloužiti tomu posilniti pocit sounáležitosti lidí, kteří se zovou národem. Nacionální umění pomáhá připravovati války.
Bohužel jsou také proletáři. Bylo by lépe, kdyby byli jen stejně oprávnění lidé, kteří cítí svou rovnost, jak jest to ostatně touhou všech proletářů. Následkem toho, že jsou proletáři, jsou revoluce. Proletářské umění má pomáhati posilniti proletářovo vědomí, že jako proletář je v protivě k ostatním lidem, a pomáhá tak připravovati revoluce.
Konečně ale jsou také lidé přes národnosti a přes proletáře. Umění obrací se pouze k člověku, zcela lhostejno, zda jest Němcem, Francouzem, Rusem, Luxemburčanem, demokratem, Všeněmcem, buržoou anebo bolševikem. Jest nejyznešenějším úkolem, umění, člověka vzdělávati, vychovávati, neboť jest výrazem lidského pocitu z nejušlechtilejších mezi lidmi. Někdy alespoň. Anebo by alespoň měl c jím býti. Nemá tu býti polemisováno proti válkám, národnostní zášti, svárům, surovému násilí a bojům všeho druhu. Zde má býti pouze chráněno umění proti tomu, aby bylo stavěno do služeb něčeho. Umění nemůže a nesmí sloužiti. Neboť umění má své úkoly samo pro sebe. Jeho prvým úkolem jest věrnost k sobě samému. Vlastní zákony předpisují umění, nemíti jiného Boha nežli sebe. Jak může vznknouti z lásky k národnosti umění? Z ní může vyrůsti pouze národnostní pocit. Z lásky k umění vzniká ale pouze umělecké dílo.

Autor. překlad A. Č.

200 **Was ist Wahnsinn?,** HMs., 1 S., KSA.
200 **Religion oder Sozialismus,** datiert Göhren Juli 1925, HMs., 3 S., KSA.
202 **[Die normale Bühne Merz],** ›Merz 11 Typoreklame‹ (Hannover, 1925), S. 91.
202 **Normalbühne Merz 1925,** datiert Göhren Juli 1925, HMs., Nr. 98, 3 S., KSA.
204 **Einige praktische Anregungen zur Normalbühne = Merz,** datiert Göhren Juli 1925, HMs., Nr. 100, 3 S., KSA.
206 **Normalbühne,** datiert 10. 12. 1925, MMs., Nr. 121, 4 S., KSA.
Gedruckt ist die korrigierte Fassung, in der folgender Textteil ausgestrichen war: S. 212 zwischen Z. 29 und 30.
Der Held kommt aus der Versenkung, singt eine Arie, besteigt mittels Trittleiter den gläsernen Hochstand, wo er eben kurz seine Partnerin begrüßt, die dort schon sehnsüchtig auf ihn gewartet hatte, und fährt mittels Förderkorb an der zankenden Nebenbuhlerin vorbei, die auf einem zweiten Hochstand steht, direkt in die Decke. Die Nebenbuhlerin springt nun behende auf den anderen Hochstand, um ihre Gegnerin zu prügeln. Diese aber klettert an einem Tau hinunter und rettet sich in den Saal. Sehen Sie, das ist nur Handlung, ohne störendes Beiwerk.

Schwitters verarbeitete in Nr. 121 Ideen aus einem kleinen Fragment Nr. 102: **Das ABC der Normalbühne Merz,** datiert 12. 7. 1925, Nr. 102, GMs., 1 S., KSA.
I Das Wichtigste auf der Bühne ist das Spiel. Die Bühne selbst ist nicht Haupt-, sondern Nebensache. Die Normalbühne ist so einfach, da sie nebensächlich wird. Das Spiel wird auf der Normalbühne, zusammen mit typischen Dingen und Menschen und mit individuellen Dingen und Schauspielern aufgeführt. In meinem Artikel 101 habe ich über das Zusammenspiel geschrieben, hier will ich nur die Normalbühne selbst näher erklären, wie ich sie 1924 im Modell in der Theaterausstellung in Wien ausgestellt hatte.

213 **Einige praktische Anweisungen zur Normalbühne,** im Hamburger Notizbuch von 1926, GMs., 1 S., KSA. Schwitters bemerkte am Rande: »abgeschrieben 17. 10. 26 in Retelsdorf. Ich glaube, dies ist schon früher verwendet worden.« Im Hamburger Notizbuch sammelte Schwitters Texte für ein Bauhausbuch über ›Merz‹.
213 **Werbe-Gestaltung. Die neue Gestaltung in der Typographie,** (Hannover, o. J.). 16 S. in einem Briefumschlag.
231 **Sprache,** datiert 23. 11. 25, GMs., 2 S., KSA.
233 **Prag (erster Brief),** Fragment, GMs., 1 S., KSA.
234 **Phantastische Gedanken,** MMs., Nr. 129, 1 S., KSA.
236 **Kunst und Zeiten,** datiert Hannover im März 1926, MMs., Nr. 136, 3 S., KSA.

Erschienen in tschechischer Übersetzung in

›Fronta, internationaler Almanach der Aktivität der Gegenwart‹ (Brünn, 1927), S. 13–15.

umění a doby ● kunst und zeiten ● l'art et les époques.
máme slovo umění. poukazuje to na slovo uměti. co se má uměti?
starý člověk praví: »umění z nás neeksistuje. neboť celý svět. jehož jsme jen nepatrnou čáští. stojí vedle nás, a »umí« mnohem správněji než my, o tolik správněji. že naše umění může být jen napodobením. imitací velmi dovedné přírody. je lhostejno pro tento názor, je-li napodobení přísné nebo osobní: napodobení zůstává napodobením. n a p o d o b e n í j e s t s l a b o s t a o m y l. tak vznikly napodobující krajiny a portréty. programová hudba. a konečně též tak zvané styly. které zaplavily naši dobu.
je však nutno oceňovati kvalitativně, a tu stojíme my jakožto jednotliví lidé proti světu, který sice jako množství jednotlivce daleko předčí. ale v podstatě je s námi stejný. stáváme se stykem se světem tím. čím jsme se mohli státi a stáváme se jakožto pozorní světoobčané vždy se světem zpřízněnější. a vidíme stejné snažení. vzrůst. bytí a pomíjení u nás jako u světa kolem nás. to se stává obzvlášť jasným u uměleckého díla. díváte-li se věcně, tu se vám zdá umělecké dílo. myslím zde díla bracqueova, gleizesa, boccioniho, van der lecka, modrianova, doesburgova, malevičova, lisického, moholy-ho, h. arpa, miese van der rohe, hilberseimerova, domselaerova a také svá. anebo též práce dosud vzdělaností nezkaženého dítěte, objeví jakožto jednota. jednota jeho jest časově a prostorově ohraničena jakožto věc. která sama ze sebe roste, v sobě spočívá. a neodlišuje se podstatně od ostatních věcí v přírodě. dřívější napodobující obraz liší se však značně od okolního světa. bylo to v podstatě bledé napodobení, kdežto n o v é n a t u r a l i s t i c k é d í l o u m ě l e c k é r o s t e j a k o p ř í r o d a s a m a. j e j í t e d y p ř í b u z n ě j š í. n e ž k d y m o h l o b ý t i n a p o d o b e n í. poukazuji zde na sešit »nasci« časopisu merz č. 8/9. které jsem sestavil s lisickým. uvidíte tam jasně demonstrovanou stejnou podstatu kresby lisického a krystalu. mrakodrapu od miese van der rohe a přísně spořivé výstavby kosti stehenní. poznáte konstruktivní tendenci v postavení listů k stonku. budete považovati fotografovaný po-
vreh marsu za abstraktní obraz třeba od kandinského. pouze proto, že je to orámováno černým pásem. uvidíte v mém obrazu »j«. že příroda, náhoda, nebo jak to chcete nazvat. často snese dohromady věci. které odpovídají tomu, co my nazýváme rytmem. jediný čin umělce jest poznati a ohraničiti. a v posledním důvodu jest to vůbec jediný čin. jehož jest umělec vůbec schopen: ohraničiti a poznati. neboť má-li i krystal věcně stejnou stavbu jako kresba lisického, je přece krystalem. kdežto kresba lisického uměleckým dílem, ne krystalem. poznávání umění jest však vrozená schopnost, vzniklá z vrozeného pudu. jenž člověka nutí. že se musí projevovati tvořivě umělecky. umělecky pořádajícím způsobem.
a tak přicházíme k příčině umění: j e s t t o p u d, j a k o p u d o v é j e s t ž í t i, j í s t i, m i l o v a t i. pudy jsou odůvodněny v zákonu lidí. a pud k něčemu může býti u jednoho člověka silnější, u jiného slabší. p u d y v š a k n e s o u v i s í s e s o c i á l n í m p o s t a v e n í m n e b o s e s t u p n ě m v z d ě l á n í č l o v ě k a. jelikož pak, pokud mohu souditi, eksistencí pudu uměleckého se nemůže díti žádný přirozený výběr ve smyslu darwinově. poněvadž je umělecký pud pro ostatní vývoj života bezvýznamný. musíme pokládati za jisté. že p r ů m ě r n á h o j n o s t v e v y s k y t o v á n í s e t o h o t o u m ě l e c k é h o p u d u j e v e v š e c h d o b á c h a v e v š e c h k u l t u r á c h s t e j n á. ale vždy je jen několik málo lidí umělecky nadaných. těchto několik zaujímá tím pak výjimečné postavení, a podle toho, jaká je móda. vysmívají se jim nebo se nad nimi rozčilují nebo je zbožňují. u m ě l e č t í n á r o d o v é n e b o u m ě l e c k é d o b y, a s i j a k o ř e c k o n e b o r e n a i s a n c e. neksistují: e k s i s t u j í p o u z e d o b y, k d y j e u m ě n í v m ó d ě a k d y n e n í. máme právě o b d o b í u m ě l e c k é m ó d y z a s e b o u a r e a k c í n a n ě s t a l o s e d n e s u m ě n í v e l m i n e m o d e r n í m. ale člověk se tím nesmí nechat šálit. proto se hodí naše doba právě tak dobře k práci v čistém umění. jako všechny ostatní doby, a byl by to sebeklam. kdybychom měli za to, že umění se nehodí do naší doby nebo do budoucnosti. naopak. člověk nemusí býti prorokem. aby mohl předpovídati. že umění v budoucnosti přijde do módy. a v naší době je dokonce kvalitativní nejvyšší výkon

umění samozřejmý. poněvadž naše doba je prosta módní mělkosti umění. obvyklé v dobách. kdy umění je v módě. v těchto dobách zabývá se uměním mnoho nepovolaných. poněvadž takové zaměstnání nese peníze. slávu nebo vysoké postavení. to jsou ti, kdož běží s proudem a napodobitelé. kteří slouží pouze tomu, aby hanobili vážnost umění. právě tito módní umělci budou v dobách pronásledování umění nejvíce proti umění horlit. neboť jdou vždy s pohodlnou módou a mohou tak nejdříve pro sebe něčeho dosáhnouti. avšak umění není vázáno jen na umělce z povolání. neboť takového povolání v tomto smyslu není. a tak se může státi. že lze umění nalézt vedle z povolání pracujících neschopných lidí. kde ho nikdo ze společnosti snobů netuší. ve hře dítěte nebo v řemesle, umění jest právě zvláštní květina. která nesnese žádného hnojení. možno ji všude tam nalézti. kde jest bujný vzrůst z jednoho zákona a správné vzájemné ocenění částí. které chtějí tvořiti celek.
v naší době můžeme sice zjistiti konec minulé umělecké módy. eksistuje pro to mnoho jistých známek. na příklad. že mnoho umělců z povolání umění opouští. že sám sebe zesměšňuje, kdo své umělecké povolání projevuje zevně v šacení. že zmizel značně všeobecný zájem o umění. místo toho velmi vzrostl všeobecný zájem o sport a techniku, avšak to neznamená nic proti nutnosti a životní schopnosti umění. a pro zdravý rozvoj tvorby a proti bujnému vzrůstu plevele jest to nejšťastnější stav. ztěžuje to sice umělci, aby si živil uměleckou tvorbou, avšak toho umělec nikdy nedokázal, ani v dobách umělecké módy, neboť kupec míjel tehdy též s velikou šikovností umělce a umělecké dílo. skutečností je, že mnoho umělců z povolání má nyní jiná zaměstnání. avšak z těchto skutečností nesmí se vyvozovati, že se umělecký čin sám o sobě přežil. neboť i tam, kde se umělecký čin projevuje v řemesle nebo v průmyslu. jest přece živý a dokonce mnohem živější než v díle módního umělce, který nedovede vytvářeti. tak se zachraňuje mnohonásobně nyní umění v řemesle. průmyslu, ve hře dítěte. aniž se snad stává nesvobodným tím. že vytváří věc, která má jiný účel. neboť i zde jest způsob tvoření bezúčelný jako při tabulovém obrazu. nemá se stanoviska průmyslového předmětu žádného účelu. názor, že průmyslově nejjednodušší. tedy nejlepší řešení je zároveň také umělecky nejjednodušším. tedy nejlepším řešením, odmítám jakožto nesprávné. umělecké tvoření je konec konců funkčně bezúčelné. umění je vždy bezúčelné, samoúčelné. lidé však, kteří obdivují dobré a pěkné auto, nevidí zde toho. na čem záleží při dobrém tvoření; vidí v nejlepším případě to. co je módní, a stalo se dnes módou při největší technické věcnosti utvářeti průmyslové předměty také umělecky.
mám zde říci, co myslím o budoucnosti umění. znáte již můj úsudek. b u d e v e s t e j n é s v ě ž e s t i ž í t i , p o n ě v a d ž j e s t v ý s l e d k e m p e r c e n t u e l n ě r o v n o m ě r n ě s e v y s k y t u j í c í h o p u d u . a tento pud se nedá vymýtiti, poněvadž onen druh lidí zjemnělých. sensibilních a degenerovaných lidí nevymře. jakým způsobem se tento pud projeví, nedá se předpověděti, ale jistě se projeví jinak, než se domníváme. neboť umění jest vždy něco vytvořeného, a nelze tvořiti stále totéž. a na druhé straně nemusí býti věc, kterou vytvořil inženýr nebo architekt, veskrze správná, nemusí býti bezpodmínečně uměním. neboť účelem jejím není stejný účel jako účel umění, totiž: rytmické utváření. zda by mělo umění v sociálním státě ještě význam? znáte již mou odpověď. pro umění jest úplně stejné, jakou formu má stát. neboť jest výsledkem pudu. zda sociální stát umění pěstuje nebo zanedbává, nemohu jakožto umělec věděti. rozhodně to není žádná zvláštní péče o umění, když obrazy a filmy v sociálním státě dostávají obsah sociální, právě tak jako národnostně měšťácký obsah dřívějších obrazů nebyl péčí o umění. u m ě n í n e m ů ž e m í t i ú č e l p o d p o r o v a t i s o c i á l n o s t , ježto se stará p o d l e s v é p o v a h j e n o u t v á ř e n í. avšak nesmíme podceňovati všeobecně lidskou cenu umění ani v sociálním státě. neboť právě zaměstnávání s věcmi. které nejsou přímo nutné pro nejnutnější požadavky života. osvozuje člověka od malých, běžných věcí. povznáší jej nad něho samého a nad jeho vady. umělecké hodnocení, vzájemné měření hodnot uměleckého díla, které se nejprve jeví bezúčelným. tvoření rytmu a dostatečné procit'ování takových činností, jest evičením a sílením ducha, jehož v naší tak střízlivé a k reálnému směřující době je tolik potřebí jako tělu sport. a nejen atleti, nýbrž právě slabí by měli své tělo sportem sílíti: a tak

by měli právě racionalisté. jimž je umění nejcizejší, udržovati svého ducha elastickým tím. že by se zaměstnávali bezúčelným uměním.
● die nachahmung ist schwäche und irrtum. das neue naturalistische kunstwerk wächst wie die natur selbst, ist ihr also verwandter, als die imitation je sein konnte.
die ursache der kunst ist ein trieb, wie der trieb zu leben, zu essen, zu lieben. die durchschnittliche häufigkeit des vorkommens dieser kunsttriebe zu allen zeiten und in allen kulturen ist gleich. die kunst wird also stets in gleicher frische leben.
kunst ist immer zwecklos, selbstzweck. einen das soziale fördernden zweck kann die kunst nie haben ●
● toute imitation est faiblesse et erreur. une oeuvre d'art naturaliste se forme et se développe comme la nature même: s'en rapproche donc davantage que l'imitation.
le motif primaire de l'art est un instinct, pareil à l'instinct de la vie ou de l'amour. la moyenne de la fréquence de cet instinct artistique a été constante à toutes les époques et dans toutes les civilisations. l'art sera donc toujours jeune. t o u j o u r s , l'art est sans but et se suffit à lui-même. se ne peut jamais servir aux idées sociales. ●

240 **Daten aus meinem Leben,** datiert 7. 6. 26, MMs., 1 S., KSA.

242 **Meine Merz und =====**
Meine Monstre Merz ==
Muster Messe im Sturm, ›Der Sturm‹, XVII, Nr. 7 (Oktober 1926), S. 106–107. Der Text bezieht sich auf die November-Ausstellung im ›Sturm‹ (155. Sturm-Ausstellung) mit Werken von Schwitters, Lajos Ebneth und Arnold Topp.

244 **Wenn man das richtig überlegt...,** datiert 31. 8. 1926, MMs., 1 S., KSA.

244 **[Was Kunst ist, wissen Sie],** ›Führer durch die Ausstellung der Abstrakten, Große Berliner Kunstausstellung, Veröffentlichung 10‹ (Berlin, 1926), S. 41.

245 **Der Rhythmus im Kunstwerk,** ›Hannoversches Tageblatt‹, Sonntag, den 17. Oktober 1926, S. 17. MMs., 1 S., KSA. unter der Überschrift: *Meine Anschauungen über künstlerische Dinge,* datiert Retelsdorf, den 13. 10. 26.
Paul Steegemann, Verleger – Otto Gleichmann, Maler – Wilhelm Gross, Maskenbildner – Franz Richard Behrens, Maler – Alexander Dorner, Museumsdirektor – Herbert v. Garvens, Kunsthändler.

246 **Nennen Sie es Zufall,** MMs., 2 S., KSA.

247 **Merzbuch 1 Die Kunst der Gegenwart ist die Zukunft der Kunst,** GMs., Hamburger Notizbuch 1926, Entwurf zu den Texten für ein geplantes Merzbuch, das als Bauhausbuch angekündigt war, datiert 16. 10. 1926, Retelsdorf, KSA.

248 **Merzbuch 2,** GMs., Hamburger Notizbuch, a. a. O.

249 **Allgemeine Reklame,** GMs., 1 S., KSA.

250 **Grotesken und Satiren,** Fragment, GMs., 1 S., KSA.

250 **Kurt Schwitters,** datiert 4. 3. 1927, ›Merz 20 Kurt Schwitters‹, Katalog (Hannover, 1927), S. 99–100.

254 **Merzbühne Grundstellung,** ›Merz 20 Kurt Schwitters‹, a. a. O., S. 101.

254 **Merzzeichnungen und i-Zeichnungen,** ›Merz 20 Kurt Schwitters‹, a. a. O., S. 103–104.

255 **Merzdichtung,** ›Merz 20 Kurt Schwitters‹, a. a. O., S. 103–104.

256 **Meine Ansicht zum Bauhaus-Buch 9** Lieber Herr Kandinsky!, datiert 26. 4. 27, GMs., 5 S., KSA. Schwitters' Kritik bezieht sich auf das Buch: Wassily Kandinsky: ›Punkt Linie zu Fläche. Beitrag zur Analyse der malerischen Elemente‹, Bauhaus-Buch 9 (München, 1926), 196 Seiten.

259 **Elementarkenntnisse in der Malerei,** Vergleich mit der Musik, GMs., 13 S., KSA.

266 **Der farbige Aufbau,** MMs., datiert Eppstein im Taunus, 25. 3. 1927, 1 S., KSA.

267 **Zahlen,** datiert Wiesbaden-Biebrich 9. 7. 27, GMs., 3 S., KSA.

268 **typographie und orthographie: kleinschrift,** MMs., 1 S., KSA.

269 **plastische schreibung,** ›Documents internationaux de l'Esprit Nouveau‹, hrsg. von Paul Dermée und M. Seuphor (Paris, 1927), Nr. 1, S. 45.

270 **Stil oder Gestaltung,** ›Documents internationaux de l'Esprit Nouveau‹, a. a. O., S. 47–48. [Anm. d. Hrsg. Der erwähnte Kuhstall von Häring ist aus Stahlbeton.]

272 **Front gegen Fronta.** Nachwort zum Vorwort der Fronta, ›Der Sturm‹, XVIII, Nr. 4/5 (Juli/Aug. 1927), S. 64.

Der Artikel, der »von Buchheister / Jahns / Nit[z]schke / Schwitters / Vordemberge-Gildewart / Die Abstrakten Hannover« unterzeichnet ist, richtet sich gegen das Bekenntnis der Fronta, »daß die einzige mögliche Gesellschaft der Zukunft die sozialistische sei«.
›die abstrakten hannover‹ war die am 12. 3. 1927 gegründete Ortsgruppe Hannover der Internationalen Vereinigung der Expressionisten, Kubisten und Konstruktivisten e. V. (Centrale Berlin): Gründungsmitglieder waren Carl Buchheister, Rudolf Jahns, Hans Nitzschke, Schwitters und Friedrich Vordemberge-Gildewart. Leiter der ›abstrakten hannover‹ war Carl Buchheister. Die Gruppe organisierte eigene Ausstellungen und Vorträge und pflegte internationale Kontakte.

273 **optophonetisch, Verkehrsschrift, dynamisch,** MMs., 1 S., KSA.
Teil des Briefes an Helma Schwitters von Bad Ems, den 14. 8. 1927, siehe Kurt Schwitters, ›Wir spielen, bis uns der Tod abholt‹, Briefe aus fünf Jahrzehnten (Frankfurt a. M./Berlin, 1974), S. 127.

274 **Anregungen zur Erlangung einer Systemschrift,** ›i 10‹, Nr. I, Nr. 8/9 (Aug./Sept. 1927), S. 312–316;
›Der Sturm‹, XIX, Nr. I, 2/3 (April/Mai/Juni 1928), S. 196, 203–206.

Varianten in ›Der Sturm‹:
S. 274
Z. 11   aber ist keine Utopie
Z. 14   aussehen könnte
Z. 32   gothische Fraktur abgeleitet, oder von beiden.
Z. 36   also die geschichtlich gewordene
Z. 46   vollendete
Z. 48 bis   sein will. Ich weiß, daß man schon
S. 275   längst versucht hat, zu erklären, wes-
Z. 3   halb gerade ein A so, oder ein N so aussehen muß, als optische Erklärung des Klanges. Trotzdem ist das nicht optophonetische Schrift, weil man jeden Buchstaben einzeln, bald nach diesem, bald nach jenem System erklärt, denn mehr als ein System bedeutet Systemlosigkeit. Systemschrift verlangt
S. 275
Z. 5/6   entspricht
Z. 19–21   Es fehlt der Satz: »Bei der Form des I stütze ich mich auf die Tatsache, daß man in der lateinischen Schreib-

schrift diesen Buchstaben wesentlich so schreibt.«
Z. 32   e hingegen ist entstanden
Z. 43–44   Laute wie bisher – zusammengesetzt
S. 276
Z. 27   bitte die
Z. 34   deshalb sollen
letzte Zeile: Es fehlt die Klammer (Ooppencicero oder Nonpareille)
S. 277
Z. 20–21   Es fehlt: »Nur historisch sind es Umlaute.«
S. 278
Z. 16–17   Ich weiß es sehr gut, daß man noch daran arbeiten kann, und ich werde das sogar selbst
Z. 44 und 45 fehlen.
Schwitters entwickelte seine Vorstellungen von einem neuen Alphabet und einer neuen Systemschrift in einem Briefwechsel mit dem Wirtschaftspolitologen Walter Borgius. Siehe Kurt Schwitters, ›Wir spielen, bis uns der Tod abholt‹. Briefe aus fünf Jahrzehnten, a. a. O., S. 119–121, S. 122–126.

279 **Pflichtgefühl,** ›Der Sturm‹, XVIII, Nr. 6 (Sept. 1927), S. 85.

280 **Stuttgart die Wohnung Werkbundausstellung,** ›i 10‹, I, Nr. 10 (Okt. 1927), S. 345–348; ›Der Sturm‹, XVIII, 10 (Jan. 1928), S. 148–150; ›Bauwelt‹, 1959, Heft 13, S. 399–400, unter dem Titel ›Kurt Schwitters: 'Die Wohnung'. Eine vergessene Architektur-Kritik aus dem Jahre 1927‹. Gedruckt ist die vollständige Fassung aus ›Der Sturm‹.

Varianten in ›i 10‹ und ›Bauwelt‹:
S. 280
Z. 6   von Architektur
Z. 17   glauben machen sollte .
S. 281
Z. 3   die kurze Spanne von 1918
Es fehlt der Text von S. 281, Z. 12 bis S. 282, Z. 33.
S. 282
Z. 16   wollte Cott
Z. 17   wie Bazille, der Schirmherr der Ausstellung, dann hätten wir vielleicht einmal auch eine
Es fehlt der Text von Z. 27 bis Z. 33.
Z. 36   zu schpreche, der Gesamtplan
Z. 38   dasch Beichte gegeben

S. 283
Z. 20   als einziger neue Bauweisen
Z. 28   Dudok und De Klerk. Oder irre ich mich hier vielleicht?
Z. 35   Schlachthof von Dudoc
S. 284
Es fehlt der Text Z. 3 bis Z. 5: »Der Franzose riecht gern . . . . . das verstehen wir Deutschen nicht.«
Z. 9   Balkone
Es fehlt der Text Z. 13 bis Z. 15: »Auch die Windrichtung. . . geschützt ist.«
Z. 15/16 Hauptraume des Einfamilienhauses fehlt
Z. 21/22 Es ist hier nicht das Theater der Massen, dafür ist es innen
S. 285
Z. 5   Wat ist Format
Z. 7   in de Anschauung
Z. 9   der ganzen Siedlung
Z. 16   adelt
Z. 24   von May
Z. 30   da oben sowieso nichts Reelles
S. 286
Z. 3   mehr Rokoko als Taut .

286 **Sensation,** ›i 10‹, I, Nr. 7 (Juli 1927), S. 270–271.
288 **Meine Sonate in Urlauten,** ›i 10‹, I, Nr. 11 (Nov. 1927), S. 392–394.
292 **Kitsch und Dilettantismus,** datiert 19. 12. 1927, MMs., 1 S., KSA.
293 **Glück oder Unglück,** datiert 20. 12. 1927, MMs., 1 S., KSA.
294 **[Das Leben ist eine herrliche Erfindung],** GMs., 1 S., KSA.
294 **Über griechische Tempel,** datiert Girgenti, den 6. 4. 1928, MMs., Nr. 252, 3 S. KSA.
298 **Die Straße von Messina,** MMs., Nr. 253, 1 S., KSA.
299 **Tarent,** MMs., Nr. 254, 1 S., KSA.
300 **Dritter Prager Brief,** datiert 22. 5. 1928, MMs., Nr. 258, 2 S., KSA.
302 **Primavera in Italien,** datiert 14. 4. 28, MMs., Nr. 275, 2 S., KSA.
303 **Syrakus,** MMs., Nr. 281, 3 S., KSA.
305 **Neapel,** GMs., 2 S., KSA.
306 **Werkbundtagung in München, 1928,** ›i 10‹, II, Nr. 16 (Nov. 1928), S. 73–75.

Hermann Muthesius (1861–1927), Architekt, Mitbegründer der Gartenstadt Hellerau. Muthesius machte die engl. Wohnhausarchitektur in Deutschland bekannt.

311 **Gestaltende Typographie,** ›Der Sturm‹, XIX, Nr. 6 (Sept. 1928), S. 265–269.
316 **Ausgelaufene Handlungen,** ›Der Sturm‹, XIX Nr. 8 (Nov. 1928), S. 306.
Ausstellungskatalog 1971, Städt. Kunsthalle, Düsseldorf – Akademie der Künste, Berlin – Staatsgalerie Stuttgart – Kunsthalle Basel – Kunstververein, Hamburg, S. 20–21.
317 **Revue zu dreien,** ›Hannoversches Tageblatt‹, Freitag, den 7. Dez. 1928, S. 2.
319 **Urteile eines Laien über neue Architektur,** ›i 10‹, II, Nr. 21/22 (Juni 1929), S. 173–176.
321 **About me by myself,** ›Little Review‹ (May 1929), S. 76–78.

Schwitters antwortet mit diesem Artikel auf einen Fragebogen der Zeitschrift. Die Fragen lauteten:
1. What should you most like to do, to know, to be? (In case you are not satisfied).
2. Why wouldn't you change places with any other human being?
3. What do you look forward to?
4. What do you fear most from the future?
5. What has been the happiest moment of your life? The unhappiest? (if you care to tell).
6. What do you consider your weakest characteristics? Your strongest? What do you like most about yourself? Dislike most?
7. What things do you really like? Dislike? (Nature, people, ideas, objects, etc. Answer in a phrase or a page, as you will).
8. What is your attitude toward art today?
9. What is your world view? (Are you a reasonable being in a reasonable scheme?)
10. Why do you go on living?

323 **[L'art d'aujourd'hui est une chose bizarre],**
Schwitters' Stellungnahme zum Manifest ›Pour la Défense d'une Architecture‹ der Gruppe ›Cercle et Carré‹,
›Cercle et Carré‹, Jg. 1, Nr. 1 (Paris, März 1930), S. 60.
324 **Über einheitliche Gestaltung von Drucksachen,** ›Papierzeitung‹, Nr. 48, 1930, S. 1436–1440.

Dem Text war folgende Bemerkung vorangestellt: Die Stadt Hannover läßt ihre Drucksachen durch den dort ansässigen Graphiker Kurt Schwitters neugestalten; es handelt sich dabei nicht um eine ästhetische Angelegenheit, sondern im wesentlichen um eine logische Form der benötigten amtlichen Vordrucke. Herr Schwitters hat über seine

Tätigkeit und die Art der Gestaltung in verschiedenen fachtechnischen Vereinen gesprochen, um Buchdrucker zu ähnlichen Arbeiten anzuregen. Wir gaben Herrn Schwitters Gelegenheit, seinen Standpunkt zu vertreten und seine Leistungen zu zeigen.

Da das Original der ›Papierzeitung‹ nicht vorlag, sondern nur eine Kopie, mußte Bild 7 aus technischen Gründen entfallen [Anm. d. Hrsg.].

335 **Kurt Schwitters,** ›Gefesselter Blick‹, 25 kurze Monografien und Beiträge über neue Werbegestaltung, hrsg. von Heinz und Bodo Rasch (Stuttgart, 1930), S. 88–89.

337 **der ring neue werbegestalter,** ›Neue Werbegrafik‹, Ausstellungskatalog, Gewerbemuseum (Basel, 1930), S. 4.

338 **Kleine Weisheiten,** HMs., 1. S., KSA.

338 **Das große E,** GMs., 4 S., KSA.

Das Schiffsunglück der Monte Cervantes war 1930. Eine Datierung 1930/31 ist deshalb wahrscheinlich.

340 **Ich und meine Ziele,** MMs., 6 S., KSA.
›Merz 21 erstes Veilchenheft‹ (Hannover, 1931), S. 113–117;
Teilabdruck in ›Die zwanziger Jahre in Hannover‹, Kunstverein Hannover, 1962, S. 135.

Engl. Übersetzung von Eugène Jolas unter dem Titel ›CoEM‹, ›Transition‹, 24 (Juli 1936), S. 91–93.
Der Text lautet:
I like to compose my paintings from the leftovers of daily refuse. Out of this developed my Merz pictures, and especially my *big column*. What is this column? It is first of all only one of many, of ten perhaps. It is called *Cathedral of Erotic Misery;* or abbreviated, C o E M; for we live in the age of abbreviations. In addition it is incomplete, on principle. You might say it grows according to the principle of the city: somewhere another house is to be built, and the municipal housing commission has to see that he new house does not make a mess of the whole urban picture. In the same way I come across some object, I know it belongs to the C o E M, I take it along, paste it on, glue something on it, daub it, in the rhythm of the total effect, and one day we find that some new trend has to be shaped which passes wholly or partially over the dead body of the object. In this way there remain everywhere things which wholly or partially cut across each other, as a distinct indication that they have been devaluated in regard to their individual unity. Through the growth of the ribs there originate valleys, hollows, grottoes thas maintain their individual existences within the whole. Through the fact that intercrossing lines-of-direction are connected with each other through planes, there develop twisted screw-like forms, the whole a system of cubes of the most severe geometric character until it seems fused into a unity. The name C o E M is only a label. It does not express the contents or, at any rate, only a part. But this characteristic it shares with all labels; for instance, Dusseldorf is no longer a village and Schopenhauer is not a toper. One might say that the C o E M is the composite of all those things, with very few exceptions, which during the last seven years of my life either have had an importance or were unimportant from the viewpoint of pure form, but into which a certain literary form has slipped by chance. It is 3.50 by 2 to 1 meters in volume. And it once boasted an elaborate electric lighting apparatus. But the interior of this has been destroyed by a short-citcuit.

All the grottoes are characterized by some major features. There is the Nibelungen hoard with its gleaming treasure; the Kyffhaueser with the stone table; the Goethe Grotto with one of Goethe's legs as a holy relic and his many pencils poetryworn to stub-ends; the sunken "personal union-city" of Braunschweig-Luneburg with houses from Weimar by Feininger, Persil advertising, and the heraldic sign of Karlsruhe designed by me; the sadistic murder cavern with the sorely mutilated body of a pitiful young girl tainted with tomatoes and many Christmas gifts; the Ruhr region with genuine anthracite and genuine coke; the art-exhibition with paintings and sculptures by Michael Angelo and myself, the only visitor to which is a dog who licks a brides' train; the dog kennel with W. C. and with the red dog; the organ which has to be turned to the left for it to play "Silent night, holy night"; the ten percent crippled war veteran who has no head but still manages to get along somehow or other with his daughter; Monna Hausmann, consisting of a picture of the Monna Lisa with her face pasted over by Raoul Hausmann through which it has lost completely its streotyped smile; the bordello with a three-legged lady, done by Hannah Hoch;

and the big grotto of love. The love grotto alone embraces about 1/4 of the sub-surface of the column; a broad staircase leads up to it; below stands the woman lavatory attendant of life in a long narrow corridor. Two children greet us and step into life; of a mother with her child there remains only a fragment as a result of wear and tear; magnificent as well as mutilated objects characterize the general mood. In the middle there is the Tender Loving Couple; he has lost his head, she both arms, between the legs she holds a giant fire-cracker. The big bent head of the child with the syphilitic eyes above the Loving Couple counsels urgently: Look before you leap! There is a consolation for us in the sight of the little round bottle containing my urine in which immortelles have dissolved.

I have given only a small part here of the literary content of the column. Some grottoes like the Luther corner have already disappeared beneath the present surface. The literary content is dadaistic; but that is not to be wondered at since it dates from the year 1923 and in those days I was a Dadaist. But now, the column having taken seven years for its construction, the form has evolved ever more severely in proportion to my intellectual development, especially in the ribs. The total impression then reminds us perhaps of cubist paintings or Gothic architecture (you might think).

349 **Veilchen,** ›Merz 21 erstes Veilchenheft‹, a.a.O., S. 106.

350 **[Van Doesburg]**, datiert Hannover, Juni 1931, ›De Stijl‹ (Jan. 1932), Spalte 55–57. Übersetzung von Robert Motherwell, in ›The Dada Painters and Poets‹. An Anthology, edited by Robert Motherwell (New York, 1951), S. 275–276.

Kurt Schwitters:

Theo van Doesburg and Dada (1931)
Everyone knows the van Doesburg of the *Stijl magazine,* the artist of poise, consecutive development, and logical construction, but only a few know his importance for Dada. And yet he introduced Dadaism to Holland in 1923 with unparalleled success, and himself enacted a good bit of Dada in the process.

In his magazine *Mecano* he had already shown himself a great connoisseur of things Dada, and in every line one senses his genuine enthusiasm for Dada, whether he intended it or not.

At the end of 1922, Theo van Doesburg invited the leading Dadaists to a Congress in Holland, which was to take place the following year. Unfortunately we underestimated the receptivity of the Dutch, and so, aside from van Doesburg, I was the only Dadaist who appeared for the introductory evening at the Hague Kunstkring. Theo van Doesburg delivered an explanatory lecture about Dadaism and I was supposed to provide an example of Dadaism. But the truth is that van Doesburg, as he appeared on the platform in his dinner jacket, distinguished black shirtfront and white tie, and on top of that, bemonocled, powdered all white, his severe features imprinted with an eerie solemnity, produced an effect that was quite adequately Dada; to cite his own aphorism: "Life is a wonderful invention."

Since I didn't know a word of Dutch, we had agreed that I should demonstrate Dadaism as soon as he took a drink of water. Van Doesburg drank and I, sitting in the middle of the audience, to whom I was unknown, suddenly began to bark furiously. The barking netted us a second evening in Haarlem; as a matter of fact it was sold out, because everyone was curious to see van Doesburg take a drink of water and then hear me suddenly and unexpectedly bark. At van Doesburg's suggestion, I neglected to bark on this occasion. This brought us our third evening in Amsterdam; this time people were carried out of the hall in a faint, a woman was so convulsed with laughter that for fifteen minutes she held the public attention, and a fanatical gentleman in a homespun coat prophetically hurled the epithet "idiots" at the crowd. Van Doesburg's campaign for Dadaism had gained a decisive victory. The consequence was innumerable evenings in all the cities of Holland, and everywhere van Doesburg managed to arouse the most violent hostility to himself and his forces. But again and again we all of us— Petro van Doesburg and Vilmos Huszar also belonged to our little group—ventured to beard the infuriated public, which we ourselves had taken care to infuriate, and despite his black shirtfront, Does always produced the effect of a red rag. The Dutch found this deep-black elegance and distinction atrociously provocative, and con-

sequently he was able to plough his public round and round, to cultivate his soil with the greatest care, in order that important new things might grow from it.
It was for me the finest of experiences when suddenly, in Utrecht, as I was proclaiming the great and glorious revolution (van Doesburg was in the dressingroom), several unknown, masked men appeared on the stage, presented me with an extraordinary bouquet and proceeded to take over the demonstration. The bouquet was some three yards high, mounted on an immense wooden frame. It consisted of rotted flowers and bones, over which towered an unfortunately unpotted calla lily. In addition, an enormous putrid laurel wreath and a faded silk bow from the Utrecht cemetry were laid at the feet of the bourgeoisie. One of the gentlemen sat down at my table and read something out of an immense Bible he had brought with him. Since I understood very little of his Dutch, I considered it my duty to summon van Doesburg to exchange a few friendly words with the gentleman.
But this is not quite what happened. Van Doesburg came and saw and conquered. He took one look at the man and did not hesitate for long, but, without introducing himself, without any ceremony whatsoever he tipped the man with his Bible and gigantic bouquet over into the music pit. The success was unprecedented. The original invader was gone, to be sure, but the whole crowd stood up as one man. The police wept, the public fought furiously among themselves, everyone trying to save a little bit of the bouquet; on all sides the people felicitated us and each other with black eyes and bloody noses. It was an unparalleled Dadaist triumph.
I should very much have liked to appear more often with so gifted a Dadaist as van Doesburg. World Dadaism has lost in van Doesburg one its greatest thinkers and warriors.

352 **les merztableaux,** ›abstraction, création, art non figuratif 1932‹, comite directeur: arp, gleizes, hélion, herbin, kupka, Cahier Nr. I (Paris, 1932), S. 33.
354 **[Schwitters 1933],** ›abstraction, création, art non figuratif 1933‹, Cahier Nr. II (Paris, 1933), S. 41.
355 **Einladung für lustigen Abend,** GMs., Notizbuch der Spitzbergen- (1. 7.–21. 8. 1933) und Osloreisen (1934), 1 S., KSA.

355 **Malerei,** Fragment, GMs., 2 S., KSA.
358 **[So ist der Weg],** datiert 16. 12. 1935, MMs., 1 S., KSA.
358 **Die Blechpalme,** datiert 5. 7. 1937, GMs., 3 S., KSA.
360 **Betrachtungen – 1,** datiert Alexandra Hotel, Molde, den 12. 12. 1937, HMs., 1 S., KSA.
Eine andere Fassung, GMs., 1 S., KSA. lautet:
Ich sah einmal einen berühmten Sänger im Film. Sänger brauchen nicht immer Chinesen zu sein. Er spielte aber mit seinem durchaus nicht chinesisch wirkenden Gesicht einen Chinesen. Mit Deutlichkeit zeigte die Fotografie, daß er kein Chinese war. Er aber spielte, daß ich glauben sollte, er wäre mit jenem Land so verwurzelt, daß er als rechter Chinese leiden mußte unter den Härten chinesischer Zustände. Das aber gab ihm Gelegenheit, aus voller Überzeugung zu singen, und sein Gesang sollte bewundert werden. Ich fragte mich, weshalb spielt er nicht das, was er war, sondern das, was er absolut nicht spielen kann. Und ist es nicht traurig, wenn ein berühmter Sänger, der in Scheidung liegt, singen muß: »Die schönsten Augen hat meine Frau«.
Oft hat mich überhaupt der Gesang im Film zur Verzweiflung gebracht. Jeder soll singen, der singen muß, selbst wenn die Köchin den ganzen Tag in der Küche grölt.
361 **Betrachtungen – 2,** datiert Molde, den 12. 12. 1937, HMs., 1 S., KSA.
361 **Betrachtungen – 3,** datiert Molde, den 12. 12. 1937, HMs., 1 S., KSA.
Hierzu gibt es eine erste Fassung, datiert 20. 7. 1937, GMs., 1 S., KSA.
Sie lautet:
Wer über Menschen schreiben will, muß gutmütig sein, er muß guten Mutes an die Arbeit gehen und die kleinen und großen Schwächen seiner Mitmenschen objektiv sehen, oder man könnte sogar sagen lieben. Statt den Menschen wegen seiner Schwächen zu verurteilen, kann man ihn gerade wegen dieser entzückenden kleinen und großen Schwächen, die ihn von den anderen Menschen unterscheiden, lieben. Das aber bedeutet Dichtung.
362 **Das Ziel meiner Merzkunst,** datiert 10. 4. 1938, GMs., 4 S., KSA.
365 **Bogen 1 für mein neues Atelier,** datiert 6. 4. 1938, GMs., 2 S., KSA.
teilweise veröffentlicht in W. Schmalenbach, Kurt Schwitters (Köln, 1967), S. 167.

367 **Bogen 2,** datiert 6. 4. 38, GMs., 2 S., KSA.
368 **Wahrheit,** HMs., 2 S., KSA.
369 **Licht,** HMs., 2 S., KSA.
370 **Kunst,** datiert 18. 1. 1940, GMs., 1 S., KSA.
371 **Vermischung von Kunstgattungen,** GMs., 2 S., KSA.
373 **Theorie in der Malerei,** Fragment, datiert 22. 1. 1940, GMs., 2 S., KSA.
374 **Malerei (reine Malerei),** Fragment, datiert 7. 10. 1940, GMs., 3 S., KSA.
376 **[Das Porträt],** datiert 7. 10. 1940, GMs., 3 S., KSA.
379 **Europäische Kunst des 20. Jahrhunderts,** GMs., 6 S., KSA.
Teilabdruck im Ausstellungskatalog ›Westkunst Zeitgenössische Kunst seit 1939‹, hrsg. von Laszlo Glozer, Köln, 1981, S. 88–90.
384 **[Sie sandten mir eine Aufforderung],** GMs., 1 S., KSA.
385 **Abstract Art,** MMs., 2 S., KSA.
Schwitters schrieb über den Text: ›from Merz 25‹. Gedruckt ist ein von Ernst Schwitters leicht überarbeiteter Text. Kurt Schwitters' Text weicht in Einzelheiten davon ab:

Z. 3   because there don't exist final aims
Z. 13/14   painted partly over, or there may be put another thing about a part of it,
Z. 21   and give in an abstract picture a similar rhythm .
Z. 22   poems give a rhythm
Z. 24   difference from the kind of guiding in an abstract
Z. 25   that no people are used to read the sonata

386 **Materials and Aims,** Fragment, HMs., 1 S., KSA.
386 **„My Art and my Life",** HMs., 3 S., KSA.
387 **[Schwitters antwortet....],** Le savoir vivre, le miroir infidèle (Bruxelles, 1946), o. S.
388/389 **PIN Une fantaisie / A fancy,**
Kurt Schwitters und Raoul Hausmann, ›PIN and the Story of PIN‹ (London, 1962), S. 22–23. Der Text entstand aus der Zusammenarbeit von Schwitters und Hausmann, als beide die gemeinsame Herausgabe einer avantgardistischen Zeitschrift ›PIN‹ planten. In seinem Brief an Hausmann vom 15. August 1946 legte Schwitters die Hauptideen nieder.
Zur Geschichte: siehe Jasia Reichardt ›The Story of PIN‹, ›PIN‹, a. a. O., S. 8–11.
390/391 **La Poésie / Present Inter Noumenal,** ›PIN‹, S. 24–25.
392 **Key to Reading Sound Poems,** ›PIN‹, a. a. O., S. 52.
392 **Schlüssel zum Lesen von Lautgedichten,** Brief an Raoul Hausmann vom 20. 9. 46.

Alphabetisches Verzeichnis der Manifeste und kritischen Prosa

Die Seitenzahlen in Klammern beziehen sich auf Übersetzungen, weitere Fassungen u. Texte in den Anmerkungen

A fancy → PIN   A fancy   S. 389
A Merzszinpad   (S. 401)
About me by myself   S. 321
Abstract Art   S. 385
Abstrakte Malerei   (S. 400)
Allgemeine Reklame   S. 249
An alle Bühnen der Welt   S. 39
An alle Kritiker → Tran Nr. 26   S. 116
an Dresdener Kritiker → Tran 18   S. 85
Anregungen zur Erlangung einer Systemschrift   S. 274
Antworten auf die Kritik meines Abends bei Garvens am 8. 12. 1921   S. 94
Aus der Welt: ›MERZ‹   S. 153
Ausgelaufene Handlungen   S. 316

Banalitäten (3)   S. 148
Banalitäten (4)   S. 150
Berliner BörsenKukukunst   S. 50
Betrachtungen – 1   S. 360 (S. 425)
Betrachtungen – 2   S. 361
Betrachtungen – 3   S. 361
– 1. Fassung   (S. 425)
Blumen (Der Kritiker visavis der absoluten Stofflichkeit) → Tran 23   S. 104
Bogen 1 für mein neues Atelier   S. 365
Bogen 2   S. 367

dada complet, 1   S. 149
Dada complet Nr. 2   S. 178
Dada ist eine Hypothese → Tran 35   S. 172
Dada Nachrichten   S. 152
Dada Nachrichten → das schiffchen   S. 145
Dadaismus in Holland   S. 127
Dadaisten   S. 181
Das ABC der Normalbühne Merz   (S. 417)
Das große E   S. 338
Das Leben auf blindem Fuße → Tran Nummer 16   S. 72
Das Leben ist eine herrliche Erfindung   S. 294
Das Porträt   S. 376
Das Privatscheuertuch → Tran Nummer 13   S. 65
Das Problem der abstrakten Kunst (erster Versuch)   S. 26

das schiffchen: Dada Nachrichten   S. 145
Das Ziel meiner Merzkunst   S. 362
Daten aus meinem Leben   S. 240
De Zelfoverwinning van Dada   S. 120
Der Dadaismus   S. 193
– polnischer Originaltext ›Dadaizm‹   (S. 415)
Der farbige Aufbau   S. 266
Der gefesselte Paul Madsack → Tran Nr. 17   S. 73
Der große MERZ Kurt Schwitters   S. 184
Der Rhythmus im Kunstwerk   S. 245
der ring neue werbegestalter   S. 337
Deutsche Volkskritik, die Kritik des Wiederaufbaus → Tran Nummer 11   S. 61
Die Bedeutung des Merzgedankens in der Welt   S. 133
Die Blechpalme   S. 358
Die Durchschnittserscheinung mit hellen Augen → Tran Nr. 15   S. 69
Die Merzbühne [Vorwort]   S. 39
Die Merzbühne 1   S. 42
Die Merzmalerei   S. 37
Die normale Bühne Merz   S. 202
Die Redaktion Merz bittet die Kritik   S. 189
die Schwanenjungfrau → Tran 24   S. 107
Die Straße von Messina   S. 298
Dritter Prager Brief   S. 300
Du meiner, ich deiner, wir mir   S. 47

Ein Dementi   S. 69
Ein solider Artikel → Tran 1   S. 45
Einige praktische Anregungen zur Normalbühne   S. 213
Einige praktische Anregungen zur Normalbühne = Merz   S. 204
Einladung für lustigen Abend   S. 355
1 Die Merzbühne   S. 42
Elementarkenntnisse in der Malerei   S. 259
Erklärung   S. 56
Erklärungen meiner Forderungen zur Merzbühne   S. 43
Erweiterung   S. 59
Europäische Kunst des 20. Jahrhunderts   S. 379

Familiennachrichten   S. 171

Front gegen Fronta   S. 272

Generalpardon an meine hannoverschen Kritiker
   in Merzstil → Tran Nummer 7   S. 52
Gestaltende Typographie   S. 311
Glück oder Unglück   S. 293
Grotesken und Satiren   S. 250

Hannovers erste Merz-Matinee   S. 185
Herr Dr. Frosch hungert den Geist aus → Tran Nr. 14
   S. 67
Herrn F. C. Kobbe... → Tran 50   S. 178

i (»assis sur l'horizon...«)   S. 137
i (Ein Manifest)   S. 120
– englische Übersetzung   (S. 411)
– französische Übersetzung   (S. 412)
i Architektur   S. 176
Ich und meine Ziele   S. 340
– englische Übersetzung   (S. 423)

Katharina Schäffner   S. 35
Key to Reading Sound Poems   S. 392
Kitsch und Dilettantismus   S. 292
Kleine Weisheiten   S. 338
Konsequente Dichtung   S. 190
Krieg   S. 142
Krieg. Et vous?   S. 147
Krieg ist die größte Schande   S. 146
Kritik als Kunstwerk → Tran Nr. 12   S. 64
Kritiker → Tran 27   S. 117
Kunst   S. 370
Kunst ist Form   S. 188
Kunst und Zeiten   S. 236
– tschechische Übersetzung   (S. 417)
KURT SCHWITTERS gibt uns wieder...   S. 250
Kurt Schwitters   Hannover, Waldhausenstr. 5   S. 335
Kurt Schwitters   Herkunft, Werden und Entfaltung
   S. 82

L'art d'aujourd'hui est une chose bizarre...   S. 323
La Poesie   S. 390
les merztableaux   S. 352
Leseabend   (S. 409)
Licht   S. 369

Malerei   S. 355
Malerei (reine Malerei)   S. 374
Manifest Proletkunst   S. 143
– englische Übersetzung   (S. 413)

Materialien zu meinem Werk über das Problem
   der reinen Malerei (dritter Versuch)   S. 34
Materials and Aims   S. 386
Mein Merz und   Meine Monstre Merz   Muster
   Messe im Sturm   S. 242
Mein Zerfahren gegen Paul Westheim... → Tran 19
   S. 89
Meine Ansicht zum Bauhaus-Buch 9   S. 256
Meine Sonate in Urlauten   S. 288
Meine Unzufriedenheit mit der Kunst der Ölmalerei
   S. 84
– ungarische Übersetzung   (S. 409)
Merz   S. 187
Merz (Für den ›Ararat‹ geschrieben)   S. 74
– englische Übersetzung   (S. 404)
Merzbuch 1   Die Kunst der Gegenwart ist die Zukunft
   der Kunst   S. 247
Merzbuch 2   S. 248
Merzbuhne
   → An alle Bühnen der Welt   S. 39
   → Das ABC der Normalbühne Merz   (S. 417)
   → Die normale Bühne Merz   S. 202
   → Einige praktische Anregungen zur Normalbühne
      S. 213
   → Einige praktische Anregungen zur Normalbühne
      = Merz   S. 204
   → 1 Die Merzbühne   S. 42
   → Erklärungen meiner Forderungen zur Merzbühne
      S. 43
   → Grundstellung   S. 254
   → Normalbühne   S. 206
   → Normalbühne Merz 1925   S. 202
   → [Vorwort] Die Merzbühne   S. 39
Merzdichtung   S. 255
Merzfrühling   S. 188
Merzzeichnungen und i-Zeichnungen   S. 254
MPD   S. 147
My Art and my Life   S. 386

NASCI – Wenn Sie Ihre inneren Beschwerden...
   S. 188
Nationale Kunst   S. 199
– tschechische Übersetzung   (S. 416)
Nationalitätsgefühl   S. 196
Neapel   S. 305
Nennen Sie es Zufall   S. 246
Nichts tötet schneller als Lächerlichkeit   S. 49
Noch einmal die Gefahr Westheim   S. 198
Normalbühne   S. 206
Normalbühne Merz 1925   S. 202

optophonetisch, Verkehrsschrift, dynamisch   S. 273

Pflichtgefühl   S. 279
Phantastische Gedanken   S. 234
PIN   A fancy   S. 389
PIN   Une fantaisie   S. 388
plastische schreibung   S. 269
Prag (erster Brief)   S. 233
Present Inter Noumenal   S. 391
Primavera in Italien   S. 302

Que fait DADA?   S. 126

Rede am Grabe Leo Reins → Tran 21   S. 94
Religion oder Sozialismus   S. 200
Revue zu dreien   S. 317

Sämischgares Rindleder → Tran 25   S. 108
Sauberkeit   S. 88
Schloß und Kathedrale mit Hofbrunnen   S. 95
Schlüssel zum Lesen von Lautgedichten   S. 392
Schwitters 1933   S. 354
Schwitters antwortet auf vier Fragen in ›Le savoir vivre‹   S. 387
Selbstbestimmungsrecht der Künstler   S. 38
Sensation   S. 286
Sie sandten mir eine Aufforderung   S. 384
So ist der Weg   S. 358
Sprache   S. 231
Stil oder Gestaltung   S. 270
Stuttgart die Wohnung   Werkbundausstellung   S. 280
Syrakus   S. 303

Tarent   S. 299
Theorie in der Malerei   S. 373
Thesen über Typographie   S. 192
Tragödie   Tran No 22, gegen Herrn Dr. phil. et med. Weygandt   S. 97
Tran 1   Ein solider Artikel   S. 45
Tran Nummer 7   Generalpardon an meine hannoverschen Kritiker in Merzstil   S. 52
Tran Nummer 11   Deutsche Volkskritik, die Kritik des Wiederaufbaus   S. 61
Tran Nr. 12   Kritik als Kunstwerk   S. 64
Tran Nummer 13   Das Privatscheuertuch   S. 65
Tran Nr. 14   Herr Dr. Frosch hungert den Geist aus   S. 67
Tran Nr. 15   Die Durchschnittserscheinung mit hellen Augen   S. 69

Tran Nummer 16   Das Leben auf blindem Fuße   S. 72
Tran Nr. 17   Der gefesselte Paul Madsack   S. 73
Tran 18   an Dresdener Kritiker ...   S. 85
Tran 19   Mein Zerfahren gegen Paul Westheim ...   S. 89
Tran 21   Rede am Grabe Leo Reins   S. 94
Tran No. 22 → Tragödie   S. 97
Tran 23   Blumen (Der Kritiker visavis der absoluten Stofflichkeit)   S. 104
Tran 24   die Schwanenjungfrau. Was man kaut, wird Brei   S. 107
Tran 25   Sämischgares Rindleder   S. 108
Tran Nr. 26   An alle Kritiker   S. 116
Tran 27 → Kritiker   S. 117
Tran 31   S. 118
Tran 35   Dada ist eine Hypothese   S. 172
Tran 50   Herrn F. C. Kobbe ...   S. 178
typographie und orthographie: kleinschrift   S. 268

Über den Wert der Kritik (Nachtrag)   S. 87
Über einheitliche Gestaltung von Drucksachen   S. 324
Über griechische Tempel   S. 294
Und so fortan   S. 153
Une fantaisie → PIN   Une fantaisie   S. 388
Urteile eines Laien über neue Architektur   S. 319

Van Doesburg   S. 350
– englische Übersetzung   (S. 424)
Veilchen   S. 349
Vermischung von Kunstgattungen   S. 371
Versuch einer Anleitung zur Aussprache von WW PBD   S. 185
[Vorwort] Die Merzbühne   S. 39

Wählt Anna Blume   S. 69
Wahrheit   S. 368
Was ist Wahnsinn?   S. 200
Was Kunst ist; eine Regel für große Kritiker   S. 57
Was Kunst ist, wissen Sie ...   S. 244
Watch your step!   S. 167
Wenn man das richtig überlegt ...   S. 244
Werbe-Gestaltung. Die neue Gestaltung in der Typographie   S. 213
Werkbundtagung in München, 1928   S. 306

Zahlen   S. 267
Zeitschriften gibt es genug   S. 125
Zur abstrakten Kunst   S. 36

Nachtrag zu den Bänden 1-4

Folgende Texte von Kurt Schwitters sind in den Jahren seit Erscheinen des I. Bandes bekanntgeworden:

1920

Das große Dadagluten (Eine Leichenfeier.)

Glut blutet Gluten bluten Blut. Merz grünen Sturm hinan die Uhren. Der Kirchturm türmt ein Wüstling krallen Krallen. (Übrigens versteht sich das ja ganz von selbst.) Krallen bergauf Krallen Wüstling Krallen, lalla du. Dar. Schwappen Fische kollert lamagoss (es ist nämlich heute Kaisers Geburtstag) Fisch blättert innen sanft Meer Zeppeline. Rasen rasen rasen – Meer rasen Fische Lüfte Zeppelin. Das Täubchen tröpfelt Tropfen. (Wo?) Tropfen streifen Bündel mitteball. (O Anna Blume, du geliebtes Wesen, hast du je so etwas gelesen?)

Zu groß ist meine Leiche, in der Nacht – bröckelt bröckelt bröckelt – zu groß ist meine Leiche, Wasser peitschen Tal entsanft – bröckelt bröckelt bröckelt – zu groß ist meine Leiche, Riesen wölben Dom entzwei – bröckelt bröckelt bröckelt – zu groß ist meine Leiche, Kalliostro's Totenhemd – bröckelt bröckelt bröckelt – zu groß ist meine Leiche, Waisen armenhelf – bröckelt bröckelt bröckelt – zu groß ist deine Leiche, Alves Bäsenstiel – Besen Besen Besen – zu groß ist deine Leiche Alves Räder rieder – Besen Besen Besen – zu groß ist deine Leiche (glaubst du das?) Hinten fangen Fische Mäuse.

Es ist nämlich eine merkwürdige Begebenheit. Begebenheit ist merkwürdig, nämlich. Würdige Merkheit, nämlich begebenswürdig. Sehr, sehr begeben – würdig – Fische lallen oho oho, Eisenbahnen fliegen Rundschweif vorn in der Luft, von hinten zuerst, Eisenbahnen fahren von hinten und von vorn. Hast du nie eine Lokomotive von hinten fahren sehen? Hast du nie eine Eisenbahn von hinten in der Luft fahren sehen? (Luftfahrerdank.) – Es gibt nur eine Möglichkeit: »Senkt euch nieder, senkt euch nieder wider die Gefieder.«

Die Sache liegt nämlich so: Dada ist die große Wurzel aller kleinen Wurzeln. Geheimnis überdrahtet unterwühlen Gluten. (Von hinten) – Dada ist das kleine Würzelchen, das Fäserchen der großen Gnade. (ich schreibe nämlich in einem Zustand der Erleucht-tung) Dada ist die große heilige Welle, die von Dada zu Dada flutet. In Dada Dada flutet Strom um Dada. Um Dada dadat Dada Dadadat dada – (für alle die es noch nicht wissen sollten.) – In Dada Dada Dada Dada Dada, Dada Dada Dada Dada Dada. – In Dadadadadadadadadadadadadada dddadadadadadadadada dadadadadadadadada dadadadadadada.
       Hochachtungsvollst
       Aanna Blume (das
so einfach liegt die Sache doch noch nicht.)
 Zunächst lerne man die Dadadegie bei r. hausmann, damit man Dada dadadada degieren kann. Sodann beachte man (das gehört aber wirklich nicht hierhier.) Der Kirchturm ist nämlich sehr steil. Und oben stachelt Fisch in der Peitscheluft. Blank stachelt Luft in der Peitsche fisch. Schlank fischt der Stachel/ Luft auf Luft gepeitscht. (das kann die verwestesten Knoten geben.) Dank stachelt schlank in der Peitschestank. Mein Herr ich glaube, du bist krank; doch das ist wenig von Belang. Und der Kirchturm zerwogen Merz baumelt links. Glut blutet Gluten bluten Blut. –
 Hallo, deine roten Beine!

Das große Dadagluten (Eine Leichenfeier.), MMs., 1 S., Sammlung Doucet, Paris. Schwitters erwähnt den Text in einem Brief an Roland Schacht vom 27. 11. 1920, KSA. Der Text wurde zum Teil von Roland Schacht ins Französische übersetzt und unter dem Titel ›La grande Ardeur de Dada. Marche funèbre‹ in ›Anna Blume Dichtungen, neue veränderte Auflage‹, Hannover 1922, S. 13–14 veröffentlicht. Vgl. auch ›Das Literarische Werk‹, Bd. I. S. 83 (S. 296).

1922

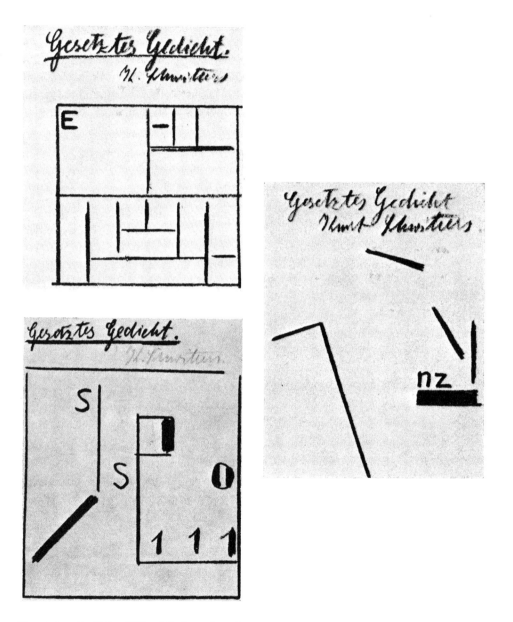

Gesetztes Gedicht, HMs., 3 S., Sammlung Doucet, Paris.

Um 1922

        Gedicht
          b
          f
          bw
          fms
          bwre
        fmsbewe
       bewaretä
        fmsbewetä
       p
       beweretäzä
      fmsbewetäzä
      p
     beweretäzäu
    fmsbeweretäzäu
    pege
    fmsbewetäzäu
    pegiff
    Qui – E

Gedicht b f bw, HMs., 1 S., Sammlung Doucet, Paris. Es handelt sich wahrscheinlich um das phonetische Gedicht, das den Anstoß zur Ursonate gab.

Um 1926   Dumme Verse

Mensch ärgere Deine Frau nicht.

Wer sprechen soll und wagt es nicht,
Wer heimlich petzt und sagt es nicht,
Wer ein Mädchen liebt und küßt es nicht,
Der heißt ein Mann und ist es nicht.

Ich möchte hier in meinem Leben wandern
Von jeder einen arr zur andern.

Der Lathan und der Charrlathan,
Der Bather und der Batherman,
Und wer sie alle zeigen kann!

Der Herr Papa sang gène
Geht heute ohne Zähne.

Dumme Verse, GMs., 1 S., KSA. Vgl. auch ›Das Literarische Werk‹, Bd. I, S. 100.

Um 1926

Ideen für Dichtungen

Zweckverwertungsgesellschaft // Durch Gesundheit Kranke
Unendlichkeit
Ich liege im Bett, schlafe, flach. Ein schales Papier. Flach ausgeklatscht. Eine andere Welt kreist um mich. Ich schaue rings. Da liege ich ja, neben mir. Bin ich das? Ein schales Papier, flach ausgeklatscht? Deine Hände? Das bin ich? das er Du?
    Das ist eine Hülle, die neben mir liegt, leer. Wer bin ich? Bin ich neben mir? Bin ich nicht in der Hülle: Schale Hülle im Bett schläft: Ich wache. Eine leere Hülle. Schal, flach, liegt neben mir und schläft.

Die Wette   *Der Dichter im Paletot*   *Greppin*
Die Liebe unter dem Orangenbaum
Andi: Augen hat er überhaupt nicht, nur Hornbrille, Zähne hat er überhaupt nicht, Mund lacht vom einen Ohr zum andern. Lange und dünne Nase, offen, man ist unbedingt versucht, hineinzufassen. Er liebt alle Mädchen. Steht zerschmelzend da.

Negnurhekmu
Der gute Birgenhund ist weiter nichts als der umgekehrte Hindenburg. Er entsteht dadurch, daß Millionen von Wahlhinden wählen. Wahlhinden wählen mit Gefühl. Er ist der unbeliebteste Mann in ganz Deutschland, denn er kann immer gut sehen. Er hat nie etwas im Auge gehabt, niemals, auch nicht als Soldat die ganze Nation. Im Ausland aber ist er desto beliebter. Burgenhind hat nie eine Osterbotschaft an das deutsche Volk erlassen, sein Leben liegt vollständig unklar hinter aller Welt. Darum können wir hier auch nicht mehr viel von ihm berichten. Burgenhind war nie Soldat, dafür aber ein gewiegter Diplomat.

Ideen für Dichtungen, GMs., 2 S., KSA.

1926–1939

[Kurze Sentenzen I]

Wer keine Aussichten mehr hat, kann Einsicht haben.

Jedes ›Mehr‹ ist ein ›Weniger‹ (denn jedes Mehr in einer Richtung hindert andere Richtungen, sich so vollkommen zu entfalten, wie sie es sonst tun könnten. Denn die Summe aller Richtungen ist gleich).

Die Summe aller Dinge bleibt gleich, nur das Verhältnis der Dinge untereinander kann sich ändern.

[Kurze Sentenzen I], GMs., 1 S., KSA.

[Kurze Sentenzen II]

Der große arp der Rosen fischt
ist kein civiler Preis

Krieg ist keine Entschuldigung für
gekränkte Ehre,
denn der moderne Mensch kennt
diese Begrifff ›Ehre‹ nicht mehr.

Quatsch ist die Seele von dada.

[Kurze Sentenzen II], HMs., 3 S., Sammlung Doucet, Paris.

1927

Über den Sternen

Schmerzen stolpern meine Tage einer nach dem andern über Felsen
Wolkenschatten wandern neben mir vertraut und fremd
Irgendwo in einem Tal scheint der Mond den Menschen Schlaf   Und Trost
Irgendwo auf weichen Hügeln leuchtet Sonne tausend frohen Blüten
Klart klimmt mein Weg
Wolkenschatten fallen fremd zurück
Klar klimmt mein Weg
Und steilt
Hellhoch
Mein Weg
Kalte Blumen blüht der Schnee in meinen Bergen
Lichtlos leuchtet mir die Nacht
Meine Sterne sanken längst in ferne Täler
Alle Menschen ließ ich in den Tälern
Meine Nacht ist hell
Sternenlos blüht meine Nacht
Stark schlägt mein Herz
Klangfroh mein starkes Herz
Die eise Nacht hellt mir den letzten Weg
Empor

* * *

Sturm tobt der Wald
Braust
Braust
Packt schüttelt schwerwuchte Kronen
Tanzfliegen schlank hoch die Wipfel
Schlagen zerschlagen schnellen zerflattern
Wut brüllt der Sturm
Aechzen Stämme die biegen
Beugen beugen
Stemmen
Kraft

Beugen
Kraft
Stemmen
Gegen
Biegen
Hoch schleudern wildfahre Aeste
Furcht toll fliegende Arme
Wut gellt der Sturm
Zwingen zwingen
Neigen zwingen
Beugen zwingen
Knattert ein Blitz
Und
Turmhoch bäumt steilauf hinauf
Wankt
Hebt
Hebt
Stürzt
Polternd
Die Schlucht
Wut lacht der Sturm
Peitscht Wolken dunkel den Himmel zerfetzt
Zackt Felsen zerhackt
Umzüngeln züngeln
Züngeln umringeln
Zünden zünden
Lecken und ringeln
Lauflaufe Züngelchen eileilen eilen
Sturm tanzt der Fels
Tanzt nackt
Gleißt
Sprühend die Glut
Flammt flammt
Brodeln und prasseln
Prasseln und brennen
Brennen und lodern
Lodern und flammen
Flammen

Flammen
Singen
Singen
Hell singen die Flammen
Singt nun der Wald
Glut singt mein Wald
Sturm heult zerkeucht
Heult keucht zerkriecht
Kriecht weg feige die Schlucht verkrochen
Stille singt nun mein Wald
Singt
Leuchtet   Singt   Leuchtet   Leuchtet

* * *

Flüchtet weich mein Herz in Deine Hände
Schlägt den trauten Traum Dir
Liebe Du und Traumvergessen
Ruhe Du
Sanft ruht mein Herz in Deinen Händen

Um 1927

Zahlen
(zweistimmiges gedicht)

1	1
$\frac{1}{2}$	2
$\frac{1}{3}$	3
$\frac{1}{4}$	4
$\frac{1}{5}$	5
5	$\frac{1}{5}$
$\frac{1}{6}$	6
4	$\frac{1}{4}$
$\frac{1}{7}$	7
3	$\frac{1}{3}$
$\frac{1}{8}$	8
2	$\frac{1}{2}$
$\frac{1}{9}$	9
0	0

Zahlen HMs., 1 S., Sammlung Doucet, Paris.

Um 1930

Die Laternen

Laternen steh'n
wie eine Reihe Knöpfe
an einer Uniform
ausgerichtet
und blank geputzt.
Sie blitzen und leuchten und funkeln
im dunkeln.
Am Tage sind sie dumm,
ihr Licht ist stumm.

Die Laternen, GMs., 1 S., KSA.

1938

Das Urgebet der Scholle

Schale
Schiller
Schale
Schule Schule Schule uhle
Scholle Scholle Scholle rolle
Schale Schale Schale scheele
mahle mahle mahle Mehl
male male male Malerei
alle alle alle allerlei

Das Urgebet der Scholle, datiert 17. 4. 1938, GMs., 1 S., KSA.

[Fassung 1946]

            Die Wut des Niesens
            The Fury of Sneezing

            Tesch
            Haisch
            Tschiiaa
            Haisch
            Tschiiaa
            Haisch
            Happaisch
            Happapeppaisch
            Happapeppaisch
            Happapeppaisch
            Happapeppaisch
            HAPPA PEPPE TSCHA!

Die Wut des Niesens, im Brief an Christof und Louise Spengemann vom 26. 1. 46, Stadtbibliothek Hannover.
Kurt Schwitters, ›Wir spielen, bis uns der Tod abholt‹, Briefe aus fünf Jahrzehnten (Frankfurt a. M./Berlin, 1974), S. 188.

Zu den Anmerkungen von **Band I** ist nachzutragen:

37 (S. 289) **Die Welt,** Gedicht 2
Unter dem Titel ›Vilag‹ in der ungarischen Übersetzung von Lajos Kudlak veröffentlicht in ›MA‹, VI, 6, (25. April 1921), S. 82.

Házak potyognak, firmamentumok
                              beomlanak
Fák fákfölé nyujtóznak
Vörösen zöldel az ég
Ezüst-halak úsznak levegőben
De ők nem emésztődnek
(Hisz ők oly meghittek)
Ezüst-horizontban csillog hajnaluk
És a felhömpölygött őrület a zenitre
                              pöffeszkedik
Ezüst-halak légiói vibrálnak az ürben
Csak az ő ezüst-röptük nem perzselődik
A levegő lágy lélegzete szitál az ezüst
                        szárnycsapások alól.
Felpávásodott emberek –
Térdrehomorult lelkek –
Dimenziótlanul terül az őrület a
                        perspektivába.

39 (S. 290) **Undumm,**
Ein MMs., 1 S. in der Sammlung Doucet, Paris, trägt die Datierung 1919 und den Titel ›Umdumm‹. Es ist auch erschienen in ›Der Ararat‹, II, 1, (Jan. 1921), S. 117. Der Titel ›Undumm‹ stammt aus ›Merz 20‹, a.a.O., im ›Sturm-Bilderbuch‹ und im ›Ararat‹ heißt er Umdumm.
Varianten im MMs. der Collection Doucet:
Z. 3   equalle fein
Z. 8   duh, oh singe mit!

53 (S. 291) **Senken Schwüle** und **Klang**
sind in Bd. I als zwei Gedichte gesetzt. Im ›Zweemann‹ folgt auf das Gedicht ›Senken Schwüle‹ der Gedichttext von ›Klang‹ ohne Titel. Es ist möglich, die beiden Texte als ein Gedicht zu lesen.

50 u. 56 (S. 291) **Leise** und **Er sie Es**
Beim Gedicht ›Er sie Es‹ beginnen im ›Sturm-Bilderbuch IV‹, S. 6, nur die Textzeilen 2, 5, 8, 13 mit Großbuchstaben;
beim Gedicht ›Leise‹ (›Sturm-Bilderbuch IV‹, S. 16) die Textzeilen 1, 4, 7;
vom Gedicht ›Er sie Es‹ liegt in der Sammlung Doucet, Paris, ein HMs. 1 S. vor, das 11. 11. 19 datiert ist.

58-59 (S. 291) **An Anna Blume**
Im Brief an Christof Spengemann vom 29. 9. 47 sind die Zeilen von 1–30 numeriert. In der ersten Zeile ist »DIR« in Großbuchstaben geschrieben; in Zeile 7 steht ein Komma vor und.

67 (S. 295) **Porträt Herwarth Walden** und **Porträt Nell Walden**
›Der Sturm. Ein Erinnerungsbuch an Herwarth Walden und die Künstler aus dem Sturmkreis‹, Hrsg. Nell Walden und Lothar Schreyer. (Baden-Baden, 1954), S. 181–182.

80 (S. 296) **Arbeiterlied**
Es gibt ein HMs., 1 S., in der Sammlung Doucet, dessen Rückseite datiert ist: 11. 11. 1919.

86 (S. 297) **An das Proletariat Berlins!**
zu datieren 1920. Schwitters erwähnt das Gedicht in einem Brief an Roland Schacht vom 27. 11. 1920, Sammlung Doucet, Paris.

145 (S. 304) **Ailenroc**
Andere Lesart in Z. 7 wahrscheinlicher: Komm mit die Straßenbahn.
Nach Z. 13 folgt ein Komma.

145 (S. 304) **Cornelia**
Andere Lesarten in Z. 2 Ich habe Dich so gern! und in Z. 4 Ich hore dich schon nahn.

152 (S. 304) **Imagination**
Im Brief an Raoul Haussmann vom 31. 8. 46 lautet die letzte Zeile: »Siehst Du!.....«

180 (S. 307) **Denaturierte Poesie**
In der Sammlung Doucet existiert ein HMs., 2 S., mit folgenden Varianten:
Gedichttext Z. 23 Über ein Kleines
Z. 26/27 Ich weiß von keiner Liebe nich, Ich weiß von keiner Lübe,
Z. 29 fehlt.

190 (S. 310) **Der Krawattenmacher**
auch erschienen in ›Festschrift zum Zinnoberfest‹, S. 190:
Varianten: Z. 27–31 ist eine Wiederholung der Refrainzeilen Z. 12–16.

199 (S. 310) **Cigarren[elementar]**
in ›MA‹ mit ungarischer Umschrift, es fehlen die beiden Zusätze »elementar« und »Der letzte Vers wird gesungen«.

203 (S. 311) **Wand**
Die Datierung ist auf 1921 vorzuverlegen, zuerst erschienen in ›De Stijl‹, IV, 7 (Juli 1921), S. 108, unter dem Titel ›Gedicht 63‹ ohne die erste Gedichtzeile.

204 (S. 311) **Gedicht 25 [elementar]**
unterschiedlich die Typographie und Varianten in ›MA‹, VIII, 1 (Oktober 1922), o. S.

		25	
25	42	56	4
25	44	6	$\frac{1}{2}4$
26	46	6	
	48	6	58
26	52		4
26		56	4
27	53	6	4
	9	6	$\frac{1}{2}4$
27	9	6	
27	9	$\frac{3}{4}6$	25
28			4
28	54	57	4
28	8	5	$\frac{1}{2}4$
29	8	5	
		$\frac{2}{3}5$	4
31			4
33	55		4
35	7	58	$\frac{1}{2}4$
37	7	4	
39	7	4	4

205 (S. 311) **Zwölf**
Die Datierung ist auf 1921 vorzuverlegen, zuerst erschienen in ›De Stijl‹, IV, 7 (Juli 1921), S. 107/108 unter dem Titel ›Gedicht 62‹.

207 (S. 311) **Drei**
Zuerst erschienen unter dem Titel ›Gedicht 60‹ in ›De Stijl‹, IV, 7 (Juli 1921), S. 107.
Jeweils zehn Zeilen bilden am Beginn eine Stropheneinheit.

248 (S. 313) **Obervogelsang**
Variante in ›PIN‹, S. 38
Super-Bird-Song
Ji
Uü
Aa
P' gikk
P'p' gikk
Beckedikee
Lampedigaal
P'p' beckedikee
P'p' lampedigaal
Ji üü Oo Aa
Brr Bredikekke
Ji üü Oo ii Aa
Nz' dott Nz' dott
Doll
Ee P' gikk
Lampedikrr
Sjaal
Briiniiaan
Ba baa

Zu den Anmerkungen von **Band 2** ist nachzutragen:

29 (S. 383) **Ursachen und Beginn der großen glorreichen Revolution von Reven,**
Ungarische Übersetzung unter dem Titel ›A refoni discöséges forradalom kezdete és okai‹ in ›MA‹, 9. Jg. No 1 (Sept. 1923), o. S.

285 (S. 431) **Es ist ein Unglück geschehen**
Zuerst erschienen in der ›Frankfurter Zeitung‹, zweites Morgenblatt vom 1. 1. 1927.
Richtigstellung:
S. 286, Z. 10/11 da lag auf dem Stuhle ein Mädchen, ganz schlapp und direkt krausgesessen. In seiner Angst reißt Meier das Kind hoch.

Alphabetisches Verzeichnis aller in den 5 Bänden aufgeführten Werke

Die Zahlen in den Klammern beziehen sich auf Übersetzungen, weitere Fassungen und Texte in den Anmerkungen

A–A Bildgedicht   Bd. 1, S. 201
A abel   Bd. 1, S. 255
A Anna Lafleur   Bd. 1 S. 293
A Eve Mafleur   Bd. 1, S. 292
A fancy → PIN A fancy   Bd. 5, S. 389
A fishbone fish a fefishbone   Bd. 1, S. 167
A. M.   Bd. 1, S. 93
A Merzszinpad   Bd. 5, S. 401
A–O Bildgedicht   Bd. 1, S. 200
Aan Anna Bloeme   Bd. 1, S. 294
Abend, Gedicht 25   Bd. 1, S. 75
Abend am Fjord   Bd. 1, S. 120
Abgier   Bd. 2, S. 168
Ablösung (Grimm glimm gnimm)   Bd. 1, S. 237
   (Teil der Ursonate   Bd. 1, S. 214–242)
About me by myself   Bd. 5, S. 321
Abstract Art   Bd. 5, S. 385
Abstrakte Malerei   Bd. 5 (S. 400)
Ach, es geht mir etwas besser   Bd. 1, S. 170
Achtung, Bitte Privatherrschaften! Gedicht 29   Bd. 1, S. 73
Ännchen   Bd. 2, S. 377
Ailenroc   Bd. 1, S. 145; Bd. 5, S. 445 (145)
Alabaster   Bd. 3, S. 44
– spätere Fassung   Bd. 3, S. 307
Alle Vögel...   Bd. 1, S. 142
Allentyp   Bd. 2, S. 96
Allerlei   Bd. 2, S. 284
Allgemeine Reklame   Bd. 5, S. 249
Alphabet von hinten   Bd. 1, S. 206
Alphabet vue de dos   Bd. 1, S. 311 (206)
Altes Land → Glückliches Land   Bd. 3, S. 38
Altes Lautgedicht H H H   Bd. 1, S. 210
Altes Märchen   Bd. 2, S. 240
Am Rande des Irrsinns   Bd. 3, S. 319
Am Rande meines Welkens bin ich sanfte Nacht, Gedicht 14   Bd. 1, S. 41
An alle Bühnen der Welt   Bd. 5, S. 39
An alle Kritiker → Tran Nr. 26   Bd. 5, S. 116
An Anna Blume   Bd. 1, S. 58; Bd. 5, S. 445 (58)
An das Proletariat Berlins! Durchgangsverkehr   Bd. 1, S. 86; Bd. 5, S. 445 (86)
– französische Übersetzung   Bd. 1, S. 297 (86)

an Dresdener Kritiker → Tran 18   Bd. 5, S. 85
An eine Zeichnung Marc Chagalls, Gedicht 28   Bd. 1, S. 70
An Franz Marc   Bd. 1, S. 84
An Johannes Molzahn, Gedicht 37   Bd. 1, S. 66
An Maria   Bd. 1, S. 69
Analyse   Bd. 1, S. 91; Bd. 2, S. 66
And in the night   Bd. 1, S. 157
Anna Blossom has wheels   Bd. 1, S. 150 (294)
Anna Blume
 → A Anna Lafleur
 → A Eve Mafleur
 → Aan Anna Bloeme
 → An Anna Blume
 → Anna Blossom has wheels
 → Anna Mafleur
 → Anna Miofiore
 → Anna Viragnak
 → Die Blume Anna
 → Eve Blossom has wheels
 → To Eve Blossom
 → Votre très humble Eve Mafleur
 → Wählt Anna Blume
Anna Mafleur   Bd. 1, S. 293
Anna Miofiore   Bd. 1, S. 294
Anna Viragnak   Bd. 1, S. 294
Anne (ein Rundgesang)   Bd. 1, S. 195
Anregungen zur Erlangung einer Systemschrift   Bd. 5, S. 274
Antworten auf die Kritik meines Abends bei Garvens am 8. 12. 1921   Bd. 5, S. 94
Aprilwetter   Bd. 1, S. 32
Arbeiterlied   Bd. 1, S. 80; Bd. 5, S. 445 (80)
At first men were limited   Bd. 1, S. 163
Atelier   Bd. 1, S. 206
Auf einem blauen Kinderbuch   Bd. 1, S. 141
Auf Jules Vernes Spuren → Horizontale Geschichte
Aufruf! (ein Epos). Was ist ein Abstinent?   Bd. 1, S. 60
Auguste Bolte   Bd. 2, S. 68
– französische Übersetzung   Bd. 2, S. 397 (68)
Aus dem Land des Irrsinns   Bd. 3, S. 138
– Fragmente   Bd. 3, S. 318–323
– Einleitung (1937)   Bd. 3, S. 137

– zweiter Entwurf   Bd. 3, S. 318 (137–138)
Aus den Erinnerungen meiner Familie. A: meines Vaters, B: meiner Mutter, C: aus meinen Erinnerungen, Der schwarze Glasstein   Bd. 3, S. 303
Aus der Welt: ›MERZ‹   Bd. 5, S. 153
Aus Santa Lucia   Bd. 3, S. 192
Ausgelaufene Handlungen   Bd. 5, S. 316
Automayers   Bd. 2, S. 107
Automne → C'est l'automne
Autumn   Bd. 1, S. 148
Aux prolétaires de Paris. Transit!   Bd. 1, S. 297

Ballada   Bd. 1, S. 303 → Die Nixe   Bd. 1, S. 137
Ballade → Die Ballade der Seejungfrau   Bd. 1 (303)
  → Die Nixe   Bd. 1, S. 137
Banalitäten (1) und (2)   Bd. 1, S. 172–174
Banalitäten (3)   Bd. 5, S. 148
Banalitäten (4)   Bd. 5, S. 150
Banalitäten aus dem Chinesischen   Bd. 1, S. 170
Basel   Bd. 1, S. 123
Bei der Erziehung ist das Beispiel die Hauptsache
  Bd. 1, S. 171
Beingrenzen   Bd. 1, S. 44
bel au hau   Bd. 1, S. 213
Berliner BörsenKukukunst   Bd. 5, S. 50
Besuch auf Hjertöya   Bd. 3, S. 230
Betrachtungen – 1   Bd. 5, S. 360, 425 (360)
Betrachtungen – 2   Bd. 5, S. 361
Betrachtungen – 3   Bd. 5, S. 361
– erste Fassung   Bd. 5, S. 425 (361)
bii bill   Bd. 1, S. 212–213
bii büll ree   Bd. 1, S. 243–244
Bildung   Bd. 2, S. 311
Bin ich allein. An Helma   Bd. 1, S. 130
Bismarck pflegte zu sagen: Bd. 1, S. 175
Blamabel   Bd. 3, S. 41
Blumen (Der Kritiker visavis der absoluten Stofflichkeit)
  → Tran 23   Bd. 5, S. 104
Bogen 1 für mein neues Atelier   Bd. 5, S. 365
Bogen 2   Bd. 5, S. 367
Bombenangriff   Bd. 3, S. 74
boo   Bd. 1, S. 211
Brautwerbung   Bd. 2, S. 279
Brombeeren → Kurt Schwitters an Arp   Bd. 2, S. 47
Brombeeren (2) → Kurt Schwitters an den Schweizer Dadaisten Arp   Bd. 2, S. 47

C'est l'automne   Bd. 1, S. 297 (92)
Charakter   Bd. 2, S. 326
Choir of the orderly police   Bd. 1, S. 308 (183)

Chor der Ordnungspolizei   Bd. 1, S. 183
– erweiterte Fassung   Bd. 1, S. 308 (183)
– englische Übersetzung   Bd. 1, S. 308 (183)
Choral aus der Kirche   Bd. 1, S. 183
– englische Übersetzung   Bd. 1, S. 308 (183)
Cigarren [elementar]   Bd. 1, S. 199; Bd. 5, S. 446 (199)
Clap trap   Bd. 1, S. 161
Cloy   Bd. 4, S. 120
Coco   Bd. 2, S. 433
Concerning Love   Bd. 1, S. 254
Cornelia   Bd. 1, S. 145; Bd. 5, S. 445 (145)
Count Sardinowhocount   Bd. 1, S. 160

Da sprach der Herr: Wieso   Bd. 1, S. 112
dada complet. 1   Bd. 5, S. 149
dada complet Nr. 2   Bd. 5, S. 178
Dada ist der sittliche Ernst   Bd. 1, S. 175
Dada ist eine Hypothese → Tran 35   Bd. 5, S. 172
Dada Nachrichten   Bd. 5, S. 152
Dada Nachrichten → das schiffchen   Bd. 5, S. 145
Dadaismus in Holland   Bd. 5, S. 127
Dadaisten   Bd. 5, S. 181
Dadaizm   Bd. 5, S. 415
Dadar   Bd. 1, S. 161
Dann sind der hohen Gäste   Bd. 1, S. 122
Das ABC der Normalbühne Merz   Bd. 5, S. 417 (206)
Das ganz einfache Butterbrot   Bd. 2, S. 365
Das ganz einfache Leben   Bd. 3, S. 42
Das Geheimnis   Bd. 3, S. 194
Das geliehene Fahrrad   Bd. 2, S. 236
– Spätfassung   Bd. 2, S. 428
Das Geraune   Bd. 1, S. 112
Das Glück   Bd. 2, S. 214
Das große Dadagluten (Eine Leichenfeier.)   Bd. 5, S. 432
Das große E   Bd. 5, S. 338
Das häßliche Mädchen   Bd. 3, S. 130
Das i-Gedicht   Bd. 1, S. 206
Das Irrenhaus von Sondermann   Bd. 4, S. 121
– Irrenhaus   Bd. 4, S. 342 (121)
Das Land des Irrsinns   Bd. 3, S. 318 (137–138)
Das Leben auf blindem Fuße → Tran Nummer 16
  Bd. 5, S. 72
Das Leben ist eine herrliche Erfindung   Bd. 5, S. 294
Das lebende Fürstentum als Naturschutzpark   Bd. 3, S. 23
Das Lied Almas   Bd. 1, S. 181
Das Lied der Dirnen   Bd. 1, S. 194–195
Das Märchen vom Glück   Bd. 3, S. 214
Das Niesgedicht → Nießscherzo   Bd. 1, S. 244–245

Das Paradies auf der Wiese   Bd. 2, S. 125
Das Porträt   Bd. 5, S. 376
Das Präsens ist der zweite Fall   Bd. 1, S. 177
Das Privatscheuertuch → Tran Nummer 13   Bd. 5, S. 65
Das Problem der abstrakten Kunst (erster Versuch)   Bd. 5, S. 26
das schiffchen: Dada Nachrichten   Bd. 5, S. 145
Das stolze Mädchen   Bd. 2, S. 234
Das Thema. Das Thema heißt einfach ›Bleie‹. Überschrift: ›Die Erdbeere‹   Bd. 2, S. 61
– französische Übersetzung   Bd. 2, S. 394 (61)
Das Totenbett   Bd. 3, S. 14
Das Totenbett mit happy end   Bd. 4, S. 141
– Totenbett [Fragment]   Bd. 4, S. 342 (141)
– Frau Meier [Fragment]   Bd. 4, S. 343 (141)
Das Urgebet der Scholle   Bd. 5, S. 443
Das versonnene Land   Bd. 1, S. 43
Das Verwesungswesen   Bd. 1, S. 74
Das viereckige Luftloch   Bd. 3, S. 236
Das Weib entzückt durch seine Beine   Bd. 1, S. 171
– englische Übersetzung   Bd. 1, S. 307 (161)
Das Wetter   Bd. 3, S. 213
Das Ziel meiner Merzkunst   Bd. 5, S. 362
Daten aus meinem Leben   Bd. 5, S. 240
De booten hebben zwarte schoorstenen   Bd. 1, S. 93
De reis naar Indie   Bd. 2, S. 425 (223)
De Zelfoverwinning van Dada   Bd. 5, S. 120
Dead Mouse   Bd. 3, S. 292
Denaturierte Poesie   Bd. 1, S. 180; Bd. 5, S. 445 (180)
– englische Übersetzung   Bd. 1, S. 307 (180)
Dem Sturm   Bd. 1, S. 84
Den fattige i ånden   Bd. 3, S. 323 (188–191)
Denkmals-Kultur   Bd. 2, S. 292
Der alles kann   Bd. 1, S. 175
Der Bahnhof   Bd. 1, S. 65
Der Baum   Bd. 1, S. 98, 298 (98)
Der Buchhändler   Bd. 1, S. 73
Der carbonisierte Goldfisch   Bd. 2, S. 307
Der Dadaismus   Bd. 5, S. 193
– polnischer Originaltext ›Dadaizm‹   Bd. 5 (S. 415)
Der, der da geistig arm ist   Bd. 3, S. 188
– englische Übersetzung   Bd. 3, S. 325 (188–191)
– norwegische Übersetzung   Bd. 3, S. 323 (188–191)
Der Dich behütet schläft nicht   Bd. 2, S. 55
Der dritte Acker   Bd. 4, S. 271
Der Durchschnittsmensch   Bd. 4, S. 298
Der ehemalige Pinsel   Bd. 1, S. 304
→ Der Pingewesel   Bd. 1, S. 140
Der eine und der andere   Bd. 2, S. 249

Der farbige Aufbau   Bd. 5, S. 266
Der Fisch und die Schiffsschraube   Bd. 3, S. 164
Der Floh im Ohr   Bd. 1, S. 136
Der Gast   Bd. 2, S. 315
Der Gefangene, Gedicht 4   Bd. 1, S. 79
– französische Übersetzung   Bd. 1, S. 296 (79)
Der gefesselte Paul Madsack → Tran Nr. 17   Bd. 5, S. 73
Der glückliche Hans   Bd. 2, S. 210
Der graue Siebenzusch   Bd. 3, S. 33
Der große MERZ Kurt Schwitters   Bd. 5, S. 184
Der Hahnepeter   Bd. 2, S. 109, 413 (109)
Der Hasterose   Bd. 2, S. 108
Der Herr Generaldirektor   Bd. 4, S. 345
Der junge Kunstmaler Meier   Bd. 3, S. 125
Der Klumpen Teer   Bd. 3, S. 303 (16–18)
Der Krawattenmacher   Bd. 1, 190; Bd. 5, S. 446 (190)
Der Mann in der Maschine   Bd. 3, S. 260
Der Mann mit der gläsernen Nase   Bd. 3, S. 268
Der Paradiesvogel   Bd. 2, S. 118
Der Pechvogel   Bd. 2, S. 146
Der Pingewesel   Bd. 1, S. 140
– erste Fassung   Bd. 1, S. 304 (140)
Der Prophet   Bd. 1, S. 72
Der Rhythmus im Kunstwerk   Bd. 5, S. 245
der ring neue werbegestalter   Bd. 5, S. 337
Der sächsische Ozean   Bd. 2, S. 229
Der Schein   Bd. 3, S. 12
Der Schirm   Bd. 2, S. 335
Der Schluck um das Leben   Bd. 2, S. 55
Der schnelle Graben   Bd. 3, S. 271
Der Schürm   Bd. 2, S. 338
Der schwarze Glasstein   Bd. 3, S. 304
Der Schweinehirt und der Dichterfürst   Bd. 2, S. 203
Der Spazierstock   Bd. 3, S. 164
Der Splinter   Bd. 1, S. 99
Der Splinter II   Bd. 1, S. 299
Der tote Gang   Bd. 2, S. 57
– französische Übersetzung   Bd. 2, S. 394 (57)
Der Übergang vom alten plumpen Pincenez   Bd. 1, S. 170
Der Ursprung von Merz   Bd. 3, S. 274
– erste Fassung   Bd. 3, S. 330 (274–276)
Der Wach- und Schließ-Geselle   Bd. 3, S. 20
Der Würfel   Bd. 2, S. 106
Der Zauberkünstler   Bd. 2, S. 294
Der Zigarette Ende   Bd. 1, S. 111
Der Zinnoberschlager   Bd. 1, S. 188
Der Zoobär   Bd. 4, S. 225
– Handlungsskizze   Bd. 4, S. 347 (225)

- Mr. Bär Bd. 4, S. 349
- späte Fassung Bd. 4, S. 349
Der zündende Funken Bd. 2, S. 277
Deutsche Volkskritik, die Kritik des Wiederaufbaus
   → Tran Nummer 11 Bd. 5, S. 61
Deux Messieurs Bd. 2, S. 393 (52)
Die Abenteuer des Herrn von Nasebyll Bd. 3, S. 237
Die Alarmglocke Bd. 2, S. 374
Die Ballade der Seejungfrau → Die Nixe Bd. 1, S. 137–138
Die Bedeutung des Merzgedankens in der Welt Bd. 5, S. 133
Die beiden Brüder Bd. 3, S. 150
Die Blechpalme Bd. 5, S. 358
Die Blume Anna Bd. 1, S. 292
Die Buche im Gewitter Bd. 3, S. 257
Die Buchführung beim kleinen Handwerker Bd. 1, S. 50
Die drei Wünsche Bd. 3, S. 126
Die Durchschnittserscheinung mit hellen Augen
   → Tran Nr. 15 Bd. 5, S. 69
Die Erdbeere → Das Thema Bd. 2, S. 61
Die Fabel vom guten Menschen Bd. 3, S. 37
Die Familiengruft Bd. 4, S. 308
- Fragment Bd. 4, S. 368
Die Fische sind nachmittags billig Bd. 3, S. 74
Die Gazelle zittert Bd. 1, S. 177
Die Geheimlade Bd. 2, S. 49
Die gelbe Blume Bd. 3, S. 53 → Kleine gelbe Blume Bd. 3, S. 309 (53–73)
Die Geschichte vom Hasen Bd. 3, S. 43
Die Geschichte von der Fledermaus Bd. 3, S. 195
Die Häßliche Bd. 3, S. 42
Die Hand Bd. 1, S. 91
Die Hausbiene → Unsere kleine Hausbiene Bd. 3, S. 38
Die Himmelsleiter Bd. 2, S. 296
Die klugen Lehren des alten Mufferkübchens Bd. 2, S. 342
Die Kuh Bd. 1, S. 177
Die Laternen Bd. 5, S. 443
Die letzte Fliege Bd. 1, S. 299 (102)
Die Liebe Bd. 1, S. 104
Die Lotterie Bd. 2, S. 421 (216)
Die Märchen vom Paradies
   → Das Paradies auf der Wiese Bd. 2, S. 125
   → Der Hahnepeter Bd. 2, S. 109
   → Der Paradiesvogel Bd. 2, S. 118
Die Märchen vom Paradiese No. 5 → Der Pechvogel Bd. 2, S. 146

Die Merzbühne [Vorwort] Bd. 5, S. 39
Die Merzbühne 1 Bd. 5, S. 42
Die Merzmalerei Bd. 5, S. 37
Die Nixe, Ballada Bd. 1, S. 137–138
- französische Übersetzung Bd. 1, S. 303 (137–138)
Die normale Bühne Merz Bd. 5, S. 202
Die Palme Bd. 3, S. 21
Die Piepmänner und das Schwein Bd. 2, S. 226
Die Prager Eindrücke Bd. 2, S. 274
Die Rabenblüte Bd. 1, S. 72
Die Raddadistenmaschine Bd. 2, S. 48
Die Redaktion Merz bittet die Kritik Bd. 5, S. 189
Die Reise nach Indien Bd. 2, S. 223
- holländische Übersetzung Bd. 2, S. 425–427 (223)
Die rote Lilie Bd. 1, S. 96
Die rote Marie Bd. 1, S. 69
- englische Übersetzung Bd. 1, S. 295 (69)
Die rote Nelke Bd. 1, S. 298 (96) → Die rote Lilie Bd. 1, S. 96
Die Scheuche Bd. 2, S. 155
- letzte Textfassung Bd. 2, S. 419 (155)
- englische Übersetzung Bd. 2, S. 419–420
Die schielende Puppe Bd. 2, S. 319
Die Schneewigkeit Bd. 3, S. 245
die Schwanenjungfrau → Tran 24 Bd. 5, S. 107
Die Straße von Messina Bd. 1, S. 298
Die tote Frau Rat mit dem Tuet Bd. 3, S. 248
Die weißlackierte schwarze Tüte Bd. 2, S. 95
Die Welt, Gedicht 2 Bd. 1, S. 37
- ungarische Übersetzung Bd. 5, S. 445 (37)
Die Wende Bd. 2, S. 53
Die Wette Bd. 1, S. 126
Die Wiese Bd. 1, S. 82
Die Wolkenwand weicht Bd. 1, S. 122
Die Wut des Niesens → Nießscherzo Bd. 1, S. 244–245
- Fassung 1946 Bd. 5, S. 444
Die Zie Bd. 1, S. 298 (95)
   → Pornographisches i-Gedicht Bd. 1, S. 95
Die Zoologische Garten-Lotterie Bd. 2, S. 216
- französische Übersetzung Bd. 2, S. 421–425
Die zute Tute Bd. 1, S. 96
- holländische Übersetzung Bd. 1, S. 298 (96)
Die Zwiebel Bd. 2, S. 22
Dillepott und Lappentür Bd. 2, S. 232
Do You Need Money Bd. 3, S. 300
DOF Bd. 2, S. 60
Doof Bd. 1, S. 202
Doppelmoppel Bd. 1, S. 103
- englische Übersetzung Bd. 1, S. 300 (103)
Dorf Bd. 1, S. 88

Doten? Was ist das? Bd. 3, S. 16
- weitere Fassungen Bd. 3, S. 303 (16–18)
Drahtzieher Bd. 1, S. 74
Drahtzirkus Bd. 1, S. 90
Dramatische Szene Bd. 4, S. 23
Drei Bd. 1, S. 207; Bd. 5, S. 446 (207)
Drei Koffer Bd. 2, S. 321
Dritter Prager Brief Bd. 5, S. 300
Du Bd. 1, S. 43
Du ganz erbärmliches, saudämliches Säugetier Bd. 3, S. 322
Du meiner, ich deiner, wir mir Bd. 5, S. 47
Du, Unbekannte Frau Bd. 1, S. 125
Dumme Verse. Mensch ärgere deine Frau nicht Bd. 1, S. 100; Bd. 5, S. 436

Eimer Bd. 2, S. 52
Ein Dementi Bd. 5, S. 69
Ein Hippo, ein Hippo, ein Reiter, ein Pferd Bd. 1, S. 176
Ein solider Artikel → Tran 1 Bd. 5, S. 45
Ein Viertel der Gefühle des Greises Automato auf seiner Stammburg Atho Bd. 2, S. 58
Ein Zigarettenende Bd. 1, S. 110
Eine feste Taube in der Hand Bd. 1, S. 176
Eine Nußschale auf einer Waschschale Bd. 1, S. 126
Eine Stunde Aufenthalt Bd. 4, S. 255
Einfach fabelhaft Bd. 3, S. 39
Einige praktische Anregungen zur Normalbühne = Merz Bd. 5, S. 204
Einige praktische Anweisungen zur Normalbühne Bd. 5, S. 213
Einladung für lustigen Abend Bd. 5, S. 355
Einleitung. Was ist Bleie? Bd. 2, S. 59
1 Die Merzbühne Bd. 5, S. 42
1 2 3 4 Bd. 1, S. 210
1 7 10 Bd. 1, S. 209
Eisenbahn Bd. 1, S. 136
Eisenbahn Bd. 2, S. 358
Eisuhren Bd. 1, S. 89
Elementarkenntnisse in der Malerei Bd. 5, S. 259
Elle Bd. 1, S. 306
Elli-Lied Bd. 1, S. 186
- englische Übersetzung Bd. 1, S. 310 (186)
Elly Song Bd. 1, S. 310 (186)
Emilies Zimmer Bd. 2, S. 259
Emils blaue Augen Bd. 2, S. 254
Enchanting legs → Das Weib entzückt durch seine Beine
Entführung und Bumms Bd. 2, S. 328
Entspannung Bd. 1, S. 57
Er Bd. 2, S. 97

Er sie Es Bd. 1, S. 56; Bd. 5, S. 445 (56)
- englische Übersetzung Bd. 1, S. 291 (56)
Erde zu Erde. Der Totensang Bd. 1, S. 104–105
Erfand das kleine e das Essen Bd. 1, S. 176
Erhabenheit, Gedicht 8 Bd. 1, S. 36
Erklärung Bd. 5, S. 56
Erklärungen meiner Forderungen zur Merzbühne Bd. 5, S. 43
Erklärungen zu meiner Ursonate Bd. 1, S. 312
Erste Symphonie auf Hertøya Bd. 1, S. 115
Erweiterung Bd. 5, S. 59
Es ist ein Unglück geschehen Bd. 2, S. 285; Bd. 5, S. 446 (285)
Es ist Herbst Bd. 1, S. 92
- französische Übersetzung Bd. 1, S. 297 (92)
Es ist mein fester Wille Bd. 1, S. 176
Es kehrt die Zeit Bd. 1, S. 192
Es war einmal eine kleine Maus Bd. 3, S. 273
Es waren einmal sieben Damen Bd. 1, S. 141
Europäische Kunst des 20. Jahrhunderts Bd. 5, S. 379
Eve Blossom has wheels Bd. 1, S. 304 (150–151)
Ewig währt am längsten Bd. 1, S. 171

Familie Hahnepeter II: Der Paradiesvogel Bd. 2, S. 413 (118)
Familie Hahnepeter III: Das Paradies auf der Wiese Bd. 2, S. 415 (125)
Familiennachrichten Bd. 5, S. 171
Far away from Bd. 1, S. 162–163
Federn schwingen klingen tönen Glas Bd. 1, S. 184
- englische Übersetzung Bd. 1, S. 309 (184)
Feine Pelzmoden Bd. 1, S. 81
Feuerschein Bd. 4, S. 281
- Variante? (Leutestube auf Gut Karpfenteich) Bd. 4, S. 351 (281)
Finden Bd. 3, S. 132
Fisch und Mensch Bd. 2, S. 306
Five Girls on the Switchboard Bd. 3, S. 283
Flucht Bd. 1, S. 131–133
Flucht nach Norwegen Bd. 3, S. 153
For Exhibition Bd. 3, S. 301
Fräulein Franke Bd. 1, S. 97
- Frühfassung Bd. 1, S. 298 (97)
Fräulein Purzig Bd. 1, S. 144
Franz Müllers Drahtfrühling (Drei Treppen schiefwinklig empor) Bd. 2, S. 46
Franz Müllers Drahtfrühling Bd. 2, S. 29–46
- Erstes Kapitel: Ursachen und Beginn der großen glorreichen Revolution Bd. 2, S. 29, 383 (29)
- englische Übersetzung Bd. 2, S. 384

– Zweites Kapitel   Bd. 2, S. 40, 391 (40)
– Drittes Kapitel   Bd. 2, S. 43, 391 (40)
Frau Meier [Fragment]   Bd. 4, S. 343 (141)
Fried Berger   Bd. 4, S. 277
Froh-stumm   Bd. 1, S. 139
– französische Übersetzung   Bd. 1, S. 303 (139)
Frohe Tage. London Symphony   Bd. 1, S. 155–156
– erste Fassung   Bd. 1, S. 305 (155–156)
From dawn to dark   Bd. 1, S. 252–253
Front gegen Fronta   Bd. 5, S. 272
Frühe rundet Regen blau   Bd. 1, S. 52
Frühling   Bd. 1, S. 98
Frühlingslied   Bd. 1, S. 98
Fümms bö wö – Teil der Ursonate   Bd. 1, S. 214–226
Für Dich   Bd. 1, S. 134
Funeral Furnitures at your service   Bd. 1, S. 152
Furcht   Bd. 1, S. 99

Ganz mitten   Bd. 1, S. 103
– englische Übersetzung   Bd. 1, S. 300 (103)
Gedanken aus Norwegen   Bd. 1, S. 301
Gedicht 1 → Grünes Kind   Bd. 1, S. 45–47
Gedicht 2 → Die Welt   Bd. 1, S. 37
Gedicht 7 → Nächte   Bd. 1, S. 40
Gedicht 8 → Erhabenheit   Bd. 1, S. 36
Gedicht 14 → Am Rande meines Welkens bin ich sanfte Nacht   Bd. 1, S. 41
Gedicht Nr. 14 → Die Raddadistenmaschine   Bd. 2, S. 393
Gedicht 18 → Ich werde erbaut   Bd. 1, S. 41
Gedicht 19 → Ich werde gegangen   Bd. 1, S. 41
Gedicht 23 → Wunde Rosen bluten   Bd. 1, S. 48
Gedicht 25 → Abend   Bd. 1, S. 75
Gedicht 25 [elementar]   Bd. 1, S. 204; Bd. 5, S. 446 (204)
Gedicht 26 → Goldene Stäbe   Bd. 1, S. 48
Gedicht 27 → Molkenschwere Silberblätterblüte   Bd. 1, S. 54
Gedicht 28 → An eine Zeichnung Marc Chagalls   Bd. 1, S. 70
Gedicht 29 → Ach, es geht mir etwas besser   Bd. 1, S. 170
Gedicht 37 → An Johannes Molzahn   Bd. 1, S. 66
Gedicht 46 → Kneule   Bd. 1, S. 49
Gedicht 48 → Wanken   Bd. 1, S. 75
Gedicht aus Norwegen für Helma   Bd. 1, S. 119
Gedicht b f bw   Bd. 5, S. 435
Gedicht. Geduld, du kleine   Bd. 1, S. 94
Gedicht. O Mensch, tu dieser nichts zu leide   Bd. 1, S. 96

Gedicht (Rollen Rollen) → Leise   Bd. 1, S. 50
Geduld, du kleine → Gedicht. Geduld, du kleine   Bd. 1, S. 94
Gefangen   Bd. 1, S. 135
– erste Fassung   Bd. 1, S. 302 (135)
Generalpardon an meine hannoverschen Kritiker in Merzstil → Tran Nummer 7   Bd. 5, S. 52
Gepflogenheiten der Ausgestoßenen   Bd. 3, S. 258
Gertrud   Bd. 3, S. 136
Geschichten aus dem Paradies   Bd. 3, S. 181
Gesetztes Bildgedicht   Bd. 1, S. 200
Gesetztes Gedicht   Bd. 5, S. 434
Gestaltende Typographie   Bd. 5, S. 311
Gewitter   Bd. 1, S. 107
Glück oder Unglück   Bd. 5, S. 293
Glückliches Land   Bd. 3, S. 38
– Erste Fassung (Altes Land)   Bd. 3, S. 307 (38)
Goldene Stäbe, Gedicht 26   Bd. 1, S. 48
Good deal easier   Bd. 1, S. 265–266
Graugrüne Gier   Bd. 3, S. 38
Grimm glimm gnimm → Presto der Ursonate   Bd. 1, S. 230–242
Große Liebe   Bd. 1, S. 127
Großes Glück bei Meyer → Hauspoesie   Bd. 2, S. 430 (257)
Grotesken und Satiren   Bd. 5, S. 250
Grünes Kind, Gedicht 1   Bd. 1, S. 45–47

Hahnepeter → Der Hahnepeter   Bd. 2, S. 109, 413 (109)
Hannover   Bd. 2, S. 28
– englische Übersetzung   Bd. 2, S. 383
Hannovers erste Merz-Matinee   Bd. 5, S. 185
Hans und Grete   Bd. 3, S. 211
Harald Monge   Bd. 3, S. 28
Haste raste roste nicht   Bd. 1, S. 104
Hauspoesie   Bd. 2, S. 257, 430 (257)
Haustiere   Bd. 2, S. 308
He she It   Bd. 1, S. 291 (56)
He will survive the planet's end   Bd. 1, S. 308 (182)
Hein-Hein   Bd. 1, S. 303 (138)
Herbst   Bd. 1, S. 32
– englische Übersetzung   Bd. 1, S. 289 (32)
Herbst → Es ist Herbst   Bd. 1, S. 92
Herbst / Die letzte Fliege   Bd. 1, S. 102
– weitere Fassungen   Bd. 1, S. 299 (102)
– englische Übersetzung   Bd. 1, S. 300
Herr Dr. Frosch hungert den Geist aus → Tran Nr. 14   Bd. 5, S. 67
Herrn F. C. Kobbe... → Tran 50   Bd. 5, S. 178

Herwarth Walden   Bd. 1, S. 66
Himbeerbonbon   Bd. 1, S. 82
Hinrichtung   Merzgedicht 9   Bd. 1, S. 65
Hoffnung   Bd. 1, S. 118
Horizontale Geschichte   Bd. 2, S. 260, 431 (260)
Humor   Bd. 2, S. 61
Hundebrief   Bd. 3, S. 246
Husten Scherzo. Das Ganze Husten   Bd. 1, S. 246–247
Hvad er Sannhet?   Bd. 4, S. 353 (299)
Hygiene   Bd. 2, S. 284

i (»assis sur l'horizon...«)   Bd. 5, S. 137
i (Ein Manifest)   Bd. 5, S. 120
– englische Übersetzung   Bd. 5, S. 411
– französische Übersetzung   Bd. 5, S. 412
I and you   Bd. 1, S. 154
– zweite Fassung   Bd. 1, S. 305 (154)
i Architektur   Bd. 5, S. 176
I build my time   Bd. 1, S. 157
Ich pfeife auf die Ideale   Bd. 1, S. 171
Ich schreite hinaus   Bd. 1, S. 33
Ich sing mein Lied   Bd. 1, S. 35
Ich sitze am Fenster   Bd. 3, S. 196
Ich sitze hier mit Erika   Bd. 3, S. 101
Ich und meine Ziele   Bd. 5, S. 340
– englische Übersetzung   Bd. 5, S. 423 (340)
Ich werde erbaut, Gedicht 18   Bd. 1, S. 41
Ich werde gegangen, Gedicht 19   Bd. 1, S. 41
Ideen für Dichtungen   Bd. 5, S. 437
Identität   Bd. 3, S. 155
If You are Standing on a High Mount   Bd. 3, S. 299
Il y a du jeu   Bd. 2, S. 394 (57)
Ilda   Bd. 3, S. 185
Ilmenbüttel, die Großstadt   Bd. 3, S. 204
Im Garten pflegt nach Kraut und Pflanzen   Bd. 1, S. 176
Im Hause rum   Bd. 2, S. 324
Im übrigen wissen wir   Bd. 1, S. 171
Imagination   Bd. 1, S. 152; Bd. 5, S. 445 (152)
In der Gegend des Paradieses   Bd. 3, S. 279
In einer Welt der Enttäuschungen. An Helma   Bd. 1, S. 139
In gewissem Sinne   Bd. 1, S. 129
In grr grwie   Bd. 1, S. 271
– zweite Fassung   Bd. 1, S. 314 (271)
In the National Garden of Chairs   Bd. 3, S. 291
Internationale Euligkeit   Bd. 2, S. 260
Irrenhaus   Bd. 4, S. 342 (121)
It is life in the woods   Bd. 1, S. 158
It is not every fish   Bd. 1, S. 177

Jacco → Schacko   Bd. 2, S. 289
Je tiefer ein Drang verborgen   Bd. 1, S. 100
Jedenfalls Wurm   Bd. 3, S. 161
Jedermann seine eigene Redaktion   Bd. 1, S. 175
Johanna Paulsen: vom Morgen bis Mittag   Bd. 4, S. 296
Just in the middle   Bd. 1, S. 148

Kaa gee dee → Simultangedicht kaa gee dee   Bd. 1, S. 198
Kaffeeklatsch   Bd. 1, S. 126
Karl Wesemüllers Ahnen   Bd. 2, S. 369
Karlchen, warum hast Du das getan?   Bd. 4, S. 214
– Der Herr Generaldirektor   Bd. 4, S. 345
Katharina Schäffner   Bd. 5, S. 35
Keine Rose   Bd. 1, S. 140
Kettenhund aus Überzeugung   Bd. 1, S. 174
Keuchender Hunger   Bd. 1, S. 55
Key to Reading Sound Poems   Bd. 5, S. 392
Kitsch und Dilettantismus   Bd. 5, S. 292
Klang   Bd. 1, S. 53; Bd. 5, S. 445 (53)
Kleine gelbe Blume   Bd. 3, S. 309 (53–73)
– II   Bd. 3, S. 313
Kleine Geschichte aus der Untergrundbahn   Bd. 3, S. 36
Kleine Weisheiten   Bd. 5, S. 338
Kleines chinesisches Gedicht   Bd. 1, S. 127
Kleines Gedicht für große Stotterer   Bd. 1, S. 118
– weitere Fassungen   Bd. 1, S. 301 (118)
Kleines norwegisches Wintergedicht   Bd. 1, S. 114
Kneule, Gedicht 46   Bd. 1, S. 49
Knöterich treibt Dämonen aus   Bd. 2, S. 273
König ohne Volk   Bd. 3, S. 26
Königsberger is like that   Bd. 1, S. 153
– erste Fassung   Bd. 1, S. 305 (153)
Konrad Hull   Bd. 3, S. 80
Konsequente Dichtung   Bd. 5, S. 190
Krieg   Bd. 5, S. 142
Krieg. Et vous?   Bd. 5, S. 147
Krieg ist die größte Schande   Bd. 5, S. 146
Krititik als Kunstwerk → Tran Nr. 12   Bd. 5, S. 64
Kritiker → Tran 27   Bd. 5, S. 117
Kümmernisspiele   Bd. 4, S. 22
Kunst   Bd. 5, S. 370
Kunst ist Form   Bd. 5, S. 188
Kunst und Zeiten   Bd. 5, S. 236
– tschechische Übersetzung   Bd. 5, S. 417–428
Kunsthistoriker   Bd. 2, S. 370
Kurt Schwitters an Arp. (Brombeeren)   Bd. 2, S. 47
Kurt Schwitters an den Schweizer Dadaisten Arp. Brombeeren (2)   Bd. 2, S. 47

KURT SCHWITTERS gibt uns wieder... Bd. 5, S. 250
Kurt Schwitters Hannover, Waldhausenstr. 5 Bd. 5, S. 335
Kurt Schwitters Herkunft, Werden und Entfaltung Bd. 5, S. 82
Kurze Lebensbeschreibung Bd. 3, S. 210
Kurze Sentenzen I u. II Bd. 5, S. 438

L'art d'aujourd'hui est une chose bizarre Bd. 5, S. 323
La grande Ardeur de Dada. Marche funèbre Bd. 1, S. 83
La Loterie du Jardin Zoologique Bd. 2, S. 421–425
La Poésie Bd. 5, S. 390
La Rêve Bd. 1, S. 124
Land des Irrsinns Bd. 3, S. 147
Lanke trr gll → Scherzo der Ursonate Bd. 1, S. 228–230
Le Dé Bd. 2, S. 413 (106)
Le prisonnier Bd. 1, S. 296 (79)
Leise Bd. 1, S. 50; Bd. 5, S. 445 (50)
Leseabend Bd. 5, S. 409 (85)
les merztableaux Bd. 5, S. 352
Leutestube auf Gut Karpfenteich Bd. 4, S. 351 (281)
Licht Bd. 5, S. 369
Liebes Breuer! Bd. 2, S. 272
Liebesleid → Der Zigarette Ende Bd. 1, S. 300 (111)
Lied der Gummigirls Bd. 1, S. 191
Lied der Miss Elektrizität Bd. 1, S. 191
Lieder des Bären I II III und IV Bd. 1, S. 192–194
Lieschen Bd. 2, S. 28
Lilien. Gedicht aus Norwegen für Helma Bd. 1, S. 301 (119)
Lilli Klotzelmeier lebt Bd. 3, S. 234
Löken Bd. 2, S. 381 (22)
London. A Fairy Tale Bd. 3, S. 287
London Onion Bd. 1, S. 267–270
London Symphony → Frohe Tage. London Symphony Bd. 1, S. 155–156

Märchen Bd. 2, S. 364
Märchen unseres Lebens Bd. 3, S. 202
Magische Kraft Bd. 2, S. 250
Malerei Bd. 5, S. 355
Malerei (reine Malerei) Bd. 5, S. 374
Manifest KOE (In Holland 1922) Bd. 2, S. 94
Manifest Proletkunst Bd. 5, S. 143
– englische Übersetzung Bd. 5. S. 413
Mann über Bord Bd. 3, S. 179
Maro, the Old Cat of Hjertøya Bd. 3, S. 295

Masterly Song Bd. 1, S. 309 (184)
Materialien zu meinem Werk über das Problem der reinen Malerei (dritter Versuch) Bd. 5, S. 34
Materials and Aims Bd. 5, S. 386
Mein Klavier Bd. 3, S. 254
Mein Merz und Meine Monstre Merz Muster Messe im Sturm Bd. 5, S. 242
Mein neues Hut Bd. 2, S. 271
Mein neues Motorrad Bd. 2, S. 269
Mein Selbstmord Bd. 2, S. 265
Mein Zerfahren gegen Paul Westheim... → Tran 19 Bd. 5, S. 89
Meine Ansicht zum Bauhaus-Buch 9 Bd. 5, S. 256
Meine erste Liebe Bd. 3, S. 135
Meine Sonate in Urlauten Bd. 5, S. 288
Meine süße Puppe → Schnuppe Bd. 1, S. 101
Meine Tante, die heißt Ida Bd. 1, S. 101
Meine Unzufriedenheit mit der Kunst der Ölmalerei Bd. 5, S. 84
– ungarische Übersetzung Bd. 5, S. 409
Meine Verlobung → Brautwerbung Bd. 2, S. 431 (279)
Meine Wiedergeburt Bd. 2, S. 282
Meisterlich-Lied Bd. 1, S. 184
– englische Übersetzung Bd. 1, S. 309 (184)
Menschen Bd. 1, S. 52
Menschen sind Menschen Bd. 1, S. 106
Merfüsermär Bd. 2, S. 140
Merz Bd. 5, S. 187
Merz (Für den ›Ararat‹ geschrieben) Bd. 5, S. 74
– englische Übersetzung Bd. 5, S. 404
Merz-Arp Bd. 1, S. 201
Merzbuch 1 Die Kunst der Gegenwart ist die Zukunft der Kunst Bd. 5, S. 247
Merzbuch 2 Bd. 5, S. 248
Merzbühne
→ An alle Bühnen der Welt Bd. 5, S. 39
→ Das ABC der Normalbühne MERZ Bd. 5, S. 417 (206)
→ Die normale Bühne Merz Bd. 5, S. 202
→ Einige praktische Anregungen zur Normalbühne = Merz Bd. 5, S. 204
→ Einige praktische Anweisungen zur Normalbühne Bd. 5, S. 213
→ 1 Die Merzbühne Bd. 5, S. 42
→ Erklärungen meiner Forderungen zur Merzbühne Bd. 5, S. 43
→ Grundstellung Bd. 5, S. 254
→ Normalbühne Bd. 5, S. 206
→ Normalbühne Merz 1925 Bd. 5, S. 202
→ [Vorwort] Die Merzbühne Bd. 5, S. 39

Merzdichtung Bd. 5, S. 255
Merzfrühling Bd. 5, S. 188
Merzzeichnungen und i-Zeichnungen Bd. 5, S. 254
Mit einer grandiosen Geste Bd. 1, S. 100
Mit einer stark bewegten Pose Bd. 1, S. 100
Mitten in der Welt steht ein Haus Bd. 4, S. 85
Molkenschwere Silberblätterblüte, Gedicht 27 Bd. 1, S. 54
Monolog eines Schweines Bd. 2, S. 258
Mordmaschine 43 Bd. 1, S. 77–79
Motto: Irren ist menschlich, doch nicht alle Menschen verstehen zu lächeln Bd. 3, S. 318 (138–147)
MPD Bd. 5, S. 147
Mr. Bär Bd. 4, S. 349
Mr. Doubletrouble Bd. 1, S. 300 (103)
My Art and my Life Bd. 5, S. 386

naa Bd. 1, S. 212
Nach Zwölf Bd. 2, S. 48
Nacionálni umění Bd. 5, S. 416 (199)
Nächte, Gedicht 7 Bd. 1, S. 40
NASCI – Wenn Sie Ihre inneren Beschwerden ... Bd. 5, S. 188
Nationale Kunst Bd. 5, S. 199
– tschechische Übersetzung Bd. 5, S. 416 (199)
Nationalitätsgefühl Bd. 5, S. 196
Nature Does not Know Restriction Bd. 3, S. 301
Neapel Bd. 5, S. 305
Nebel in Bern Bd. 3, S. 193
Nennen Sie es Ausschlachtung Bd. 1, S. 64
Nennen Sie es Zufall Bd. 5, S. 246
Neue Sonate Bd. 1, S. 272
Nicht in die Tute in der Tat Bd. 1, S. 122
Nichts tötet schneller als Lächerlichkeit Bd. 5, S. 49
Nießscherzo. Das Ganze niesen Bd. 1, S. 244–245
– Fassung 1946 Bd. 5, S. 444
Nikolaus Bd. 3, S. 15
Noch einmal die Gefahr Westheim Bd. 5, S. 198
Nordsee. Für Helma Bd. 1, S. 117
Norge Bd. 1, S. 119
– Variante Bd. 1, S. 301 (119)
Normalbühne Bd. 5, S. 206
Normalbühne Merz 1925 Bd. 5, S. 202
Normaler Irrsinn Bd. 3, S. 232

O Mensch du hast ja keinen Dunst Bd. 1, S. 175
O Mensch, tu dieser nichts zu leide Bd. 1, S. 96
Oben und unten Bd. 4, S. 89
Obervogelsang Bd. 1, S. 248; Bd. 5, S. 447 (248)
On the Bench Bd. 3, S. 298

One day Bd. 1, S. 162
Onkel Heini-Schlager Bd. 1, S. 182
– englische Nachdichtung Bd. 1, S. 308 (182)
Opinion Bd. 1, S. 270
optophonetisch, Verkehrsschrift, dynamisch Bd. 5, S. 273
Organisation Bd. 1, S. 154

Paulsen-Lied Bd. 1, S. 186
– englische Übersetzung Bd. 1, S. 309 (186)
Perhaps strange Bd. 1, S. 151
Personenzug Bd. 2, S. 56
Petit poème pour un grand bègue Bd. 1, S. 301 (118)
Pflichtgefühl Bd. 5, S. 279
Phantastische Gedanken Bd. 5, S. 234
Pillen Bd. 2, S. 283
Pin Bd. 1, S. 164–166
PIN Bd. 1, S. 254
PIN A fancy Bd. 5, S. 389
PIN Une fantaisie Bd. 5, S. 388
plastische schreibung Bd. 5, S. 269
Poem No. 48 Bd. 1, S. 296 (75)
Pornographisches i-Gedicht Bd. 1, S. 95
Porträt Rudolf Bauer Bd. 1, S. 69
Porträt Rudolf Blümner Bd. 1, S. 68
Porträt Christof Spengemann Bd. 1, S. 68
Porträt Herwarth Walden Bd. 1, S. 67; Bd. 5, S. 445 (67)
Porträt Nell Walden Bd. 1, S. 67; Bd. 5, S. 445 (67)
Prag (erster Brief) Bd. 5, S. 233
Present Inter Noumenal Bd. 5, S. 391
Priimiititiii. Kadenz der Ursonate Bd. 1, S. 214–242
Primavera in Italien Bd. 5, S. 302
Prinzessin Tyril Bd. 1, S. 113–114
Probleme Bd. 3, S. 305
Profane Worte über der ewigen Stadt Bd. 2, S. 345
Promenadenmischung → Haustiere Bd. 2, S. 308
Punch von Nobel Bd. 2, S. 172

Que fait DADA? Bd. 5, S. 126

Rackedika Bd. 1, S. 251
Radio Bd. 3, S. 39
Rain Bd. 1, S. 304 (142)
Ranzige Margarine → Prinzessin Tyril Bd. 1, S. 300 (113–114)
Red Mary Bd. 1, S. 295 (69)
Rede Alves Bäsenstiels (aus ›Franz Müllers Drahtfrühling‹) Bd. 2, S. 39
Rede am Grabe Leo Reins → Tran 21 Bd. 5, S. 94

Regen Bd. 1, S. 142
- englische Übersetzung Bd. 1, S. 304 (142)
Regen tönen Tropfen triefen → Regen Bd. 1, S. 142
Register [elementar] Bd. 1, S. 208
Rekorde Bd. 2, S. 248
Relativität Bd. 1, S. 97
- englische Übersetzung Bd. 1, S. 298 (97)
Religion oder Sozialismus Bd. 5, S. 200
Revolution, Causes and Outbreak of the Great and Glorious Revolution in Revon Bd. 2, S. 384
Revue zu dreien Bd. 5, S. 317
Ri Ribble Bd. 1, S. 261-264
Ribble Bobble Pimlico Bd. 1, S. 256-260
- Vorstudie Bd. 1, S. 313 (256-260)
Right in the Middle Bd. 1, S. 300 (103)
Rollen Rollen → Leise Bd. 1, S. 50
Rosen blühen wie Gänseblümchen Bd. 1, S. 92
Rundfahrt im Hamburger Hafen Bd. 2, S. 244

S-S Bildgedicht Bd. 1, S. 201
Sämischgares Rindleder → Tran 25 Bd. 5, S. 108
Sauberkeit Bd. 5, S. 88
Schacko / Jacco Bd. 2, S. 289
- erste Fassung Bd. 2, S. 432
- französische Übersetzung Bd. 2, S. 433
schacko jacco. eine kontrapunktliche prosadichtung von peter krüger Bd. 2, S. 431
Schäferspiel Bd. 4, S. 24
Schattenspiel Bd. 4, S. 26
Scherzo. 3. Teil der Ursonate → Lanke tr gl
Schicksal Bd. 1, S. 36
Schloß und Kathedrale mit Hofbrunnen Bd. 5, S. 95
Schlüssel zum Lesen von Lautgedichten Bd. 5, S. 392
Schmidt-Lied Bd. 1, S. 185
- englische Übersetzung Bd. 1, S. 309 (185)
Schnuppe Bd. 1, S. 101
Schreizen Bd. 1, S. 85
Schwandote Bd. 3, S. 270
Schwitters 1933 Bd. 5, S. 354
Schwitters antwortet auf vier Fragen in ›Le savoir vivre‹ Bd. 5, S. 387
Seenot Bd. 1, S. 95
Seereise (1932) Bd. 3, S. 25
Seereise (1930-1940) Bd. 3, S. 220
Sehnsucht Bd. 1, S. 88
Sehnsucht Bd. 1, S. 129
Selbstbestimmungsrecht der Künstler Bd. 5, S. 38
Senken Schwüle Bd. 1, S. 53; Bd. 5, S. 445 (53)
Sensation Bd. 5, S. 286
She Bd. 1, S. 306 (159)

- französische Übersetzung Bd. 1, S. 306
She is my fairy queen Bd. 1, S. 159 (306)
She is singing in the Wireless Bd. 3, S. 285
Sie puppt mit Puppen Bd. 1, S. 143
Sie sandten mir eine Aufforderung Bd. 5, S. 384
Sieben Hasen Bd. 2, S. 207
Simile Bd. 1, S. 85
Simultangedicht kaa gee dee Bd. 1, S. 198
Sind Sie Witwe? Bd. 3, S. 14
So ist der Weg Bd. 5, S. 358
so la so mi Bd. 1, S. 251
So Shall We Always be with the Lord Bd. 3, S. 334
So, so! Bd. 1, S. 138
- englische Übersetzung Bd. 1, S. 303 (138)
So wahr ich Gottfried heiße Bd. 3, S. 73
Sonnett Bd. 1, S. 108
Sonntag Morgen Bd. 2, S. 258
Spaziergang Bd. 2, S. 276
Spiel der Gefangenen im Kreise herum Bd. 4, S. 131
Spirals swinging, Klinging, sounding Bd. 1, S. 309 (184)
Sprache Bd. 5, S. 231
Stein auf Stein ist der Bau Bd. 1, S. 120
Stil oder Gestaltung Bd. 5, S. 270
Straßenbahn Bd. 2, S. 302
Stumm Bd. 1, S. 89
Stuttgart die Wohnung Werkbundausstellung Bd. 5, S. 280
Süßes kleines Liebeslied Bd. 1, S. 298
→ Fräulein Franke Bd. 1, S. 97
Super Bird Song → Obervogelsang Bd. 1, S. 248
Syrakus Bd. 5, S. 303

Taa-Paulsen-Duett Bd. 1, S. 187
- englische Übersetzung Bd. 1, S. 310 (187)
Talglicht Bd. 1, S. 87
Tarent Bd. 5, S. 299
Tata Tata Tui Bd. 1, S. 210
Teufel in Not Bd. 1, S. 116
- Vorstufe Bd. 1, S. 301 (116)
The aim Bd. 1, S. 153
The Flat and the Round Painter Bd. 3, S. 282
The Flying Fish Bd. 3, S. 293
The furor of sneezing Bd. 1, S. 313
The Hoocock Bd. 1, S. 138
The Idiot Bd. 3, S. 325
The Landlady Bd. 3, S. 289
- weitere Fassungen Bd. 3, S. 333-334
The most Annoying Thing Bd. 3, S. 300
The prisoner Bd. 1, S. 164

The real disuda of the nightmare   Bd. 1, S. 249–250
The scare-crow   Bd. 2, S. 419–420
The Story of the Flat and Round Painter → The Flat and the Round Painter   Bd. 3, S. 282
Thème   Bd. 2, S. 394 (61)
Theorie in der Malerei   Bd. 5, S. 373
There was a little Kew   Bd. 1, S. 149
Thesen über Typographie   Bd. 5, S. 192
To avoid   Bd. 1, S. 160
To Eve Blossom   Bd. 1, S. 294
Tomaten   Bd. 2, S. 258
Totenbett [Fragment]   Bd. 4, S. 342 (141)
Tragödie Tran No. 22, gegen Herrn Dr. phil. et med. Weygandt   Bd. 5, S. 97
Tran 1   Ein solider Artikel   Bd. 5, S. 45
Tran Nummer 7   Generalpardon an meine hannoverschen Kritiker in Merzstil   Bd. 5, S. 52
Tran Nummer 11   Deutsche Volkskritik, die Kritik des Wiederaufbaus   Bd. 5, S. 61
Tran Nr. 12   Kritik als Kunstwerk   Bd. 5, S. 64
Tran Nummer 13   Das Privatscheuertuch   Bd. 5, S. 65
Tran Nr. 14   Herr Dr. Frosch hungert den Geist aus   Bd. 5, S. 67
Tran Nr. 15   Die Durchschnittserscheinung mit hellen Augen   Bd. 5, S. 69
Tran Nummer 16   Das Leben auf blindem Fuße   Bd. 5, S. 72
Tran Nr. 17   Der gefesselte Paul Madsack   Bd. 5, S. 73
Tran 18   an Dresdener Krititiker...   Bd. 5, S. 85
Tran 19   Mein Zerfahren gegen Paul Westheim...   Bd. 5, S. 89
Tran 21   Rede am Grabe Leo Reins   Bd. 5, S. 94
Tran No. 22 → Tragödie   Bd. 5, S. 97
Tran 23   Blumen (Der Kritiker visavis der absoluten Stofflichkeit)   Bd. 5, S. 104
Tran 24   die Schwanenjungfrau. Was man kaut, wird Brei   Bd. 5, S. 107
Tran 25   Sämischgares Rindleder   Bd. 5, S. 108
Tran Nr. 26   An alle Kritiker   Bd. 5, S. 116
Tran 27 → Kritiker   Bd. 5, S. 117
Tran Nr. 30 → Auguste Bolte   Bd. 2, S. 68
Tran 31   Bd. 5, S. 118
Tran 35   Dada ist eine Hypothese   Bd. 5, S. 172
Tran 50   Herrn F. C. Kobbe...   Bd. 5, S. 178
Traum von Hans Arp   Bd. 2, S. 379
Trio ziiuu (Ziiouou)   Bd. 1, S. 229, 311 (214–242b)
Triquadre   Bd. 1, S. 303 (139)
Twopenny-Novel about an Ugly Girl   Bd. 3, S. 296
typographie und orthographie: kleinschrift   Bd. 5, S. 268

Über den Sternen   Bd. 5, S. 439
Über den Wert der Kritik (Nachtrag)   Bd. 5, S. 87
Über einheitliche Gestaltung von Drucksachen   Bd. 5, S. 324
Über griechische Tempel   Bd. 5, S. 294
Uhrgeistchen und Liebespaar   Bd. 2, S. 234
Um zehn nach drei → Alle Vögel...   Bd. 1, S. 142
UND   Bd. 2, S. 242
Und so fortan   Bd. 5, S. 153
Undumm   Bd. 1, S. 39; Bd. 5, S. 445 (39)
Une fantaisie → PIN Une fantaisie   Bd. 5, S. 388
Unser Baby, der Elefant   Bd. 2, S. 297
Unsere kleine Hausbiene   Bd. 3, S. 38
Unsittliches i-Gedicht   Bd. 1, S. 94
Unter Blütenbäumen   Bd. 1, S. 34
Unter uns Kollegen   Bd. 2, S. 312
Untergrundgedicht   Bd. 1, S. 81
Ursachen und Beginn der großen, glorreichen Revolution von Revon → Franz Müllers Drahtfrühling   Bd. 2, S. 29, 383; Bd. 5, S. 446 (29)
Ursonate   Bd. 1, S. 214–242
– Erklärungen zu meiner Ursonate   Bd. 1, S. 312
– Zeichen zu meiner Ursonate   Bd. 1, S. 313
Urteile eines Laien über neue Architektur   Bd. 5, S. 319

Van Doesburg   Bd. 5, S. 350
– englische Übersetzung   Bd. 5, S. 424
Vater Rhein   Bd. 2, S. 313
Veilchen   Bd. 5, S. 349
Verein Amor   Bd. 3, S. 76
Vergänglichkeit   Bd. 1, S. 109
Vergangenheit ist eine Zier   Bd. 1, S. 171
Vermischung von Kunstgattungen   Bd. 5, S. 371
Versuch einer Anleitung zur Aussprache von W W PBD   Bd. 5, S. 185
Verwandlungen   Bd. 3, S. 174
Victoria   Bd. 3, S. 27
Virmula-Lied   Bd. 1, S. 185
– englische Übersetzung   Bd. 1, S. 309 (185)
Von hinten und von vorne zuerst   Bd. 1, S. 76
Vorahnung   Bd. 1, S. 176
Vorwärts mit großer Aufmachung   Bd. 3, S. 15
[Vorwort] Die Merzbühne   Bd. 5, S. 39
Votre très humble Eve Mafleur   Bd. 1, S. 64

Wählt Anna Blume   Bd. 5, S. 69
Wahrheit   Bd. 4, S. 298
– erste Fassung, norwegisch   Bd. 4, S. 352 (299)
– erste Fassung, deutsch   Bd. 4, S. 360
Wahrheit   Bd. 5, S. 368

Wand   Bd. 1, S. 203; Bd. 5, S. 446 (203)
Wanken, Gedicht 48   Bd. 1, S. 75
– englische Übersetzung   Bd. 1, S. 296 (75)
Wanzen   Bd. 3, S. 19
– erste Fassung   Bd. 3, S. 306 (19)
Warum fragst du nicht mehr?   Bd. 1, S. 271
Was haben die Mohren   Bd. 1, S. 101
Was ist Glück?   Bd. 3, S. 266
Was ist Wahnsinn?   Bd. 5, S. 200
Was ist Wahrheit?   Bd. 4, S. 360
Was kräuselst du dein Hä-ärchen → Denaturierte Poesie   Bd. 1, S. 180, 307
– englische Übersetzung   Bd. 1, S. 307 (180)
Was Kunst ist; eine Regel für große Kritiker   Bd. 5, S. 57
Was Kunst ist, wissen Sie...   Bd. 5, S. 244
Watch your step!   Bd. 5, S. 167
Wechsellehre   Bd. 1, S. 44
Weisheiten   Bd. 1, S. 171
Weite   Bd. 1, S. 38
Welt voll Irrsinn   Bd. 1, S. 51
Weltfrühe   Bd. 1, S. 42
Wenn das so weitergeht   Bd. 1, S. 176
Wenn ich mich im Leben umsehe   Bd. 3, S. 277
Wenn ich wäre, wann ich war   Bd. 1, S. 121
Wenn jemand unliniert ist   Bd. 3, S. 191
Wenn man das richtig überlegt...   Bd. 5, S. 244
Wenn mir einer sagte   Bd. 1, S. 125
Wer den Pfennig nicht ehrt   Bd. 1, S. 175
Wer nennt es?   Bd. 4, S. 248
Werbe-Gestaltung. Die neue Gestaltung in der Typographie   Bd. 5, S. 213

Werkbundtagung in München, 1928   Bd. 5, S. 306
What a b what a b what a beauty   Bd. 1, S. 248
When I am talking about the weather   Bd. 1, S. 177
Whenever you are standing on a high mountain → If you are Standing on a High Mount   Bd. 3, S. 299
Why are you curling your little ri-inglets   Bd. 1, S. 307 (180)
Wie fröhlich bin ich aufgewacht   Bd. 1, S. 101
Wie man gratis in ein Kino kommt   Bd. 2, S. 214
Wie sind die Berge prachtvoll schön   Bd. 1, S. 124
Wir   Bd. 1, S. 42
Wir hatten einmal Besuch   Bd. 3, S. 32
Wir leben 25 Minuten zu spät   Bd. 3, S. 160
Wunde Rosen bluten, Gedicht 23   Bd. 1, S. 48
WW   Bd. 1, S. 211

Z A [elementar]   Bd. 1, S. 205
Z/ARP/ABC → Register [elementar]   Bd. 1, S. 208
Zahlen   Bd. 5, S. 267
Zahlen (zweistimmiges gedicht)   Bd. 5, S. 442
Zeichen zu meiner Ursonate   Bd. 1, S. 313
Zeitschriften gibt es genug   Bd. 5, S. 125
Zukunft   Bd. 1, S. 129
Zur abstrakten Kunst   Bd. 5, S. 36
Zusammenstoß   Bd. 4, S. 33
– vierte Fassung   Bd. 4, S. 322
2 Herren   Bd. 2, S. 52
– französische Übersetzung   Bd. 2, S. 393 (52)
Zwei Leinwände   Bd. 3, S. 216
Zwölf   Bd. 1, S. 205; Bd. 5, S. 446 (205)
Zwölf Stunden kleines Vogelleben   Bd. 1, S. 128

Alphabetisches Verzeichnis der in den 5 Bänden genannten Freunde, Mitarbeiter, Lehrer, zeitgenössischen Künstler und Kritiker sowie der Übersetzer von Kurt Schwitters

Aamot, Herr und Frau Bd. 3, S. 327 (230–232)
Alfons, Sven Bd. 2, S. 381 (22)
Apollinaire, Guillaume Bd. 1, S. 22
Archipenko, Alexander Bd. 1, S. 22; Bd. 5, S. 78, 86, 108, 110, 111, 112
Arp, Hans (Jean) Bd. 1, S. 10, 13, 17, 22, 92, 293 (58–59), 297 (91, 92), 300 (104), 302 (123), 307 (176); Bd. 2, S. 47, 141, 384 (29), 391 (40), 413 (106), 427 (226); Bd. 4, S. 13, 347 (225); Bd. 5, S. 78, 86, 128, 144, 172, 179, 192, 194, 195f., 236, 290, 345, 383
Avenarius, Ferdinand Bd. 5, S. 398f. (35)

Baader, Johannes Bd. 5, S. 182, 194f.
Baargeld, Johannes Theodor Bd. 5, S. 86, 194f.
Ball, Hugo Bd. 4, S. 11
Bantzer, Carl Bd. 5, S. 74, 83, 241, 249, 251, 404 (74)
Bauer, Rudolf Bd. 1, S. 69; Bd. 5, S. 66, 72, 109, 112
Baum, Peter Bd. 1, S. 19
Baumeister, Willi Bd. 5, S. 111, 271, 314, 337, 409 (85)
Behne, Adolf Bd. 5, S. 250
Behrens, Franz Richard Bd. 5, S. 246, 420 (245)
Behrens, Peter Bd. 5, S. 283
Benn, Gottfried Bd. 1, S. 17
Beran, Heinz Bd. 3, S. 332 (282–283)
Bergmann-Michel, Ella Bd. 5, S. 266f., 285
Bie, Oskar (Kritiker) Bd. 5, S. 104–106, 410 (104)
Blümner, Rudolf Bd. 1, S. 19, 68; Bd. 4, S. 8; Bd. 5, S. 171, 173, 401 (38), 402 (45)
Bobe, Carl Bd. 5, S. 182
Boccioni, Umberto Bd. 5, S. 236
Bonset, J. K. → Theo van Doesburg
Borgius, Walter Bd. 5, S. 421 (274)
Bourgeois, Victor Bd. 5, S. 284
Bragaglia, Anton Giulio Bd. 5, S. 287
Braque, Georges Bd. 5, S. 86, 236
Brass Bd. 5, S. 91
Brauweiler (Kritiker für den ›Hannoverschen Kurier‹) Bd. 5, S. 92f.
Buchheister, Carl Bd. 4, S. 343 (157); Bd. 5, S, 246, 273, 421 (272)
Burchartz, Max Bd. 5, S. 18, 47, 56, 192, 194, 314, 337, 402 (47)
Busch, Adolf Bd. 5, S. 112

Campendonk, Heinrich Bd. 5, S. 110, 112
Černik, A. (Übersetzer) Bd. 5, S. 416 (199)
Chagall, Marc Bd. 1, S. 70; Bd. 5, S. 54, 109, 110, 111, 112
Citroën, Hans Bd. 5, S. 86
Cohn-Wiener, Ernst (Berliner Kunstkritiker) Bd. 5, S. 46, 172–175, 402 (45)
Constant (C. A. Nieuwenhuys) Bd. 5, S. 21
Cyliax Bd. 5, S. 337

Dancker, Hans Bd. 5, S. 186
De Clero (Architekt) Bd. 5, S. 283
Dexel, Walter Bd. 5, S. 314, 337
Dix, Otto Bd. 5, S. 86
Doesburg, (Petro) Nelly van Bd. 5, S. 127, 129, 250
Doesburg, Theo van Bd. 1, S. 10, 13, 294 (58–59), 311 (200); Bd. 2, S. 418 (155); Bd. 4, S. 13; Bd. 5, S. 18, 19, 20, 127, 129, 132, 144, 148, 152, 180, 236, 250f., 294
Dolbin (Benedikt Fred Pollack) Bd. 5, S. 206
Domela, César Bd. 5, S. 236, 314, 337
Dorner, Alexander Bd. 5, S. 118f., 246, 411 (120), 420 (245)
Doucet, Jacques Bd. 5, S. 433, 434, 435, 438, 442, 445 (50, 80, 86)
Dreier, Katherine Bd. 1, S. 8, 13
Dudok, Willem Marinus Bd. 5, S. 283

Ebneth, Lajos von Bd. 5, S. 253, 420 (242)
Eluard, Paul Bd. 5, S. 148
Ernst, Max Bd. 2, S. 393 (52); Bd. 5, S. 86, 194f., 411 (117)
Essig, Hermann Bd. 1, S. 19

Falla, P. S. (Übersetzer) Bd. 5, S. 413 (143)
Fiori, Ernesto de Bd. 5, S. 91
Fischer, Oskar Bd. 5, S. 86, 111, 177
Flake, Otto Bd. 1, S. 291 (51)
Frehsee, Martin (Literaturkritiker) Bd. 5, S. 47f., 402 (47)
Frerking, Johannes (Kritiker) Bd. 5, S. 52, 402 (47), 403 (52)
Frosch, Dr. (Kritiker) Bd. 5, S. 67f., 403 (67)

Gabrielson, Hjalmar Bd. 1, S. 307 (177)
Garvens – Garvensburg, Herbert von (Kunsthändler und Sammler) Bd. 5, S. 246, 410 (92), 420 (245)
Gheerbrant, Alain Bd. 1, S. 293 (58–59), 297 (92)
Giedion, Sigfried Bd. 5, S. 345
Giedion-Welcker, Carola Bd. 1, S. 8
Gieseking, Walter Bd. 1, S. 310 (188–189); Bd. 5, S. 318
Glaser, Curt Bd. 5, S. 50f., 174f., 403 (50)
Gleichmann, Otto Bd. 5, S. 56, 186, 246, 420 (425)
Gleichmann-Giese, Lotte Bd. 5, S. 56, 186
Gleizes, Albert Bd. 5, S. 110, 236
Göhring Bd. 5, S. 112
Goll, Ivan Bd. 1, S. 17
Goltz, Hans (Kunsthändler) Bd. 5, S. 74, 404 (74)
Graeff, Werner Bd. 5, S. 280
Granville, Philip Bd. 1, S. 293 (58–59)
Granville, Ursula Bd. 1, S. 293 (58–59)
Gropius, Walter Bd. 5, S. 20, 194, 283
Gross, Wilhelm (Maskenbildner) Bd. 5, S. 246, 420 (245)
Grosz, Georg Bd. 4, S. 8; Bd. 5, S. 194f.
Gustafson, Lars Bd. 2, S. 381 (22)

Haas, Robert Bartlett Bd. 1, S. 304 (142), 308 (138), 309 (184, 185, 186), 310 (186, 187); Bd. 2, S. 383 (28); Bd. 4, S. 321 (33)
Habicht, Victor Curt (Kunstkritiker) Bd. 5, S. 119, 186
Häring, Hugo Bd. 5, S. 271, 281, 420 (270)
Haesler, Otto Bd. 5, S. 271, 347
Hartlaub, G. F. (Kunstkritiker) Bd. 5, S. 65–67, 403 (65)
Hausmann, Raoul Bd. 1, S. 10, 13, 302 (137–138), 303 (138, 139), 304 (140, 152), 306 (159, 160, 164–166), 307 (177), 311 (214–242), 314 (248, 249–250, 254); Bd. 4, S. 13, 18; Bd. 5, S. 86, 185f., 194f., 289f., 323, 391, 426 (388/389), 426 (392), 445 (152)
Havemann, Hans Bd. 5, S. 186
Heartfield, John (Johann Herzfelde) Bd. 5, S. 194f.
Hegenbarth, Emmanuel Bd. 5, S. 74, 83, 241, 251, 404 (74)
Heine, Heinrich Bd. 1, S. 23
Herzfelde, Johann → John Heartfield
Herzfelde, Wieland Bd. 5, S. 194
Heym, Georg Bd. 1, S. 17
Heynicke, Kurt Bd. 1, S. 19
Hilbersheimer, Ludwig Bd. 5, S. 20, 236, 241, 271, 282, 284f.
Hirt, Eduard Bd. 5, S. 399 (35)
Hjorth, Daniel Bd. 2, S. 381 (22)

Hoddis, Jacop van Bd. 1, S. 17
Höch, Hannah Bd. 1, S. 13, 311 (214–242); Bd. 5, S. 338
Hoerle, Angelika Bd. 5, S. 86
Hoerle, Heinrich Bd. 5, S. 86, 196
Höyer Finn, Thorolf (Organist) Bd. 4, S. 16, 352 (143)
Hohlt, Otto Bd. 5, S. 56
Hopp (Architekt) Bd. 5, S. 271
Huelsenbeck, Richard Bd. 1, S. 22; Bd. 2, S. 18; Bd. 5, S. 77f., 113, 179, 194f.
Huszár, Vilmos Bd. 4, S. 11; Bd. 5, S. 129, 350

Jahns, Rudolf Bd. 5, S. 273, 421 (272)
Janco, Marcel Bd. 5, S. 86
Jolas, Eugène Bd. 2, S. 384 (29); Bd. 5, S. 423 (340)

Kahnweiler, Daniel-Henry Bd. 5, S. 86
Kandinsky, Wassily Bd. 4, S. 11; Bd. 5, S. 66, 112, 237, 242, 243, 256–259, 420 (256)
Kassák, Lajos Bd. 5, S. 337
Katz, Iwan Bd. 5, S. 186
Klee, Paul Bd. 5, S. 66, 103, 108, 110, 111, 112, 242, 243
Klein, Myrttle Bd. 1, S. 294 (58–59)
Kobbe, F. C. (Kunstkritiker) Bd. 5, S. 178–181, 414 (178)
Köppen, Alfred Bd. 5, S. 396f. (26)
Kokoschka, Oskar Bd. 5, S. 242, 384
Kosina (Architekt) Bd. 5, S. 271
Kranich (Direktor) Bd. 5, S. 317–319
Kudlak, Lajos Bd. 5, S. 445 (37)
Kühl, Gotthard Bd. 5, S. 74, 83, 241, 249, 251, 404 (74)
Kuron, Josef Bd. 5, S. 86

Lange (Kunstkritiker) Bd. 5, S. 108–113, 411 (108)
Lange, Hermann Bd. 5, S. 399 (35)
Leck, Bart van der Bd. 5, S. 236
Le Corbusier (Ch. E. Jeanneret) Bd. 5, S. 199, 283f., 285
Léger, Fernand Bd. 5, S. 110
Lehnhoff, Walter Bd. 1, S. 310 (190)
Leistikow, Hans Bd. 5, S. 314, 337
Leontjew, Sascha Bd. 2, S. 435 (319, 321)
Lissitzky, El Bd. 1, S. 10, 13; Bd. 4, S. 11; Bd. 5, S. 18, 188, 189, 192, 194, 230, 236, 237, 242, 250, 266

Madsack, Paul (Erich?) Bd. 5, S. 52f., 73, 403 (52), 403 (73)
Mahlberg (Architekt) Bd. 5, 271
Malewitsch, Kasimir Bd. 5, S. 236, 242
Manheim, Ralph Bd. 5, S. 409 (74)

Marc, Franz   Bd. 1, S. 84, 110, 111
Marcoussis, Louis   Bd. 5, S. 108, 110
Marinetti, Filippo Tomaso   Bd. 1, S. 19
May, Ernst   Bd. 5, S. 271
Mehring, Walter   Bd. 1, S. 22; Bd. 5, S. 86, 194f.
Meidner, Ludwig   Bd. 5, S. 174
Mendelsohn, Erich   Bd. 5, S. 271
Mévisse, Paule (Übersetzer)   Bd. 2, S. 413 (106)
Meyer (Baurat)   Bd. 5, S. 314
Meyer, Adolf   Bd. 5, S. 194
Michel, Robert   Bd. 5, S. 314, 337
Moholy-Nagy, László   Bd. 1, S. 10, 13; Bd. 4, S. 11, 12; Bd. 5, S. 194, 236, 242
Molzahn, Johannes   Bd. 1, S. 66; Bd. 5, S. 48, 112, 287, 337, 402 (47)
Mondrian, Piet   Bd. 5, S. 236, 242, 266
Motherwell, Robert   Bd. 1, S. 296 (75); Bd. 5, S. 404 (74), 424 (350)
Muche, Georg   Bd. 5, S. 66
Müller-Widmann, Annie   Bd. 1, S. 313 (244–245)
Müller-Widmann, Oskar   Bd. 4, S. 347 (225)
Muthesius, Hermann   Bd. 5, S. 307, 422 (306)

Nauen, Heinrich   Bd. 5, S. 110, 112
Naumann, Friedrich   Bd. 5, S. 396f. (26)
Nebel, Otto   Bd. 2, S. 382 (28); Bd. 3, S. 193; Bd. 5, S. 60, 72, 409 (74)
Neumann, Felix   Bd. 5, S. 49f., 403 (49)
Nitzschke, Hans   Bd. 5, S. 246, 273, 367, 411, 421 (272)
Nolde, Emil   Bd. 5, S. 67

Oud, G. G. P.   Bd. 5, S. 20, 283, 284

Pfistner ((Kunstkritiker)   Bd. 5, S. 119
Picabia, Francis   Bd. 1, S. 22; Bd. 5, S. 78, 86
Picasso, Pablo   Bd. 5, S. 63, 66, 86, 365
Piscator, Erwin   Bd. 4, S. 13
Poelzig, Hans   Bd. 5, S. 283
Puni, Ivan   Bd. 5, S. 110, 112

Rading, Adolf   Bd. 5, S. 284
Räderscheidt, Anton   Bd. 5, S. 194
Räderscheidt, Marta   Bd. 5, S. 86
Rawicz, Maryan   Bd. 3, S. 307 (26–27)
Rein, Leo (Kritiker)   Bd. 5, S. 94, 410 (94)
Reverdy, Pierre   Bd. 5, S. 137, 138
Ribémont-Dessaignes, Georges   Bd. 1, S. 22; Bd. 5, S. 78
Richter, Alfred   Bd. 5, S. 371
Richter, Hans   Bd. 2, S. 435 (306); Bd. 5, S. 180, 192, 194, 414 (190)

Rohe, Ludwig Mies van der   Bd. 5, S. 20, 194, 236, 237, 271, 281, 282, 283, 285, 286
Rohlfs, Christian   Bd. 5, S. 109, 112
Rolan, Franz   Bd. 5, S. 82, 153, 414 (153)

Sabanne, M.   Bd. 1, S. 305 (157)
Saloni, I. (Übersetzer)   Bd. 5, S. 415 (193)
Sartre, Jean Paul   Bd. 4, S. 15
Schacht, Roland   Bd. 1, S. 292 (58–59), 295 (64), 296 (79, 83), 297 (86); Bd. 5, S. 433, 445 (86)
Schaeffer, Pierre   Bd. 1, S. 23
Schäffner, Katharina   Bd. 5, S. 35f., 112, 398 (35)
Schaer, Adolf (Kritiker)   Bd. 5, S. 53f., 403 (52)
Schenzinger, Alois   Bd. 5, S. 138
Schickele, René   Bd. 1, S. 17
Schlemmer, Oskar   Bd. 4, S. 12; Bd. 5, S. 409 (85)
Schmalenbach, Werner   Bd. 1, S. 9
Schmidt, Paul F. (Museumsdirektor und Kunstkritiker)   Bd. 5, S. 85, 409 (85)
Schreyer, Lothar   Bd. 1, S. 19; Bd. 4, S. 11
Schrimpf, Georg   Bd. 5, S. 110
Schuitema, Paul   Bd. 5, S. 337
Schwitters, Ernst   Bd. 1, S. 293, 298 (97), 303 (138), 304 (152); Bd. 2, S. 431 (285), 435 (307); Bd. 3, S. 158, 303 (16–18), 307 (38), 323 (188–191), 325 (188–191); Bd. 4, S. 342 (89, 141), 360 (299)‹ Bd. 5, S. 367f., 426 (385)
Schwitters, Helma geb. Fischer   Bd. 1, S. 12, 117, 119, 130, 139, 311 (214–242); Bd. 3, S. 158; Bd. 5, S. 31, 32, 83, 367
Segal, Arthur   Bd. 5, S. 152
Serner, Walter   Bd. 1, S. 291 (51)
Servaes, Franz   Bd. 5, S. 59–61, 82, 403 (39)
Spengemann, Christof   Bd. 1, S. 68, 291 (58–59), 300 (103), 302 (136), 304 (145), 305 (154); Bd. 3, S. 330 (270, 271–272); Bd. 4, S. 368 (308); Bd. 5, S. 79, 144, 194, 403 (50), 444, 445 (58)
Spengemann, Luise   Bd. 3, S. 275f.; Bd. 5, S. 444
Stadler, Ernst   Bd. 1, S. 17
Stahl, Fritz   Bd. 5, S. 174
Stam, Mart   Bd. 5, S. 283, 285, 296
Steegemann, Paul   Bd. 5, S. 38, 246
Steinitz, Kate (Käthe)   Bd. 1, S. 15, 308 (181, 182, 183), 309 (184, 185, 186), 310 (186, 187), 313 (244–245); Bd. 2, S. 413 (109, 118), 415 (125), 418 (155); Bd. 5, S. 317–319
Stiller, Richard (Kunstkritiker)   Bd. 5, S. 409f. (85)
Stramm, August   Bd. 1, S. 12, 17, 19; Bd. 5, S. 38, 255, 400 (38)
Streese, Max   Bd. 5, S. 61–63, 403 (61)

Taeuber-Arp, Sophie Bd. 1, S. 307 (176); Bd. 5, S. 86
Tairoff, Alexander Bd. 5, S. 287
Taut, Bruno Bd. 5, S. 267, 286, 309, 410 (94)
Teige, Karel Bd. 5, S. 337
Themerson, Stefan Bd. 1, S. 304 (149, 150–151), 305 (153, 157), 306 (163)
Topp, Arnold Bd. 5, S. 86, 420 (242)
Trump, Georg Bd. 5, S. 314, 337
Tschichold, Jan Bd. 5, S. 18, 310, 314, 337
Tüdecke (Architekt) Bd. 5, S. 271
Tzara, Tristan Bd. 1, S. 13, 22, 291 (51); Bd. 5, S. 78, 86, 128, 144, 148, 151, 152, 179

Valançay, Robert Bd. 1, S. 9, 297 (92), 301 (118), 307 (171); Bd. 2, S. 393 (52), 394 (57, 61), 397 (68), 421 (216), 433 (289); Bd. 5, S. 411 (117)
Vogedes, Alois Bd. 5, S. 69–71, 403 (69)
Vordemberge-Gildewart, Friedrich Bd. 5, S. 20, 246, 271, 273, 314, 337, 338, 421 (272)

Walden, Herwarth Bd. 1, S. 12, 19, 66, 67; Bd. 4, S. 11; Bd. 5, S. 16, 17, 38, 53, 73, 111, 113, 335, 338, 345, 401 (38), 402 (45), 445 (67)
Walden, Nell Bd. 1, S. 67; Bd. 5, S. 72, 108, 110, 112, 445 (67)
Wauer, William Bd. 5, S. 72, 110, 112
Westheim, Paul Bd. 5, S. 72f., 89–91, 112, 171, 172–175, 198f., 403 (72)
Weygandt (Arzt und Kunstkritiker) Bd. 5, S. 97–104, 410 (97)
Wieland, Christoph Martin Bd. 1, S. 23
Wiesenwald, Hein (Kunstkritiker) Bd. 5, S. 54f., 403 (52)

Zimmermann, Felix (Kritiker) Bd. 5, S. 85–87, 409 (85)
Zwart, Piet Bd. 5, S. 314, 337